LES 'PETITES GROTTES' DE QUMRAN

TEXTES.

LES 'PETITES GROTTES' DE QUMRAN

Exploration de la falaise
Les grottes 2Q, 3Q, 5Q, 6Q, 7Q à 10Q
Le rouleau de cuivre

PAR

M. BAILLET, J. T. MILIK, ET R. DE VAUX, O.P.

AVEC UNE CONTRIBUTION DE

H. W. BAKER

★

TEXTES

CLARENDON PRESS · OXFORD

Oxford University Press, Great Clarendon Street, Oxford OX2 6DP

Oxford New York

Athens Auckland Bangkok Bogota Bombay
Buenos Aires Calcutta Cape Town Dar es Salaam
Delhi Florence Hong Kong Istanbul Karachi
Kuala Lumpur Madras Madrid Melbourne
Mexico City Nairobi Paris Singapore
Taipei Tokyo Toronto
and associated companies in
Berlin Ibadan

Oxford is a trade mark of Oxford University Press

Published in the United States
by Oxford University Press Inc., New York

British Library Cataloguing in Publication Data
Data available

Library of Congress Cataloging in Publication Date
Data available

ISBN 0-19-826946-3

1 3 5 7 9 10 8 6 4 2

Printed in Great Britain on acid-free paper by
St Edmundsbury Press, Bury St Edmunds

PRÉFACE

Le troisième volume des *Discoveries in the Judaean Desert* est consacré aux 'petites grottes' de Qumrân. Nous avons ainsi désigné les grottes de la région de Qumrân qui ont livré un lot de manuscrits moins important que les 'grandes grottes' 1Q, 4Q, 11Q. L'ouvrage expose d'abord les recherches faites en 1952 dans la falaise de Qumrân par l'*American School of Oriental Research* de Jérusalem, l'*École Biblique et Archéologique Française* et le *Palestine Archaeological Museum*. Parmi les grottes qui furent alors explorées et qui gardaient les traces d'une utilisation par la communauté de Qumrân, deux contenaient des fragments manuscrits, ce sont les grottes 2Q et 3Q. En 1953, une expédition conjointe du *Department of Antiquities of Jordan*, de l'*École Biblique et Archéologique Française* et du *Palestine Archaeological Museum* a fouillé la grotte 4Q, qui avait été ouverte par les Bédouins, et trouvé la grotte 5Q, dans la terrasse marneuse; vers le même temps, les Bédouins avaient vidé la petite grotte 6Q. Les grottes 7Q à 10Q ont été découvertes par les trois institutions qui viennent d'être nommées pendant leur saison commune de fouilles à Khirbet Qumrân en 1955.

L'histoire des découvertes et les témoignages de l'archéologie sont présentés par R. de Vaux, O.P. L'édition des fragments des grottes 2Q, 3Q, 6Q, 7Q à 10Q a été préparée par M. Baillet, attaché au *Centre National de la Recherche Scientifique* (France). J. T. Milik, dont les recherches ont été subventionnées par le même *Centre* puis par la *Catholic University of America* (Washington), publie deux jarres inscrites d'une grotte près de Qumrân, les textes de la grotte 5Q, enfin le rouleau de cuivre de la grotte 3Q. Ce document, qui a été rendu utilisable par l'habileté technique du Professeur H. W. Baker, du *College of Science and Technology* de Manchester, est publié ici en copie et en photographie, et il est transcrit et traduit avec un commentaire étendu, que justifient son caractère exceptionnel et son importance pour la paléographie, la linguistique, la toponymie et le folklore de la Palestine à l'époque romaine.

Le travail d'édition a été accompli au *Palestine Archaeological Museum* et a été rendu efficace et agréable par la commodité de l'installation et la coopération du personnel. Les frais de photographie et de laboratoire ont été couverts presque entièrement par une donation spéciale que Mr. John Rockefeller Jr. a faite à ce Musée pour l'étude des manuscrits de la Mer Morte.

La provenance et le 'copyright' des photographies publiées ici se répartissent ainsi: Pl. I, II. 2, 3, 4, III. 1, 2, *American School of Oriental Research*. — Pl. II. 1, *École Biblique et Archéologique Française*. — Pl. III. 3 et les planches impaires de la Pl. XLIX à la Pl. LXXI, J. Starcky. — Pl. IV–XLIII, *Palestine Archaeological Museum*. — Pl. XLIV–XLVII, *College of Science and Technology* (Manchester). — Planches paires de la Pl. XLVIII à la Pl. LXX, *College of Science and Technology* et *Palestine Archaeological Museum*.

Les volumes suivants, dont la préparation est déjà fort avancée, présenteront l'énorme matériel de la grotte 4Q. Les manuscrits de la grotte 11Q seront édités ensuite.

Jérusalem, août 1959   R. DE VAUX, O.P.

TABLE DES MATIÈRES

I. ARCHÉOLOGIE
par R. DE VAUX, O.P.

II. TEXTES DES GROTTES 2Q, 3Q, 6Q, 7Q À 10Q
par M. BAILLET

II. GROTTE 3

I. TEXTES BIBLIQUES

II. TEXTES NON BIBLIQUES

IV. GROTTE 7

V. GROTTE 8

VI. GROTTE 9

VII. GROTTE 10

III. TEXTES DE LA GROTTE 5Q
par J. T. MILIK

IV. LE ROULEAU DE CUIVRE PROVENANT DE LA GROTTE 3Q (3Q15)
par J. T. MILIK

TABLE DES FIGURES

TABLE DES PLANCHES

I

Archéologie

par R. DE VAUX, O.P.

I

EXPLORATION DE LA FALAISE DE QUMRÂN

I. HISTORIQUE ET ORGANISATION DE L'EXPÉDITION

A LA fin de février 1952, comme nous achevions de fouiller les grottes de Murabba'ât,[1] la nouvelle est parvenue jusqu'à notre camp que des Bédouins avaient repéré, dans la région de Qumrân, une nouvelle grotte où ils travaillaient et trouvaient des fragments manuscrits. Deux éclaireurs furent envoyés par nous et confirmèrent cette information. De fait, lorsque nous revînmes à Jérusalem quelques jours après, Khalil Iskandar Shahin, l'antiquaire de Bethléem, offrit deux lots de fragments qui provenaient de la récente trouvaille et furent acquis, avec l'agrément du Département des Antiquités, par le Musée Archéologique de Palestine et par l'École Archéologique Française. Le Département ne pouvant pas à ce moment assumer la charge d'une nouvelle expédition, Mr. G. Lankester Harding, alors Directeur de ce service, convoqua le 7 mars 1952 à Jéricho le Dr. William L. Reed, Directeur de l'American School of Oriental Research, le P. D. Barthélemy, de l'École Française, et Mr. Joseph Saad, du Musée Palestinien, et il alla avec eux identifier la grotte que les clandestins venaient de vider.

Il fut immédiatement décidé que ces trois institutions entreprendraient une campagne de recherches et, le 10 mars, le camp était dressé au pied de la falaise, près de la nouvelle grotte qui reçut l'indicatif 2Q. L'expédition était conduite par le Dr. Reed pour l'American School et le P. de Vaux pour l'École Française. Ils étaient assistés par trois membres de l'École Française, le P. Barthélemy, l'abbé J. T. Milik et M. Henri de Contenson. Trois contremaîtres arabes les accompagnaient, ceux-là même qui venaient de travailler à Murabba'ât, Hassan Awad, Ibrahim Aṣouly et Azmeh Khalil. On recruta vingt-quatre Bédouins Ta'amrés et le travail commença aussitôt; il dura jusqu'au 29 mars.[2]

L'objet de l'expédition n'était pas seulement de vérifier le gisement des fragments acquis et d'y achever la fouille, s'il en était besoin. Nous savions bien que les Bédouins n'avaient pas dû laisser grand'chose derrière eux et, de fait, nous avons constaté qu'ils avaient travaillé avec un soin étonnant: la grotte avait été vidée jusque dans ses moindres recoins et ils n'avaient laissé échapper que deux petits fragments que nous avons retrouvés en examinant leurs déblais. Il s'agissait surtout d'explorer toute la région de Qumrân pour déterminer l'aire habitée par le groupe humain qui y avait laissé les manuscrits et, peut-être, découvrir d'autres restes de sa bibliothèque.

Sept équipes volantes furent constituées, chacune composée de trois ou quatre Bédouins et dirigée par l'un des membres de l'expédition. La région fut divisée en secteurs que plusieurs équipes prospectèrent tour à tour. Parfois, des tessons apparents en surface conduisaient à un site mais plus fréquemment les traces d'habitat ou d'utilisation n'étaient révélées que par le dégagement d'une grotte obstruée, par une tranchée creusée dans une grotte ouverte ou par le nettoyage d'une anfractuosité de rocher. La falaise a ainsi été examinée depuis Ḥadjar el-

---

[1] P. Benoit, J. T. Milik, R. de Vaux, *Les Grottes de Murabba'ât* (*Discoveries in the Judaean Desert, II*).
[2] Des rapports préliminaires ont été publiés par les deux chefs de l'expédition: W. L. Reed, 'The Qumran Caves Expedition of March 1952', dans *Bulletin of the American Schools of Oriental Research*, **135**, Oct. 1954, pp. 8–13; R. de Vaux, 'Exploration de la région de Qumrân', dans *Revue Biblique*, lx, 1953, pp. 540–61.

Aṣba' au nord jusqu'à un kilomètre au sud de Râs Feshkha, soit une bande d'environ 8 km. de long, dont Khirbet Qumrân occupe à peu près le centre. On a fait 230 sondages infructueux, mais 40 grottes ou trous du rocher ou gisements contenaient de la poterie et d'autres restes. Dans 26 de ces sites, la poterie était identique à celle de la première grotte des manuscrits et à celle de Khirbet Qumrân. L'exploration s'est étendue au nord et au sud des sites marqués sur la carte sans rien trouver de plus; on peut donc penser que nous avons déterminé à peu près l'aire d'occupation contemporaine de Khirbet Qumrân.

A la fin de mars, nous avons été chassés par la chaleur qui devenait forte et ne permettait plus de monter et de descendre à longueur de journée dans les éboulis ou les escarpements de la falaise. Les membres de la Mission étaient fatigués, les Bédouins tombaient malades ou quittaient le travail. Nous savions bien que nous n'avions pas épuisé toutes les possibilités et, de fait, les Bédouins ont trouvé après nous, en septembre 1952, un trou rocheux qui contenait des fragments, la grotte 6Q[1] et en janvier 1956 une grotte dont l'entrée était bouchée et dont ils ont tiré un important lot de manuscrits, la grotte 11Q.[2] Il est vraisemblable que la falaise recèle encore d'autres dépôts scellés par des éboulements. Il est possible qu'on puisse trouver quelque chose dans telle ou telle grande grotte qui a été sondée par nous mais n'a pas été entièrement fouillée. D'autre part, nous avions limité nos recherches à la falaise rocheuse et nous n'avions pas prospecté la terrasse marneuse qui s'étend devant elle parce que la nature du terrain exclut la présence de grottes naturelles utilisables par l'homme et que nous n'y avions pas remarqué autre chose que des cavités affouillées par les eaux et archéologiquement stériles. C'était une erreur: revenant six mois après nous, les Bédouins ont découvert dans cette terrasse marneuse une chambre artificiellement creusée, qui contenait un nombre considérable de fragments, la grotte 4Q. Dans la même terrasse, nous avons trouvé nous-mêmes la grotte 5Q en septembre 1952[3] et les grottes 7 à 10Q en 1956.[4]

II. LA SITUATION GÉOGRAPHIQUE (carte, fig. 1)

En montant du rivage de la Mer Morte vers l'ouest, on rencontre successivement trois formations géologiques: la plaine littorale, alluvion récente, en partie marécageuse dans la région des petites sources saumâtres qui se groupent autour de 'Aïn et-Tannûr et de 'Aïn Feshkha, la terrasse marneuse finement stratifiée qui est un fond ancien de la Mer Morte, enfin la falaise rocheuse. La plaine littorale et la terrasse marneuse se rétrécissent progressivement en allant vers le sud et disparaissent quand on arrive au Râs Feshkha, où le rocher surplombe la mer.

Le niveau du littoral est à —392 m. La terrasse marneuse est limitée à peu près par la ligne de —350 m. Le pied de la falaise est aux environs de —250 m. et elle culmine à —100 m. Elle a généralement deux ressauts, qui sont masqués en partie par des éboulis souvent fort raides (pl. I). Ces ressauts correspondent à deux étages du Cénomanien.[5]

Les grottes utilisées sont toutes situées dans l'étage inférieur de la falaise. La densité de l'occupation au débouché du Wady Qumrân se justifie par la présence des flaques d'eau et la

[1] Cf. ci-dessous, p. 26. Bien qu'elle n'ait pas été trouvée pendant notre exploration, nous lui avons donné un numéro dans la suite des grottes de la falaise; c'est le n° 26.

[2] Cf. provisoirement *Revue Biblique*, lxiii, 1956, p. 573. Le rapport détaillé sur la fouille que nous avons faite après cette découverte aura sa place normale en tête de la publication des textes qui proviennent de cette grotte.

[3] Cf. p. 26.

[4] Cf. pp. 27–31.

[5] Cf. les cartes géologiques de L. Picard, *Geological Researches in the Judaean Desert*, Jerusalem, 1931, annexe; G. S. Blake and M. J. Goldschmidt, *Geology and Water Resources of Palestine*, Jerusalem, 1947, pl. 8. Aucune coupe géologique n'a été établie pour la région même de Qumrân. La plus proche est celle de G. Leclercq, 'Présentation d'une coupe géologique au désert de Judée', dans *Bulletin de la Société Belge de Géologie*, lxiv 3, 1955; elle est établie depuis le Muntar jusqu'à l'embouchure du W. en-Nahr (Cédron) au sud de Râs Feshkha.

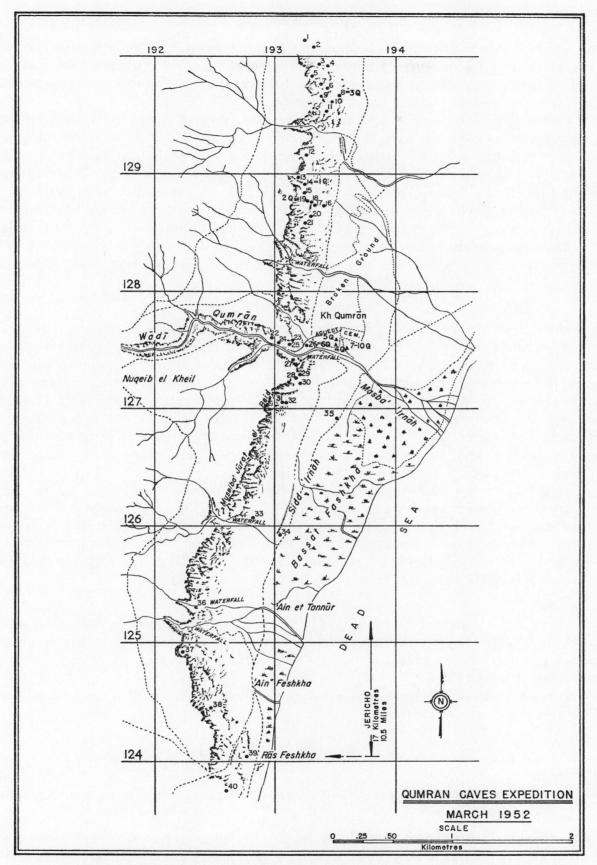

Fig. 1. Localisation des grottes de Qumrân. (Carte dressée par J. Ziegler en 1953, mise à jour en 1955.)

proximité du Khirbeh, centre de la vie commune. Le groupement des sites en d'autres endroits de la falaise et leur absence sur de longues étendues s'expliquent par la nature changeante du terrain ou par de plus grandes facilités d'accès. La localisation des grottes sur la carte a été faite à vue et ne prétend pas être tout à fait exacte.

On a aussi relevé les traces de deux anciennes routes, qui sont par endroits grossièrement pavées et soutenues par des murets. Ces aménagements les distinguent des sentiers utilisés par les bergers mais leur âge est difficile à déterminer. L'une d'elles monte en lacets en face du Khirbeh, juste au nord du Wady Qumrân qu'elle longe jusqu'à son origine dans la plaine de la Buqe'a (pl. II. 1). Pour qui venait de l'ouest, elle était le chemin d'accès le plus facile à Khirbet Qumrân. Si elle n'existait pas déjà lors de l'occupation israélite du site elle peut être l'œuvre de la communauté; en tout cas celle-ci l'a certainement utilisée. L'autre route, moins nettement tracée, aboutit à 'Aïn Feshkha, venant du sud-ouest; son rapport avec l'installation communautaire est moins assurée, bien qu'on puisse la mettre en relation avec l'annexe de 'Aïn Feshkha.

III. DESCRIPTION DES SITES

Les sites ont été classés et notés sur la carte dans un ordre géographique en partant du nord. La date qui suit le numéro est celle où le site a été reconnu. La description a été donnée par le chef de l'équipe qui l'a fouillé. La distinction entre grottes habitables et grottes inhabitables repose sur la disposition des lieux et sur le jugement du fouilleur. Elle est évidente en beaucoup de cas, elle n'est pas toujours assurée. La liste des objets distingue entre ceux qui ont été inscrits au catalogue et les fragments qui ne méritaient pas d'avoir une fiche mais qui permettent d'apprécier ce que contenait chaque grotte. On se souviendra que, dans un certain nombre de sites, des sondages ont seulement été effectués et que, par conséquent, cet inventaire n'est pas toujours complet.

La numérotation des sites de la falaise peut prêter à confusion avec celle des grottes à manuscrits. Pour l'éviter, on devra se tenir aux sigles 1Q à 11Q pour les grottes à manuscrits, numérotées selon l'ordre chronologique de leur découverte. Les sites (ou grottes) de la falaise, numérotés selon leur ordre géographique, seront désignés comme: site (ou grotte) 1 . . . jusqu'à site (ou grotte) 40. Les seules équivalences à noter avec les grottes à manuscrits sont: grotte 8 = 3Q; grotte 14 = 1Q; grotte 19 = 2Q; grotte 26 = 6Q.

1. 19.3.1952

Large grotte sur le flanc sud d'un petit Wady. Chambre ouverte d'environ 6 m. sur 5 m. et 3·50 m. de hauteur. Il y a aussi une chambre intérieure plus basse. Poterie dans le niveau supérieur; en dessous, une couche de cendres de 0·75 m. jusqu'au roc.

Possibilité d'habitat: Oui.

Poterie non cataloguée: Quelques tessons genre Qumrân venant d'au moins une jarre cylindrique et d'un couvercle plat.

2. 19.3.1952

Simple gisement de poterie entre des rocs tombés et sous eux.

Possibilité d'habitat: Non.

Poterie non cataloguée: Quelques tessons d'au moins trois jarres cylindriques, genre Qumrân.

3. 15 au 21.3.1952

Grotte profonde d'environ 3 m. Le plafond effondré rendait la grotte indiscernable; elle a été reconnue grâce à une petite ouverture basse par où s'écoulait l'eau d'infiltration. A cause de l'effondrement, la disposition de l'entrée ne peut pas être établie. Toutes les trouvailles ont été faites sur la surface ou immédiatement au-dessous.

Possibilité d'habitat: Non.

Poterie cataloguée: 2 jarres cylindriques (1 du type 2; 1 du type 3); 4 couvercles (2 du type 1, pl. IV; 1 du type 4; 1 du type 5); une marmite (fig. 5. 19, pl. V); un gobelet (fig. 5. 12).

Poterie non cataloguée: fragments d'une ou deux jarres cylindriques, d'une jarre à anses, type 12.

Autres objets: un anneau de bronze, une rondelle de pierre dure percée au centre, deux lames de silex (pl. VII).

4. 21.3.1952

Grande grotte à large entrée donnant vers le sud. L'entrée a environ 4 m. de large et 1·50 m. de haut. Le sol remonte vers le nord-ouest.

Possibilité d'habitat: Douteux.

Objet catalogué: bassin de bois incomplet (arabe?).

Poterie non cataloguée: la plupart des tessons sont probablement arabes. Quelques tessons peuvent être du genre Qumrân.

5. 18.3.1952

Grotte située juste au-dessus du toit de la grotte 8. Profonde de 5 m. avec deux étages hauts de 2 m. chacun. Ouverture vers l'est.

Possibilité d'habitat: Non.

Poterie non cataloguée: très peu de tessons, aucun n'est sûrement du genre Qumrân.

6. 13.3.1952

Grotte avec large ouverture vers le sud, sur le flanc d'un petit Wady. Chambre de 4×4 m. Poterie recueillie dans un niveau de cendres épais de 0·30 m.

Possibilité d'habitat: Oui.

Poterie non cataloguée: Rien du genre Qumrân. Quelques tessons arabes récents, quelques tessons du Fer II (?).

7. 19.3.1952

Très petite grotte de 2×1·50 m., ouvrant vers l'est.

Possibilité d'habitat: Non.

Poterie cataloguée: 1 couvercle (type 5).

Poterie non cataloguée: fragments d'une jarre cylindrique genre Qumrân.

8. 14–25.3.1952 = grotte à manuscrits 3Q (pl. III. 1)

La grotte dans son état original était très grande, environ 10 m. de large, mais le plafond s'est entièrement effondré sauf dans la partie arrière où subsiste une chambre de 3×2 m. Devant cette chambre, une grande quantité de jarres et de couvercles brisés mêlés aux débris du plafond et sans remplissage de terre; cette couche est épaisse de 30 à 40 cm. Dans la chambre arrière de la grotte, niveaux stratifiés de cailloux avec quelques fragments de tissus, de cuir noirci et des fragments écrits; très peu de tessons dans cette région. Cette chambre se prolonge par un passage étroit et montant vers une cavité presque complètement remplie par des nids de rats contenant des morceaux de tissus, quelques bouts de cuir et un fragment inscrit. Juste à l'angle nord de la chambre, deux rouleaux de cuivre inscrits étaient déposés l'un

au-dessus de l'autre contre la paroi rocheuse (pl. III. 2). Devant l'amas de poterie, sur environ
10 m. d'ouest en est, s'étend un fin dépôt argileux avec des tessons; il est couvert par les débris
du plafond. On ne sait pas comment était l'entrée primitive, mais la grotte était très basse et,
lorsque les jarres étaient intactes, elles devaient presque toucher le plafond.

Possibilité d'habitat: Douteux.

Poterie cataloguée: 5 jarres (2 du type 1; 2 du type 4; 1 du type 8, pl. V–VI), l'une des
jarres porte deux fois, sur le bord et sur l'épaule, la lettre ṭ gravé avant cuisson (pl. VII);
21 couvercles (1 du type 1; 4 du type 4; 4 du type 5; 1 du type 6; 1 du type 7; 2 du type 8;
1 du type 12; 1 du type 13; 1 du type 14; 5 du type 18, pl. IV); deux cruches (fig. 5. 13 et
15, pl. V); une lampe (fig. 5. 6, pl. VII).

Poterie non cataloguée: fragments d'environ 30 jarres cylindriques de types divers; fragments d'au moins cinq couvercles.

Les textes sont publiés ci-dessous, les fragments de peau par M. Baillet, pp. 94–104, les
rouleaux de cuivre par J. T. Milik, pp. 211 ss.

9. 18.3.1952

Crevasse du rocher fermée par un mur de pierres sèches.

Possibilité d'habitat: Non.

Poterie cataloguée: une lampe (fig. 5. 5, pl. VII).

Poterie non cataloguée: fragments d'une petite cruchette sphérique.

10. 19.3.1952

Grande grotte à large entrée.

Possibilité d'habitat: Oui.

Poterie non cataloguée: fragments de deux jarres genre Qumrân.

11. 19.3.1952

Grande grotte à large entrée donnant vers le sud-est.

Possibilité d'habitat: Oui.

Poterie non cataloguée: tessons incertains, rien du genre Qumrân.

12. 12.3.1952

Pas une grotte mais un abri sous roc qui avait été presque entièrement comblé par des cailloux
avant le dépôt des jarres. Largeur: environ 5 m. Le plafond avait été étayé près de l'entrée
par deux pierres mises côte à côte, déterminant un espace d'un mètre. Dans cet espace,
derrière les deux pierres, était la poterie. Quand les jarres étaient intactes, leur sommet devait
presque toucher le plafond. Au-dessus et à côté de la jarre la mieux conservée, une natte, qui,
primitivement, couvrait peut-être les jarres.

Possibilité d'habitat: Non.

Poterie cataloguée: 5 jarres (1 du type 2; 2 du type 11, pl. VI; 2 de type incertain); 4 couvercles (1 du type 2; 1 du type 16; 1 du type 17; 1 du type 22); 1 bol (fig. 5. 7, pl. V).

Autres objets: une natte en fibres de palmier, de 62 × 80 cm. (pl. II. 3).

13. 19.3.1952

Grande grotte assez haut dans la falaise au sud-ouest du n° **12**.

Possibilité d'habitat: Oui.

Poterie: tessons de deux vases du Fer II. Rien du genre Qumrân.

14. 18.3.1952 = grotte à manuscrits 1Q

Une recherche a été faite pour déterminer le contour exact de l'entrée primitive. Quelques tessons ont été recueillis mais n'ont pas été gardés, car ils n'enseignaient rien de plus.[1]

15. 13.3.1952 (pl. II. 2)

Creux du rocher ouvert vers le nord.

> Possibilité d'habitat: Non.
> Poterie cataloguée: 1 jarre (type 10); 1 bol (fig. 5. 11, pl. V).
> Poterie non cataloguée: fragments d'une jarre genre Qumrân.
> Autres objets: lame de silex, longue pointe de bois (pl. VII).

16. Camp de l'Expédition.

17. 15.3.1952

Très haute crevasse ouvrant au nord et au sud à travers une avancée de la falaise. Beaucoup de pierres tombées scellant un creux contenant la poterie et les cinq poteaux de bois.

> Possibilité d'habitat: Douteux.
> Poterie cataloguée: 2 jarres (1 du type 10; 1 du type 12).
> Poterie non cataloguée: fragments d'une autre jarre à anses et d'une autre jarre cylindrique, de plusieurs bols, d'une marmite, d'une cruchette, d'une lampe, d'un couvercle, le tout genre Qumrân.
> Autres objets: Cinq poteaux de bois, dont deux fourchus (pl. VII).

18. 14.3.1952

Grande grotte ouvrant vers le nord.

> Possibilité d'habitat: Douteux.
> Poterie non cataloguée: quelques fragments de 4 jarres genre Qumrân.

19. 12–14.3.1952 = grotte à manuscrits 2Q (pl. VII. 3)

Grotte découverte par les Bédouins, cf. p. 3. Deux étages de chambres ou de renfoncements du roc, ouvrant vers le nord-est. Dessin très irrégulier. Le sol de la chambre supérieure monte très rapidement vers l'ouest. La grotte avait été entièrement vidée et la poterie a été recueillie dans les déblais de la fouille clandestine.

> Possibilité d'habitat: Douteux.
> Poterie cataloguée: 2 jarres cylindriques (1 du type 2; 1 du type 8); 1 couvercle (type 9).
> Poterie non cataloguée: fragments d'une demie-douzaine de jarres cylindriques; 3 bols.
> Les textes sont publiés ci-dessous par M. Baillet, pp. 48–93.

20. 18.3.1952

Grotte ouvrant vers le sud presque entièrement comblée par des débris.

> Possibilité d'habitat: Douteux.
> Poterie non cataloguée: tessons incertains, rien du genre Qumrân.

21. 13.3.1952

Fissure du roc où s'est accumulée de la terre contenant des tessons entraînés par l'eau de ruissellement.

> Possibilité d'habitat: Non.

---

[1] Cf. D. Barthélemy and J. T. Milik, *Qumran Cave I* (*Discoveries in the Judaean Desert, I*), pp. 8–17.

Poterie non cataloguée: fragments de 3 jarres cylindriques, 1 jarre avec anses oreillettes, genre Qumrân.

22. 27.3.1952

Très petite grotte, large de 1 m., profonde de 2 m., remplie de terre fine.
  Possibilité d'habitat: Non.
  Poterie non cataloguée: fond d'une jarre genre Qumrân.

23. 12.3.1952

Grotte à large entrée, au-dessus de l'ancienne route au nord du n° **25**. Couche de cendres, un muret construit devant l'entrée.
  Possibilité d'habitat: Oui.
  Poterie non cataloguée: tessons byzantins et arabes, rien du genre Qumrân.

24. 21.3.1952

Abri sous roche d'accès difficile. Plafond presque entièrement écroulé sur une couche de cendres stratifiées, épaisse de 1·50 m. La poterie se trouve non dans la cendre mais dans l'éboulis devant l'abri et sur le sentier d'accès.
  Possibilité d'habitat: Douteux.
  Poterie non cataloguée: peu de tessons, rien qui soit sûrement du genre Qumrân.

25. 12.3.1952

Grotte large de 3 m., haute de 2 m. entre l'aqueduc de Khirbet Qumrân et l'ancienne route.
  Possibilité d'habitat: Oui.
  Poterie non cataloguée: peu de tessons, rien du genre Qumrân.

26. Septembre 1952 = grotte à manuscrits 6Q

Découverte par les Bédouins (cf. p. 4). Petite grotte à l'entrée de la gorge du Wady Qumrân, en dessous de l'aqueduc.
  Possibilité d'habitat: Douteux.
  Poterie cataloguée: 1 jarre type 9 (pl. V); 1 bol (fig. 5. 8, pl. V).
  Les textes sont publiés ci-dessous par M. Baillet, pp. 105–41.

27. 11.3.1952

Très grande grotte à large ouverture dominant le Wady Qumrân sur le côté sud, ouvrant par un porche rectangulaire de 4×6 m. Les Bédouins y avaient fait plusieurs sondages.
  Possibilité d'habitat: Oui.
  Poterie cataloguée: bord d'un grand bol du Fer II (fig. 5. 1).
  Poterie non cataloguée: très peu de tessons, quelques-uns arabes ou Fer II, quelques-uns peut-être du genre Qumrân.

28. 23.3.1952

Au-dessus du n° **29**. Un puits conduisant à une chambrette inférieure avec une cavité latérale montant rapidement.
  Possibilité d'habitat: Non.
  Poterie cataloguée: 2 jarres (1 du type 4, pl. IV; 1 du type 6); 1 couvercle du type 3 (pl. IV).
  Poterie non cataloguée: fragments de 2 jarres (1 avec anse annulaire; 1 avec anse oreillette); 1 couvercle, tout du genre Qumrân.

29. 15–18.3.1952 (pl. II. 4)

Entrée par un tunnel long de 2 m., haut d'environ 40 cm. près de l'entrée et atteignant 50 cm. plus loin; une dalle de pierre contre la paroi. Le tunnel aboutit à une chambre ronde d'environ 3 m. de diamètre, à plafond conique se terminant par une cheminée sans ouverture au sommet. La poterie se trouvait à l'extrémité du tunnel et dans la chambre, où 7 couvercles intacts étaient empilés contre la paroi, à part des jarres.

Possibilité d'habitat: Non.

Poterie cataloguée: 7 jarres cylindriques (3 du type 2; 3 du type 4; 1 du type 6, pl. IV et VI); 16 couvercles (4 du type 1; 6 du type 5; 1 du type 8; 1 du type 10; 1 du type 15; 1 du type 20; 1 du type 21; 1 du type 23, pl. IV); 1 assiette creuse (fig. 5. 21, pl. V); une lampe (fig. 5. 2, pl. VII).

Poterie non cataloguée: fragments d'une demie-douzaine de jarres, d'un couvercle, tout du genre Qumrân.

30. 23.3.1952

Un creux du rocher, large d'un mètre.

Possibilité d'habitat: Non.

Poterie non cataloguée: fragments d'une jarre genre Qumrân.

31. 15.3.1952

Grande grotte à ouverture rectangulaire. Blocs de rocher tombés du plafond sur une couche de cendres.

Possibilité d'habitat; Oui.

Poterie cataloguée: 3 bols (fig. 5. 9, 10, 14).

Poterie non cataloguée: Fragments de deux jarres cylindriques, genre Qumrân.

32. 15.3.1952

Grotte à entrée large et basse au pied de la falaise, face à l'est, terminée par un couloir long et étroit.

Possibilité d'habitat: Oui.

Poterie cataloguée: 1 jarre du type 9.

Poterie non cataloguée: en dehors de quelques tessons arabes, fragments de 2 jarres et d'un couvercle du genre Qumrân.

33. 17.3.1952

Grotte cubique à ouverture large et basse face à l'est et une fenêtre donnant au nord.

Possibilité d'habitat: Oui.

Poterie non cataloguée: quelques tessons romains plus tardifs, semble-t-il, que Qumrân.

34. 17.3.1952

Grande grotte où l'on descend par une entrée en pente. Communique avec une grotte inférieure encore utilisée par les bergers.

Possibilité d'habitat: Oui.

Poterie cataloguée: partie inférieure d'un pot, peut-être du genre Qumrân (fig. 5. 18).

Poterie non cataloguée: tessons romains qui semblent un peu plus tardifs que Qumrân.

35. 12.3.1952

Ruines d'un bâtiment rectangulaire coupé par la piste de Khirbet Qumrân à 'Aïn Feshkha.

Quelques tessons du genre Qumrân avaient été ramassés en surface, mais la fouille de 1956 a démontré que le bâtiment était israélite.[1]

36. 20.3.1952

Large grotte ouvrant vers le nord-est.

    Possibilité d'habitat: Oui.

    Poterie non cataloguée: tessons romains mais plus tardifs que Qumrân, semble-t-il.

37. 24.3.1952

La plus grande des grottes, haut dans la falaise. Précédée d'une plateforme de 10 m. du nord au sud, de 5 m. de l'est à l'ouest. On entre par une large ouverture dans une grande chambre haute d'environ 13 m. dans laquelle ouvrent des chambres placées très haut dans la paroi à droite et à gauche. Au sud-ouest s'enfonce une grande grotte d'où s'est répandue une masse de débris cendreux. Un tunnel conduit à l'ouest à une autre chambre profonde de 18 m. A l'entrée de l'ensemble, près de la plateforme sont deux petites grottes où la poterie a été recueillie en surface. Pas de poterie dans la grande chambre. L'accès à ces grottes est difficile mais elles sont encore utilisées par les bergers.

    Possibilité d'habitat: Oui.

    Poterie cataloguée: 1 fond de bol (fig. 5. 16); 1 fond de gobelet (fig. 5. 17).

    Poterie non cataloguée: tessons genre Qumrân et aussi tessons chalcolithiques recueillis lors d'une nouvelle visite en 1953.

38. 20.3.1952

Grotte avec haute entrée en triangle, à l'ouest et au-dessus de 'Aïn Feshkha.

    Possibilité d'habitat: Oui.

    Poterie non cataloguée: tessons arabes et romains, plus tardifs que Qumrân, semble-t-il.

39. 20.3.1952

Grotte dont l'entrée est assez bien déterminée quoique le plafond se soit en partie écroulé. Ouverture large de 3 m., haute de 2·50 m., donnant sur le nord-est. Hauteur maxima de la grotte 3 m., profondeur 8 m. Plusieurs trous y avaient déjà été faits par les Bédouins, qui en ont retiré une jarre complète avec son couvercle, et une lampe du Fer II, cf. ci-dessous, p. 16.

    Possibilité d'habitat: Oui.

    Poterie achetée aux Bédouins: 1 lampe du Fer II (fig. 5. 3, pl. VII); 1 jarre cylindrique (type 5, pl. IV); 1 couvercle (type 19, pl. IV).

    Poterie cataloguée: 4 jarres (1 du type 2; 3 du type 7); 3 couvercles (1 du type 5; 2 du type 11); 1 grand bol (fig. 5. 4).

    Poterie non cataloguée: fragments d'au moins 5 autres jarres et autant de couvercles, tous du genre Qumrân.

40. 20.3.1952

Grotte plus petite que la précédente mais d'apparence semblable.

    Possibilité d'habitat: Oui.

    Poterie cataloguée: 1 jarre du type 13.

Cet inventaire se complète par deux trouvailles isolées faites en surface et datant de l'époque arabe. Elles ne signifient rien pour l'occupation ancienne de la région:

[1] Cf. *Revue Biblique*, lxiii, 1956, p. 575.

X–1. Sur le sentier qui conduit de 'Aïn Feshkha à Râs Feshkha. Une cruche (fig. 5. 20).

X–2. Lieu non noté. Portion d'une grosse jarre ovoïde à décor incisé. Terre grise.

Cette exploration de la falaise a eu son épilogue en 1956.[1] En même temps que nous vidions la grotte 11Q, que les Bédouins venaient de découvrir, nous avons fait un nouvel examen de la falaise environnante. Quelques trous déjà repérés ou sondés en 1952 ont été plus complètement explorés. Deux grottes seulement ont présenté un certain intérêt; nous les avons désignées par les lettres A et B, pour ne pas interférer avec la séquence déjà établie des grottes notées en 1952. Elles sont situées sur le flanc nord du même ravin qui a, sur son flanc sud, la grotte 8 = 3Q, un peu plus haut et un peu plus à l'est que celle-ci. Les deux grottes ne sont séparées que par une vingtaine de mètres, la grotte A étant à l'est de la grotte B.

Grotte A. 21–24.3.1956

Grotte surbaissée avec entrée basse.

Possibilité d'habitat: Douteux.

Quelques tessons du Fer II. Tessons plus nombreux du genre Qumrân, mais aucune forme à dessiner, une tige de bronze, un fragment de bol de bois, débris de tissu et de cuir.

Grotte B. 21–22.3.1956

Grotte basse, dont la partie antérieure s'est écroulée.

Possibilité d'habitat: Oui, dans l'état primitif.

Trois niveaux d'occupation: peu de tessons du genre Qumrân, davantage du Fer II, surtout du Chalcolithique, assez grossier, représenté par des tessons, deux perles d'os, un pilon de calcaire blanc, deux pointes de silex et une admirable flèche à pédoncule finement retouchée sur une face (peut-être néolithique).

IV. LES OBJETS

La poterie recueillie dans ces sites se répartit en deux groupes: le plus important est contemporain de l'occupation communautaire à Khirbet Qumrân, périodes I et II, entre la fin du IIe siècle avant J.-C. et 68 après J.-C. C'est ce que nous désignons comme céramique 'genre Qumrân'. Le second groupe, beaucoup moins nombreux, relève de diverses périodes avant ou après cette occupation.

i. *Céramique du genre Qumrân*

Jarres. Les types sont représentés et décrits dans les fig. 2 et 3. Leur distribution dans les grottes est donnée par le tableau page 14.

Ces 13 types se classent, comme des variantes, autour de trois formes principales:

Types 1–8: jarres cylindriques ou plus ou moins ovoïdes, avec large ouverture, col bas, base en disque ou en anneau, sans anses.

Types 9–10: jarres ayant le même profil, mais avec 2 ou 4 anses oreillettes horizontales. Le type 11 est une variante avec un rail pour assujettir le couvercle.

Types 12–13: jarres à deux grandes anses annulaires verticales.

Les types 1–8 sont les plus fréquents et ceux entre lesquels se répartiraient aussi presque tous les exemplaires indéterminés. Les types 12 et 13 ne sont représentés que par deux exemplaires incomplets et par deux fragments.

Tous ces types (sauf le type 11) sont attestés dans la fouille de Khirbet Qumrân,[2] avec les

---

[1] Cf. *Revue Biblique*, lxiii, 1956, p. 574.

[2] *Ib.*, lx, 1953, p. 97, fig. 2 et pl. vi et vii; lxi, 1954,

p. 225, fig. 5 et pl. xi*b* et xii*a*. D'autres exemplaires inédits proviennent des fouilles de 1954 et 1955.

mêmes pâtes et la même cuisson. On les rencontre dans le niveau I*b* aussi bien que dans le niveau II. Ce parallèle est d'autant plus important que les types 1 à 11 n'ont encore été signalés dans aucun site en dehors de la région de Qumrân. La fouille de la grotte 1Q y ajoute deux types voisins des types 9–10: la jarre à quatre petites anses annulaires verticales avec base en disque concave et la jarre de même forme avec base arrondie;[1] cette même grotte 1Q augmente le total des jarres d'environ 50 exemplaires.

Types	Grottes																					Total
	1	2	3	7	8	10	12	15	17	18	19	21	22	26	28	29	30	31	32	39	40	
1	..	..	..	..	2	..	..	..	..	..	..	..	..	..	..	..	..	..	..	..	..	2
2	..	..	1	..	..	..	1	..	..	..	1	..	..	..	..	3	..	..	..	1	..	7
3	..	..	1	..	..	..	..	..	..	..	..	..	..	..	..	..	..	..	..	..	..	1
4	..	..	..	..	2	..	..	..	..	..	..	..	..	..	1	3	..	..	..	..	..	6
5	..	..	..	..	..	..	..	..	..	..	..	..	..	..	..	..	..	..	..	1	..	1
6	..	..	..	..	..	..	..	..	..	..	..	..	..	..	1	1	..	..	..	..	..	2
7	..	..	..	..	..	..	..	..	..	..	..	..	..	..	..	..	..	..	..	3	..	3
8	..	..	..	..	1	..	..	..	..	..	1	..	..	..	..	..	..	..	..	..	..	2
9	..	..	..	..	..	..	..	..	..	..	..	..	..	1	..	..	..	..	1	..	..	2
10	..	..	..	..	..	..	..	1	1	..	..	..	..	..	..	..	..	..	..	..	..	2
11	..	..	..	..	..	..	2	..	..	..	..	..	..	..	..	..	..	..	..	..	..	2
12	..	..	..	..	..	..	..	..	1	..	..	..	..	..	..	..	..	..	..	..	..	1
13	..	..	..	..	..	..	..	..	..	..	..	..	..	..	..	..	..	..	..	..	1	1
Indéterminé	1	3	3	1	30	2	..	1	..	4	6	4	1	..	2	6	1	2	2	5	..	74
	Jarres des Grottes																		Total général			106

Couvercles. A ces jarres correspondent des couvercles en forme de coupe ou de bol renversé. Les types sont dessinés et décrits dans la fig. 4. Ils se répartissent entre les grottes selon le tableau de la p. 15.

Ces 23 types ne sont que des variantes à l'intérieur de trois classes qui se distinguent par le mode de préhension du couvercle:

Types 1–9: disque plus ou moins large et plus ou moins épais.

Types 10–15: bouton plat ou conique.

Types 16–23: anneau plus ou moins en relief.

La première classe est la plus nombreuse et c'est également celle qui est le mieux représentée dans les fragments dont on ne peut pas déterminer le type précis.

Il est inutile d'insister sur l'identité de ces couvercles avec ceux qui proviennent de la grotte 1Q[2] et de Khirbet Qumrân.[3] Ils n'avaient pas encore été signalés en dehors de la région de Qumrân, mais un exemplaire du type 4 a été trouvé en 1957 dans les fouilles de Bethṣour, dans un niveau de la fin de l'époque hellénistique,[4] et des exemplaires à préhension en bouton, analogues au type 15, ont été récemment recueillis près de Jérusalem dans des tombes du 1er siècle avant au 1er siècle après J.-C., qui sont donc exactement contemporaines de Khirbet Qumrân.[5]

Autres formes. Comme déjà dans la grotte 1Q, les jarres et les couvercles constituent la presque totalité de la céramique recueillie dans les grottes. Les formes dessinables sont groupées dans la fig. 5 (sauf les nos 1, 3 et 20 qui sont d'autres époques) et chacune n'est représentée

[1] *Qumrân Cave I*, fig. 2. 10 et 12.
[2] *Ib.*, pp. 10–11, fig. 2 et 3.
[3] *Revue Biblique*, lxi, 1954, p. 221, fig. 3. 14; p. 223, fig. 4. 1; lxiii, 1956, p. 561, fig. 5. 1 et 2.
[4] Cf. *Bulletin of the American Schools of Oriental Research*, **150**, Apr. 1958, p. 19.
[5] B. Bagatti e J. T. Milik, *Gli Scavi del 'Dominus flevit'. I, La necropoli del Periodo Romano*, Jérusalem, 1958, p. 137, fig. 32. 24–26.

que par un exemplaire. Les fragments non catalogués permettent d'ajouter une cruchette sphérique (grotte 9), plusieurs bols, une marmite, une cruchette, une lampe (grotte 17). Cela est très peu. Encore faut-il ajouter que certains de ces bols et l'assiette creuse ont pu servir de couvercles. Cela semble assuré pour le n° 11 qui a été trouvé dans un trou qui ne contenait rien d'autre qu'une jarre (celle de la fig. 3. 10) et pour le n° 8 associé avec la jarre de la fig. 3. 9.

Types	Grottes											Total
	1	3	7	8	12	17	19	28	29	32	39	
1	..	2	..	1	..	..	..	..	4	..	..	7
2	..	..	..	..	1	..	..	..	..	..	..	1
3	..	..	..	..	..	..	..	1	..	..	..	1
4	..	1	..	4	..	..	..	..	..	..	..	5
5	..	1	1	4	..	..	..	..	6	..	1	13
6	..	..	..	1	..	..	..	..	..	..	..	1
7	..	..	..	1	..	..	..	..	..	..	..	1
8	..	..	..	2	..	..	..	..	1	..	..	3
9	..	..	..	..	..	..	1	..	..	..	..	1
10	..	..	..	..	..	..	..	..	1	..	..	1
11	..	..	..	..	..	..	..	..	..	..	2	2
12	..	..	..	1	..	..	..	..	..	..	..	1
13	..	..	..	1	..	..	..	..	..	..	..	1
14	..	..	..	1	..	..	..	..	..	..	..	1
15	..	..	..	..	..	..	..	..	1	..	..	1
16	..	..	..	..	1	..	..	..	..	..	..	1
17	..	..	..	..	1	..	..	..	..	..	..	1
18	..	..	..	5	..	..	..	..	..	..	..	5
19	..	..	..	..	..	..	..	..	..	..	1	1
20	..	..	..	..	..	..	..	..	1	..	..	1
21	..	..	..	..	..	..	..	..	1	..	..	1
22	..	..	..	..	1	..	..	..	..	..	..	1
23	..	..	..	..	..	..	..	..	1	..	..	1
Indéterminé	1	..	..	5	..	1	..	1	..	1	5	14
Couvercles des Grottes									Total général			66

Les bols n°s 7–14 et les fonds n°s 16–17 sont identiques à ceux qu'a livrés en si grande abondance le niveau II de Khirbet Qumrân[1] et ils avaient déjà été rencontrés dans la grotte 1Q.[2] L'assiette creuse n° 21, avec sa base étroite, est plus originale mais son appartenance aux séries de Qumrân ne peut pas faire de doute.

La lampe n° 2 ressemble, sauf la pâte, à une lampe de la grotte 1Q,[3] à propos de laquelle on a rappelé des parallèles qui remontent jusqu'à l'époque hellénistique. Les lampes n°s 5 et 6 sont du type dit 'hérodien', qui est caractéristique du niveau II de Khirbet Qumrân.

Les hauts de cruches n°s 13 et 15 sont également attestés au Khirbeh.[4] La marmite n° 19 est d'un type qui est également représenté, en différentes tailles, à Khirbet Qumrân. La grotte 1Q avait une marmite semblable, mais plus grande.[5] Le pot incomplet n° 18 est plus difficile à classer. Par son pied en disque épais et ses côtes très marquées, il ressemble à un vase de Khirbet Qumrân qui avait été attribué au niveau II[6] mais qui, d'après son lieu de trouvaille, pourrait appartenir au niveau III, postérieur à l'an 68 de notre ère. De fait, le pot n° 18 provient de la grotte 34 qui, en dehors de cette pièce, n'a livré que des tessons qui sont sans doute romains mais paraissent plus tardifs que la céramique du genre Qumrân.

[1] On en trouvera, ainsi que des lampes 'hérodiennes', dans chacun des Rapports préliminaires.
[2] Qumran Cave I, fig. 2. 1 et 3.   [3] Ib., fig. 3. 1.
[4] Par exemple, Revue Biblique, lxi, 1954, p. 223, fig. 4. 12
et p. 227, fig. 6. 7 (où l'attribution au niveau III est conjecturale; la pièce pourrait bien être du niveau II).
[5] Qumran Cave I, fig. 3. 2.
[6] Revue Biblique, lxi, 1954, p. 223, fig. 4. 14.

ii. *Céramique d'autres périodes*

En dehors de la nombreuse céramique qui est identique à celle de Khirbet Qumrân, les grottes n'ont livré que peu de témoignages d'une occupation à d'autres périodes.

A l'époque chalcolithique se rattachent des tessons de la grotte 37. La période israélite (plus précisément celle du Fer II et, dans celle-ci, les VIIIe-VIIe siècles avant J.-C.) est attestée par le bol et la lampe de la fig. 5. 1 et 3. On y ajoutera quelques tessons de la grotte 6 et de la grotte 13. Il faut noter que le Chalcolithique et le Fer II sont également représentés dans la grotte 11Q et dans les grottes A et B explorées en 1956.[1] On rappellera aussi qu'un bâtiment du Fer II a précédé l'installation communautaire à Khirbet Qumrân et qu'un autre bâtiment israélite, à peu près contemporain du premier, a été reconnu devant la falaise, au sud du Khirbeh.[2]

A propos du pot de la fig. 5. 18, on a suggéré qu'il pourrait être romain mais un peu postérieur à l'occupation communautaire de Qumrân. La même solution vaudrait pour des tessons des grottes 33, 36, 38. Ces indices sont trop ténus pour prouver une véritable occupation de la région mais on pourrait les mettre en relation avec l'usage que les révoltés juifs ont fait des ruines de Khirbet Qumrân et de Feshkha pendant la guerre de 132–5 après J.-C.

Les tessons arabes qui se rencontrent dans certaines grottes et les deux vases brisés d'époque arabe qui ont été trouvés en surface ne sont que des débris abandonnés par des bergers ou des passants.

Il est à remarquer que ces témoins des périodes qui ont précédé ou suivi l'occupation communautaire à Qumrân ne se rencontrent pas ensemble dans les sites où la céramique de Qumrân est bien représentée. Cette situation s'explique par plusieurs raisons: les meilleurs groupes de la céramique de Qumrân ont été trouvés dans des sites qui sont impropres à l'habitat et qui n'ont jamais servi qu'à la communauté; certaines grottes, qui étaient habitables, ont dû s'écrouler ou leur entrée a dû s'obstruer très tôt après l'occupation de Qumrân, ce qui a empêché leur usage postérieur; inversement, les grandes grottes ouvertes ont été utilisées par les bergers jusqu'à l'époque moderne et les traces de l'occupation de Qumrân ont disparu, ou se réduisent à quelques tessons, ou sont cachées sous des amas d'un dépôt que nous n'avons pas partout enlevé.

V. AUTRES OBJETS

En plus de la céramique, peu d'objets ont été trouvés dans les grottes. Dans la grotte 3: un anneau de bronze, une rondelle de pierre, et deux lames de silex (pl. VII); l'attribution des deux premiers objets à l'époque de Qumrân est possible, mais les instruments de silex sont beaucoup plus anciens. Dans la grotte 4: un bassin de bois incomplet, probablement arabe. Dans la grotte 12: une natte en fibres de palmier, époque de Qumrân (pl. II. 3). Dans la grotte 15: une lame de silex et une pointe de bois, époque indéterminée (pl. VII). Dans la grotte A: une tige de bronze et un fragment de bol en bois, probablement époque de Qumrân. Dans la grotte B: un pilon, deux lames de silex, époque chalcolithique, une flèche de silex, époque néolithique (?).

Plus intéressants sont les cinq poteaux de bois de la grotte 17 (pl. VII. 3). Ils ont à peu près la même longueur, environ 1·50 m., et deux d'entre eux se terminent en fourche. Ils ont été trouvés ensemble et avec de la poterie caractéristique de Qumrân, sous des pierres tombées

[1] Cf. *Revue Biblique*, lxiii, 1956, pp. 573–4.   [2] Ib., pp. 535 et 575.

du plafond dans une crevasse du rocher qui a difficilement pu servir d'habitation. On ne peut les expliquer que comme les poteaux d'une hutte ou d'une tente basse qui était dressée dans les environs. Ils auraient été entreposés ou cachés dans cette faille rocheuse avec la poterie qui y a été recueillie et qui représente bien le mobilier d'une hutte ou d'une tente: quelques jarres, bols ou couvercles, une marmite, une cruchette, une lampe.

Enfin, il est important de noter que toutes ces grottes, où la céramique de Qumrân est si abondante, n'ont pas livré une seule pièce de monnaie.

Fig. 2. JARRES

(Dans cette figure et les suivantes, les n^os de fouille doivent se lire ainsi: 8–11 = Grotte 8 n° 11;
29–3 = Grotte 29 n° 3, etc.)

Type	N° de fouille	
1	8–11	Haute jarre cylindrique, base en disque concave, large ouverture, bord droit, lèvre plate. Terre grise, petites particules calcaires, couverte blanche.
2	29–3	Haute jarre cylindrique, base en anneau plat, large ouverture, bord droit, lèvre ronde. Terre rouge à petites particules calcaires, traces de couverte blanche (pl. IV).
3	3–1	Jarre cylindrique, base en disque concave, large ouverture, bord un peu évasé, lèvre ronde. Terre grise, rares particules calcaires, traces de couverte blanche.
4	8–8	Jarre cylindrique, base en anneau, large ouverture, bord un peu évasé, lèvre ronde. Terre grise, couverte blanche (pl. V).
5	39–4	Jarre cylindrique, base en disque concave, large ouverture, bord un peu rentrant, lèvre ronde. Terre rouge, couverte blanc-rose (pl. IV).
6	29–8	Jarre cylindrique très large, base en anneau, large ouverture à bord bas et retroussé, lèvre ronde. Terre rouge, couverte blanchâtre (pl. VI).

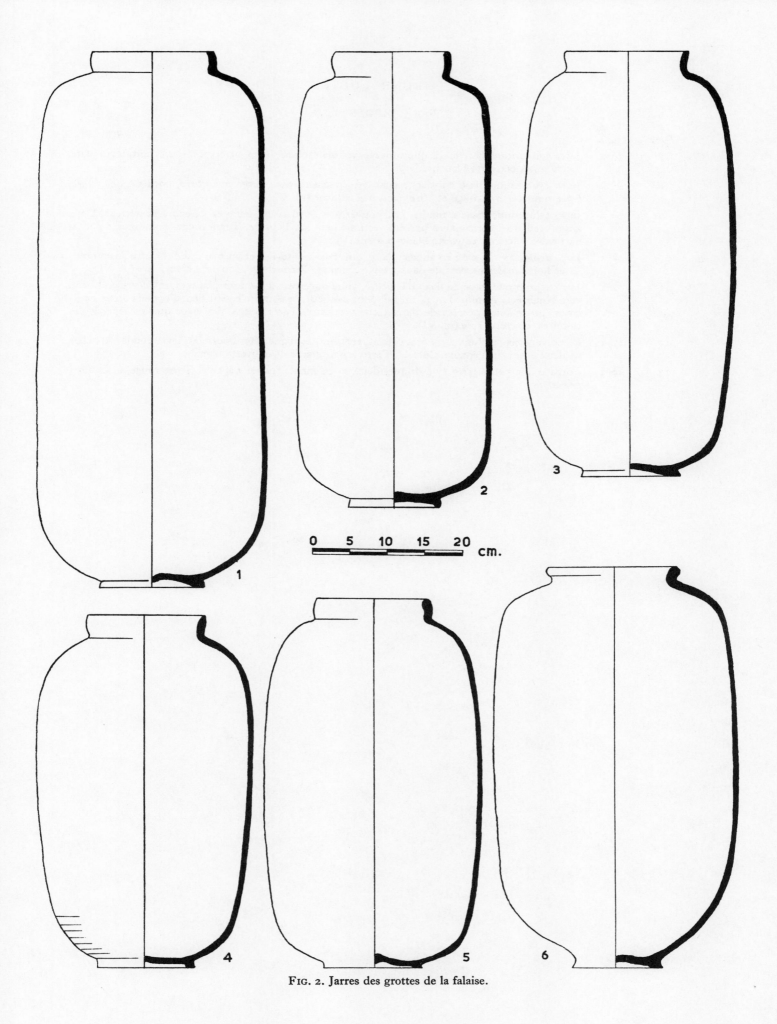

0   5   10   15   20   cm.

FIG. 2. Jarres des grottes de la falaise.

FIG. 3. JARRES (*suite*)

Type	Nº de fouille	
7	39–2	Jarre cylindrique, base en disque concave, épaule carénée, large ouverture, bord droit, lèvre plate. Terre grise, couverte blanche.
8	8–9	Jarre cylindrique, base en disque concave, épaule carénée, large ouverture, bord un peu évasé, lèvre ronde. Terre rouge et grise, couverte blanche (pl. V).
9	26–2	Jarre cylindrique, base arrondie, large ouverture, bord évasé, lèvre en biseau à l'extérieur. Deux anses oreillettes horizontales percées verticalement sur l'épaule. Terre rouge, nombreuses petites particules calcaires, couverte blanc-rose (pl. V).
10	15–1	Jarre ovoïde, petite base en anneau, large ouverture, bord bas et un peu évasé. Quatre anses oreillettes horizontales percées de deux trous verticaux. Terre rouge, couverte blanchâtre (pl. VI).
11	12–1	Jarre cylindrique, base en disque concave, large ouverture à bord un peu rentrant, lèvre en biseau vers l'intérieur. Autour du col, un rail pour assujettir le couvercle. Sur l'épaule, deux anses oreillettes horizontales percées de deux trous verticaux. Terre rouge, fine avec quelques particules calcaires, couverte rose (pl. VI).
12	17–1	Partie supérieure d'une jarre à col étroit, rentrant, souligné d'un bourrelet, lèvre ronde. Attaches de deux anses sur l'épaule. Côtelée. Terre rouge, traces de couverte blanche.
13	40–1	Corps d'une petite jarre cylindrique, deux anses annulaires sur l'épaule. Terre rouge, assez fine, peu cuite.

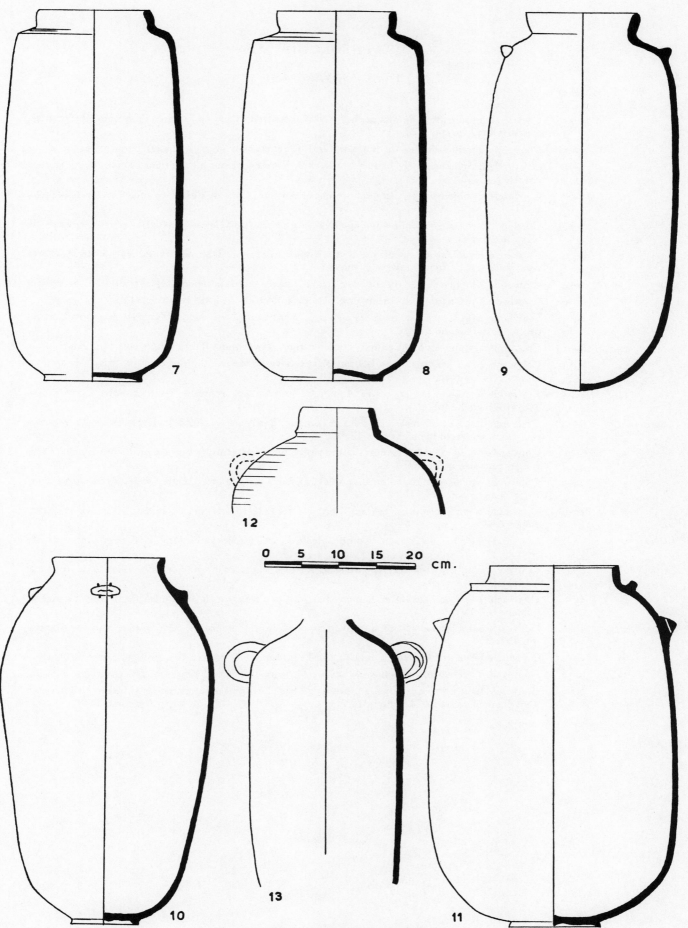

FIG. 3. Jarres des grottes de la falaise.

Fig. 4. COUVERCLES

Type	N° de fouille	
1	3–2	Couvercle à préhension en disque, bord un peu rentrant, lèvre en biseau à l'intérieur. Terre grise, couverte blanche (pl. IV).
2	12–5	Couvercle à préhension en disque plat, bord bas et rentrant, lèvre épaissie. Terre grise.
3	28–2	Couvercle à préhension en disque, bord évasé, lèvre en biseau à l'intérieur. Terre rouge, surface écaillée (pl. IV).
4	8–6	Couvercle à préhension en disque, bord bas et rentrant, lèvre ronde. Terre rouge, couverte blanche (pl. IV).
5	7–1	Couvercle à préhension en disque épais et élargi, bord droit, lèvre épaissie. Terre rouge, couverte blanche (pl. IV).
6	8–20	Couvercle à préhension en disque plat, épaule carénée, bord un peu évasé, lèvre épaissie. Terre rose, grise à la section, couverte blanche.
7	8–19	Couvercle à préhension en disque plat, épaule carénée, bord un peu évasé, lèvre droite. Terre grise.
8	29–9	Couvercle à préhension en disque étroit et épais, bord droit, lèvre ronde (pl. IV).
9	19–1	Couvercle haut à préhension en disque étroit, bord droit, lèvre ronde. Terre rouge et grise, traces de couverte blanche.
10	29–13	Couvercle à préhension en bouton, bord rentrant, lèvre ronde. Terre rouge, couverte blanche.
11	39–3	Couvercle bas à préhension en bouton plat et élargi, lèvre mince. Terre rouge, grise à la section, couverte blanc-rose.
12	8–2	Couvercle à préhension en bouton conique, bord un peu rentrant, lèvre épaissie. Terre rouge, couverte blanche (pl. IV).
13	8–18	Couvercle haut à préhension en bouton conique, bord un peu rentrant, lèvre ronde. Terre grise, peu cuite, couverte blanche.
14	8–3	Couvercle bombé à préhension en bouton plat, bord bas et un peu rentrant, lèvre amincie. Terre rouge, couverte blanche (pl. IV).
15	29–5	Couvercle haut à préhension en bouton élargi, bord un peu évasé, lèvre ronde. Terre rouge, couverte blanche (pl. IV).
16	12–4	Couvercle à préhension en anneau, bord rentrant, lèvre épaissie, en biseau à l'intérieur. Terre rouge.
17	12–2	Couvercle à préhension en anneau, bord droit, lèvre en biseau à l'intérieur. Terre rouge, couverte rose.
18	8–1	Couvercle bombé à préhension en anneau, bord un peu rentrant, lèvre ronde. Terre grise, couverte blanche (pl. IV).
19	39–5	Couvercle bas à préhension en anneau, bord un peu rentrant, lèvre ronde. Terre rouge, couverte blanche (pl. IV).
20	29–6	Couvercle bas à préhension en anneau épais, bord droit, lèvre ronde. Terre rouge, couverte blanche (pl. IV).
21	29–21	Couvercle bas à préhension en anneau, bord rentrant, lèvre ronde. Terre rouge, couverte blanche.
22	12–7	Couvercle à préhension en anneau, bord évasé, lèvre en biseau à l'intérieur. Terre rouge.
23	29–7	Couvercle haut à préhension en anneau, bord bas et un peu rentrant, lèvre en biseau à l'intérieur. Terre rouge, couverte blanche (pl. IV).

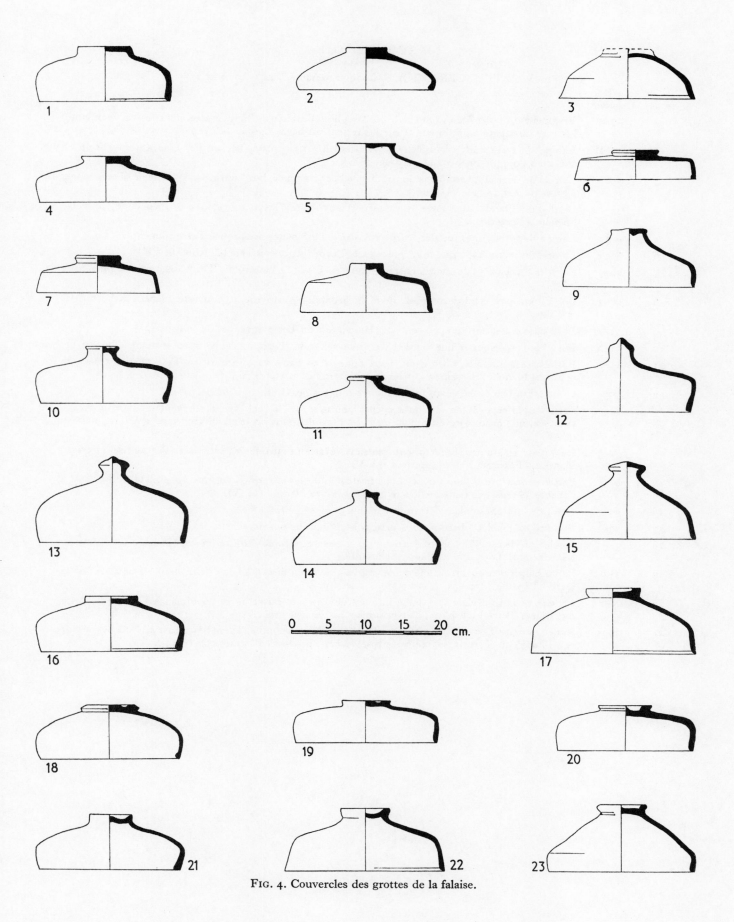

Fig. 4. Couvercles des grottes de la falaise.

FIG. 5. PETITE CÉRAMIQUE (Époque romaine, sauf n°s 1, 3 et 20)

N° de la fig.	N° de fouille	
1	27–1	Fragment du bord d'un grand bol, bord replié à l'extérieur. Terre rouge assez fine et bien cuite, lustrage circulaire à l'intérieur et sur l'extérieur du bord. *Époque du Fer II*.
2	29–1	Lampe de terre cuite, tournée. Corps circulaire, base plate, bec arqué. Une anse verticale en anneau à l'opposé du bec. Terre rouge (pl. V et VII).
3	39–6	Lampe de terre cuite en forme de coquille, à bec très pincé, bord retroussé, pied épais. Terre rouge. *Époque du Fer II* (pl. VII).
4	39–11	Bord d'un grand bol à lèvre retroussée et anguleuse. Terre rouge, fine et bien cuite, couverte blanche à l'extérieur.
5	9–1	Lampe de terre cuite, moulée, corps circulaire, base plate, bec arqué. Terre rouge (pl. VII).
6	8–12	Lampe du même type que le n° précédent. Terre rouge, couverte blanche (pl. VII).
7	12–3	Bol à petite base plate, bord rentrant, lèvre en biseau à l'intérieur. Terre rose, fine et bien cuite (pl. V).
8	26–1	Bol à base plate, bord rentrant, lèvre horizontale. Terre rouge, couverte blanche à l'extérieur (pl. V).
9	31–1	Bol à base plate, bord un peu rentrant, lèvre amincie. Terre grise, pas de couverte.
10	31–2	Bol à base en disque mince, bord rentrant, lèvre ronde. Terre rouge, couverte blanche à l'extérieur.
11	15–2	Bol à base en disque, bord droit, lèvre épaissie en bandeau à l'extérieur. Terre rouge, traces de couverte blanche. Servait de couvercle à la jarre fig. 3. 10 (pl. V).
12	3–3	Gobelet un peu évasé, lèvre mince. Terre rouge, fine, couverte blanche.
13	8–4	Partie supérieure d'une cruche à corps sphérique, col étroit avec renflement médian, lèvre retroussée, une anse plate du milieu du col à l'épaule, panse côtelée. Terre rouge, couverte blanche (pl. V).
14	31–3	Bol à base en anneau, bord un peu rentrant, lèvre en bourrelet à l'extérieur. Terre grise, couverte blanche à l'extérieur et à l'intérieur (pl. V).
15	8–5	Partie supérieure d'une cruche à col tronconique, lèvre retroussée, une anse plate de la lèvre à l'épaule, côtelée sur l'épaule. Terre grise, couverte blanche (pl. V).
16	37–2	Fond de bol à base plate. Terre rouge, fine et assez cuite.
17	37–1	Fond d'un gobelet à base plate. Terre grise, assez fine et bien cuite.
18	34–1	Partie inférieure d'une petite cruche (?) à base en disque étroit et épais, côtelée à l'intérieur et à l'extérieur. Terre rouge, fine et bien cuite.
19	3–4	Petite marmite à ouverture moyenne, col bas, lèvre en biseau à l'extérieur, deux anses plates de la lèvre à l'épaule. Terre rouge, surface écaillée (pl. V).
20	X–1	Cruche piriforme élancée à large base en anneau, col étroit, lèvre en biseau à l'extérieur. Anse incertaine. Terre blanchâtre, couverte blanche. *Époque arabe*.
21	29–4	Assiette creuse à petite base plate, bord rentrant, lèvre arrondie. Traces du tour visibles à l'extérieur et à l'intérieur. Terre rose, couverte rose. Servait peut-être de couvercle (pl. V).

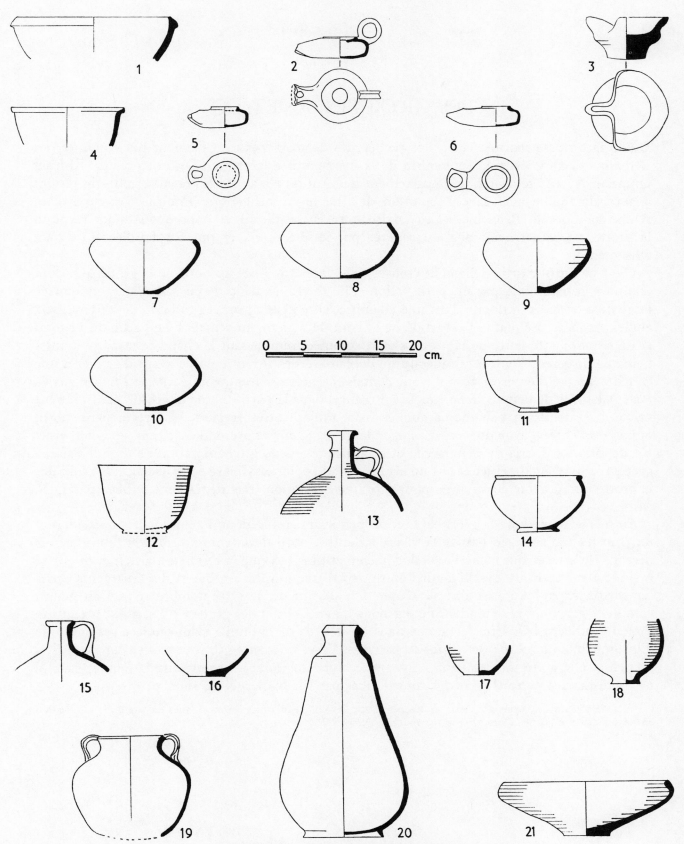

FIG. 5. Petite céramique des grottes de la falaise.

II

LES GROTTES 5Q ET 6Q

DANS la terrasse marneuse, où nos recherches de mars 1952 ne s'étaient pas étendues, les Bédouins découvrirent en septembre de la même année la grotte 4Q, tout près de Khirbet Qumrân. Ayant été averti, le Département des Antiquités arrêta le travail clandestin et vint achever la fouille avec la collaboration de l'École Archéologique Française et du Musée Archéologique de Palestine.[1] Les environs furent explorés et nous avons alors reconnu la grotte 5Q, qui n'avait pas été repérée par les Bédouins et qui fut fouillée du 25 au 28 septembre.

C'est une grotte artificiellement creusée dans la marne juste au nord de la grotte 4Q, dont elle n'est séparée que par un petit vallon. Elle ouvre au flanc de ce vallon par une entrée large de 0·85 m., qui donne dans une chambre large de 4·25 m. et profonde de 2·65 m., aux angles arrondis. Le plafond est en dôme et haut de 2·50 m. au centre. Une partie du plafond et de la paroi antérieure de la grotte s'était écroulée, remplissant la chambre et permettant à peine de discerner l'entrée. Beaucoup de déblais stériles furent enlevés avant d'arriver à une couche épaisse d'environ 30 cm., qui contenait quelques fragments écrits, en très mauvais état. A la base de cette couche, sur le sol naturel dans la partie est de la grotte, était un petit tas de fragments un peu moins abîmés mais toujours très fragiles. Contre la paroi nord, opposée à l'entrée, avait été creusé un trou large de 55 cm. et profond de 50 cm., qui était vide. En dehors des débris de manuscrits et de quelques os de gros animal mêlés aux déblais, la grotte n'a livré aucun objet et pas un seul tesson de poterie. Malgré cette absence de mobilier, la grotte paraît avoir été creusée pour être une habitation. Les textes sont publiés par J. T. Milik, ci-dessous, pp. 169–97.

En même temps que la grotte 4Q ou un peu avant, les Bédouins remarquèrent et vidèrent un trou du roc situé au bas de la falaise à l'entrée nord de la gorge du Wady Qumrân, au-dessous du sentier qui longe l'aqueduc ancien et plus bas que la terrasse marneuse, qui a été ravinée à cet endroit. Les Bédouins en ont sorti une jarre et un bol et des fragments écrits dont le principal lot a été offert au Musée de Palestine dès le 13 septembre 1952. Cependant, comme le gisement n'a été identifié par nous qu'après ceux des grottes 4Q et 5Q, cette grotte a reçu l'indicatif 6Q. Une recherche dans les déblais de la fouille clandestine n'a ajouté que d'insignifiants morceaux de cuir et de papyrus. Parce que cette grotte se trouve dans la région rocheuse, elle a été incluse dans l'inventaire archéologique des grottes de la falaise, sous le n° 26, ci-dessus, p. 10. Les textes sont publiés par M. Baillet, ci-dessous, pp. 105–41.

[1] Les détails sur la découverte de la grotte 4Q et sur la fouille qui suivit seront donnés en tête de la publication des textes de cette grotte, *Discoveries in the Judaean Desert*, IV.

III

LES GROTTES 7Q À 10Q

En 1955, en même temps que nous fouillions à Khirbet Qumrân, une équipe d'ouvriers sous la direction de Hassan Awad a prospecté tout le flanc de la terrasse marneuse autour de Khirbet Qumrân et le long du Wady Qumrân jusqu'à la falaise rocheuse. On recherchait si d'autres grottes que les grottes 4Q et 5Q n'y avaient pas été creusées. Les quelques trous immédiatement apparents furent sondés: ils n'étaient que des cavités affouillées par l'eau. Mais il restait possible que d'anciennes grottes fussent cachées par des éboulis; pour s'assurer qu'on n'omettait rien, on décapa la tranche de la terrasse pour faire apparaître les sédiments feuilletés de la formation géologique: toute cavité, artificielle ou non, comblée ou non, devait ainsi devenir visible.

Ce labeur a duré du 7 février au 15 mars 1955. Il n'a pas seulement été long, il a été pénible et parfois dangereux, les ouvriers devant travailler sur des pentes très raides et, à l'occasion, suspendus à des cordes. Un résultat négatif, mais important, a été de nous assurer qu'un trésor comparable à celui de la grotte 4Q ne nous avait pas échappé dans l'aire ainsi explorée. Mais ce travail a eu aussi des récompenses positives. Entre les grottes 4Q et 5Q, haut sur le versant du ravin, on a reconnu une grotte ovale qui a été certainement creusée par l'homme mais qui ne conservait aucun objet ni aucune trace d'utilisation. Le plafond, assez bas, était effondré. Il est vraisemblable que cet effondrement se produisit avant que fût achevé le creusement de la grotte, qui est située dans les couches supérieures de la marne, peu solides en cet endroit; le travail fut interrompu et la grotte ne servit jamais. Au nord de la grotte 5Q, sur une sorte de petite plateforme, on a ramassé les fragments d'une grande jarre ovoïde à base ronde et à quatre anses annulaires verticales; on ne peut pas mettre cette trouvaille en relation avec une grotte.[1]

Surtout, on a découvert les vestiges de plusieurs grottes qui contenaient de la céramique du genre Qumrân, d'autres objets et quelques documents écrits. Ce sont les grottes 7Q à 10Q. Malheureusement, toutes ces grottes, creusées au flanc de la terrasse, ont été presque complètement emportées par des effondrements ou des érosions. Ce qui en a été préservé prouve en tout cas que les grottes 4Q et 5Q n'étaient pas les seules de leur genre. En plus des grottes naturelles de la falaise rocheuse, qui ont été décrites plus haut, les membres de la communauté de Qumrân s'étaient taillé des chambres dans la marne, à proximité de leurs bâtiments centraux.

Les textes sont publiés par M. Baillet, ci-dessous, pp. 142–64. Voici la description des grottes et l'inventaire des autres trouvailles.

Grotte 7Q. 16–19.2.1955

A l'extrémité de la plateforme qui s'étend au sud du Khirbeh. C'était une chambre arrondie dont tout le toit, toute la partie sud et une partie du sol se sont effondrés dans le Wady Qumrân. On y accédait par un escalier partant du bord de la plateforme, au nord-ouest de la chambre; les marches inférieures de l'escalier sont seules conservées. La plupart des fragments écrits ont été ramassés sur ces marches. Un des textes, n° **19**, était écrit sur papyrus et n'est conservé

---

[1] C'est pourquoi elle est cataloguée avec les objets du Khirbeh, n° 2456.

Fig. 6. POTERIE DES GROTTES 7Q À 10Q

No de la fig.	No de fouille	
1	8Q9	Couvercle à préhension en disque concave, bord droit, lèvre plate. Terre rose, couverte blanche (pl. VIII).
2	8Q7	Couvercle à préhension en anneau mince, bas, bord droit, lèvre biseautée à l'intérieur. Terre chamois, couverte blanche (pl. VIII).
3	8Q12	Fragments d'une grande lampe moulée, large bec arqué à volutes, décor de fleurs rondes. Terre noire, fine et très cuite, lustrée (pl. VIII).
4	10Q3	Fragments d'une grande lampe tournée, bec arqué sans volutes, anse verticale quadruple à l'opposé du bec, décor en chevrons imprimés à la roulette. Terre rose, fine et très cuite (pl. VIII).
5	7Q6	Grande jarre à large ouverture, col bas et droit, lèvre plate, quatre anses oreillettes horizontales percées de deux trous verticaux. Manque la base. Terre rouge et grise, couverte blanche. Sur l'épaule, le nom רומא peint deux fois en noir (pl. VIII).
6	8Q8	Petite assiette creuse à base plate, bord rentrant, lèvre ronde. Terre rose (pl. VIII).
7	8Q14	Bord d'une jarre à très large ouverture sans col, quatre petites anses oreillettes horizontales percées d'un trou. Une bande rouge peinte à l'extérieur du bord. Terre grise et rose, couverte blanche.
8	7Q3	Grand bol à base en anneau, bord droit, épaissi vers l'intérieur, lèvre ronde. Terre rose chamois, fine et tendre (pl. VIII).
9	8Q13	Couvercle à préhension en anneau, bord droit, lèvre biseautée à l'intérieur. Terre rouge, grise à la section, couverte blanche (pl. VIII).
10	8Q11	Couvercle à préhension en bouton, bord droit, lèvre plate. Terre rouge, couverte blanche (pl. VIII).
11	7Q4	Couvercle haut, bord un peu rentrant, lèvre ronde. Mode de préhension incertain. Terre rose chamois, couverte blanche (pl. VIII).
12	7Q5	Grande jarre à base en anneau, corps ovoïde, large ouverture à col bas et légèrement évasé, lèvre plate, quatre anses oreillettes horizontales percées de deux trous verticaux. Terre rouge et grise, couverte blanche avec taches rosées (pl. VIII).
13	7Q2	Grand bol à base en anneau, bord rentrant. Terre saumon, tendre (pl. VIII).

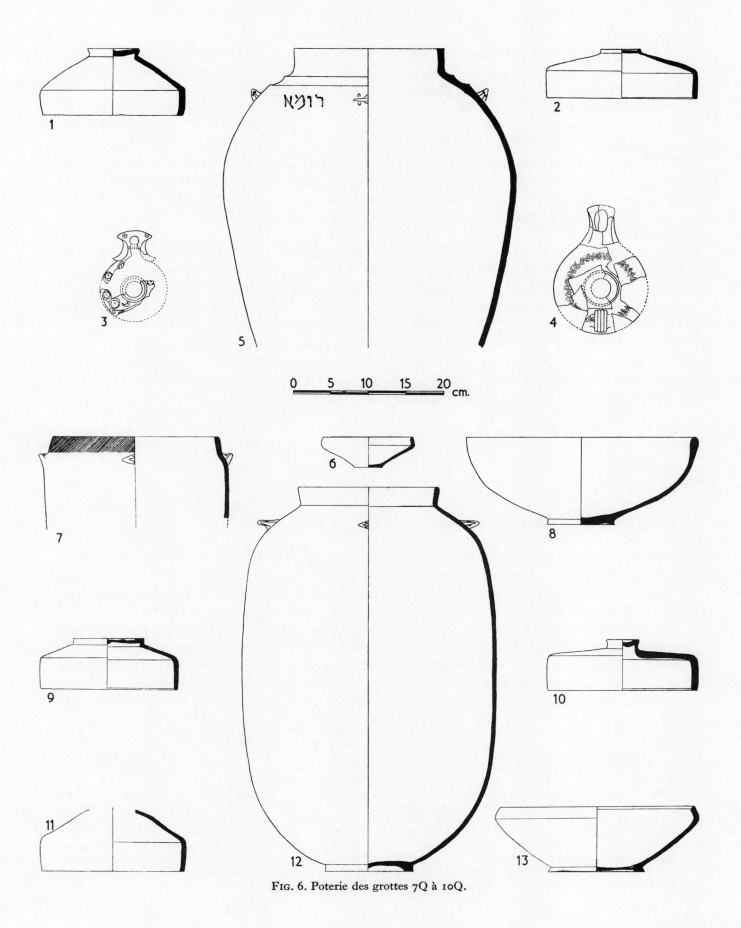

רומא

0   5   10   15   20 cm.

FIG. 6. Poterie des grottes 7Q à 10Q.

que par son décalque sur un bloc de boue. Un tesson couvert de boue porte également l'empreinte de fibres de papyrus et le décalque de deux lettres grecques.

Possibilité d'habitat: Oui, dans l'état primitif.

Poterie cataloguée: 1 jarre (fig. 6. 12, pl. VIII) et 1 jarre incomplète de même type. — 1 jarre (fig. 6. 5, pl. VIII) qui porte deux fois le nom רומא peint en noir sur l'épaule (pl. VIII. 2). — 1 couvercle (fig. 6. 11, pl. VIII) du type 15 ou 23 de l'exploration de la falaise, ci-dessus, p. 14. — 2 grands bols (fig. 6. 8 et 13, pl. VIII). Les fouilles de Khirbet Qumrân n'ont pas fourni de parallèle exact; il y a, dans la période I*b*, des bols de même taille et avec une base semblable, mais le bord est différent. — Un fragment d'épaule de jarre peint d'un signe en forme de S.

Le nom propre רומא peint sur la jarre fig. 6. 5 est plusieurs fois attesté en nabatéen[1] et doit être rapproché du nom masculin רמא et du nom de femme רומי en palmyrénien;[2] comparer aussi רמי à Éléphantine.[3] Il est possible qu'on ait sa transcription grecque dans 'Ρούμας, qui est fréquent à Doura-Europos.[4] Ces parallèles n'indiquent pas nécessairement que le nom ait été araméen à Qumrân: il est formé sur la racine רום qui a donné des noms hébreux, cf. רם et peut-être רמיה, et la finale א– est fréquente dans les hypocoristiques hébreux.

Poterie non cataloguée: fragments d'un autre couvercle, d'un haut gobelet du type bien attesté au Khirbeh dans la période I*b*, d'une cruchette fortement côtelée, d'une lampe de type 'hérodien', caractéristique de la période II.

L'ensemble de la céramique paraît indiquer que cette grotte a été utilisée pendant les deux grandes périodes d'occupation du Khirbeh.

Grotte 8Q. 19–23.2.1955

Au sud-ouest de la grotte 7Q. Le mode d'accès n'a pas pu être déterminé et une partie seulement de la chambre était conservée. Ce qui subsistait du plafond était fissuré et il fallut le faire tomber. Les textes et les objets ont été trouvés immédiatement au-dessus du sol.

Possibilité d'habitat: Probable, dans l'état primitif.

Poterie cataloguée: 4 couvercles (fig. 6. 1 et 2, 9 et 10, pl. VIII; 1 à préhension en bouton, 3 à préhension en anneau). — 1 petite assiette creuse (fig. 6. 6, pl. VIII) d'un type attesté mais assez rare dans la période II du Khirbeh. — Bord d'une jarre à très large ouverture, fig. 6. 7; l'équivalent exact ne s'est pas rencontré au Khirbeh ni dans les autres grottes. — 1 lampe très incomplète, fig. 6. 3. Son bec arqué et ses volutes la rattachent à un type qui est bien connu hors de Palestine au Iᵉʳ siècle de notre ère et plus spécialement au milieu de ce siècle.[5] Mais, dans ces lampes, la partie supérieure est un disque concave avec un petit trou d'huile. Il y a, en Palestine, une variante de ce type avec partie supérieure bombée, un décor moulé et un large trou pour l'huile.[6] C'est à ce groupe qu'appartient notre lampe et le parallèle

[1] Références dans J. Cantineau, *Le Nabatéen*, Paris, 1932, ii, p. 146.

[2] *Répertoire d'Épigraphie Sémitique*, nos. 1607 et 973.

[3] A. Cowley, *Aramaic Papyri of the Fifth Cent. B.C.*, Oxford, 1923, 34³.

[4] Fr. Cumont, *Fouilles de Doura-Europos*, Paris, 1925, p. 445, nº 125; *Supplementum Epigraphicum Graecum*, vii 655, 710, 779; *Excavations at Dura-Europos, Rep. VII*, nº 914, p. 307; R. N. Frye, J. F. Gilliam, H. Ingholt, C. B. Welles, 'Inscriptions from Dura-Europos', dans *Yale Classical Studies*, xiv, 1955, nº 8.

[5] Type I A de S. Loeschke, *Lampen aus Vindonissa*, Zürich, 1919; type IV B de O. Waldhauer, *Kaiserliche*

Ermitage. Die Antiken Tonlampen, St. Petersburg, 1914; type XXII de O. Broneer, *Corinth*, IV, part ii, 'Terracotta Lamps', Cambridge, Mass., 1930; type 40 de F. O. Waagé, *Antioch-on-the-Orontes*, III, 'Lamps', Princeton, 1941.

[6] Dans une tombe de Nazareth, *The Quarterly of the Department of Antiquities in Palestine*, i, 1931, pl. xxxiv. 2, en bas à droite; à Tell en-Naṣbeh, J. C. Wampler, *Tell en-Naṣbeh*, II, *The Pottery*, Berkeley, 1947, pl. 72, nº 1653, cf. p. 59; à Samarie, J. W. Crowfoot *et al.*, *Samaria-Sebaste*, III, 1958, fig. 88. 1 et 2; à Beisân, lampes inédites de la campagne de 1930 au Palestine Archaeological Museum.

le plus proche vient de Khirbet Qumrân même.[1] Cependant, la lampe de la grotte 8Q est plus grande que tous les exemples cités jusqu'ici. Il y a seulement, provenant de Khirbet Qumrân, le fragment d'une lampe de taille semblable avec un décor identique.[2] Seule la couleur est différente (brune au lieu de noire) et l'on peut se demander si les deux lampes ne viennent pas du même moule.

Poterie non cataloguée: fragments de trois jarres (dont 2 à oreillettes horizontales percées de 2 trous) et 1 bol.

Autres objets (pl. VIII): deux étuis à phylactère à quatre compartiments et un étui à phylactère à une seule case; les deux modèles s'étaient déjà rencontrés dans la grotte 1Q.[3] Un morceau de semelle de sandale, une datte avec sa peau, une figue, plusieurs noyaux de dattes, un noyau d'olive. Beaucoup de fines lanières et des languettes de cuir. Restes d'étoffe et de ficelles.

La lampe est le seul objet qu'on puisse dater avec assez de précision et elle fixe l'occupation de la grotte à la période II de Khirbet Qumrân.

Grotte 9Q. 22–24.2.1955

Un peu au nord de la grotte 8Q, sur le versant ouest de l'éperon. C'était une petite chambre ronde, dont les deux tiers ont été emportés. Elle communiquait par quelques marches avec une autre grotte de même forme, qui a presque complètement disparu.

Possibilité d'habitat: Probable, dans l'état primitif.

En dehors d'un petit fragment écrit, la grotte ne contenait que des dattes et noyaux de dattes, trois bouts de corde et seulement quelques tessons du genre Qumrân. Il est curieux qu'on ait ramassé avec eux un unique tesson du Fer II, un bord de bol à lustrage circulaire du VIIIᵉ–VIIᵉ siècle avant J.-C.

Grotte 10Q. 2.3.1955

Sur le versant ouest de l'éperon où est creusée la grotte 4Q, les vestiges d'un escalier nous ont conduit à une petite grotte dont la moitié ouest a été emportée. Au sommet de l'escalier, on a trouvé un ostracon avec deux lettres hébraïques, publié p. 164; le sol de la grotte était couvert d'une natte en partie conservée. Beaucoup de noyaux et de fruits de dattes.

Possibilité d'habitat: Oui, dans l'état primitif.

Poterie: tessons du genre Qumrân. Le seul objet catalogué est la lampe très fragmentaire, fig. 6. 4. On ne lui trouve aucun parallèle satisfaisant avec un diamètre aussi grand, un décor à la roulette et une anse quadruple. Pour la forme, les analogies les plus proches sont les lampes à bec arqué et sans volutes, comme les lampes 'hérodiennes', mais avec une anse bifide ou trifide.[4] Une lampe de ce genre avait été trouvée dans la grotte 1Q,[5] une autre est sortie de la grotte 29, ci-dessus fig. 5. 2. Cependant elles sont plus petites et sans décor.

[1] *Revue Biblique*, lxi, 1954, p. 221, fig. 3. 17.
[2] Inédit. Nº de fouille 1409.
[3] *Qumran Cave I*, pl. I. 5–7.

[4] Cf. N. B. Walter, *Catalogue of the Greek and Roman Lamps in the British Museum*, London, 1914, nᵒˢ 617–25.
[5] *Qumran Cave I*, fig. 3. 1.

IV

CONCLUSIONS ET HYPOTHÈSES

LES chapitres précédents ont donné le plus objectivement possible les résultats des recherches sur les 'petites grottes' de Qumrân : localisation et description des sites, matériel archéologique qui y a été recueilli. On attend cependant d'un archéologue qu'il donne une interprétation de ses découvertes. C'est ce que le présent chapitre essayera de faire, en distinguant les conclusions qui semblent assurées et les hypothèses que suggèrent certains faits plus difficiles à expliquer.

Parmi les cavités de la falaise qui furent utilisées par l'homme, le plus grand nombre contenait de la poterie du genre Qumrân et, en général, seulement ce genre de poterie ; c'est aussi le cas de toutes les chambres creusées dans la marne (sauf le tesson erratique du Fer II dans la grotte 9Q). En additionnant les grottes de la falaise et celles de la terrasse, en ajoutant les grottes 4Q et 11Q qui seront étudiées en leur temps, on obtient un total de 33 grottes qui ont été employées à la même époque, sur un territoire de quelques kilomètres carrés. L'identité de la poterie prouve que cette occupation est exactement contemporaine des périodes principales de Khirbet Qumrân, périodes I*b* et II. Il y a parfois dans la même grotte des formes caractéristiques de l'une et de l'autre période, il n'y a aucune grotte dont on puisse affirmer qu'elle n'a été occupée que pendant la période I*b*, car les formes les plus courantes et souvent seules attestées, jarres, couvercles et bols, sont communes aux deux époques. Les dates absolues sont fournies par la fouille du Khirbeh, où les monnaies déterminent que la période I*b* s'étend de la fin du IIe siècle avant J.-C. jusqu'au début du règne d'Hérode le Grand et que la période II va des environs immédiats du début de notre ère jusqu'en 68 après J.-C.[1]

L'utilisation des grottes n'est pas seulement contemporaine de Khirbet Qumrân, elle lui est liée organiquement. Il est déjà significatif qu'elle commence et qu'elle s'achève en même temps que l'occupation principale du Khirbeh, mais il y a d'autres preuves. Khirbet Qumrân est au centre de la région où les grottes sont dispersées et certaines d'entre elles, les grottes 4Q et 5Q, 7Q à 10Q, sont situées à proximité immédiate des ruines. L'identité de la poterie des grottes et de celle du Khirbeh quant à la pâte et aux formes et, spécialement, le grand nombre des jarres cylindriques qui ne sont pas encore attestées en dehors de la région de Qumrân supposent que cette céramique vient d'un même lieu de fabrication ; or, on a mis au jour dans le Khirbeh un atelier de potier.[2] Des écrits sur peau ou sur papyrus ne pouvaient guère se conserver dans des ruines à ciel ouvert, mais on a trouvé au Khirbeh des inscriptions peintes ou gravées sur des vases ou des ostraca, en particulier un alphabet qui est un exercice de scribe.[3] La graphie est la même que l'inscription peinte sur un vase de la grotte 7Q, qu'une inscription inédite peinte sur une jarre de la grotte 4Q, que l'ostracon de la grotte 10Q. Compte tenu de la différence du matériel, cette écriture est aussi la même que celle des manuscrits découverts dans les grottes.

---

[1] Il faut réserver, cf. p. 16, la possibilité que certaines grottes aient été utilisées, comme d'ailleurs les ruines de Khirbet Qumrân, pendant la Seconde Révolte, mais cela ne change rien au fait essentiel : l'occupation des grottes est, sauf quelques exceptions, contemporaine de la période communautaire de Qumrân.

[2] *Revue Biblique*, lxiii, 1956, p. 543.

[3] *Ib.*, lxi, 1954, pl. X*a* et XII*a*. D'autres inscriptions sur jarres et des ostraca sont encore inédits.

D'autre part, la relation du grand cimetière avec les bâtiments de Khirbet Qumrân est assurée par sa proximité des ruines et par les rares témoins de céramique recueillis dans le remplissage des tombes.[1] Les bâtiments, le cimetière, et les grottes ont donc été utilisés à la même époque et par le même groupe humain. Dans cet ensemble, quelle était la fonction des grottes?

Après la découverte de la première grotte à manuscrits et avant les fouilles de Khirbet Qumrân, E. L. Sukenik a émis l'opinion que cette grotte avait été une *genizah*, un lieu où l'on 'cachait' les manuscrits défectueux des Livres Saints, les livres non acceptés par le canon palestinien, les ouvrages hétérodoxes, même des documents profanes qui contrevenaient à certaines règles religieuses. Après la fouille de Khirbet Qumrân, après la découverte de onze grottes contenant des manuscrits et de la poterie et celle d'une vingtaine d'autres grottes qui n'ont gardé aucun fragment écrit mais qui ont livré la même poterie, cette théorie est encore soutenue par H. del Medico:[2] il y aurait eu, dans cette aire restreinte, plus de trente *genizôt* sans rapport avec l'installation de Khirbet Qumrân. Cette hypothèse est contredite par la relation assurée qui existe entre les grottes, les bâtiments, et le cimetière, par le nombre des grottes, par l'abondance de la céramique qui y a été trouvée, une *genizah* étant destinée à cacher des écrits et non des pots.[3]

Une autre explication s'impose. Il y a une disproportion évidente entre le grand cimetière qui groupe plus de mille tombes et les bâtiments qui comportent surtout des locaux d'usage commun, salles de réunion, ateliers, magasins, et très peu de pièces destinées au logement. On est autorisé à conclure que les bâtiments abritaient les services centraux et servaient à loger des administrateurs et des gardiens, mais que la plupart des membres du groupe vivaient à l'extérieur.

On pense alors aux grottes, mais celles-ci ne sont pas également propres à l'habitation. Toutes celles qui sont dans la terrasse marneuse paraissent avoir été creusées pour être habitées, mais les cavités naturelles de la falaise rocheuse ont un caractère très variable. Il y a des grottes largement ouvertes et hautes de plafond, qui servent encore occasionnellement aux bergers et à leurs troupeaux, nos 1, 10, 27, 31, 37, ou des grottes que des éboulements ont obstruées mais qui étaient jadis habitables, nos 39, 40. D'autres grottes, tout en étant relativement grandes, sont si basses, ou si étroites, ou si inégales qu'il est douteux qu'on s'y soit jamais logé, nos 4, 8 (= 3Q), 18, 19 (= 2Q), 32, et déjà la première grotte aux manuscrits, ici n° 14. Il paraît impossible que le reste des gisements — et c'est le plus grand nombre — corresponde à des habitats: ce sont de très petites grottes, nos 3, 7, 22, 26 (= 6Q), 28, 29, ou des crevasses, nos 9, 17, ou de simples anfractuosités, nos 15, 21, 30, ou un abri sous roc très bas, n° 12, ou un amas de poterie sous des blocs écroulés, n° 2.

Cependant, les mêmes classes de poterie ont été trouvées dans les grottes qui sont habitables et dans celles qui le sont difficilement ou ne le sont pas du tout. Dans les unes et les autres, il y a surtout des jarres, mais il y a aussi des vases d'un usage journalier dans la vie domestique: marmites, cruches ou cruchettes, lampes. On peut en conclure que certains des membres du groupe habitaient les chambres creusées dans la marne ou les grottes les plus spacieuses de la falaise mais que d'autres vivaient à proximité dans des huttes ou sous des tentes. Les cavités naturelles du roc pouvaient abriter leurs provisions et ont servi à cacher une partie de leur mobilier quand ils abandonnèrent la région au moment de la ruine de Khirbet Qumrân. Cela

[1] Une jarre brisée dans la Tombe 4 (*Revue Biblique*, lx, 1953, p. 103), une lampe intacte dans la Tombe 24 (*ib.* lxiii, 1956, p. 571, n. 2).
[2] Dans *Vetus Testamentum*, vii, 1957, pp. 127–38, et *L'Énigme des manuscrits de la Mer Morte*, Paris, 1957.
[3] Cf. R. de Vaux, 'Les Manuscrits de Qumrân et l'archéologie', dans *Revue Biblique*, lxvi, 1959, pp. 87–109.

n'est pas seulement une hypothèse: on a dit plus haut, p. 16, que la crevasse n° 17 cachait le mobilier et les poteaux de bois d'une hutte ou d'une tente.

Tout ce qui vient d'être dit paraît être raisonnablement fondé. Mais d'autres questions se posent, auxquelles il est plus difficile de répondre. Dix de ces grottes[1] ont contenu des manuscrits dont on a retrouvé au moins des fragments. Les autres grottes avaient-elles aussi des documents écrits qui n'ont pas résisté aux injures du temps? Cela est vraisemblable pour une partie d'entre elles, mais on ne peut rien affirmer. Telle ou telle grotte a-t-elle été délibérément vidée de ses manuscrits? On a rapproché des trouvailles de Qumrân une information du Patriarche nestorien Timothée Ier sur la découverte de manuscrits hébreux dans une grotte voisine de Jéricho vers l'an 785.[2] Il raconte que 'le chien d'un Arabe qui était à la chasse entra à la poursuite d'une bête dans un trou et ne revint pas. Son maître entra après lui et trouva une petite maison à l'intérieur du roc et beaucoup de livres dedans. Le chasseur alla à Jérusalem et en informa les Juifs. Ils vinrent donc en nombre et ils trouvèrent les livres de l'Ancien Testament et d'autres livres en écriture hébraïque.' La grotte de Timothée peut être l'une de celles où des fragments ont encore été découverts récemment; elle peut être aussi l'une de celles où nous avons recueilli de la poterie mais pas d'écrits, si l'on suppose que les Juifs venus de Jérusalem ont emporté tous les manuscrits qui s'y trouvaient. On peut songer particulièrement à la grotte n° 29, cette chambre ronde où l'on accède par un étroit tunnel. On y a retrouvé les éléments d'une douzaine de jarres et dix-sept couvercles dont sept étaient intacts et empilés contre la paroi, à part des jarres. Cette disposition pourrait être l'indice d'une violation ancienne: les jarres auraient été vidées, et elles contenaient peut-être des manuscrits, comme celles de la grotte 1Q. Mais ces conjectures sont assez vaines.

Si l'on considère seulement les grottes qui contenaient des documents écrits, la présence de ceux-ci s'explique de différentes façons. Ces textes peuvent être ceux qu'un membre ou un petit groupe de la communauté avaient à leur usage et qu'ils ont abandonnés dans la grotte qu'ils habitaient (grottes 5Q, 7 à 9Q, 11Q) ou qu'ils ont entreposés ou cachés, avec leur vaisselle, dans une cavité voisine de leur lieu de campement (grottes 2Q, 3Q, 6Q). Mais la grotte 4Q avait reçu près de 400 manuscrits et elle est située tout près de Khirbet Qumrân: c'est là que fut cachée en hâte, au moment de l'abandon, la bibliothèque commune qui était normalement dans les bâtiments centraux. Le lot important de la grotte 1Q peut s'expliquer comme une partie de cette bibliothèque mise en lieu sûr avec plus de soin et plus loin du Khirbeh, ou comme une cachette choisie par un groupe plus nombreux que les autres et vivant aux environs.

On a remarqué, dans la céramique, la prédominance des jarres, spécialement des jarres cylindriques, identiques à celles d'où les Bédouins disent avoir retiré les grands manuscrits de la grotte 1Q. Leur témoignage est corroboré par la découverte, dans cette grotte, d'un grand morceau de jarre à l'intérieur duquel adhérait un linge enveloppant le reste d'un rouleau.[3] Des textes anciens et des trouvailles archéologiques attestent, en plusieurs régions et pour des époques variées, cette coutume de conserver les documents dans des vases.[4] Cela ne signifie pas que les manuscrits dont les fragments ont été recueillis dans les grottes étaient tous

---

[1] Je compte la grotte 11Q, mais j'omets la grotte 10Q, qui n'a livré qu'un ostracon.
[2] O. Eissfeldt, *Theologische Literaturzeitung*, lxxiv, 1949, cols. 595–600. La lettre de Timothée avait été éditée par O. Braun, dans *Oriens Christianus*, i, 1901, pp. 301–11. Cette lettre est datée des environs de 796/797 par R. J. Bidawid, *Les Lettres du Patriarche nestorien*

Timothée I (Studi e Testi 187), Rome, 1956, p. 71. Timothée y dit que la découverte eut lieu dix ans auparavant.   [3] *Qumran Cave I*, p. 12.
[4] Cf. R. de Vaux, dans *Revue Biblique*, lvi, 1949, pp. 591–2; *id.*, dans *Qumran Cave I*, p. 12; J. T. Milik, dans *Biblica*, xxxi, 1950, pp. 505–6; B. Couroyer, dans *Revue Biblique*, lxii, 1955, pp. 76–81.

originairement enfermés dans des jarres: il y avait, dans la grotte 5Q, les débris d'un certain nombre de manuscrits mais pas un seul tesson et, dans la grotte 4Q, la récolte de céramique est négligeable par rapport au nombre considérable de manuscrits qui y furent déposés. Inversement, il n'est pas vraisemblable que toutes les jarres provenant des grottes aient été faites pour recevoir des manuscrits: elles sont trop nombreuses et surtout les mêmes types de poterie ont été trouvés dans les bâtiments du Khirbeh, dans un contexte qui indique que ces jarres étaient destinées d'abord, et ont servi normalement, à garder des provisions.

Aucun indice clair ne permet de préciser quelles matières y étaient conservées; ce pouvait être de l'eau, ou de l'huile, ou du grain, ou des légumes secs, probablement tout cela indifféremment. En tout cas, leur présence dans les grottes signifie que les individus ou les groupes installés en dehors des bâtiments de Qumrân avaient un régime de vie en partie indépendant, et cela est confirmé par la découverte, dans les mêmes grottes, d'une vaisselle domestique, marmites, bols, cruches ou cruchettes: tous les repas n'étaient pas pris dans le réfectoire du Khirbeh, ou bien tous les membres ne participaient pas à ces repas communs. A ce doute, les textes suggèrent plusieurs réponses possibles. La Règle de la Communauté dit explicitement: 'Et qu'en commun ils mangent, et qu'en commun ils bénissent, et qu'en commun ils délibèrent.'[1] Mais la Règle dit aussi que l'admission définitive dans la communauté était précédée de deux stages probatoires pendant lesquels le 'postulant' et le 'novice' n'étaient pas admis aux repas communs.[2] Par ailleurs, la même Règle dit que les prescriptions sur les repas communs devaient être suivies dès que dix hommes étaient réunis,[3] ce qui pouvait se réaliser dans les groupes campés près de la falaise. Cette clause se retrouve dans un autre recueil disciplinaire, conservé en annexe à la Règle et prenant sur certains points des dispositions différentes.[4] Ces unités de dix hommes sont aussi la base de l'organisation décrite par le Document de Damas,[5] émanant certainement du même groupe qui s'est établi à Khirbet Qumrân et aux environs. Il donne la règle des 'camps', *maḥănôt*, établis 'au pays de Damas' et l'on y voit que ces camps, bien qu'ils fussent soumis à un chef commun, avaient une relative autonomie. Si l'on admet, avec certains savants,[6] que le 'pays de Damas' est un nom symbolique du désert de Qumrân, ces *maḥănôt*, ces 'camps', seraient bien représentés par les huttes ou les tentes établies le long de la falaise. Quoi qu'il en soit de cette hypothèse, certains aspects des textes (existence de plusieurs règles disciplinaires, parmi lesquelles le Document de Damas lui-même qui est attesté en plusieurs exemplaires) et de l'archéologie (cimetières secondaires avec tombes féminines, et nos jarres à provisions indiquant la vie indépendante de certains groupements) s'expliqueraient bien si l'ensemble de la communauté ne comprenait pas seulement divers 'ordres' correspondant aux degrés de l'initiation mais si elle réunissait plusieurs groupes qui s'accordaient sur l'essentiel tout en suivant des règles un peu différentes.

Enfin, on a signalé qu'aucune monnaie n'avait été trouvée dans les grottes, alors que des centaines ont été ramassées dans les bâtiments du Khirbeh. Étant donné le nombre des grottes qui ont été explorées, ce contraste ne peut guère être attribué au hasard et doit être expliqué. Il suggère que les individus ne conservaient pas la propriété individuelle de leurs biens et de leurs profits mais qu'ils les versaient à un fonds commun. Cette communauté des biens est caractéristique des Esséniens au témoignage de Josèphe, Philon, et Pline; elle est prescrite par

---

[1] 1QS vi 2–3. Josèphe dit que les Esséniens prenaient en commun les repas de midi et du soir, *BJ* II viii 5, §§ 129–32.

[2] 1QS vi 13–22. De même dans Josèphe à propos des Esséniens, *BJ* II viii 7, §§ 137–9.

[3] 1QS vi 6.

[4] 1QSa ii 21–22.

[5] CD xii 23–xiii 1.

[6] Le problème reste très discuté; cf. en dernier lieu, F. M. Cross, *The Ancient Library of Qumran and Modern Biblical Studies*, New York, 1958, pp. 59–60; Annie Jaubert, 'Le Pays de Damas' dans *Revue Biblique*, lxv, 1958, pp. 214–48.

la Règle de la Communauté, mais le Document de Damas indique que les membres des 'camps' pouvaient posséder de l'argent et des biens, les administrer et les accroître.[1] Si, comme on l'a supposé plus haut, certains des groupes de Qumrân suivaient cette règle, l'absence de toute monnaie dans les grottes qu'ils ont utilisées est étonnante. Faut-il alors penser que, dans leur fuite, ils ont emporté leur numéraire et caché leur vaisselle, et que les monnaies occasionnellement perdues par eux devraient être retrouvées à l'emplacement, malheureusement indiscernable, de leurs 'camps' et non dans les grottes qui ne leur servaient que de magasins et de cachettes?

Ce sont des questions que l'archéologie pose mais qu'elle est incapable de résoudre. Elle fournit seulement des éléments, dont les exégètes des textes pourront peut-être tirer un meilleur parti.

[1] Cf. Ch. Rabin, *Qumran Studies*, Oxford, 1957, pp. 22 ss., où l'on trouvera les références. Mais il est difficile de suivre cet auteur lorsqu'il interprète dans le même sens les passages de la Règle de Qumrân (1QS), qui parlent assez clairement de la communauté des biens.

APPENDICE

Deux jarres inscrites provenant d'une grotte de Qumrân

par J. T. MILIK

LE 16 octobre 1952 j'ai acheté chez un antiquaire de Jérusalem arabe cinq cruchettes et deux jarres, toutes en état de conservation parfaite; sauf une cruchette, elles appartiennent maintenant au Palestine Archaeological Museum (Jérusalem, Jordanie). D'après les dires de l'intermédiaire les pots lui ont été vendus par un Ta'âmireh qui les aurait dénichés dans une grotte de la région de Qumrân. Cette indication de la provenance s'est trouvé confirmée par l'étude de la forme des vases et précisée grâce aux interviews avec les Bédouins au printemps de 1953. La grotte, ou plutôt un simple abri rupestre, d'où provient ce lot de poterie intéressant, se situerait non loin du Khirbet Qumrân, dans la falaise rocheuse, à une centaine de mètres au sud de la grotte à manuscrits 6Q et à un niveau légèrement supérieur, autrement dit tout près et au nord de la dernière 'cascade' du Wady Qumrân; cf. la carte, fig. 1.

Description (voir pl. IX):

Grande jarre en cloche, base arrondie, ouverture étroite à col peu haut et un peu rentrant, lèvre ronde, deux anses annulaires sur l'épaule. Côtelée sur l'épaule. Terre rouge, couverte rose.

Dimensions: hauteur 47 cm., diamètre 38·5, diamètre ouverture 11.

Jarre cylindrique à base pointue, ouverture étroite à col haut, droit et légèrement évasé, lèvre ronde, deux anses annulaires sur l'épaule. Côtelée sur l'épaule. Terre rouge, couverte blanche.

Dimensions: hauteur 56·5 cm., diamètre 24, diamètre ouverture 9·5.

Cruchettes sphériques à col étroit, lèvre épaissie, une anse déviée de la lèvre à l'épaule. Légèrement côtelées. Terre rouge (trois exemplaires) ou grise (deux).

Dimensions moyennes: hauteur 13 cm., diamètre 10, diamètre ouverture 2.

Ces types de jarres et de cruchettes se trouvent fréquemment dans les fouilles de Kh. Qumrân, associés au niveau II (1er siècle de notre ère),[1] aussi que dans les grottes de Murabba'ât (niveau de la Seconde Guerre Juive).[2] Dans les grottes de Qumrân ces formes céramiques ne se rencontrent qu'exceptionnellement; cf. pourtant dans ce volume la description de deux jarres fragmentaires (pp. 9, 12, 18 et fig. 3, types 12 et 13) et la mention de cruchettes sphériques aux pp. 14 et 24. En conclusion, les limites chronologiques de la poterie décrite sont: début de notre ère–135 après J.-C.

Les deux grands vases portent des épigraphes, tracées fermement au charbon à la pointe assez large.

La jarre cylindrique a une seule lettre grecque, 4 cm. de haut, située à distance égale entre les deux anses (pl. IX. 1):

$$M$$

La jarre en cloche, sur la partie supérieure de la panse, à gauche d'une anse, porte une ligne d'inscription, 11 cm. de long, hauteur moyenne des signes 1·5 cm. (pl. IX. 4):

ס ןו לג ‖‖‖‖

à comprendre: '2 séah et 7 log'

---

[1] Jarre en cloche: *Revue Biblique*, lx, 1953, p. 97, fig. 2. 6 (presque identique), 3 et 1 (cf. pl. VIb: similaires); jarre cylindrique: *ib.*, fig. 2. 2 et pl. VIIa (identique); cruchette: *ib.*, p. 99, fig. 3. 1 et 3, pl. VIIa; lxi, 1954, p. 223, fig. 4. 9 et pl. XIa. Fouilles à 'Ain Feshkha: jarre cylindrique inédite, n° Fesh 89.

[2] Jarre en cloche: *DJD II*, fig. 7. 4 (cf. *Revue Biblique*, 1953, p. 257, fig. 3. 3); jarre cylindrique: *DJD II*, fig. 7. 2 et 3 (cf. *Revue Biblique*, *l.c.*, fig. 3. 4 et 5).

La lecture matérielle de l'épigraphe et son interprétation sont certaines. Une partie du ghimel a le trait dédoublé, ce qui est dû au maniement maladroit du morceau de charbon. Un dédoublement pareil se note parfois dans les graffites des ossuaires.[1] La lettre samekh en tant qu'abréviation de סאה se retrouve dans les documents de Murabba'ât; voir *DJD II*, note à la 1ère ligne du n° 8. L'inclinaison divergeante du dernier ou des deux derniers traits qui expriment les unités n'est pas sans exemple dans les manuscrits de Qumrân; ainsi dans un calendrier de 4Q le chiffre '4' est exprimé par \/\/\/, '5' par \\/\/\/, '7' par \/\/ \/\/\/, et '8' par \\/\/ \/\/\/. On remarquera pourtant que sur notre jarre les deux derniers traits d'unité sont plus bas que les autres. Ce détail s'explique par le tracé 'cursif' des deux derniers traits; c'est le même tracé qu'on retrouve dans certains manuscrits de la grotte 4 de Qumrân (fig. 7, premier et deuxième chiffre). Originairement inclinées à gauche et liées par un demi-cercle en bas, les deux dernières unités conservaient toujours leur inclinaison et souvent leur niveau, inférieur à celui des autres. Parfois pourtant elles perdaient la ligature semi-circulaire du bas; voir fig. 7, troisième chiffre, et le graffite de la jarre.

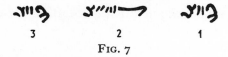

3   2   1

FIG. 7

La raison pour laquelle on avait écrit sur cette jarre une indication métrologique n'est pas du tout claire. L'explication simple et naturelle nous paraît la suivante: le récipient qui, dans l'intention du potier ou bien du propriétaire, devait avoir une contenance précise (de deux ou trois séah), ne l'avait pas; on l'a donc jaugé soigneusement en vue des besoins futurs, par exemple des distributions de vivres. La supposition qu'il s'agit 'peut-être simplement du compte d'une denrée mise dans la jarre et ne la remplissant pas',[2] nous semble moins satisfaisante. Envisageons deux cas hypothétiques d'un tel compte d'une denrée. D'abord, si c'est le détenteur de la jarre lui-même qui a acheté ou reçu la marchandise, il n'avait nul besoin ni intérêt à noter le volume de la denrée mise dans la jarre qu'il ramenait chez lui. Ensuite, dans le cas d'une denrée envoyée de loin par un intermédiaire, par exemple de la part de l'intendant d'une armée, on attendrait soit une indication plus précise (volume, nom de la denrée, nom du destinataire) soit plutôt un message oral ou écrit transmis par le dirigeant du convoi; dans cette dernière hypothèse la jarre n'aurait porté aucune 'étiquette'.

Par conséquent, si l'on admet que la notation '2 séah et 7 log' indique la contenance réelle de la jarre, il vaut la peine de calculer exactement la capacité du récipient. Nous avons appliqué toutefois une méthode empirique, qui imitait le procédé réel, à l'exclusion de calculs abstraits. Nous avons donc rempli graduellement le vase, d'abord avec de l'eau, ensuite avec du blé, chaque fois seulement jusqu'à la naissance du col. La première mensuration de la jarre en cloche, faite avec de l'eau, a donné

$$36 \cdot 060 \text{ l.}$$

Il fallait pourtant en soustraire l'eau absorbée par les parois fortement desséchées du pot. La deuxième mesure, obtenue après que l'argile eût été bien saturée d'eau, où donc le pourcentage de l'absorption devenait négligeable, se monte à

$$35 \cdot 650 \text{ l.}$$

Une valeur différente a été obtenue pour les denrées sèches, en remplissant la jarre du froment, laissé insuffisamment tassé; son volume était égal à

$$33 \cdot 255 \text{ l.}$$

En se rappelant les rapports, assez bien assurés, entre les mesures de capacité en usage dans

---

[1] B. Bagatti et J. T. Milik, *Gli scavi del 'Dominus Flevit'*, i, Jérusalem, 1958, p. 83 sous le n° **11**.

[2] R. de Vaux, *Les institutions de l'Ancien Testament*, i, Paris, 1958, p. 308.

la Palestine juive (le séah, qui est 1/30 de kor-homer et 1/3 de bath-éphah, est égal à 6 qab et 24 log),[1] on arrive aux systèmes métriques suivants, à partir des deux dernières mensurations:[2]

	Liquides (et farine?)	Grains (et fruits?)
Kor	466·56 l.	435·31 l.
Letekh	233·28	217·65
Bath	46·66	43·53
Séah	15·55	14·51
Qab	2·59	2·42
Log	0·65	0·61

Si l'on prend la moyenne des deux colonnes, en chiffres arrondis, on obtient un système unifié et simple, avec une approximation suffisante pour les besoins pratiques et pour les calculs rapides:

1	kor	450 l.	30	séah	15·0 l.
2	letekh	225	180	qab	2·5
10	bath	45	720	log	0·6

Ce système de mesures de capacité était en usage dans le groupe humain auquel appartenait le propriétaire de la poterie, un Juif palestinien vivant au Ier ou au IIe siècle de notre ère. Mais ni la paléographie ni la céramique ne permet de décider entre les deux milieux: Esséniens habitant la région de Qumrân dans la première moitié du Ier siècle après J.-C., ou bien Juifs participant à la Seconde Guerre Juive sous Hadrien. Cette incertitude quant à la précision chronologique et sociale, quel que soit l'intérêt de celle-ci, n'affecte guère, à notre avis, l'importance de la jarre de Qumrân pour l'étude de la métrologie palestinienne. Elle constitue une base objective, premier indice de ce genre fourni par l'archéologie, pour reconstituer le système des mesures de capacité en usage à l'époque romaine dans la Judée juive, le système auquel plus tard les rabbins feront l'allusion en parlant du séah de Jérusalem, par opposition à celui de Sepphoris et du Désert (p. ex. bMen. 77a).

Tous les systèmes métrologiques qu'on a proposés jusqu'à ce jour se fondaient surtout sur les passages de Josèphe qui donnent les équivalences entre les mesures bibliques et celles des Grecs ou des Romains. Mais un juge compétent a déclaré, non sans raison, ces déterminations basées sur le texte de Josèphe 'entièrement fausses'.[3] En effet, tout comme les versions anciennes de la Bible (ou une traduction moderne en français avec ses 'muids', 'boisseaux', 'setiers', 'pintes'), l'auteur des *Antiquités Juives* ne donne que des correspondances très approximatives, des rapports entre les différents systèmes, des valeurs de même ordre. C'est le cas des équivalences entre kor et μεδίμνους (*AJ* xv ix 2, § 314), bath et μετρητής (VIII ii 9, § 57), hin et χοῦς (III viii 3, § 197, ix 4, § 234), log et ξέστης-*sextarius* (VIII ii 9, § 57, IX iv 2, § 62). J'aimerais cependant faire une exception pour l'équivalence: 1 séah = 1 modius 1/2 (*AJ* IX iv 5, § 86). Si le témoignage de S. Jérôme à propos de la même équation (*In Matth.* 13[33], *PL* lxxvi, col. 92) est indépendant de Josèphe et reflète l'usage palestinien de son temps (*iuxta morem provinciae Palestinae* dans le passage cité), il pourrait s'agir d'un système de correspondances entre les mesures locales et celles de l'Empire, d'un système de simples conversions, mais arbitraire, qu'on aurait introduit officiellement et pratiqué dans la vie quotidienne. On a un parallèle

[1] Sur la métrologie de la Palestine ancienne voir en dernier lieu J. Trinquet, 'Métrologie biblique', *Dictionnaire de la Bible–Supplément*, v, Paris, 1957, cols. 1211–50.
[2] Nous ne prenons que les mesures et leurs noms qui sont attestés par les documents contemporains (textes de Murabba'ât: kor, letekh, séah, qab) et par les inscriptions (bath, log).
[3] W. F. Albright, *Annual of the American Schools of Oriental Research*, xxi–xxii, 1941–43, p. 18, n. 7.

excellent pour ce phénomène social dans l'équivalence: 1 tétradrachme = 4 deniers.[1] Pourtant, ces assimilations officielles restent elles-aussi forcément approximatives.

On a noté que les valeurs fournies par la jarre de Qumrân 'sont les déterminations de capacité les plus fortes proposées jusqu'à ce jour'.[2] Si cela est vrai des systèmes fondés sur les données de Josèphe, qui aboutissent à un séah égal à 13 l. environ, on se rappellera que l'unique autre indice fourni par l'archéologie livre des mesures de capacité pratiquement identiques à celles de la jarre qumranienne. Il s'agit des jarres standardisées des VIIe–VIe siècles, trouvées aux fouilles de Tell ed-Duweir (Lakish), dont deux exemplaires complets ont été mesurés par C. H. Inge.[3] La première, qui porte sur ses quatre anses une estampille royale, mesure 45·350 l.; l'autre, avec une estampille privée, 46·667 l. Inge suppose que la capacité de ces récipients est d'un bath, les jarres estampillées ayant succédé aux jarres à graffites *bt* et *bt lmlk*, qui datent du VIIIe siècle.[4] On notera que la seconde mensuration d'Inge est identique à notre deuxième. En prenant la moyenne des deux déterminations de Lakish, on obtiendra le système officiel des mesures de capacité en vigueur dans le royaume de Juda au VIIe siècle:

bath	46·0 l.
séah	15·3
log	0·6

Ces mesures sont pratiquement identiques à celles fournies par la jarre de Qumrân.[5] Compte tenu de faits de civilisation tels que l'esprit conservateur de la Ville Sainte, du Temple et du clergé, du Retour au passé et des Renaissances qui marquèrent la vie de la Judée aux époques perse et gréco-romaine, rien n'empêche d'admettre qu'un système métrologique, exactement le même, ait pu se maintenir dans cette partie de la Palestine, de la Monarchie à la période romaine. A titre de phénomènes analogues citons l'emploi de l'écriture paléo-hébraïque par les scribes judéens aux deux derniers siècles avant J.-C., type d'écriture qui s'inspire directement du ductus monumental et officiel en usage au VIIe siècle, et non pas de la cursive d'alors (illustrée par les ostraca de Lakish et d'Ophel) ou des écritures 'phéniciennes' utilisées aux époques postérieures. Il est bien possible que les jarres des périodes perse et hellénistique qui portent les estampilles *Yhd*, *Yršlm*, etc.,[6] appartiennent au même étalon officiel. Mais avant qu'on n'ait trouvé ce 'chaînon manquant', une jarre estampillée suffisamment complète pour être mesurée, l'uniformité et la continuité de la métrologie judéenne, au cours de huit siècles au moins, ne restera qu'une attrayante hypothèse de travail.

Comme il a été dit plus haut, la jarre cylindrique porte tracée au charbon la lettre **M**. Une lettre isolée, le *ṭeth* de l'alphabet hébreu, mais gravée avant cuisson, se rencontre sur une jarre provenant de la grotte à manuscrits 3Q.[7] Dans les deux cas, il pourrait s'agir de l'initiale de noms propres, à comparer avec les noms propres complets, gravés ou peints sur les vases.[8] Vu l'association avec la jarre portant l'indication métrologique, il est possible que ce soit l'abréviation d'une dénomination grecque pour une mesure de capacité. Parmi les différents

[1] *Revue Biblique*, lxii, 1955, p. 253.

[2] Trinquet, *l.c.*, col. 1233.

[3] *Palestine Exploration Quarterly*, lxxiii, 1941, pp. 106–9 et pl. X; cf. *ib*. lxix, 1938, pp. 248–53, et O. Tufnell, *Lachish III (Tell ed-Duweir). The Iron Age*, Oxford, 1953, pp. 48, 312, 315 s. et surtout 340 s.; pl. 78. 5 et 11, pl. 95.

[4] Pour ces dernières voir N. Avigad, *Israel Exploration Journal*, iii, 1953, pl. 121 s. et pl. 5 A; cf. *Lachish III*, pp. 316 et 356 s.

[5] Une jarre à estampille royale provenant de Tell en-Naṣbeh ne mesure que 40·7 l.; C. C. McCown, *Tell en-Naṣbeh*, i, p. 260. Mais ce chiffre ne semble pas aussi assuré que ceux de Lakish, à en juger par les expressions du fouilleur: la jarre 'practically complete', 'tentatively restored'.

[6] Voir en dernier lieu S. J. Saller, *Excavations at Bethany (1949–53)*, Jérusalem, 1957, pp. 192–7; N. Avigad, *l.c.*, vii, 1957, pp. 146–53; viii, 1958, pp. 113–19.

[7] Voir ici-même, p. 8 et pl. VII.

[8] Plus haut, p. 30 et fig. 6. 5; *Revue Biblique*, lxi, 1954, p. 208 et pl. XIIa; plusieurs inédits des fouilles de Kh. Qumrân; ostraca de Murabba'ât (*DJD II*).

termes qui commencent par cette lettre: μεδίμνους, μετρητής, μέτρον, μόδιος, on choisirait volontiers le troisième, étant donné que la LXX, en traduisant habituellement séah par μέτρον 'mesure', semble donner à ce terme valeur technique pour désigner le séah. Noter surtout μέτρα τρία traduisant איפה en Ex 16[36] et en Is 5[10].

La jarre cylindrique n'a été mesurée qu'une seule fois et cela avec du blé; la valeur obtenue est de

$$16 \cdot 625 \ \text{l.}$$

donc encore plus forte que celles de la jarre en cloche. Il pourrait s'agir d'un système de mesures de capacité pour évaluer des denrées très différentes de celles prévues pour l'autre récipient. Cependant, vu le caractère conjectural de toute interprétation d'une lettre isolée, il sera plus prudent de ne pas tenir compte de la contenance de cette jarre dans les discussions sur la métrologie palestinienne ancienne.

II

Textes des grottes
2Q, 3Q, 6Q, 7Q à 1OQ

par M. BAILLET

INTRODUCTION

Nous voilà bien loin des magnifiques rouleaux de la grotte 1. Malgré le nombre, en soi respectable, de morceaux de peau et de papyrus recueillis dans les 'Petites Grottes' de Qumrân, la répartition et l'état des fragments interdisent en général la reconstitution de vastes ensembles. Mettant à part la grotte 5, publiée ci-dessous par J. T. Milik, faisons rapidement l'inventaire de ce lot disparate.

Dans la grotte 2 (= n° 19 dans la série des grottes fouillées, cf. p. 9), une quarantaine de manuscrits sont représentés. Parmi eux, une place de choix revient à la Bible, dont on garde quelques belles pièces (Jérémie = 2Q13, Ruth = 2Q16) ou des morceaux d'intérêt exceptionnel (Ecclésiastique hébreu = 2Q18). Importante était aussi la section non biblique, si l'on en juge par la présence de deux manuscrits des Jubilés (2Q 19 et 20) et de la 'Jérusalem Nouvelle' (2Q24). Le tout est sur peau.

La grotte 3 (= n° 8 dans la série, cf. p. 7) se présente davantage comme une cachette. Tous les fragments que je publie sont sur peau, et très peu d'entre eux sont reconnus comme bibliques. C'est là cependant que l'on trouve le seul commentaire attesté dans le lot (= 3Q4). Toutefois, l'intérêt de cette grotte résidera avant tout dans la singulière trouvaille des rouleaux de cuivre, publiés ci-après par J. T. Milik.

La grotte 6 (= n° 26 dans la série, cf. p. 10) fut une bibliothèque spécialement riche. On y remarquera la prédominance du papyrus, utilisé même pour des textes bibliques en langue originale, et la variété des écritures, qui vont des plus belles calligraphies aux cursives les plus évoluées. A côté des livres saints, bien représentés dans des recensions parfois assez peu classiques (cf. Livres des Rois = 6Q4), les œuvres non bibliques sont les plus nombreuses. Elles déploient un éventail de genres presque complet, allant des apocryphes aux contrats, en passant par le Document de Damas (6Q15).

La bibliothèque de la grotte 7 (cf. p. 27) contenait uniquement des papyrus grecs, parmi lesquels on n'a pu identifier que deux textes bibliques. L'un des documents (7Q19), entièrement détruit, a laissé son empreinte sur des blocs de boue solidifiés. Ces quelques bribes ont néanmoins un véritable intérêt paléographique, les écritures allant du 'Zierstil' jusqu'à des mains assez cursives.

La grotte 8 (cf. p. 30) est proportionnellement la plus biblique et la plus cohérente. Une place importante y revient au phylactère (8Q3), le seul des petites grottes et que devait peut-être contenir l'un des trois étuis retrouvés au même endroit. Quant à la mezouza (8Q4), elle est sans doute le morceau le plus consolant du lot: c'est le seul document de ce genre trouvé à Qumrân et sa conservation est suffisante pour qu'on ait pu en reconstituer le texte complet.

Il serait difficile de classer la grotte 9 (cf. p. 31) dont on n'a retiré qu'un seul fragment inscrit, d'ailleurs assez tardif.

Quant à la grotte 10 (cf. p. 31), elle représente un cas limite. La seule trouvaille y fut un fragment de jarre avec inscription, si bien qu'on pourra hésiter à parler de 'grotte à manuscrits'.

Il n'est que de parcourir les pl. X à XXXV pour se rendre compte de l'état de conservation des documents. Leur destruction est d'ailleurs imputable à de multiples causes. La première et la plus ancienne semble avoir été l'intervention maligne de mains ennemies qui découpèrent certains rouleaux au moyen d'instruments tranchants. D'où les franches déchirures en biseau qui apparaissent sur le bord de certaines peaux (2Q**1, 6, 11, 21** 2, **24** 8, et 6Q**2**). Ce fut ensuite un long séjour dans des grottes où les intempéries et les morsures des bêtes réduisirent les documents à l'état de lambeaux rongés et pourris. C'est dans cet état qu'ils ont été livrés à l'étude, nettoyés et photographiés. La situation politique à la fin de 1956 a conseillé de les mettre en un lieu sûr à Amman, mais certains d'entre eux y ont souffert de l'humidité, au point que leur aspect actuel ne correspond plus toujours à celui que montrent les photographies.

L'édition d'un pareil lot exigeait un travail particulièrement aride et complexe. Étant donné la diversité des documents, il ne pouvait qu'être long; vu par ailleurs leur état, il risquait d'être assez peu fructueux. J'ai dû consacrer pas mal de temps à fixer le plus possible l'identité de textes dont on n'avait le plus souvent que des bribes. Tous les détails matériels prenant de l'importance, il a fallu les étudier un à un. Pour les œuvres non bibliques la tâche était spécialement ardue, car elle exigeait de compulser les éditions d'apocryphes et de se référer mot par mot aux textes des grottes 1 et 4. En fin de compte, il faut bien reconnaître que le résultat acquis dans ce domaine est infiniment maigre; mais les comparaisons faites m'ont aidé, dans la plupart des cas, à déterminer au moins le caractère des documents non identifiés, qui ont ainsi pu être classés, à l'intérieur de chaque grotte, par genres littéraires.

Pour la transcription des textes sémitiques, les règles suivies sont strictement celles indiquées en *DJD I*, p. 48. Je ne m'en suis écarté que dans l'édition de 7Q pour me conformer aux principes admis en papyrologie grecque: les copies sont faites en minuscules, les mots sont autant que possible séparés et accentués, chaque lettre douteuse est munie d'un point souscrit.

Un problème de méthode était soulevé par les fragments dont le contexte était déjà connu. Deux voies également attrayantes s'ouvraient. La première était de ne reproduire que les éléments du texte réellement conservés, en complétant à la rigueur les mots sur les bords des lacunes. C'était sans doute le plus simple et le plus court; mais lorsqu'un morceau identifié se réduisait à quelques lettres, la transcription n'était guère utilisable qu'à l'aide d'une édition complète du passage, et l'identification elle-même, toute certaine qu'elle était à mes yeux, risquait de paraître gratuite à ceux du lecteur. La seconde voie était de combler les vides dans toute la mesure du possible. L'édition se suffisait alors à elle-même, elle rendait compte de la disposition des textes et mettait en évidence les variantes attestées indirectement par la longueur des lacunes. La méthode avait par contre l'inconvénient d'imposer un travail long et délicat, et l'on risquait de tromper l'œil du lecteur en lui proposant des textes étendus à propos de fragments très courts. C'est malgré tout cette voie que j'ai choisie. Étant donné les problèmes difficiles posés par les restitutions, surtout dans les cas de textes et de graphies non classiques, il ne faut pas se faire illusion sur leur valeur scientifique.

Le but essentiel des notes textuelles a été de faire apparaître, en regard de chaque variante, ses attestations connues par ailleurs, même si l'une ou l'autre pouvait être due à une rencontre fortuite. Les apparats critiques sont donc plus développés que dans *Qumrân Cave I*. Sans prétendre être exhaustif, j'ai tâché d'être fidèle aux règles suivantes:

— les accords avec le texte classique ne sont signalés que si la lecture pose un problème ou si la rencontre est inattendue: ainsi dans le cas d'un manuscrit hébreu conforme en gros aux Septante, mais qui par endroits suivrait le Texte massorétique;

— les accords avec des formes aberrantes du Texte massorétique, attestés par exemple dans les manuscrits de Kennicott, sont toujours signalés. J'ai cru bon dans ce cas de donner une idée de leur fréquence en notant le nombre de témoins concordants. Il aurait fallu ajouter que certains manuscrits ou groupes permettent d'établir des constantes dans leur accord avec

Qumrân, surtout en ce qui concerne les graphies pleines. Cela prouve la persistance d'une véritable tradition dans ce sens jusqu'à une époque assez tardive, mais ces cas n'ont pas été signalés, afin d'alléger l'édition;

— les accords avec le Samaritain sont également toujours donnés. Leur importance est d'ailleurs majeure, étant donné ce que l'on soupçonne des affinités entre certaines traditions samaritaines et certaines recensions anciennement connues à Qumrân;

— en cas d'accord avec une ou plusieurs traductions de l'hébreu (Septante, Syriaque, Vulgate, Targums) on mentionne au moins les faits les plus importants;

— si l'on rencontre enfin des sous-versions ou simplement quelques manuscrits de l'une ou l'autre traduction, on note à toutes fins utiles l'ensemble des accords repérés, laissant à des recherches ultérieures le soin d'en apprécier l'importance.

L'aspect très fragmentaire des morceaux publiés m'a également engagé à donner des commentaires plus détaillés que je ne l'aurais fait pour des documents plus cohérents. Deux choses surtout m'ont semblé utiles: d'une part éviter de vaines discussions en donnant mon témoignage sur des lectures apparemment difficiles mais autorisées par l'examen direct des originaux, d'autre part déterminer au mieux le genre des documents inconnus en serrant de près leurs affinités littéraires.

Certains extraits des 'Petites Grottes' ont déjà donné lieu à une première édition: le P. de Vaux a donné 3Q4 en *Revue Biblique*, lx, 1953, pp. 555–6; j'ai publié moi-même 2Q24 *ib.* lxii, 1955, pp. 222–45 et 6Q15 *ib.* lxiii, 1956, pp. 513–23. Il faut ajouter que 2Q13 a fait l'objet, en 1953, d'un mémoire présenté à l'Académie des Inscriptions et Belles-Lettres de Paris, ainsi que 2Q24 en 1954. J'ai repris ici ces premiers travaux en les abrégeant et en tâchant de les perfectionner.

Il me reste à remercier tous ceux qui ont contribué de quelque façon au succès de l'entreprise: Mr. Joseph Saad, directeur du Palestine Archaeological Museum de Jérusalem, ainsi que ses collaborateurs, qui m'ont facilité l'accès aux originaux; les RR. PP. Benoit et Boismard qui m'ont fourni une grande partie des éléments pour l'édition des fragments de la grotte 7; le R.P. de Vaux et mes collègues qui m'ont aidé de leurs directives et de leurs conseils; et très spécialement J. Strugnell qui a patiemment assumé la tâche ingrate de réviser mon manuscrit avant l'impression et l'a sensiblement amélioré sur bien des points. Les erreurs et les imperfections que l'on ne manquera pas de découvrir me sont imputables; mais pour les apprécier, qu'on veuille bien tenir compte de la difficulté d'une étude où tout est fait de menus détails.

Je sais que, malgré de longs efforts, le résultat est assez décevant et n'offre rien de spectaculaire. Ce n'est pas cette partie des 'Petites Grottes' de Qumrân qui apportera beaucoup à l'histoire de la pensée, et les plus brillants conférenciers auront peine à s'en inspirer pour éblouir le grand public par leurs effets oratoires. Le principal intérêt de cette édition sera peut-être de fournir du travail aux techniciens de la critique textuelle. Par ailleurs, elle aura certainement le pouvoir de faire rêver à tout ce que nous avons perdu de l'immense littérature cachée durant dix-neuf siècles dans la poussière du désert de Juda.

I

GROTTE 2

I. TEXTES BIBLIQUES

1. GENÈSE

(PL. X)

PEAU d'épaisseur moyenne, plissée par endroits. Pores légèrement apparents du côté inscrit. Teinte marron foncé, plus sombre à droite et en bas du fragment 2 par suite de la décomposition. Dos plus lisse et plus clair. Le f. 1 est en grande partie transparent et provient de l'extrémité gauche d'une feuille dont un trou de couture est encore visible. Le f. 2 est à cheval sur deux colonnes successives. L'un et l'autre portent les traces d'un arrachage violent, les bords étant largement découpés en biseau (haut de 1 et 2, bas de 2).

Lignes tracées à la pointe sèche, plus finement en 1 qu'en 2, bien visibles sur les originaux. Interlignes de 7 à 8 mm. Marge gauche (f. 1) de 1·8 cm. sans compter la couture. Intercolonnement (f. 2) de 1·7 cm. Calligraphie hérodienne très soignée, rappelant celle de 2Q16. Hauteur du *hé* ±3 mm.

Les identifications sont pratiquement certaines. La largeur inscrite par colonne devait être de 8 à 9 cm. D'après le f. 2 on aurait eu ±44 lignes par colonne, celle-ci ayant ±30·5 cm. de haut.

Autant qu'on puisse en juger, le texte et les graphies sont massorétiques.

1: 19²⁷⁻²⁸

$$
\begin{array}{r}
\text{[}\quad\quad\quad\quad\text{²⁷וישכם אברהם בבקר]} \\
\text{[אל המקום אשר עמד ש]ם את פֿנֿי} \quad\quad\text{ı} \\
\text{[יהוה ²⁸וישקף על פני ס]דֿם ועמרה}
\end{array}
$$

v. 27: את פני a partiellement disparu, la peau étant très écaillée à cet endroit.

2, col. I: 36⁶

$$
\begin{array}{r}
\text{[}\quad\quad\quad\quad\text{⁶ויקח עשו את נשיו ואת בניו]} \\
\text{[ואת בנתיו ואת כל נפשות ביתו ו]אֿת מקנהֿו} \quad\quad\text{ı} \\
\text{[ואת כל בהמתו ואת כל קנינו אשר רכש] בָּאֿרֿץ} \\
\text{[כנען וילך אל ארץ מפני יעקב אחיו} \quad\quad\text{[}
\end{array}
$$

ו]אֿת: le *taw*, mal conservé, est très difficile à garantir.

מקנהֿו: la dernière lettre est douteuse, mais cette lecture (= TM) est la plus probable. 2 mss. de Ken ont מקניהו.

בארץ n'est qu'une suggestion. Les traces sont très incertaines et l'encre en grande partie dissoute. Le *ṣadé* final est possible, et le mot est en tout cas à une distance convenable, si l'on compare avec la col. ii.

Col. II: 36³⁵⁻³⁷

$$
\begin{array}{r}
\text{[}\quad\quad\quad\quad\text{³⁵וימת חשם וימלך תחתיו]} \\
\text{[הדד בן בדד המכה את מדין בשדה מואב]}
\end{array}
$$

[ושם עירו] עׄ[וית] 36 וימת הדד וימלך תחתיו]

שמלה ממש[רקה] 37 וימת שמלה וימלך תחתיו]

שא[ול מרחבות הנהר   [

v. 35 : ע[וית plutôt que ע]ירו, en tenant compte du nombre d'espaces par ligne.

2. EXODE (PREMIER EXEMPLAIRE)

(PL. X)

Peau assez épaisse, de teinte originelle vraisemblablement café au lait, assez bien conservée dans les ff. 2, 3, 8, 9 et 10, mais devenue très sombre en 4 et dans la partie supérieure de 5. Le f. 12, en pleine décomposition, est très noir, les autres ont des nuances intermédiaires. Pores légèrement apparents du côté inscrit, où l'épiderme est arraché par endroits. Dos lisse et généralement plus clair.

Calligraphie hérodienne soignée, très caractéristique, anguleuse et inclinée à gauche. Les lettres sont suspendues à des lignes finement tracées à la pointe sèche, distantes de 7 à 8 mm. Hauteur du *hé* 3 mm. Largeur inscrite par colonne ±13 cm. Intervalles très irréguliers entre les mots.

Les identifications sont généralement certaines. Les ff. 9 et 10 ne peuvent cependant pas être replacés avec certitude, et le texte de 11, 12 et 13 est trop court pour offrir une base suffisante.

Le texte présente un certain nombre de variantes de la LXX. Les graphies sont souvent pleines.

1 : 1$^{11-14}$

[   ] 11b ויבנו] ערי מ[ס]כׄ[נ]ות לפרעה את פתום ואת רעמסס [........

[וכאשר י]ענו א'תם כן י[ר]בו וכן ישרצו] במאד מאד ויקוצו מצרים 12

[מפני ב]נׄי ישראל 13 ויעבדו מצרים את] בני ישראל בפרך 14 וימררו את]

[חייהם בעבדה קשה בחמר ובלבנים] ובכל עבדה בשדה את]

[כל ע]בודתם אשר עבדו בהם בפרך] כן ירבו וכן ישרצו במאד   5

[מאד]ויקוצו מצרים מפני בני ישרא[ל

[   ]   *vacat*   [   ]

v. 11 : מסכנות (= TM) ou מבצרות (= LXX et Lat).

v. 12 : א'תם. *Waw mater lectionis* ajouté dans l'interligne. Graphie pleine. TM a אתו. 2Q est au pluriel avec LXX, Lat, Vulg, Ps-Jon et Onq.
ירבו (= LXX, Lat, Vulg, Ps-Jon, Onq). TM a ירבה.
ישרצו semble inspiré d'Ex 1^7. TM a יפרץ. LXX a וישרצו (sans כן). Les dimensions probables des lacunes font supposer après ישרצו la leçon במאד מאד (= LXX), et peut-être מצרים (= LXX, Vulg, Ps-Jon, Onq) après ויקוצו : cf. le même passage repris après le v. 14 avec cette leçon. TM a ויקצו מפני בני ישראל.
v. 14 : עבודתם. Graphie pleine.
L. 6 : fin du v. 12b reprise à la fin de la péricope. Le remplissage des lacunes à la fin de la l. 5 et au début de la l. 6 semble exiger de répéter, selon ce qui précède au v. 12 : כן ירבו וכן ישרצו במאד מאד après בפרך. Cette suggestion est due à J. Strugnell.
ויקוצו. Graphie pleine (= 2 mss. de Ken en 1^{12}).
Avant ערי (v. 11) on peut, de plus, supposer ויבנו (= LXX).

Au même v., après רעמסס, noter que LXX a, en plus de TM, ואת און הוא עיר שמש. Quelques-uns de ces mots manquaient peut-être en 2Q, vu la place disponible.

En bas du f., ligne en blanc, à la fin d'une péricope massorétique.

2: 7¹⁻⁴

[   ]*vacat*[   ]

¹[ויאמר יהוה אל מושה ראה נתתיך אלוהים ל]פרעה ו[אהרון]

[אחיך יהיה נביאך ²אתה תדבר את כול אשר אצוך] ואהרון

[אחיך ידבר אל פרעה ושלח את בני ישראל מארצו] ³ואני אקש[ה את]

[לב פרעה והרביתי את אותותי ואת מופתי בארֶ]ץ מצרים ⁴ולוא

[ישמע אלכם פרעה

v. 2 : ואהרון. Graphie pleine.

v. 4 : ולוא. Graphie pleine.

3: 9²⁷⁻²⁹

²⁷ᵇ[יהוה הצ]דיק ואני ועמי[הר]שֹ[עים ²⁸העתירו ורב מהיות]

[קולות אלו]הים וברד ואש [ואשלחה אתכם ולוא תוספון]

[לעמוד ²⁹ויואמר מושה] אליו כצאתי את העיר אפרוש את כפי

[אל יהוה]הקולות יח[דלון והברד לוא יהיה עוד למען]

₅[תדע כי ל]ל[יֹ]הוה האר[ץ

v. 27 : ואני (= TM). Trace du *waw* sur le bord échancré.

v. 28 : ואש = LXX dans le Vaticanus et l'éd. de Lagarde, et Syr-hex (sous obèle). Manque en TM et l'Alexandrinus de LXX (première main).

v. 29 : ויואמר. Graphie pleine.

מושה. Graphie pleine.

TM, LXX et Targ ont ויאמר אליו משה. 2Q omettait peut-être אליו (= 3 minuscules de LXX, Vulg, Bohaïrique) ou le mettait après משה (= 1 ms. de Ken). Syr et l'Éthiopien ont ויאמר משה אל פרעה.

הקולות. Graphie pleine (= 1 ms. de Ken). TM a הקלות. 2Q pouvait aussi avoir והקולות (= Sam et LXX).

Au même v., après כפי, la dimension des lacunes permet de supposer que 2Q avait אל יהוה, d'accord avec le TM. Ces mots manquent en LXX, où une partie de la tradition manuscrite est très hésitante.

4: 11³⁻⁷

[³ויתן יהוה את חן העם בעיני מצרים גם האיש מושה]

₁[גדול מאד בתו]ך ארץ[מצרים בעיני עבדי פרעה ובעיני העם]

[⁴ויואמ]ר מושה אל פרע[ה כה אמר יהוה כחצות הלילה אני]

[יוצא בתוך מ]צרים ⁵ומת כל בכור[בארץ מצרים מבכור פרעה]

[היושב על כסא]ו עד בכור השפחה] אשר אחר הרחים וכל בכור]

₅[בהמה ⁶והיתה צעק]ה גדולה בכל [ארץ מצרים אשר כמוהו לוא]

[נהיתה וכמוהו לוא תוסף ⁷ולכל בני] ישראל לוא יחר[ץ]

[כלב לשונו למאיש ועד בהמה ל]מ[ען תדעון אשר יפלה יהוה]

[בין מצרים ובין ישראל

v. 3 : avant ארץ le trait vertical semble se prolonger au-dessous de la ligne, et l'on peut lire *kaph* final.

GROTTE 2

51

בתוך ארץ = Sam dans une longue addition (= début du v. 3ᵇ de von Gall) où, avant וגם (TM גם) du v. 3, il a וכחצית . . . ובין ישראל, à peu près identique à כחצית ובין ישראל . . . (TM כַּחֲצֹת) des vv. 4–7. TM a בארץ.

Avant le v. 4, un petit espace en blanc devait correspondre à la *setumah* massorétique.

v. 4: מושה. Graphie pleine.

אל פרעה (= 3 minuscules de LXX et Ps-Jon). Manque en TM. Sam a ויאמר משה אל פרעה en 3ᵇ après העם pour introduire un passage qui lui est propre.

v. 5: ומת. *Waw* lu sur l'original dans un état antérieur.

כסא[ו ועד (= TM) ou כסא[ו ועד (= Sam) ou הכסא [ועד (= LXX). L'absence d'espacement entre les mots ne permet pas de décider.

v. 6: גדולה. Graphie pleine (= 16 mss. de Ken).

5: 12³²⁻⁴¹

```
]                                           ³²גם צ[אֹנכ]ם גם בק[רכֹ]ם קחו כאשר דברתם ולכו וברכתם גם אותי[
]ותחזק מצר[י]ם על ה[]עם למהר לש[]לחם מן הארץ כי אמרו כלנו מתים ³⁴וישא העם[
]את בצקו טר[]ם יחמץ משארותם צרו[]רות בשמלותם על שכמם ³⁵ובני ישראל עשו[
]כדבר מו[]שה וישאלו מ[]מצרים כלי כ[]סף וכלי זהב ושמלות ³⁶ויהוה נתן את חן העם בעיני מצרים[
]וישא[]לום ו]ינ[צ]לו א[]ת מצרים[
]³⁷ויסעו בני ישראל מרעמסס סכתה כ[ש]ש מאות אלף רגלי הגברים לבד מטף ³⁸וגם ערב רב[
]עלה אתם ו[צ]אן ובקר מקנה כבד מ[]אד ³⁹ויאפו את הבצק אשר הוציאו ממצרים עוגות[
]מצות כי לא חמץ כי גרשום מצר[י]ם ו[]לא יכלו להתמהמה וגם צדה לא עשו להם ⁴⁰ומושב[
]בני ישראל א[ש]ר יש[ב]ו במצרים שלשים שנה וארבע מאות שנה ⁴¹ויהי מקץ[
]שלשים שנה [וארבע מאות שנה ויהי בעצם היום הזה יצאו כל צבאות יהוה מארץ מצרים[
```

v. 32: צאנכם גם בקרכם. Le bord du f. est trop abîmé pour que la lecture puisse être absolument sûre.

v. 34: משארותם (= 4 mss. de Ken et 3 mss. du Sam). Graphie pleine. Un ms. de Ken a משארותם. צרורות. L'inclinaison de la lettre qui suit *resh* oblige à lire *waw*. Comparer avec משארותם qui précède. Graphie pleine (= 3 mss. de Ken). TM a צררת, 4 mss. de Ken ont צרורת, 6 ont צרורות.

Après le v. 36, l'espace en blanc supposé par la restitution à la fin de la l. 5 correspond à la *petuḥah* massorétique.

v. 39: גרשום מצרים, à vocaliser גֵּרְשׁוּם מִצְרַיִם (= Sam, LXX, Syr, et peut-être Vulg: *cogentibus exire Aegyptiis*). TM a גֹּרְשׁוּ מִמִּצְרַיִם, 1 ms. de Ken a גרשו מצרים.

v. 40: après ישראל, les traces obligent à lire אשר ישבו (= TM). Avant ces deux mots, Sam a ואבתם.

6: 21¹⁸⁻²⁰ (?)

```
]¹⁸וכי יריבון אנשים והכה איש את רעהו באבן או באגרוף ולא ימות ונפל[
]למשכ[ֹ]ב ¹⁹אם יקום [וה]תֹ[ה]הלך בחוץ על משענתו ונקה המכה רק שבתו יתן[
]ורפוא י[]רפֹא ²⁰(?)וכי י°[א[
```

vv. 18–19: avant אם, trace pouvant appartenir au *beth* de למשכב, mais très proche de l'*aleph*. Pas d'intervalle entre les deux mots.

Après le v. 19 aucun espace en blanc ne correspond à la *setumah* massorétique.

v. 20 (?): après וכי il est difficile de reconnaître יכה איש (= TM). A la rigueur, on pourrait avoir יך איש, mais ce serait une singulière graphie défective. La brisure du f. empêche toute restitution sûre, et les versions ne sont d'aucun secours. Tout au plus peut-on suggérer qu'il y avait ici le texte de 22¹³: וכי ישאל.

7: 26¹¹⁻¹³

```
]¹¹ועשיתה [ק]ר[]סיֹ נחושת חמשים והבאתה[                          ]
```

[את הקרסים בלל]אֹות וחברתה את[האוהל והיה אחד 12וסרח]

[העודף ביריעות הא]הֹל חצֹי היֹריעֹה] העודפת תסרח על]

[אחורי המשכן 13והאמה מז]הֹ[והאמה מזה בעודף באורך]

[יריעות

v. 11: קרסֹי. Très légère trace du *qoph*.

בללאֹות. Graphie pleine (= Sam).

וחברתה. Graphie pleine de la désinence.

v. 12: הא'הל. Graphie pleine, avec *waw* ajouté au-dessus de l'*aleph*.

8: 30²¹ (?)

[²¹ורחצו יד]יהם [ורגליהם]

[ולא ימותו והיתה להם חוק עולם לו ולזר]עֹוֹ לד[ורותם]

L'identification n'est pas matériellement sûre.

9: 30²³⁻²⁵

[²³ואתה קח לך בשמים רואש מור דרור]

[חמש מאות וקנמון בש]ם מ[חציתו חמשים ומאתים וקנה בושם חמשים]   ₁

[ומאתים ²⁴וקדה חמש] מאות ב[שקל הקודש ושמן זית הין ²⁵ועשיתה]

[אותו שמן משחת [קודש רו]קח מרקחת מעשה רוקח שמן]

[משחת קודש יהיה]לדורות[יכם

v. 25: קודֹש. L'épiderme est arraché sur le bas du *qoph*. Graphie pleine (= 1 ms. de Ken).

רוקח. Graphie pleine.

לדורותיכם. Le mot manque en TM mais on retrouve au v. 31, à la fin d'une phrase semblable: שמן משחת קדש יהיה זה לי לדרתיכם.

10: 32³²⁻³⁴

[³²ועתה אם תשא] חט[אתם ואם אין מחני נא מספרך]

[אשר כתבתה ³³ויואמ]ר יהוה] אל מושה מי אשר חטא לי אמחנו]

[מספרי ³⁴ועתה לך נח]הֹ א[ת העם אל אשר דברתי לך]

11	12	13
[מא]	[··]	[ºֹ]
[ולאֹ]	[אחרי]	[ֹו] [ליכה]
		[לֹ]

F. 12, l. 2: lecture assurée sur le f. dans un état antérieur.

F. 13, l. 1: *hé*, *ḥeth*, ou peut-être deux lettres: הו, חו ..., etc.

3. EXODE (DEUXIÈME EXEMPLAIRE)

(PL. XI)

Peau épaisse, de nuance café au lait plus ou moins clair, devenue complètement noire dans le f. 2. Les ff. sont en très mauvais état, l'épiderme arraché par larges plaques tendant à se détacher. Surface lisse, avec pores légèrement apparents, dos lisse.

Lignes et marges tracées à la pointe sèche. Interlignes de 7 à 8 mm. Marge droite conservée sur 5 mm. (f. 12). Intercolonnement de 2 cm. (f. 6). Largeur inscrite par ligne 12 à 12·5 cm. Écriture de gros calibre (hauteur du *hé* 5 mm.). Suspendue aux lignes et mordant légèrement sur elles, elle est assez régulière et d'un style qui affectionne les angles et les boucles. Sa date, certainement à l'intérieur de la période hérodienne, est difficile à préciser.

L'appartenance de tous les ff. est certaine, mais 9 à 13 ne sont pas identifiables. Tous les textes reconnus appartiennent à l'Exode. Cependant, le f. 8 révélant une importante variante dans l'ordre des péricopes et le tétragramme divin étant écrit en caractères paléo-hébraïques (ff. 2, 7 et 8), on pourra se demander s'il s'agit d'un manuscrit proprement biblique ou d'un simple recueil de textes.

Les graphies sont pleines. Le texte s'écarte du TM par quelques détails morphologiques et trouve parfois un appui dans les versions anciennes.

1 : 4³¹

[ויאמן העם [וישמ֠ע]ו כי פקד ⳤⳤⳤⳤ את בני ישראל וכי ראה]

[את עונים]ויקד]ו וישתחוו

וישמעו. Après *mem*, *ʿaïn* de forme anguleuse. Cf. עמכה (f. 8, l. 4). A la loupe on voit bien le trait partir vers la gauche après avoir rejoint le *mem*.

2 : 12²⁶⁻²⁷ (?)

²⁶[והיה כי יואמרו אליכם בניכ]ֿם מ]ה העבודה הזואת לכם]

²⁷[ואמרתם זבח פסח הוא לⳤⳤ]ד]ⳤ אשר פ֯]סח על בתי]

[בני ישראל במצרים בנוגפו א]ת מצרים ואת בתינו הציל]

v. 26 : מה. *Mem* anguleux. Cf. מאיות (f. 3, l. 3).
v. 27 : nom divin écrit en caractères paléo-hébraïques.
מצרים. Pour la forme du *mem* final, cf. f. 8, l. 1.

3 : 18²¹⁻²²

²¹[   ] וֿא֯]תה תחזה מכול העם אנשי חיל]

[יראי אלוהים]אנשי אמ]ת שונאי בצע ושמת עליהם]

[שרי אלפים ש]רי מאיות] שרי חמשים ושרי עשרות]

²²[ושפטו את העם ב]כ֯ול] עת   ]

v. 21 : ואתה. Les traces supposent un *aleph* dont le trait vertical de droite rejoint la transversale à une certaine distance de l'extrémité inférieure. Cette forme alterne avec celle en N dans le ms. Comparer אמת (l. 2) et מאיות (l. 3).
מאיות. *Taw* à large base horizontale terminant le trait de gauche. Cf. תחת (f. 4, l. 2). TM a מאות. Ici, forme aramaïsante, à vocaliser מָאיֹת ou מָאיֹת. Elle est connue dans le TM : cf. II Reg 11⁴‧ ⁹ הַמֵּאיֹת, *qeré* המאות.
v. 22 : בכול est suggéré par le reste du sommet de *lamed* et l'examen des autres traces. Graphie pleine.

4 : 21³⁷⁻²²²

ch. 21   ³⁷[כי יגנוב]איש ש]ור או שה וטבחו או מכרו חמשה]

ch. 22   [בקר ישלם]תחת הש֯]ור וארבע צואן תחת השה ¹אם]

[במחתרת י]מֿצא ה]גנב והוכה ומת אין לו דמים]

²[אם זרחה הש]מש ע[ליו דמים לו . . . . אם]

5   [אין לו לש]לם[ונמכר בגנבתו   [

v. 37: הَשور. Trace minime du *shin*.

v. 2: לשלם. Pour la trace du *mem* final, comparer לעולם (f. 8, l. 1).

Cette restitution suppose une variante. Les dimensions de la lacune invitent à restituer אם אין לו לשלם (= Ps-Jon, Vulg). Le dernier mot manque en TM. On ignore ce qui précédait אם: noter que les versions se partagent, dans le cas envisagé, entre le paiement du dommage (= TM) et la peine de mort (= LXX, Lat, Vulg).

5: 22¹⁵⁻¹⁹

¹⁵[וכי יפ]תה א[יש בתולה אשר לוא]   [

[אורשה . . . .]ושכב]עّمה מ[הور ימהורנה לו]

¹⁶[לאשה אם מאן ימאן אביה] לתתה [לו כסף ישקול כמוהر]

¹⁷[הבתולות   מכשפה לוא תח]יה[¹⁸כול שוכב עם בהמה]

5   ¹⁹[מות יומת   זובח לאלוהי]ם י[וחרם   [

Avant le v. 15, *setumah* massorétique.

v. 15: après יפתה איש, TM a בתולה אשר לא ארשה ושכב עמה, texte insuffisant pour remplir la lacune. 2Q avait sans doute un texte plus long, mais les versions ne sont ici d'aucun secours.

עמה. *'Aïn* partiellement détruit. Pour la forme de la trace, cf. עמכה (f. 8, l. 4).

Après le v. 16, la reconstitution du texte suppose un intervalle en blanc correspondant à la *setumah* massorétique.

v. 17: תחיה. A travers la partie droite du *hé* une échancrure remonte jusqu'au centre du f.

Après le v. 17, il pouvait y avoir un petit espace en blanc correspondant à la *setumah* massorétique. De même, plus probablement, après le v. 18.

6: 27¹⁷⁻¹⁹

                    Col. II   Col. I

¹⁷[כול]   [ﹾ

עَמ[ودי החצר סביב מחושקים כסף וויהם כסף]   [ﹾ

¹⁸ואد[ניהם נחושת   אורך החצר מאה]

בא[מה ורוחב חמשים בחמשים וקומה חמש אמות]

5 שש] מושזר ואדניהם נחושת ¹⁹[לכול כליﹾ

הֶ[משכן   [

Col. I. Trace, pouvant appartenir à un *waw* ou à un *yod* en fin de mot, en face de col. II, l. 2.

Dans l'intercolonnement, ombres de deux trous.

Col. II, v. 17: עמודי. *'Aïn* est assez nettement amorcé; minime trace du *mem*.

La l. 3 est mal remplie par le TM. Texte plus long, ou espace en blanc après le v. 17.

v. 18: l. 5 mal remplie par le TM. Texte plus long, ou plutôt un espace en blanc après le v. 18. Sam commence le v. 19 par ועשית את כל כלי.

v. 19: המשכן. Les traces conviennent bien à un *hé* (reste du jambage de gauche et du sommet). Le gros point noir dans l'interligne est l'ombre d'un trou.

7: 31¹⁶⁻¹⁷

¹⁶[ושמרו בני ישראל את הש]בת ל◄◄[◄◄ לעשות אותו לדורותם]

[ברית עולם ¹⁷ ביני ובין בנ]י ישרֶ[אל אות הוא לעולם]

L'identification est au moins très probable.

v. 16: ליהוה (= Syr). Manque en TM, Sam, et la plupart des versions. Tétragramme écrit en caractères paléo-hébraïques.

v. 17: ישראל. Pour la forme du *shin* comparer שש (f. 6, l. 5). Vient ensuite un *resh* anguleux: cf. בקרב (f. 8, l. 6).

8: 19⁹, 34¹⁰

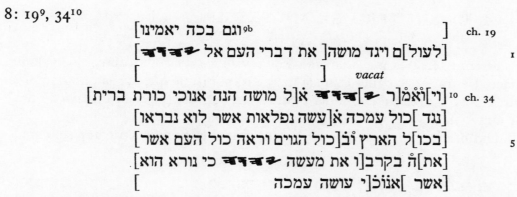

[וגם בכה יאמינו] ⁹ᵇ   ]   ch. 19

[לעול]ם ויגד מושה] את דברי העם אל 𐤉𐤄𐤅𐤄[ı

[   ]   vacat

[וי]ו̇א̇מ̇]ר 𐤉𐤄𐤅𐤄 א̇]ל מושה הנה אנוכי כורת ברית]   ¹⁰ ch. 34

[נגד]כול עמכה א̇]עשה נפלאות אשר לוא נבראו]

[בכו]ל הארץ וב̇]כול הגוים וראה כול העם אשר]   5

[את̇]ה̇ בקרב]ו את מעשה 𐤉𐤄𐤅𐤄 כי נורא הוא]

[אשר]א̇נו̇כ̇]י עושה עמכה

Deux morceaux assemblés, la partie supérieure gauche ayant été trouvée à part. Le joint est matériellement certain.

Ch. 19, v. 9: ויגד. *Daleth* à hampe sinueuse et tête large; forme caractéristique du ms.: cf. ויקדו (f. 1, l. 2) et connue dans le lot de 4Q.

מושה. Graphie pleine.

Après 19⁹ une ligne est laissée en blanc, qui ne correspond à aucune division massorétique; mais Sam termine ici une péricope.

Ch. 34, v. 10: ce v. ne fait suite lui non plus à aucune division dans le TM, mais il commence une péricope en Sam.

ויואמר. Traces assez confuses au-dessus de la déchirure superficielle. On croit voir toutefois la hampe du *waw*, les deux sommets de l'*aleph* et le haut du *mem*. Graphie pleine.

יהוה (= LXX et Vulg). Manque en TM. Écriture paléo-hébraïque, avec des lettres à queue très courte (cf. ff. 2 et 7). Les traces au-dessous du nom divin sont alors à interpréter soit comme une tache d'encre, soit comme un petit *'aïn* écrit dans l'interligne.

אל מושה (= LXX). Manque en TM. Restitution suggérée par la trace oblique qui convient à un *aleph*.

כול. Graphie pleine.

עמכה. Graphie pleine du suffixe.

אעשה. Amorce de l'*aleph*.

Sous le *kaph* de עמכה, ombre d'un trou.

ובכול. Traces de *waw* (?) et *beth* à bonne distance.

אתה. Trace minime du *hé*. L'épiderme manque sur le bord.

אנוכי, plutôt que אני (= TM), à cause du tracé très vertical du *waw* (*yod* est plus oblique) et de la trace d'une lettre aussitôt après.

On ne sait quelle portée attribuer à l'ordre des péricopes. Si le ms. n'est pas un simple florilège, noter que 19⁹ᵇ, doublet de 19⁸ᵇ, est supprimé par certains critiques et déplacé par d'autres. La séquence 19⁹ᵇ–34¹⁰ est par ailleurs suggestive. Au ch. 19 on vient d'arriver au Sinaï (19¹⁻²) et Yahvé est prêt à contracter l'alliance (19³⁻⁹), laquelle n'est toutefois conclue qu'en 24⁸ après une acceptation du peuple en 24⁷ formulée dans des termes semblables à 19⁸. Après des textes législatifs, suivis de l'alliance et de l'apostasie (ch. 20–33), on revient au ch. 34 à la même situation qu'en 19, avec le renouvellement de l'alliance. Et le 'décalogue cultuel' de 34¹⁰⁻²⁶ commence de la même façon que le Décalogue de 20¹ ˢˢ·, ²³ ˢˢ· et Deut 12. On a d'ailleurs déjà proposé de placer le début du ch. 34 avant la conclusion de l'alliance. Cf. Holzinger, *Exodus*, Tübingen, 1900, p. 116.

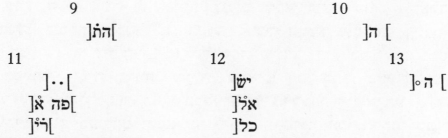

9   10

[הת̇]   [ה]

11   12   13

[··]   [ש̇י   [ह °]

[א̇ פה]   [א̇ל

[ר̇י]   [כל

F. 9: au-dessus du *taw*, ombre d'un trou.

F. 11, l. 2: *aleph*, ou *daleth* bouclé.

L. 3: *yod* ou *waw*.

4. EXODE (TROISIÈME EXEMPLAIRE)

(PL. XII)

Peau d'épaisseur moyenne, en très mauvais état. Pores visibles du côté inscrit, dos velouté. Teinte marron foncé. Le tracé des lignes et de la marge n'est visible que sur la photographie. Interlignes de 7 mm., marge droite d'au moins 1 cm. Petite écriture (hauteur du *ḥeth* 2 mm.), serrée, suspendue aux lignes.

Si l'on admet l'identification, on peut évaluer à ±12 cm. la largeur inscrite par colonne.

5³⁻⁵

נלכה] נא דרך שלשת ימים במדבר ונזבחה ליהוה אלהינו פן יפגענו בדבר או[

בחרב] ⁴ויאמר אלהם מלך מצרים למה משה ואהרן תפריעו את העם ממעשיו לכו לסבלתיכם[

[ו]⁵יאמ֯[ר פרעה הן רבים עתה עם הארץ

v. 3: נלכה. *Hé* presque entièrement effacé.
בחרב. Jambage de droite du *ḥeth* assez nettement visible sur l'original; *resh* très effacé; *beth* incomplet.

5. LÉVITIQUE EN ÉCRITURE PALÉO-HÉBRAÏQUE

(PL. XII)

Peau d'épaisseur moyenne, de teinte marron foncé. Surface légèrement rugueuse, dos plus clair et moins lisse. Lignes tracées à la pointe sèche encore très faiblement apparentes au-dessus des lettres. Interlignes de 7 à 8 mm.

C'est l'extrémité gauche d'une feuille, avec trous de couture conservés et marge gauche tracée à 1·8 cm. du bord, sur laquelle le texte empiète souvent. On peut supposer une largeur inscrite de 9 à 10 cm. par colonne. Petite écriture paléo-hébraïque (hauteur ±2 mm.), très soignée, avec double système d'apostrophes pour séparer les mots et marquer les fins de lignes.

Le ms. est assez semblable à 1Q3, dont l'écriture est un peu différente et la main en général moins lourde. On peut suggérer comme date le 1ᵉʳ siècle av. J.-C.

On relève deux graphies pleines. Le texte des vv. 25–26 suivait soit la LXX soit le Samaritain.

11²²⁻²⁹

²²את׳ אלה׳ מהם׳ תאכלו׳ את׳ הארבה׳ למ[ינו ׳   ]

[ואת׳ הסלעם׳ למינהו ואת׳ החרגל׳ למינהו ואת׳ החגב׳ למי]נהו ׳

[²³וכל׳ שרץ׳ העוף׳ אשר׳ לו׳ ארבע׳ רגלים׳ שקץ׳ הוא׳ לכם׳ ²⁴ו[לאלה׳ תטמאו ׳

[כל׳ הנוגע׳ בנבלתם׳ יטמא׳ עד׳ הערב׳ ²⁵וכל׳ הנושא׳ מנבלתם׳]יכבס׳ בגדיו ׳

[ורחץ׳ במים׳ וטמא׳ עד׳ הערב׳ ²⁶לכל׳ הבהמה׳ אשר׳ הוא׳ מפ[ריסת׳ פרסה׳ ושסעת׳   5

[שסע׳ פרסות׳ וגרה׳ איננה׳ מעלה׳ טמאים׳ הם׳ לכם׳ כל׳]הנוגע׳ בהם׳ ׳

[יטמא׳ ²⁷וכל׳ הולך׳ על׳ כפיו׳ בכל׳ החיה׳ ההלכת׳ על׳ ארבע׳ ט]מאים׳ הם ׳

[לכם׳ כל׳ הנוגע׳ בנבלתם׳ יטמא׳ עד׳ הערב׳ ²⁸והנושא׳ את׳ נבלתם׳ יכב]ס[׳]בגדיו ׳

[וטמא׳ עד׳ הערב׳ טמאים׳ המה׳ לכם׳ ²⁹וזה׳ לכם׳ הטמא׳ בשרץ׳ השורץ׳ על׳ האר]ץ ׳

[   ] ׳   10

v. 25 : d'après la longueur de la lacune à la l. 5, après בגדיו on avait probablement ורחץ במים (= Sam et 1 ms. de Ken). Manque en TM.

v. 26 : מפריסת (= Sam). Graphie pleine, ou forme équivalente au מַפְרֶסֶת du TM. 1 ms. du Sam a ici une variante intéressante, qui pourrait aussi rendre compte de la lacune de la l. 5 : מפריסת פריסת פרסה.

ושסעת שסע פרסות (= LXX et cf. Lév 11³). TM a au contraire ושסע איננה שסעת. La LXX semble meilleure que le TM qui doit être corrompu. 1 ms. de Ken a ושוסעת איננה שוסעת.

Les animaux en question sont impurs parce qu'ils ne ruminent pas, tout en ayant le sabot fendu (מפריסת פרסה). En LXX et 2Q (?) ils l'ont en outre complètement divisé en deux.

הנוגע. Graphie pleine (= 2 mss. de Ken et 1 ms. du Sam).

v. 29 : une trace minime pouvant convenir au *ṣadé* est visible sur le bord, au-dessous de l'apostrophe. Si l'on mettait ici השורץ ou בשרץ qui précèdent, il y aurait après le v. 28 un espace en blanc correspondant à la *setumah* massorétique (= fin de péricope du Sam).

6. NOMBRES (PREMIER EXEMPLAIRE)

(PL. XII)

Malgré des différences, les deux fragments ont toutes chances de provenir du même ms.

Peau d'épaisseur moyenne, de teinte café au lait assez foncé en 2, le mieux conservé, mais d'un brun presque noir en 1, plus décomposé et incrusté de terre. Du côté inscrit, 2 est assez lisse, tandis que 1 est finement strié dans le sens vertical. Le dos est plus inégal. Les deux ff. portent les traces d'un arrachage violent.

Le f. 1 est un bord droit de colonne, avec marge conservée sur une largeur maxima de 0·5 cm. L'épiderme est arraché sur toute la longueur dans la partie gauche, où la peau s'est rétrécie, mettant la marge en courbe et les lignes du texte en éventail.

Le f. 2 provient d'un bas de feuille. Marge inférieure de 6 cm. Les bords sont tranchés en biseau et la déchirure s'étale largement à gauche dans le bas du texte.

Pas de lignes tracées. Calligraphie hérodienne tardive à lettres de hauteur inégale (2·5 mm. pour le *hé*). Noter le *lamed* à boucle très courte, le *beth* très étiré en hauteur. Interlignes de 6 à 7 mm. Les intervalles entre les mots (f. 2) ne semblent pas toujours marqués. Largeur inscrite par colonne 6 à 7 cm.

Les deux ff., assez voisins, doivent appartenir à deux colonnes successives. Texte et graphie semblent massorétiques.

1 : 3³⁸⁻⁴¹

```
[             ]   משה ואהרן ובניו שמרים[  38b
          מש[רת המקדש למשמרת בני ישראל]        1
         וה[זר הקרב יומת  39 כל פקודי הלוים]
         אש[ר פקד משה ואהרן על פי יהוה]
         למש[פחתם כל זכר מבן חדש ומעלה]
          שני[ם ועשרים אלף      ]           5
      ויא[מר יהוה אל משה פקד כל בכר זכר]  40
      לבני[ ישראל מבן חדש ומעלה ושא את]
      מספ[ר שמתם  41 ולקחת את הלוים לי]
      אני[ יהוה תחת כל בכר בבני ישראל]
    [ו]את[ בהמת הלוים תחת כל בכור בבהמת]   10
          [בני ישראל   ]
```

v. 39: שנים. Trace minuscule du *yod* sur le bord de la déchirure. D'après la longueur des lignes, 2Q devait avoir ואהרן (= LXX, Onq, Ps-Jon). Le mot manque en Sam et Syr. En TM il est noté comme douteux par des 'points extraordinaires'.[1]

Après le v. 39, l'espace en blanc supposé par la reconstitution correspond à la *setumah* massorétique.

v. 40: לבני. Bas du *yod* conservé.

מספר. Bas du *pé* conservé.

v. 41: ואת. *Taw* lu sur l'original dans un état antérieur.

2: 3⁵¹–4³

[   ] ⁵¹ויתן משה את כסף הפדים[   ] ch. 3

[לאהרן ו]לבני[ו על פי יהוה כאשר צוה] ı

[   ] יהוה]את משה[   ]

¹[וידב]ר יהוה א[ל משה ואל אהרן לאמר] ch. 4

²[נשא]את ראש[בני קהת מתוך בני לוי]

[למשפ]חֹתם לבית[אבתם ³מבן שלשים] 5

[שנ]ה ומעל[ה ועד בן חמשים שנה]

[כ]ל בא[לצבא לעשות מלאכה באהל מועד]

marge inférieure

Après 3⁵¹, la reconstitution suppose un espace en blanc correspondant à la *petuḥah* massorétique.

Ch. 4, v. 2: למשפחתם (= TM) est pratiquement sûr, la première lettre étant plutôt *ḥeth* que *waw*, lequel serait probablement penché et recourbé.

v. 3: ומעלה. Sommet du *lamed* au-dessus de la déchirure.

כל. Extrémité supérieure du *lamed* sur le bord.

7. NOMBRES (DEUXIÈME EXEMPLAIRE)
(PL. XII)

Peau d'épaisseur moyenne, ondulée et en mauvais état. Surface de teinte café au lait assez foncé, plus noire par endroits sur les bords. Dos velouté et plus clair. Plusieurs trous et cassures oblitèrent le texte.

Lignes tracées distantes de 6 mm. en moyenne. Calligraphie avec pleins et déliés, tendant à arrondir élégamment les formes, et qui peut dater du début de la période 'hérodienne' (milieu du Iᵉʳ siècle av. J.-C.). Les lettres, de hauteur irrégulière (cf. l'*aleph*), sont en général alignées par le haut, à une certaine distance des lignes. Hauteur du *hé* 2 mm. Les mots ne sont pas toujours espacés. Largeur de la colonne inscrite de 12 à 13 cm.

On ne relève qu'une variante textuelle isolée. Par contre les graphies sont très pleines, et l'on a les suffixes et désinences du pluriel en מה–, formes inconnues du TM mais attestées par d'autres mss. de Qumrân et la prononciation samaritaine (cf. J. T. Milik dans *Biblica*, xxxi, 1950, pp. 208–10).

33⁴⁷⁻⁵³

[   ] ⁴⁷ויסעו מעל'מון[

[דבלתימה ויחנו בה]רי העב[רי העב]רים לפני נבו ⁴⁸ויסעו מהרי העברים ויחנו בערבות מואב על ירדן] ı

[   ] ירחו ⁴⁹ויחנו על [הירדן מבי]ת הי[שמות עד אבל השטים בערבות מואב]

[1] Cf. C. D. Ginsburg, *Introduction to the massoretico-critical edition of the Hebrew Bible*, London, 1897, pp. 318–34; sur Num 3²⁹, cf. pp. 320 et 328–9.

‎[ירחו ירדן על מואב בערבות משה אל יהוה ‏‎וידבר‏‎⁵⁰] vacat [ ]

‎[כנען ארץ אל הירדן את עוברים אתמה כי אליהמה ‏‎ומרתה‏‎ ‏‎וא‏‎[‏‎בר אל בני ישראל‏‎ ‏‎ד‏‎[‏‎לאמור‏‎⁵¹]

‎[מסכותמה צלמי כול ואת משכיותמה כול ואבדתמה מפניכמה ‏‎האר‏‎[‏‎ץ‏‎ ‏‎יושבי‏‎ ‏‎את‏‎ ‏‎ה‏‎[‏‎והורשתמ‏‎] ₅

‎[נתתי לכמה כי בה וישבתמה הארץ את ‏‎והורשתמה‏‎⁵³ ‏‎ת‏‎[‏‎שמידו‏‎ במותמה כול ‏‎ואת‏‎[‏‎תאבדו‏‎]

‎[אותה ‏‎לרשת‏‎]‏‎ל‏‎ ‏‎הארץ‏‎ ‏‎את‏‎]

v. 47: ‏‎בהרי‏‎. *Resh* large et terminé en boucle; cf. ‏‎הירדן‏‎ (v. 49).

v. 49: ‏‎מבית‏‎. Épiderme arraché sur la partie gauche du *mem* et le bas du *beth*.

Après le v. 49, large espace en blanc correspondant à la *setumah* massorétique et à une fin de péricope du Sam. Le v. 50 devait commencer vers le milieu de la l. 3.

v. 52: ‏‎והורשתמה‏‎. Il ne reste qu'une partie du *hé* final. Suffixe plein; cf. ‏‎במותמה‏‎ (ligne suivante). TM a ‏‎והורשתם‏‎.

‎את‏‎. Après ce mot, omission de ‏‎כל‏‎, contre TM et versions.

‎יושבי‏‎ (= 11 mss. de Ken et 5 mss. du Sam). Graphie pleine.

‎ואת‏‎. Reste du crochet du *waw* sur le bord.

‎כול‏‎. Graphie pleine.

‎במותמה‏‎. Double graphie pleine. TM a ‏‎במתם‏‎. L'éd. de Ken a ‏‎במותם‏‎ avec 1 ms.

‎לרשת‏‎. Trace du sommet du *lamed* sous le *taw* de ‏‎ואת‏‎.

8. NOMBRES (TROISIÈME EXEMPLAIRE)

(PL. XII)

Peau d'épaisseur moyenne, de teinte café au lait assez foncé, lisse sur les deux faces. Pas de lignes tracées. Petite calligraphie hérodienne (hauteur du *hé* 1·5 mm.). Les deux mots conservés en entier sont espacés de 1 mm. Interligne de 4 mm.

Le mot ‏‎שׁשׁים‏‎ ne se trouvant à la suite de ‏‎שׁנה‏‎ qu'une seule fois dans la Bible, l'identification est au moins probable. La reconstitution proposée suppose une largeur inscrite de ±7 cm. par colonne.

7⁸⁸

‎[פרים ‏‎וא‏‎[‏‎רב‏‎[‏‎עה‏‎] עשרים השלמים זבח בקר ‏‎וכל‏‎]

‎[ששים ששים שנה‏‎] בני כבשים ששים עתדים ששים ‏‎אילם‏‎]

L. 1: ‏‎וארבעה‏‎. On voit les deux pointes inférieures de l'*aleph*; *resh* est possible s'il est assez étroit; ensuite un élément du *beth*.

‎פרים‏‎. *Pé* est assuré par la trace de l'extrémité d'une boucle dans le quadrilatère formé avec le *resh* qui le rejoint.

9. NOMBRES (QUATRIÈME EXEMPLAIRE?)

(PL. XII)

Peau d'épaisseur moyenne, de même teinte que le ms. précédent. Surface finement striée, dos velouté et plus sombre. Lignes et marges tracées. Interlignes de 6 à 6·5 mm.; marge droite d'au moins 1·1 cm. Écriture suspendue aux lignes et mordant légèrement sur elles. Hauteur du *daleth* 2 mm.

L'identification est conjecturale. Si le f. appartient aux Nombres, il n'est pas impossible qu'il provienne du même ms. que 2Q7. Le texte n'est complété ci-dessous qu'à titre de démonstration, et suppose une colonne de ±8 cm. de large. On pourrait aussi suggérer une appartenance à Lév 23¹⁻³ en lisant ‏‎וידב‏‎[‏‎ר‏‎ ...] ‏‎קוד‏‎[‏‎ש‏‎ ...]² ‏‎ל‏‎[‏‎א‏‎³.

18⁸⁻⁹

⁸וידב[ר יהוה אל אהרון ואני הנה נתתי לך את משמרת תרומותי לכול]

קוד[שי בני ישראל לך נתתים למושחה ולבניך לחוק עולם ⁹זה יהיה]

ל[ך מקודש הקודשים

[

L. 1 : וידבר. La trace suppose un *beth* de faible hauteur.

L. 2 : קודשי. *Daleth* est pratiquement sûr : on a l'amorce du trait horizontal. Comparer la courbure du trait vertical avec וידבר (l. 1). Graphie pleine.

10. DEUTÉRONOME (PREMIER EXEMPLAIRE)
(PL. XII)

Un fragment fait de 4 petits morceaux assemblés. Peau d'épaisseur moyenne, de même teinte que le ms. précédent, plus sombre en haut et à gauche du côté inscrit. Surface lisse.

Pas de lignes tracées. Interlignes irréguliers de 6 à 7 mm. Largeur inscrite par colonne ±10 cm. Écriture anguleuse assez fine qui semble être d'un style de transition (milieu du 1ᵉʳ siècle av. J.-C. ?). Les lettres ont 2 à 3 mm. de hauteur et ne sont pas rigoureusement alignées par le haut. Les graphies sont pleines.

1⁷⁻⁹

⁷פנו וסעו לכם ובואו הר האמורי ואל[   ]

[כול שכניו בערבה בהר ובשפלה ובנגב ובחו[ף] הים ארץ הכנעני] ₁

[והלבנון עד הנהר הגדול נהר פרת ⁸ר]או נתתי לפ[ניכם את הארץ]

[בואו ורשו את הארץ אשר נשבע יהו]ה לאבותיכ[ם לאברהם]

[ליצחק וליעקוב לתת להם ולזרעם אחריה]ם׳ ⁹ואומר] אלכם בעת]

[ההוא לאמור

[

v. 7 : ובחוף. Trace d'une lettre à queue, qui convient bien à *pé* final.

v. 8 : ראו. Extrémité de l'*aleph* visible sur le bord (= 1 ms. de Ken, Sam, LXX, Syr, Ps-Jon, Onq). TM a ראה, leçon préférée par Kittel.

לאבותיכם (= 4 mss. de Ken et 1 ms. du Sam d'après Ken). Graphie pleine.

Après אחריהם, un signe en forme d'apostrophe est tracé dans l'interligne. Il correspond à une division mineure du TM, marquée dans certaines Bibles par un espace en blanc, et à une fin de péricope du Sam.

v. 9 : ואומר (= 3 mss. de Ken). Graphie pleine.

11. DEUTÉRONOME (DEUXIÈME EXEMPLAIRE)
(PL. XII)

Peau un peu plus fine que celle du ms. précédent, transparente et très mal conservée. Le côté inscrit est de la même teinte que 2Q10, sauf sur la gauche où la couleur vire au noir par suite de la décomposition. Sur la droite, l'épiderme semble avoir été violemment arraché, laissant à découvert une bande plus claire, de la teinte du dos.

Lignes horizontales très finement tracées, distantes de 7 mm. Calligraphie typiquement hérodienne, très soignée, extrêmement régulière, penchée à gauche et touchant les lignes par le haut. Hauteur du *hé* 2 mm. Largeur inscrite par colonne ±12 cm.

Graphies pleines.

17¹²⁻¹⁵

¹²ᵇומת ה[אֹי]ש ההוא ובערתה הרע מישראל ¹³וכול[   ]

[העם ישמעו ויראו ולוא יזידון עוד   ] vacat [

¹⁴[כי תבוא אל הארץ אשר יהוה אלוהיכה [נֹתֹן לכה וירשת]ה וישבתה בה ואמרתה]

[אשימה עלי מלך ככול הגוים אשר סביב]וֹתֹ[י ¹⁵[שֹׂוֹ[ם תשֹ[ים ע]ליכה מלך אשר]

[יבחר יהוה אלוהיכה בו מקרב אחיכה תשים עליכה מלך [ל]וא תוכל לתת עליכה]   5

[איש נוכרי

v. 12: ה[אי]ש est suggéré par la trace de deux lettres contiguës, dont la première ne peut être qu'*aleph* ou *guimel*, et la seconde n'est certainement pas *lamed*. On ne peut donc pas mettre ici מישר[אל.

Après le v. 13, qui devait tomber entièrement en dehors du f., la reconstitution suppose un large espace en blanc correspondant à la *setumah* massorétique et à une fin de péricope du Sam. La tache noire au-dessus du *taw* de וירשתה n'est pas une trace d'écriture.

v. 14: נותן. Épiderme arraché. Restent deux traces minimes du bas du *taw* et du *nun* final. Graphie pleine (= 1 ms. de Ken).

לכה. Graphie pleine typique de Q, et qui atteste une variante de prononciation. TM a la forme pausale לָךְ.

סביבותי. Avant le *taw*, on devine *waw* plutôt que *beth*. Graphie pleine (= 5 mss. de Ken et 2 mss. du Sam).

v. 15: שום (= TM) ou שים (= Sam)?

לוא. Seul est conservé le sommet d'un *lamed*, dont on ne peut pas garantir qu'il appartient à ce mot.

12. DEUTÉRONOME (TROISIÈME EXEMPLAIRE)
(PL. XII)

Peau un peu plus épaisse que celle des mss. précédents, et de couleur plus nettement café au lait. Pores visibles du côté inscrit. L'épiderme est en partie arraché, découvrant des régions très claires. Dos velouté, de nuance intermédiaire.

Calligraphie hérodienne plutôt tardive (1ᵉʳ siècle de notre ère), régulière et suspendue à des lignes tracées à intervalles de 7 mm. Hauteur du *hé* 3 mm. Largeur inscrite par colonne ±6·5 cm.

Le f. est un bord droit de feuille, avec trous de couture en partie conservés. A 5 mm. du bord, une série verticale de points marqués à l'encre a servi au tracé des lignes. La marge, à partir de ces points-jalons, est de 1·4 cm.

Le texte se rapproche de la LXX et de la Vulgate. On relève des variantes morphologiques et des graphies très pleines caractéristiques de Qumrân.

10⁸⁻¹²

⁸ב[עת ההיאה הבדיל יהוה את שבט הלוי לשאת את ארון ברית יהוה]

ולעמֹ[וד לפני יהוה לשרתו ולברך בשמו עד היום הזה ⁹על כן לוא היה ללוי חלק]

ונחלה[עם אחיו יהוה הואה נחלתו כאשר דבר יהוה אלוהיכה לו ¹⁰ואנוכי עמדתי]

בהר[כימים הראשונים ארבעים יום וארבעים לילה וישמע יהוה אלי גם בפעם]

ההיאה ו[לוא אבה יהוה השחיתכה   ]   5

¹¹ויואמר י[הוה אלי קום לך למסע לפני העם ויבואו וירשו את הארץ אשר נשבעתי]

לאבותיהמֹ[ה לתת להמה

¹²וע[תה י]שראל מה יהוה אלוהיכה שואל מעמכה כי אם ליראה את יהוה אלוהיכה ללכת]

[בכו]ל[דרכיו ולאהבה אותו

Le v. 8 commence une péricope du Sam et une subdivision mineure du TM, marquée dans certaines Bibles par un petit espace en blanc.

v. 8: וּלְעֲמֹד. *Waw* copulatif (= 2 mss. de Ken, 2 mss. du Sam, Syr, Vulg, Bohaïrique dans le ms. copte 1 du Vatican, Éthiopien, des codices arméniens et Lat dans le palimpseste de Munich).[1] TM a לעמד.

v. 9: וְנַחֲלָה. Petit reste du *waw* à mi-hauteur du *nun*.

יהוה אלוהיכה était probablement en 2Q, d'après la longueur des lignes. Manque en LXX.

v. 10: כימים הראשונים. Même remarque.

הַהִיאָה. *Yod* est assez nettement distingué de *waw* par sa plus grande largeur. Graphie typique de Q. 8 mss. de Ken ont ההיא; Sam a ההוא; TM a la leçon mixte הַהוּא = *ketîb* ההוא, *qerê* ההיא.

וְלוֹא. La trace sur le bord est trop rectiligne pour un *lamed*. Il faut donc lire la copule avec 17 mss. de Ken, 38 mss. d'après Kittel, Sam, LXX, Syr et Vulg. TM a לא.

Après le v. 10, la reconstitution suppose un espace en blanc d'une demi-ligne environ, qui ne correspond à aucune division massorétique ni samaritaine.

v. 11: וַיֹּאמֶר. Graphie pleine typique de Q.

יהוה. Sur le bord de la déchirure, deux traces minimes, dont l'alignement s'accommode très bien de *yod* légèrement penché.

לאבותיהמה. Petite trace de l'*aleph*, sur le bord d'un trou. Après *hé*, trace convenant à *mem* médial plutôt que final. Variante morphologique, avec graphie pleine et suffixe vocalisé. TM et Sam ont לאבתם. 6 mss. de Ken et 20 mss. du Sam ont לאבותם.

Après le v. 11, la reconstitution suppose un large espace en blanc correspondant à la *petuḥah* massorétique et à une fin de péricope du Sam.

13. JÉRÉMIE
(PL. XIII)

Peau de même épaisseur que 2Q12, granulée par les pores du côté inscrit, où les teintes vont du café au lait assez clair au brun le plus sombre, voisin du noir. La photographie du f. 9 rend assez bien le rapport des nuances. Dos plus clair. Le très mauvais état des ff. rend la lecture difficile, car nombreux sont les plis, trous, et brisures. Pour les passages les plus noircis, elle n'a été possible que sur les photographies infra-rouges. Par ailleurs il a fallu assembler de petits morceaux dont certains étaient collés les uns sur les autres, surtout dans le groupe 9 à 12. Une partie du f. 9 (morceau situé au milieu des ll. 7 à 9) était ainsi retournée sur place.

Marges et lignes sont finement tracées à la pointe sèche. Interlignes de ±6·5 mm. Le bord droit d'une feuille est conservé dans le f. 8, avec fil de couture encore en place et une marge droite de ±1·6 cm. D'après les ff. 9 et 13, intercolonnement de ±2 cm. entre les traits verticaux. Largeur inscrite par colonne ±12 cm. D'après le f. 9 il devait y avoir 22 lignes par colonne. Marge supérieure (f. 7) au moins 7 mm.; marge inférieure (f. 10) au moins 1 cm. Hauteur minima du rouleau 15·65 cm. Le texte de Jérémie occupait 68 colonnes environ, d'où une longueur probable du ms. de ±9·50 m.

Belle calligraphie hérodienne touchant généralement les lignes par le sommet des lettres. Hauteur du *hé* 2 mm. Les formes les plus semblables relevées dans les premiers mss. de Q publiés se retrouvent dans les additions faites en 1QIs^a, col. xxviii (*mem* final, *nun* médial, *pé* final, *ṣadé* final). Étant donné les rapports avec 1QM, 1QH, 1QpHab, et 1QGen Ap, la copie doit dater des environs du début de l'ère chrétienne, et en tout cas de la dernière période de l'occupation communautaire de Qumrân.

Les mots, parfois serrés les uns contre les autres, sont en général séparés par de petits intervalles. L'appartenance de tous les ff., même des plus réduits, est pratiquement sûre. Toutefois, 18 à 27, ne portant que quelques lettres, n'ont pas pu être identifiés.

A première vue, le texte s'écarte fréquemment du TM. Pourtant, des 59 variantes relevées,

---

[1] Éd. L. Ziegler, *Bruchstücke einer vorhieronymianischen Uebersetzung des Pentateuchs*, München, 1883.

27 seulement ont une portée textuelle: parmi elles on ne note que 7 accords avec la LXX et 4 avec d'autres versions, alors que 13 fois 2Q a un texte propre. La recension attestée est cependant en gros celle des Massorètes. Dans les passages conservés, l'ordre des chapitres est le même, alors que la LXX les déplace; le grec, nettement plus court, a 16 omissions dont aucune n'est faite en 2Q; 34 variantes de la LXX ne s'y trouvent pas non plus. Il reste à noter un certain nombre d'accords avec la Vulgate: 20 fois lorsque le ms. suit le TM, 4 fois lorsqu'il suit la LXX, et 2 fois lorsqu'il ne suit ni l'un ni l'autre.

Les graphies sont très généralement pleines. *Waw mater lectionis* y note toutes les longueurs de voyelles; on a deux cas de *yod mater lectionis*; כיא est écrit avec *aleph* final. Au point de vue morphologique, il faut remarquer les impératifs *qal* fém. sing. comme שכוני, les gentilices masc. pl. en –יים, la graphie phonétique נואם, peut-être שמה dans le sens de שם, et les formes pleinement écrites de certains pronoms personnels isolés, suffixes et désinences reflétant une prononciation de type samaritain. Tous ces usages sont abondamment connus par 1QIs[a].

1: 42 (LXX 49)[7-11]
2: 42 (LXX 49)[14]

[	⁷[ויהי מק]ץ עשרת ימים ויהי דבר יהוה אל ירמיהו]	(f. 1) 1
[	⁸ויק[רא אל יוחנן בן ק]רח ואל כול שרי החילים אשר אתו ולכול העם]	
	[למקטון ועד גדול ⁹ויו]אמר אלוהימה] כוה אמר יהוה אלוהי ישראל אשר שלחתמה]	
	[אותי אליו להפיל תחנו]תיכמה לפנ[י]ו ¹⁰אם [שוב תשבו בארץ הזואת ובניתי אתכם]	
	[ולוא אהרוס ונטעתי א]תכם ולוא את]ש כיא נחמתי אל הרעה אשר עשיתי לכם ¹¹אל]	5
	[תיראו מפני מלך בבל אשר את]מ[ה יר]אים מפניו אל תיראו ממנו נואם יהוה כיא אתכם]	
	[אני להושיע אתכם ולהציל אתכם מידו ¹²ואתן לכם רחמים ורחם אתכם והשיב אתכם אל]	
[אדמתכמה ¹³ואם אומרים אתמה לוא נשב בארץ הזואת לבלתי שמוע בקול יהוה אלוהיכמה]		
[לאמור לוא כיא ארץ מצר]ים נב[וא אשר לוא נראה מלחמה וקול שופר] ¹⁴		(1) f. 2
[לוא נשמע וללחם לוא נרע]ב וש[ם נשב		10

F. 1: avant le v. 7, on ignore si un espace en blanc correspondait à la *setumah* massorétique.

La reconstitution du v. suppose soit un texte plus long que le TM, soit, après le v., un espace en blanc qui ne correspondrait à aucune division massorétique.

v. 9: אלוהימה. Lecture assurée, *yod* étant plus court et plus large que *waw*. Curieuse faute du scribe: après ויואמר il a tout naturellement cru lire אלוהים, puis s'étant aperçu de son erreur à moitié mot, il a achevé sa copie sans modifier le *waw* et sans supprimer le *yod*. Suffixe plein. TM a אליהם.

תחנותיכמה. Suffixe plein, précédé d'une voyelle de liaison, ce qui oblige à lire le nom au pluriel (= Vulg). TM a le singulier תְּחִנַּתְכֶם (= Lucian). LXX et Théodotion omettent de אלוהי à לפניו.

v. 10: ולוא. Graphie pleine.

v. 11: אתמה. Pronom de forme pleine. TM a אתם.

F. 2: la place donnée au f. est approximative, mais il est vraisemblable qu'il doive être situé sous le f. 1.

3 et 4: 43 (LXX 50)[8-11]

[ויהי דבר יהוה אל ירמיהו בתחפנחס לאמור ⁹ק]ח בי]דכה [אבנים גדולות וטמנתמה]		(f. 3) 1
[........] בפתח בית פרעוה בתחפנחס לעיני [אנשים יהודים ¹⁰ואמרתה אליהמה]		

[כוה אמר יהוה צבאות אלוהי ישראל הנני שו]לח ולק[ח]תי את[ולק[ח]תי את] נבו[כדנא]צר   (1) f. 4

[מלך בבל עבדי ושמתי כסאו ממעל לאבנים הא]לה אשר טמנתי ו[נטה [את שפרורו]

[עליהמה ¹¹ובאה והכה את ארץ מצרים אשר]למות למות וא[שר לשבי לשבי   5

[ואשר לחרב לחרב
[

Avant le v. 8, *setumah* massorétique.

F. 3, v. 9: בידכה. Graphie pleine du suffixe. TM a בידך.

Après וטמנתמה, si l'on suppose des lignes de longueur à peu près régulière, on hésitera à compléter d'après le TM: במלט במלבן אשר, leçon appuyée par Syr et Targ, mais qui semble trop longue. Les données des versions sont d'ailleurs assez confuses: Aquila, Symmaque, et Théodotion lisent בלט au lieu de במלט, ainsi que Vulg qui, en outre, place אשר avant במלבן. L'Hexaplaire, Lucian et les citations de saint Jean Chrysostome ont le même texte mais suppriment אשר. LXX omet les trois mots. Peut-être est-ce le cas de 2Q, où וטמנתמה pouvait très bien se trouver au début de la l. 2. Kittel suppose qu'en TM במלבן est une dittographie.

יהודים. Un second *yod* ajouté dans l'interligne corrige יהודים (= TM) en יהודיים. Même forme du gentilice en 48⁴ (פלשתיים), connue du TM; cf. Jér 2¹⁰, Am 9⁷, et le *ketîb* en Is 23¹², Éz 23¹⁴, Esth 4⁷ 8¹, ⁷, ¹³ 9⁸, ¹⁵, I Chr 14¹⁰, II Chr 26⁷. Plus fréquente à Q; cf. p. ex. 1QIsª 13¹⁹ 23¹, ¹³, 1QDanª 2².

Après יהודיים, tache noire qui n'est probablement pas une trace d'écriture.

F. 4, v. 10: נבוכדנאצר. Lecture certaine d'une forme avec *nun* (= 5 mss. de Ken et versions). TM et Targ ont נבוכדראצר avec *resh*.

F. 3, v. 11: למות^(2°). *Taw* presque complètement effacé.

5: 44 (LXX 51)¹⁻³

[הדבר אשר היה אל ירמיהו אל כול היהודיי[ם] היושבים בארץ[1

[מצרים היושבים במגדול ובתחפנחס ובנו[ף] ובארץ פת[רוס לאמור ²כוה אמר יהוה]

[צבאות אלוהי ישראל אתמה ראיתמ[ה] את כול הרע[ה] אשר הבאתי על]

[ירושלם ועל כול ערי יהודה והנם חורבה ה[יום הזה ³מפ[ני רעתם]

[אשר עשו להכעיסני ללכת לקטר לעבו[ד] לאלוהי[ם] אחרים אשר לוא ידעום   5

[המה אתמה ואבותיכמה
[

Avant le v. 1, *setumah* massorétique.

v. 1: ובנוף. Trace des deux extrémités du *pé* final.

Après le v. 1, si l'on complète le texte en suivant le TM, aucun espace en blanc ne doit correspondre à la *setumah* massorétique.

v. 2: ראיתמה. Suffixe plein; cf. *supra*. TM a ראיתם.

כול. Graphie pleine.

Après היום הזה, omission de quelques mots, contre TM et versions. TM a ואין בהם יושב.

v. 3: entre מפני et לעבוד, le TM ne suffit pas à remplir la lacune, à moins de supposer que la l. 4 était plus courte. לעבוד manque en LXX. Peu de chose restant de la dernière lettre, on pourrait d'ailleurs aussi bien attribuer la trace au *resh* de לקטר.

לאלוהים. Graphie pleine.

6: 44 (LXX 51)¹²⁻¹⁴

[מקטון^{12b}

[ועד גדול בחרב ובר[עב] ימותו והיו לאלה לשמה   1

[ולקללה ולחרפה ¹³ו[פקד]תי על היושבים בארץ מצרים כאשר פקדתי]

[על ירושלם בחר[ב וברע]ב ובדבר ¹⁴ולוא יהיה פליט]

[ושריד לשארית [יהו]דה הבאים לגור שם בארץ מצרים]

v. 12: וברעב. Les traces sont extrêmement ténues et très peu sûres, et leur appartenance à ce mot n'est que suggérée.

La reconstitution du texte d'après le TM suppose que la l. 1 était plus courte que la suivante, ou qu'il y avait avant le v. 13 un espace en blanc ne correspondant à aucune division massorétique. Même remarque entre les vv. 13 et 14.

v. 13: בחרב. Épiderme arraché sur la partie supérieure du *beth* final.

וברעב (= 13 mss. de Ken, LXX, Syr, Targ, Vulg). TM a ברעב.

v. 14: יהודה. Les traces appartiennent plutôt à ce mot qu'à הבאים, car on devine une lettre immédiatement avant le *hé*.

7 et 8: 46²⁷–47⁷ (LXX 26²⁷⁻²⁸ et 29¹⁻⁷)

marge supérieure

כיא]הֹנֹנִי מושיעכה מר[חוק ואת זרעכה מארץ שבים ושב]	²⁷ ch. 46 1	(f. 7)
יעקוב ושקט ושא]נן ואין מחריד ²⁸א[תה אל תירא עבדי יעקוב נואם יהוה כיא אתכה]		
אני כיא]אעש[ה כ]ל[ה בכול הגוים אשר הדחתיכה שמה ואותכה לוא אעשה כלה]	(1) f. 8	
ויסרתי]כה למשפ[ט ונקה לוא אנקכה		
אשר] היה ד[בר יהוה אל ירמיהו הנביא אל פלשתיים בטרם יכה פרעוה]	¹ ch. 47 5	
את עז]הֹ ²כוה אמ[ר יהוה הנה מים עולים מצפון והיו לנחל שוטף וישטפו]		
ארֹץֹ] ומלואה עיר וי[ו]שבי בה וזעקו האדם והיליל כול יושב הארץ]	(5)	
מקול ש[עטת פ]רסות אביריו מר[עש לרכבו המון גלגליו לוא הפנו אבות]		
אל] בני[ם מרפיון ידים ⁴על היום] הבא לשדוד את כול]		
פלשתיים והכרתי לצור ול[צ]יד[ון כול שריד עוזר כיא שודד יהוה את פלשתיים]	10	
שארית איי כפתור ב[אה קורחה אל עזה נדמתה אשקלון שארית עמקם]		
עד מתי תתגוררי ⁶הוי ח[רב ליהוה עד אנה לוא תשקוטי האספי אל תערך]	(10)	
הרגעי ודומי ⁷איך ת[שקוטי ויהוה צוה לה אל אשקלון ואל חוף הים]		
שמה י]עדה		

Ch. 46. Le v. 27 commençait au bas de la colonne précédente, sur une autre feuille.

F. 7, v. 27: מושיעכה. Double graphie pleine. TM a ici מושעך, mais מושיעך dans les deux autres exemples: Is 43³ et Jér 30¹⁰ (parallèle à 46²⁷). De même en 54 mss. de Ken.

v. 28: sous מחריד, traces indistinctes, appartenant peut-être à הגוים.

F. 8: ויסרתיכה. Graphie pleine du suffixe.

Après le v. 28, d'après la reconstitution, espace en blanc d'une demi-ligne, correspondant à la *setumah* massorétique. Le ch. 47 suit 46 (= TM). En LXX il vient après 51 (= 28) sous le numéro 29.

v. 1: עזה. Minuscule trace du *hé*.

Après le v. 1, TM a une *setumah* à laquelle ne correspond ici aucun espace en blanc, comme dans l'éd. de Gins.

v. 2: כוה. Graphie pleine typique de Q. TM a כה.

ויושבי. Lecture basée sur le calcul du nombre de lettres qu'on peut intercaler depuis le début de la ligne, et sur les habitudes du scribe. Graphie pleine (= 10 mss. de Ken).

v. 4: la reconstitution du texte d'après le TM suppose que la l. 9 était assez courte.

פלשתיים. Variante morphologique: cf. note sur 43⁹. TM a פלשתים.

והכרתי (= LXX). TM et Targ ont להכרית, Syr a ולהכרית, et Vulg *et dissipabitur* = והכרת?

לצור. Graphie pleine (= 11 mss. de Ken).

איי כפתור (= Syr et Targ). TM et Vulg ont אי כפתור. LXX a האיים.

v. 5: תתגוררי. Lecture certaine, le *resh* étant nettement différencié du *daleth*. Leçon propre à 2Q. TM, Targ et Vulg ont תתגודדי. LXX a κόψεις (= תגודי ?), mais un minuscule a κόψεται (= תתגודד ?) et un autre κόψει (= תגוד ?). Symmaque, Lucian, et Syr-hex (en marge) ont συστραφήσεσθε (= תתגודדו ?). עד מתי תתגודדי manque en Syr.

Après le v. 5, aucun espace en blanc ne correspond à la *setumah* massorétique.

v. 6: ודומי. Graphie pleine (= 4 mss. de Ken). TM a ודמי.

v. 7: שמה (cf. Targ לתמן). TM a שם. Même variante en 1QIsᵃ 34¹⁴ ss· 35¹, ⁹ ⁽¹°⁾; cf. שם en 35⁹ ⁽²°⁾). Elle n'implique pas forcément une nuance de sens: cf. שמה au sens de שם en II Reg 23⁸, Is 34¹⁵, Éz 48³⁵, Ps 76⁴, etc., et וישב שמה en Jub 36¹⁹ (fin) dans un ms. inédit de 4Q (sigle provisoire 4QJubᶠ).

9, col. I: 48 (LXX 31)⁷

]   כיא יען בטחכה במעשיכה ובאוצרותיכה גם [אתה

[[תלכד

אתה. La localisation du mot dans le texte est le résultat d'un calcul, la hauteur approximative des colonnes étant connue. 2Q s'adresse donc ici à Moab au masculin. TM a את et toutes les versions comprennent de même au féminin: cf. le pronom en Syr et Targ, et le contexte antécédent en LXX et Vulg. La plupart des mss. de LXX suppriment le pronom par haplographie devant le verbe en συ-. On notera le flottement des genres aux vv. 25 ss.

9–12, col. II: 48 (LXX 31)²⁵⁻³⁹

(f. 9)   1   ²⁵[נ]גֹדֹעֹה קֹ[רֹן מואב וזרו[עוֹ] נ[שברֹה נ[ו]אֹם י[הוה ²⁶השכיר[וֹה [כיא] על יהוה]

הגדילה ו[ס]פק מואב בקיאו והיה לשחוק גם הואה ²⁷ואם ל[וא לשחוק]

היאה ה[יתה לכה]   ישראל אם בגנבכ[ה נ[מצא כיא נֹד[י דבריכה בו]

תתנודדי ²⁸עֹ[זובי עֹר]יך ושכוני בסלע יושבת מואב והֹיֹ[י כיונה]

5   תקננ[י] בעב[רי]פי פחת   ²⁹שמעו נא גאון מואב[גֹ[אה מ[אוד]

גאונו ואינֹ[ו]וֹגאותו] ורו[ם לבבו ³⁰אנֹ[י ידֹ[עֹתי נואם יהֹ[וה עברתו ולוא כן בדיו]

לוא כן עשתה ³¹על כן על מֹ[וא]ב איליל[ו]למואב כלה אזֹ[עק אל אנשי קיר]

חרשת יהגה ³²מבכי יעֹ[זֹ]ר אבכה לך גֹ[פן [שבמה נטֹ[ישותיך עברו ים עד]

ים יעזֹ[ר נגעו ועל ק[יֹ]צך ועל[בצירך שודד נפל ³³ונאספה שמחה]

10   [וגיל מכרמ]ל ומֹארץ מואב ויין מ[יקבים השבתי לוא ידרוך הידד]

[הידד לוא היד]ד ³⁴מזֹעקת חשבון[עד אלעלה עד יהץ נתנו קולם]

[מצוער עד חורוני]ם עֹגלת שלישיה כיא[גם מי נמרים למשמות יהיו]

בֹ[מֹה

(1) f. 11   ³⁵[והשבתי למואב נואם יהוה מעלה ו]מקטיר ל[אלוֹ]הֹ[יו ³⁶על כן לבי למואב]

(1) ff. 10, 12   [כחללים יהמה ולבי אל אנשי קיר]חרש כחלל[י]ם [י]המה ע[ל כן]

15   [יתרת עשה אבדו ³⁷כיא כול רואש]קֹורחה וֹ[כו]לֹ[ל זֹ]קן תגֹ[ע]

[על כול ידים גדודות ועל מותנים]שק ³⁸על כול גֹ[גות]מואב[וברחובותיה]

[כלה מספד כיא שברתי את מואב]ככלי אין ח[פץ בו נואם]

(5)   [יהוה   ³⁹איך חתה הילילו איך]הפנוֹ עורֹ[ף]

marge inférieure

F. 9, l. 1: les traces permettent de reconstituer le texte de façon, dans l'ensemble, assez certaine.

v. 25: נואם. Graphie phonétique connue de 1QIsᵃ 3¹⁵ 14²² 30¹, etc., et représentant une prononciation *nûm*: cf. 1QIsᵃ 37³⁴ où נאם est corrigé en נואם, et la transcription νουμ dans les Hexaples en Ps 36². TM a נאם.

v. 26: השכירוה est complété avec graphie pleine et suffixe féminin: cf. הגדילה. TM a השכירהו.

כיא. Graphie typique de Q.

הגדילה au féminin. Leçon propre à 2Q. TM, Syr, Vulg ont הגדיל. De même LXX et Théodotion d'après le contexte. Targ a הגדילו.

לשחוק (= 32 mss. de Ken). Graphie pleine rare en TM qui a לשחק.

הואה. Graphie fréquente à Q. TM a הוא.

v. 27: לשחוק. Restitution imposée pour la cohésion de la phrase (= LXX, Syr, Vulg). TM a הַשְׂחֹק.

היאה. Lecture pratiquement sûre, *yod* étant plus court et plus large que *waw*. Graphie connue à Q: cf. 1QIs^a 51⁹. Le mot manque en TM et LXX.

היתה. Restitution obligée après היאה. TM a היה, et le contexte indique aussi le masculin en LXX et Vulg.

לכה est restitué en graphie pleine. TM a לך. On peut aussi supposer לך au féminin: cf. תתנודדי.

Après la lacune, espace en blanc ne correspondant à aucune division massorétique.

בגנבכה, ou בגנבכי avec suffixe féminin archaïque? En tous cas sans doute un infinitif *piel* (cf. Jér 23³⁰) étant donné l'absence de *mater lectionis*: cf. LXX qui a ἐν κλοπαῖς σου. TM et l'Arménien ont בגנבים; Syr a ובגנבים; Targ et Vulg ont כבגנבים.

נמצא (= TM *qerê*, 1 ms. babylonien de Kittel, 14 mss. de Ken, les deux éditions du TM de Soncino, 1485–6 et celle de Brescia, 1494, Syr, et LXX d'après le contexte). TM a נִמְצָאה qui représente un *ketîb* נִמְצָאָה au féminin. Targ a נמצאו. Vulg a *reperisses eum*.

כיא. Graphie typique de Q. TM a כי.

דבריכה. On peut aussi supposer דבריך au féminin: cf. תתנודדי.

תתנודדי au féminin. Leçon propre à 2Q. TM et Vulg ont תתנודד; Targ a un pluriel. LXX, Symmaque et Syr ont peut-être תתגודד (= 2 mss. de Ken).

v. 28: l'apostrophe s'adresse à la יושבת מואב, à l'impératif fém. sing.

עזובי. Pour la graphie restituée, cf. *infra*, ושכוני. TM a עֲזְבוּ. LXX a עָזְבוּ (עזב dans un minuscule).

עריך. La graphie oblige à lire un suffixe féminin. TM a ערים. LXX a הערים.

ושכוני. TM a וְשִׁכְנוּ. LXX a וישכנו. Noter la vocalisation de cet impératif *qal* fém. sing. Le TM présente des cas analogues dans le *ketîb* à la pause: cf. Jug 9², ⁸, I Sam 28⁸, Ps 26². Graphie connue de 1QIs^a 5³ 34⁶ 37³⁰, etc.

בסלע. Les trois premières lettres sont partiellement enfouies dans des replis de la peau.

יושבת. TM et LXX ont ישבי.

והיי est restitué d'après les impératifs précédents. TM a וְהָיוּ. LXX a הָיוּ.

Dans la lacune on peut suppléer כיונה (= TM) ou כיונים (= LXX).

תקני est possible si le verbe s'applique à Moab, que l'on lise יונה ou יונים. Si on lit יונים on peut aussi supposer תקננו (cf. LXX νοσσεύουσαι). En tout cas le second *nun* n'a pas la forme finale. TM a תקנן.

Après le v. 28, espace de 2 cm. en blanc qui ne correspond à aucune division massorétique.

v. 29: la première moitié du v. est parallèle à Is 16⁶ᵃ.

שמעו נא. Leçon propre à 2Q. TM a שמענו. 1 ms. de Ken a שמע. LXX a שמעתי.

מואב. *Beth* lu sur l'original dans un état antérieur.

גאונו ואיננו וגאותו. Lecture pratiquement sûre, même pour le second *nun* de ואיננו, où l'on discerne une amorce de mouvement vers la gauche. Il y a juste la place d'une lettre étroite (*waw* ou *yod*) et d'un intervalle avant le *waw* initial de וגאותו, légèrement bouclé dans le bas: cf. le *waw* initial de ואיננו.

Pour ces trois mots, on trouve 4 termes en Lucian, 2 en LXX, Syr, Symmaque, et en Is 16⁶ᵃ.

גאונו (= LXX, et Syr-hex en marge). Les autres versions ont en général גאותו. TM et l'Hexaplaire ont גבהו.

ואיננו est propre à 2Q. Parmi les leçons à 3 termes on a וגאונו en TM, Arménien, et peut-être Vulg; dans 1 ms. de Ken et la marge de Syr-hex; גאונו dans l'Hexaplaire.

וגאותו (= TM).

On pourrait traduire la phrase de 2Q: 'Sa fierté? Et elle n'est plus! Et son orgueil . . . .'

Après וגאותו, d'après la place libre on peut compléter soit ורום (avec graphie pleine = 15 mss. de Ken. TM a וְרֹם), soit וירם ou וירום (= LXX).

לבבו (= 11 mss. de Ken). Variante morphologique. TM a לבו.

v. 30: נואם. Pour la graphie, cf. *supra*, v. 25. TM a נאם.

עברתו . . . בדיו, dans la lacune, est restitué suivant le TM, sauf la graphie pleine de ולוא (= 2 mss. de Ken).

לוא. Graphie pleine.

עשתה. 2Q est au féminin avec Vulg qui a *conata sit facere*. TM a עשו. LXX a עשה (contexte masculin).

Le v. 31 est parallèle à Is 16⁷.

מואב. Il reste peu de chose du mot, vu la lacune et le rétrécissement de la peau.

קיר חרשת (= Is 16⁷ en TM et 1QIs^a). TM a קיר חרש. LXX a Κιρ Αδας αὐχμοῦ.

v. 32: שבמה . . . מבכי est parallèle à Is 16⁹ᵃ.

יעזר. Le *zaïn* est caché dans un repli du petit f. central qui a été trouvé retourné sur place.

גפן. La première lettre n'est pas absolument sûre, le f. étant ici en très mauvais état; mais il n'y a guère de place pour un mot plus long. 2Q = LXX et Is 16⁸ et 16⁹.

נגעו. '*Ain* déformé par un pli.

ועל . . . נפל est parallèle à Is 16⁹ᵇ (fin).

ועל⁽¹°⁾ (cf. Is 16⁹ en 1QIsᵃ où le *waw* a été ajouté dans l'interligne). TM et LXX ont על. 8 mss. de Ken, Syr, et Is 16⁹ (en TM et LXX) ont כי על.

Le v. 33 est parallèle à Is 16¹⁰ᵃ ᵉᵗ ᶜ.

Le v. 34 est parallèle à Is 15⁴ᵃ, ⁵ᵃ, ⁶ᵃ.

v. 34. חורונים. *Mem* lu sur le f. dans un état antérieur.

שלישיה. Graphie pleine (= TM dans l'éd. de Ken, 1 ms. de Ken après correction, 1QIsᵃ 15⁵). TM dans l'éd. de Kittel, 17 mss. de Ken, et Is 15⁵ (en TM) ont שלשיה.

כיא. Graphie typique de Q. TM a כי.

v. 35: במה ajouté de première main dans l'interligne.

Ff. 9 et 10: לאלהיו est restitué selon la graphie pleine. TM a לאלהיו. Noter que matériellement on pourrait lire לאלו[חי]ו avec *ḥeth* pour *hé*. Serait-ce une simple faute, ou une substitution intentionnelle pour marquer que les idoles ne sont pas des dieux? Comparer alors les graphies rabbiniques אלדים et אלקים destinées à empêcher la profanation du nom de אלהים. Cf. *The Jewish Encyclopaedia*, art. 'Names of God', ix, pp. 164–5.

F. 10, v. 36: על . . . חרש est parallèle à Is 16¹¹.

Ff. 10, 11 et 12: כחלילים (= TM dans l'éd. de Ken, et les mss. orientaux de Gins). TM dans l'éd. de Kittel, 20 mss. de Ken, et les mss. occidentaux de Gins ont כחלילים. LXX a כחליל. Étant donné le caractère habituel de la graphie pleine dans le ms., faut-il comprendre כַּחֲלָלִים?

Le v. 37 est parallèle à Is 15², ³ᵃ.

F. 10: קורחה. Graphie pleine inconnue du TM qui a קָרְחָה.

Ff. 10, 11 et 12: וכול. Trace du *lamed* près de זקן. Graphie pleine restituée.

F. 12: תגרע à lire au *niphal* (= LXX). TM a גְּרֻעָה.

Le v. 38 est parallèle à Is 15³ᵇ.

F. 10, v. 38: כול. Graphie pleine.

v. 39: הפנו (= Targ) plutôt que הפני, impér. fém. (= Syr). TM a הָפְנָה (cf. Vulg *dejicit* dans un contexte masculin). LXX a הָפְנְתָה (ἔστρεψεν dans un contexte féminin).

עורף. Graphie pleine (= 6 mss. de Ken) inconnue du TM dans ce cas.

13, col. I: 48⁴³⁻⁴⁵ (LXX 31⁴³⁻⁴⁴)

⁴³פחד ופחת ופח עליכ[ה   ]

[יושב מואב נואם יהוה . . . . הנס מפני הפחד יפול אל הפחת וה]עולה ⁴⁴

[מן הפחת ילכד בפח כיא אביא אליה אל מואב שנת פקודתם נואם י]הוה

⁴⁵[בצל חשבון עמדו מכוח נסים כיא אש יצא מחשבון ולהבה מֹקרית

[סיחון   [

Col. II: 49¹⁰ (LXX 30⁴) (?)

¹⁰?ל[וא

Fragment rétréci sur la droite. Lignes en éventail.

Col. I, ch. 48, v. 43: parallèle à Is 24¹⁷.

עליכה. Traces très menues qui peuvent appartenir à un *hé*. Dans ce cas, graphie pleine du suffixe: cf. 43⁹. TM a עליך.

v. 44: parallèle à Is 24¹⁸.

Au début du v., peut-être un texte plus long que le TM: cf. Is 24¹⁸ qui a . . . והיה הנס מקול הפחד.

והעולה. Graphie pleine (= 3 mss. de Ken et Is 24¹⁸, seul passage où TM a cette graphie).

Les vv. 45–47 sont en 2Q comme en TM, mais manquent en LXX, où 48⁴⁴ est suivi de 25¹.

v. 45: parallèle à Num 21²⁸ 24¹⁷ᵇ.

מקרית. Le *mem* n'est pas absolument sûr, mais le f. est abîmé. 2Q = Hexaplaire part, Lucian, Théodoret de Cyr, Théodotion, Arménien, Syr, et Num 21²⁸. Lecture suggérée par Kittel. TM a מבין (= Targ et Vulg). 3 mss. d'après Kittel et 1 ms. de Ken ont מבית.

Col. II. L'attribution du *lamed* à Jér 49¹⁰ est le résultat d'un calcul.

Fragments d'identification douteuse.

14: 13²² (?)   15: 32²⁴⁻²⁵ (?)   16: 48²⁻⁴ (?)

תֹאֹ]מרי   24 [וֹאשר]   2 [ ] חרב ₃קול]

עקֹ]ביך   25 [לכהֹ]   4 זעׁ]קֹהֹ צֹעׁוריה]

17: 48⁴¹⁻⁴² (?)

41   [גבו]רי

42   [על יהוה]

F. 14: si on lit על à la l. 2, on peut suggérer aussi Jér 48¹⁴⁻¹⁵.
F. 15: l. 1: *waw* ou *ḥeth*?

Fragments non identifiés:

18	19	20	21
א מֹ] [	∘] [	או] [	א∘ עלֹ] [
את] [	תה תֹ] [	יׁ]שראל	
∙∙] [	לֹ] [		

22	23	24	25
∘] [	] ∘ [	גׁ∘] [	∘ו] [
∘ א] [	והֹ] [	מֹה] [	מׂ]יצֹ[
			∘] [

26	27
ב∘] [	]∙∙∘∘[
	וי] ∘[

F. 19, l. 2: *taw* déformé?
F. 22, l. 1: peut-être une lettre à queue (*qoph*; ou *nun*, *pé*, *ṣadé* finals).
F. 24, l. 2: *mem* ou *beth*.
F. 25, l. 2: *ṣadé* ou *qoph*.

14. PSAUTIER

(PL. XIII)

Cuir durci et cassant, noirâtre du côté inscrit, un peu plus clair au dos. L'épaisseur atteint presque 1 mm. en f. 1, qui est le haut d'une colonne, avec marge supérieure conservée sur 4 mm.; ou peut-être vient-il après une ligne laissée vide. Calligraphie hérodienne de 1 à 2 mm. de hauteur moyenne, très régulière, anguleuse et légèrement penchée à droite. Les lettres sont plus serrées en 1, qui est rétréci dans le sens de la largeur. Mots plus ou moins bien séparés. Interlignes de 4 à 5 mm. On peut calculer une largeur de 6 à 9 cm. pour la colonne inscrite. On relève une variante textuelle. On a des graphies pleines, au moins pour כול, mais les suffixes de la 2ᵉ pers. fém. sing. n'ont pas la forme archaïque conservée dans le TM.

Remarquer que les deux premières lignes du f. 1, correspondant au début du psaume 103, sont écrites en rouge, et ressortent donc en blanc sur la photographie. Le reste est en noir, ce qui a rendu la lecture particulièrement ardue; seul un examen minutieux sous lumière rasante a permis de s'assurer du texte. Aucune photographie ne pouvant le mettre en relief, on voudra bien faire confiance au déchiffrement opéré sur l'original.

L'usage de l'encre rouge, qui est à l'origine du mot 'rubrique', est bien attesté chez les anciens Égyptiens, spécialement dans les manuscrits scolaires du Nouvel Empire. Des points rouges séparaient les passages que les élèves devaient étudier chaque jour, et ces 'stiques' étaient réunis par groupes de 5 à 10, en péricopes dont le premier verset était entièrement écrit en rouge.[1] Le même usage était courant pour mettre en relief les titres des lois romaines.[2] A l'époque gréco-romaine on le trouve dans les documents militaires, soit pour l'ensemble du texte soit pour certains passages.[3] Il est aussi connu dans le judaïsme, et le Talmud légifère à son sujet.[4] A Qumrân on connaît un autre exemple de 'rubrique': une ligne est écrite en rouge, en début de péricope, dans le ms. inédit 4QNumᵇ.[5] On est donc en droit de supposer que cet usage avait pour but d'attirer l'attention du lecteur ou du récitant, peut-être dans des manuscrits de caractère liturgique.

1: 103²⁻¹¹

marge supérieure

¹[ברכי נפשי את יהוה וכול קרבי את שם קודשו ²ברכי נפשי את יהוה ואל] תשכחי כול ג[מוליו]

³[הסולח לכול עונך הרופא לכול תחלואיך ⁴הגואל משחת חייך המעט]רך חסד ורחמים

⁵[המשביע בטוב עדיך תתחדש כנשר נעוריך ⁶עושה צדקות יהוה ומשפ]טים לכול עשוקים

⁷[יודיע דרכיו למושה לבני ישראל עלילותיו ⁸רחום וחנון יהוה ארך א]פים ורב חסד ⁹ל[וא לנצח]

₅ [יריב ולוא לעולם יטור ¹⁰לוא כחטאינו עשה לנו ולוא כעונותינו גמל ע]לינו ¹¹כי כג[בוה שמים]

　[על הארץ גבר חסדו על יראיו

L. 1. D'après la reconstitution du texte il est impossible de déterminer si le titre לדוד figurait en tête du psaume. Nous avons bien la première ligne, mais ce titre est trop court pour que l'on puisse se fier à un calcul. Noter que le ps. est sans titre en 6 mss. de Ken et figure dans un autre comme faisant partie du ps. 102.

v. 2: כול. Graphie pleine.

v. 4: המעטרך. TM a המעטרכי, avec le suffixe archaïque vocalisé.

Après ורחמים, espace vide plus large qu'après les autres mots. On doit être en fin de ligne, et le f. est donc peut-être le coin supérieur gauche d'une colonne.

v. 6: לכול. Graphie pleine.

v. 10: עלינו (= TM). Kittel propose de supprimer ce mot.

[1] B. van de Walle, 'La division matérielle des textes classiques égyptiens et son importance pour l'étude des ostraca scolaires', *Le Muséon*, lix, 1946, pp. 223-32, surtout pp. 224-5; H. Brunner, *Altägyptische Erziehung*, Wiesbaden, 1957, p. 74.

[2] Klingmüller, en Pauly–Wissowa, *Real-Encyclopädie der classischen Altertums-Wissenschaft*, vol. i A, Stuttgart, 1914, col. 1168.

[3] W. Schubart, *Einführung in die Papyruskunde*, Berlin, 1918, p. 44.

[4] L. Blau, *Studien zum althebräischen Buchwesen und zur biblischen Literatur- und Textgeschichte*, Strassburg, 1902, p. 157.

[5] F. M. Cross, dans 'Le travail d'édition des manuscrits de Qumrân', *Revue Biblique*, lxiii, 1956, p. 56.

2: 104⁶⁻¹¹

[קול מן ינוסון גערתך מן⁷ [מים יעמדו [הרים ל]ע כסיתו כלבוש תהום⁶

[להם יסדת זה מקום ל]וכו בקעות[ירדו הרים יעלו⁸ [יחפזון רעמך]

[מעינים בנחלים] המשלח¹⁰ הא[רץ לכסות]ישובון בל יעברון בל שמת גבול[⁹

[צמאם פראים ו]ישבר[ו שדי חיתו כול ישקו יהלכון¹¹ הרים בין]

v. 8: יעלו ... בקעות (= TM). Kittel, supposant qu'il manque un hémistiche, propose de supprimer encore celui-ci.

ולכול מקום. Leçon propre à 2Q. TM et la plupart des versions ont אל מקום. Syr a במקום. La Sahidique a במקומותיהם. Noter qu'en 2Q le sujet de יעלו et de ירדו est obligatoirement מים du v. 6: cf. Targ et les traductions modernes, p. ex. la Bible de Jérusalem. Vulg (= Lat), le psautier romain, et le psautier *secundum Hebraeos* font de הרים le sujet de יעלו et de בקעות celui de ירדו. LXX et Syr ne sont pas clairs.

15. JOB

(PL. XIII)

Peau d'épaisseur moyenne. Surface très lisse, de teinte marron. Dos plus clair. L'épiderme est arraché par endroits. Une ligne horizontale très finement tracée à la pointe sèche est à peine visible sur l'original au niveau du sommet des lettres de la l. 3. Calligraphie hérodienne apparemment soignée et régulière, qui a tendance à s'étirer dans le sens horizontal. Hauteur des lettres (*waw*) 3·5 mm. Les mots semblent à peine espacés. Interlignes de ±7 mm. Largeur supposée de la colonne inscrite ±13 cm.

Malgré l'exiguïté du f., l'identification est sûre et suppose un texte de type massorétique.

33²⁸⁻³⁰

[אלה כל הן²⁹ תראה באור וחיתי בשחת מ[עבר]ו נפשי פדה]²⁸

[שחת מני נפשו להשיב³⁰ גבר עם שלוש[פעמים ל]א יפעל]

[ה]חיים באור[לאור]

v. 28: מעבר. Sur l'original on voit plus nettement que sur la photographie l'extrémité du *'aïn* qui, touchant et dépassant un peu le *beth*, forme une légère saillie à l'extrémité droite de sa base. Ce qui reste du *resh* est taché, et l'encre s'étale un peu vers la droite.

v. 30: ה[חיים (= TM) ou ח[יים. *Hé* ou *ḥeth* sont possibles. En tous cas, le jambage conservé monte plus haut que le *resh* qui précède.

16. RUTH (PREMIER EXEMPLAIRE)

(PL. XIV)

Peau actuellement transparente par endroits, plutôt fine dans l'ensemble, mais plus épaisse dans la partie gauche du f. 6 et dans le f. 7. Devenue presque partout marron très foncé, la teinte primitive café au lait clair est bien conservée dans le f. 2 et dans la partie centrale du f. 5, moins bien dans le f. 8. Surface très finement striée, dos très lisse.

Tous les ff. retrouvés ont pu être replacés exactement dans le texte. Les ff. 1 et 4, de mêmes dimensions et de formes très semblables, devaient se recouvrir dans le ms. roulé, le f. 1, mieux conservé, se trouvant à l'intérieur.

Lignes et marges sont soigneusement tracées à la pointe sèche. Interlignes de 7 mm. Intercolonnement de ±2 cm. Marge supérieure d'au moins 1·6 cm., marge inférieure d'au moins 1 cm. Les colonnes sont à peu près carrées: hauteur (y compris les marges supérieure et inférieure) au moins 7·7 cm., largeur (entre les traits des marges) 8 cm.

Belle calligraphie du milieu du 1er siècle de notre ère, à rapprocher de celles de 1QpHab et de 4QDeut^d.[1] Bien calibrée et régulière, elle court à ±1 mm. au-dessous des lignes tracées. Hauteur des lettres, mesurée sur le *hé*, 3 mm. Intervalles entre les mots ±1 mm. Il y a 8 lignes par colonne et en moyenne 8 mots par ligne dont le dernier empiète souvent sur la marge.

D'après les parties conservées, le rouleau complet devait avoir ±2·10 m. de long et comprendre au moins 21 colonnes. Les col. I à V de la publication correspondraient aux col. IX à XIII du ms., et le f. 8 proviendrait de la col. XVI.

Le texte et les graphies diffèrent peu du texte massorétique.

Ff. 1–7
Col. I (f. 1, partie droite): 2^13–14

]	[ותאמר¹³
5	[אמצא חן בעיניך אדני כי נחמתני וכי דברת]
(1) f. 1	[על לב שפחתך ואנכי לא אהיה כאחת שפ]חֹתיך
	¹⁴[ויאמר לה בעז לעת האכל גשי הלם ואכלת]מן
	[הלחם וטבלת פתך בחמץ ותשב מצד]הֹקצרים

F. 1, ch. 2, v. 14: הקצרים. Lecture certaine: entre *qoph* et *ṣadé* il n'y a pas la place d'un *waw*. Comparer avec ותוצא (2^18). Graphie défective connue du TM (= Leningradensis, plusieurs mss. d'après Kittel, la 1ère éd. de Jacob ben Chayim, Venise, 1524–5, et les édd. de Ken et Gins). TM (éd. Kittel) et 17 mss. de Ken ont הקוצרים.

Col. II (ff. 1, partie gauche, 2, 3, et 4, partie droite): 2^14–19

ויצבט לה קלי ותא[כל ותש]בֹע ות[תר ות]¹⁵[קֹם ללק]ט[	1	(ff. 1, 3, 4)
ויצו בעז את נעריו] לאמר [גם] בין העמרים [תלקט		(ff. 1, 4) (1) f. 2
ולא תכלימוה¹⁶[וגם של] תשל[ו לה מן הצבתים]		
ועזבתם ולקט[ה ו]לא[תגערו בה ¹⁷ותלק]ט בשדה		
עד הערב ותח[בט את אשר לקטה וי]הי כאיפה	5	
שערים ¹⁸ותשא ותבוא] העיר ותרא [חמותה את		
אשר לקטה ותוצא ותתן] לה את [אשר הותרה		
בשבעה ¹⁹ותאמ]ר [לה חמ]ותה איפה [לקטת היום		

F. 1, v. 16: ועזבתם. Lecture certaine, mais la peau est fendillée et l'encre, en partie effacée, fait tache sur le *zaïn*.

v. 18: בשבעה. Leçon propre. TM, LXX et Targ ont משבעה. De même, cf. Vulg (qui tourne la phrase autrement) et Syr (malgré un texte différent). Le mot manque dans 1 ms. de Ken.

v. 19: לה. Au-dessus de la lacune, trace du sommet du *lamed*.

Dans la marge entre les col. II et III, un petit f. s'est incrusté en biais. On lit]לֹל[.

[1] Cf. *Journal of Biblical Literature*, lxxiv, 1955, p. 152, n. 14; fig. 2, dernière ligne.

Col. III (ff. 4, partie gauche, et 5, partie droite): 2^19–22

[ו]אֹנֹה עשית] יהי מכירך ברוך [ותגד] לחמותה

את אשר עשתה] עמו ותאמר [שם [האיש [אֹ]שר]

עשֹ[ית]י עמו היו]ם בעז ²⁰ותאמ]ר נעמי לכ]ל[ל]תה

ברוך הוא ל]יהוה אשר לא עזב [חסדו את החיים

וא[ת]ה[ה]מתים ותאמר לה נעמי]קרוב לנו האיש

[מגאלנו]ה[וא ²¹ותאמר רות המואבי]ה גם כי אמֹר

לי עם הנערים] אשר לי תדבקין עד א[ם כלו

את כל הק]ציר אשר לי ²²ותאמר נעמי א[ל רות

F. 4, v. 19: וֹאנֹה. *Nun* et *hé* attestés par de petits points d'encre au-dessus du trou.
v. 21: לי (= Vulg, et peut-être Syr et Targ). TM et LXX ont אלי.

Col. IV (ff. 5, partie gauche, et 6, partie droite): 2^22–3^3

כֹ[לתה טוב בתי כי תצאי עם [נעֹרותו ולֹא] יפגעו]   1 (ff. 5, 6)

בך בש[דה אחר ²³ותדב]ק בנערות בעז ללוֹט

עד כל]ות קציר השער]ים וקצי]ר [החטים

וֹתֹ[שב את חמותה] ³¹ותאמר לה נעמי חמותה   ch. 3

[בתי הלא אבקֹ]שֹ לך מנוח אשר ייט[ב לך]   5 (f. 6)

²ועתה הלא [בֹעז מדעֹ]תנו [אשר היית את

[נערותיו הנ]ה[הוא] זרה את ג]רן השערים

[הלילה ³ורחצת וס]כֹ[ת ושמת שמל]תיך עליך

F. 6, v. 22: נערותו. Graphie défective du suffixe. TM a נערותיו. 1 ms. de Ken a נערתי, un autre a נערותי.
v. 23: ותדבק. Sur le bord, traces du *qoph*, dont la queue est effacée.

ללוֹט. Haut du *waw* incomplet. A sa gauche, trace du *qoph* ajouté dans l'interligne. Leçon primitive ללוט = 'pour agir en secret' (?); cf. le même verbe en araméen avec le sens de 'parler en secret', et בלט en 3⁷. Après correction on lit ללקוט (= 2 mss. de Ken). TM a le *piel* ללקט (même sens).

Ch. 3, v. 2: גרן. Haut du *resh* détérioré. Pour le *nun*, cf. מן en 2¹⁴ (f. 1).
v. 3: וסכת. Trace du haut d'une des trois dernières lettres.

שמלתיך, au pluriel (= TM éd. Kittel *qerê*, et le texte de plusieurs anciennes éditions imprimées: Ketubim, Naples, 1486–7; première Bible complète, Soncino, 1488; Polyglotte d'Alcala; Bible rabbinique, 1ère éd., Venise, 1517, 4e éd., Venise, 1521). On peut aussi restituer שמלותיך (= 11 mss. de Ken). Le pluriel est aussi supposé par Syr, Vulg et Targ.

TM éd. Kittel a שִׂמְלֹתַךְ, qui suppose un *ketîb* שִׂמְלָתֵךְ au singulier (= 37 mss. de Ken, de nombreux mss. de de Rossi,[1] TM éd. Gins, et LXX).

Col. V (ff. 6, partie gauche, et 7): 3^4–8

[וירדתי הגרן אל תודעי לאיש עד כלתו לאכל ולשתות]

⁴ויהי בשכבו ו]ידעת את המקום אשר ישכב שם]   (1)   f. 6

וב[א]ת וגלית מר]גלתיו ושכבתי והוא יגיד לך את]

(1) De Rossi, *Variae lectiones V.T.*, 1784, supplément, 1798.

[אשר]תעשין ⁵וֹת[אמר אליה כל אשר תאמרי אעשה]

5   ⁶[ותרד]הגרן ו[תעש ככל אשר צותה חמותה ⁷ויאכל]

(5)   בֹּעֹֹז וישת וייטֹ[ב לבו]וֹיֹ[בא לשכב בקצה הערמה]

(1) f. 7   ותבא בלט ותגל מרגלתיו ותשכב ⁸וֹ[יהי בחצי הליל]ה

[וֹיֹ[חרד]האיש[וי]לפת והנה אשהֹ[שכבת מ]רגלתיו

F. 6, v. 7: בעז. Peau très déformée et rétrécie.
מרגלתיו. Épiderme arraché verticalement entre *resh* et *guimel* et sur la fin de וילפת (l. suivante).

F. 8: 4³⁻⁴

marge supérieure

³[ויאמר לגאל חלקת השדה אשר לאחינו לאלימלך]מכר[ה]

[נעמי השבה משדה מואב ⁴ואני אמרתי אגלה אזנך]ל[אמר]

v. 4: לאמר. Minime trace d'un sommet de *lamed* appartenant probablement à ce mot.

17. RUTH (SECOND EXEMPLAIRE)

(PL. XV)

Peau plutôt fine, en très mauvais état, rongée sur les bords. Surface légèrement ridée, de teinte café au lait assez clair. Dos plus sombre. Lignes et marges tracées à la pointe sèche. Interlignes de 6 à 7 mm. Marge supérieure d'au moins 9 mm. Marge droite conservée sur 7 mm. Largeur inscrite par colonne ±10·5 cm.

Écriture d'un style voisin de 1QIsᵇ, qui peut dater des environs de 50 av. J.-C. Les intervalles entre les mots sont bien observés, mais les lettres sont inégalement serrées. *Waw* et *yod* sont plus ou moins confondus. Hauteur du *hé* 2 mm.

Les graphies sont généralement massorétiques, ainsi que le texte, qui toutefois manifeste une certaine indépendance.

1: 3¹³⁻¹⁸

]   ¹³ליני הלילה והיה בבקר אם יגאלך טוב יגאל ואם לא[

1   [יחפץ לג]אלך וג[אלתיך אנכי חי יהוה שכבי עד הבקר ¹⁴ותשכב]

מ[רג]לתיו עד הב[ק]ר ותקם בטרום יכיר איש את רעהו ויאמר אל[

יודע כי באה הגרן ¹⁵ויא[מר הבי המטפחת אשר עליך ואחזי בה ותאחז]

בה וימד שש שש שערי]ם וישת עליה ויבא העיר ¹⁶ותבוא אל חמותה[

5   [ו]תאמר מה את בתי ות[גד לה את כל אשר עשה לה האיש ¹⁷ותאמר]

שש [ה]שערים האלה נת[ן] לי כי אמר אל תבואי ריקם אל חמותך ¹⁸ותאמר[

[שבי בתי עד א]שר תדעיֹ[ן] איך יפל דבר   ]

v. 14: מרגלתיו. Lecture certaine, la trace avant le *taw* convenant à *lamed* et non à *waw* (= 37 mss. de Ken et *qerê* du TM éd. Kittel). 14 mss. de Ken ont מרגלותיו, qu'un autre indique comme *qerê*. TM éd. Ken a מרגלותו. L'éd. Kittel a מַרְגְּלֹתָו qui indique un *ketîb* au singulier (cf. מרגלתו en 31 mss. de Ken).

Après באה, les autres témoins ont en général un ou deux mots de plus que 2Q: TM et Targ ont האשה. LXX a אשה. Lat a אלי. L'Arménien a אלי אשה. Syr et Vulg ont un texte différent.

v. 15: שם manque en TM, LXX, Vulg et Targ. Syr a 'il lui jeta'.

v. 16: מה את (= un minuscule de LXX qui a τι συ). TM a מי את = Targ, Syr, l'Alexandrinus et 7 minuscules de LXX (τις ει [συ]), Sahidique. 2 onciaux et la plupart des minuscules de LXX (τι εστιν), Lat, Arménien et Éthiopien ont מה זאת. Vulg a מה עשית. את est seul en 2 mss. de Ken. Les deux mots manquent dans le Vaticanus de LXX.

2

marge supérieure

[אֵל ‥ ל[ ]ל]

[כול אשׄר]

F. 2: la lecture de la l. 1 n'étant pas sûre, sauf pour les deux derniers *lameds*, le f. est difficile à replacer dans le texte. En tout cas, l. 2, graphie pleine de כול, avec *waw* lié au *lamed*.

18. ECCLÉSIASTIQUE (TEXTE HÉBREU)

(PL. XV)

Peau d'épaisseur moyenne, plissée et assez mal conservée. Pores légèrement apparents du côté inscrit. Teinte marron assez sombre, à peu près semblable à celle de 2Q5 mais plus rougeâtre.

Le f. 2 est une extrémité gauche de feuille avec un reste de couture. Des lignes horizontales très finement tracées à la pointe sèche sont à peine visibles aux ll. 3, 11 et 12. A 6 mm. environ de la couture, des points d'encre qui ont dû servir à guider le tracé des lignes sont disposés en série verticale déterminant une sorte de marge. Le f. 1 est un bas de feuille avec marge inférieure d'au moins 3 cm. D'après sa forme ce peut être un reste de la colonne qui précédait le f. 2: les deux ff. se recouvrent à peu près dans le bas si l'on tourne le f. 1 d'un quart de tour à droite et si l'on néglige l'angle de droite, retrouvé plié et cassé.

Écriture de transition asmonéo-hérodienne, apparentée à celle de 1QIs^b, mais avec des formes plus archaïques pour *hé* et *ṭeth*. La copie peut donc être datée de la seconde moitié du Ier siècle av. J.-C. Le *hé* a 4 mm. de hauteur, mais les lettres sont de calibre assez inégal. Noter en particulier le 'aïn assez petit. Intervalles apparemment irréguliers entre les mots. Interlignes de 7 à 8 mm.

Les mss. de l'Ecclésiastique hébreu connus jusqu'à ce jour ayant été datés entre le Xe siècle et le XIIe, et aucun autre exemplaire n'ayant encore été identifié à Qumrân, les ff. de 2Q présentent un intérêt exceptionnel. Non seulement en effet ils attestent l'existence ancienne d'un texte hébreu du Siracide, mais ce texte est assez semblable à celui de la Geniza du Caire pour avoir permis l'identification sûre d'un fragment très réduit. De plus, la disposition matérielle, pour autant que l'on puisse la rétablir, semble être la même que dans le ms. B: une ligne par verset de deux hémistiches répartis en deux colonnes dont seule la première commence à partir d'une marge fixe. Cela pourrait renforcer l'idée que les mss. du Caire ont été copiés sur des mss. de Qumrân.[1] Par ailleurs l'ordre des versets est probablement plus conforme au grec (cf. le commentaire).

Le texte du f. 2 est déjà connu en hébreu par le ms. A, feuille 2, conservée à la Bibliothèque de l'Université de Cambridge.[2] Le v. 28 du ch. 6 se trouve en outre dans la feuille 2 du ms. C

[1] Cf. *DJD I*, p. 88 et note 5; P. Kahle en *Vetus Testamentum*, i, 1951, pp. 45–48.

[2] Édition: S. Schechter et C. Taylor, *The Wisdom of Ben Sira*, Cambridge, 1899, pp. 5–6; I. Lévi, *L'Ecclésiastique... texte original hébreu*, ii, Paris, 1901, pp. 34–36.

(recueil de morceaux choisis), conservée à la Bibliothèque du Consistoire Israélite de Paris.[1] Aucun de ces mss. n'observe la disposition prosodique.[2]

En se basant sur l'ensemble des ll. 10 et 11 du f. 2, on peut calculer pour les colonnes une largeur minima de ± 12 cm., tout dépendant de la largeur des intervalles laissés en blanc entre les hémistiches.

On notera, en 6²⁸, une graphie plus défective que dans les mss. du Caire.

1: 6¹⁴⁻¹⁵ (?)

ומוצאו מצא הון]	ⁱ⁴[אוהב אמונה אוהב] ת[קוף
ואין משקל לטובתו]	¹⁵[לאוהב אמונ]ה אי[ן] מחיר

marge inférieure

L. 2: אמונה. *Hé* est à peu près certain, mais le bord du f. est pourri dans le bas de la lettre.

אין est possible, mais il faut supposer un *yod* assez long: comparer avec בגדי (f. 2, l. 10).

La disposition par hémistiches est, de plus, assez difficile et suppose ici un intervalle inutile entre les deux premiers mots du v. 15. L'identification est donc douteuse, mais l'indice matériel fourni par la forme du f. (cf. introduction) est en sa faveur.

On peut suggérer aussi, en retraduisant le grec, de replacer le f. en 1¹⁹⁻²⁰.[3]

וכבוד] ת[ומכיה תרים]	¹⁹[שכל ודעת תביע
וענפי]ה ארך[ימים]	²⁰[שרש חכמה יראת יהוה

marge inférieure

L. 2: ארך. Rien ne s'oppose à lire *resh*, qui même conviendrait mieux que *yod*: comparer avec תפארת (f. 2, l. 12).

De plus, la disposition par hémistiches est ici mieux observée.

2: 6²⁰⁻³¹

ולא יכלכלנה חסר ל]ב	²⁰[עקובה היא לאויל
ולא יאחר להשליכה]	²¹[כאבן משא תהיה עליו
ולא לרבים היא נ]כה	²²[כי המוסר כשמה כן הוא
	]²³
[	]²⁴
ואל תקץ בתחבולתיה]	²⁵[הט שכמך ושאה
ובכל מאדך שמר דרכי]ה	²⁶[בכל נפשך קרב אליה
והתחזקתה ואל תר]פה	²⁷[דרש וחקר בקש ומצא
ונהפך לך לת]ענג	²⁸[כי לאחור תמצא מנוחתה
וחבלתה]בגדי כתם	²⁹[והיתה לך רשתה מכון עז

[1] Édition: I. Lévi, *Revue des Études Juives*, xl, janv.–mars 1900, pp. 26–27; *L'Ecclésiastique . . . texte original hébreu*, ii, pp. 36–37. Noter que Lévi appelle D le ms. C, et qu'il décale la numérotation des versets: 6²⁰⁻³¹ sont numérotés 6¹⁹⁻³⁰. Nous adopterons la numérotation de la LXX, d'après J. H. A. Hart, *Ecclesiasticus, the Greek text of codex 248*, Cambridge, 1909.

[2] Voir la reproduction photographique des mss. du Caire dans *Facsimiles of the Fragments hitherto recovered of the Book of Ecclesiasticus in Hebrew*, Oxford and Cambridge, 1901.

[3] Passage non conservé dans les mss. du Caire. Le texte hébreu reproduit est celui de M. S. Segal, *Sepher Ben Sira ha-shalem*, Jérusalem, 1953, 2ᵉ éd., 1958, p. ג.

30[עלי זהב עולה   ומוסרתיה פתיל תכ]לת

31[בגדי כבוד תלבשנה   ועטר]ת תפארת תעטרנה

[   ]

L. 1, v. 20: לב. Traces indiscutables de *beth*, qui obligent à placer ici le seul v. du passage finissant par cette lettre (= ms. A et LXX).

L. 2, v. 21 (= ms. A et LXX). Texte plus court que le précédent, et qui tombe entièrement dans la lacune.

L. 3, v. 22: נכח. Le *ḥeth* est certain; *hé* serait très différent: cf. la fin des ll. 7, 8 et 12. La trace qui précède ne peut convenir qu'à *beth*, *kaph*, *mem* (?), *nun*, ou *taw*. Le ms. A (éd. Schechter–Taylor, p. 5) a le texte suivant:

כי המוסר כשמה כן הוא ולא לרבים היא נכוחה

Le texte est donc incohérent au point de vue des genres grammaticaux. מוסר, qui n'est féminin en TM qu'en Prov 4¹³, est normalement masculin ici, comme l'atteste הוא. Aussi a-t-on suggéré de lire כשמו au lieu de כשמה, cf. Schechter–Taylor, *o.c.*, pp. 44 et XXI. Le second hémistiche est au féminin. Pour le dernier mot, écrit נכוחה (= *ketîb* נְכֹחָה, *qerê* נְכֹחָה), deux interprétations sont possibles. I. Lévi (*L'Ecclésiastique*, ii, p. 35) a bien pensé à נכחה avec un sens prépositionnel, mais il lit finalement l'adjectif נְכֹחָה, cf. Prov 8⁹, ou un substantif, cf. Am 3¹⁰. Aucun secours n'est fourni par LXX qui traduit מוסר par σοφία et met donc tout au féminin, en terminant par φανερά. Syr (v. 23) transforme la fin du v. et lit ici נבחרה. Lat (v. 23), reproduite par Vulg, suit le grec en traduisant σοφία par *sapientia doctrinae* et φανερά par *manifesta*, mais elle a un hémistiche de plus à la fin du v. Toujours est-il que 2Q a sans doute נכח, qui peut être la préposition נֹכַח 'en face de' (construction avec *lamed*: cf. Jos 15⁷), ou bien l'adjectif masculin נָכֹחַ 'droit' (cf. le féminin נכוחה en ms. A). La première interprétation semble meilleure et permet de ne pas modifier le contexte antécédent. Nous laissons donc tout le reste du v. comme dans le ms. A.

Ll. 4–7. Pour ces 4 lignes, le ms. A n'a que 3 versets. Les vv. 23 et 24 de LXX sont remplacés par 27⁵, ⁶ (numérotés 22⁽¹⁾ et 22⁽²⁾ par Schechter–Taylor). Vient ensuite le v. 25; 26 est omis. En 2Q on a certainement à la l. 7 un v. terminé par un *hé* et précédé à la l. 6 d'un v. plus court, car il n'y a pas de raison que cette ligne ait été laissée en blanc. Ceci va très bien pour le v. 25, mais on ne peut être sûr de sa place, puisque le texte retraduit sur LXX et Syr se termine également par un *hé*. Néanmoins, le nombre de vv. étant probablement le même que dans le grec, on peut supposer aux ll. 4 et 5 les vv. 23 et 24. Ils ont été retraduits de différentes manières: comparer I. Lévi, *o.c.*, p. 36, et M. Ṣ. Segal, *o.c.*, p. לט. A la l. 6, le texte du v. 25 est suppléé d'après le ms. A. À la l. 7, v. 26, texte complété d'après Lévi et Segal. Sur le bord, avant le *hé*, trace douteuse d'une lettre: peut-être le *kaph* (?).

L. 8, v. 27: תרפה. *Pé* attesté par la trace d'encre sur le bord, plus bas que le *hé*. Il est en tous cas impossible de lire ici la fin du v. 25 ou 26. Texte restitué d'après le ms. A.

L. 9, v. 28: לתענג. Sur le bord, trace minime du *'aïn* à droite du sommet du *nun*. Graphie défective inconnue du TM au singulier, mais cf. תענגיה Mich 2⁹ et ותענגות Eccl 2⁸ dans certains mss. Les mss. A et C ont לתענוג. Le texte est restitué d'après le ms. A. C a ותהפך au lieu de ונהפך.

L. 10, v. 29: = ms. A.

Ll. 10–12, vv. 29–31: = ms. A.

Après la l. 12, le point de marge et le reste d'un tracé de ligne attestent que la colonne se prolongeait plus bas.

II. TEXTES NON BIBLIQUES

A. TEXTES NARRATIFS

19. LIVRE DES JUBILÉS (PREMIER EXEMPLAIRE)

(PL. XV)

Peau assez épaisse, de teinte marron foncé, ridée du côté inscrit, plus lisse au dos. En voie de décomposition, elle est très déformée, mais par contre très facile à étudier par transparence. Le f. a été recomposé à partir de 6 morceaux entre lesquels les joints sont absolument certains.

Quatre lignes inscrites encadrent une ligne en blanc, dont le texte prenait fin en dehors du morceau conservé. Interlignes de 5 mm. Calligraphie hérodienne très soignée, aux formes arrondies, dans laquelle *waw* et *yod* sont pratiquement confondus. Hauteur du *ḥeth* un peu moins de 2 mm. Intervalles entre les mots très reconnaissables mais très réduits : moins de 1 mm. aux ll. 4 et 5. Les graphies sont pleines.

L'ensemble du passage n'est conservé qu'en éthiopien,[1] mais pour la fin du v. 8 (depuis מאה) on dispose en outre de la Vieille Latine.[2] Si l'on reconstitue le texte d'après l'éthiopien, on peut calculer pour la colonne inscrite une largeur de ±12 cm.

L'identification m'a été facilitée par une heureuse suggestion de J. T. Milik.

Jub 23[7-8] (cf. Gen 25[9, 7-8])

```
⁷וּיקברוהו אל מערת המ[כפלה א]צל שרה אשתו בניו]                    [
[יצחק וישמעאל ויבכוהו [ארבעים יום כול אנש]י ביתו ויצחק וישמעאל וכול בניהם וכול]
[בני קטורה במקומותם         [         ]     vacat     [
[ויתמו ימי בכי אבר]הם ⁸שלושה יובלים חיה ואר[בעה שבועי שנים מאה ושבעים וחמש]
₅   [שנים ויתם את ימי חייו ]זקן ושבע ימים ]                        [
```

marge inférieure?

⁷ [Et ses fils Isaac et Ismaël l'enterrèrent à la caverne de Ma]cpéla au[près de Sara son épouse. Et ils le pleurèrent] pendant quarante jours, tous les gen[s de sa maison, ainsi qu'Isaac et Ismaël et tous leurs enfants et tous les enfants de Cétura, là où ils se trouvaient.

Puis le temps de pleurer Abra]ham [prit fin]. ⁸ Il avait vécu trois jubilés et qua[tre semaines d'années, cent soixante-quinze ans, et achevé les jours de sa vie] vieux et rassasié de jours.

On a suivi exactement, pour la reconstitution du texte, l'ordre de l'éthiopien, aussi maladroit qu'il semble en hébreu.

v. 7, l. 1 : אצל. D'après un examen à la loupe, la trace ne convient qu'à *aleph* : cf. וארבעה, l. 4.

Il faut supposer une addition entre les ll. 1 et 2, ou admettre que la l. 1 était plus courte que les ll. 2 et 4.

L. 2 : ויבכוהו...יום. Cf. Gen 50³, Deut 34⁸.

ארבעים. Début du mot très abîmé, le f. étant déformé et replié sur lui-même.

כול. Graphie pleine.

L. 3 : במקומותם était probablement tout entier dans la lacune. Les traces visibles au début de la ligne ne proviennent sans doute pas de l'écriture.

L. 4 : ויתמו...אברהם. Cf. Deut 34⁸.

v. 8 : שלושה. Une partie du premier *shin* située sur le morceau de droite a permis d'assurer matériellement le joint. Graphie pleine. L'absence de la copule confirme la leçon du ms. B de l'éthiopien ; les autres ont *wašalaseta* (= ושלושה), leçon adoptée par Charles.

יובלים. *Yod* initial partiellement effacé.

L. 5 : זקן. Sur le bord du petit morceau de droite, au-dessous de l'intervalle avant שלושה, trace du *zaïn*.

זקן ושבע ימים. Cf. Gen 25⁸ 35²⁹, Job 42¹⁷, I Chr 29²⁸. 2Q = les mss. A et D de l'éthiopien, et Lat ; en Gen 25⁸, 6 mss. de Kittel, 3 mss. de Ken, Sam, LXX, Lat, Syr et Vulg. Pour ימים, les mss. B et C de Jub éthiopien ont *mawā'elīhū* (= ימיו) avec la version éthiopienne de Gen 25⁸. Le mot manque en TM, 2 mss. de Vulg, et Onq.

20. LIVRE DES JUBILÉS (SECOND EXEMPLAIRE)
(PL. XV)

F. 1. Peau épaisse, actuellement transparente, striée horizontalement du côté inscrit. Teinte un peu plus rougeâtre que celle du ms. précédent. Belle calligraphie du 1ᵉʳ siècle de notre ère,

[1] R. H. Charles, *The Ethiopic Version of the Hebrew Book of Jubilees*, Oxford, 1895, p. 81.
[2] A. M. Ceriani, *Monumenta Sacra et Profana*, t. i, fasc. 1, Mediolani, 1861, p. 27 ; H. Rönsch, *Das Buch der Jubiläen*, Leipzig, 1874, p. 35 ; Charles, *o.c.*, p. 81.

extrêmement soignée et régulière. Hauteur du *heth* 1·5 mm. Interlignes de 4 à 5 mm. Longueur des lignes ±6 cm. Les graphies sont pleines.

Le texte latin n'étant pas conservé à partir du dernier tiers de 46¹, la version éthiopienne était jusqu'ici le seul témoin de ce passage.[1]

Ff. 2 et 3. De matériaux identiques, mais d'écritures un peu différentes, ils ont des chances d'avoir appartenu au même rouleau, peut-être dans des passages écrits par d'autres mains.

1: 46¹⁻³ (cf. Ex 1⁷, Gen 50²⁶, ²²)

```
]                                        [ויפרו]1b
1 [מאוד וירבו הרבה עשרה [שבו[עי] שנים כ[ול ימי חיי יוסף]
2[ואין שטן ואין כול רעה [כול י[מ]י חיי יוסף א[שר חיה אחרי]
[אביהו יעקוב כי כול מצרים ]היו נותנים    כב[ודם לבני ישראל]
[כול ימי חיי יוסף 3וימות יוסף [ב]ן [מאה ו[עשר שנים]
```

¹ [. . . et ils furent très féconds et se multiplièrent beaucoup durant dix] semai[nes] d'années, t[out le temps de la vie de Joseph. ² Et il n'y eut pas d'adversaire ni aucun malheur] tout le temps de la vie de Joseph, q[u'il vécut après son père Jacob; car tous les Égyptiens] accordaient [leur] considér[ation aux enfants d'Israël tout le temps de la vie de Joseph. ³ Et Joseph mourut] â[gé de] cent [dix ans].

v. 1, l. 1: שבועי. Graphie pleine.

v. 2, l. 2: כול. Il ne reste qu'une très petite trace du *kaph* sous celle du *waw*. Graphie pleine.

חיי יוסף. יוסף, en partie effacé, a été lu distinctement sur le f. dans un état antérieur. L'éthiopien (mss. suivis par Charles) a, ici et dans les deux autres cas du passage, *ḥeywatū layōsēf*, mais ici le ms. A a *ḥayewa yōsēf*.

אשר. Reste le sommet droit de l'*aleph*; au-dessous, le bord est échancré.

L. 3: היו נותנים כבודם. Graphie pleine de נותנים. Expression analogue, mais sans suffixe, en Prov 26⁸.

L. 4: וימות... שנים (= Gen 50²⁶, sauf la graphie pleine adoptée pour וימות). Pour l'âge de Joseph, cf. Gen 50²².

Fragments d'appartenance incertaine.

<table>
<tr><td align="center">2</td><td align="center">3</td></tr>
</table>

```
2                                      3
]פרידו ה[                          ]◦ וה ◦[
]בינו אשר המ[                       ] צוה ◦[
]ם אשר[
]ל[
```

F. 2: la lecture, basée sur l'examen par transparence, est difficilement contrôlable sur la photographie où les cassures ressortent en noir comme l'écriture.

L. 1: première lettre lisible, *resh* ou *daleth*, précédé de *pé*, *beth*, *kaph*, ou *mem*. Dernière lettre, *hé*, *ḥeth*, ou *taw*.

L. 2: première lettre, *pé*? Selon notre lecture, peut-être אבינו, cf. Jub 43¹¹⁻¹³. Dernier mot: première lettre, *taw* ou *hé*? Le *mem* (?) qui suit n'apparaît pas sur la photographie.

L. 3: אשר ou אשם?

F. 3: écriture un peu plus grande.

21. UN APOCRYPHE DE MOÏSE (?)

(PL. XV)

Peau d'épaisseur moyenne, plissée par endroits dans le f. 1. Surface lisse, de teinte marron assez sombre, dos plus lisse et plus clair mais taché de gris. Les bords sont rongés; le f. 1 est troué en deux endroits; le bord droit du f. 2 est déchiré en biseau, signe d'un arrachage violent.

[1] Charles, *o.c.*, p. 162.

Lignes horizontales lourdement tracées mais à peine visibles. Interlignes de 8 à 9 mm. Calligraphie hérodienne très régulière et soignée, mais épaisse et lourde. Hauteur du *hé* 3 mm. Intervalles entre les mots très bien marqués.

1

```
]                              נדב ו[אב]י[הוא אלעׄ[זר ואיתמר
]                        לעשות] לך משפט באמת ולהוכיח באמו[נ]ה [
]                                      vacat                    [
]             [ויצא מושה אל מחו[ץ למחנה ויתפלל לפני יהוה ויתנפ[ל לפני
5     ]         [ויואמר יהוה אלוהי[ֹם מה אביט אליך ואיך אש[א] פני [אליך
]                          [ל[עשו]ֹת עם אחד ב[מ]עֹשׄיד[ך] הגדולים
]                                                    [לה]
```

¹ [. . . *Nadab et*] *Ab*[*i*]*hu, Éléa*[*zar et Ithamar* . . . ² . . . *pour*] te [*rendre*] la justice avec équité et pour arbitrer avec probi[t]é [. . .

⁴ *Et Moïse sortit à l'extérieu*]*r du* camp et il se mit en prière devant Yahvé: il se proster[na *devant* . . . ⁵ et il dit: 'Yahvé Die]u, comment puis-je regarder vers Toi, et comment puis-je lev[er] mon visage [*vers Toi* . . . ⁶ . . . *pour* [(*en*) *fai*]*re un seul peuple par Tes* [*œu*]*vres* [*grandioses* . . .]

L. 1: ואביהוא. Le second *waw* est pratiquement sûr, *yod* ayant la tête plus large.

אלעזר. '*Ain* assez douteux, mais la seule autre possibilité serait *sin* ou *shin*. On aurait donc ici la liste des fils d'Aaron, identique à Ex 28¹, Num 3², I Chr 5²⁹ 24¹; cf. 1QM xvii 2–3 selon la restitution communément admise. Pour Éléazar, cf. 1Q22 i 3.

La l. 2 montre que ces noms sont cités à la fin d'un discours adressé vraisemblablement à Israël: cf. לך. Avant ce mot, restituer un verbe applicable à משפט et parallèle à ולהוכיח: on pourrait avoir ainsi לעשות Éz 18⁸, 1QS viii 3; לשפוט Zach 7⁹; להכין 1QS x 20; לריב 1QSa i 20.

משפט באמת. Cf. משפט אמת Éz 18⁸, Zach 7⁹, 1QH f. 5 10, et 1QM xi 14 (dans le discours qui suit la prière). Rapprocher שופט באמת Prov 29¹⁴.

ולהוכיח באמונה. Cf. מוכיח en parallèle avec שופט CD xx 16–17 (ms. B); אמונה parallèle à משפט Jér 5¹. באמונה, cf. II Reg 12¹⁶ 22⁷, Is 59⁴, Os 2²², Ps 33⁴, II Chr 34¹², 1QM xiii 3, 1QH xvii 14. En II Chr 19⁹ (cf. 1QH xvi 17) il s'y ajoute ובלבב שלם.

Le *hiphil* de יכח ayant plusieurs sens et diverses constructions, on a choisi la signification plus générale d' 'arbitrer' ou 'régenter', cf. Is 2⁴ 11⁴, 1QSb v 22. Il s'agit sans doute des fonctions des prêtres nommés à la l. 1.

L. 4: avant למחנה, trace d'une lettre finale: *kaph*, ou plutôt *ṣadé*; מחוץ למחנה va très bien comme lieu de la prière qui suit. Se rappeler que Moïse sortait pour prier vers la tente de réunion, qui était dressée en dehors du camp Ex 33⁷; rapprocher Héb 13¹³. La mention des fils d'Aaron à la l. 1 suggérerait d'ailleurs un récit de l'Exode: cf. les 'Dires de Moïse' 1Q22. D'autre part on peut noter l'importance des camps dans l'organisation des sectaires de Qumrân 1QM iii 4 5 14 iv 9 vi 10 vii 1 3 7 x 1 xiv 2 xvi 3, 1QSa ii 15, 1QSb 29³ 31², ³ et de Damas CD vii 6a ix 11 x 23 xii 23 xiii 4 5 7 13 16 20 xiv 3 9 xx 26 (ms. B).

ויתפלל לפני יהוה = II Reg 19¹⁵; cf. I Sam 1¹². Même construction en I Reg 8²⁸, Néh 1⁴, ⁶, I Chr 17²⁵, II Chr 6²⁴, Tob hébr. (éd. Neubauer, p. 21, l. 15) // Tob 3¹.

ויתנפל. Trace minime de la lettre qui suit *nun*. Rapprocher Deut 9¹⁸ et surtout 9²⁵ qui introduit une prière; cf. même terme en Esd 10¹. A la suite on peut supposer לפני . . ., i.e. 'devant la tente de réunion (cf. le temple en Esd 10¹), ou peut-être 'devant Lui (Yahvé)': לפניו, cf. Deut 9¹⁸, ²⁵, ou אליו, cf. 9²⁶.

L. 5: אלוהים. Trace de *mem* final, plutôt que de *qoph*.

מה אביט אליך. Même construction, dans un contexte tout différent, en II Reg 3¹⁴. Même protestation d'indignité en 1QH xviii 19 (?) et, en d'autres termes, au début de la prière de David de II Sam 7¹⁸, qui suggère d'autres rapprochements: cf. *supra* et *infra*.

ואיך אשא פני אליך. Formule approchante, dans une idée de prière, en Job 22²⁶; identique, mais dans un cas de relations entre hommes, en II Sam 2²². Ailleurs, dans les textes de Q, elle exprime la bienveillance de Dieu envers les hommes: 1QSb ii 2–4 iii 1–4. Toute la l. 5 trouve un parallèle frappant dans la prière de Sarra Tob 3¹².

L. 6: עם אחד. Soit l'idée qu'Israël n'a pas de pareil II Sam 7²³ // 1 Chr 17²¹, soit celle de l'unité conférée au peuple Gen 11⁶ 34¹⁶, ²², I Mac 1⁴¹, surtout Éz 37²². Autre sens (moins probable): 'un certain peuple' Esth 3⁸. En tout cas la phrase, au début d'une prière, doit rappeler l'élection d'Israël: cf. p. ex. Esth 4¹⁷ᵐ, ou les bienfaits de Dieu envers lui.

Sous אביט, trace de *lamed*. Faut-il lire ל[היות ישרא]ל ou ?

L. 7: *hé*, ou traces de deux lettres?

2

]∘ לבך י[

. . . ton cœur . . .

Après לבך, lire *mem, pé*, ou *taw*. S'il s'agit de Dieu, cf. II Sam 7²¹; s'il s'agit d'Israël, remettre dans le contexte de la première partie du f. 1, avant la prière.

22. UN APOCRYPHE DE DAVID (?)
(PL. XV)

Peau d'épaisseur moyenne. Surface de teinte café au lait clair, avec pores visibles. Dos velouté et plus clair. Les bords sont rongés et l'épiderme manque par endroits.

Lignes et marges fortement tracées à la pointe sèche. Calligraphie hérodienne plutôt tardive (1ᵉʳ siècle ap. J.-C.) suspendue aux lignes, en général sans mordre sur elles. Très régulière, elle confond toutefois *waw* et *yod*. Hauteur du *hé* 2 mm. Intervalles très irréguliers entre les mots. Interlignes de 7 à 8 mm. Intercolonnement de 1·5 cm. sur lequel on empiète pour finir les mots. Les graphies sont généralement classiques.

J. Strugnell me signale des recoupements textuels avec un ms. inédit de 4Q,⁽¹⁾ qui autorisent à penser à David racontant sa lutte contre Goliath, mais un certain caractère hymnique n'est pas exclu.

Col. I

ולא שניתי כי שברו י]הוה אלהינ[ו ל]פי [חרב

ועשיתי ק]לעי המזור עם קשתות ולא

כי ∘∘ מ]לחמה לתפש ערי מבצרים ולחריד

ו]עתה   [ל]   [ל]   [ל

¹ [. . . et je n'ai pas eu à recommencer, car Ya]hvé no[tre] Dieu [l'avait brisé au] fil de [l'épée ² . . . et je *fis* les fr]ondes meurtrières ainsi que les arcs, et . . . pas ³ [. . . car . . . ba]taille pour s'emparer de villes fortifiées et pour épouvanter ⁴ [. . . *et*] maintenant . . .

En 4Q le passage est précédé de la mention d'Og (peut-être comme géant, à titre de comparaison), puis de la description de l'ennemi abattu et de son armement.

L. 1: complétée d'après 4Q. Le *nun* de אלהינו est au moins probable, d'après un examen à la loupe, mais *kaph* n'est pas exclu (אלהיכה ?). La victoire de David sur Goliath est une preuve typique de la puissance de Dieu: cf. I Mac 4³⁰ (prière de Judas Machabée avant la bataille de Bethsur).

לפי חרב: expression fréquente dans la Bible hébraïque, et que l'on peut supposer ici. 4Q a לפי avant une lacune.

L. 2: ועשיתי ('et je fis' ou 'et je ferai'?) ajouté d'après 4Q, qui permet aussi de compléter קלעי. La fronde est la première arme de David contre le géant I Sam 17⁴⁰, ⁵⁰ 25²⁹.

המזור (cf. Jér. 30¹³, Os 5¹³, Abd 7) sert probablement à qualifier קלעי, avec un sens d'épithète poétique. 4Q a מזור.

⁽¹⁾ J. Strugnell a bien voulu me permettre d'en faire usage. Le texte de 4Q est souligné dans la transcription.

עם קשתות. Pour les arcs, cf. 1QM vi 16 ix 11, 1QH vi 30. Frondes et arcs sont associés en II Chr 26¹⁴ dans la liste de l'armement judéen au temps d'Ozias.

L. 3: לתפש dans le cas de prises de villes, cf. Jos 8⁸, II Reg 16⁹ 18¹³, Is 31⁶, Jér 40¹⁰.

ערי מבצרים. Cf. Jér 5¹⁷, 1QH iii 7.

ולהחריד (= ולהחריד). Graphie phonétique, comme לשמיע 1QIsᵃ 58⁴, לוסיף 1QpHab viii 12).[1] Cf. Jug 8¹², II Sam 17², Éz 30⁹, Zach 2⁴. Le mot devait être suivi de la mention de l'ennemi. La phrase doit établir une opposition entre le combat à la fronde contre Goliath et les grands assauts contre les places fortes, désormais inutiles.

L. 4: ועתה, si la restitution est correcte, rappelle les transitions bien connues dans le genre hymnique: cf. 1QH *passim*.

Col. II

[ ]ׄ]שרים כי ידעת[י

כי רחמיו על ישרא[ל

הוא בכל דׄרׄכׄיׄוׄ ולא[

יתנם למׄשׄפׄט וכל[

¹ . . . car *je sais / vous savez* . . . ² car Sa miséricorde est sur Israë[l . . .] ³ Il est [² *juste*] ³ dans toutes Ses voies (*corr.*: Ses paroles), et *pas* . . . ⁴ Il les livrera au *jugement*, et *tous* . . .

L. 1: כי ידעתי ou כי ידעתם. Dans des textes poétiques ou hymniques, cf. Am 5¹², 1QH ix 9 f. 4 16.

L. 2: כי . . . ישראל = Ps Sal xi 2 9. Même construction, à propos d'une mère envers son fils, en I Reg 3²⁶. L'affirmation de la miséricorde de Dieu est fréquente à Q: cf. 1QS i 22 ii 1 7 iv 3, 1QH iv 32 36 37 vi 9 vii 27 30 35 ix 3 8 30 34 x 21 xi 9 18 xiv 3 xv 16 xvi 9 xvii 11 xviii 14 25. Aussi Ps Sal xvi 15 xvii 3 xviii 1 3 6, Prière de Manassé 6 7 14, II Bar lxxvii 7 lxxxi 4, etc.

L. 3: avant הוא, sans doute un mot indiquant une perfection divine; peut-être צדיק: cf. Ps 145¹⁷.

דרכיו est doublé, en interligne, de la leçon דבריו, probablement de la même main. Simple correction de scribe ou reflet d'une double tradition manuscrite?

ולא. Haut du *lamed* au-dessus de l'échancrure.

L. 4: למשפט est très incertain. Au lieu de *mem* on peut supposer *beth* ou *guimel*.

B. *TEXTES PROPHÉTIQUES*

23. UNE PROPHÉTIE APOCRYPHE

(PL. XV)

Peau d'épaisseur moyenne, râpée, trouée, et rongée sur les bords. L'aspect de la surface permet un certain classement, peut-être en trois feuilles: en 1, fines stries verticales; en 2 à 5, pores apparents; en 6, stries obliques descendant vers la droite. Teinte café au lait clair, surtout en 4 à 6. Dos velouté.

Par endroits apparaissent des lignes tracées sur lesquelles l'écriture mord. Marge gauche tracée (ff. 1 et 2) à 12 mm. env. de la couture (f. 1). Calligraphie hérodienne bien stylée, mais confondant pratiquement *waw* et *yod*. *Mem* final n'est pas toujours fermé, *taw* est parfois tracé en trois fois. Hauteur du *hé* près de 3 mm. Intervalles entre les mots 1 à 2 mm., parfois plus réduits. Interlignes de 7 à 8 mm. Graphies généralement pleines.

1

[ ]יׄׄושב[

[והוי עליכה והוי] על

---

[1] Cf. J. T. Milik, 'Note sui manoscritti di ʿAin Fešḫa', *Biblica*, xxxi, 1950, p. 204; *DJD I*, note sur 1Q14 10 7.

וֹבשר הרבה אכלתמה[

ר תעשו כל[°

בֹחרב וחנית[5

תדוחו[ן] מאבן פנת[

תחת[יות המלאה שעירים

לא [תתהללו בעצביכם

ינו הנה ממזרח ומצפון[

יכ[שלון ברכים וש[ם] [ן]   10

ונפלו [חֹללים רבים [   ]

marge inférieure?

¹ . . . *habitant* . . . ² . . . et malheur à toi, et malheur [à . . . ³ . . .] *et* vous avez mangé beaucoup de chair ⁴ . . . vous *faites / ferez* tout ⁵ . . . par l'épée et la lance ⁶ . . . *vous serez bousculés* de la pierre d'angle de ⁷ . . . [les *profond*]*eurs* de . . . plein de satyres ⁸ . . . vous [*ne*] *tirerez* [*pas*] *gloire de* vos *idoles* ⁹ . . . *Voici que* de l'Orient et du Nord ¹⁰ . . . les genoux [*chan*]*celleront* et ¹¹ . . . et beaucoup [*tomberont*] blessés à mort . . .

L. 1: יושב ou וישב ? Cf. אין יושב dans des malédictions: Is 5⁹, et rapprocher שוממים (f. 2, l. 3).

L. 2: הוי עליכה והוי על. Formules de malédictions: cf. Jér 50²⁷, Éz 13³. Peut-être en rapport avec le יושב (l. 1) et probablement avec le sujet de אכלתמה (l. 3).

L. 3: בשר הרבה אכלתמה. Premier mot ובשר ou בשר. Sans doute une condamnation des faiseurs de bonne chère (cf. Am 6¹⁻⁷, Eccl 10¹⁶) et donc des buveurs (cf. Is 5¹¹⁻¹³, ²²). Ou bien s'agit-il des idoles gloutonnes: cf. Bel 3 ss., ou d'une simple expression des actes d'inimitié: cf. Ps 27², Job 19²².

L. 4: premier mot, peut-être א[שר. אכלתמה. תעשו plutôt que תעשׂי. Sans doute même sujet que אכלתמה.

L. 5: בחרב וחנית. L'épée fait partie des tableaux de malheur: cf. AT, *passim*, Ps Sal xiii 2; symbole de la colère divine: Sag 5²⁰; instrument de châtiment: Jér 34¹⁻⁵ 47⁶, Éz 30⁴, ⁶, ²⁴, ²⁵, Ps Sal xv 8–9, I Hén lxiii 11. Les infidèles à l'Alliance ont été livrés à l'épée et ont fui vers le nord: CD vii 13–14. L'épée et la lance, armes typiques, sont souvent associées: I Sam 13¹⁹, ²² 17⁴⁵ 21⁹, Nah 3³, Judith 6⁶ (Lat et Syr). Elles sont caractéristiques des moyens humains de défense, par opposition aux divins: I Sam 17⁴⁷, 1QM xi 2; servent de terme de comparaison pour désigner la méchanceté: 1QH v 10. Peut-être faut-il comprendre: 'vous tomberez par l'épée et la lance': cf. 1QM xix 11.

L. 6: תדוחון מאבן פנת. La lecture du premier mot est douteuse: après *ḥeth*, un *nun* est possible. Le sens suggère un *pual* de דחה: cf. Ps 36¹³. Même verbe au *qal* en Ps 118¹³. L'expression est peut-être due à des réminiscences de ce psaume: cf. au v. 22 la 'pierre d'angle', thème messianique. Voir Is 28¹⁶, que 1QS viii 7 applique à la Communauté. Pour ce genre connu d'exécution capitale, cf. II Chr 25¹².

L. 7: יות [ou וית]. Peut-être תחתיות précédé d'un nom féminin à accorder avec המלאה. Cf. ארץ תחתיות Éz 26²⁰ 32¹⁸, ²⁴; שאול תחתיות Sir hébr. 51⁶.

שעירים. Pour la construction, cf. Deut 6¹¹, Is 51²⁰, Jér 5²⁷, etc., Ruth 1²¹. Les שעירים sont les génies ou démons de forme animale qui habitent déserts et ruines, p. ex. Édom: Is 34¹¹ (LXX) ou Babylone: Is 13²¹, Bar 4³⁵. Ils vivent dans les ténèbres: cf. Oracles Sybillins, éd. Kautzsch,[1] préface, 22–29.

L. 8: תתהללו בעצביכם. Cf. Ps 97⁷. A peu près la même idée en Esth 5¹⁷⁰⁻ᴾ, Sag 14²⁹. On pourrait aussi comprendre: 'vous vous glorifierez de vos souffrances'.

L. 9: הנה = 'ici' ou 'voici'?

ממזרח ומצפון. Le nord est la région d'où viennent les malheurs: cf. Is 14³¹, Jér 1¹⁴, ¹⁵ 46²⁰, ²⁴. En admettant que les quatre points cardinaux n'étaient pas nommés, noter que l'est et le nord ne le sont ensemble et seuls que comme provenance des rumeurs troublantes pour Antiochus Épiphane en Dan 11⁴⁴ et dans l'annonce du rassemblement d'Israël en Ps Sal xi 3.

L. 10: avant ברכים, on peut comprendre יכשלון, i.e. 'les genoux chancelleront' (sujet féminin!), ou תכשלון,

[1] E. Kautzsch, *Die Apokryphen und Pseudepigraphen des Alten Testaments*, Tübingen, 1900, Zweiter Band.

i.e. 'vous chancellerez des genoux'. C'est un effet de la terreur: cf. Is 35³, Ps 109²⁴. Même idée en Éz 21¹², Nah 2¹¹, 1QH iv 33 viii 34, surtout Éz 7¹⁷. Dernier mot: après *waw*, on a plutôt *sin / shin* que *ṣadé*. A la fin, soit *sin / shin* soit *nun* final.

L. 11: וׄנפלו חללים רבים. Expression typique des récits tardifs de batailles = Dan 11²⁶; cf. I Chr 5²², I Mac 1¹⁹ 3¹¹ 8¹⁰ 9¹⁷, ⁴⁰ 16⁸, II Mac 4⁴².

Noter que l'ensemble du texte n'a pas l'air sans rapports avec Jér 50, Éz 7¹⁷⁻²⁰, Bar 4³¹⁻³⁷, Dan 11.

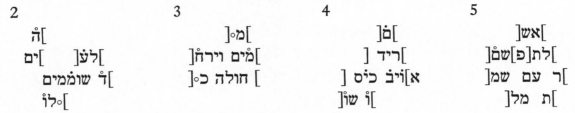

2	3	4	5
]הׄ[	]מׄ∘[	]סׄ[	]אש[
]לׄעׄ[ ]ים	]מׄים וירחׄ[	]ריד[	]שׄ[פׄ]לתׄ[
]דׄ שומׄמים	]∘כ חולה[	]א[ויב כיס[	]ר עם שמׄ[
]∘לׄ[		]ו שוׄ[	]ת מל[

F. 2, l. 1: *hé*, ou *waw* précédé d'une autre lettre.

L. 3, début: *daleth* ou *kaph* final.

שומׄמים. Soit des monuments 'dévastés': cf. Thren 1⁴; soit des personnes 'désolées': cf. Thren 1¹⁶. Le f. appartenait peut-être à la feuille qui suivait le f. 1: cf. le tableau de guerre qui précède.

L. 4, fin: *waw* ou *yod*.

F. 3, l. 2: וירח 'et la lune' (?).

L. 3: 'malade'.

F. 4, l. 1: trace anguleuse plus basse que la moyenne des lettres.

L. 2: peut-être יחריד 'il épouvantera'.

L. 3: probablement א[ויב 'ennemi' (*beth* taché), suivi de כיס 'sac, bourse'.

F. 5, l. 1: 'feu'(?). Noter que c'est un des moyens de châtiment des villes coupables.

L. 2: *lamed* et *taw* appartiennent-ils au même mot? En tout cas, sans doute le verbe תפש.

L. 3: 'avec' ou 'peuple'.

L. 4: trace du *lamed* au-dessus de l'échancrure.

6

א[לׄמׄתי מרם]כמ
]תולסמ לכ[
] לכב לושמ[
]רׄדב םח[
5   ]תושעל [

¹ ... leur [fi]let sera rem[pli ... ² ...] tous les sentiers ... ³ ... *dominer* sur *tout* ... ⁴ ... *dans* ... ⁵ ... pour faire ...

L. 1: מכמרם יתמלא. 'Filet' doit être entendu au sens figuré: cf. Ps 141¹⁰.

L. 2: מסלות. Plutôt au sens propre, dans la description du pays envahi. Pour le sens figuré de 'conduite' cf. Ps 84⁶.

L. 3: ימשול ou למשול. Plutôt *waw* que *yod*. Il s'agit sans doute d'un conquérant: cf. Is 19⁴, Jér 51⁴⁶, Joël 2¹⁷, surtout Dan 11³⁻⁵.

24. DESCRIPTION DE LA JÉRUSALEM NOUVELLE[1]

(PL. XVI)

Peau de teinte café au lait, tirant par endroits sur le rouge, et parfois noircie. Nombreux trous et cassures. Bords très rongés. La tranche découpée en biseau dans le bas du f. 8 témoigne

[1] Déjà publié en grande partie en *Revue Biblique*, lxii, 1955, pp. 222–45 et pl. II–III. L'interprétation a été sensiblement modifiée sur certains points.

d'un arrachage violent. Pores apparents du côté inscrit; dos plus lisse. Lignes et marges sont tracées à la pointe sèche. Interlignes de 7 mm. Marge droite de 8 mm. (f. 4, où la couture est conservée en début de feuille); marge gauche 1 cm. (ff. 1 et 6); marge inférieure d'au moins 2·2 cm. (f. 1). Élégante calligraphie du début du Ier siècle de notre ère, suspendue aux lignes et mordant légèrement sur elles. Hauteur du *hé* 3 mm. Intervalles entre les mots 2 à 2·5 mm., mais parfois plus réduits. Les espaces plus larges que l'on trouve parfois ne correspondent pas toujours à des divisions du texte.

La description de la Jérusalem Nouvelle, qui reprend la Thora d'Ézéchiel, est une construction liturgique inspirée par le Temple de Jérusalem, mais se rapportant à l'Israël idéal des temps messianiques. D'autres exemplaires en sont publiés en 1Q32 (*DJD I*, pp. 134–5) et 5Q15 (*infra*, pp. 184–93). Il s'y ajoute un exemplaire en 4Q[1] et un en 11Q. Pour une présentation d'ensemble de l'ouvrage, voir *infra*, pp. 184–8.

Le cadre littéraire est celui d'une vision apocalyptique dirigée par un guide muni d'une canne à mesurer. Grâce aux recoupements fournis par les textes de 5Q15 et de 4Q, on peut maintenant situer les petits morceaux formant le f. 1 au moment où le visionnaire, après la visite du rempart, pénètre dans la ville. Le f. 3 peut s'appliquer à la table des pains de proposition (cf. Éz 41^21–22); 4 est un fragment du rituel intéressant ces pains, ceux de Pentecôte et un repas sacré; 5 à 8 pourraient décrire l'autel des holocaustes (cf. Éz 43^13–27) et contenir le début de la section suivante. Les autres fragments restent isolés.

La présence d'un tel document à Qumrân confirme les attaches sacerdotales de la secte et son intérêt pour le culte. Mais il faut par ailleurs se rappeler que pour elle le Temple est susceptible d'être identifié avec la communauté (cf. 1QS viii 5–9 ix 5–6) et qu'il est une réplique du ciel: voir *Revue Biblique*, lxiii, 1956, p. 394.

1: l'entrée dans la ville; îlots, péristyle et rue.[2]

ואעלני לגוא קריתא ומשח]   ]

[פרזיתא בריתא אורכא ופותיא קנין חמשין וחד ב[חמשין   וח]ד מרבעה סחור]   1

[סחור אמין תלת מאה וחמשין ושבע לכול רו[ח   ושבק סחור סח]ור]

[לפרזיתא ברית שוק קנין תלתא אמין עשרין וחדא]   וכדן אח[זי]נ[י   ]כול משחת

[פרזיתא בין פרזא לפרזא שוק פתה קנין שתא אמין] ארבעין ותרתין

marge inférieure

^1 [. . . cinquante et une cannes sur] cinquante et u[ne . . . ^2 . . .] Et un péristyle tout aut[our ^3 de l'îlot . . .] Et de même il [me] mon[tra] toute la mesure ^4 [des îlots . . . quarante-deux coudées].

On trouvera la traduction complète en 5Q15 1, début (*infra*, p. 191).

L. 1: חמשין וחד בחמשין וחד. En chiffres dans 4Q.

L. 2: ושבק 'et un péristyle': cf. 5Q15, introduction, p. 188. Dans la publication préliminaire, le mot a été pris par erreur pour un verbe. סחור סחור 5Q15 a סוחר סחור.

L. 3: אחזיני. Trace du *nun* lue sur le f. dans un état antérieur.

[1] Cf. le rapport de J. Starcky en *Revue Biblique*, lxiii, 1956, p. 66.

[2] Dans la transcription, on a souligné d'un trait continu le texte de 5Q et en pointillé celui de 4Q. La graphie des restitutions a été adaptée aux usages du ms.

2

[ר אמי]ן

[ה ל]

L. 1: 'coudées'. On est tenté de situer ce f. au début de la l. 2 du passage précédent en lisant סחור אמין, mais le texte ne concorde pas avec les traces de la l. 2. En tous cas il vaut mieux ne pas restituer עשר אמין, le nom de la mesure étant d'habitude avant le chiffre.

3: la table des pains de proposition.

[חד]   [°°]

ו[משח עד תרע ספי]רא

פתו]רא די קודמוהי ל[מרא

[כתול ת]°

¹ . . . un [. . . ² . . . Et] il mesura jusqu'à la porte de *saphi*[*r* . . . ³ . . . *la tab*]*le* qui est devant [*le Seigneur* . . . ⁴ . . .] la paroi de . . .

L. 1: un élément de mesure, ou משחא חדא. Cf. f. 5, l. 2; 5Q15 1 ii 3.

L. 2: ספירא plutôt que ספא. La 'porte de saphir' rappelle Tob 13⁷. D'après 4Q le rempart de la *terûmah* (cf. Éz 45) est bâti de pierres précieuses parmi lesquelles figure le saphir.

L. 3: פתו]רא plutôt que תר]עא. L'expression traduit alors exactement Éz 41²².

L. 4: כתול. Il doit s'agir d'une paroi de la table: cf. Éz 41²², peut-être suivie de ses dimensions. Ou bien une paroi de la porte de la l. 2.

4: les pains de proposition; les deux pains; le bélier.

בשרהון]   [

לקורבן רעוא]   [

[וי]עלון להיכלא]   [

תמנא סאין סול]תא   [

5   ויטלון לחמא °]   [מן

לקדמין על מד]בחא   [

סדרין על פת]ורא   [

תרי סדרי לח]מא   [

לחמא ויסבון לחמ]א   [מן

10   מערבה ויתפלג]ון   [

וחזית עד די °ל]   [

ר'שמתא כ] [ע]° [°]   [

שביא די בהון וארבעת עשר כה]נין   [

כהניא   תרתי לחמא די ה]ן   [חזי

15   הוית עד   חדא מן תרתי לחמא יהיבת [ל]כ[הן ראשא   [

עמה   ואחריתא] י]היבת לתנינה די קאם פנבד]   [

[חזי הוית עד די יהיב לכ]ול כהניא   [   ]א[◦]   [

[   ]ל די איל ען חד לכול גבר וגבר[   ]

[   ]עד עדן די יתבו [   ]ל[   ]   [

[ח]ד בכול [   ]   [   ] 20

[   ]ל[   ]   [

... ¹ leur corps ... ² en offrande agréable ... ³ et ils *entreront* au Temple ... ⁴ huit séas de fine fleur de far[ine ...] ⁵ et ils apporteront le pain[... vers] ⁶ l'orient sur l'*au*[tel ...] ⁷ piles sur *la ta*[ble ...] ⁸ deux piles de pa[in ...] ⁹ le pain, et ils prendront le pai[n ... du] ¹⁰ côté occidental, et ils seront partag[és ...] ¹¹ Et je regardai jusqu'à ce que ... ¹² *le signe* ... ¹³ les plus âgés d'entre eux, et quatorze pr[êtres ...] ¹⁴ les prêtres.

Les deux pains *qui* ... [... je re-]¹⁵gardais, jusqu'à ce que l'un des deux pains fût donné [*au grand*] pr[être ...] ¹⁶ avec lui, et que l'autre fût donné à son second qui se tenait debout à part [... ¹⁷ ...]

Je regardais, jusqu'à ce que fût donné à t[ous les prêtres ... ¹⁸ ...] un [...] de bélier de troupeau, un à chaque personne ... ¹⁹ ... jusqu'à un moment où ils s'assirent [... ²⁰ ... u]n dans *chaque* ...

L. 1: בשרהון. Peut-être 'ils laveront leur corps dans l'eau'. La pureté légale est exigée pour la consommation des mets sacrés: cf. Lév 22¹⁻⁹; fragment d'une source du Test Lévi et de Jub, dans Charles, *Apocrypha ...*, ii, pp. 364-5. Pour les pains de proposition cf. I Sam 21⁵⁻⁶.

L. 2: לקורבן רעוא. Équivalent de l'hébreu למנחת רצון: cf. CD xi 21, 1QS ix 5, ou לריח ניחוח: cf. Onq Lév 1³, ⁹.

L. 3: ויעלון. *Peal*; ou à l'*aphel* 'ils introduiront (les pains)': cf. Tos Men xi 11. Pour le premier sens rapprocher Éz 42¹⁴ 44¹⁶.

להיכלא désigne le Temple proprement dit (sens d'Éz), ou mieux le *hékal* où se trouvaient les pains: cf. Tos Men xi 10, Josèphe *A.J.* iii 6 6.

L. 4: תמנא סאין סולתא. D'après Lév 24⁵ et *A.J. ib.*, chaque pain était de deux dixièmes d'épha. Le séa étant le tiers de l'épha, il ne faudrait que 7·2 séas pour 12 pains. Les 8 séas, exactement 8·4, doivent être pour 14 pains.

Ll. 5-6: מן לקדמין. Côté privilégié, vers lequel se trouve Yahvé devant qui on met les pains: cf. *A.J. ib.*, Men xi 5.

L. 6: על מדבחא. La table est appelée 'une espèce d'autel' en Éz 41²¹. Cf. l'autel appelé 'table' en Mal 1⁷, ¹².

L. 7: סדרין 'piles', puisque les pains sont les uns sur les autres.

על פתורא. Cf. Lév 24⁶, *A.J.* iii 6 6 et 7, Men xi 4, Tos Men xi 11. Restitution meilleure que על פותי מדבחא.

L. 8: תרי סדרי לחמא. Cf. Lév 24⁶. Deux piles de 6 pains se faisaient face: cf. *A.J.* iii 6 6 et 10 7.

L. 9: ויסבון לחמא. Il s'agit des pains de la semaine précédente. Leur renouvellement avait lieu le jour du sabbat.

L. 10: מערבה. Côté opposé au Saint des Saints, et par lequel on retirait les pains.

ויתפלגון. Le verbe équivaut à l'hébreu חלק *hitpael*. Les pains sont partagés entre les prêtres: cf. *A.J.* iii 10 7, Tos Men xi 7 et 11.

L. 11: וחזית עד די. Expression courante des visionnaires d'apocalypses.

L. 12: רושמתא. *Waw* ajouté en interligne. Le mot est-il au singulier ou au pluriel? Il peut désigner une inscription, chose fréquente dans les apocalypses: cf. Dan, Apoc et 1QM iii-ix. Ou bien un signal (?).

L. 13: שביא est pour סביא. Les anciens des prêtres sont nommés après 'le prêtre' en 1QSa ii 12-13.

וארבעת עשר כהנין. Il y a autant de prêtres que de pains. Pour renouveler et consommer les pains de proposition la tradition juive n'en mentionne que 8, divisés en deux groupes de 4: cf. Men xi 7, Tos Men xi 11. Ici le chef et le second doivent s'ajouter à un groupe de 12: rapprocher 1QM ii 1-2.

L. 14: dernière trace *yod*, *waw*, *resh* ou *taw*.

תרתי לחמא (= hébreu שתי הלחם): terme rabbinique désignant les deux pains fermentés cuits le dernier jour ouvrable avant Pentecôte, puis offerts avec des sacrifices et consommés le jour de la fête: cf. Lév 23¹⁷ ˢˢ·, *A.J.* iii

10 6, Men iii 6 xi, Er ii 2, yYoma vi, feuillet 43, col. 1, ll. 60 ss. (éd. de Krotosczyn, 1866), Yoma 39*a–b*, Suk 37*b*–38*a*.

L. 15 : pour עד conjonction sans די, cf. Esd 4²¹.

חדא . . . יהיבת לכהן ראשא. Les deux pains reviennent aux prêtres : cf. Lév 23²⁰, *A.J.* iii 10 6. Le premier doit être donné au grand prêtre ou au 'prêtre en chef'. Pour cette distribution cf. Iken, *Antiquitates hebraicae*, Brême, 1741, pp. 316–19. On devait avoir ici le correspondant de כהן הראש : cf. 1QM ii 1 iv 21 xii 21. Il préside le repas en 1QSa ii 12 et 19 : cf. notes *ad loc.*

L. 16 : לתנינה désigne le כהן המשנה de II Reg 23⁴ 24¹⁸, Jér 52²⁴. Il est nommé à la suite du prêtre en chef en 1QM ii 1, et en xix 11 d'après Milik et Yadin.

פנבד. Le *pé* étant certain, le mot ne peut être qu'un emprunt iranien ou une faute de copiste pour מן בד.

L. 18 : איל ען = hébreu איל צאן Esd 10¹⁹ ; cf. איל מן הצאן en Éz 43²³, ²⁵. On remet sans doute à chacun une portion de bélier immolé à manger avec le pain. Cela rappelle les repas sacrés d'installation des prêtres (Ex 29, Lév 8). D'après Lév 23¹⁸ on offrait pour Pentecôte deux béliers en holocauste ; autres usages en Lév 5¹⁵ 9¹ ˢˢ· 16³.

L. 19 : עד עדן די יתבו. On s'asseoit pour manger : cf. Éz 44³. Les prêtres le faisaient dans des chambres spéciales : cf. Éz 42¹³, ¹⁴ 46¹⁹ et les παστοφόρια de I Mac 4⁵⁷.

L. 21 : *lamed*, si du moins la trace est un reste d'écriture.

5–8 : l'autel des holocaustes.

5 et 6

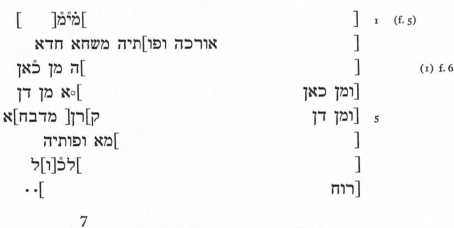

```
[         ]מ̇ל̇מ̊[  [                    ]  1  (f. 5)
    אורכה ופו[תיה משחא חדא         ]
[ה מן כ̊אן                          ]        (1) f. 6
[א° מן דן                    ]כאן ומן[
ק]רן[ מדבח]א̊         ]דן ומן[  5
    מא ופותיה[                     ]
    [ל]כ̊[ו]ל                      ]
    [°°                     ]רוח[
```

7

```
[ופותיהון מן כא̊]ן ומן כאן
[וכול מדבחא]
```

Ff. 5 et 6 : [. . . ² . . . sa longueur et] sa [lar]geur ont la même dimension ³ . . . sa . . . par [1]à ⁴ [et par là . . .] . . . par ici ⁵ [et par ici . . . *la co]rne de [l'aute]l* ⁶ . . . et sa largeur ⁷ . . . de t[ou]s ⁸ [les côtés . . .]

L. 1 : lecture désespérée.

L. 2 : pour les dimensions de l'autel et de ses parties, cf. Éz 43¹³⁻¹⁷. משחא חדא = hébreu מדה אחת : Ex 26², ⁸, Éz 40¹⁰, ²¹, ²² 46²². L'autel est donc carré.

Ll. 3 et ss. : les dimensions sont données selon le même schéma qu'en Éz 40–41 et 45⁷ 47⁷. Rapprocher Men xi 4–5 pour la table et les pains de proposition. מן דן ומן דן et מן דן ומן כאן ומן כאן signifient 'de part et d'autre'. Inutile de souligner l'importance des mensurations dans la littérature apocalyptique : cf. 1QM v, II Hén xii 1 xiii 2, II Bar lix 4 ss., et surtout les autres exemplaires de notre texte.

L. 5 : קרן מדבחא. Cf. Éz 43¹⁵, ²⁰.

L. 6 : le *mem* est certain, mais on ne sait que restituer. לחמא est rendu improbable par le contexte.

F. 7 : ¹ . . . et leur largeur par l[à et par là . . . ² . . .] et tout l'autel . . .

L. 1 : dimensions au pluriel de quelque partie de l'autel. Cadres ? Cornes ?

8

]∘[

עׄ[שׁרא שורא ארב]עא

] כותליאׄ∘ אבן חׄוׄ]ר

]ה אחרניא מן בר עשר]יׄ[ן

]בלׄ∘[] ולהיון מכפרין בה עלו]הי

∘] ולא יתכלא עוד כול יום] ויו]ם̇[5

]עׄזרתא [ו]אחזינ]יׄ [ ]∘[ ]אוחרי בר מן[

]∘ מאה ועשר[

[2] *...dix. La rangée quat[re ...* [3] *...] les parois de pierre 'blan[che' ...* [4] *...] ses autres ...* du côté de l'extérieur, vingt ... [5] ...*

Et ils feront l'expiation avec lui (le sang ?) sur lu[i (l'autel) ... [6] ...] ... Et ce ne sera pas encore terminé: chaque jour ... [7] ... le parvis. [Et] il m[e] fit voir un autre ... en dehors de ... [8] ... cent *dix / vingt ...*

L. 2: עשרא. Élément de dimension?

שורא = soit 'muraille' (hébreu חומה), soit 'rangée'. Est-ce une assise de pierres, ou l'un des cadres de l'autel d'Éz 43[14–20]?

L. 3: כותליא. La fin du mot semble avoir été corrigée après grattage à partir de כותליהן.

אבן חור. Cf. 5Q15 1 i 6 et introduction, p. 187.

L. 4: מן בר = hébreu מחוץ; cf. Éz 43[21].

L. 5, début: peau ratatinée.

ולהיון ou ולהון. Imparfait à préformante *lamed*: cf. Dalman, *Grammatik des jüdisch-palästinischen Aramäisch*, pp. 264, 354.

מכפרין. L'expiation (ou propitiation) est faite sur l'autel (עלוהי) avec le sang (בה) d'une victime: cf. Ex 29[36–37], Éz 43[18–27].

L. 6: ולא יתכלא עוד. Le sens d' 'être achevé' est connu pour כלא au *peïl*: cf. Ber 39*a*. L'expression est peut-être une réminiscence d'Éz 43[23, 27]. La cérémonie de l'expiation doit se faire pendant 7 jours: cf. Ex 29[37], Éz 43[26].

כול יום ויום. D'après Éz 43[25] on immole chaque jour un taureau et un bélier.

L. 7: avant אוחרי (féminin), restituer peut-être עזרתא.

L. 8: éléments de dimensions, sans doute en coudées.

9–11: fragments isolés.

9

]∘תׄ[
]אשי כול [
]קׄ[

10

]אלוה[יׄ
]∘[

11

]תׄר[

F. 9: ... [2] ... *les fondations de chaque ...*

L. 1: '*aïn*, ou *lamed* déformé.

L. 2: אשי ou אשר[ר?

F. 10: [1] ... *ses piliers ...*

אלוהי. Mot employé dans Targ Éz 40[9 ss.] pour les piliers des portes.

F. 11: peut-être תרע ou תרין.

C. TEXTES JURIDIQUES ET LITURGIQUES
25. DOCUMENT JURIDIQUE
(PL. XVII)

F. 1. Peau d'épaisseur moyenne, transparente et décomposée, de teinte rougeâtre sombre. Calligraphie hérodienne irrégulièrement serrée. Hauteur du *hé* ±2·5 mm. Pas de lignes tracées. Interlignes de 6 mm.

Ff. 2 et 3. Écriture assez semblable. Peau un peu plus fine.

1

ימ]לא פיהם[

] י האסרים האלה[

כי]כן כתוב בספר מוש[ה

marge inférieure?

1 . . . leur bouche [est rem]plie . . . 2 . . . ces engagements [. . . 3 . . . car] ainsi est-il écrit dans le livre de Moïs[e . . .]

Le texte rappelle Num 30$^{1-17}$. Les אסרים sont des engagements pris par des personnes. Même sujet en CD vii 8 et xvi 7 (ms. A).

L. 1 : ימלא. Reste de la boucle du *lamed*.

'Bouche remplie' d'arguments, cf. Job 23^4; de serments, cf. Ps 10^7.

L. 2, première et dernière lettres. Traces discernées sur le f. dans un état antérieur.

L. 3 : מושה . . . כי rappelle de loin Num 30^{17}. Formules apparentées en Esd 6^{18}, II Chr 25^4, I Esd 1$^{10\ (11)}$, Tob aram. (éd. Neubauer) // Tob 1$^{6-7}$; cf. Jub 49^{17}, CD xi 18, 1QS v 15. Pour l'expression tardive 'le livre de Moïse' cf. Dan 9^{11} (Vulg), Néh 13^1, II Chr 25^4 35^{12}, Tob 6^{13} 7$^{11\ (14),\ 12\ (15)}$ (ms. א), I Esd 1$^{10\ (11)}$ 5$^{48\ (49)}$ 7$^{6,\ 9}$.

2

]מע[

] לכ[

] בקע[

] הספרים[

]לל[5

3

]לי מצ[

כ]ול[

F. 2 : teinte marron sombre; interlignes de 5 à 6 mm.

L. 2 : *lamed* en partie effacé.

L. 3 : dernière lettre *'aïn* ou *sin/shin*.

L. 4 : 'les livres'.

F. 3 : surface rougeâtre striée obliquement, dos gris. Interligne de 8 mm.

L. 2 : 't]out'.

26. FRAGMENT DE RITUEL (?)
(PL. XVII)

Peau d'épaisseur moyenne, d'un marron assez sombre, décomposée sur la droite. Surface à pores apparents, dos plus lisse. Calligraphie hérodienne régulière et lourde, suspendue à des lignes tracées et mordant légèrement sur elles. Hauteur du *ḥeth* 3 mm. Interlignes de ±9 mm. Intervalles irréguliers entre les mots.

Le texte, en araméen, est obscur. Il peut s'agir du lavage à grande eau de quelque objet cultuel.

י[אֹדֹּיחֹוּ לוחא למ]ּ

[יסלקו מיא עלא מן [] א··א]

א[ּ ינטלו לוחא מֹן מיא לוחא דּ]

[ּאֹחֹדּ‍ לה ּ אֹלּ]ּ

¹ ... *qu'ils lavent la plaque pour* ... ² ... que l'eau monte au-dessus de ... ³ ... *qu'ils enlèvent* la plaque *de l'eau; la plaque* ...

L. 1: **יאדיחו**. Peut-être דוח à l'*aphel* et au jussif (sans nunation). Ou, si l'on distingue *waw* et *yod*, lire ּ**רוחי** 'les côtés de'.

לוחא. Sens obscur: tablette, planche, plaque, ou dalle?

L. 2: **יסלקו**. *Peal* = 'que (les eaux) s'élèvent', ou *pael* = 'qu'ils enlèvent'?

L. 3: **ינטלו**. *Nun* lu sur le f. dans un état antérieur.

מן presque complètement effacé.

לוחא. *Waw* et *ḥeth* en partie effacés.

D. TEXTES DE CARACTÈRE MAL DÉFINI

27

(PL. XVII)

Peau d'épaisseur moyenne. Surface café au lait assez sombre avec pores apparents. Dos tirant sur le gris. Écriture hérodienne d'un style dépouillé, mordant par le haut sur des lignes tracées à intervalles de 8 à 9 mm. *Yod* et *waw* sont confondus. Graphies phonétiques omettant complètement l'*aleph* muet.

[ּיהם מבֹּ]

[ם ולו יומ]רו

[נֹם ויקח את]

[ולו יבינו מֹוֹֹּ]

[מֹי אנחנו ה[]לֹ] ₅

¹ ... *leurs* ... ² ... et ils ne *diront* pas ... ³ ... et il prit ... ⁴ ... et ils ne comprendront pas ... ⁵ ... *qui (sommes-)nous ...?*

L. 1: dernière trace *beth* ou *ṭeth*?

L. 2: **ולו**. Probablement pour **ולא**. Graphie connue à Q, et attestée dans un ossuaire juif de Jérusalem: cf *Studii Biblici Franciscani Liber annuus*, 1956-7, p. 241. Pour l'omission de l'*aleph* cf. aussi **בהספם** 1QSa i 1, **הנשים** *ib.* i 27, **רשית** ii 19, **רשת** ii 18. **יומרו** pour **יאמרו**.

L. 3: **ויקח**. Jussif ou imparfait consécutif?

L. 4: s'agit-il des idolâtres (cf. Is 44¹⁸), des juges iniques (cf. Ps 82⁵), d'une prophétie scellée (cf. Dan 12¹⁰)?

L. 5, début: *yod* ou *resh*?

28

(PL. XVII)

Peau assez fine, de teinte café au lait, en pleine décomposition dans le coin inférieur gauche du f. 2 où l'encre est dissoute. Les bords sont très rongés. Pas de lignes tracées. Écriture semi-cursive aux formes capricieuses. Hauteur du *taw* 4 mm. Interlignes de ±7 mm. Le f. 1 est une extrémité droite de feuille sans trace de couture.

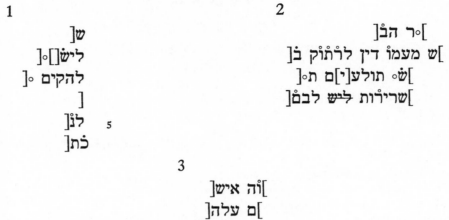

1

ש[∘
∘[[ש∘]ליש[∘]
∘[להקים
]
ל]ן[5
כ]ת[

2

ר הב]∘[
ש מעמו דין לרתׁוׄק ב]ן[
ש∘ תולע]י[ם ת]∘[
שׁרירׁות ליש לבמׁ]

3

וׄ]ה איש[
מ]עלה[

F. 1, l. 2 : *lamed* coupé en deux par l'arrachage de l'épiderme.
L. 3 : 'pour susciter . . .'

F. 2 : . . . ² . . . *d'auprès de lui* | *de son peuple* le jugement pour *celui qui est lié* . . . ³ . . . *les vers* . . . ⁴ . . . l'obstination de *leur* cœur . . .

L. 2, début : *shin* à queue dépassant beaucoup vers le bas?
מעמו. *Waw* final très large?
דין. Pour le *daleth*, cf. 1Q14 18 3. A la suite, sans doute un infinitif.
L. 4 : שרירות, si l'on admet deux formes différentes de *resh*. Pour le second, cf. 1QSa ii 10. Après ce mot, trois lettres barrées, puis le texte continue avec לבם (?). Pour cette expression, cf. p. ex. Jér 3¹⁷ 7²⁴ 9¹³ 13¹⁰ 16¹², Ps 81¹³, 1QS ix 10, etc.

F. 3, l. 1 : . . . homme . . .
Cf. יהוה איש מלחמה Ex 15³.

E. GROUPES ET FRAGMENTS DIVERS
29–32. GROUPES
(PL. XVII)

29

1

∘[תדבר ∘]
מׁ] ונחנו בל∘[
אׁ][

2

וא לב]ן[
] *vacat* [
את ג]∘[
הׁו]ן[

3

לפני]ן[
בע]ׁ[

4

נׁ]ה [
∘[יעׁן]

F. 1 : ¹ . . . *tu parleras* . . . ² . . . *et nous* . . .
L. 2 : ונחנו. Cf. Ex 16⁷, ⁸.

30

1

ה יהוה]
וׁה]ן[

2

ענכה]
וׁם]

F. 1, l. 1 : premier *hé* lu sur le f. dans un état antérieur.

31

1

[חרב א]

[‥]

F. 1: cf. Jér 15⁹ 20⁴ 24¹⁰ 25¹⁶, ²⁷, ²⁹ 29¹⁷ 34¹⁷ 42¹⁶ 50³⁶, ³⁷, ³⁸.

2

[אני]

32

1

[◦]

[על◦]

2

[◦יֹרוֹ]

Il n'est pas sûr que les deux ff. appartiennent au même ms.

33. FRAGMENTS ISOLÉS

(PL. XVII)

1

[ם קצוֹ]

[לוא יעמֹ]

[◦]

2

[על נינו]ה

[ועל‥]

3

[רֹי יֹעֹ]

[בה אל פי מֹ]

4

[מֹ]

[ים כ]

[מה ע◦]

F. 1: l'écriture rappelle 2Q3, mais le *'aïn* est différent.
L. 1: *'sa fin'* ou *'son époque'* (?).

F. 2: ¹ . . . sur Niniv[e . . . ² . . .] *et sur* . . .

L. 1: על נינוה : cf. Jon 4¹¹.

5

[מֹהון כול ◦]

[ולא ה‥]

[‥]

6

[‥ ובֹ]

[אשר]

[ל]

F. 5: le texte peut être hébreu ou araméen.
F. 6: pourrait appartenir à 2Q17.

7

[ים כי לא]

8

[מחי]

9

[◦]

[‥]

[אֹ]

10

[יו

vacat

‥[

F. 7: cf. Is 47¹ 57¹⁶, Jér 37⁹, etc.

II
GROTTE 3
I. TEXTES BIBLIQUES
1. ÉZÉCHIEL
(PL. XVIII)

PEAU assez épaisse, actuellement noire et dure. Surface lisse. La photographie infra-rouge révèle une calligraphie hérodienne soignée, légèrement penchée à gauche. Hauteur du *hé* env. 1 mm.

לקלס n'étant qu'une fois dans la Bible hébraïque, l'identification est probable. Elle suppose ±8·3 cm. de largeur inscrite par colonne.

16³¹⁻³³

³⁰ᵇ[מעשה אשה זונה שלטת ³¹בב]נֹו[תֹ]יך[ ]גֹּב]ך בראש כל דרך ורמתך]

[עשיתי בכל רחוב ולא הייתי כזו]נֹה לקלס [אתנן ³²האשה המנאפת]

[תחת אישה תקח את זרים ³³לכ]לֹ[זנות יתנו נדה   [

L. 1 : la reconstitution n'est que probable; en tout cas les traces au-dessus du second *lamed* de לקלס conviennent bien à *guimel*.

L. 3 : לכל. Trace d'un *lamed* sous le *hé* de כזונה.

2. PSAUME 2
(PL. XVIII)

Peau assez épaisse, très noircie. Surface à stries horizontales. Dos rugueux. Pas de lignes tracées. Calligraphie du Iᵉʳ siècle de notre ère, anguleuse et penchée à gauche. Hauteur du *hé* 2 mm. Interligne de 6 mm. Intervalles mal respectés entre les mots. Le f. est un haut de feuille, avec marge supérieure de 1 cm. La lecture n'a été possible que sur la photographie infra-rouge. L'identification, pratiquement certaine, suppose une colonne inscrite de ±8·4 cm. de large. Autant qu'on puisse en juger, texte et graphies sont massorétiques.

2⁶⁻⁷

marge supérieure

⁶[ואני נסכתי מלכי על ציו]ן הר קדשי

⁷[אספרה אל חק יהוה א]מר אלי בנֹ[י]

[אתה אני היום ילדתיך   [

v. 6 : הר קדשי. Lecture assurée avant détérioration du f.

3. LAMENTATIONS
(PL. XVIII)

Peau d'épaisseur moyenne. On ne voit pas de lignes tracées. Petite calligraphie hérodienne: hauteur du *taw* 1 mm. Le nom divin est écrit en caractères paléo-hébraïques. Entre les mots, petits intervalles bien marqués. L'identification est pratiquement certaine et suppose un texte voisin du TM, en disposition prosodique à raison d'une strophe par ligne. La colonne inscrite devait avoir de 9 à 10 cm. de large.

Les deux ff. doivent provenir de deux feuilles différentes. 1 est de teinte marron foncé. La surface est lisse, le dos rugueux; interlignes de 5 mm. 2 est noir et durci. La surface est striée, le dos plus lisse. Le texte n'est lisible que par transparence. Interlignes de 4 mm.

1: 1^{10-12}

¹⁰[ידו פרש צר על כל מחמדיה כי ראתה גוים באו מקדשה אשר צויתה לא יבאו ב]קהל [לך]

¹¹[כל עמה נאנחים מבקשים לחם נתנו מחמודיהם באכל להשיב נפש ראה והביטה ⳪] [כי הייתי זוללה]

¹²[לוא אליכם כל עברי דרך הביטו וראו אם יש מכאוב כמכאבי אשר עולל לי אשר ה]וג[ה ⳪ ביום חרון אפו]

v. 10: בקהל. Sur le bord, minime trace de la queue du *qoph*.
v. 11: ראה יהוה והביטה. La place disponible suppose une variante (?). TM a והביטה יהוה ראה. Un ms. de Ken et l'Alexandrinus de LXX ont ראה והביטה et omettent יהוה.
v. 12: הוגה. Lecture très incertaine, mais autorisée par un examen minutieux sous forte lumière. *Hé* est probable, mais différent de celui de la l. 1.

2: 3^{53-62}

⁵²[צוד צדוני כצפור איבי חנם   ⁵³ צמתו ב]בור חיי וידו אבן בי ⁵⁴...

⁵⁵[קראתי שמך ⳪ מבור תחתיות   ⁵⁶ קולי שמע]ת אל תעלם אזנך לרוחתי לשועתי...⁵⁷

⁵⁸[רבת אדני ריבי נפשי גאלת חיי   ⁵⁹ ראי]תה ⳪ עותתי שפטה משפטי ⁶⁰...

⁶¹[שמעת חרפתם ⳪ כל מחשבתם עלי ⁶² ש]פ[ת]י קמי והגיונם עלי כל היום ⁶³...

Avant le v. 53, espace vide dû peut-être à l'usure du bord; sinon, un blanc séparant deux stiques.
Avant le v. 56, même chose.
v. 56: שמעת. *Mem* à sommet très pointu; petite trace du *'aïn*.
Avant le v. 59, espace en blanc: le bord n'est pas usé.
v. 62: שפתי. Traces minimes.

II. TEXTES NON BIBLIQUES
A. COMMENTAIRE
4. COMMENTAIRE D'ISAÏE[1]
(PL. XVIII)

Peau d'épaisseur moyenne, très décomposée, trouée, et rongée sur les bords. Teinte café au lait clair dans l'ensemble. Surface à pores apparents, dos plus ou moins lisse. Lignes et marges soigneusement tracées. Interlignes de 9 mm. Intercolonnement de 2 cm. Marge supérieure d'au moins 2·8 cm.

[1] Déjà publié par le R. P. de Vaux en *Revue Biblique*, lx, 1953, pp. 555–6 et pl. XXIV*b*. Une partie des notes lui est empruntée.

Calligraphie hérodienne penchée à gauche, régulière et soignée, suspendue aux lignes et mordant plus ou moins sur elles. Hauteur du *hé* 3 mm. Largeur inscrite par colonne ± 13·4 cm., sensiblement égale à celle de 1QIs^a. Si tout Isaïe était commenté, le ms. devait être très long: 1QIs^a, qui ne contient que le texte biblique, mesure 7·35 m.

On relève dans le texte biblique deux variantes de la LXX. Ce que l'on saisit du commentaire donne l'impression qu'il était plus littéral que les *pesharim* connus.

Citation et commentaire d'Is 1¹.

חזון ישעיה בן א[מוץ אשר חזה על יהודה וירושלם בימי עזיה]
ויותם אחז וי[חזקיה מלכי יהודה   [
י[שע]יה]נבא ע[ל יהודה וירושלם   [
ל[עזיה] מלך יהו[ד]ה   [
] *vacat* [   ] 5   [
י[ום המשפט]   [
]הוֹי[   ]ל[   ]   [

¹ 'Vision d'Isaïe fils d'A[mos, qu'il vit au sujet de Juda et de Jérusalem, à l'époque d'Ozias] ² et Yotam, Achaz et É[zéchias, rois de Juda.'
³ I]sa[ïe a prophétisé *su[r Juda et Jérusalem* . . . ⁴ d'[*Ozias*], roi de Ju[da.
. . . ⁶ *le j*]our du jugement . . .

La col. qui précède le texte était sans doute la première du rouleau. Elle devait être laissée entièrement en blanc, le titre se trouvant sans doute au verso: cf. le cas de 1Q28 (*DJD I*, p. 107).

Ll. 1 et 2: texte d'Is 1¹, disposé exactement comme en 1QIs^a.

L. 1: חזון. Le début du mot mord largement sur la ligne.

ישעיה. Graphie habituelle de 1QIs^a, qui n'a ישעיהו (= TM) qu'ici et dans l'addition de 38²¹.

L. 2: ויותם (= LXX et Syr). TM, Targ et Vulg ont יותם.

ויחזקיה (?) (= LXX, Syr, Vulg). Sans la copule en TM et Targ.

Le texte d'Is devait arriver jusque vers le milieu de la ligne. Le reste était en blanc, avant le commentaire; c'est l'usage le plus fréquent en 1QpHab: cf. ii 11 iii 3 vi 9 vii 6 x 2 8 xi 11.

L. 3: début du commentaire.

L. 4: לעזיה. Probablement graphie défective, vu la place disponible. On suppose ici le nom d'Ozias, comme étant le premier dans la liste des rois. On avait peut-être l'indication d'une date précise: cf. p. ex. II Reg 15¹³.

L. 5: le blanc ne devait pas occuper toute la ligne (cas inconnu de 1QpHab), mais seulement son début; cf. 1QpHab viii 14 xi 4. Peut-être même y avait-il un mot avant le blanc: cf. 1QpHab ii 5 iv 10 v 7 vii 10 viii 8. On trouve ainsi des espaces vides au milieu du commentaire: cf. 1QpHab ii 5 v 2 11 xii 5.

L. 6: le P. de Vaux voit ici une allusion à Yotam en lisant שם המשנה 'le second nom'. Pour la formule, comparer Gen 41⁴³, I Sam 8², II Reg 23⁴, II Chr 35²⁴, Jér 52²⁴. Mais d'une part avant *mem* la trace est verticale et convient mal à *shin*. D'autre part la lettre qui suit *shin* est plutôt *pé*: le trait bouclé vers la gauche au sommet semble exclure *nun*; cf. נבא, l. 3. Contre la base, amorce d'un trait vertical qui autorise à supposer *teth*. La meilleure restitution est alors יום המשפט, qui pourrait être précédé de quelque chose comme פשר החזון על.

L. 7: après la trace de *hé* on peut lire *waw* ou *yod*.

B. TEXTE PROPHÉTIQUE
5. UNE PROPHÉTIE APOCRYPHE
(PL. XVIII)

Peau de teinte très brune, proche du noir. Devenue raide et cassante en 1 à 3, elle est au contraire très ramollie en 4 à 7. Les ff. ont été retrouvés enrobés de corps étrangers. Malgré leurs différences, il est vraisemblable qu'ils proviennent du même ms.

1 et 2 ont la surface très rugueuse. 1 est peut-être le bas d'une feuille avec marge inférieure d'au moins 1 cm.; interlignes de 9 mm. 1 et 3 sont d'une épaisseur dépassant un peu la moyenne; dos lisse; hauteur des lettres 3 mm. 2 est plus épais; le dos est plus rugueux; hauteur des lettres 2 mm.; interligne de 7 mm. 3 a la surface plus lisse; interlignes de 8 mm.

Le tracé des lignes apparaît faiblement par endroits. Calligraphie soignée du 1er siècle de notre ère. De petits intervalles séparent les mots. Les graphies sont pleines et כיא porte l'*aleph* final.

Le texte semble inspiré surtout de Jérémie et d'Ézéchiel.

1

]ｏ[ ]ｏ[   ]ｏ[   ]מֹיׂו חלנ[י]פֹּה להׂיׂוׂת[

]רֹת ואין שלום כיא מכה על מכה ומהונ[מה על מהומה

וצרה] על צרה ושמועה רעה על שמועׂהׁ] רעה

marge inférieure?

¹ . . . ses . . . *tour [à] tour pour être* . . . ² . . . et pas de paix, mais coup sur coup, et tribula[tion sur tribulation . . . ³ . . . et détresse] sur détresse, et mauvaise nouvelle sur [mauvaise] nouvelle . . .

L. 1: sur le bord, au-dessus du *yod* de ואין, trace minime d'une lettre à queue. Avant *mem*, trace de *daleth* ou *resh*.

חליפה est pratiquement la seule lecture possible; cf. I Reg 5²⁸. L'idée de 'changement' doit s'appliquer à la succession de maux énumérée dans la suite.

L. 2, début: *taw* précédé de *daleth* ou *resh*. Peut-être שלום אמרת.

ואין שלום = Jér 6¹⁴ (// 8¹¹) 30⁵, Éz 13¹⁰, ¹⁶; cf. Is 48²² 57²¹, Jér 12¹², Zach 8¹⁰, Ps 38⁴, II Chr 15⁵. Élément de malédiction prophétique fréquent en I Hén.

מכה על מכה. Même expression dans un ms. inédit de 4Q.

ומהומה על מהומה. Il peut s'agir de panique: cf. I Sam 5⁹, ¹¹ 14²⁰, Is 22⁵, Zach 14¹³; de trouble: cf. Deut 7²³, Éz 7⁷; ou de toute espèce de tribulation ou calamité: cf. II Chr 15⁵.

L. 3: צרה. Mot absent d'Éz, mais cf. Is 8²² 30⁶ etc., Jér 4³¹ 6²⁴ etc.

שמועה רעה = Jér 49²³, Ps 112⁷.

L'ensemble du texte est peut-être fait de réminiscences des passages suivants:

Jér 6¹⁴, ¹⁸, ²⁴: צרה . . . רעה (malheur) . . . ואין שלום;

Jér 30⁵, ⁷, ¹², ¹⁴: מכה . . . צרה . . . ואין שלום;

II Chr 15⁵, ⁶: צרה . . . כי מהומת רבות . . . אין שלום;

Noter surtout les rapports possibles avec Éz 7: רעה (malheur) (v. 5), אני יהוה מַכֶּה (v. 9), שלום ואין (v. 25), et la répétition caractéristique הוה על הוה . . . ושמעה אל שמועה (v. 26). Le contexte annonce la 'fin' en termes pressants et accumulés.

2

[   ]ואין חנינה ונמֹ[

[   ]יהיו ברורים להׂ[ｏ

¹ . . . et pas de grâce et . . . ² . . . seront *aiguisés* pour . . .

L. 1: ואין חנינה fait penser à Jér 16¹³.

Dernière trace: *mem* ou *beth*.

L. 2: ברורים = 'aiguisés' (traits ou flèches) cf. Is 49²; à la suite להרוג ou להמית. Ou bien 'hommes d'élite' cf. I Chr 7⁴⁰ 16⁴¹, ou encore 'hommes choisis' cf. I Chr 9²².

3

[בֹ נשמע] ॰
[יבוא אל א]רץ
רא[שֹׁי בית יעֹ]קוב
[בֹמערת מכֹ]פלה

. . . ¹ . . . *nous entendrons* . . . ² . . . *viendra vers le p[ays de* . . . ³ . . . *les che]fs* de la maison de *Ja[cob* . . . ⁴ . . .]*dans* la grotte de *Mac[péla* . . .]

L. 1: נשמע. Deuxième lettre, *shin* avec trait médian détaché. La précédente doit alors être *nun*.

L. 3: אנשי / ראשי בית יעקוב / ישראל. Noter que בית יעקוב est une expression des prophètes: cf. p. ex. Jér 5²⁰, Éz 20⁵. Si l'on comprend ראשי בית יעקוב, cf. Mich 3⁹.

L. 4: במערת מכפלה (?) suppose (chose insolite) מכפלה sans article.

4	5		6		7
	Col. II	Col. I	Col. II	Col. I	
[וֹלֹתֹ][॰]ושלֹיֹם]		॰[מֹעשׁ	]	ל[	[॰שֹ॰]
[נֹוֹ הרעי॰॰]	וֹבֹמֹ[॰		מקר॰[	רֹ[	[גדֹוֹ[॰]
			ל[]	[	

F. 4, l. 1: peut-être בתולת ירושלים. Cf. Thren 3¹⁰.

C. TEXTE HYMNIQUE

6. HYMNE DE LOUANGE

(PL. XVIII)

Peau d'épaisseur moyenne, de teinte marron clair. Surface à stries descendant vers la droite. Dos très velouté. Calligraphie hérodienne suspendue à des lignes tracées et mordant légèrement sur elles. Hauteur du *hé* 3 mm. Intervalles irréguliers entre les mots. Interlignes de 7 mm.

1	2
[כֹוֹל אשר ישמחוֹ] בכה	॰[
[ ] ושירם יערב על]יכה	॰[ע
ל[עולם יהללוכ]ה	॰[
marge inférieure?	

F. 1: . . . ¹ . . . *tous ceux* qui se réjouiront [*en Toi* . . . ² . . .] et leur chant T[e] plaira [. . . ³ . . . ét]ernellement ils T[e] loueront . . .

L. 1: avant אשר, traces difficiles à interpréter.
Pour le thème de la joie dans les psaumes ou cantiques cf. p. ex. Ps 30¹², Bar 4³¹, ³³, ³⁷ 5⁵.
L. 2: ושירם. Parallèle entre joie et cantique: cf. Sir hébr. 51²⁹.
יערב עליכה. Même construction en Éz 16³⁷, Ps 104³⁴.
L. 3: לעולם יהללוכה. Pour la formule et l'idée cf. Ps 45¹⁸, et 84⁵ (LXX).
F. 2: probablement entre deux colonnes. Pas de marge tracée.

D. TEXTES DE CARACTÈRE MAL DÉFINI

7. UN APOCRYPHE MENTIONNANT L'ANGE DE LA PRÉSENCE

(PL. XVIII)

Peau assez fine, de teinte café au lait assez clair. Surface avec pores apparents. Dos plus velouté. 3 et 4 sont en partie noircis. Des lignes tracées apparaissent sur 1, 2, 3 et 6. Marge droite (1 et 2) d'au moins 1·4 cm.

L'écriture est difficile à dater: elle peut être hérodienne mais semble garder des formes archaïques d'*aleph* (en forme de croix) et de *lamed* (à sommet bouclé); *waw* et *yod* sont interchangeables, mais on a des formes finales allongées. Hauteur du *hé* 2 mm. La main court parfois au-dessus des lignes (1 à 3), parfois au-dessous (6). Interlignes de 6 à 7 mm.

Aucun joint sûr n'a pu être réalisé.

1	2	3	4
וֹ°]	הֹשֹׁ]	שמֹ°[	°]מי °[
וֹ°°]	עליוֹ]	ל זבוֹ°[	לדֹלאֹ°[
יֹק°]	וֹ°]	ֹם א°]	
	אשר]		

F. 1, l. 1: restes d'une lettre (*taw*?) ou de deux.

L. 2: וֹ ou יוֹ?

L. 3: deuxième lettre, *qoph*, *ḥeth* ou *ṣadé*?

F. 2: . . . ² *sur lui* . . . ⁴ *qui* / *Asher* . . .

Le f. provient peut-être de la même colonne que le précédent. Un joint n'est pas impossible au-dessus du f. 1.

L. 1: première lettre *hé* ou *ḥeth*; seconde *sin*/*shin* ou *'aïn*.

L. 2: עליו. Probablement un *waw* final long.

L. 3: וֹ ou יוֹ.

L. 4: אשר. Peut-être nom propre: cf. *infra*.

F. 4, l. 1, fin: *'aïn* ou *sin*/*shin*.

L. 2: traces déformées.

5	6
ש [ ]	°[
]שֹׁי יש°[	ל ולוי]
מלאך הפנים[	
°[ ]°מֹ··]	

F. 5: . . . ³ . . . *l'ange de la Présence* . . .

L. 2: après le premier *shin*, peut-être *yod* final long.

L. 3: מלאך הפנים. Classe d'anges qui se tiennent devant Dieu et dont le nom dérive d'Is 63⁹: cf. 1Q28ᵇ iv 25–26 et la note en *DJD I*, p. 127. Ajouter aux références données Jub 2¹ 15²⁷, et cf. les 'anges de la gloire de la présence du Seigneur' en Test Lévi 18⁵.

F. 6: . . . ² . . . *et Lévi* . . .

La mention de l'ange de la Présence unie à celle de quelques patriarches incite à mettre le document en rapport avec Test Juda 24–25. Remarquer Lévi (f. 6, l. 2 et Test Juda 25¹, ²), Asher (?) (f. 2, l. 4 et Test Juda 25²). On pourrait deviner encore החמישי יששכר (f. 5, l. 2 et Test Juda 25¹), שמעון (?) (f. 3, l. 1 et Test Juda *ib*.), זבולון (?) (f. 3, l. 2 et Test Juda 25²). Mais d'une part les lectures sont trop incertaines, et de l'autre il est improbable que l'on puisse avoir à Q un texte très voisin du grec. Serait-ce donc une source des Testaments?

8. UN TEXTE MENTIONNANT UN ANGE DE PAIX (?)
(PL. XIX)

Peau d'épaisseur moyenne. Surface de teinte café au lait clair surtout en 2, avec pores apparents. Dos plus gris et plus lisse. Lignes tracées, plus finement en 1. Calligraphie de transition (milieu du 1er siècle av. J.-C.), exactement suspendue aux lignes en 1, mordant sur elles en 2. Hauteur du *mem* 3 mm. Interlignes de 1 cm. en 1, de 8 mm. en 2. Ce dernier doit être un bas de feuille: un trait tiré sous la dernière ligne d'écriture y détermine une marge inférieure de 1·7 cm. Les deux ff. peuvent donc provenir de deux feuilles différentes.

1

[מכות]

[מלאך שלו]ם

2

[גֹשו ות]

[הם ונמס שֹ]

marge inférieure

F. 1: . . . ¹ . . . *coups* . . . ² . . . *un ange de pai*[x . . .]

L. 2: מלאך שלום. 'Ange de paix': Test Dan 6⁵, Test Ash 6⁶, Test Benj 6¹; cf. 1QH xix 10. Ou bien 'messager de paix': cf. Is 33⁷; ou encore 'porteur de nouvelles': cf. Tob 10⁸ (Vulg). On pourrait aussi comprendre מלאך שלוח: cf. Éz 23⁴⁰.

F. 2, l. 1: trace du *guimel* (?) lue sur le f. dans un état antérieur.

L. 2: ונמס 'et fondra'. מסס au *niphal* se dit de la manne: Ex 16²¹; du cœur: Éz 21¹²; de l'impie: Ps 112¹⁰.

9. UN TEXTE DE LA SECTE
(PL. XIX)

Peau fine. Surface très lisse, de couleur crème très claire. Dos plus foncé et plus rugueux qui semble être le côté des pores. Les ff. sont partiellement pourris, surtout 1 dont la partie gauche a été trouvée adhérente à une pierre rugueuse. Très belle calligraphie du 1er siècle de notre ère. Hauteur du *hé* 3 mm. Mots séparés par des intervalles de ±2 mm. Interlignes de 8 à 9 mm. Le f. 3 est certainement le bas d'une colonne: marge inférieure d'au moins 1·3 cm. Le f. 2 est peut-être un bord gauche.

La terminologie est typiquement sectaire et fait surtout penser à 1QSa, mais le genre littéraire reste imprécis.

1

[ברוֹחֹ] [

[ה]יֹ[ם לוֹ]

[להשיב אשמֹ]

[כיא]

2

[oֹ]

[עֹושא אלה]

[נעוֹיתם]

F. 1, l. 1: . . . *dans l'esprit de* . . .

L. 2: אלוהים(?).

L. 3: [להשיב אשם. Il peut s'agir de 'restituer l'objet d'un délit': cf. Num 5⁷, ⁸; ou plutôt de 'présenter (à Dieu) une offrande de réparation': cf. I Sam 6³, ⁴, ⁸, ¹⁷. C'est un des buts de la Congrégation.

F. 2, l. 2: . . . *faisant ces choses* . . .

La première trace, telle qu'elle était primitivement sur le f., ne convenait guère qu'à 'aïn. עושא peut être pour עושה: cf. p. ex. התורא 1QSa i 11, עשרא *ib.* ii 22 et 6Q9 1 1. אלה est probablement le démonstratif. עושא אלה caractérise alors une catégorie de gens pervers exclus de la Congrégation. Comparer 1QSa ii 4 ss.

L. 3: soit נעויתם, à comprendre 'leur perversité' ou 'vous avez été pervers' (cf. la confession de 1QS i 24), soit
נעוותם 'leurs perversités'. En tout cas le terme est caractéristique: cf. 1QS v 24 x 11, 1QH i 22 iii 21 xi 12 xiii 15
f. 12 6. Il doit s'agir d'une catégorie de pécheurs.

3

]ו̇תי֯[

אש[מת פשע]

] אלה פת[

]ו̇בעדתנו [

marge inférieure

¹ ... [...² ... la culpa]bilité de l'offense...³ ...ceux-là...⁴ ... et dans notre Congrégation ...

L. 2: peut-être לכפר על אשמת פשע. Encore un des buts de la Communauté: cf. 1QS ix 4. Ces termes sont
étudiés par J. Carmignac en *Revue Biblique*, lxiii, 1956, p. 527. Comparer אשמת רשעה 1QH f. 1 i 5.

L. 3: après אלה, peut-être פתיים ou פתיי 'simples d'esprit'. Ils sont exclus de l'assemblée: 1QSa i 19; cf. les
formules pour indiquer les catégories de gens admis ou non, en 1QSa i 27 ii 1–2 8.

L. 4: ובעדתנו. Le terme sectaire עדה, qui n'est que 2 fois en 1QS, est caractéristique de 1QSa; cf. aussi 1QSb
iii 3 v 20. Rapprocher surtout 1QSa ii 8–9, où le motif pour lequel les sectaires n'admettent pas les simples d'esprit
est ainsi formulé: כיא מלאכי קודש בעדתם.

E. GROUPES ET FRAGMENTS DIVERS
10–11. GROUPES EN HÉBREU
(PL. XIX)

10
(PL. XIX)

Peau fine, d'un brun proche du noir. Écriture de calibre variable.

1	2	3	4
]תם֯[	]ול[	]יש֯ ֯[	]כ֯י֯֯[
ע[ל פני כו]ל	]לכו ב[	]ה ֯[	
marge inférieure?			

F. 1: cf. Gen 11⁷⁻⁸ שפתם...על פני כול הארץ
ou Lév 10²⁻³ אתם...ועל פני כול העם.
F. 2: cf. Lév 20²²⁻²³ ולא...תלכו בחקת.

11
(PL. XIX)

Peau assez fine, de teinte café au lait. Lignes finement tracées.

1	2
]ח֯֯[	[לעשות מ]
]צ֯י וב[	]ל[ ]ן א֯[
]שרי כל א֯[	]֯ ואין פלי[
]ל[	]ל[

F. 1, l. 1 : traces très confuses.

L. 2, début : *ṣadé*, *nun* ou *taw*.

F. 2, l. 3 : peut-être פליטה ואין 'et pas de fuite possible'. Comparer Esd 9¹⁴, I Hén 52⁷, II Bar 77⁴ etc.

Si l'on admet un joint (très incertain) entre f. 2, l. 1 et f. 1, l. 3, on peut lire לעשות מישרי כל א[∘ : cf. עשה מישרים 'conclure la paix' en Dan 11⁶.

12–13. GROUPES EN ARAMÉEN
(PL. XIX)

12
(PL. XIX)

Peau assez épaisse, très noircie. Lecture impossible avant photographie. La l. 1 du f. 2 fait peut-être suite à la l. 2 du f. 1.

1	2
לי[ ]י̊ומ̊]	[∘∘ תה]
בׄת ולמחרת̊]	[∘ ר̊כׄוׄך]
שמיא וא̊ר̊ע̊]א	
[ ]∘[	

F. 1 : . . . ¹ . . . jour . . . ² . . . et le lendemain . . . ³ les cieux et *la ter[re . . .]*

L. 1 : avant la lacune, trace d'une ou deux lettres.

L. 2 : après *resh*, plutôt *taw* qu'*aleph*.

13
(PL. XIX)

Peau d'épaisseur moyenne, décomposée. Surface très sombre. Écriture penchée à droite. 4 et 5 sont d'appartenance incertaine.

1	2	3	4	5
[תהצׄה]	[עׄה]	[ ]י̇י̇	[הין א∘]	[ד̇∘]
[∘דא]	[א]	[ל̇ל̇]	[∘נא יקש]	[∘∘]
[מת]				
[∘]				

14. FRAGMENTS ISOLÉS
(PL. XIX)

1–3 : fragments hébreux.

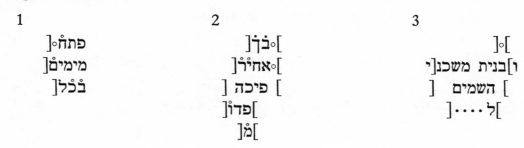

1	2	3
פתח̊∘]	[ב̊ך̊∘]	[∘]
מימם̊]	[אח̊ר̇∘]	ו[בנית משכנ]י
בכ̇ל]	[פיכה]	[השמים]
	[פדו̊]	[ל . . . .]
	[מ̊]	

F. 1: bord droit de feuille avec points de couture conservés.

F. 2, l. 3: 'ta bouche'.

F. 3: ¹ . . . [. . . ² . . . *et] tu bâtiras [ma] demeure* . . . ³ . . . les cieux . . .

L. 2: ce serait Dieu qui parle. Peut-être une allusion à la construction du Temple. Au lieu de וּבנית on peut comprendre תבנית 'modèle'.

4–9: fragments araméens.

4	5	6	7
בש[	[מחזורית]א	*marge supérieure?*	[וחפ]ץ
רע[ו	מעל] [רו]ו[	סתרין [	חמשין[
דר[	[ה] [ל]ו[אתון	תרין א[ו	[ו[
לעדני]א	ל]ת[	]vacat[	
בכול[			
בכול י[₅			

marge inférieure

F. 4: surface café au lait plus ou moins clair. Coin inférieur droit de feuille avec points de couture conservés dans le bas. Marge et lignes tracées.

L. 4: 'les moments' ou 'aux moments'.

L. 5: première lettre plutôt *beth* que *kaph*.

On remarquera qu'à la l. 4 une lecture לעדנה n'est pas exclue. On pourrait alors comprendre 'à Edna', ce qui suggérerait de mettre le f. en rapport avec un texte araméen de Tobie. À la l. 2 on aurait רעואל 'Raguel' et à la l. 3 דרתא 'la cour'. Comparer Tob 7¹⁻² (ms. א). Mais on ne peut malheureusement pas poursuivre le rapprochement du texte grec avec les ll. 5–6.

F. 5: primitivement jaunâtre. Déformé, pourri et encombré de corps étrangers.

L. 1: . . . l[e] retour . . .

L. 3: אתון ils arrivèrent' ou 'fournaise' (cf. Dan 3).

F. 6, l. 1: . . . secrets . . .

L. 2: תרין 'deux' ou ס[תרין 'secrets'. Est-ce un reste d'apocalypse?

F. 7, l. 2: . . . *cinquante* . . .

L. 3: reste du bas d'un jambage vertical.

8	9
..[	[לתא]
די סדום ו[	[ל ה]

F. 8, l. 1: traces d'une ou deux lettres.

L. 2: peut-être 'de Sodome et Gomorrhe'. סדום est la graphie habituelle des Talmuds et Midrashs. 1QGen Ap écrit סודם.

F. 9, l. 1: première lettre *lamed* ou *nun*.

10–21: fragments divers.

10	11	12	13	14
א[	[יבון ידע]	..[	] vacat [	[ו[
ים[	[ש]	[ברך ו]	ים [	[ישרא]ל
		marge inférieure		שם[ו

F. 11, l. 1 : deuxième lettre *beth* ou *kaph*.
F. 12 : pourrait appartenir à 3Q7 ou 3Q8.
L. 2, première lettre *beth* ou *daleth*.
F. 13 : lignes tracées.

15	16	17	18	19
]אׄדום [	] בני עׄ[	]אׄשׄ[	]∙∙[	]∘כח בהיו[
] לום[		]ממצרי[ם	]דך[	
			]∙∙ל∙[	

20	21
]∘בה∘[	]מׄה [
]∘כה לׄ[	]אתׄ[
	]לׄ[

F. 15 : écriture penchée à droite.
L. 1 : ... *Édom* ...

F. 16 : ... *fils de / mon fils / mes fils* ...
F. 17, l. 2 : ... *d'Égypt[e* ...]

F. 18, l. 2 : nom divin en écriture paléo-hébraïque.
F. 21 : lignes tracées.
L. 1 : lettres déformées par la cassure.

III

GROTTE 6

I. TEXTES BIBLIQUES

1. GENÈSE EN ÉCRITURE PALÉO-HÉBRAÏQUE

(PL. XX)

PEAU d'épaisseur moyenne, trouée, rongée sur les bords et très noircie dans l'ensemble. Teinte primitive café au lait clair. Surface assez lisse, avec pores légèrement visibles. Dos très velouté.

Écriture paléo-hébraïque très soignée, avec pleins et déliés bien marqués. Les lettres sont suspendues à des lignes tracées actuellement très peu visibles, et mordent parfois sur elles. Serrées les unes sur les autres au point de se toucher parfois, elles peuvent donner çà et là l'impression de ligatures: ainsi dans למיניהם (v. 20, l. 9) *yod* est beaucoup plus haut que *nun* qui le précède et dont il semble prolonger le sommet. Hauteur du *taw* 2 mm. Entre les mots, intervalles de 2 à 2·5 mm. marqués par des points selon l'usage. Interlignes de ±6 mm. Largeur inscrite par colonne env. 18·2 cm.

Texte et graphie semblent peu différents du texte massorétique.

6¹³⁻²¹

[   ]*vacat*[   ]

¹³[ויאמר· אלהים· לנח· קץ· כל· בשר· בא· לפני· כי· מלאה· הארץ· חמס· מפ]ניהם· והנני·
משחיתם· את·[

[הארץ· ¹⁴עשה· לך· תבת· עצי· גפר· קנים· תעשה· את· התבה· וכפרת· אתה· מב]ית· ומחו[ץ·
בכפר· ¹⁵וזה·[

[אשר· תעשה· אתה· שלש· מאות· אמה· ארך· התבה· חמשים· אמה· רחבה· ושלשי]ם· א[מה·
ק]ומתה· ¹⁶צהר· תעשה·[

₅[לתבה· ואל· אמה· תכלנה· מלמעלה· ופתח· התבה· בצדה· תשים· תחתים· ש]נ[ים· ושלשי]ם·
תעשה· ¹⁷ואני· הנני·[

[מביא· את· המבול· מים· על· הארץ· לשחת· כל· בשר· אשר· בו· רוח·]חיים· מתחת·[השמים·

[כל· אשר· בארץ· יגוע· ¹⁸והקמתי· את· בריתי· אתך· ובאת· אל· התבה· א]תה· ובניך· ואשת[ך·
ונשי· בניך·[

[אתך· ¹⁹ומכל· החי· מכל· בשר· שנים· מכל· תביא· אל· התבה· להחי]ת· אתכה· [זכר· ונקבה·[

[יהיו· ²⁰מהעוף· למינהו· ומן· הבהמה· למינה· מכל· רמש· האדמה· למי]ניהם· שנים·[מכל· יבאו·
אליך·[

₁₀[להחיות· ²¹ואתה· קח· לך· מכל· מאכל· אשר· יאכל· ואספת· אליך· והי]ה· לך· ולהם[· לאכלה·[

Au-dessus de la première ligne d'écriture, reste d'un tracé de ligne sans texte apparent sur la peau abîmée. Peut-être un espace en blanc correspondant à la *setumah* massorétique et à l'intervalle entre deux péricopes de Sam.

v. 15: ‏ושלשים אמה‎. Le point de séparation et l'*aleph* sont détruits par la cassure entre deux morceaux joints.

v. 16: ‏שנים‎. Reste minime du *nun*.

‏ושלשים‎. Sur le bord, trace minime du *yod*. Le reste est détruit par un trou.

v. 18: ‏ואשתך‎. Minime trace probable du *kaph* final.

v. 19: ‏אתכה‎. Suffixe pleinement vocalisé, avec graphie typique de Q. TM a la forme pausale ‏אִתָּךְ‎.

v. 20: ‏למיניהם‎ = Sam, lequel a pour ce qui précède ‏ומכל אשר רמש על האדמה‎. Le nom est soit au pluriel (cf. un cas douteux en TM: ‏לְמִינְהֶם‎ en Gen 1²¹), soit au singulier avec graphie samaritaine. En tout cas, suffixe pluriel avec LXX et Lat qui ont 'selon leur espèce'. TM a ‏למינהו‎ avec suffixe singulier: cf. Syr et Onq qui ont 'selon ses espèces'; Ps-Jon, Vulg et Persan qui ont 'selon son espèce'. 2 minuscules de LXX, saint Jean Chrysostome et Bohaïrique ont κατὰ γένος.

2. LÉVITIQUE EN ÉCRITURE PALÉO-HÉBRAÏQUE
(PL. XX)

Peau d'épaisseur moyenne, trouée, rongée sur les bords en haut et à gauche; le bord droit découpé en biseau témoigne d'un arrachage violent. Surface rugueuse avec pores visibles, d'où l'épiderme est arraché par plaques; teinte marron foncé, très noircie au centre. Dos plus lisse, légèrement velouté. C'est une fin de colonne: marge gauche indiquée par un trait à 9 mm. du bord actuel; marge inférieure maxima de 2·4 cm. Lignes horizontales tracées, mais à peine visibles. Interligne moyen de 7 mm.

Écriture paléo-hébraïque suspendue aux lignes et mordant parfois sur elles. La main est plus légère qu'en 6Q1, les lettres sont plus largement étalées et ne se touchent jamais. Hauteur du *hé* 2 mm. Entre les mots, larges intervalles de 4 à 5 mm., avec points de séparation tout près des fins de mots. Largeur inscrite par colonne ±9·4 cm.

Les graphies sont parfois pleines.

8¹²⁻¹³

¹²[‏ויצק‎ ‏משמן‎ ‏המשחה‎ ‏על‎] ‏רו‎[‏אש‎ ‏א‎]‏הרן‎[

[‏וימשח‎ ‏אתו‎ ‏לקדשו‎]¹³‏ויקרב‎ ‏משה‎[‏את‎]

[‏בני‎ ‏אהרן‎ ‏וילבשם‎ ‏כתנ‎[‏ו‎]‏ת‎ ‏ויחגר‎

[‏אתם‎ ‏אבנטים‎ ‏ויחב‎[‏ש‎ ‏ל‎[‏ה‎]‏ם‎ ‏מגבעו‎[‏ת‎]

marge inférieure

v. 12: ‏רואש‎. La trace qui suit *resh* convient mieux à *waw* qu'à *aleph*. Graphie pleine phonétique connue à Q. TM a ‏ראש‎.

v. 13: ‏כתנות‎. Trace minime du *nun*. A la suite il y a place pour deux lettres avant le *taw*. Graphie pleine (= 6 mss. de Ken): cf. ‏כיתנות‎ en Sam. TM a ‏כֻּתֳּנֹת‎.

‏ויחגר‎. Épiderme arraché autour de l'échancrure.

Dans la lacune de la l. 4 il y a place pour deux lettres de plus que n'en fournit TM. On peut donc restituer ‏אבנטים‎, avec Sam et la plupart des versions, y compris Vulg dans le Mazarinaeus et 6 édd. des xvᵉ et xviᵉ siècles. TM a ‏אבנט‎. 4 mss. de Ken ont ‏באבנט‎. Vulg (*balteo* dans l'éd. de l'Abbaye de Saint-Jérôme) et Persan ont aussi le singulier.

3. DEUTÉRONOME (?)
(PL. XX)

Papyrus d'épaisseur moyenne. Surface plus abîmée que le dos. Hauteur du *taw* 4 mm. Interligne de ± 9 mm. La forme des lettres, surtout le *lamed* très bouclé et le *kaph* final à fine queue rectiligne, invitent à séparer ce f. du ms. suivant. L'identification est incertaine et présuppose que le texte est biblique: ולתתך ne se trouve dans le TM qu'en Deut 26¹⁹. On pourrait évaluer à 12 ou 13 cm. la largeur inscrite par ligne.

26¹⁹ (?)

¹⁹ולתתך ע[ֹ]ליון על כל הגוים אשר עשה לתהלה ולשם]

[ו]לתֹ[פאר]ת ולהיתך עם קדש ליהוה אלהיך כאשר דבר]

L. 1: ולתתך. Second *taw* abîmé au sommet.
L. 2: après *lamed*, *taw* est possible (sommet anguleux, cf. l. 1). Papyrus abîmé. On peut lire ולתפארת ou לתהלה (2 mots plus haut), mais le premier est seul possible si l'on est en début de ligne.

4. LIVRES DES ROIS
(PL. XX–XXII)

Papyrus plutôt grossier dans l'ensemble et très mal conservé. Surface rarement lisse. Fibres parfois très saillantes au dos.

L'écriture est relativement archaïque: les formes de *hé, kaph, samekh, resh* rappellent 1QIsᵃ (seconde moitié du IIᵉ siècle av. J.-C.). En position finale, on ne trouve pas toujours les formes spéciales. Hauteur du *hé* 4 mm. Les séparations entre les mots ne sont pas toujours marquées. Le texte court sans régularité, tantôt en montant tantôt en descendant, l'interligne pouvant varier de 10 à 15 mm. Marge supérieure (ff. 1, 10 et 11) au moins 2 cm.; marge inférieure (f. 3) au moins 1·4 cm. Largeur inscrite par colonne ± 16 cm.

Aux principaux ff. identifiés de manière sûre s'ajoute un très grand nombre de morceaux plus ou moins étendus dont il est difficile de tirer parti. Les plus abîmés, pratiquement inutilisables, ne sont pas publiés ci-dessous.

Le fait que les livres des Rois nous soient parvenus en hébreu sur papyrus montre que les scribes de Q pouvaient utiliser cette substance pour copier des livres canoniques. Rapprocher du cas de Daniel (cf. 6Q7).

Le texte est parfois plus court que le TM et se rapproche par endroits de la LXX et de la Vulgate. On relève des graphies pleines.

1: I Reg 3¹²⁻¹⁴

marge supérieure

¹²ᵇ[לב חכם ונבון אשר כמוך ל]א הי]ה לפניך ואחריך לא יקום כמוך ¹³וגם]

[אשר לא שאלת נתתי לך גם]עשר] גם כבוד אשר לא היה כמוך איש]

[במלכים כל ימיך ¹⁴ואם תל]ך [בדרכי לשמר חקי ומצותי כאשר]

[הלך דויד אביך והארכתי את ימיך

v. 14: תלך. L'appartenance de la trace au *kaph* final est incertaine.

2–4: I Reg 12²⁸⁻³¹

¹ (f. 2) ²⁸ᵇ[הנה אלהי]ך י]שראל אשר העלוך מארץ מצרים ²⁹וישם את האחד בבית]

(1) ff. 3, 4 [אל ואת הא]חד נתן] בדן ³⁰ויהי הד]בר הז]ה לחטאת וילכו ה]עם

[לפני האחד]עֹד דן ³¹ויעש את בית ב]מות וי]עש כהנים .... מ]קֹצֹוֹ[ת]

marge inférieure

Col. suivante:

[העם אשר לא היו מבני לוי]

L'identification de 2 et 3 est certaine; celle de 4 laisse place à quelques doutes.

F. 2, v. 28: avant ישראל, trace possible de la lettre précédente.

F. 3, v. 30: הזה. Trace douteuse du *zaïn* sur le bord.

F. 2: דן. Queue du *daleth* effacée.

5: I Reg 22²⁸⁻³¹

[²⁸[ויאמר]

[מיכיהו אם ש[ו]ב תשוב בשלום לא דבר יהוה בי ויאמר שמעו עמים]   1

[כלם ²⁹וי[על מלך י[שראל ויהושפט מלך יהודה רמת גלעד ³⁰ויאמר מלך]

[ישר]אל אל יהושפט [מלך יהודה התחפש ובא במלחמה ואתה לבש]

[בגדי]ך וית[חפ]ש מלך[ישראל ויבוא במלחמה] [

[ויצו ³¹[מ]ל[ך ארם את שרי [הרכב א[שר לו שלשים ושנים לאמר לא תלחמו]   5

[את קטן ואת גדול כי אם [את מ[לך ישראל לבדו] [

v. 30: la reconstitution semblant exiger un texte plus long que TM, après יהושפט on avait peut-être מלך יהודה (= LXX). Manque en TM.

La fin du v. 30 ou le début du v. 31 était plus long qu'en TM, ou bien il y avait après 30 un espace en blanc ne correspondant à aucune division massorétique.

v. 31: avant הרכב, TM a שרי את, ומלך ארם צוה avec LXX, Vulg, Syr, Targ. La place disponible en 6Q fait supposer ויצו מלך ארם את שרי.

הרכב. *Kaph* médial allongé.

6 et 7: II Reg 5²⁶

[²⁶ויאמר אליו לא לבי הלך כאשר הפך]

(f. 6)   1   [איש מעל מרכבתו לקר[אתך ה[עת לקחת את הכסף ולקחת בגדים]

(1) f. 7   [וזיתים וכרמים וצא[ן ובקר [ועבדי[ם ושפ[חות] [

F. 6, v. 26: העת. Légère trace du *hé*.

8 et 9: II Reg 6³²

[³²[ואלישע ישב בביתו והזקנים ישבים אתו וישלח איש מלפניו בטרם]

(f. 8)   1   [יבא המלאך אליו והוא אמר אל הזקנים [הראי[תם כי שלח בן המרצח]

(1) f. 9   [הזה להסיר את ראשי ראו [כבוא [המלאך סגרו הדלת ולחצתם אתו]

[[בדלת הלוא קול רגלי אדניו [אחר]יו]

L'identification du f. 9 est certaine; celle du f. 8 est seulement possible d'après ses caractéristiques matérielles.

F. 9: כבוא (= 5 mss. de Ken). Graphie pleine.

10–14 (+72, cf. *infra*): II Reg 7⁸⁻¹⁰

Col. précédente:

[⁸ויבאו המצרעים האלה עד קצה המחנה ויבאו אל אהל]

marge supérieure

[א]ח̇ד ויאכלו וי[ש]תו וישא̇[תו משם כסף וזהב ובגדים וילכו ויטמנו וישבו ויבאו אל[1 (ff. 10, 12)

[א]הל אחר וישא[ו]משואם וילכ[ו ויטמנו ⁹ויאמרו איש אל רעהו לא כן אנחנו[(1) f. 72

[עשים ה[יום הזה] יו[ם בש[רה הוא] ו̇[אנחנו מחשים וחכינו עד אור הבקר[

[ומצאנו]ע̇[ו̇]ו̇ן̇ עֺ̇תֹ̇ה̇[לכו ו]נֺ̇באה ו[נגידה בית המ[לך ¹⁰ויבאו ויקראו אל שער העיר[(1) ff. 12, 13

[ויגידו]להם לאמֺ[ר באנו א[ל] מחנה ארם ו[הנה] אין שם איש וקול אדם[5 (1) f. 14

[כי אם הסוס אסור והחמור אסור ואהלים [כאש]ר המה [

F. 10, v. 8: אחד. Traces douteuses du *ḥeth*.

אחר. *Ḥeth* quelque peu disloqué, réparti sur deux morceaux.

Ff. 72 et 11: מֺשֹׁוֹאֹם. Probablement une graphie aberrante de מַשָּׂא, attesté par 3 minuscules de LXX (ἄρσιν αὐτῶν). TM, LXX (le mot manque dans l'Alexandrinus), Syr, Vulg et Targ ont מַשָּׂא.

F. 10, v. 9: היום. Restent le sommet du *yod*, le bas du *waw* et la partie gauche du *mem*.

F. 11: sous וילכו du v. 8, trace d'une lettre initiale; lire ה[וא] ou ו[אנחנו].

F. 10: עתה (= Syr). TM, LXX et Targ ont ועתה. Le mot manque en Vulg.

F. 14, v. 10: כאשר. Les fibres manquent dans le bas des lettres.

15: II Reg 7²⁰–8⁵

[ויהי²⁰ לו כן וירמסו אתו העם[   ] ch. 7

[בשער וימת כדבר איש האלהי[ם   ] ¹ואלישע דבר אל האשה[ch. 8 1

[אשר החיה את בנה לאמר קו[מ]י ולכי את [וביתך וגורי באשר תגורי[

[כי קרא יהוה ל[ר̇ע̇ב וג̇ם̇ בא על הארץ ש̇[בע שנים ²ותקם האשה ותלך כדבר[

[איש האלה[י̇]ם̇ [אל א̇ר̇ץ̇[פלשתים]ש̇ב̇ע̇ שנ̇[ים ³ותשב האשה מארץ פלשתים[

[ותבא א[ל̇] ה̇ע̇י̇ר̇ אל המלך אל ביתה ואל [שדה ⁴והמלך מדבר[5

[אל גחזי נער א[ל/י[שע לאמור ספר נא לי א̇[ת כל הגדלות אשר עשה[

[אלישע ⁵ויהי הוא[מספ̇ר̇[ל[מלך א̇[ת אשר החיה את המת [

marge inférieure?

Ch. 7, v. 20: כדבר איש האלהים (= 2 mss. de Vulg). Manque en TM et versions.

Après le v. 20, espace en blanc correspondant à la *setumah* massorétique.

Ch. 8, v. 1: ולכי. Petite trace probable du *waw* sur le papyrus pourri; *kaph* de forme médiale, mais incomplet.

את (= 21 mss. de Ken et qeré de TM). Traces embrouillées. TM a la graphie mixte אֶתֺ̇י.

לרעב. Après le *resh* incomplet, trace minime du 'aïn.

וגם presque entièrement effacé.

בא. Papyrus usé à mi-hauteur des lettres.

על (= Syr et Targ; cf. ἐπί en LXX et *super* en Vulg). TM a אל.

v. 2: dans la lacune, ותלך est restitué pour la cohérence du texte, en raison des variantes qui suivent. TM et versions ont ותעש. Le mot manque dans 1 ms. de Ken.

אלישע איש האלהים (= TM et Vulg). *Mem* final complètement effacé. LXX a אלישע.

Après האלהים, omission de ותלך היא וביתה ותגר, qui est en TM, LXX et Vulg. Noter qu'un minuscule de LXX omet ותעש...האלהים.

אל ארץ très effacé. TM et versions ont בארץ.

שבע. La grande trace bouclée doit appartenir au *shin*, dont un point marque l'extrémité inférieure. Traces possibles de *beth* et 'aïn.

v. 3, début: texte sans doute plus court qu'en TM et versions. On suppose l'omission par haplographie des premiers mots: ויהי מקצה שבע שנים.

ותבא אל העיר (?). Déchiffrement désespéré. *Lamed* peut avoir laissé la minuscule trace sur le bord. Cf. le Vaticanus et 3 minuscules de LXX qui ont εἰς (ou πρὸς) τὴν πόλιν καὶ ἦλθεν. TM et Vulg ont **ותצא לצעק**.

אל (2°). Lettres incomplètes.

ביתה. Traces un peu plus nettes sur l'original.

ואל abîmé. *Lamed* final à très large boucle.

Après le v. 3, on peut supposer soit un texte plus long qu'en TM, soit un espace en blanc qui ne correspondrait à aucune division massorétique.

v. 4: **אלישע** (= LXX dans le ms. 44 de Holmes et Parsons). TM a **איש האלהים** avec Vulg et 1 minuscule de LXX. LXX a **אלישע איש האלהים**. Syr et Targ ont **נביא האלהים**.

לאמור. Graphie pleine.

ספר. TM a **ספרה**.

Sur le bord inférieur du f., les traces sont produites par des taches.

16: II Reg 9¹⁻²

]   **ואלישע הנביא קרא לאחד מבני הנביאים ויאמר**¹[

₁ [לו חגר מתניך וקח פך ²[השמן ה]זה בידך ולך רמת גלעד ²ובאת שמה וראה שם]

[יהוא בן יהושפט בן]נמשי ובא[ת והקמתו מתוך אחיו והביאת אתו חדר בחדר]

marge inférieure?

L'écriture est très effacée. Sur le bord supérieur, petite trace d'encre.

v. 1: **הזה**. Trace minime du premier *hé*.

17: II Reg 10¹⁹⁻²¹

[ויהוא עשה בעקבה למע]ן ²⁰[האביד את עבדי הבעל ויאמר]¹⁹ᵇ   ]

[יהוא קדשו עצרה לבעל ויקראו ²¹וי]שלח יהוא[בכל ישראל ויבאו]

[כל עבדי הבעל ולא נשאר איש אשר]לא בא[ויבאו בית הבעל וימלא]

[בית הבעל פה לפה   [

v. 19: **למען**. Restitution probable: la trace semble précéder un espace en blanc.

v. 21: **וישלח**. Minuscule trace d'encre avant le *lamed*.

לא בא. Restes de quelques sommets de lettres sur le bord. Peut-être aussi bien **לוא** en graphie pleine.

18	19	20	21	22
]∙∙ ויקח ו[	]נבות∘[	]∙∙∙∙[	]∙∙∙∙ ת[	*marge supérieure?*
]מ̇כתף הבי̇[ת	]ים ב∘[	]המל[	]ת שלוש̇[	]פ∘∙∙[
]∘ת[	]הם[	]היה[	]טו וי̇[∘	]א̇לוה[
		]וימלך[		]ל[
		]לו[		

F. 18: haut disloqué.

L. 2: **מכתף הבית**, cf. I Reg 7³⁹, II Reg 11¹¹, II Chr 23¹⁰. Peut-être **בכסף**, cf. I Reg 21⁶⋅ ¹⁵.

F. 19: peut-être I Reg 21⁹⁻¹⁰. On aurait l. 2 ו[המ]לך (TM a **וימלך**), l. 3 **א̇נ[שים בנ]י בליעל**.

F. 20: sans doute dans un passage indiquant la fin d'un règne, mais impossible à replacer d'après TM.

F. 21, ll. 2–3: peut-être I Reg 6³⁶⁻³⁸ dans une recension plus courte que TM. On aurait l. 2 **הפנימי[ת** שלוש[ה** (v. 36) avec graphie pleine de **שלושה**; l. 3 **מש[פטו וי]בנהו** (v. 38).

F. 22, l. 1: **כפות**, cf. I Reg 5¹⁷; ou **כפיו**, cf. I Reg 8⁵⁴.

23   24   25   26   27

] על ם[   ]○[   ]○[   ] וַיֵּצֵא אֶלֹ[   ]··[

]הַשּׁוֹנ[   ] אֵלִי   ]שׂעורים[   ] עשה[

]··[

F. 24: הַשּׁוּנַמִּית (?). Cf. I Reg 1³, ¹⁵ 2¹⁷, ²¹, ²², II Reg 4²⁵, ³⁶.
F. 26: cf. II Reg 7¹⁶. Peut-être à la l. 1 אל[ישר מלך ל. TM a למלך.

28   29   30   31   32

]וימש[   ] אֱלִישָׁ]ע   ]י[הודה   ]○ ○[   ]בְּמַחֲנֹ[ה

]ויתן[

F. 28: cf. I Reg 1³⁹, ⁴⁵, II Reg 11¹² 23³⁰.
F. 31, l. 2: cf. I Reg 9²⁶ 10¹⁷ 13²⁶ 15¹⁸ 17²³ 18²³, II Reg 13³ 17²⁰ 18¹⁶ 22⁵.
F. 32: cf. I Reg 16¹⁶ 22³⁶, II Reg 19³⁵.

33   34   35

]אל א[   ]כל[   ] על מֹ[

36   37   38   39

]○ ○[   ]○[ ]○ [   ]נֹה יֹ[   ]○ ה א[

]··· לֹ··בַּרֹ[   ]ל עֹ[*marge inférieure?*   ]·····א[

]ל ·· משלי○[*marge inférieure?*

                                     marge inférieure?

40   41   42   43   44

] יֹח ○[   ]····   ]○○○ ר̇[   ]○ ○[   ]○עשֹ[

]·····[וַיִּשְׁפֹּ[   ]○ י ○[   ]○ אח○[   ]·· חֹ [

                     לֹ[   ]ֹי דברֹ[*marge inférieure?*

F. 41: extrémité droite de colonne.
L. 2: וַיִּשְׁפֹּךְ (?). Cf. I Reg 13⁵.

45   46   47   48   49   50

]ו יש[   ]○ב[   ]○ יא ○○[   ]תֹא[   ]○ דב[   ]·· וית[

]יעל [   ] וֹ ···[*marge inférieure?*   *marge inférieure?*   *marge inférieure?*   ]ה[

]בֹעֹ[

51   52   53   54   55   56

]נבוֹ[   ]כֹא[   ]שֹׁדֹ[   ]או ○[   ]ֹי א[   ]אלה[

                     marge inférieure?   ]עשה   ] אוֹ   ]○ אֹב[

58   59   62   63   64   65

]○[   ]עשֹ[   ] בח○[   ] פלֹ○[   ]הנֹ[   ]ביך[

]גדֹ[   ]··[

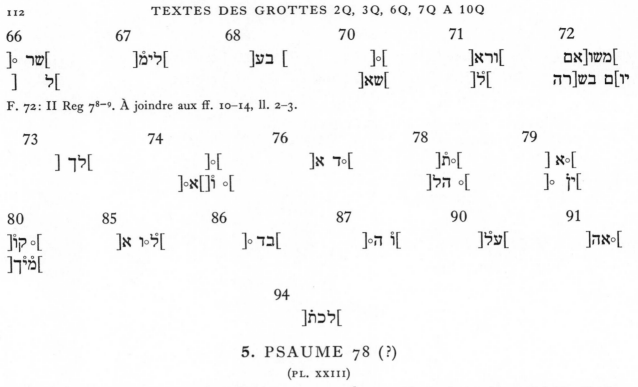

66	67	68	70	71	72
]∘ שר[	]לימ[	בע]‌[	]∘[	]ורא[	מ]שו‌אם[
] ל[			]שא[	]ל‌ל[	יו]ם בש[רה

F. 72: II Reg 7⁸⁻⁹. À joindre aux ff. 10–14, ll. 2–3.

73	74	76	78	79
]לך [	]∘[	]א ד∘[	]ת̊∘[	] א∘[
	]∘א[]ו̊ ∘[		]הל̇ ∘[	]∘ י̊ן[

80	85	86	87	90	91
]∘ קו̇[	]לי א[	]בד ∘[	]∘ ה[	]על̇[	]אה∘[
]מ̇יד[					

94

]לכת̇[

5. PSAUME 78 (?)
(PL. XXIII)

Papyrus de même aspect que 6Q7, surtout ff. 2–5. Écriture également très semblable. Il n'est donc pas impossible que le f. appartienne à 6Q7, mais il faudrait alors supposer une variante,]ולשון n'étant pas dans l'hébreu. Ou bien serait-ce une bribe d'hébreu correspondant à des passages conservés seulement en araméen (ou en grec?): cf. ולשניא en Dan 3⁴, ⁷, ³¹ 5¹⁹ 6²⁶ 7¹⁴. *Beth* initial pourrait être une graphie qumrânienne pour *waw* (il y a des faits analogues en 4Q).

Étant donné ces difficultés, je propose à titre d'hypothèse l'identification avec un morceau de psautier. La largeur de la colonne inscrite serait de ±11·4 cm.

78³⁶⁻³⁷ (?)

[   ]∘[   ]
[ויפתוהו בפיהם ו]בלשונ[ם יכזבו לו ³⁷ולבם לא]
[נכון עמו ולא נא[מ̇נ̊‌ו] בב[ריתו

6. CANTIQUE DES CANTIQUES
(PL. XXIII)

Peau d'épaisseur moyenne, de teinte café au lait. Surface finement granulée par les pores. Dos velouté, plus clair au centre. Le f. est rongé et troué; l'épiderme a tendance à se décoller et manque par larges plaques. Lignes et marges très finement et profondément tracées. Interligne de 7 mm. en général, un peu plus large entre les ll. 2 et 3. Marges supérieure et inférieure de 1·6 cm. Intercolonnement de 1·4 cm.

Calligraphie très évoluée, des environs de 50 ap. J.-C. Régulière, bien calibrée et penchée à gauche, elle est suspendue aux lignes et mord légèrement sur elles. Hauteur du *hé* un peu plus de 3 mm. Entre les mots, les intervalles varient de 1 à 5 mm, de manière sans doute à mieux remplir les lignes sans jamais dépasser la marge gauche.

Format des colonnes: largeur ±9·3 cm. entre les traits des marges; hauteur 8·2 cm., marges comprises. Il y a 6 à 7 mots par ligne remplie, et 7 lignes par colonne. Ces caractéristiques rappellent celles de 2QRuthᵃ (= 2Q18), autre exemple tiré des *Megillot*. Le texte du Cantique pouvait occuper environ 27 colonnes. Longueur probable du rouleau ±2·90 m.

Le texte, qui rejoint une fois la Vulgate et une fois le Syriaque, a par ailleurs deux variantes propres. On relève quelques graphies pleines.

Col. I: 1¹⁻⁶

¹[שיר ה]שׄיׄרׄיׄםׄ אשׄ[ר לשלמ]ה ²ישקני מנשיקות

[פיהו כי טובי]םׄ דדיך[³לרי]חׄ שמנים טובים מיין

מרׄ[קחת מורקה]שמך על[כן עלמו]ת אהבוך ⁴משכני

[אחריך   נרוצ]הׄ הביא[ני המל]ך חדריו נשמחה

[ונגילה בך נזכירה]דדיך[מיין]מישרים אהובים   5

[   ]⁵שחורה אני ונׄ[אׄוׄה בנׄתי ירושלים

[כאהלי קדר כיריעות ש]לׄמׄ[ה ⁶אל תראוני שאנׄיׄ

v. 2: טובים. Reste minuscule du *mem* final.

דדיך. *Yod* lu sur le f. dans un état antérieur. Après le *kaph*, la trace appartient au *lamed* de la ligne suivante.

v. 3: לריח (= TM et Syr) ou וריח (= LXX, Lat[1] et des mss. de Vulg). Vulg lit un participe (*fraglantia*).

שמנים טובים (= Vulg). TM et Syr ont שמניך טובים. LXX, Lat et les mêmes mss. de Vulg ont שמניך מכל בשמים.

מרקחת מורקה (= LXX et Lat; cf. שמן מורק en Vulg et Aquila). TM a שמן תורק. Syr a שמן מר. Après על, ombre d'un trou.

v. 4: נרוצה. Reste du *hé*, et taches noires dues à la décomposition.

הביאני המלך. Peau plissée à la jonction de deux morceaux.

נשמחה ונגילה (= Syr?). TM et les autres versions ont נגילה ונשמחה.

מישרים אהובים. Leçon propre. TM, LXX et Lat ont מֵישרים אהבוך. Syr a probablement ומִישרים אהביך (cf. אהבים 'amour' en Prov 5¹⁹). Vulg a (ה)ישרים אהבוך. 1 ms. de Ken supprime le second mot; un autre supprime les deux. Kittel corrige en פילגשים אהבוך.

Après le v. 4, la reconstitution suppose en début de ligne un espace en blanc correspondant à la *setumah* massorétique.

v. 5: trace d'encre sous דדיך.

ונאוה. Traces d'*aleph* et de *waw* très effacées.

בנתי (plus probable que בבתי). Soit une faute de copie, soit בְנֺתי, forme archaïsante avec graphie défective et *ḥireq compaginis*: cf. Gesenius, *Hebrew Grammar*, § 90 l et rapprocher משחתי pour TM משחת en 1QIsᵃ 52¹⁴. TM et LXX ont בנות.

ירושלים (= 7 mss. de Ken). Graphie tardive. TM a ירושלם.

v. 6: תראוני (= TM éd. Kittel et 82 mss. de Ken; cf. תיראוני en 9 mss. d'après Kittel et 4 mss. de Ken). Graphie pleine. TM édd. Ken et Gins, et la première main du Leningradensis ont תראני.

Col. II: 1⁶⁻⁷

ש[חר]חׄרׄת שׄ[שזפתני השמש בני אמי נחרו]

בׄיׄ שמוני נטׄ[רה את הכרמים כרמי שלי]

לא נטרתי ⁷[ה]גׄידה לי שאהבה נפשי איכה]

[תרעה איכה]תׄ[רביץ בצהרים שלמה אהיה]

[כעׄ[טיה על עדרי חבריך   5

(1) Cf. D. A. Wilmart, 'L'ancienne version latine du Cantique 1–3⁴', *Revue Bénédictine*, xxviii, 1911, pp. 11–36.

v. 6: שמוני (= 54 mss. de Ken). Graphie pleine.

נוטרה (= 20 mss. de Ken). Graphie pleine.

v. 7: כעטיה. *Kaph* incomplet; départ du *'aïn*.

7. DANIEL

(PL. XXIII)

Papyrus de préparation généralement grossière et mal conservé. Surface avec fibres très mal alignées, surtout dans les ff. 2 à 5; 6 à 8 et 10 ont l'air plus soignés et doivent provenir de feuilles différentes. Teinte primitive assez claire, mais rougie en 2 à 5 par des incrustations de terre.

Écriture tardive (vers 50 ap. J.-C.) où se rencontrent des formes cursives, en particulier *kaph* médial, *'aïn* et *taw* bouclé. Hauteur du *hé* ±4 mm. Intervalles entre les mots de 1 à 4 mm. Interligne moyen de 9 mm. Largeur inscrite par colonne ±13 cm. Le f. 4 étant sans doute le bas d'une colonne et 6 le haut d'une autre, on peut supposer des colonnes de 18 lignes et des feuilles de ±17 cm. de haut.

On remarquera l'emploi du papyrus pour copier un livre canonique en langue originale: cf. 6Q4, introduction.

Le texte, en gros, est classique. Les graphies sont parfois plus pleines, parfois plus défectives que dans le TM. Certaines sont caractéristiques de Q, comme הרישון (10¹²).

1: 8²⁰⁻²¹ (?)

²⁰[האיל אשר רא̊י̊ת בעל הקרנים מלכי מדי ופרס ²¹והצפיר]

[השעיר]מלך̊ יון̊[והקרן הגדולה אשר בין עיניו]

[הוא המ]ל̊[ך הרישון]

v. 20: ראית. Pour le ductus du *resh*, cf. p. ex. הרישון f. 3, l. 8; trace minime de la lettre qui suit.

v. 21: מלך. *Mem* à base horizontale, joint à *lamed*.

2–5: 10⁸⁻¹⁶

(f. 3) 1 ⁸[ואני נשארתי לבדי ואראה את המראה ה]ג̊ד̊[לה הזאת ולא]

[נשאר בי כח והודי נהפך עלי ל]מ̊[ש]ח̊י̊ת ו[לא עצרתי כח ⁹ואשמע]

[את קול דבריו וכשמעי את קול] דבר̊יו [ו]אני [הייתי נרדם על]

[פני ופני ארצה ¹⁰והנה יד נגע]ה בי לה̊נ̊יעני על̊ ברכי וכפות]

5 [ידי ¹¹ויאמר אלי דניל איש ח]מ̊ודת הבן בדב̊[רים]

(1) f. 2 [אשר אנכי דב]ר̊[אליך ועמד ע]ל̊ עמדך כי̊[ן עתה שלחתי]

[אליך ובד]ברו עמ̊[י את הדבר ה]זה עמד̊ת̊י̊ מר̊[עיד ¹²ויאמר אלי]

[אל תירא]דניל כי מ̊[ן היו]ם̊ הרישון אשר נ̊[תת את לבך]

[להבין ולהת]ענות לפ̊[ני אל]היך נשמעו דבריך וא̊[ני באתי בדבריך]

10 (5) ¹³[ושר מלכות]פ̊רס[עמד לנג]די עשרים וא̊[חד יום]

[והנה מיכאל אחד השרים הרי]שונים̊[בא לעזרני ואני]

(1) f. 4 [נותרתי שם אצל מ]לכות פרס ¹⁴ו̊[באתי לה]ב̊י̊[נך את אשר]

[יקרה לעמך באח]רית הימים כי עוד חזון לימי[ם ¹⁵ובדברו]   f. 4

[עמי כדברים ה]אלה נתתי אפֿי ארצה] ונאלמתי ¹⁶והנה]

[כדמות יד אדם נג[עה] על שפתי וא[פתח פי ו[אדברה ואמרה]   15   (1) f. 5

[אל העמד לנגד]יֹ אד[ני במראה נהפכו צירי ע]לֹ[י ולא עצרתי כח]   (5)

marge inférieure

F. 3, v. 8: למשחית. Restes minimes des trois dernières lettres.

v. 9: דבריו. Papyrus troué et taché entre *daleth* et *beth*.

v. 10: להניעני (?). Leçon propre. TM et Aquila ont ותניעני. LXX, Théodotion, Lat,(1) Syr et Vulg ont ותעירני. Kittel propose ויעירני.

v. 11: חמודת (= 1 ms. de Ken). Graphies pleine et défective: cf. Esd 8²⁷. TM a la graphie inverse חמדות. 25 mss. de Ken ont חמודות.

בדברים. Traces douteuses du second *beth*.

F. 2: דבר. Il ne reste de ce mot qu'une trace d'appartenance incertaine.

F. 3: עמדתי. Quelques traces de *daleth* et *taw*. *Yod* indistinct.

F. 2, v. 12: דניל. Graphie phonétique sans *aleph*. TM a toujours דניאל.

F. 3: הרישון. Graphie phonétique connue à Q. TM a הראשון.

נתת. Trace à peine visible du *nun*.

v. 13: הרישונים. Graphie pleine après *shin* (cf. 7 mss. de Ken qui ont הראשונים). TM a הראשנים.

F. 4: מלכות. *Mem* effacé; reste minime du *lamed*. 6Q avait מלכות (= 2 mss. de Ken et Théodotion dans le Marchalianus de LXX) ou שר מלכות (= Théodotion d'après Ziegler, et saint Basile en *P.G.* 30, 541). TM a מלכֵי. LXX, Théodotion d'après certains mss., Lucian, saint Jean Chrysostome, saint Basile en *P.G.* 29, 657, une partie de Théodoret de Cyr et Éthiopien ont שר מלך. Vulg et Aquila ont מלך. Syr a שר.

v. 14: ובאתי. Trace du *waw* sur le bord.

לימים. Taches avant le mot et au-dessus de lui.

v. 15: אפֿי (cf. Syr) peut être un aramaïsme, mais la locution intéressée est connue en hébreu. En tout cas, la deuxième lettre n'étant sûrement pas *nun*, il faut écarter la leçon פני (=TM).

v. 16: כדמות בן (= LXX). TM a כדמות בני אדם נגע. Théodotion et Vulg ont כדמות יד אדם נגעה. אדם נגע. Une partie des mss. éthiopiens, Bohaïrique, Théodotion d'après un ms. lucianique, et 2 mss. des Chaînes ont כדמות בן אדם ויגע.

6: 11³³⁻³⁶

7: 11³⁸

marge supérieure

[לרבים ונכשלו בחרב וב]להבה וב[שבי ובבזה ימים ³⁴ובהכשלם]   ³³ᵇ 1 (f. 6)

[יעזרו עזר מעט ונלוו על]יהם ר[בים בחלקלקות ³⁵ומן המשכילים יכשלו]

[לצרוף בהם ולברר וללבן]עד עת[קץ כי עוד למועד ³⁶ועשה כרצונו]

[המלך ויתרומם ויתגדל]על כל[אל ועל אל אלים ידבר נפלאות]

[והצליח עד כלה זעם כי נחרצה נעשתה ³⁷ועל אלהי אבתיו לא יבין]

[ועל חמדת נשים ועל כל אלוה לא יבין כי על כל יתגדל]

[ולאלה מעזים על כנו]יכבד[ולאלוה אשר לא ידעהו אבתיו יכבד]   ³⁸ (1) f. 7

[בזהב ובכסף ובאבן יקר]הֹ ובחֹ[מדות

(1) Cf. A. Dold, *Konstanzer altlateinische Propheten- und Evangelien-Bruchstücke mit Glossen, nebst zugehörigen Prophetentexten aus Zürich und St. Gallen* (Texte und Arbeiten, 7–9), Beuron, 1923, p. 109; *Neue St. Galler vorhieronymianische Propheten-Fragmente der St. Galler Sammelhandschrift 1398ᵇ zugehörig.* Anhang (Texte und Arbeiten, 31), Beuron, 1940, p. 54.

F. 6, v. 33: וּבשׁבי (= 1 ms. de Ken, LXX, Théodotion et Vulg). TM, Syr et Théodotion d'après un minuscule ont בשבי.

v. 36: כל. Fine trace du trait vertical du *kaph* avant l'échancrure.

8: 8¹⁶⁻¹⁷ (?)	9	10	11	12
המר]אה	]∘∘ת[	תש̇]	]··[	]נ̇∘[
הבׁ]ן	]∘∘ ה [		]ים[∘	[פני]
			]∘[	

F. 8: bord droit de colonne.

L. 2: הבן. *Hé* abîmé, plutôt que וי ou יו. *Beth* très douteux, surtout parce que le trait de base ne dépasse pas à droite.

F. 9, l. 2: avant *hé*, taches sur le papyrus.

F. 10: angle supérieur droit de colonne? Fibres régulières comme en 6 et 8.

F. 12, l. 2: פני. Cf. Dan 8⁵, ¹⁷, ¹⁸ 9³, ¹³ 10⁹.

13

∘ תע] [
]∘י̇ה[

On peut suggérer 6¹³⁻¹⁴: י]הוד . . . א תע]דא[ל]; ou 11⁶: לדה[ו]היו . . . תע]צר[א]ל. Dans ce dernier cas, l. 2: graphie pleine.

II. TEXTES NON BIBLIQUES

A. TEXTES NARRATIFS

8. UN APOCRYPHE DE LA GENÈSE

(PL. XXIV)

Papyrus généralement fin, à fibres serrées, très mal conservé. La teinte est par endroits un peu rougeâtre, surtout dans les ff. 1, 11, 12 et 14. Écriture semi-cursive: on remarquera les deux types d'*aleph* (médial et final, p. ex. הוא ואמר f. 1, l. 2), *heth* en forme de N, *taw* bouclé d'un seul trait; par ailleurs, formes calligraphiques utilisées p. ex. pour *hé*, *kaph* final, *mem* médial. *Aleph* médial et *heth* rappellent les couvercles de Bethphagé.[1] Le ms. pourrait dater du milieu du 1ᵉʳ siècle ap. J.-C.

La hauteur des lettres est variable (*hé* a de 2 à 4 mm.). Les mots sont irrégulièrement espacés. Il semble y avoir un alinéa après la l. 4 du f. 1. Interlignes de 7 à 8 mm. en général, plus larges en f. 5. Marge supérieure conservée sur 9 mm. en f. 3; marge inférieure jusqu'à 1·7 cm. (f. 6); marge droite jusqu'à 2·8 cm. (f. 26); marge gauche 1·4 cm. (f. 33).

Les ff. sont classés suivant leur importance. 26 à 33 ont été rejetés à la fin en raison de leur écriture brouillée par l'humidité et de l'appartenance incertaine de l'un ou de l'autre. Le texte, en araméen, est parfois narratif, parfois apocalyptique. Le f. 1 ayant trait à la naissance de Noé, et 2 à un 'paradis', il n'est pas impossible que le document soit en rapport avec 1Q Genesis Apocryphon.

[1] R. Dussaud, *Syria*, iv, 1923, pp. 241 ss.; E. L. Sukenik, *Tarbiz*, vii, 1936, p. 105.

1: naissance de Noé.

]∘[

]∘ אׄיׄ הוא ואמר למהוי ∘[

]ולא מרתת מן אחזיך פלא אׄ[

]ׄ ברקאל אבי עמי הוה   [

]לׄ[ ]לאׄ[ׄ]יצו מהו∘[לא[שׄתעיה מה די]   5

]ׄה עׄ∘∘ תמהין שמעת הן ילדת מׄרׄ∘[

marge inférieure

. . .² . . . *lui*, et *il dit* d'être . . . ³ . . . et pas tremblant. Qui t'a fait voir une merveille . . .?
⁴ . . . Barakiel mon père était avec moi.
⁵ . . . [. . . ra]conter ce qui . . . ⁶ . . . étonnés j'entendis si *j'avais enfanté* . . .

L. 2: malgré l'absence d'espace, on suppose une coupure de mots avant הוא, qui est plutôt le pronom (cf. le verbe 'être' avec *hé* final, l. 4).

ואמר 'il dit' ou 'il ordonna', suivi d'un infinitif. Morphologiquement on peut comprendre un impératif masc. sing., ou un imparfait 1ère pers. sing. 'et je dirai' (cf. 1QGen Ap ii 25), aussi bien qu'un parfait (traduction adoptée).

L. 3: מן (interrogatif, ou relatif pour מן די) commence sans doute une phrase.

L. 4: ברקאל pourrait être le père de Dina, mère de Jared (Jub 4¹⁵), mais il s'agit plus probablement du fils d'Énoch et frère de Mathusalem (Jub 4²⁸); sa fille Bath-Enosh, épouse de Lamech, est la mère de Noé, et ce serait elle qui raconterait ici cette naissance merveilleuse. On serait alors dans le cadre de I Hén 106–7 (extraits du livre de Noé)[1] et de 1QGen Ap.

L. 5, début: sous le *beth* de ברקאל, trace d'un sommet de *lamed* lue sur le f. dans un état antérieur.

לאשתעיה. Même verbe en 1QGen Ap xix 18.

L. 6: תמהין. L'étonnement des assistants, en présence des qualités extraordinaires de Noé au moment de sa naissance, est mentionné en I Hén 106¹⁻², 1QGen Ap ii.

ילדת 'j'avais enfanté', si c'est encore Bath-Enosh qui parle; ou bien ילדת מרת[י 'ma femme avait enfanté', si c'est Lamech.

2: le 'paradis'.

חזי]   תלתת שרשוהי[

[הוית עד די אתת[

[פרדסא דן בׄלׄה וׄ∘[

marge inférieure?

¹ . . . ses trois racines . . . je [re-²gard]ais, jusqu'à ce que vînt . . . ³ . . . ce 'paradis' *fut détruit* et . . .

L. 1: תלתת שרשוהי. Il doit s'agir d'un arbre.

Ll. 1–2: חזי הוית עד די. Formule fréquente dans les récits de visions apocalyptiques: cf. Dan, 2Q26, apocryphes *passim*.

אתת (3ᵉ pers. fém. sing.) ou אתית (1ère pers. sing.). Dans le premier cas, il doit s'agir d'une tempête ou de quelque autre cataclysme: cf. l. 3.

L. 3: בלה, ou כלה 'tout entier'?

Le thème du jardin est courant dans les apocryphes: cf. Charles, *Apocrypha*, passim, p. ex. II Hén 8 30 31 etc. S'agit-il ici du paradis de la Genèse (cf. Jub 4²³, ²⁶ˢˢ·) ou de quelque représentation symbolique?

---

[1] Cf. Charles, *Apocrypha*, ii, pp. 278–81.

3	**4**
marge supérieure	]∘̊[
[רבה	]∘וי הב
[ֹעׄ̊...תׄה	תׄמשכׄוׄן]
	]∘ אלו ∘∘

F. 3: addition entre les ll. 1 et 2.

F. 4: ... [2] *en lui, et il(s)* ... [3] *vous prendrez possession* ... [4] ... *et pas* ...

L. 3: תׄמשכׄוׄן. Lecture douteuse: première lettre *taw* ou *hé*; quatrième *kaph* ou *beth*; cinquième *waw* ou *yod*.

5	**6**	**7**
marge supérieure	]∘סׄמׄבׄ ןוהל[	[∘̊רׄ̊יב
[∘יֹנֹ̊גׄלׄפׄ ןׄ]	*marge inférieure*	]∘ד∘∘
[∘לׄ]		

F. 5, l. 1: autre possibilité כל גניא 'tous les jardiniers' (ou 'jardins').

F. 6: ... *à eux dans* ...

Écriture assez étirée dans le sens vertical.
F. 7, l. 1: après *resh*, traces d'une ou deux lettres.

8	**9**	**10**	**11**
[ימרון	]וׄ ןׄ[	]∘[ ]∘∘[	]∘לׄ[
[]וׄ̊ לׄן	[לׄסׄפׄ]	[∘יׄ̊בׄל ןׄיׄפׄ]	

F. 8, l. 1: ימרון 'ils diront'? Peut-être une graphie défective du verbe אמר. *Yod* et *waw* sont douteux, mais *mem* est sûr d'après un examen direct.
Le f. peut être une extrémité droite de colonne.
F. 9, l. 2: verbe פסל 'couper' ou un mot dérivé de cette racine?
F. 10, l. 1: au-dessus du *nun*, queue d'une lettre finale.
L. 2: ... *mon cœur* ... On peut lire לבי, les mots ne semblant pas séparés. Ou peut-être לכול.

12	**13**	**14**	**15**	**16**
[שׄ̊]∘	[יׄ̊מׄ]	[וׄ̊פׄתׄ]	[ןׄ̊לׄב הׄ]	[לׄלׄ∘]
[ש ם]∘			[תׄ̊]	[עׄ̊יׄ]

F. 12, l. 2, début: *mem* final, ou terminaison en ין–.

17	**18**	**19**	**21**
[ןׄ̊הׄלׄ]	[דרי∘]	[לׄ̊תׄ̊חׄ]	[∘כׄ̊]
[∘ ∘]	[∘]		

F. 17: ... *mais* ...

F. 18, l. 1: peut-être 'Jared'. Noter que c'est le père d'Énoch d'après Gen 5[18] et Jub 4[15]; mentionné en Jub 4[15-16], I Hén 6[5] 37[1], et surtout 106[13] dans le récit de la naissance de Noé.

22
]ר̊ג̇◦[
]ל̊ד̊ח̇[

23
]למ[

24
]◦ ה[
]◦[

26
]◦לי לובר̊[
]◦◦ח̊◦◦ל[
]◦ ו̊בח̊ן[
]◦◦ בני[

. . . ¹ *Lubar* . . . ³ *et il examina* . . . ⁴ *les fils de* . . .

L. 1: la lecture לובר n'a que la valeur d'une suggestion. Lubar est la montagne où se pose l'arche de Noé d'après Jub 5²⁸, et où Noé plante la vigne (Jub 7¹, 1QGen Ap x 13).

27
]מ̊ רע̊י̊◦[
] . . . . . [

28
]◦י̊ו̊ . . . [

29
]ד̊ן ד̊[
]ל̊ל[

30
]ו̊ר̊ו̊ד ל[
]◦ ה ◦[

31
]ג̊ר̊ ◦[
]ל̊ ◦ע̊◦[

32
]◦[
]א ת̊◦[

33
]◦
]ל◦◦[

F. **27**: aux deux lignes, les fibres manquent sur le haut des lettres.

9. UN APOCRYPHE DE SAMUEL–ROIS
(PL. XXIV–XXV)

Papyrus d'épaisseur moyenne en général. Surface très lisse dans les ff. les mieux conservés. Calligraphie très soignée, qui doit remonter à la fin de la période 'asmonéenne' (1ère partie du 1er siècle av. J.-C.). Hauteur du *hé* 4 à 5 mm. Les mots ne sont pas toujours bien séparés. Interlignes de 7 à 10 mm. Marge supérieure inconnue; marge inférieure (ff. 46 et 55) au moins 1·4 cm.; marge droite (f. 67?) 1·7 cm.; marge gauche (f. 68?) 1·8 cm. Intercolonnement (ff. 24 et 44) au moins 1 cm.

Ce que l'on peut saisir du texte dans l'état actuel des ff. rappelle les livres de Samuel, des Rois et des Chroniques. A côté de passages narratifs, il y a certainement des parties prophétiques, à replacer parfois dans le cadre de l'institution de la royauté.

Les graphies sont plutôt pleines.

1–14: écriture épaisse et restée très noire, qui n'est pas de dimension constante.

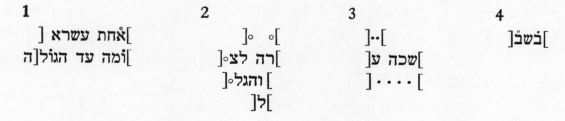

1
] אחת עשרא[
ה]ומה עד הגול[

2
]◦ ◦[
]◦רה לצ[
]◦והגל[
]לל[

3
]◦◦[
]שכה ע[
] . . . . [

4
]בשב[

5	6	7	8	10	11
]∘∘[	]∘̊∘[	]ת̊ ·[	]̊∘∘[	]כ̊∘[	]ק̊ [
]לוה[	]א∘[	]ה∘ [	]ת̊ ∘[		]ת̊ [
					]∘ד̊[

13

]י̊[

]··[

F. 1: ¹ . . . onze . . . ² . . . jusqu'à *la captivi*[*té* . . .]

L. 1: peut-être une datation: בשנת אחת עשרא. Comparer I Reg 6³⁸, II Reg 9²⁹. On notera la graphie de עשרא avec *aleph* final: cf. 1QSa ii 22.

L. 2: עד הגולה. Cf. I Chr 5²².

15–20: papyrus rougeâtre; encre très pâlie.

15	16	17	19	20
]שילו ב[	]ימ̊[	]עֺ̊ון[∘∘	]∘[	]ת ש̊[
		]ודמן[	]∘∘ח[	

F. 15: . . . *Silo dans* . . .

On suppose la graphie rare שילו (cf. Jug 21²¹ et Jér 7¹²). On pourra noter alors la coïncidence matérielle avec I Sam 4¹²: ויבא שלה ביום ההוא (épisode de la mort d'Héli). Autre possibilité: verbe משל au *hiphil* 'donner pouvoir (sur)'.

F. 16: dernière lettre *mem* ou *kaph*.

21–28: teinte naturelle.

21

לשמו[ע בקולו ול[שמור

∘]   [משפטו

הכתובים בס[פֺ̊ר התור]ה

¹ [. . . écou]ter sa voix et [garder . . . ² . . .] *ses préceptes* . . . [. . . ³ . . . écrits dans le li]vre de la Lo[i . . .]

L. 1: לשמוע בקולי. Construction fréquente dans la Bible pour désigner l'obéissance à Dieu. Le passage rappelle surtout Deut 26¹⁷ 30²⁰, mais peut entrer dans un contexte intéressant les consignes données au roi lors de son avènement, ou même l'institution de la royauté: cf. I Sam 12¹⁴⁻¹⁵.

L. 2: משפטו. Probablement graphie défective pour משפטיו: cf. I Reg 6³⁸.

L. 3: בספר התורהֿ. Cf. Deut 28⁶¹ 29²⁰ 31²⁶, Jos 1⁸ 8³⁴, II Reg 22⁸,¹¹, Néh 8³, II Chr 34¹⁵ et surtout Deut 30¹⁰.

22	23	24 Col. II	Col. I	25
]י עלֿ∘[	]· ·[	את[		] מ∘[
]בכל ד∘[	]בכֺ̊ל מח[	כֺב̊[וד		]קו אל[
]ב̊[	] *vacat* [	פ̊∘[	]לגדלו	]ה̊ ו[
]דויד[	]ראוש[			
]עלֿי[₅	]··ה··[₅			
]·· [	]לֿ[			

F. 22: . . . ² . . . *en tout* . . . ⁴ . . . *David* . . . ⁵ . . . *sur* . . .

L. 3, début: tache d'encre?
L. 4: דויד. Graphie pleine avec *yod*.

F. 23: . . . ² . . . *en tout* . . . ⁴ . . . *tête* . . .

L. 2: compléter מחנה ? מחשבות ?

F. 24, col. I: . . . *le magnifier* . . .
Col. II: . . . ² *gl[oire* . . .] . . .

L. 3: פן ou פנ]י ?

26	27	28
חֹרֹבש]̇[	למען תֹ[חיה]	ולא תֹ[ ]

F. 27: . . . pour que *tu* [*vives* . . .]

Cf. Deut 30¹⁹.

F. 28: . . . et pas . . .

29–43: épisodes de guerre et fragments de même aspect matériel.

29	30	31
נֹפֹש][	עד גת ועד [עקרן]	]°[
הפנ]ֹ°ם [	הנופלים אשר [ ]	ע]קרן °[
ו]ֹירדפו[		

F. 29: ¹ . . . *âme* [. . . ³ . . . *et*] *ils poursuivirent* . . .

L. 2: peut-être ערף הפנ]ו ou הפני]ם.
L. 3: cf. I Sam 7¹¹, II Sam 2²⁴, ²⁸, II Reg 25⁵, surtout I Sam 17⁵².

F. 30: ¹ . . . *jusqu'à Gath et jusqu'à* [*Éqrôn* . . . ² . . .] *ceux qui gisaient, qui* . . .

L. 1: עד גת ועד עקרן. Cf. I Sam 17⁵² (déroute philistine après la mort de Goliath).
L. 2: הנופלים doit être l'équivalent des חללי פלשתים de I Sam 17⁵²; cf. le même terme en I Sam 31⁸.
F. 31, l. 2: קרן au sens de 'puissance'; ou plutôt lire עקרן (cf. f. 30). Le mot serait en graphie défective. TM a toujours עקרון, mais cf. העקרנים en I Sam 5¹⁰.
Les ff. 29 à 31 pourraient être rapprochés d'après I Sam 17⁵² qui a: וירדפו את פלשתים...ויפלו חללי
פלשתים...ועד גת ועד עקרון.

32
א]ת פלשתיים ··[
לבם ונגפו לפֹנֹ]י[
ל·וֹמדיםֹ][

¹ . . . *les Philistins* . . . ² . . . *leur cœur et ils seront battus* devant . . .

L. 1: premier mot את ou un état construit féminin.
פלשתיים. Désinence pleine du gentilice: cf. 1QM xi 4 et Jér 43⁹ en 2Q13.
L. 2: ונגפו (parfait converti?) plutôt que ינגפו.

33

רֹם [

]∘[ ]∘∘[נתנוהו ביד]

[ויֿנוס משם אל מלך מואבֿ]

[ול וש] [מה]

. . . ² . . . ils le livrèrent au pouvoir de . . . ³ . . . et il s'enfuit de là vers le roi de Moab
. . . ⁴ . . . et . . .

L. 2: נתנוהו. Matériellement, la dernière lettre est très semblable à *yod*.

L. 3: probablement l'épisode de la fuite de David à Miçpé de Moab après son séjour chez Akish de Gath et dans la caverne d'Adullam; cf. I Sam 22³ˢˢ.

34	35	36	37	38
]∘[	פלשׁי]	]ם[	תֿרוֿ]	]∘∘[
את] [		עון כי כל]	]∘ןֿ[	ח לו והיא מֿ]
		שׁתי]	בֿר הֿ]	

F. 34, l. 1: *beth*, *nun* ou *pé*.

F. 35, l. 1: peut-être le verbe פלש; au *hitpael* 'se rouler (dans la poussière, en signe de deuil)', cf. Jér 6²⁶ 25³⁴, Éz 27³⁰, Mich 1¹⁰. Ou bien פלשי est-il une erreur pour פלשתי?

F. 36, l. 2: peut-être '*ils sauront* (ידעון) / *vous saurez* (תדעון) que tout . . .'.

F. 38: . . . ² . . . à lui, et elle . . .

L. 2, fin: *mem* ou *samekh*.

39	40	41	42	43
]∘ם [	]∘∘ שׁ ֿ	]∘∘[	]∘רו[	תֿה] [
]ם [	]∘ כל [	בני]		

F. 40: . . . ² . . . tout . . .

F. 41: . . . ² . . . *les fils de / mon fils / mes fils* . . .

44–66: fragments divers.

44 Col. II Col. I	45	46	47
∘[	]מֿ[	]∘[	]בֿהֿ[
]א וי]גֿףֿ	כוח] וגבורא [	אל]הים ע]	]∘ני [
]ב]∘אֿבֿן	]ובֿ[	*marge inférieure*	]∘∘ לֿ[
]∘]דֿ[			

F. 44, col. I: . . . [. . . ² . . . *et il*] frappa ³ . . . *pierre* ⁴ . . .

L. 2: ויגף fait penser à un récit de bataille, mais le rapprochement avec אבן (l. 3) évoque la mort de Nabal; cf. I Sam 25³⁷⁻³⁸.

F. 45: . . . [. . . ² . . . force] et puissance . . .

L. 2: וגבורא. Graphie aramaïsante attestée en 4Q; cf. עשרא en f. 1, l. 1. Le terme peut s'insérer dans le cadre d'une prière: cf. I Chr 29¹².

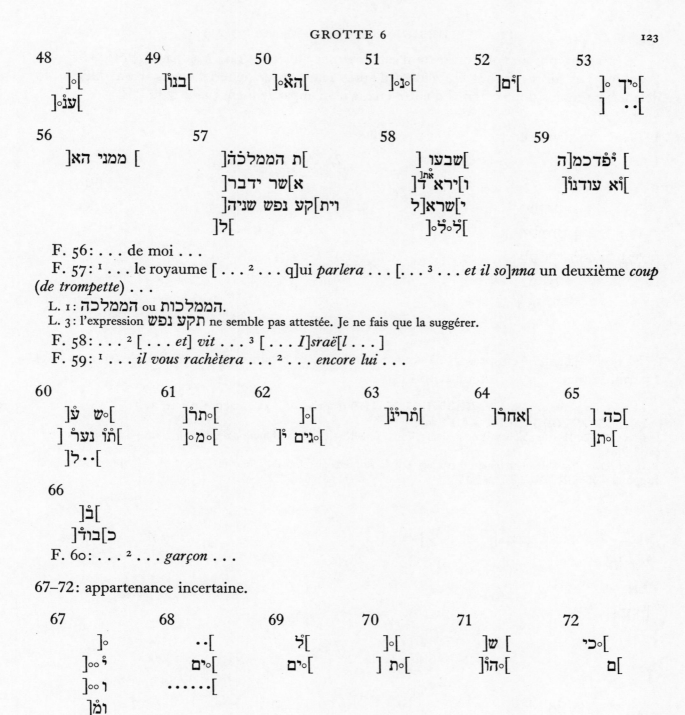

48   49   50   51   52   53

]◦[[בנו]   [הא◦]○   [◦נ◦]   [◦ם]   ]◦ יד[

[עו̇◦]   ] ◦◦[

56   57   58   59

[ממני הא] [ת הממלכה̇ה̇]   [שבעו]   [יפ̇דכמ]ה

            [א]שר ידבר[[ד̇א̇תירא]ו   [וא עודנו]

            וית[קע נפש שניה]   [ל]ישרא[י

                 [ל]   [◦ל̇◦ל̇]

F. 56: . . . de moi . . .

F. 57: ¹ . . . le royaume [. . . ² . . . q]ui *parlera* . . . [. . . ³ . . . *et il so*]*nna* un deuxième *coup* (*de trompette*) . . .

L. 1: הממלכות ou הממלכה.

L. 3: l'expression תקע נפש ne semble pas attestée. Je ne fais que la suggérer.

F. 58: . . . ² [. . . *et*] *vit* . . . ³ [. . . *I*]*sraë*[*l* . . .]

F. 59: ¹ . . . *il vous rachètera* . . . ² . . . *encore lui* . . .

60   61   62   63   64   65

[ש◦ ע̇]   [◦תר]   ]◦[[ת̇רי̇ו̇]   [אחר]   [כה]

[תו̇ נער]   [◦מ◦]   [◦גים י̇]   [◦ת]

[◦◦ל]

66

[ב̇]

[כ]בוד̇]

F. 60: . . . ² . . . *garçon* . . .

67–72: appartenance incertaine.

67   68   69   70   71   72

]◦   [◦◦   [ל   ]◦[[ש̇   [◦כי

◦י]◦◦   [ים◦   ים◦   [◦ת]   [◦הו̇]   [ם

ו]◦◦   [◦◦◦◦◦◦

ומ̇]

B. *TEXTES PROPHÉTIQUES*
10. UNE PROPHÉTIE
(PL. XXVI)

Papyrus d'épaisseur moyenne, en très mauvais état. Calligraphie très semblable à celle de 6Q9, mais de plus petit calibre. Hauteur du *hé* entre 3 et 4 mm. Les mots sont bien séparés. Interlignes de 6 à 8 mm. Marge droite (ff. 3, 12 et 14) conservée jusqu'à 12 mm. Intercolonnement (f. 1) d'au moins 7 mm.

Le caractère prophétique du texte n'est assez net qu'en 1, grâce à sa parenté évidente avec Ézéchiel. Les autres ff. ont été classés d'après leur aspect matériel, mais il est difficile de décider, au moins pour certains d'entre eux, s'ils n'appartiennent pas à 6Q9.

1–14: écriture grasse.

1	Col. II	Col. I	2 Col. II	Col. I	3
	]ᵒ	[כֹּלֹֹי	]ᵒ	[ᵒתי	מֹן]
	ואחרי]	[		[	א]
	הלכתם]	[ᵒת		[ᵒᵒ	
	לשפוך חֹ[מתי עליכם	[			
	בגוי]ם 5	5 [			
	שמי]	[ᵒ			
	ל]ᵒ				

F. 1, col. II: . . . ² et après . . . ³ vous êtes allés . . . ⁴ répandre [ma] co[lère contre vous . . .] ⁵ parmi les nation[s . . .]⁶ mon nom . . .

Ll. 2–3: on pourrait compléter בחקותי לא הלכתם d'après Éz 5⁷ 11¹²; rapprocher Jér 44²³.
L. 4: לשפוך חמתי עליכם. Cf. Éz 20⁸, ¹³, ²¹ 36¹⁸.
L. 5: בגוים. Il peut s'agir soit de la dispersion d'Israël, soit de la profanation du nom de Yahvé parmi les nations: cf. Éz 36²¹⁻²³.
L. 6: שמי. Probablement dans un passage sur la sainteté du nom de Dieu: cf. Éz 20⁹, ¹⁴, ²², ⁴⁴ 36²¹⁻²³. On peut supposer וקדשתי את שמי.

4	6	7	8	9	10
]ᵒ ᵒᵒᵒ[	[ᵒהי]ᵒ	]ᵒ אל [	]ᵒᵒᵒ[	]ᵒ ו[לֹאפֹל	[אלו]
[הֹן אᵒ]ᵒ	[ל]ל		[אליᵒ]ᵒ		
[ᵒᵒיאמ]ᵒ					
[מהוֹן]					
5 [ᵒ תֹלֹᵒ ᵒᵒ]ᵒ					

11	12	13	14
[ᵒלאֹ]ᵒ	וᵒ]	[לו]ᵒן	ולֹן]
	[לֹ][]	[כלᵒ]ᵒ	א]

F. 4: très abîmé, surtout sur les bords.
F. 5: sans doute très voisin de 4, mais illisible.

F. 9: . . . *aux ténèbres* et . . .

Lecture très incertaine. Au lieu de לאפל on pourrait aussi suggérer שאול.

F. 10: אלו]הים (?).
F. 12, l. 1: seconde lettre *qoph*, si la hampe n'appartient pas à un *lamed* de la l. 2.

15–27: écriture fine.

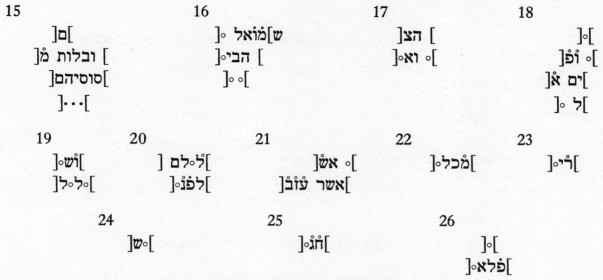

15

]מ[

] מֹ ובלות[

]סוסיהם[

]∙∙∙[

16

]∘ שׁ[מֹואל

] ∘הבי[

] ∘ ∘[

17

] הצ[

]∘ וא∘[

18

]∘[

]∘ וֹפֹ[

]אֹ יֹם[

] ∘ ל ∘[

19

]∘וֹשׁ[

]ל∘ל[

20

] לם∘ל[

]לפֹנֹ∘[

21

]∘ אשׁ[

]אשר עֹזֹבֹ[

22

]∘מֹכל∘[

23

]רֹיֹ[

24

]שׁ∘[

25

]חֹגֹ∘[

26

]∘[

]פֹלא∘[

F. 15, l. 2: remarquer le *beth* à trait de base bouclé qui rappelle 4QEccl.[1]

Si ובלות est un mot entier, peut-être l'infinitif *qal* ou *piel* de בלה 'être usé', ou l'adjectif 'usé' au fém. plur.: cf. Éz 23⁴³. Dans le cas contraire, peut-être ?[ובלות]י.

L. 3: . . . leurs chevaux . . .

F. 16, l. 1: שמואל. Soit 'Samuel', soit 'gauche' (pour שמאול, graphie phonétique: cf. 1QS i 15 iii 10).

F. 21, l. 2: . . . qui *a abandonné* . . .

F. 26: contrairement à l'usage, les fibres sont perpendiculaires aux lignes d'écriture.

F. 27: mince couche de fibres horizontales. Quelques traces.

11. ALLÉGORIE DE LA VIGNE
(PL. XXVI)

Peau plutôt fine, plissée, rongée sur les bords. Surface lisse, de teinte café au lait moyen. Dos velouté et plus clair. Pas de lignes tracées. Belle calligraphie du Ier siècle de notre ère, serrée mais séparant nettement les mots. Hauteur du *hé* un peu moins de 3 mm. Interlignes de 6 à 7 mm. Le f. est un bas de feuille, avec marge inférieure conservée sur 1·7 cm.

] נֹיות ∘[

]הֹ ֹםֹ[

]ובקציר באֹתֹ[י

]∘ מן הב[קר עד הערב

]חב]לה ילדה חבל ילד יתֹ   5

]ואמרתה הגפן הנטעת אשׁמֹ[ר

marge inférieure

. . .² . . . *peuple / avec* . . .³ . . . et au temps des vendanges [*je*] *suis* venu [. . .⁴ . . . depuis le ma]tin jusqu'au soir . . .⁵ . . . une fille [*a ra*]*vagé*, un garçon *a ravagé* . . .⁶ . . . et tu diras: 'La vigne plantée, je (*la*) gar[*derai* . . .']

[1] Cf. N. Avigad, 'The Palaeography of the Dead Sea Scrolls and Related Documents', dans *Aspects of the Dead Sea Scrolls* (Scripta Hierosolymitana, IV), Jerusalem, 1957, p. 69 et col. vi.

L. I : avant *yod*, probablement *nun*, précédé peut-être de *waw*.

L. 2 : la première trace (*hé?*) termine un mot.

L. 3 : קציר 'rameau' (cf. Is 27¹¹, Ps 80¹² etc.) ou plutôt 'temps de la moisson' (cf. Prov 6⁸ 10⁵ 20⁴ 26¹), d'où probablement 'temps des vendanges' (cf. peut-être Is 18⁴).

באתי abîmé. *Taw* probable : le jambage conservé est bouclé dans le bas. באתי plutôt que באתה : c'est probablement Dieu qui parle.

L. 4 : מן הבקר עד הערב. Cf. Ex 18¹³, Is 38¹², ¹³ (Vulg), I Mac 9¹³ 10⁸⁰.

En fin de ligne, *daleth*, *hé* ou *ḥeth* incomplet.

L. 5 : on peut faire de ילדה un substantif et de חבל un verbe, ce qui donne un bon parallélisme : חבלה ילדה חבל ילד; cf. le diptyque ילד . . . ילדה en Joël 3³, Zach 8⁵. Mais le sens des verbes reste douteux. On pourrait avoir un *pual* au sens d' 'être enfanté' : cf. le *piel* en Cant 8⁵, Ps 7¹⁵. Mais il vaut mieux comprendre, à partir d'une autre racine : au *qal* 'faire du mal' (cf. Job 34³¹) ou au *piel* 'ravager' (appliqué à la vigne en Cant 2¹⁵).

L. 6 : ואמרתה 'et tu diras'. Probablement une consigne donnée par Dieu à son prophète.

הנטעת : participe féminin du *niphal*.

Ce fragment prophétique reprend sans doute le thème d'Israël, Juda ou Jérusalem, vigne symbolique. La vigne a été plantée Éz 17⁶⁻¹⁰, Jér 2²¹; elle est visitée Ps 80⁹⁻¹⁷, menacée Jér 8¹³⁻¹⁸, châtiée Is 5¹⁻⁷, arrachée Éz 19¹⁰⁻¹⁴; cf. encore Jér 6⁹, Éz 15⁶⁻⁷, Os 10¹.

12. UNE PROPHÉTIE APOCRYPHE
(PL. XXVI)

Peau semblable à celle de 6Q11, mais plus foncée du côté inscrit. Cinq lignes tracées, très épaisses, dont la deuxième est laissée en blanc, sans doute à un changement de section. Calligraphie hérodienne mordant sur les lignes. Interlignes irréguliers de 9, 7 et 10 mm. Hauteur du *hé* 2 mm. Intervalles irréguliers entre les mots. A la l. 3, après יושב, espace de 8 mm., probablement entre deux phrases. Les graphies sont pleines. On remarquera la mention des 'jubilés', comme unité de temps.

ביום ההו[אֿה יהיה ישראל ע‥]

]   *vacat*   [

מאין [יושב   ואחר היובלים]

להאבי[ד]ֿם בגויים ולזרות[ם] בארצות

]‥‥‥‥[5

¹ [. . . *En ce jour-l*]*à* Israël sera . . .

³ [. . . sans] habitant. Et après les jubilés . . . ⁴ . . . les [extermin]er parmi les nations et [les] répandre [dans les pays. . . .] . . .

L. I : on suppose ההואה avec la graphie pleine typique de Q.
Après ישראל, on lit '*aïn*, puis les traces d'une ou deux lettres.
Formule prophétique identique à Is 19²⁴.

L. 3 : on restitue מאין יושב. Cf. Is 5⁹ 6¹¹, Jér 4⁷ 26⁹ 34²² 44²² 46¹⁹ 51²⁹, ³⁷, Soph 2⁵ 3⁶; avec des variantes en Jér 2¹⁵ 9¹⁰ 33¹⁰ 44².

ואחר היובלים. Datation en jubilés : cf. Jub *passim*, Test Lévi 17², ³, ⁵. Système connu dans les apocryphes de 4Q.

L. 4 : fin restituée d'après Éz 20²³, Ps 106²⁷. Le thème de la dispersion, châtiment de l'infidélité d'Israël, est répandu dans les apocryphes comme dans la Bible : cf. Jub 1¹³, Test Lévi 10²⁻⁷, Test Iss 6¹⁻², Test Ash 7²⁻⁶, Test Joseph 19.

L. 5 : traces illisibles sur le bord noirci.

13. PROPHÉTIE SACERDOTALE (?)
(PL. XXVI)

Peau d'épaisseur moyenne. Surface abîmée et plissée, de teinte café au lait virant au brun. Dos d'aspect irrégulier. Les lignes sont tracées, ainsi que la marge droite, très profondément marquée dans le bas, à 3 mm. du bord actuel.

Calligraphie du Ier siècle ap. J.-C. suspendue aux lignes et mordant parfois sur elles. Hauteur du *hé* 3 mm. Intervalles entre les mots 3 à 4 mm. Interlignes de 8 à 9 mm.

Le texte est apparenté à Esdras–Néhémie, mais il est probablement de caractère prophétique.

```
[              ]        [ ֹ◦[   ]עֹל[        ]
[              ]        [◦◦ ]   [א]רץ[        ]
[              ]        [ ◦]   בל[           ]
ישוע[                    מבני פינחס וש]
[              ] 5       בן יוצדק אשר]
[              ]        [ביר]ו[ש]ל[י]ם֝ ביום]
[              ]        [ש]נ֝ובצר לי]◦[
[              ]        וֹהיה בימ֝ים ההם
[              ] בימים ]
```

¹... *sur* [... ²... p]ays ... ⁴ des fils de Phinées et ...[... Josué]⁵ fils de Josédec qui [... ⁶ *à Jér]u[sa]l[e]m* au jour [... ⁷ *She]nibassar* à ...
⁸ Et il arrivera qu'en [ces] jou[rs-là ...]⁹ aux jours ...

L. 1: על. Probablement *'aïn*, à la rigueur *mem* ou *ṣadé*.

L. 3: בל ... (fin d'un nom propre?) plutôt que כול.

L. 4: מבני פינחס fait penser à la liste du retour de l'exil en Esd 8² // I Esd 8²⁹. Phinées est fils d'Éléazar, fils d'Aaron: cf. Ex 6²⁵ etc. Esdras appartient à sa lignée Esd 7⁵ // I Esd 8², ainsi que Josué fils de Josédec I Chr 5³⁰, ⁴⁰⁻⁴¹, I Esd 5⁵.

Ll. 4–5: ישוע בן יוצדק. Grand prêtre au retour de l'exil: cf. Agg 1¹, ¹², ¹⁴ 2², ⁴, Zach 6¹¹, Esd 3² // I Esd 5⁴⁷; Esd 3⁸ // I Esd 5⁵⁴; Esd 5² // I Esd 6²; Esd 10¹⁸ // I Esd 9¹⁹; Néh 12²⁶, I Esd 5⁵. Zach 3¹⁻¹⁰ décrit sa vêture; il reçoit une couronne en ex-voto en Zach 6⁹⁻¹⁴; Sir 49¹² fait son éloge.

L. 6: בירושלים. Restitution possible, mais seul *lamed* est sûr; après lui, une ou deux lettres terminent le mot.

L. 7: שניבצר. Suggestion très incertaine: on peut en particulier lire *ṣadé* ou *taw*. Si c'est un nom propre, il peut s'agir du prince de Juda au retour de l'exil: cf. Esd 1⁸, ¹¹ 5¹⁴, ¹⁶. La forme Σαναβάσσαρος transcrit ששבצר dans certains mss. grecs de I Esd 2¹¹⁽¹²⁾ 6¹⁷⁽¹⁸⁾, ¹⁹⁽²⁰⁾; cf. Σαναβάσαρος supposé par Josèphe *A.J.* xi 1 3 xi 4 4 xi 4 6. Sur les nombreuses variantes de ce nom, cf. H. Guthe, *The Books of Ezra and Nehemiah* (The Sacred Books of the Old Testament, 19), Leipzig, 1901, pp. 25–26; C. C. Torrey, *Ezra Studies*, Chicago, 1910, pp. 136–8. Rapprocher שנאבאצר dans un papyrus de Saqqâra.[1]

L. 8: והיה ou יהיה. En tous cas un sens futur, et l'on est porté à restituer ensuite la formule prophétique בימים ההם: cf. Jér 3¹⁸ 5¹⁸ 31²⁹ 33¹⁵, ¹⁶ 50⁴, ²⁰, Joël 3² 4¹, Zach 8⁶, ²³.

14. TEXTE APOCALYPTIQUE
(PL. XXVI)

Peau fine et souple, de teinte café au lait clair. Surface avec pores légèrement visibles, striée obliquement dans le f. 1. Dos velouté. Des traces de réglage à la pointe sèche apparaissent sporadiquement. L'écriture court au-dessous des lignes sans toujours les toucher. C'est une calligraphie du Ier siècle de notre ère. Hauteur des lettres 2 mm. Entre les mots les intervalles sont petits, parfois même à peine marqués. Interlignes irréguliers de 3 à 5 mm.

Le texte est araméen. Les graphies sont plutôt pleines.

[1] M. Lidzbarski, *Ephemeris für semitische Epigraphik*, iii, Giessen, 1915, pp. 128–9.

1

[בלל.]

[מן די]∘

[פה לגב]ה[כפילן]

[יא יפוק מן א]∘

[ה יבדה ע]   5

[כול חות ב]רא

[עמין מן]∘

[יא]

...² ... *depuis que* ... ³ ... *à une haute[ur] double* ... ⁴ ... *sortira de* ... ⁵ ... *il le détruira* ... ⁶ ... *toutes les bêtes sa[uvages* ... ⁷ ...] *peuples, de* ...

L. 1, fin: traces d'une ou deux lettres.

L. 2: מן די 'depuis que' ou 'parce que' ou 'celui qui'.

L. 5: יבדה, i.e. peut-être יַבְּדַה, de אבד au *pael* avec élision de l'*aleph* et un suffixe pronominal; cf. G. Dalman, *Grammatik des jüdisch-palästinischen Aramäisch*, Leipzig, 1905, pp. 298, 302.

L. 6: כול חות ברא (חות pour חיות?). Cf. Gen 2¹⁹, Jér 12⁹, Éz 31⁶, ¹³, Dan 2³⁸ 4⁹, ¹⁸, ²⁰, ²², ²⁹, I Hén 89⁵⁷, ⁶⁸ 90¹⁹, ³³, ³⁷.

L. 7: עמין 'peuples' ou עמון 'Ammon'?

2

[עק יקום]

[עד די כ]

א[בל ובכי]

[∘∘בלא כ]

¹ ... *se lèvera* ... ² ... *jusqu'à ce que* ... [... ³ ... d]*euil et pleurs* ...

L. 3: אבל ובכי. Cf. Deut 34⁸, Jér 31⁹, Esth 4³.

Les ff. appartiennent vraisemblablement à une prophétie de calamité. Deux interprétations sont suggérées par la mention des bêtes: le thème du déluge, cf. I Hén 10² 54⁷ ˢˢ· 65, II Hén 34 et celui des grands arbres frappés par Dieu, cf. Is 10¹⁸⁻¹⁹, Jér 46²²⁻²³, Éz 31, Zach 11¹⁻², Ps 29⁵, ⁸, Dan 4. L'un et l'autre sont chargés d'un symbolisme eschatologique: cf. *Revue Biblique*, lvi, 1949, p. 358 n. 1.

C. TEXTES JURIDIQUES ET LITURGIQUES

15. DOCUMENT DE DAMAS[1]

(PL. XXVI)

Peau d'épaisseur moyenne, mal conservée, surtout en f. 3. Teinte café au lait moyen en 1 à 4, plus claire en 5. Le f. 3 est le bas d'une feuille, avec marge inférieure conservée sur 7 mm. maximum; il doit provenir de la même feuille que 2, dont la surface est granulée de la même façon. Le f. 1 a toutes chances d'être le bas de la feuille précédente: la surface a des stries obliques descendant vers la gauche. 4 doit appartenir à la suivante: surface lisse. 5 est le bas d'une autre feuille: stries obliques descendant vers la droite; marge inférieure 1 cm.

[1] Déjà publié en *Revue Biblique*, lxiii, 1956, pp. 513–23 et pl. II.

Les lignes sont tracées, mais peu visibles sur les photographies. Calligraphie du 1er siècle ap. J.-C., suspendue aux lignes et mordant parfois sur elles. On remarquera le nom divin אל écrit en caractères paléo-hébraïques (f. 3). Hauteur moyenne des lettres 2 mm. Intervalles entre les mots au moins 2 mm. Interlignes irréguliers de 5 à 7 mm. On peut évaluer à 20 env. le nombre des lignes par colonne, d'où une hauteur de feuille de 14 à 15 cm. (marges comprises). D'après le f. 3, la largeur inscrite par colonne était de ±12 cm.

L'appartenance de tous les ff. est certaine, même celle du f. 5, dont le contenu n'est pas attesté dans les mss. du Caire. Il appartient à une section législative dont la place dans le document pourra mieux être déterminée après la publication des 7 mss. de 4Q.[1] Mis à part ce f., le texte de 6Q diffère peu de celui du Caire, mais les graphies sont parfois plus pleines.

La présence du Document de Damas à Qumrân prouve que ce texte fait partie de la littérature essénienne et rappelle la parenté possible entre les mss. qaraïtes et ceux du désert de Juda.[2] On rapprochera le cas présent de ceux de l'Ecclésiastique hébreu (2Q18) et du Testament de Lévi en araméen.

1: CD iv 19–21[3]

‏¹⁹ [בוני החיץ אשר הל[כ]ו [אחרי צו הצו הוא מטיף ²⁰אשר אמר]

‏[הטף יטיפון הם נת]פשים [בשתים בזנות לקחת ²¹שתי נשים]

‏[בחייהם ויסוד הברי]אה זכר [ונקבה ברא אותם

¹⁹ [Les bâtisseurs du mur, qui ont mar]ché [à la suite d'une *saleté* — *la saleté*, c'est un faiseur de discours,²⁰ comme Il a dit: 'Quant à faire des discours, ils en feront' — sont at]trapés sur deux points dans la fornication: en prenant ²¹ deux femmes au cours de leur vie, alors que le fondement de la créa]tion (c'est): '*Un* mâle [et *une* femelle Il les créa'].

19, l. 1: dans la lacune on a restitué החיץ avec Éz 13¹⁰, d'autant plus que le ms. A du Caire a clairement cette leçon. Ch. Rabin, *The Zadokite Documents*, Oxford, 2ᵉ éd., 1958, suggère החיץ comme leçon de l'archétype, mais il lit החוץ.

L'appartenance des traces à הלכו n'est que probable. Pour la forme du *kaph*, comparer זכר (l. 3).

2: CD v 13–14 (et trace de 15?)

‏¹³ [כלם ק[ד]חי] אש ומ[בערי זיקות קורי ¹⁴עכביש קוריהם וביצי צפעונים]

‏[ביצי]הם הקרב אליה[ם ¹⁵לא ינקה

‏[   ]ׄo[   ]

¹³ [. . . Ce sont tous des al]lu[meurs de] feu et des atti[seurs de braises. Toiles d' ¹⁴ araignées (sont) leurs toiles, et œufs de vipères] leurs [œufs]. Qui s'approche d'eu[x ¹⁵ ne restera pas impuni . . .].

13, l. 1: קדחי. La trace sur le bord appartient probablement au *daleth*: le *qoph* descendrait plus bas. ומבערי. Bas du *waw* effacé.

14, l. 2: הקרב. Lecture certaine malgré l'écaillement de la peau. Elle confirme une suggestion de Rabin (*o.c.*, p. 21). CD a הקרוב.

אליהם (= CD) est corrigé par une addition interlinéaire, qui peut être un *waw* ou un *yod*. On avait donc en définitive soit אליהום (graphie connue à Q: cf. p. ex. גבורתום 1QS i 21 et עליהון 1QS iii 25), soit אליהים (à rapprocher de אלוהימה Jér 42⁹ en 2Q13 1 3).

[1] Sur cet abondant matériel, cf. J. T. Milik, *Revue Biblique*, lxiii, 1956, p. 61.

[2] Sur cette question, cf. *DJD I*, p. 88 et n. 3; P. Kahle, *Wissenschaftliche Zeitschrift der Martin Luther-Universität Halle-Wittenberg*, Jahrgang 1952–3, Heft 3. Gesellschafts- und sprachwissenschaftliche Reihe, Nr. 2, p. 147; H. H. Rowley, *The Dead Sea Scrolls and their Significance*, London, 1954, p. 18.

[3] On trouvera la justification des traductions dans la publication préliminaire, *Revue Biblique*, *l.c.* Toutefois, quelques détails ont été modifiés.

3: CD v 18–vi 2

17 v   [כי מלפנים עמד 18 משה ו]אהרון ב[יד שר האורים ויקם בליעל את]

[יחנה ואת 19 אחיהו במז]מתו   בהושע ישר[אל את הראשונה 20 ובקץ חרבן הארץ]

[עמדו מסיגי הגבול ו]יתעו את ישראל 21 ותי[שם הארץ כי דברו סרה]

vi   [על מצות ✦ ביד מש[ה וג]ם 1 ב]משיחֿי הקודש[וינבאו שקר להשיב]

5   [[את ישראל מאחר ✦ 2 [✦] ויזכֿר 6 ✦ ברית רישֿונֿי]ם

marge inférieure

v 17 [. . . Car jadis se levèrent 18 Moïse et] Aaron par [l'office du prince des lumières; mais Bélial suscita Jannès et 19 son frère dans son mauvais] dessein, lorsqu'Isra[ël] fut sauvé [pour la première fois. 20 Et à l'époque de la dévastation du pays se levèrent des gens qui déplaçaient les bornes, et] ils égarèrent Israël. 21 [Le pays fut] alors ra[vagé, car ils avaient prêché la révolte contre les commandements de Dieu (donnés) par l'intermédiaire de Moïs]e et aus[si vi 1 par les oints saints, [et ils prophétisèrent le mensonge pour détourner Israël de suivre 2 Di]eu. Mais Dieu se souvint de l'alliance (conclue) avec les première[s (générations)].

v 18, l. 1: ואהרון. Graphie pleine courante à Q. CD a ואהרן et, comme TM, ne connaît pas la graphie pleine.

21, l. 3: ותישם (CD et Éz 19⁷ sauf la graphie pleine) ou ותושם?

L. 4: משה. Le trait horizontal du *hé* a disparu.

וגם (= CD). *Waw* presque entièrement effacé.

vi 1: במשיחי. Angle supérieur gauche du *heth* sur le bord du trou. A la suite, trace de *yod* ou *waw* très nette sur l'original. On adopte cette leçon (qui rencontre une suggestion de Rabin), comme plus convenable pour le sens, mais on ne peut pas garantir qu'il n'y avait pas במשיחו (= CD).

2, l. 5: ויזכר (= CD) est corrigé en ויזכור par l'addition d'un *waw* dans l'interligne. La graphie pleine est d'un type courant à Q, et dont CD a des exemples: cf. iii 3 vi 3 13 viii 3 x 18 xii 10 13 xiii 12 xv 2 xvi 7.

רישונים (même graphie en 1Q30 5 2; cf. הרישון Dan 10¹² en 6Q7 3 8). Une addition interlinéaire de première main corrige en ריאשונים. Graphie très pleine: cf. le cas analogue de רואש 1QSa i 14 ii 12, 1QSb iv 3.

4: CD vi 20–vii 1

vi   [20 להרים את]

1   [הקדשי]ם כפרו[שיהם לאהוב איש את אחיהו]

[כמהו ול]החזיק   [ביד עני ואביון] 21

vii   [וגר   ולדרוש איש] את שלום 1 אחיהו ולא ימעל]

[איש בשאר בש[ר]ו [ל]הזיר מן הזונות 2 כמשפט]

vi 20 [De prélever les saintes offrande]s selon [leurs] règle[s exactes, d'aimer chacun son frère 21 comme lui-même, de] prendre [par la main l'indigent, le malheureux et l'étranger,] et de rechercher chacun [le bien-être de vii 1 son frère; que l'on ne commette pas d'ignominie envers son parent par la chair;] de [se détourner des prostituées, 2 comme de juste].

vi 20, l. 1: כפרושיהם. Lecture certaine: *waw* à boucle large, cf. בהושע (f. 3, l. 2) et הקודש (*ib.*, l. 4). Graphie habituelle de CD, qui toutefois a ici כפירושיהם.

21, l. 2: ולהחזיק. Pour le sens, cf. Jug 16²⁶, Is 42⁶ 45¹. Il vaut mieux comprendre 'prendre (par la main)', i.e. 'aider'. Rabin traduit, ici et en CD xiv 14, 'to strengthen (the hand of)'.

vii 1, l. 4: בשרו. La trace visible sur le bord n'est attribuée au *resh* que d'après l'espace libre avant le *lamed* de להזיר.

5 (manque en CD)

].·[

אש[ֿר ישכב עמֿ]

אל ישכב איש עם] זכר משכבי [אשה

לישחק ולי[עֹקב להבעיר]

[ברִית אל בלבבם]   5

marge inférieure

[. . . ² . . . *qu*]*i* couchera *avec* [. . . ³ . . . que l'on ne couche pas avec] un homme comme on couche avec [une femme . . . ⁴ . . . *à Isaac et à* Ja]cob de *faire disparaître* . . . ⁵ . . . *l'alliance* de Dieu dans leur cœur . . .

L. 2: אשר. Restitution incertaine: les traces pourraient aussi convenir à un *lamed* à boucle large. On restituerait alors אל ישכב.

עם est la restitution la plus probable, mais on pourrait aussi lire על, avec *lamed* très bouclé: cf. אל (l. 5).
On devait avoir ici l'un des cas d'impureté énumérés par Lév 18 et 20, avec sa sanction.

L. 3: זכר משכבי ne peut s'expliquer que par une citation, peut-être assez libre, de Lév 18²² ou 20¹³ interdisant la sodomie sous peine de mort. Bien que la Bible construise ici שכב avec את, on a restitué עם d'après CD xii 1; construction connue de la Bible: Gen 30¹⁵, Ex 22¹⁵, Lév 15³³, Deut 22²³ etc.

L. 4: la phrase rappelait sans doute la transmission des préceptes de génération en génération, cf. CD iii 3; elle se conçoit comme conclusion d'un groupe de lois.

להבעיר. *Resh* anguleux, dont le ms. offre d'autres exemples. Sans doute בער au *hiphil*, lu par certains critiques en Lév 18²¹ (TM a להעביר, les versions hésitent) et attesté, semble-t-il, en I Reg 16³, au sens de 'faire passer par le feu'. On traduit comme synonyme du *piel* 'faire disparaître' (ajouter 'le mal d'Israël'): cf. Deut 13⁶ 17⁷, ¹² 19¹⁹ 21²¹ 22²¹, ²⁴ 24⁷, Jug 20¹³ et surtout Deut 22²² à propos de l'adultère.

L. 5: ברית. Restitution problématique, surtout pour le *resh*, dont il faut supposer le haut effacé.
אל. Nom divin en écriture ordinaire.

ברית אל se retrouve en CD iii 11 v 12 vii 5 xx 17 (ms. B) xiii 14 xiv 2. On peut supposer avant ces mots l'idée d'«abandonner» (cf. iii 11), d'«ouvrir la bouche contre» (cf. v 12); peut-être même y a-t-il une combinaison de Ps 78¹⁰ לא שמרו ברית אלהים avec 78¹⁸ וינסו אל בלבבם.

Le passage rappelle les brèves formules de lois des pp. x à xii de CD (ms. A). Le sujet étant très proche de xii 1-2 (interdiction des relations sexuelles à Jérusalem), on peut replacer le f., jusqu'à preuve du contraire, dans la lacune qui, de toute évidence, précède ce texte.

16. BÉNÉDICTIONS

(PL. XXVII)

Papyrus fin. Calligraphie du 1ᵉʳ siècle de notre ère, tracée avec une encre très noire dont la teinte est parfaitement conservée. Hauteur du *ḥeth* 4 à 5 mm. Mots bien séparés. Interlignes irréguliers de 6·5 à 9 mm. Marge supérieure conservée sur 1 cm. en f. 1. Les graphies sont pleines.

Les ff. 1 et 2 sont peut-être très voisins, les fibres descendant vers la gauche sous la troisième ligne de 1 comme sous la deuxième ligne de 2.

Les quelques expressions reconnaissables rappellent des bénédictions ou des malédictions dans le genre de 1QSb et de certains passages de 1QS.

1

2

marge supérieure

[כניחוח]ׄ[   ] חֹ [ ]·[

[לכול אנשי חל]ק   פו]עלי רשע [

[גמולים לכוֹ]ל   ממשלת [

[ל]כו]ל ב]

F. 1: ¹ . . . comme une odeur suave . . . ² . . . à tous les hommes *du lo*[*t de* . . . ³ . . .] rétributions à *tou*[*s* . . . ⁴ . . .] à [*tou*]*s* . . .

Le f. provient peut-être du début d'un texte.

L. 1 : כניחוח. Cf. 1QM ii 5, 1QS ix 5 et surtout la bénédiction du grand prêtre en 1QSb iii 1. L'expression est empruntée au vocabulaire sacrificiel.

L. 2 : si on restitue חלק, ce peut être l'équivalent de גורל, mot fréquent à Q. Si c'est une bénédiction, comprendre 'les hommes du lot de Dieu' (le peuple est le lot de Yahvé, cf. Deut 32⁹, Zach 2¹⁶), et si c'est une malédiction 'les hommes du lot de Bélial' : cf. les deux expressions en 1QS ii 1-2 et 4-5.

On pourrait aussi, dans le cas de malédiction, restituer חלקות 'flatteries' : cf. Ps 12³, ⁴, 1QH ii 15 32. Les אנשי חלקות seraient les adversaires de la secte.

L. 3 : on traduit גמולים par 'rétributions', i.e. soit 'récompenses' (cf. Is 35⁴ 59¹⁸, Ps 103², 1QSb ii 23, 1Q36 15 3) soit 'punitions' (cf. 1QS ii 7, 1QM iv 12 xi 13).

L. 4 : peut-être . . . לכול בני.

F. 2 : [. . . ² . . . les fau]teurs d'impiété . . . ³ . . . la domination de . . .

L. 1, fin : hé ou heth.

L. 2 : פועלי רשע. Cf. 1QH xiv 14. Sans doute ici comme objets de malédiction.

L. 3 : ממשלת. S'il s'agit encore des impies, on pouvait avoir ensuite p. ex. בליעל, cf. 1QS i 23 ii 19; משטמה, cf. 1QS iii 23; בני עול, cf. 1QS iii 21.

3	**4**	**5**
בֿריתֿ[	רפתֿ[	הֿ מ[
מֿצֿותֿ[	*marge inférieure?*	
מצד[ק		
ברכות[		

F. 3 : ¹ . . . *alliance* . . . ² . . . *commandements* . . . ³ . . . *de la justi*[*ce* . . . ⁴ . . .] bénédictions . . .

L. 1, fin : *taw* plutôt que *mem* final. Si l'on restitue ברית, c'est un des mots-clefs de la littérature de Q.

La l. 2 est serrée sous la précédente. Deuxième lettre *nun* ou *ṣadé*. La dernière doit être un *taw* à jambage droit très recourbé : cf. ברכות, l. 4.

L. 3 : מצד[ק (cf. p. ex. 1QSb ii 26 iii 24 v 26) ou מצד[יק.

L. 4 : ברכות au pluriel; cf. 1QS iv 7, 1QH f. 21 4, 1QSb i 5 (bénédiction des fidèles) et iv 3 (bénédiction des prêtres).

17. FRAGMENT DE CALENDRIER
(PL. XXVII)

Peau assez fine, de teinte café au lait clair. Surface lisse, dos velouté. Pas de lignes tracées. Calligraphie hérodienne très soignée. Hauteur du *waw* un peu plus de 2 mm. Intervalles irréguliers entre les mots. Interlignes de 6 et 7 mm.

Le f. provient d'une extrémité gauche de colonne. Le texte, en hébreu, rappelle les *Mishmarot* de 4Q.

החדש ה[שני בו פי־	]
ותם ימי[	יום[
לֿ[°°	]

¹ . . . Le deuxième mois a 30 ² [jours . . .] . . . les jours de ³ . . .

L. 1 : phraséologie analogue à celle de 4QMish.⁽¹⁾ On devait avoir une liste de mois avec les nombres de jours

⁽¹⁾ Cf. J. T. Milik, *Vetus Testamentum*, Supplement, iv, 1957, p. 25.

correspondants. Il faut peut-être compléter: 'le premier mois (du trimestre ou de l'année) a 30 jours; le deuxième mois a 30 jours; le troisième mois a 31 jours', ceci d'après les éléments déjà connus de l'ancien calendrier sacerdotal utilisé par les Esséniens.

L. 2: première lettre *yod*, *waw* ou *resh*; la première lecture ne donne guère que le verbe יתם 'complétera'. S'agit-il du jour intercalé à la fin de chaque trimestre, et qui complète le nombre de 91? *Waw* est peut-être meilleur: on pourrait avoir soit le nom d'une famille sacerdotale de service (יותם ?), soit אותם (emphatique pour הם dans une langue tardive?), i.e. 'tels sont les jours de . . .'.

D. TEXTE HYMNIQUE

18. COMPOSITION HYMNIQUE

(PL. XXVII)

Papyrus de préparation soignée. L'épaisseur est généralement moyenne, mais les ff. 20 à 27 sont plus fins. Surface assez lisse dans l'ensemble. La teinte est parfois plus ou moins noircie (ff. 5 à 7). L'encre est restée très noire dans les ff. les mieux conservés. Calligraphie hérodienne très stylée. Hauteur du *hé* 3 à 4 mm. Les mots sont nettement séparés. Des caractères paléo-hébraïques ornés sont employés pour écrire le nom de Dieu אל. Interlignes de 6 à 10 mm. Marges conservées sur les largeurs maxima suivantes: marge supérieure 1·1 cm. (f. 9); marge inférieure 1·8 cm. (f. 5); marge droite 1·1 cm. (f. 1).

Le texte est hymnique, mais d'après le f. 1 il n'est pas impossible qu'il se situe dans un cadre guerrier. Les graphies sont pleines.

1		2	
]מׄ		]ׄ◦[	
וא[		חׄיׄיׄ נצח וכבׄ]וד[	
אב[		ול חושך ואפ]לה[	
יד◦]◦		אל ח]ושך תשוקתנׄ]ו	
תרוע]ה	5	לחי עולמים ויהי[	5
להכני]ע		◦[ ]◦[עד שמח]	
הוי[		מר בן ישחק [	
		בתשבחות ע]ולמים[	
		ל[ ]ׄ	

F. 1: . . . ² et . . . ⁵ sonner[ie . . .] ⁶ pour soumet[tre . . .] ⁷ malheur . . .

L. 5: תרועה. Cf. 1QM i 11 iii 1 vii 13 viii 7 10 15 ix 1 xvi 5 6 8 9 xvii 11 13 14.

L. 6: להכניע. 'Expression favorite du Chroniste' (*DJD I*, p. 115), bien attestée à Q dans les contextes guerriers: cf. 1QM i 6 vi 5 xvii 5, 1QSa i 21, 1QSb iii 18. A la suite on peut supposer גוים ou לאומים.

L. 7: הוי. Peut-être une malédiction.

F. 2: . . . ² . . . vie éternelle et gl[oire . . . ³ . . .] . . . ténèbres et obsc[urité . . . ⁴ . . . vers les té]nèbres (va) no[tre] penchant . . . ⁵ . . . à l'*Éternel Vivant*, et *que soit* . . . ⁶ . . . *jusqu'à une joi[e* . . . ⁷ . . .] . . . le fils d'Isaac . . . ⁸ . . . par des louanges é[ternelles . . .] . . .

Un petit f. retrouvé au cours de l'impression permet de compléter חיי[(l. 2) et ול[(l. 3). Ce f. n'est pas reproduit sur la pl. XXVII.

L. 2: חיי נצח associé à כבוד exprime la récompense réservée aux élus en 1QS iv 7; cf. CD iii 20.

L. 3: חושך ואפלה rappelle Joël 2² , Soph 1¹⁵ décrivant le 'jour de Yahvé'.

L. 4: la תשוקה, qui rappelle Gen 3¹⁶ 4⁷ (cf. Cant 7¹¹), désigne ici les mauvais instincts de l'homme, dirigés vers la poussière en 1QS xi 22. Ils vont ici vers les ténèbres: cf. 1QM xiii 12 (à propos des mauvais anges) et xv 10 (à propos des ennemis de la secte).

L. 5: לחי עולמים peut désigner Dieu; cf. Dan 12⁷ où un serment est fait בחי העולם. Ou bien est-ce une variante graphique de לחיי עולמים 'à la vie éternelle'?

L. 6: עד. 'Jusqu'à' ou 'éternité'? Lire ensuite שמחה?

L. 7: ישחק. Graphie tardive avec *sin* au lieu de *ṣadé*: cf. Jér 33²⁶, Am 7⁹, ¹⁶, Ps 105⁹, CD iii 3. Le fils d'Isaac désigne Israël. On peut supposer une louange: לשומר בן ישחק cf. הודו לשומר ישראל Sir hébr., ch. 51, v. 12³; ou une citation rappelant l'élection: ותאמר בן ישחק 'et tu as dit: "Le fils d'Isaac…"'.

L. 8: בתשבחות est corrigé en בתשבוחות par addition interlinéaire d'un *waw*. Le papyrus est disloqué sur le *taw* final. תשבוחה n'est pas biblique, mais cf. Sir hébr., ch. 51, v. 12²: הודו לאל התשבחות, et l'inscription sur les étendards des fils de lumière en 1QM iv 8. L'expression תשבוחות עולמים ou תשבוחות עד est connue par les textes de 4Q.

3

]∘[
]ת עולמים[
]בבליעל ו[

4

] א[אילים
] רלי לוא[
]ל[ ]יפלו ל[

F. 3: … ² … d'éternité … ³ … *en* Bélial et …

L. 2: cf. דורות עולמים Is 45¹⁷ et תשועת עולמים Is 51⁹. Les expressions de ce genre sont caractéristiques des compositions hymniques et fréquentes à Q: cf. p. ex. 1Q36 2 3, 1Q40 8 2 et 9 2.

L. 3: 'Bélial' est un nom du démon connu de la Bible, fréquent dans les apocryphes (cf. Charles, *passim*) et à Q; cf. 1QS i 25 ii 19 x 20, 1QM v 2 xi 8 xiii 4 11 xiv 9 xv 3 xviii 1 3, 1QH ii 16 22 iv 10 13 vi 21; cf. CD iv 13 15 v 18 viii 2 xii 2. On pourra toutefois noter qu'en 1Q40 9, comme ici, עולמים et בליעל se retrouvent à une ligne de distance. S'agit-il donc du même texte?

F. 4: ¹ … *béliers* … ² … pas … ³ *ils tomberont* …

L. 1: אילים. Allusion probable à des sacrifices. Ou une graphie qumrânienne de אלים 'dieux' ou 'anges' attestée en 4Q; cf. J. Strugnell, *Vetus Testamentum*, Supplement, vii, 1960, p. 331.

Les ff. 3 et 4, d'après leur aspect matériel, peuvent être très voisins.

5   6   7   8

]∘[ ]ל[ ]ל ומ∘[   ]עליון[ ]∘[   ]∘[   ]ב ישר[אל
מל]אכי צדק במע[ל]פני הד[   ]את[   ]ם ביום[
י]חזקו ברוח דעת[מ]ושלים[   ]ם ל[   ]ל עלינו[
לעו]למים לוא יכלו[אמתו ל[   ]כל [כ]ול מו[
marge inférieure   ]הלל[₅   ]ל[₅   ]∘ ∘[₅

F. 5: ¹ … *et* … […² … les an]ges de justice dans… […³ … ils] persévéreront dans l'esprit de connaissance […⁴ … pour l'éter]nité ils ne *seront* pas *exterminés* …

L. 1, début: sur le bord, trace d'une lettre à queue.

L. 2: מלאכי צדק. Catégorie d'anges inconnue de la Bible comme des apocryphes, mais mentionnée en 1QM xiii 10 d'après la restitution de J. T. Milik: cf. *Revue Biblique*, lxii, 1955, p. 599.

A la suite on pourrait compléter במעמדם ou במערכותם. On aurait alors le rappel de la présence des anges dans les rangs des fidèles: cf. 1QSa ii 8–9.

L. 3: verbe חזק, soit au *piel* (pour la construction cf. 1Q27 1 i 10, 1QSb i 2) soit au *hitpael* (יתחזקו) au sens de 'se tenir ferme', cf. 1QSa ii 7. L'esprit de connaissance, tiré d'Is 11² où il est un des dons du Messie, se retrouve en 1QH xiv 25, 1QSb v 25; cf. aussi LXX en Suz 44–45 et 62ᵇ, Job 15², Sir 39⁶.

L. 4: יכלו. *Yod* à pointe émoussée, touchant le *kaph*; *waw* croisant la boucle du *lamed*.

F. 6: ¹ . . . *sur lui* . . . [. . . ² . . . *d]evant* . . . ³ . . . *gouvernant* . . . ⁴ . . . *sa vérité à* . . . ⁵ . . . *louer Dieu* . . .

L. 3: מושלים. Trace du *mem* croisant le *waw*.
L. 4: אמתו. Le suffixe doit s'appliquer à Dieu.
L. 5: אל en caractères paléo-hébraïques; cf. 1Q14 12 3, 1Q27 1 ii 11, 1Q35 1 5. Remarquer le grand *aleph* à pointes ornées de boucles.

F. 7, l. 4: première lettre *kaph* ou *resh*?

F. 8: ¹ . . . *dans le Dieu d'Isra[ël* . . . ² . . .] . . . *au jour* . . . ³ . . . *sur nous* [. . . ⁴ . . . *t]out* . . .

L. 1, début: après un *beth* très plat, nom de Dieu en écriture paléo-hébraïque, avec *lamed* très bouclé dans le bas. Pour l'appellation אל ישראל cf. Ps 68³⁶, 1QM xiv 4.

9	10	11	12
marge supérieure	]ׄם מצׄ[	[הׄזה]	[עׄ כבו]ד
[משטמה בׄ]	[עד ואׄ]	[בחרב]	[שכה]ׄ
	[ׄהׄ לׄהׄ] 𝔤		[ל]ׄ

F. 9: משטמה 'hostilité', si c'est un nom commun; cf. Os 9⁷, ⁸, 1QS iii 23, 1QM xiii 4 11, CD xvi 5. Désignant un attitude caractéristique de Bélial, ce peut aussi être un nom propre 'Mastéma', équivalent de 'Satan': cf. Jub 10⁸ 11⁵, ¹¹ 17¹⁶ 18⁹, ¹² 19²⁸ 48², ⁹, ¹², ¹⁵ 49².
Fin de la ligne: *beth*, suivi de *daleth*, *waw* ou *ḥeth*.

F. 10: . . . ² . . . *et* . . . [. . . ³ . . . *Di]eu* . . .

L. 2: si עד forme un mot entier, traduire 'éternité'.
L. 3: אל en écriture paléo-hébraïque.

F. 11: ¹ . . . *ce* . . . ² . . . *par l'épée* . . .
F. 12: ¹ . . . *gloi[re* . . .] . . .

13	14	15	16	17	18	19
[אׄ וׄ]	[ם...]	[וׄבׄ]	[דׄ ׄ]	[עׄיׄ]	[טח]	[הׄבלוׄן]
[לעׄ תׄ]	[קׄהלנו בׄ]	[יׄח]	[כיא ׄ]	[לכוׄן]	[לׄ]	
ורני אׄ]ל	[עליכה]	[הׄ ׄ]				

F. 13: . . . ³ . . . *et pousse des cris ve[rs* . . .]

L. 3: ורני. Impératif fém. sing. Pour la construction cf. Ps 84³.

F. 14: . . . ² . . . *notre assemblée* . . . ³ . . . *contre toi* . . .

L. 2: soit קהל 'assemblée' ou 'congrégation', soit une forme du verbe קהל.

F. 16: . . . ² . . . *car* . . .

20	21	22	23
[ה ותפארת]	[.....]	[לׄגׄ ׄ]	[לוא]
[כיא לכה המ]	[ורוחׄ ׄׄ]		
[ׄ ׄהׄן]תׄ ׄ]לׄ			

F. 20: ¹ . . . et beauté . . . ² . . . car à Toi (appartient) *la* . . .

L. 2: . . . כיא לכה. Formule connue de louange divine. On pourrait compléter המלחמה: cf. 1QM xi 1 2. Formules analogues en 1QH xi 18 et f. 3 17.

24	25	26	27
נֹות]	]∘[	]ח∘[	]דֹ[
	]∘הכֹ[		

E. TEXTES LITTÉRAIRES DE CARACTÈRE MAL DÉFINI

19. TEXTE EN RAPPORT AVEC LA GENÈSE (?)
(PL. XXVIII)

Peau plutôt fine, de teinte café au lait moyen. Surface lisse, dos velouté. Belle calligraphie hérodienne. Hauteur du *heth* 2 mm. Mots bien séparés. Interlignes de 7 mm. Le texte est araméen.

```
[ארעא                    ]
[          ]דִי בני חם]   ₁
[          ]ע[ממיא]
[          ]∘ הֹ א[
```

[. . . *le pays*] ¹ des fils de Cham . . . ² . . . les [pe]uples . . .

L. 1: peut-être l'Égypte, cf. Ps 105²³, ²⁷ 106²², 1QGen Ap xix 13. Les fils de Cham dans un sens plus général sont les peuples du Sud: cf. Gen 10⁶, ²⁰, I Chr 1⁸, et 4⁴⁰ (LXX). Ennemis des fils de lumière: cf. 1QM ii 13–14. Ils sont certainement nommés en 1QGen Ap xii 11–12 // Gen 10⁶⁻²⁰ et *ib.* xvii // Jub 9.

20. TEXTE EN RAPPORT AVEC LE DEUTÉRONOME (?)
(PL. XXVIII)

Peau d'épaisseur moyenne, noircie sur les bords. Surface café au lait assez clair, avec pores nettement visibles. Dos velouté et un peu plus sombre. Lignes tracées. Écriture difficile à dater, suspendue aux lignes et mordant parfois légèrement sur elles. Hauteur du *hé* 3 mm. Mots bien séparés. Interlignes irréguliers de 7 à 10 mm. Marge droite conservée sur 5·1 cm., peut-être au début du rouleau.

```
]vacat
כי האֹ[רץ
ארץ נחל[י]י מים
בית האו[ן
התהמות ]        5
חדשה וֹ]
והֹתנחלֹ[תם
חֹ]
]∘
]∘ וֹ        10
חקֹ]
```

. . . ² Car *le p[ays . . .]* ³ un pays *de torrent[s d'eau . . .]*⁴ la maison de . . . ⁵ les abîmes . . .
⁶ nouvelle *et . . .* ⁷ et [*vous*] *entrerez en possession* [*de . . .*] ¹⁰ *et . . .*

L. 1 : tracé douteux d'une ligne.

L. 2 : peut-être cf. Deut 11¹⁰. כי הארץ אשר אתה בא שמה לרשתה.

L. 3 : ארץ נחלי מים. Cf. Deut 8⁷ 10⁷. Noter l'importance des cours d'eau dans les descriptions de I Hén 5³ 14¹⁹ 17⁵, ⁶, ⁸ 71², ⁶ 77³, ⁵ 89¹⁵, ³⁷, ³⁹ 100¹. Les eaux viennent des secrètes profondeurs des montagnes en I Hén 69¹⁷. Autre possibilité : ארץ נחלתך. Rapprocher Deut 4³⁸ et Ps 135¹².

L. 4 : בית האורים (?). Cf. I Hén 17³.

L. 5 : התהמות. Nommés dans la description de la Terre Promise en Deut 8⁷ ; dans l'énumération des prodiges divins en Is 63¹³, Ps 135⁶ ; très souvent dans les apocryphes : cf. p. ex. I Hén 17³, surtout Ps Sal 17²⁰⁻²¹ qui utilise Deut 8⁷.

L. 6 : cf. ארץ חדשה Is 65¹⁷ 66²² ; ברית חדשה Jér 31³¹ ; רוח חדשה Éz 11¹⁹ 18³¹ 36²⁶.

L. 7 : והתנחלתם. Lecture très incertaine. Peut-être avec le sens de Num 32¹⁸, Is 14².

L. 11 : seconde lettre *qoph* ou *lamed*.

21. FRAGMENT PROPHÉTIQUE (?)
(PL. XXVIII)

Peau d'épaisseur moyenne. Surface à stries obliques et de teinte tirant sur le gris. Dos un peu rugueux. Lignes et marges finement tracées. Marge supérieure 1·8 cm. ; marge droite conservée sur 1·3 cm. Interlignes de 5 et 6 mm. Calligraphie du 1ᵉʳ siècle de notre ère, suspendue aux lignes. *Waw* et *yod* semblent confondus. Les mots sont bien séparés. Hauteur du *taw* 2 mm.

marge supérieure

נפשׁותי]

את עמ]ִׁ

לקצׁור ל]

¹ [. . .] âmes . . . ² mon peuple . . . ³ pour moissonner . . .

L. 1 : le mot se terminait par un suffixe pluriel.

22. TEXTE HÉBREU
(PL. XXVIII)

Papyrus d'épaisseur moyenne. Écriture semi-cursive du 1ᵉʳ siècle de notre ère. Hauteur moyenne des lettres 3 mm. Interlignes de 9 mm.

ים]

ת יׁ. . .חׁד]ׁ

אל מוש]ה ׁ

למסׁ]

. . . ² . . . *il(s)* . . . ³ . . . *à Moïs[e . . .]* . . .

L. 2 : après *yod*, une ou deux lettres abîmées, puis *heth* cursif ou *aleph*. On doit sans doute lire un verbe à l'imparfait 3ᵉ pers. sing. ou plur.

L. 4, fin : *samekh* ou *qoph*.

Pour les ll. 3 et 4 on peut suggérer Num 10¹⁻² : וידבר יהוה אל משה. . .למקרא. . .ולמסע. . . ; ou encore II Chr 35⁶⁻⁷ : כדבר יהוה אל משה. . .למספר. Dans ce dernier cas, noter qu'au v. 6 TM a ביד משה.

23. TEXTE ARAMÉEN
(PL. XXVIII)

Papyrus fin. Écriture semi-cursive du Ier siècle de notre ère (?). *Ḥeth*, *mem* et *taw* ont des formes très évoluées; *aleph* a une forme médiale et une forme finale. Hauteur du *ḥeth* entre 3 et 4 mm. Mots bien séparés. Interlignes irréguliers de 1 à 1·3 cm. Marge supérieure de 2 cm. et marge droite conservée sur 1 cm. (f. 1).

1	2	3	4
marge supérieure	]יֹללֹ[	]רֹוֹ∘∘חֹא[	]וֹת במ[
]עלמא	]רבו מראֹ[		
]ואחרֹ[	]לֹפֹא וסֹרֹ[		
רוח [			

F. 1: ¹ *L'éternité* . . . ² *et après* . . . ³ *esprit* . . .

F. 2, l. 1, début: *yod* probable; tache au-dessous de la lettre?
L. 3: . . . וסר. *Samekh* ou *qoph*?

F. GROUPES ET FRAGMENTS DIVERS
24–25. GROUPES EN CALLIGRAPHIE

24
(PL. XXVIII)

Papyrus à fibres très serrées. Teinte marron parfois assez foncé.

1	2	4	6	7
]ב	]בֹצֹ∘[	]∘[	]∘נֹי	]∘וֹ
		]ל וענה		]יֹ

25
(PL. XXVIII)

Peau assez fine, de teinte café au lait. Surface lisse, dos velouté. Quelques restes d'une écriture hérodienne. Remarquer en f. 1, l. 1, le *lamed* final très élargi. Il n'est pas impossible que ces 2 ff. appartiennent à 6Q17.

26–29. GROUPES EN CURSIVE

26. FRAGMENTS DE COMPTE OU DE CONTRAT
(PL. XXIX)

Papyrus d'épaisseur moyenne, en très mauvais état. L'écriture est difficile à dater. Hauteur du *hé* ±4 mm. Mots bien séparés. Interligne moyen 6 mm. L'exiguïté du texte conservé s'oppose à un déchiffrement sûr. La langue est certainement araméenne. On notera les symboles et les signes numériques utilisés par le scribe.

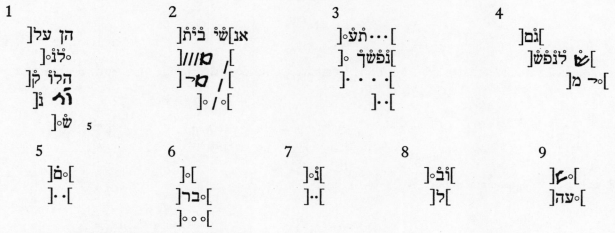

1
הן על]
]ללֹ°
הלו קֹ]
וא נֹ
שֹ] 5

2
אנ]שֹי בּיֹתֹ]
[◼////]
[סֹרֹ-]
]° / °[

3
[...תֹעֹ]°
[נֹפֹשֹךֹ]°
]· · ·[
]··[

4
גֹם]
]שֹ לנֹפֹשֹ[
[מ ר°]

5
[°מֹ]
]··[

6
[°]
[°בר]
[° ° °]

7
[נֹ°]
]··[

8
[וֹבֹ°]
[לֹן]

9
[°ש°]
[עה]

F. 1: ¹ Si *sur / contre* . . . ³ *voici* . . .

L. 2: cursive apparemment très évoluée.

L. 3: הלי ou הלו. Il y a un verbe הֲלִי 'défaillir, souffrir': cf. Jastrow, p. 352. Mais on supposera plutot הלו pour אֵלוּ 'ceux-ci, les suivants' ou pour אֵלוּ 'voici'.

L. 4, début: le premier signe pourrait valoir '½' (?), le deuxième étant un symbole d'unité (*resh* représentant 'denier' (?), cf. Mur **9** et **10**). On attendrait cependant l'ordre inverse.

F. 2: ¹ [. . . *les hom*]*mes de la maison de* . . . ² . . . *3* . . . ³ . . . *IO* . . .

L. 1, début: *shin* et *yod*, ou la fin d'un nombre (4?). Ensuite בית ou כור, ou encore כ représentant 'tétradrachme' (cf. Mur **9** 3 1–6) et suivi d'un nombre.

Ll. 2–3: le symbole précédant les nombres pourrait signifier 'obole' (מ), cf. Mur **9** 3 1 10 A i 2 4; ou 'séa' (ס), cf. Mur **8** 1 1 2 3 2 1. Les traits obliques dans la marge doivent indiquer 'payé, réglé': cf. *DJD II*, p. 89, sur Mur **8** 1 5.

F. 3: . . . ² . . . *toi-même* . . .

L. 1: *taw* ou *mem*.

F. 4: . . . ² . . . *pour* . . . ³ . . . *IO* . . .

L. 2, début: *sin / shin*, ou un symbole?

לנפש, ou בנפש si le long trait vertical appartient à la ligne précédente. Pour la lecture, cf. p. ex. 'Un contrat juif de l'an 134 après J.-C.', *Revue Biblique*, lxi, 1954, p. 183 et pl. iv, ll. 15–16.

F. 5, l. 2: un symbole?

F. 6, l. 2: lire soit ובר 'et le fils de . . .', soit גבר 'homme'.

F. 9, l. 1: un symbole?

27
(PL. XXIX)

Papyrus d'épaisseur moyenne, bien préparé. Les ff. 1 à 3 sont un peu rougeâtres. Hauteur du *hé* env. 5 mm. Interlignes de 8 mm. Une ligne est laissée en blanc en f. 3.

1
]קלה[
]· · ·[

2
]°לֹ°[

3
]°וקֹ[
]vacat[
]°קה[

4
]°וֹ°[

6
]דן[

7
]תֹ[

8
]לֹן[
]°לֹ°[

F. 1, l. 2: écriture très cursive.
F. 4: soit des lettres, soit des signes numériques.

28

(PL. XXIX)

Papyrus assez fin, rougeâtre en 1 à 4 et 7. Écriture penchée à droite, de ±3 mm. de hauteur.

1	3	4	5	7
] בֹי [	]∘ י∘[	]ל טֹהֹ[	]∘∘∘ ל ∘[	]∘ לֹֹ אֹוֹבֹ[
]אֹ∘[				

F. 2 : lettres ou signes numériques?

29

(PL. XXIX)

Les deux ff. n'appartiennent peut-être pas au même document.

1	2
]∘ ///∘[	]∘ן בס∘[

F. 1 : . . . *3* . . .

Avant le nombre, peut-être une abréviation.
F. 2 : pour la forme du *samekh*, cf. Mur **42** 1 12 en *DJD II*, pl. XLV. Lire בכסף?

30. FRAGMENT EN CURSIVE

(PL. XXIX)

Papyrus fin, de teinte sombre, avec taches de moisissure. Écriture assez évoluée, mais en général sans ligatures. Certaines formes sont connues par les ossuaires, ou par les documents de la Seconde Révolte. Hauteur du *hé* 4 mm. Mots bien séparés. Interlignes de ±1 cm.

]∙∙[
]טֹעֹהֹ∘[
עד[ת בוגד]ים
]∘טֹעֹ ת[
] טֹעֹים וֹלֹה [5
]לֹ[   ]∙∙[

. . . [. . . *3* . . . *la congréga]tion des infidèle[s . . .] . . .* *5* . . . *errants, et à lui* . . .

Si aux ll. 2, 4 et 5 on lit *ṭeth* (très cursif) suivi de *ʿaïn*, on peut avoir, au moins à la l. 5, le verbe araméen טעא. Peut-être aussi aux ll. 2 et 4?
L. 3 : עדת בוגדים, cf. CD i 12; ou עצרת בוגדים, cf. Jér 9¹.
Il pourrait s'agir de l'égarement par infidélité à l'Alliance. Rapprocher le début de CD.

31. FRAGMENTS DIVERS
(PL. XXIX)

Ces quelques ff. de papyrus n'ont qu'un intérêt paléographique.
Ff. 1–5: papyrus épais. Calligraphie hérodienne.

1   2   3   4   5

marge inférieure

F. 1: en araméen *le gardien* du peuple', c'est-à-dire Dieu?

Ff. 6–10: papyrus fin. Calligraphie avec parfois une tendance à la cursive (cf. f. 6).

6   7   9   10

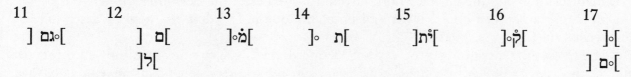

Ff. 11–20: écritures diverses.

11   12   13   14   15   16   17

F. 21: papyrus réutilisé. Recto en calligraphie, verso en cursive.

Recto   *Verso*

IV

GROTTE 7

I. FRAGMENTS DE PAPYRUS

A. TEXTES BIBLIQUES

1. EXODE

(PL. XXX)

PAPYRUS fin, de préparation soignée. Surface assez lisse.

Écriture onciale avec petits crochets ornant les extrémités de certains traits, et que Schubart appelle le 'Zierstil'. On pourrait dater la copie des environs de 100 av. J.-C.[1] Hauteur des lettres 3 mm. Elles sont serrées les unes sur les autres sans séparation entre les mots. Interlignes de ±6 mm. Largeur inscrite par colonne ±5·4 cm.

L'identification est due au R.P. Boismard ainsi que l'essentiel des notes qui suivent.

D'après l'examen des fibres, il est vraisemblable que le f. 2 doit être replacé assez près et au-dessous du f. 1.

Le texte est en général plus proche du TM que de la LXX et rencontre plusieurs fois les minuscules c et m de l'éd. de Brooke-McLean. On remarquera cependant au v. 5 l'absence d'une variante massorétique de ces mss.

$$1: 28^{4-6}$$
$$2: 28^7$$

```
                                        [                           ⁴ᶜκαὶ]
                                        [ποιήσουσιν στολὰς ἁγίας Ἀα-]
(F. 1)                        1          [ρὼν τῷ ἀ]δ̠[ελ]φ̠[ῷ σου καὶ τοῖς]
                                        [υἱοῖς α]ὐ̠τοῦ ἱερα[τεύειν αὐ-]
                                        [τὸν ἐμ]οί. ⁵Καὶ αὐ[τοὶ λήμψον-]
                                        [ται] τ̠ὸ χρυσίον [καὶ τὸν ὑά-]
                              5          [κιν]θον καὶ τὴ[ν πορφύραν]
                                        [καὶ] τὸ κόκκι[νον καὶ τὴν]
                                        [βύσσο]ν̠. ⁶Κα̠[ὶ ποιήσου-]
                                        [σιν τὴν ἐ]π̠ω[μίδα ἐκ χρυ-]
                                        [σίου καὶ ὑα]κ̠ίν̠[θου καὶ πορ-]
                              10        [φύρας καὶ κοκκίνου νενη-]
                                        [σμένου καὶ βύσσου κεκλω-]
                                        [σμένης, ἔργον ὑφάντου ποι-]
                                        [κιλτοῦ· ⁷δύο ἐπωμίδες συν-]
F. 2: (1)                               [ἔχουσαι ἔ]σ̠ο̠ν̠[ται αὐτῷ ἐ-]
                              15        [τέρα τὴν ἐ]τέρα̠[ν, ἐπὶ τοῖς]
                                        [δυσὶ μέρεσιν ἐξηρτισμέ-]
                                        [ναι·                        ]
```

---

[1] C. H. Roberts a bien voulu, d'après les photographies, communiquer au R.P. de Vaux, dans une lettre privée, cette date et celles qui sont données ci-après. Qu'il en soit sincèrement remercié.

F. 1, v. 4: ἀδελφῷ. Taches sous la base du *delta*.

τῷ ἀδελφῷ σου (= TM, les minuscules c et m, Syr-hex et Arménien). Manque en LXX.

Avant ἱερατεύειν, LXX a εἰς τό. Omis par 7Q (= le minuscule n). D'après le compte des lettres, on devait avoir αὐτόν dans la lacune (= TM, c, m et Syr-hex). Manque en LXX.

ἐμοί (= c, m, n, p, t) semble plus probable que μοι (= LXX).

v. 5: après κόκκινον, 7Q suit sûrement LXX. TM, c, m, Syr-hex et Arménien ont en plus κεκλωσμένον.

v. 6: ὑακίνθου convient aux traces, alors que suivant LXX on aurait ici κεκλωσμένης. On suppose donc χρυσίου καὶ ὑακίνθου ... νενησμένον καί (= TM, c, m, k et Syr-hex. Textes approchants en m, Symmaque, corrections cursives de l'Ambrosianus, Arménien et 1 ms. éthiopien). Manque en LXX et Lat.

vv. 6 et 7: dans la suite de la lacune entre les ff. 1 et 2, le texte est complété d'après le Vaticanus.

F. 2, v. 7: ἑτέραν. *Rho* dont la boucle revient croiser le trait vertical, donc un peu différent de ceux du f. 1.

ἑτέρα τὴν ἑτέραν (= LXX). Manque en TM, m et Syr-hex; c et n mettent ces mots avant ἔσονται, ce qui est un signe de correction à partir du texte court de m.

2. LETTRE DE JÉRÉMIE
(PL. XXX)

Papyrus fin, de même aspect que 7Q1, mais de teinte plus grise. Belle onciale aux formes larges, sans séparation entre les mots. Même date que le précédent. Hauteur des lettres ±3 mm. Interlignes de 7 à 8 mm. Les lignes ayant en moyenne 22 lettres, on peut évaluer à ±8·9 cm. la largeur inscrite par colonne.

L'identification est due aux RR. PP. Benoit et Boismard. On remarquera aux ll. 3 à 5 une sentence qui revient souvent dans la Lettre de Jérémie sous des formes variées, et qui présente ici une variante de la Lucianique et du syriaque.

vv. 43-44

```
        [               43bοὔτε τὸ σχοινίον]
    1   [αὐτῆς] δι[ερράγη. 44Πάντα τὰ γι-]
        [νόμε]να αὐ[τοῖς ἐστι ψευδῆ·]
        [π]ῶς οὖν νο[μιστέον ὑπάρχειν]
        αὐτοὺς θ[εοὺς ἢ κλητέον αὐ-]
    5   το[ὺς θεούς;                  ]
```

v. 44: αὐτοῖς. *Alpha* abîmé et largement prolongé à droite dans le bas.

θεούς. Les traces restantes ne conviennent qu'à *epsilon* ou *thêta*. La meilleure lecture est alors αὐτοὺς θεούς.

Après νομιστέον, LXX a ἢ κλητέον ὥστε θεοὺς αὐτοὺς ὑπάρχειν; 45Ὑπὸ τεκτόνων ... Ce texte ne convient évidemment pas pour la l. 4, mais après κλητέον on pourrait avoir la leçon αὐτοὺς θεοὺς ὑπάρχειν (cf. αὐτοὺς ὑπάρχειν θεούς en un minuscule et au v. 39, et *illos deos esse* en Vulg), ce qui amènerait à la l. 5 le début de τεκτόνων du v. 45. Toutefois, à cette ligne, *tau* est suivi d'*omicron* plutôt que d'*epsilon*: le trait du milieu de cette dernière lettre aurait laissé une trace. La meilleure restitution de l'ensemble du passage est donc: ὑπάρχειν αὐτοὺς θεοὺς ἢ κλητέον αὐτοὺς θεούς (= Lucian et Syr).

B. FRAGMENTS NON IDENTIFIÉS
3-5. TEXTES BIBLIQUES (?)

3
(PL. XXX)

Papyrus très abîmé. Toutes les caractéristiques matérielles sont les mêmes que celles de 7Q2. Le texte n'appartient cependant pas à la lettre de Jérémie. Il est peut-être biblique, mais toute tentative d'identification s'est révélée infructueuse.

$$]\epsilon\nu\tau\omega s \;.\iota[$$
$$]\alpha\kappa\epsilon\iota\mu \; \kappa\alpha\grave{\iota} \; \sigma.[$$
$$].\alpha\nu \; \delta.. \; \tau\iota \; \epsilon\chi[$$
$$]\epsilon\iota\alpha\tau[$$

L. 1: après *sigma*, une lettre presque entièrement détruite.

L. 2, début: finale d'un nom propre comme *Αιναкειμ, Ελιακειμ, Ιακειμ, Ιωακειμ, Ενακειμ, Σουσακειμ*, etc.

L. 3: après *delta*, au moins une lettre endommagée; peut-être deux: dans ce cas, la première serait *iota*.

4
(PL. XXX)

Papyrus fin, très abîmé, de teinte grisâtre. D'après C. H. Roberts, la date serait la même que pour les mss. précédents. Hauteur des lettres ±3 mm. Interlignes de 7 à 8 mm.

Les 2 ff. ont pu appartenir au même ms. Le f. 1 est l'angle supérieur droit d'une colonne, avec marge supérieure de 4 cm. et marge droite de 2·2 cm.

1

marge supérieure

$$]\eta$$
$$]\tau\omega\nu$$
$$].\nu\tau\alpha\iota$$
$$]\pi\nu\epsilon\upsilon$$
5    $$]\chi\iota\mu o$$

2

$$]..[$$
$$]o\theta\epsilon[$$

F. 1, ll. 4–5: $\pi\nu\epsilon\hat{\upsilon}[\mu\alpha$ (?).

L. 5: avant *iota*, le papyrus est déchiré. Certaines traces noires sur la photographie sont produites par des ombres; en les éliminant, on peut conjecturer un *gamma*.

5
(PL. XXX)

Papyrus fin, très abîmé, et disloqué à droite. Surface rugueuse, dos plus lisse. L'écriture appartient au 'Zierstil' et peut dater de 50 av. à 50 ap. J.-C. Hauteur des lettres 2 à 3 mm. Les mots semblent séparés par des intervalles allant jusqu'à 5 mm. (l. 3). Interlignes de 7 à 9 mm.

Si on restitue $\dot{\epsilon}\gamma\dot{\epsilon}\nu\nu\eta\sigma\epsilon\nu$ à la l. 4, le f. peut provenir de quelque généalogie.

Le déchiffrement et les notes sont dues au R.P. Boismard.

$$].[$$
$$]. \; \tau\hat{\omega} \; \alpha.[$$
$$]\eta \quad \kappa\alpha\grave{\iota} \; \tau\omega[$$
$$\dot{\epsilon}\gamma\dot{\epsilon}]\nu\nu\eta\sigma[\epsilon\nu$$
5    $$]\theta\eta\epsilon\sigma[$$

L. 1: trace d'*epsilon*, *thêta*, *omicron* ou *sigma*.

L. 2: après *alpha*, peut-être un *pi*, mais les traces ont l'air trop basses.

L. 3, début: *êta* probable (cf. l. 5). Dernière lettre: *oméga* ou *omicron*.

L. 4, fin: trace anguleuse de *sigma*. $\dot{\epsilon}\gamma\dot{\epsilon}\nu\nu\eta\sigma\epsilon\nu$ n'est qu'une suggestion.

L. 5: première lettre *omicron* ou plutôt *thêta*; troisième *epsilon* ou *sigma* (le trait médian n'est pas certain); quatrième *sigma*, *epsilon* ou *thêta*.

6–18. FRAGMENTS DIVERS

6

(PL. XXX)

Papyrus fin, en très mauvais état. Les deux ff. ont été trouvés collés l'un sur l'autre. Ayant été rongés ensemble, ils ont des contours partiellement semblables. Hauteur des lettres 3 mm. Interlignes de 8 mm.

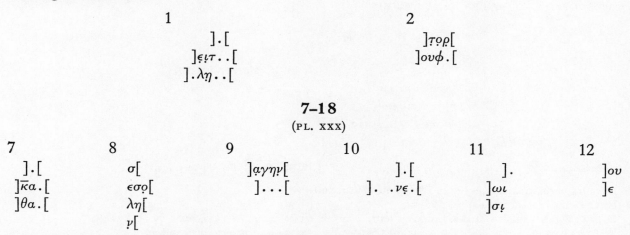

7–18

(PL. XXX)

7: grande écriture (hauteur des lettres 4 mm.). Trait d'abréviation au-dessus du *kappa*.
8: extrémité gauche d'une feuille? Interligne élargi entre les ll. 3 et 4.
10: écriture grasse. Il n'est pas absolument impossible de lire πνευ.
11, l. 1: trace d'encre.
12: extrémité droite d'une colonne.

14: papyrus lisse, un peu plus épais que dans les autres ff.
15: écriture à tendance cursive.
16: pratiquement illisible. L. 2, première lettre (*alpha*?) surmontée d'un trait d'abréviation.
18: fibres en grande partie arrachées, peut-être par suite d'un contact prolongé avec la terre où le f. aurait pu laisser son empreinte, comme 7Q19.

II. EMPREINTES DE PAPYRUS

19

(PL. XXX)

Trois blocs de terre grise, mêlée de cailloux et solidifiée, sur lesquels des ff. de papyrus ont laissé leur empreinte par suite d'un contact prolongé. La surface est striée par les fibres horizontales.

Bloc 1 : hauteur totale 3·8 cm. ; largeur totale 4·2 cm. ; épaisseur maxima ±1 cm. Lors de la découverte, une fibre était encore collée sur la terre. Restes de 6 lignes d'un texte au recto et sur la tranche inférieure. Hauteur des lettres 3 à 4 mm. Interlignes de 8 mm. Au verso, deux ou trois lettres d'une écriture qui semble différente.

Bloc 2 : épaisseur 4 mm. Bloc 3 : épaisseur 2 mm. Les empreintes peuvent provenir de différents documents.

On trouvera pl. XXX les photographies directes des ff., accompagnées à leur droite de tirages inversés pour faciliter la lecture.

1

Recto	]η[		
	]ηλκ.[	*Verso*	].σπ[
	]κται ἀπὸ το[ῦ		
	τ]ῆς κτίσεω[ς		
	5]ἐν ταῖς γραφα[ῖς		
Tranche	]οαν[		

Recto : . . . [⁴ . . . d]e la créatio[n . . . ⁵ . . .] dans les Écritur[es . . .]

L. 3 : un parfait passif, suivi d'un complément introduit par ἀπό.
L. 5 : ἐν sur la tranche ; lecture certaine.
L. 6 : également sur la tranche. Première lettre *omicron*, *sigma* ou *epsilon* ; troisième *nu* ou *lambda*.
Les quelques mots que l'on peut saisir font penser à un texte de caractère théologique.

	2			**3**
Recto	]ιε[		*Recto*	]τον[
	]ιε[			
			Verso	].α[

F. 2, recto, l. 1 : *epsilon* ou *sigma*.

V

GROTTE 8

I. TEXTES BIBLIQUES

1. GENÈSE
(PL. XXXI)

PEAU d'épaisseur moyenne, en mauvais état. Surface veloutée, dos rugueux. Teinte originelle café au lait clair conservée dans le f. 4, assombrie dans 1 à 3. Lignes et marge tracées. Calligraphie hérodienne suspendue aux lignes et mordant légèrement sur elles. Hauteur des lettres 1·5 à 2 mm. Intervalles irréguliers entre les mots. Interlignes de 6 à 9 mm. Marge supérieure de 1·3 cm. et marge droite de 8 mm. en f. 4, où la couture est conservée ainsi qu'une étroite bande de la feuille précédente. Largeur inscrite par colonne ±9 cm.

L'appartenance des 4 ff. est certaine, mais seuls 1 à 3 ont pu être identifiés de manière sûre. On relève une graphie plus pleine que dans le TM.

1 (+4?): 17¹²⁻¹⁹

Feuille précédente:

¹²ובן שמנת ימים ימול לכם כל[   ]

marge supérieure

ז[כר לדרתיכם יליד בית ומקנת כסף מכל בן נכר אשר לא מזרעך הוא ¹³המול ימול   1   (f. 4)
יליד ביתך ומקנת]

כ[ספך והיתה בריתי בבשרכם לברית עולם ¹⁴וערל זכר אשר לא ימול את בשר
ערלתו ונכרתה הנפש]

[ההוא מעמיה את בריתי הפר ¹⁵ויאמר אלהים אל אברהם
שרי אשתך לא]

ת[קרא את שמה שרי כי שרה שמה ¹⁶וברכתי אתה וגם נתתי ממנה לך בן וברכתיה
והיתה לגוים מלכי]

ע[מים ממנה יהיו ¹⁷ויפל אברהם על פניו ויצחק ויאמר בלבו הלבן מאה שנה יולד   5
ואם שרה הבת]

[תשעים שנה תלד ¹⁸ויאמר]אברהם[אל האלהים לו ישמעאל יחיה לפניך ¹⁹ויאמר   (1) f. 1
אלהים אבל]

[שרה אשתך ילדת לך בן]וקר[את את שמו יצחק והקמתי את בריתי אתו לברית
עולם לזרעו אחריו]

F. 4, v. 12: זכר. *Zaïn* est probable, mais *daleth* reste possible.
Après le v. 14, la reconstitution suppose un espace en blanc correspondant à la *setumah* massorétique.
v. 15: תקרא. Au lieu de *taw* on pourrait supposer *resh*.

2 et 3: 18²⁰⁻²⁵

[²⁰ויאמר יהוה זעקת סדם ו]עמרה כי רבה וחטאתם כי כבדה[   ]   1   (f. 2)

[מאד ²¹ארדה נא ואראה הכצעקתה הבאה]אלי עשו כל[ה ואם לא אדעה ²²ויפנו משם]

[האנשים וילכו סדמה ואברהם עודנו עמד]לפני י[הוה ²³ויגש אברהם ויאמר האף תספה]

[צדיק עם רשע ²⁴אולי יש חמשים צדיקם בתו]ך ה[עיר האף תספה ולא תשא למקום למען]   (1) f. 3

5 [חמשים הצדיקם אשר בקרבה ²⁵חללה ל]ך מעשות[‸את הדבר‸ כדבר הזה להמית צדיק עם רשע

והיה]

[כצדיק כרשע חללה לך השפט כל הארץ]ל[א]יעשה[משפט

F, 2, v. 21: כלה. Trace du *lamed* à peine perceptible.

v. 22: יהוה. Trace minime du *yod*.

F. 3, v. 25: מעשות (= 32 mss. de Ken). Graphie pleine.

את הדבר (= 2 onciaux et de nombreux minuscules de LXX, Lat, Syr et Vulg). Addition interlinéaire attestée par un reste d'*aleph*. Le texte devait avoir כדבר (= TM, Sam, LXX, Onq et Ps-Jon).

2. PSAUTIER

(PL. XXXI)

Peau d'épaisseur moyenne. Surface généralement lisse, de teinte café au lait clair en ff. 1 à 10, marron assez sombre en 11 à 13. Dos grisâtre, avec incrustations de terre. Lignes et marge droite tracées. Marge supérieure de 2 cm. entièrement conservée en 11, partiellement en 1 et 4. Marge inférieure (f. 10) d'au moins 9 mm. Marge droite de 1·5 cm. en f. 11, qui est un début de feuille avec couture encore visible dans le haut.

Calligraphie du 1er siècle ap. J.-C., suspendue aux lignes et mordant légèrement sur elles. Hauteur moyenne des lettres 3 mm. Les mots sont bien séparés par des intervalles de 2 à 3 mm.; des espaces plus larges sont généralement laissés en blanc entre les hémistiches, disposés à raison de deux par ligne de manière à bien respecter les divisions du texte suivant les accents. Interlignes de 7 à 8 mm.

En tenant compte de la disposition prosodique, on peut évaluer à ±9·5 cm. la largeur inscrite par colonne. La hauteur du ms. est inconnue, mais 1, 4 et 11 étant des hauts de colonnes, le maximum possible est de ±28 lignes, c'est-à-dire avec les marges ±21·8 cm.

Texte et graphies semblent massorétiques.

1–6: 17⁵⁻⁹

marge supérieure

[ותיד]ל[במעג במעג]א[שׁרי]תמך[⁵   [אני שמרתי ארחות פריץ   1   [4b] (ff. 1, 2, 3, 4)

[אני] קרא[תי]ך כי תענני אל[⁶   [בל נמוטו פעמי   (1) f. 5

[הפלה ח]סד[י]ך[⁷   שמע]אמרתי[[הט אזנך לי   (1) f. 6

מת[קוממים בימי]נך   [[מושיע חוסים

[ב]ת עין ב[צל כנפיך תסתירני]   [שמרני כאישון   8   5

[אויב]י בנפש יקיפו עלי[[מפני רשעים זו שדוני   9   (5)

F. 1: après le v. 4, espace en blanc entre deux hémistiches.

Ff. 1–2, v. 5: תמך. Extrémité de la queue du *kaph* final en haut du f. 2.

F. 5, v. 7: après חוסים (dans la lacune), espace en blanc entre deux hémistiches.

מתקוממים. Faute par haplographie? TM et versions ont ממתקוממים.

v. 8: après עין, espace en blanc entre deux hémistiches.

7: 17¹⁴

]°[

והניחו]יתרם[לעולליהם

8–10: 18^{6-9} (= II Sam 22^{6-9})

		right hémistiche	left hémistiche
(f. 8)	1	⁶[חבלי שאול סבבוני	ק[דמוני מוקשי מות]
(1) f. 9		⁷[בצר לי אקרא] יה[וה]	ואל אלהי אשוע]
		ישמע מהיכלו קו[ל]י	ושועתי לפניו תבוא באזניו]
(1) f. 10		⁸[ותגעש ותרעש הארץ	ומ[וסדי הרים ירגזו]
	5	ויתגעשו כי חרה לו	⁹עלה [עשן באפו]
		ואש מפיו תאכל]	גחלים] בערו ממנו]

marge inférieure

F. 8, v. 6: avant קדמוני, espace en blanc entre deux hémistiches.
F. 10, v. 8: même chose avant ומוסדי.
v. 9: même chose avant עלה et avant גחלים.
Le f. 10 est le bas de la feuille qui précédait immédiatement le f. 11.

11–13: 18^{10-13} (= II Sam 22^{10-13})

marge supérieure

		right hémistiche	left hémistiche
(f. 11)	1	¹⁰[ויט [שמ]ים וירד	וערפ[ל ת[חת רגליו]
(1) f. 13		¹¹[וירכב על כרוב וי[עף]	וי[ד[א ע[ל] כנפי רוח]
(1) f. 12		¹²[יש]ת חש[ך ס]ת[רו	ס[בי[בו[תיו סכתו]
		ח[שכת מי[ם ע[בי שחקים ¹³מנגה נגדו עבו עברו]	
	5	¹⁴וירעם בשמים יהוה]	ב[רד וגח[ל[י אש

v. 10: avant וערפל, d'après la reconstitution, espace en blanc entre deux hémistiches.
F. 11, v. 11: ויעף. Trace du ʿaïn bien visible sur l'original.
Après ויעף, espace en blanc attesté, mais assez réduit.
Ff. 11 et 13: וידא על. Mots disloqués par la déformation du f. 11.
F. 11, v. 12: avant סביבותיו, espace en blanc entre deux hémistiches.
חשכת. Trace du ḥeth interrompue à mi-hauteur par la déchirure.
v. 13: ונחלי. Trace probable du haut du lamed contre le ʿaïn de עבי (ligne précédente).

14: non replacé.

[∘כֿ∘]

3. PHYLACTÈRE
(PL. XXXII–XXXIII)

Membrane extrêmement fine, de teinte café au lait foncé, lisse sur les deux faces. Ouvert avant de m'être confié, le phylactère consiste actuellement en plus de 70 morceaux d'une telle fragilité que l'on ne peut pratiquement pas les manier. La lecture directe est extrêmement difficile; de très nombreux plis déformant souvent le texte et les lignes, les photographies elles-mêmes ne se prêtent pas toujours à un déchiffrement sûr.

L'écriture, assez cursive, peut être du Iᵉʳ siècle de notre ère. Elle manque souvent de clarté, d'autant plus que les lettres ont moins de 1 mm. de hauteur. Les mots ne sont presque jamais sensiblement espacés. Le scribe s'est appliqué avec minutie à remplir tout l'espace disponible, quitte à faire parfois chevaucher les lettres en fin de ligne. Interlignes de ±1 mm.

Une reconstitution complète s'est avérée impossible; seuls les ff. principaux ont pu être identifiés, les autres n'ayant pas assez d'étendue pour assurer une lecture. Il y avait certainement plusieurs feuilles et il doit s'agir d'un phylactère frontal. La première feuille (groupe I = ff. 1–11)[1] contenait les péricopes classiques: Ex 13$^{1-10}$ et 13$^{11-16}$ suivis de Deut 6$^{4-9}$ et 11$^{13-21}$. On en garde l'angle supérieur gauche jusqu'au bord dans le f. 2, et peut-être le bas en 11, 4 et 8. Le groupe II (ff. 12–16)[2] avait certainement Deut 6$^{1-3}$ et 10$^{20-22}$ précédés et suivis de péricopes non identifiées. On en garde une partie des bords latéraux (ff. 12 et 15). Dans le groupe III (ff. 17–25)[3] on avait Deut 10$^{12-19}$, Ex 12$^{43-51}$, Deut 5$^{1-14}$ et Ex 20^{11}. Presque tout le haut en est conservé (ff. 17–19) ainsi qu'une grande partie du bord gauche, de forme capricieuse (ff. 19, 21, 22 et 23), et l'on atteint la marge droite dans les ff. 17 et 25. Le groupe IV (ff. 26–29),[4] après des passages difficiles à reconnaître (Deut 10^{13}, 11^{2}, 11^{5} et 11^{3}?), se termine par Deut 11^{1} et 11$^{6-12}$. Sauf dans le haut, les contours en sont conservés, et l'on peut y voir la dernière partie du phylactère.

Les péricopes sont parfois nettement séparées par des espaces en blanc de la largeur d'une ligne. On notera surtout que le *Shema'* est bien mis en relief par sa disposition en rectangle, entouré en haut par Ex 13$^{11-16}$, à droite et en bas par Deut 11$^{13-21}$.

On remarquera que le texte de la feuille 1 est, à peu de chose près, conforme au TM. Mais, pour autant que l'on puisse reconstituer le reste, on y trouve de nombreuses variantes qui nous renvoient surtout à la LXX et au Samaritain. Les graphies sont souvent plus pleines que dans le TM.

Notons enfin que quelques ff. (75–77), qui portent des lettres d'une exceptionnelle grandeur, peuvent avoir appartenu à un titre, situé peut-être au dos. Quant aux dimensions exactes du document, elles sont difficiles à apprécier. Le groupe continu le plus haut avait 39 lignes (feuille I), ce qui fait ±5 cm. de hauteur totale. Les photographies données aux pl. XXXII–XXXIII sont grossies deux fois.

Malgré l'incertitude fréquente des lectures, et parfois celle des assemblages, on peut relever les variantes suivantes:

Ex 13

F. 2, v. 5: הזאות. Graphie pleine.

F. 4, v. 12: après רחם, peut-être une leçon courte; soit בבהמתך (= Vulg), soit מבהמתך (= 3 minuscules de LXX, dans un texte d'ailleurs différent). TM a ליהוה וכל פטר שגר בהמה.

Deut 6

F. 14, v. 1: המצוא. Graphie aramaïsante. TM a המצוה.

וחקים. Cf. והחקים en 7 mss. de Ken, LXX et Syr. La copule est aussi attestée par Vulg et Lat.[5] TM a החקים. TM a ensuite והמשפטים, omis par 8Q (= LXX en 1 ms. de Holmes et Parsons).

F. 12: באים (?) (= 1 ms. de Ken, LXX, Syr, Lat et 1 ms. de Vulg). TM a עברים.

Entre les ff. 12 et 13: après ce mot, d'après l'espace disponible, omission de לרשתה, qui est en TM et versions.

F. 13 et lacune avant 14–16, v. 2: les traces et l'assemblage supposent une addition d'env. 9 lettres entre תירא et את יהוה qui se suivent en TM.

F. 12: לשמור (= 3 mss. de Ken). Graphie pleine.

F. 15: après מצוך, on avait peut-être היום הזה (second mot incomplet); cf. היום en Sam, LXX et 1 ms. de Ken. Manque en TM et autres versions.

F. 12: בנך. TM a ובנך.

En supposant à la suite ובן בנך il reste à peine la place de 3 lettres avant le début du v. 3. Faut-il restituer ובני בניך (= LXX et Lat)?

TM a ensuite כל ימי חייך ולמען יארכן ימיך, qui manque en 8Q (= 1 minuscule de LXX).

[1] Cf. fig. 8, p. 151.
[2] Cf. fig. 9, p. 152.
[3] Cf. fig. 10, p. 154.
[4] Cf. fig. 11, p. 155.
[5] *Codex Lugdunensis*, éd. U. Robert, i, Paris, 1881; ii, Paris, 1900.

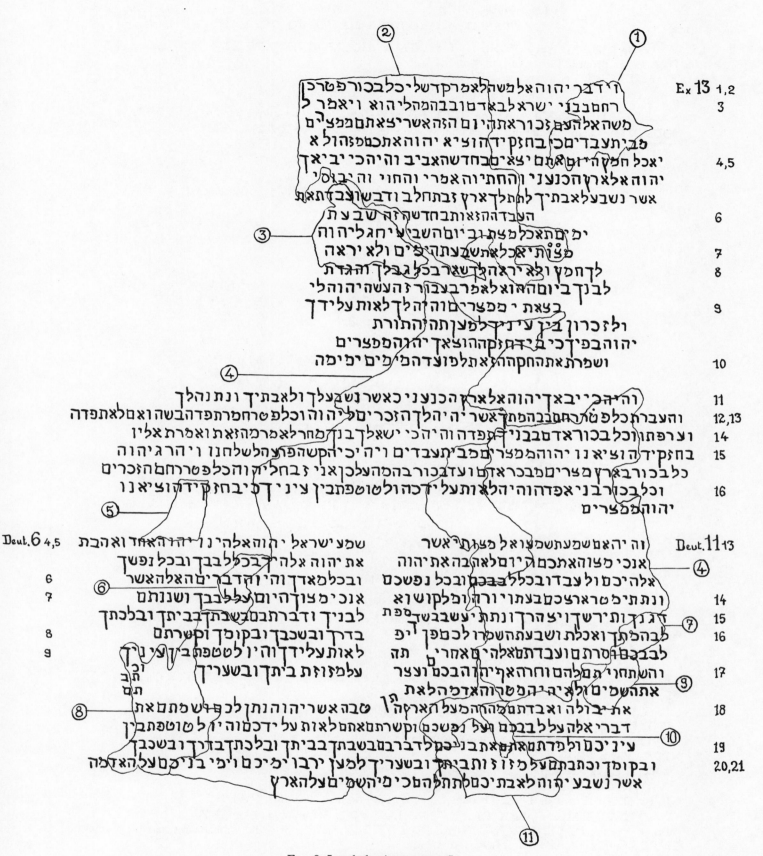

FIG. 8. Le phylactère: groupe I.

v. 3: entre לעשות (f. 15) et כאשר (?) (f. 12), TM a ואשר ייטב לך ואשר תרבון מאד, omis en 8Q.

צוה. Leçon propre. TM et versions ont דבר.

F. 16: אבתיכם. Leçon propre. TM et versions ont אבתיך.

Deut 10

v. 20: תקרב (cf. תתקרב en Onq et תתקרבון en Ps-Jon). TM et les autres témoins ont תדבק.

ובעצמו (?). Lecture matérielle incertaine; sans doute une faute pour ובשמו (= TM).

תשבעו (?) (= Ps-Jon). TM a תשבע.

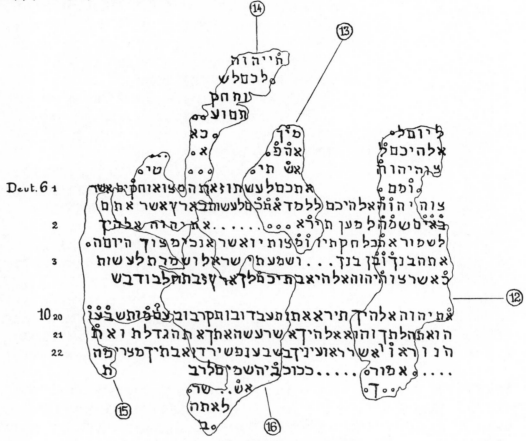

Fig. 9. Le phylactère: groupe II.

F. 12, v. 21: הנוראו (?) suivi d'un *waw* dans l'interligne. Peut-être une faute pour הנוראות. Graphie pleine (= Sam). TM a הנוראת.

Après ce mot, TM a האלה, omis par 8Q (= Syr et Arménien).

F. 16, v. 22: בשבע. TM a בשבעים.

F. 12: °אמור° est tout ce qui reste de la partie du v. qui a pour correspondant en TM ועתה שמך יהוה אלהיך.

F. 19, v. 12: שואל (= 8 mss. de Ken). Graphie pleine.

F. 18, v. 13: לשמור (= 2 mss. de Ken). Graphie pleine.

דיהוה (?). Aramaïsme. TM a יהוה.

אלהיך (= Sam, LXX, Syr). Manque en TM.

חקיו. TM a חקתיו.

v. 14: הנה (?). TM a הן.

אלוהיך. Graphie pleine.

F. 19: בם (= 8 mss. de LXX, Théodoret de Cyr, Lat et 3 mss. de Vulg). TM a בה.

v. 15: על כן. TM, Sam, LXX, Onq, Ps-Jon et Lat ont רק. Syr et Vulg (?) ont ורק.

Ff. 19, 21, 17: בעי את אבתיכם. TM a באבתיך חשק. 8Q remplace le verbe hébreu par un aramaïsme.

אבתיכם: suffixe pluriel (= LXX, Ps-Jon et Lat).

Ff. 17-18: ח[······]ב° (?). TM a יהוה לאהבה אתם ויבחר.

F. 18 : וּבְזַרְעֶם. TM et versions ont בְּזַרְעֶם.

F. 21, v. 16 : עָרֵל (?). TM a עָרְלַת.

Avant le v. 18, lacune un peu longue pour les 2 mots de TM : לֹא וְעָרְפְּכֶם.

v. 17 : d'après l'espace disponible entre les ff. 18 et 21, texte plus court que TM. Il pouvait manquer וַאֲדֹנֵי הָאֲדֹנִים (?).

F. 21 et lacune : וְהַנּוֹרָא וְהַגִּבֹּר (?). Même séquence en LXX dans 1 ms. de Holmes et Parsons. TM a הַגִּבֹּר וְהַנּוֹרָא. 8Q avait ensuite une addition.

Entre les ff. 18 et 21, lacune trop étroite pour le v. 18, qui devait manquer. Par contre, le v. 17 était probablement allongé.

F. 21, v. 19 : בְּעָרֶיךָ. Manque en TM.

Ex 12

F. 20, v. 43 : וַיְדַבֵּר (= 1 ou 2 mss. de Ken). TM a וַיֹּאמֶר.

F. 21 : נֵאט (?). TM a בֶּן נֵכָר.

Avant le f. 20, la dimension de la lacune permet de supposer l'omission du début du v. 44. TM a וְכָל עֶבֶד אִישׁ מִקְנַת כָּסֶף. 1 minuscule de LXX omet tout le v.

F. 20, v. 44 : אֶת עָרְלָתוֹ (?). TM a אֹתוֹ.

v. 46 : d'après la longueur de la lacune, quelques mots pouvaient être ajoutés entre יֵאָכֵל et לֹא, qui se suivent en TM et versions.

F. 20 : תּוֹצְאָן (?) (cf. תּוֹצִיאוּ en Sam; LXX, Syr, Vulg, Onq, Ps-Jon et Lat (éd. Sabatier) ont aussi le pluriel). TM a תוֹצִיא.

Entre les ff. 20 et 21, omission probable, après חוּצָה, de וְעֶצֶם לֹא תִשְׁבְּרוּ בוֹ, qui est en TM et versions.

Entre les ff. 21 et 20, v. 48 : après יָגוּר, texte beaucoup plus court qu'en TM, qui a אִתְּךָ גֵר וְעָשָׂה פֶסַח לַיהוה הִמּוֹל לוֹ כָל זָכָר וְאָז יִקְרַב לַעֲשֹׂתוֹ וְהָיָה כְּאֶזְרַח הָאָרֶץ וְכָל עָרֵל לֹא יֹאכַל בּוֹ.

F. 21, v. 49 : לַנּוּכְרִי (?). TM a לָאֶזְרָח.

v. 50 : יַעֲשׂוּ. Vulg a עָשׂוּ. TM et les autres versions ont וַיַּעֲשׂוּ.

v. 51 : הוֹצִיאַךְ. TM a הוֹצִיא.

Deut 5

v. 1 : הַחֻקִּים (= 1 ms. de Ken). Graphie pleine.

F. 20 : הַיּוֹם הַזֶּה (= LXX, Onq, Ps-Jon et Lat (*hodierna die*)). TM, Sam, Syr et Vulg (*hodie*) ont הַיּוֹם.

F. 21 : לַעֲשׂוֹתָם (= 6 mss. de Ken et Sam). Graphie pleine.

v. 2 : עִכָּרַת. Probablement une faute. TM a עִמָּנוּ. LXX a עִמָּכֶם.

F. 22 : בְּחוֹרֵב (= 2 mss. de Ken et Sam). Graphie pleine.

F. 21, v. 3 : après פֹּה, TM a הַיּוֹם, qui manque en 8Q (cf. Vulg).

F. 22, v. 4 : après עִמָּכֶם, TM a בָּהָר, qui manque en 8Q (= 1 ms. de Ken, l'Alexandrinus de LXX et certains mss. arméniens).

F. 21, v. 5 : לְהַגִּד. TM a לְהַגִּיד.

Après אֶת דְּבַר יהוה, TM a כִּי יְרֵאתֶם, qui manque en 8Q. 1 ms. de Ken omet כִּי . . . הָאֵשׁ. 1 minuscule de LXX omet כִּי . . . בָּהָר.

v. 8 : entre les ff. 20 et 24, après מִמַּעַל, TM a וַאֲשֶׁר בָּאָרֶץ מִתַּחַת, qui est omis par 8Q (= 1 ms. de Ken).

v. 9 : d'après le rapprochement des ff. 25 et 20, après אֱלֹהֶיךָ, omission possible de אֵל קַנָּא, qui est en TM et versions.

F. 20 : עָווֹן. Graphie pleine. TM a עֲוֹן.

F. 21 : וְלִשׂוֹנְא. TM a לְשֹׂנְאָי. Pour la graphie pleine, cf. 1 ms. de Ken. με est supprimé en LXX par les correcteurs du Vaticanus; *me* manque en 1 ms. de Vulg.

v. 10 : עֹשֶׂה (= 1 minuscule de LXX). TM a וְעֹשֶׂה.

F. 20, v. 11 : plutôt que שְׁמוּ, lire שֵׁם יְ]הוה (= TM). *Mem* final de forme médiale.

F. 24 : après לַשָּׁוְא, omission (= 2 minuscules de LXX) du commentaire du commandement, peut-être à expliquer par l'homéotéleuton. TM a כִּי לֹא יְנַקֶּה יהוה אֵת אֲשֶׁר יִשָּׂא אֶת שְׁמוֹ לַשָּׁוְא.

Ff. 21–23, v. 12 : après לְקַדְּשׁוֹ, on lit matériellement ה בכמׄעׄוۥۥۥ. TM a כַּאֲשֶׁר צִוְּךָ יהוה אֱלֹהֶיךָ, qui manque en 1 ms. de Ken et 1 ms. de Sam.

F. 25, v. 13 : . . . [כִּי וְהָיָה (?). Manque en TM et versions.

F. 21, v. 14 : וּבַיּוֹם (= LXX, 2 mss. de Ken et 8 mss. selon Kittel). TM a וְיוֹם.

FIG. 10. Le phylactère: groupe III.

Entre les ff. 20 et 21, après וּבִנך (?), texte plus court qu'en TM. 8Q suivait probablement Ex 20¹⁰, qui a וּבתך עבדך ואמתך ובהמתך. Texte presque identique en 1 ms. de Ken.

F. 21 : וגירך (?). Graphie pleine samaritaine (1 ms. a הגיר en Deut 10¹⁹). TM a וגרך.

Ff. 21 et 25 : après בשעריך, on a d'ailleurs Ex 20¹¹ (ajouté aussi en LXX par les deux premiers correcteurs du Vaticanus). On suit du moins le texte jusqu'à ברך. Mais כל◦ (f. 21), qui fait suite à la lacune, ne correspond à rien en TM.

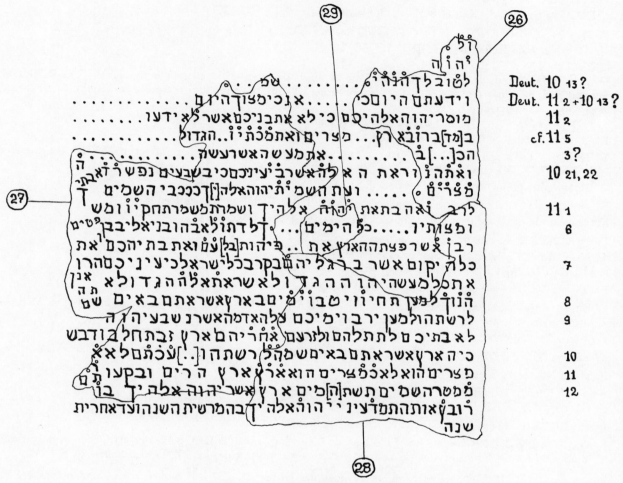

FIG. 11. Le phylactère: groupe IV.

Deut 10–11

L'emplacement du f. 26 est pratiquement certain; mais, replié sur lui-même, il n'a pas pu être photographié en entier. Le texte obtenu par sa combinaison avec 29 manque en partie de cohérence.

F. 26 : הן ליהוה לטוב לך = Deut 10¹³ (fin). Aussitôt après, הנה י◦] rappelle le début de 10¹⁴, où TM a ליהוה.

11² : וידעתם היום כי est suivi, après une lacune de quelques lettres, de אנכי מצוך היום, qui nous renvoie peut-être à 10¹³; la suite de 11² ne se trouve sur le f. 29 qu'une ligne plus bas: כי לא] את בניכם אשר, où il vient après מוסר יהוה אלהיכם, dans un ordre inverse de celui de TM.

Les deux ll. suivantes ont un texte confus:

Ff. 26–29 : במדבר ··· (? cf. 11⁵) est peut-être suivi de ובארץ ··· מצרים (cf. 11³); après quoi on ne lit rien de cohérent : הכ ··· בֹ] (?); puis, après la lacune, ואת מכתיו ··· הגדול.

F. 29 : את מעשה אשר עשה. Cf. 11³ (où TM a מעשיו).

F. 26 : avec ואת הנוראת on rejoint 10²¹, mais le début du v. semble manquer. Ces mots sont précédés sur le f. 29 d'un mot illisible : ה ···.

F. 29 10²¹ : אשר בעיניכם. Noter la graphie singulière pour בעיניכם, et rapprocher Ps-Jon דחמיתון בעיניכון. TM a אשר ראו עיניך.

v. 22 : כי. Manque en TM et versions. Même variante en 8Q4.

רד (?). TM a ירדו.

F. 26 : ∘מצרים. Peut-être מצרימה (= TM) avec *mem* médial de forme finale. Une lacune de quelques lettres sépare ce mot de ועתה, qui suit immédiatement en TM.

F. 29 : שמית ou שמוך. Probablement une faute. TM a שמך.

ככבי (= 14 mss. de Ken et 8Q4). Graphie défective. TM a ככוכבי.

F. 27, 11¹ : משמרת חקיו (ou משמרת חקות?). Cf. מטרת מימריה en Onq et Ps-Jon, et משמרת משמרת en 1 ms. de Ken. TM a משמרתו וחקתיו. וחקתיו

ומשפטים. TM a ומשפטיו. D'après la largeur de la lacune entre les ff. 28 et 29, il devait y avoir un mot entre ומצותיו et כל qui se suivent en TM : cf. 4 mss. de LXX (θ, p, t et w de Brooke-McLean), qui ont 5 termes dans l'énumération : φυλάγματα, προστάγματα, δικαιώματα, ἔντολας, κρίσεις.

v. 6 : ך∘[···] (?). TM a אשר עשה. ואשר עשה manque en Vulg.

לדת (?) (cf. *Datha* en Lat). TM et versions ont לדתן.

ולאבהו (?). TM a ולאבירם. Peut-être une contamination du nom propre par une leçon ולאחיהו. Comparer את יהנה ואת אחיהו en CD v 18–19.

אליב (graphie phonétique de Syr). TM a אליאב.

F. 28 : רבן (?) (cf. la transcription Ῥουβήν en LXX). TM a ראובן. 1 ms. de Ken a רֻאבן. Entre les ff. 29 et 27, peut-être une courte addition entre את et פיה, qui se suivent en TM.

F. 27 : בתיהכם. Forme hybride et fautive. TM a בתיהם.

TM a ensuite ואת אהליהם, qui manque en 8Q (= Lat).

v. 7 : הרואן. TM a הראת. LXX, Onq, Vulg et Lat ont ראו.

Ff. 28–27 : הגדול (= Sam et 25 mss. de Ken). Graphie pleine.

Ff. 27–28 : après אשר, on lit matériellement את אלה הגדול אתה הנוך (?), qui ne donne aucun sens. Manque en TM et versions. Peut-être, au lieu du dernier mot, faudrait-il lire מצוך, à rattacher au v. 8?

v. 8 : omission du début de TM : ושמרתם את כל המצוה אשר אנכי מצוך היום.

Ff. 28–27 : למען תחזקו ובאתם וירשתם את הארץ (?). TM a למען תחיו ויטבו ימים.

F. 27 : באים (= Sam et Vulg). TM a עברים.

שם (= 1 ms. de Ken après correction). TM a שמה.

F. 28, v. 9 : ירבו ימיכם (= Ps-Jon). TM a תאריכו ימים.

F. 27 : אחריהם (?) (= 1 ms. de Ken et LXX). Manque en TM.

F. 28, v. 10 : אתם באים (= la plupart des mss. de LXX, Lat, 1 ms. de Ken, Sam, Syr, Arménien et Bohaïrique dans le ms. copte 1 du Vatican). TM, le Vaticanus et quelques minuscules de LXX et Éthopien ont אתה בא.

Ff. 27–28 : après לרשתה, traces confuses de quelques lettres : [··]ו[עֹבֹתֹם], qui ne correspondent pas à TM. Puis on croit lire לא ארץ מצרים הוא, qui manque en TM.

F. 28 : כמצרים (?). TM a כארץ מצרים.

Ff. 28–27, vv. 10–11 : après הוא, omission d'un long passage de TM : אשר יצאתם משם אשר תזרע את זרעך יצאתם והשקית ברגלך כגן הירק והארץ אשר אתם עברים שמה לרשתה. 2 mss. de Ken omettent שמה לרשתה. Lat omet אשר תזרע את זרעך. משם אשר ; un autre omet

v. 11 : ארץ ארץ (?). Dittographie.

F. 27 : ובקעותם témoigne d'une graphie pleine (cf. 23 mss. de Ken, Sam). TM a ובקעת. Le *mem* final est inexplicable s'il appartient à cette ligne.

Ff. 27–28 : ממטר (?) (= LXX, Ps-Jon et peut-être Lat). Cf. וממטר en Syr. TM, Sam et Onq ont למטר.

F. 27, v. 12 : après אלהיך, on lit בו (?), qui ne correspond à rien en TM.

F. 28 : רובץ (?). Lat a *conservabit*. TM et les autres témoins ont דרש.

אותה (= 4 mss. de Ken). Graphie pleine.

תמד (?). Graphie défective. TM a תמיד.

יהוה (?). Matériellement on croit lire יהוֹיֵי.

Fragments non identifiés:

30
[לכלׄ∘]   [לׄוׄן]   [
[בין יהוה וביניכם בין]
[∘מׄ∘]   [∙∙] [∘∘רׄוׄירׄאׄוׄ
[∙∙∙]   [אנכי והׄארׄ]
5   [∘וׄת אׄתם כי את] [וׄתׄ]
[הבׄיׄך א]

31
[בׄרׄ יהוהלׄ]
[∘יׄם ∘]
[ברׄכׄ]
[יׄם כׄ]
5   [חׄלתׄם]
[את חקיׄוׄן]
[∘ם∙∙כוח]
[∘כׄ]
[∘בׄא∘]
10   [∘וׄכׄוׄ]

32
[אׄלׄהיך לשׄ]
[אׄשׄהׄאׄ∘]
[תׄאׄ∘]
[את∘∘]
5   [רׄואׄיׄבׄ]
[לאׄרׄלׄאׄולׄ∘]
[לׄ∘∘לׄ]

F. 30, l. 2: cf. Deut 5⁵.

33
[ברׄחׄלׄ]
[תׄייהׄ]
[∘∘לׄאׄ∘]
[שׄתׄרׄעׄ]
5   [∘ץ רׄ∘]
[∘∘]
[מרׄ∘]

34
[לׄ∘]
[נכיׄ]
[בׄ∙∙]
[הרׄ]
5   [אׄ∘]
[בׄבׄוׄ∘]

35
[לרׄ∘] [∘]
[עבׄ∘וׄאׄתׄ∘]
[אנכי ∘]

36
[אׄלׄ]
[כׄיׄ וׄאת]
[בתׄ∘ך ובׄ]
[אׄלׄ∘]
5   [יׄה∘]
[∘∘]

37
עׄ]יׄנׄיׄכׄםׄ הרׄ∘]
[שׄהׄרׄעׄ] [∘]
[והאלכׄ]

39
[חׄיׄך ∘]
[∘תׄ∘∘∘]
[∘כׄיׄן]
[∙∙∙]

40
[יׄ] [∘]
[ריכוׄ∘]
[ה ∘∘]

42
[∘∘]
ך אשׄ]ר
[∘ מר ∘]

46
[ם בׄיׄדׄן]
[∙∙∙]

58
[היׄה]

63
[∘]
[תׄם ∘]
[∙∙]

71
[והא]

Fragments en grande écriture:

75
[ה]

76
[∘טׄ]

77
[∘ ∘]
[∘ ∘]

4. MEZOUZA
(PL. XXXIV)

Peau plutôt fine, de teinte café au lait moyen. Surface avec pores visibles. Dos lisse. Lors de sa découverte, la mezouza était enroulée, le début à l'intérieur. Avant de m'être confiée, elle a d'abord été découpée en lanières au moyen d'une lame de rasoir, afin d'être mise à plat. Au cours de cette opération certaines lignes ont malheureusement été disloquées à mi-hauteur des lettres, et l'épiderme, qui a tendance à se décoller, est resté par endroits adhérent au dos. Lors de la reconstitution du morceau, on a pu arracher quelques fragments appartenant au début des dernières lignes.

La photographie (pl. XXXIV) montre le document agrandi deux fois. C'est une pièce rectangulaire de 6·5 cm. de large sur ±16 cm. de haut. Il n'y a ni lignes ni marges tracées. Le texte, inscrit en lettres de ±1 mm. de hauteur, est réparti sur 42 lignes, dont 41 sont plus ou moins conservées. Belle calligraphie hérodienne, très irrégulièrement serrée suivant les lignes. Intervalles entre les mots généralement marqués, mais parfois très réduits. La marge droite, conservée dans le bas, était d'environ 5 mm.; en fin de ligne, suivant les nécessités du texte, le scribe termine loin du bord en allongeant beaucoup la dernière lettre (cf. l. 13), ou remplit tout l'espace disponible. Toutefois, il cherche généralement à laisser une marge gauche de ±5 mm. C'est dire que le souci d'une belle présentation n'est pas absent de ce rouleau, qui n'est pourtant pas fait, en principe, pour être lu. L'interligne est généralement de 3 mm. environ.

Les *mezouzot* (= poteaux de portes, puis rouleaux que l'on y suspend) sont destinées à exécuter les prescriptions de Deut 6⁹ et 11²⁰. Cet usage ancien (cf. Josèphe, *A. J.* iv 8 13) a des parallèles chez les anciens Égyptiens et chez les musulmans dans les textes inscrits au-dessus des ouvertures des maisons. Chez les Juifs, le texte classique comprend Deut 6⁴⁻⁹ et 11¹³⁻²¹, mais sur ce point les usages ont varié dans le temps et l'espace: en Orient on trouve parfois tout le Décalogue, et aux époques tardives on a introduit diverses additions. On notera en 8Q l'absence du *shemaʿ* et la présence de Deut 10¹²–11¹². Selon les prescriptions rabbiniques, le texte devra plus tard être réparti sur 22 lignes seulement, et les règles de sa disposition seront les mêmes que pour les rouleaux de la Thora et les phylactères. Roulé le début à l'intérieur, le document portera dans le bas le nom de שדי inscrit au dos pour être vu lorsque le rouleau sera mis en place dans sa boîte (en 8Q pas de trace du nom). On l'inspectera enfin de temps en temps pour vérifier s'il est correct.[1]

Le texte de 8Q retrouve souvent le Samaritain et la LXX. On relève deux variantes de portée morphologique. Des 8 graphies pleines relevées, 5 sont déjà connues par des mss. de Ken ou par le Samaritain. Il y a deux graphies défectives isolées.

1: Deut 10¹²–11²¹

```
ch. 10    [ועתה ישראל מה יהוה אלהיך שאל מעמך כי אם ליראה את]¹²
          [יהוה אלהיך ללכת בכל דרכיו ולאהבה אתו ולעבד את יהוה אל]היך
          [בכל לבבך ובכל נפשך ¹³לשמר את מצות יה]וה אלהיך ואת חק[תיו אשר אנכי
          [מצוך היום לטוב לך ¹⁴הן ליהוה אלהיך השמי]ם ו[ש]מֿי֯ הֿ[שמי]ֿם הֿ[א]ֿר[ץ] וכל]
      5   [אשר בה ¹⁵רק באבתיך חשק יהוה לאהבה או]תם ויבחר בזרעם אחריהם
```

[1] Cf. *The Jewish Encyclopaedia*, art. Mezuzah (1904); Rosenau, *Jewish Ceremonial Instructions and Customs*, (1912), pp. 107–14; *Dictionnaire de la Bible*, art. Mezuza (1918), iv, col. 1057–8; *Jüdisches Lexikon*, art. Mĕsusa (1930), Bd. IV, 1, col. 140–3.

[בכם מכל העמים כיום הזה 16ומלת]ֹם את ערלות לבבכם וערפכם לא

[תקשו עוד 17כי יהוה אלהיכם הוא אלה]י האלהים ואדני האדנים ה[אל]

[הגדל הגבר והנורא אשר לא ישא פנים]ולא יקח שחד 18עשה מש[פט]

[יתום ואלמנה ואהב גר לתת לו לחם ושמלה 19ואהבת]ם א[ת הגר כי]

[גרים הייתם בארץ מצרים 20את יה]וֹ[ה] אל[ה]יך תירא ואתו תעבוד ובו

[תדבק ובשמו תשבע 21הוא תה]לתך והוא אלהיך אשר עשה אותך

[את הגדלת ואת הנוראת האלה]אשר ראו עיניך 22כי בשבעים נפש

[ירדו אבתיך מצרימה ועתה שמך]יהוה אלהיך[כ]ככבי השמים לרב

ch. 11

[ואהבת את יהוה אלהיך ושמרת משמרתו וחקתיו ו]מֹצותיו ומשפ[טיו]

[כל הימים 2וידעתם היום כי לא את בני]כם אשר לא ידעו ואשר לא ראו את מוסר

[יהוה אלהיכם את גדל]ו ואת ידו החזקה ואזרעו הנטויה 3את

[אתתיו ואת מעשיו אשר עשה בתוך מצ]רֹ[י]ם לפרעה מלך מצרים ולכל

א[ר]צו 4ואֹ[שר]עשה יהוה לחיל מצרים לסוסו ולרכבו ולפר[שיו]

[אשר הצי]ֹף אֹתֹ[ם] מי ים סוף ע[ל]פניהם ברדפם אחריכם ויאבדם יהוה עד היום

[הזה 5ואשר עשה לכם במדבר עד באכם עד המקום הזה 6ואשר]עשה לדתן

[ולאבירם בני אליאב בן ראובן אשר פצת]ֹה הארץ את פיה ותבלעם ואת

[בתיהם ואת אהליהם ואת כל ה]אדם אשר לקרח ואת כול היקום אשר

[ברגליהם בקרב כל ישראל 7כי]ראות את כול מעשי יהוה הגדלים

[אשר עש]ה אתכם ה[ ]יום 8וש[מֹרֹתֹם] את]כֹל החקים והמשפטים אשר אנכי

[מצוה אתכ]ם היום למען תחזקו ורביתם ובאתם וירשתם את הארץ אש[ר]

[אתם עברים שמה]לרשתה 9ולמען תאריכוֹ] ימים [על האדמה אשר נשב[ע]

[יהוה לאבתיכם לתת להם ולזרעם ארץ זבת חלב]ודבש 10כי הארץ

[אשר אתה בא שמה לרשתה לא כארץ]מצרים היא אשר יצאתם משם

[אשר תזרע את זרעך והשקית]ברֹגלך כגן הירק 11והארץ אשר אתם באים

[שמה לרשתה ארץ הרים ובק]עֹת למטר השמים תשתה מים 12ארץ אשר

יהוה אלוה[י]ך דֹר[ש]אתה תמיד עיני יהוה א[ל]הי[ך] בה מראשית שנה עד אח[ר]ית

[ש]נֹה 13וֹהֹ[י]ה אם שמע תשמע]וֹ אל מצותי אשר אנכי מצוה אתכם היום

[לאה]בֹה את יהוה אלהֹ[י]כֹם ולעבדו בכל לבבכם ובכל נפשכם 14ונתן מטר ארצכם

[בעתו יור]ֹה ומֹלקוש ואספת דגנך ו[תירשך ו]יֹ[צה]רֹ[ך 15ו]נֹתן עשב בש[דך]

ל[ב]המתך

[ואכלת ושבעת 16השמרו לכם פן יפתה]לבבכם וסֹ[רתם ועבד]תם אלוים אחרים

[והשתחויתם להם]וחרה אף יהוה בכם ועצר]את השמים ולא יהיה מט[ר]

[והאדמה לא תתן את יבולה ואבדתם מהרה מ]עֹל הֹ[אר]ץ הטובה אשר יהוה

נתֹ[ן לכם 18ושמתם את דברי אלה על לבבכם ועל נפש]כֹם וקשרתם אותם

לאו[ת על ידכם והיו לטוטפת בי]ן עֹ[י]ניכ[ם 19ול]מֹ[דתם אתם] ו[ל][מ]דֹתם א[ת] בניכם לד[בר]

בם ב[שב]תֹך בביתך [ו]ב[ל]כֹתך בֹדרך ובש[כבך ו]בֹקומך 20ו]כֹתבתם על מזוזות]

ביתך ובש[עריך 21ל]מֹען [י]רבו ימי[כם וימי בניכם על האדמה אשר נשבע]

יהוה לא[בתיכם לתת להם כימי השמים על הארץ]

Ch. 10: le texte devait commencer avec le v. 12, début d'une *petuḥah* massorétique. La l. 1 est entièrement perdue.

v. 13: אלהיך (= Sam, LXX, Syr et 1 ms. de Vulg). Manque en TM.

v. 14: השמים ושמי השמים הארץ. Traces plus nettes sur l'original.

v. 16: ערלות au pluriel. Leçon propre. TM, Sam et versions ont עָרְלַת au singulier.

v. 20: ואתו (= 53 mss. d'après Kittel, 20 mss. de Ken, Sam, LXX, Vulg et Syr; cf. TM en Deut 6¹³). TM a אתו.
תעבוד (= 1 ms. de Ken). Graphie pleine.

v. 21: אותך. Graphie pleine avec vocalisation en *o*, peut-être par confusion avec la particule de l'accusatif. Phénomène bien attesté en TM pour certains livres: cf. p. ex. II Reg 1¹⁵ 3¹², ²⁶. TM a אֹתְךָ.

v. 22: כי. Manque en TM et versions.
ככבי (= 14 mss. de Ken). Graphie défective. TM et Sam ont כוכבי.

Ch. 11, v. 1: à la fin de la l. 14, traces disloquées par la coupure, mais très claires à l'examen direct. Le premier *mem* est joint au *ṣadé* par le haut. On avait מצותיו ומשפטיו (= 1 ms. de Ken), ou plutôt ומצותיו ומשפטיו (= Sam, des mss. de LXX, Lat, Arménien, Bohaïrique[1] et Araméen palestinien[2]). TM, Syr, Onq, Ps-Jon et 4 mss. de LXX ont ומשפטיו ומצותיו. Vulg a משפטיו ומצותיו. La plupart des mss. de LXX ont un texte plus court pour les mots qui suivent משמרתו.

v. 2: ואת (variante connue de Gins, = env. 70 mss. d'après Kittel, 28 mss. de Ken, Sam, LXX, Vulg, Syr et Ps-Jon). TM et Onq ont את.
ואזרעו. Forme rare: cf. Job 31²²; graphie pleine en Jér 32²¹. TM a וזרעו. Sam a ואת זרועו. 11 mss. de Ken ont וזרועו.

v. 3: את אתתיו (= Sam, 3 mss. d'après Kittel, 2 mss. de Ken, Vulg et Arménien). TM, LXX et les autres versions ont ואת אתתיו.
ארצו. *Ṣadé* mutilé, mais certain.

v. 4: יהוה (= 1 minuscule de LXX). Manque en TM, Sam et versions.
לסוסו. Singulier ou graphie défective. TM et Sam ont לסוסיו.
ולפרשיו ou ולפרשו. Cf. Syr qui a ולפרשיהם. LXX a וחילם (καὶ τὴν δύναμιν αὐτῶν). Manque dans TM, Sam et les autres versions.

v. 6: ואת כל האדם אשר לקרח (= Sam). Manque en TM et versions.
כול. Graphie pleine.

v. 7: הרואות (cf. הרואת en 2 mss. de Ken) ou plutôt הראות (= Sam et 10 mss. de Ken). Graphie pleine. TM a הראת.
כול. Bas du *waw* à peine visible. Graphie pleine.
מעשי יהוה הגדלים (= LXX dans les onciaux sauf le Vaticanus, et la plupart des minuscules, Lat, Vulg, Syr, Araméen palestinien, Arménien, Bohaïrique et Persan). LXX (éd. Brooke-McLean avec le Vaticanus) a מעשי יהוה. TM, Sam, Onq et Ps-Jon ont מעשה יהוה הגדל (Sam. a הגדול).
אתכם. Cf. LXX (éd. Brooke-McLean avec la plupart des mss.), Bohaïrique et Araméen palestinien qui ont לכם; 3 mss. de LXX, Lat et Arménien qui ont בכם. Manque dans TM, Sam et les autres versions.
היום (?). Trace possible du *hé* (8Q = LXX, Lat et Bohaïrique; cf. עד היום en Araméen palestinien et Arménien). Manque dans TM, Sam et les autres versions.

v. 8: ושמרתם את כל. Traces difficiles à interpréter.
החקים והמשפטים. Leçon propre. TM et Sam ont המצוה. Syr, Onq et Ps-Jon ont המצות. LXX et les autres versions ont מצותיו.
מצוה אתכם (= 1 ms. de Ken, Sam, de nombreux mss. de LXX, Syr, Vulg, Araméen palestinien, Ps-Jon et Arménien). TM, LXX, Lat et Onq ont מצוך.
ורביתם (= LXX et Lat). Manque dans TM, Sam et les autres versions.
Après le v. 9, aucun espace en blanc ne correspond à la *setumah* massorétique.

v. 10: היא (= TM *qerê*, Sam et 12 mss. de Ken). TM *ketîb* a הוא.

v. 11: באים (= 8 minuscules de LXX, Araméen palestinien et Arménien). TM et Sam ont עברים. LXX a le singulier.

v. 12: אלוהיך. Graphie pleine.
מראשית (= Sam, de nombreux mss. d'après Kittel, 29 mss. de Ken et *qerê* dans l'éd. de Gins). TM a מרשית: cf. Rosh ha-shana, 16b; commentaire de Norzi, *ad loc.* (d'après Strack, *Prolegomena critica*, p. 72).
שנה (1°) (= 2 mss. de Ken). TM a השנה.
עד (= 1 ms. de Ken, 5 minuscules de LXX, Lat, Vulg, Araméen palestinien, Arménien, Bohaïrique et Éthiopien). TM, Sam et les autres versions ont ועד.
שנה (2°). Quelques traces. Sans article, vu la place disponible.

[1] éd. D. Wilkins, Londres, 1731.　　　　[2] éd. A. Smith Lewis, *Studia Sinaitica*, n° VI.

Après le v. 12, espace en blanc correspondant à la *setumah* massorétique.

v. 13: אשר. *Resh* en angle aigu, touchant le *shin*.

v. 14: ונתן (= Sam et LXX; cf. Araméen palestinien, et *dabit* en de nombreux mss. et les édd. anciennes de Vulg). TM, Symmaque, Théodotion, Onq, Ps-Jon et Persan ont ונתתי; cf. Vulg (*dabo*) et Syr.

v. 15: ונתן (= Sam et LXX). TM a ונתתי. Manque en Vulg.

לבהמתך. *Hé* lu sur l'original dans un état antérieur.

v. 16: לבבכם. Mot disloqué et déplacé en biais par une déchirure.

אלוים. Graphie phonétique. TM a אלהים.

v. 17: הטובה (= Sam et 30 mss. de Ken). Graphie pleine.

v. 18: אותם (= 8 mss. de Ken). Graphie pleine.

v. 19: בדרך (= TM). *Beth* possible, mais presque entièrement détruit.

v. 20: בתיך (= Sam et Onq⁽¹⁾; même variante en Sam et Syr pour Deut 6⁹). TM a ביתך. LXX et Syr ont בתיכם.

La l. 42 devait être incomplètement remplie, le texte se terminant avec la *setumah* massorétique.

Fragments non identifiés:

2

[האל]

F. 2: soit יהוה אלהיך (10¹²), soit האל (10¹⁷).

Ff. 3–4: traces illisibles.

II. TEXTE NON BIBLIQUE
5. PASSAGE HYMNIQUE
(PL. XXXV)

Peau d'épaisseur moyenne, en mauvais état. Surface à stries obliques descendant vers la droite, de teinte café au lait en 1, plus sombre en 2. Dos grisâtre, incrusté de terre. Lignes tracées. Calligraphie hérodienne exactement suspendue aux lignes. Hauteur du *hé* ±3 mm. Intervalles bien marqués entre les mots. Interlignes de 7 à 8 mm. Marge supérieure de 1 cm. (f. 1); marge inférieure peut-être conservée sur 9 mm. maximum en f. 2. Graphies généralement pleines.

Le texte est de caractère hymnique, mais il faut sans doute le replacer dans le cadre d'un récit.

1

marge supérieure

[בשמכה] ג[בור אני מירא ומ'ֹ]

[ֹ°ני האיש הזה אשר הוא מבני ה°]

[הֹזה ומה תשביתו אורו לֹהֹ] [לֹ···]

[למֹ[ז]לֹוֹת השמֹ]ים]

. . . ¹ . . . En Ton nom, [ô pui]ssant, je sème la crainte, et . . . ² . . . cet homme qui fait partie des fils de . . . ³ . . . ce . . . et comment *ferez-vous cesser sa lumière pour* . . . ⁴ . . . *aux constellations des ci*[eux . . .]

L. 1: après בשמכה, probablement גבור sans article.

Dernière lettre: *'aïn* plutôt que *sin/shin*.

On peut supposer que le discours s'adresse à Dieu, dont גבור est un titre bien connu.

L. 2, début: avant *nun*, on devine de préférence *daleth* ou *resh*.

⁽¹⁾ éd. A. Berliner, Berlin, 1884; la Polyglotte de Londres est d'accord avec le TM.

האיש הזה doit être l'adversaire du fidèle.

Après מבני, comprendre quelque expression péjorative.

L. 3: הזה ou הנה (= 'ici' plutôt que 'voici', en fin de proposition) ou encore un suffixe féminin.

תשביתו. Lecture préférée pour la cohérence du texte, mais qui suppose la confusion de *waw* et de *yod*. Autres possibilités: תשביתי 2ᵉ pers. fém. sing. (mais quel serait le sujet?); תשביתי 'cessations' (état construit); 'mes répliques', avec graphie défective après *shin*: cf. la correction sur ce point en 1QH f. 2 i 11. Pour le sens de 'réponse', cf. Job 21³⁴ 34³⁶, et מה תשובה en Pes 94*a*.

אורי, אורו, ou אורה? Pour ce dernier, cf. Is 26⁹.

L. 4: למזלות (?). Cf. II Reg 23⁵; ou למעלות 'aux degrés (des cieux)'. À rapprocher alors d'Am 9⁶?

2

[וב]ֹ

[°ר וֹתשבי֞]

[°ֹלֹת יהוה °]

[כֹה רבה למעלה מכוֹל]

5   [°ֹמרדפֹוֹת והמשפטים]

[וֹכול הרוחות לפניכה עֹ]ומדות

marge inférieure?

...³... Yahvé...⁴... Ta... est grande par-dessus *tout*...⁵... *persécutrices*. Et les jugements...⁶... et tous les esprits s[e tiennent] devant Toi...

L. 2: ותשביתו (?). Début du mot très endommagé. Cf. f. 1, l. 3.

L. 3, début: נחלת (?). D'après l'original, trace possible d'un sommet de *lamed* au-dessus de l'échancrure.

L. 4, début: peut-être un attribut divin dont on fait l'éloge.

למעלה מכול. Le seul exemple biblique de למעלה מן veut dire 'en sus de': I Chr 29³; pour le sens d' 'au-dessus de', cf. Jastrow, p. 817.

L. 5, début: lecture difficile à cause des trous. Après *daleth*, on ne peut avoir que *waw*, *yod* ou *pé*; puis *yod* ou *waw* (trace lue sur l'original). Peut-être רדף au *piel* 'chasser, persécuter': cf. Ps 31¹⁶, Prov 13²¹.

L. 6, fin: compléter עומדות ou עמדו. L'homme est appelé, lui aussi, à vivre devant Dieu avec les esprits: cf. 1QH xi 13.

VI

GROTTE 9

FRAGMENT DE PAPYRUS
(PL. XXXV)

PAPYRUS d'épaisseur moyenne, assez finement préparé. Hauteur maxima 1·9 cm., largeur maxima 1·3 cm. Encre très noire et très bien conservée. Le texte est hébreu ou araméen. Interlignes de ±8 mm. Calligraphie très élancée qu'il faut sans doute dater assez tard. Le *lamed* peut être hérodien (cf. 1QpHab), mais le *qoph*, à tête fine et fait d'un seul trait, rappelle étrangement la cursive de la troisième signature de Mur **42** (vers 130 de notre ère): cf. *DJD II*, pl. XLV, l. 10.

]∘שׁ∘[

]לקו לׄ∘[

]לׄ[

L. 1: première lettre *beth, nun* ou *pé*; troisième lettre *beth, ṭeth, nun* ou *pé*.
L. 2: première lettre *aleph, guimel, yod* ou *lamed*.

VII

GROTTE 10

POTERIE INSCRITE
(PL. XXXV)

Les premiers rapports ayant appelé 'ostracon' la pièce publiée ci-dessous, la grotte où l'objet fut découvert a reçu le n° 10, comme une grotte à manuscrits. Il convient toutefois de relever qu'il s'agit exactement d'un fragment de poterie inscrite au nom de son propriétaire.

Jarre d'époque romaine, légèrement côtelée. Le f. doit provenir de l'épaule. Forme à peu près triangulaire: 6·8 × 5·7 × 4·2 cm. Épaisseur variable: 3 mm. dans le haut, 6 mm. dans le bas. Le nom était soigneusement peint à l'encre noire, en suivant exactement l'horizontale indiquée par les traces de tournage. Les lettres, alignées par les sommets, ont de 5 à 6 mm. de hauteur.

Seul reste le début du nom propre:

יש[

Parmi les noms les plus communs, cf. ישמעאל, ישוע, ישחק. Le *shin* tracé en deux fois, avec trait médian dépassant vers le bas, invite à dater l'inscription du début du Ier siècle de notre ère.

III

Textes de la grotte 5Q

par J. T. MILIK

INTRODUCTION

Les premiers fragments de la Grotte 5 de Qumrân ont fait leur apparition sous le soleil torride de la vallée du Jourdain l'après-midi du 26 septembre 1952. Le lendemain matin le nettoyage du sol reprenait dans la partie est de la grotte: c'est là que se trouvaient les restes misérables d'une trentaine de rouleaux; voir ci-dessus, p. 26. Les morceaux étaient entièrement décomposés, humides et flasques, amoncelés en un petit tas. Au milieu d'un cercle silencieux d'ouvriers, dans un nuage de poussière et de mouches, Ḥassan 'Awwad les dégageait avec soin de la terre, tandis que moi-même, je m'appliquais à les nettoyer, les aplatir, les envelopper de papier et les mettre dans des boîtes. Ce travail devait être fait le plus vite possible: une minute après leur exposition à l'air libre et au soleil, les morceaux étaient devenus si durs et si fragiles qu'au simple toucher ils tombaient en poussière. C'est l'unique lot de manuscrits de Qumrân à peau entièrement désintégrée. Une fois transportés au Palestine Archaeological Museum, les fragments de 5Q ont été soignés et étudiés à trois reprises, au cours de la saison des pluies des années suivantes; en hiver l'humidité les rendait quelque peu malléables. La première fois, je les sortis des boîtes, les mis sous verre et les fis photographier. Au même titre que les originaux, qu'on n'aurait pu sans dommage manipuler directement avec les doigts, ces premières photographies (PAM 41.033 à 41.037) m'ont servi par la suite à faire le déchiffrement et le classement provisoires. L'arrangement subséquent est enregistré par les photos PAM 42.316 à 42.323.

En décembre 1958, j'en ai entrepris l'étude définitive. L'indispensable nettoyage d'une partie des fragments en a encore aggravé l'effritement et l'émiettement. Nos planches ont été établies à l'aide des photographies sus-mentionnées (PAM 42.316–23), que nous avons dû découper pour réaliser les groupements voulus. Des notes spéciales sur l'état actuel des fragments enregistrent les différences, attestées par les deux séries de photos.

Nous donnons la date approximative des documents d'après l'écriture, mais sans décrire l'alphabet en détail. Notre expression 'écriture tardive' doit s'entendre: de la fin du Ier siècle avant J.-C. ou des soixante-dix premières années du Ier siècle après J.-C.

Malgré leur nombre limité, les fragments de 5Q, comme ceux des autres 'petites grottes', ne sont pas sans intérêt. Ils nous livrent les restes de la bibliothèque privée d'un anachorète essénien du Ier siècle de notre ère. Tels les solitaires chrétiens qui apparaîtront au désert de Juda quelques siècles plus tard, les moines esséniens consacraient un nombre d'heures non négligeable de leur retraite à la lecture d'ouvrages religieux. Les uns ont pu être apportés par notre ermite du dehors (n[os] **1** et **2**), d'autres auront été recopiés par lui-même dans son ermitage (l'un des deux exemplaires des Lamentations, n[os] **6** et **7**), mais la plupart doivent provenir de la bibliothèque 'centrale' du monastère. Ces lectures spirituelles comportaient certaines constantes, aisément reconnaissables dans le très riche lot de la Grotte 4, et encore discernables dans les groupes de notre Grotte 5. Le Deutéronome (5Q1), Isaïe (**3**), les Petits Prophètes (**4**), les Psaumes (**5**) comptaient parmi les ouvrages les plus lus des Esséniens, et il en sera de même pour les premiers chrétiens. En général, les livres qu'on canonisera plus tard en les incorporant dans la Bible palestinienne, constituent un quart environ de l'ensemble. A côté de l'hébreu néo-classique, l'usage littéraire de l'araméen est assez limité: deux écrits dans le lot de 5Q (n[os] **15** et **24**), dix pour cent environ des manuscrits de 4Q. Membre d'une communauté monastique, l'ermite étudie ses Règles (5Q **11** à **13**); sujet d'un ordre sacerdotal, il s'intéresse au sort des Aaronides et du Temple (**9, 10, 20** et surtout **15** : Description de la Jérusalem Nouvelle). Tout cela baigné dans une atmosphère d'attente intense du 'Royaume des Cieux qui s'approche', Royaume dont la plupart des lecteurs et scribes de Qumrân ne sauront pas reconnaître les signes.

I

TEXTES BIBLIQUES

1. DEUTÉRONOME

(PL. XXXVI)

PEAU assez mince, lisse; jaune prenant souvent une teinte violacée ou rougeâtre; encre bleuâtre.

Les deux grands morceaux du fragment 1 appartiennent à deux colonnes successives, les dernières d'une feuille de peau; petits trous ronds de la couture au bord de l'intercolonnement à la hauteur des ll. 9 à 11 de 1 ii. Pas de lignes tracées à la pointe sèche. Marge supérieure 11 mm.; interligne 7 mm.; hauteur moyenne des lettres 3·5 mm. Quinze lignes du texte par colonne; dans la col. i la 11e ligne était très courte, correspondant à la fin de Deut 7²⁶ qui termine la section 'ouverte'. Dans 1 i il y avait 88 'espaces' en moyenne par ligne contre 83 dans 1 ii (nous entendons par 'espace' la place occupée par une lettre ou l'intervalle entre deux mots, chaque espace comptant pour un). Dimensions restituées d'une colonne de texte: 135 mm. de large, 100 mm. de haut.

5QDeut appartient au groupe assez restreint des manuscrits qumraniens archaïques. Son écriture, à lettres de taille variable et à pleins et déliés constants, est de peu postérieure à celle de 4QSamᵇ (fin du IIIᵉ siècle av. J.-C.) et assez semblable à celle de 4QJérᵃ (début du IIᵉ siècle). On notera dans le ms. de 5Q une certaine tendance 'cursive', qui marque les formes de lettres et qui est à comparer à celles de 4QEccl et 4QXIIᵃ du IIᵉ siècle avant J.-C. Voir F. M. Cross, Jr., 'The Oldest Manuscripts from Qumran', *Journal of Biblical Literature*, lxxiv, 1955, pp. 147–65, fig. 2, ll. 2 (Sam), 3 (Jér), 4 (XII Prophètes), fig. 4. 2 (Eccl).

La date pré-hasmonéenne: première moitié du IIᵉ siècle av. J.-C., obtenue grâce à la paléographie, se trouve confirmée par l'orthographe du texte: elle est constamment moins 'pleine' que celle du Texte Reçu, certaines graphies défectives de 5QDeut n'étant même jamais attestées par les manuscrits du TM. Le manuscrit de 4QSamᵇ présente les mêmes caractères orthographiques; Cross, *l.c.*, p. 165.

Voici la liste des variantes orthographiques et grammaticales:

1 i 2 (7¹⁶) עלהם: TM עליהם (défectivement une dizaine de fois dans le Pentateuque);

  3 (7¹⁷) האל: TM האלה (forme courte huit fois dans le TM dont trois en Deut: 4⁴² 7²² 19¹¹);

   איך (comme Sam, qui ne connaît pas איכה, sauf quelques mss. en Deut 1¹²): TM איכה;

   להורשם (quelques mss. Sam): TM להורישם (même graphie pleine en Jos 15⁶³ et en Jug 2²³);

ii 4 (8⁹) הריה: TM et Sam הרריה (cf. Deut 33¹⁵: TM הררי, Sam הרי);

  8 (8¹⁵) המוצא: TM et Sam המוציא (défectivement en Ps 135⁷);

  9 (8¹⁶) אחרתך: TM et Sam אחריתך (jamais défectivement dans le TM);

   (8¹⁷) בלבבכם: TM, Sam, LXX בלבבך (la raison de ce changement de nombre, syntaxiquement très dur, n'est pas apparente); traduire: 'Et si chacun de vous dit en son cœur' (pluriel collectif-distributif)?

Il est moins facile de préciser la recension dont relève 5QDeut. Il semble que ce manuscrit soit plus proche du Texte Samaritain que du Texte Reçu; voir déjà les graphies en 7¹⁷ mentionnées plus haut. Parmi les trois leçons propres au manuscrit de 5Q, les deux additions (1 i 4 et 7) semblent être faites pour faciliter l'intelligence du texte.

Voici les variantes textuelles:

1 i 4 (7¹⁹) après הגדלת addition de היום;

[   ]הע: sans *we* comme והאתת en Sam, LXX et en quelques mss. du TM (cf. 29²) contre והאתת
du TM; restituer העתת (lacune trop courte pour העתים)? La phrase entière de Deut 7¹⁸⁻¹⁹
qui, dans le TM, se traduit: 'Rappelle-toi donc ce que Yahvé ton Dieu a fait à Pharaon et à
toute l'Égypte,¹⁹ ces grandes épreuves que tes yeux ont vues et ces signes et ces prodiges et cette main
forte . . .' semble être comprise en 5QDeut comme suit: 'Rappelle-toi donc comment Yahvé ton Dieu a
fait à Pharaon et à toute l'Égypte ces grandes épreuves; ce jour-là quand tes yeux ont vu ces *événements
importants* (mot à mot: moments) et ces prodiges . . .'

7 (7²²)   avant לא un mot court, probablement כי;
ii 2 (8⁷) après טובה addition possible de ורחבה Sam, LXX;
6 (8¹³) ובקרך בקרך avec quelques mss. Sam: TM et LXX;
11 (8¹⁸) dans la lacune, après לאבתיך, addition certaine de לאברהם ליצחק וליעקב Sam, LXX Lucian
(cf. 9⁵); on obtient ainsi une ligne à 82 espaces (moyenne: 83) contre 62 du TM.

Au-dessus des lignes figurent quatre additions, en écriture bien postérieure à celle de la
première main. Elles témoignent d'une revision du texte, qui paraît très systématique, faite
sur un manuscrit identique à l'archétype hébreu de la Septante. Trois cas — dont un pas tout
à fait certain — présentent entièrement les additions de la LXX; la quatrième 'correction',
de lecture incertaine, indiquerait une prononciation qu'on retrouve dans la transcription
grecque:

1 i 1 (7¹⁵) après אשר: ראיתה ואשר, LXX ἑώρακας καὶ ὅσα; noter la graphie תה' contre (ת)ידע de la première
main;
ii 6 (8¹²) après וישבת: בם, LXX ἐν αὐταῖς;
12 (8¹⁹) après היו[ם] probablement את השמים ואת [הארץ], LXX τόν τε οὐρανὸν καὶ τὴν γῆν (d'après 4²⁶;
cf. 30¹⁹ et 31²⁸);
15 (9²) ענק corrigé probablement en עינק, LXX Αινακ et Ενακ, VL *Aenac.*

La division en sections dans 5QDeut est différente de celle du TM: en 1 i 3 (7¹⁶/¹⁷), le
calcul des espaces ne semble guère être en faveur d'un blanc correspondant à la *setumah* du
TM; en i 11 (7²⁶), presque certainement une grande partie de la ligne a été laissée en blanc,
égal à la *petuḥah* (voir plus haut); ii 11 (8¹⁸/¹⁹): aucun *vacat* (פ en TM); en ii 13 (8²⁰), la fin
de la ligne est en blanc, ce qui répond à la section 'ouverte' dans le TM.

1, col. I: Deut 7¹⁵⁻²⁴

הרעי[ם] אשר ידעת̇ לא יש[י]ימם   [ממך כ]ל   ¹⁵
י]הוה אלהיך נ[תן לך לא תחס [עינך עלהם ולא תעבד את]   ¹⁶
האל ממני איך̇ אוכל להורשם ¹⁸ לא תירא מהם [ז]כר תזכר̇]   [
המס[ת̇ הגדלת היו̇ם̇ אשר ראו עיניך הע̇] [והמפתים]   ¹⁹
יהוה אלהיך̇ לכל העמים אשר אתה ירא מפניהם ²⁰ וג̇[ם]   5
והנ[סתר]ים מפ[נ]יך ²¹ לא תערץ מפניהם כי יהוה אלה[י]ך
מפ[נ]יך [מעט] מע[ט]   [לא תוכל כלתם מ[הר   22
והמ[ם [מהמה ג[דלה]   ²⁴ו]נתן מלכיה[ם   23

[   ]9-15

Col. II : Deut 8⁵-9²

א[תֹ בנו]	5
אֱ]לֹהֶיךָ [מ]בִיאֲךָ אל ארץ טובֹה]	7
[ורמון ארץ זית שמן ודבש ⁹אֶ[רץ	
ומ]הֲרֶיה תחצב נֹחֹשֹׁת ¹⁰ואכלתֹ ושבעתֹ]	
תֹ]שֹׁכח את יהוה אלהֶיךָ לבלתי שמר מצותיו	11
[תבנה וישבת בֹֿם¹³ בֹקרך וצאֹנֹך ירבֹין וכסף וזהב	
המוציאֲךָ מארֶץ [מצרים] מבית עֹבֹדים	14
אֶ[ן] מים המוצֵא לך [מים מצור] החלמיש	15
[להיטבך באחרתך ¹⁷ו]אֹמרת בלבבֹדֹם	
[כֹי הוא הנתן לֹ[ך כח לעשות] חֹיל	18
[הזה ¹⁹והיה] אם שכח תשכֹ[ח אֹת	
ה[עֹדתי [בכם [הֹיֹו]ם כי אבד] תאבֹ[דוֹ]ן	(את השמים ¹ואֹתֹ האֹרֶץ)
אלה[יכם	*vacat*	20
ממ[ך עֹרים גדלתֹ [וֹ]בֹצֹרֹ[ת]	1
בֹ[נֹי עֹנֹקֹ] ³	

Marginal line numbers on far right: 5, 10, 15

ii 6 (8¹³) בֹקרך : l'examen de l'original rend certaine l'absence du *waw* au début du mot. Vers la fin de la ligne : ירבין (TM) ou bien ירבון (Sam).

9 (8¹⁷) בלבבֹדֹם : après nettoyage, le *mem* final (ouvert en bas, mais en haut tracé comme le *mem* médial) est certain.

12a (8¹⁹) au-dessus de תאב : l'extrémité inférieure de la lettre qui précède l'*aleph* se voit mieux sur l'original ; vu qu'elle est tout proche de l'*aleph* elle ne peut être qu'un *waw* (ou un *yod*). Le trait qu'on perçoit après l'*aleph* n'est pas oblique mais vertical : son inclinaison actuelle est due à la déchirure qui a écarté vers le haut le sommet du fragment.

15a (9²) : nous supposons que le sommet du *yod*, ajouté entre le ʿaïn et le *nun* et au-dessus, a été partiellement abîmé.

Les fragments 2 à 5, bien que plus abîmés et rétrécis que les autres, appartiennent au même manuscrit que le fragment 1. A l'indice paléographique s'ajoute le fait qu'ils ont été trouvés exactement au même point de la grotte et en même temps que les morceaux composant le fragment 1. En lisant ואני à la l. 2 du fragment 3 on aurait Deut 32²¹ et, en conséquence, בני]ם לֹא [du v. 20 à la 1ᵉʳᵉ ligne. Le fragment 2 pourrait se placer au-dessus, avec אח]רֹתם [à sa l. 1 (même v. 20). Mais cette identification suppose une colonne deux fois moins large que celles du fragment 1 : env. 40 espaces comme pour les ff. 4 et 5. Ceux-ci appartiendraient à Deut 33¹⁻² : l. 3 [···]וזרח , ¹ישראל] לפֹנֹֿי מותו ²[···] , l. 2 [···] , ¹[וזאת הברֹ[כה , l. 4 [···]³למֹ[ו [···], [···]מ[ֹשֹׁ]עיר [···] מהרֹ. A la l. 4 (l. 2 du f. 5) transposer la parcelle avec des vestiges du *lamed* et du *mem* sur le bord droit du fragment, devant le sommet du *lamed*.

2. I ROIS
(PL. XXXVI)

Peau d'épaisseur moyenne, granuleuse, d'un rouge très foncé tournant au noir.

Les trois fragments appartiennent à la première colonne de I Rois, précédée d'une marge de 70 mm. de large (page de garde) ; un grand morceau en blanc, non reproduit, dimensions maxima : 160 mm. de haut et 70 mm. de large, provient de la même page de garde. Lignes sèches, très fines, verticale et horizontales; les lignes d'écriture y mordent. Interligne 6 mm.; hauteur moyenne des lettres 2 mm.; 71 espaces par ligne en moyenne.

Écriture 'hasmonéenne', postérieure à celle de 5QDeut, mais probablement relevant de la même école de scribes.

Le peu de texte conservé n'est pas significatif du point de vue recensionnel; le TM et la LXX y sont à peu près identiques. Les divergences textuelles qui suivent ne semblent pas caractéristiques:

> L. 19 (1¹⁶) après ויאמר quelques mss. du TM, la LXX et la Syr ajoutent לה; l. 34 (v. 32) המלך est omis dans quelques manuscrits grecs et dans la Syr (ou bien ce mot est retenu et דוד omis); l. 37 (v. 35) LXX^B (d'autres, sous l'astérisque) omet ועליתם אחריו ובא, mais la longueur restituée de la ligne (68 espaces) n'est pas en faveur de cette omission; l. 38 (v. 35) ואתו: LXX^BA καὶ ἐγώ.

L'orthographe a peu de *matres lectionis*, comme celle du TM. Noter deux leçons: l. 36 (v. 33) אל comme TM et égal sans doute à εἰς de la LXX contre על de plusieurs mss. du TM (*qerê* אל); l. 40 (v. 37) יהיה qui est *qerê* du TM contre *ketîb* יהי et les formes correspondantes en LXX^BA et en Vulg. La deuxième moitié de la l. 33 (v. 31) était certainement un blanc, correspondant à la fin de la section 'ouverte' du TM; cette ligne ne compte que 33 espaces, contre la moyenne de 71. Au contraire, il n'y avait probablement aucun blanc à la fin du v. 27 (l. 29), *setumah* du TM.

1: I Reg 1¹· ¹⁶⁻¹⁷, ²⁷⁻³⁷

a		[מֹלך]יוה[	
		]	2-18
b		¹⁷ [לך]למל[ך ויאמר הֹמֹלך מה[ן	
		[בנך י]מלך אחרֹי והוֹא]	20
		]	21-28
c	28	את עֹ[בד	
	29	ותבא לפֹ[נ]י	30
		צרה ³⁰כי כאשֹ[ן]ר	
	31	ישב על כֹס[ן]אי	
		למלך ותאמר יֹ[חי	
		³²ויאמֹ[ר] הֹמלך דוד קֹ[ן]ראו	
		³³ויאמר המלך להם קחו]	35
		לי והורדתם אתו אל גֹחֹ[ו]ֹן] ³⁴	
	35	[ו]תקעתם בשופר ואמרתם יחֹ[י	
	36	ימלך תחתי ואתו צויתֹי לֹ[היות	
	37	המלך ויאמר אמן כֹ[ן] יֹ[אמר	
	40	כן יהוֹה]	

L. 1 (v. 1). L'identification du f. 1*a* est assez vraisemblable; après nettoyage, les traces des trois lettres sont plus claires sur l'original que sur la photographie (où la parcelle en bas est à l'envers). En outre, il n'y a certainement pas de lignes écrites au-dessus de la ligne conservée, ce qui empêche l'identification de ce fragment avec le début de la l. 19 (f. 1*b*).

L. 20 (v. 17). Le nettoyage a rendu certains le *ḥet*, le second *waw* et le second *aleph*.

L. 34 (v. 32). La lecture דוד, après nettoyage, est certaine.

3. ISAÏE
(PL. XXXVI)

Peau mince et lisse, jaune foncé. Interligne 6 mm.; hauteur moyenne des lettres 2 mm. Nombre des espaces par ligne: 54 et 50. Écriture tardive.

1: Is 40[16, 18-19]   2

] אׁ[יׁ]ןׁ [	[אׁ]יׁבׁא [ ]
¹⁸[וׁ]אׁל מי תדׁ[מׁיון	
בזה]בׁ ירקעׁ[נו	

F. 2. Appartenance vraisemblable; noter le *yod* à grosse tête et l'*aleph* à jambe repliée. L'intervalle après l'*aleph* est bien visible sur l'original.

4. AMOS
(PL. XXXVI)

Peau très mince, assez lisse, noircie. Interligne 7 mm.; hauteur moyenne des lettres 2·5 mm.; 36 espaces par ligne en moyenne. Écriture du Ier siècle après J.-C.

Dans le texte du fragment 1, une leçon de la LXX: [ת]הרוׄ de la l. 3 (Amos 1³) répond à τὰς ἐν γαστρὶ ἐχούσας (cf. v. 13); l'omission dans le TM s'expliquerait par l'homéoteleuton: א⟨ת הרו⟩ת. Le fragment contenant הרו était replié sur celui avec ה בן ות etc.; en le soulevant le pli s'est effrité.

1: Amos 1³⁻⁵

³[כה] אמר יה[ו]ה

ארבעׁ[הׄ] לוא [

⁴[הׁרוׄ]ת] הגלעׄ[ד

⁵ארמגׁ]וׄת בן הדד [

יוׁשׁ[בׁ ׄ מבקעׁת[ׄ   5

Les fragments 2 à 7 pourraient appartenir à Amos 1²⁻³ à disposer comme suit et à mettre au-dessus du fragment 1, l. 1, avec le joint direct, matériellement satisfaisant, dans יהוה. Le petit blanc après הכרמל correspondrait à la *petuḥah* du TM:

²ויא[מר י]הוה

[קוׄלוׄ [וׁ]אׁ[בׁ]לוׄ נאות [הרועי]ׄם הׁ[

רא[ׁש הכׁ[ר]ׄמל [³כה אמר י]הׁוה [

Deux détails rendent cet assemblage partiellement incertain: la première lettre du fragment 4 est aussi bien un *'aïn* qu'un *lamed*; après הרעים il y aurait une variante, sans appui textuel et que le contexte ne suggère pas. On retiendra au moins l'identification du fragment 5.

F. 8. A la première ligne, nettoyée partiellement, lire après לוׄא: *yod, reš* ou *dalet, šin*(?).

9	10	11	12	13	14
]לׁיׄד יׁ[	]ׄ[	]אׁ ׄ[	] לוׄא [	]וׁשׁ[	]בׁ[
]אׁבׁ[	]ׄלכׄ[	]בׄ מׁ[	]ׄ[		

F. 10, l. 2: מֹלכ]ם [de 1¹⁵?

F. 11: peut-être וא]בד מ]נוס הנ]ה א]נוכי et de 2¹³⁻¹⁴, mais la ligne serait beaucoup plus longue que celles des fragments 1 et 2 à 7.

5. PSAUME 119
(PL. XXXVII)

Peau d'épaisseur moyenne, lisse, jaune clair. Interligne 7 mm.; hauteur moyenne des lettres 2·5 mm. Écriture du 1ᵉʳ siècle de notre ère.

Le petit rouleau ne contenait sans doute que ce psaume alphabétique, arrangé sticho-métriquement, comme c'est le cas de deux manuscrits de 4Q; voir P. Skehan, *Revue Biblique*, lxiii, 1956, p. 59. Si l'identification de 1 i est exacte, il y aurait 16 lignes, c'est-à-dire deux strophes, par colonne.

L'identification du fragment situé en 1 i 8 n'est pas certaine. Le fragment 1 ii 3–8, trouvé entièrement recouvert de poussière, se laisserait difficilement nettoyer davantage; en essayant d'enlever des grains de sable qui restent on détruit la surface inscrite et on casse la peau en petits morceaux.

1, col. II: Ps 119¹¹³⁻²⁰ · Col. I: Ps 119 ⁹⁹⁻¹⁰¹, ¹⁰⁴

2: Ps 119¹³⁸⁻⁴²

6. LAMENTATIONS (PREMIER EXEMPLAIRE)
(PL. XXXVII ET XXXVIII)

Peau très mince, lisse, jaune-gris tournant au rougeâtre. Marge supérieure 15 mm., inférieure 13 mm., intercolonnement 10 mm. environ; interligne 7 mm.; hauteur moyenne des lettres 2·5 mm. Lignes sèches, très fines; 7 lignes d'écriture par colonne; nombre d'espaces par ligne en moyenne: 41 (1 i), 44 (ii), 45 (iii), 42 (iv), 39 (v). Dimensions restituées d'une colonne du texte: 45 mm. de haut, 75 mm. de large en moyenne; hauteur du rouleau: 70 mm. environ.

Écriture ornementale du milieu du Ier siècle ap. J.-C. Noter les formes particulières du *mem* final et du *šin*.

L'orthographe est plus 'pleine' que celle du TM, mais pas systématiquement; עוון 1 i 2, עוונות ii 5, עוונך iv 4, mais עוונתיהם v 4; לוא 1 iv 3 mais לא 1 i 3 5 et 2 1; כוהניה 1 ii 5 (כהניה), אמותינו iv 7 (TM אמתינו), בתולות v 7 (TM בתלת). Noter deux formes grammaticales longues: הביטה 1 iv 5 (5[1]) égal à *qerê* du TM; נוכרי̈ם iv 6 (5[2]), allongé d'une syllabe par l'addition de l'*aleph* dans la désinence (cf. נכריאים en 1QIs[a] ii 15 = Is 2[6]), ce qui est plus satisfaisant *metri causa*: *batténu l[e]nòkri'im*. L'omission du '*aïn* dans זלעפות v 6 (5[10]) témoigne d'une prononciation instable des laryngales. En ii 6 (4[14]) la négation verbale est בל contre בלא du TM et de la LXX (ἐν τῷ μή); la première est plus conforme au caractère 'phénicien' (mishnique ancien) de la langue des Lamentations.

Le rapport de 5QThr[a] à d'autres recensions du même livre (TM, grecques) n'est pas clair. Voici la liste des variantes:

1 ii 6 (4[14]) בל: voir plus haut;
      [יבג]ן : TM יגעו (aussi LXX, sauf Lucian: ἐβρώθησαν ou ἐρρίφθησαν). Noter le point au-dessous du *bet*; s'il y avait un second point au-dessus de la lettre, ce signe de biffage permettrait de rejoindre la leçon du TM: [ע]ו{{ב}}ג̣[ע]י̣. Sinon, lire ובג[עת], malgré la difficulté syntactique?
7 (4[15]) טמאו 'vous êtes (devenu) impurs', *qal* ou *pual*: TM טמא, LXX adjectif au pluriel;
iii 6 (4[19]) lire הוים, participe pluriel de היה? TM היו. Le mot היום, peu satisfaisant dans ce passage, pourrait être placé à la fin du v. 18: כי בא קצנו היום; mais dans ce cas la ligne 6 serait trop longue;
iv 5 (5[1]) הביטה: voir plus haut;
6 (5[1]) חרפותינו: TM et LXX (sauf deux minuscules) singulier;
(5[2]) לנוכרי̈ם: voir plus haut;
7 (5[3]) devant ואלמנות (TM, LXX כאלמנות) une addition de lecture incertaine; peut-être לא בנות, expression raccourcie de לא בנים ובנות (cf. לא בנים dans cet usage attributif en I Chr 2[30, 32] et une phrase analogue en Jér 16[2]). La lecture שכולות est tentante, mais exclue par les traces de lettres;
v 6 (5[10]) עורנו peut-être transformé en pluriel par l'addition du *yod* au-dessus de la ligne: singulier en TM (mais plusieurs mss.: עורינו) et en LXX (où le verbe est aussi au singulier); traces d'addition au-dessus de רעב;
vi 6 [   ] על ה[: restituer האלה de 5[17] (TM sans article) ou bien על הר du v. 18, si l'on suppose l'omission par homéoarcton.

L'identification de plusieurs fragments minuscules reste assez incertaine, bien qu'aux indices usuels (écriture, disposition du texte, qualité et nuance de la peau, état de conservation) s'ajoute ici le fait qu'ils ont été trouvés à côté des fragments d'identification certaine.

Lors du nettoyage, plusieurs lettres ont été abîmées ou entièrement détruites. Ce sont:

1 i 4: une partie du '*aïn* et du *ṣadé*;
ii 4: une partie du premier *aleph*;
6: extrémité gauche du deuxième *gimel*;
7: עו כי émietté et détruit en partie;
iii 6 et 7: la parcelle avec le début de ces lignes se joignait directement au fragment de droite;
7: *šin* disparu en grande partie;
iv 5: la partie du *kaph* qui subsistait a disparu;
v 5: une partie du *bet* et le *yod* entier ont disparu de נביא;
7: *dalet* et *hé* de יהו[דה] émiettés;
vi 1: trace du *ṭet* disparue;
N.B. Le fragment de v 1–3, à gauche, a pu être déplié davantage mais n'a pas été rephotographié: חיר̊ à la l. 1 et le *mem* à la l. 2 sont certains.

Étant donné que la taille des lettres est assez variable et que le nombre des espaces par ligne est plutôt irrégulier, le détail de la disposition des fragments par colonnes reste parfois hypothétique, en particulier au début de la col. vi où de toute façon on ne peut pas expliquer le blanc à la seconde moitié de la 2e ligne.

1, col. I: Thr 4⁵⁻⁸ (Pl. XXXVII)

[עלי האמונים [בח]מו נש[למעדנים האוכלים⁵]

[   ] עו̇ן̇ ויגד̇ל⁶ אשפתות בֹ[ח

[7   ] ולֹא רגע כמו וכה[ההפ

[   ] ים מפֹנֹינ̇[עצם דֹ]מו [א]לב[מח

[8]   5   ] כרו נ̇[לא תארם משחור

[9   ]

[10   ]

Col. II: 4¹¹⁻¹⁵ (Pl. XXXVII)

[   ]

[11   ]

[תב̇]ל   ה̇[דתֹי]ן̇[ותאכל יסו¹²

[נ̇ביאיה   13   וא]ויב [צר כי יֹ[בוא

נעֹו¹⁴[קים [דם צד]יֹ בקרבה̇ ם̇[שופכי בקרבה כוה[נ̇]יֹה ה̇ עוונות   5

[עורי]ם בחֹוצֹות נג̇[אלו יבג̇ן[כֹלֹו בל ין]בדם [ ] בֹלבושיהם

[סור]ו טֹמֹאֹו קראו למו סֹורו סֹ[ו]רו אל תג̇]עֹו כֹי נצו¹⁵

Col. III: 4¹⁵ˢˑ ¹⁹ˢˑ (Pl. XXXVII)

[לֹגֹור¹⁶ פֹנֹי יהוה   ]

נ̇[שאֹו   ]

[17   ]

[18   ]

[19   ]   5

במד[בֹר   ] ש̇[מים   ] הֹוֹם̇ [

ארבו לנו²⁰רו[ח] אפינֹ[ו מ̇[שיח יהוה [נלכד בשחיתותֹ[ם̇

Col. IV: 4²⁰⁻5³ (Pl. XXXVII)

[אד̇[ום]²¹בגו[ים שיש̇[י ושמח̇[י בת   ]

[כרי]עֹליך תעבֹ[ור כ]וֹס תש̇[   ]

[ב]תֹ צֹיון לוא יֹוֹסֹיף לה̇[גלותך   22   ]

[אותיך חטֹ[אדום גלה על [בת [עוונך̇ פֹ]קד   *vacat*   ]

ⁱזכ]ור [ ] מֿה [ ] לֿנֿו הביטה [ ] אֿת   *vacat* 5

²חרפותי]נו   לזרי[ם בתינו לֿנֿוכריֿם

³יתומים [ ]   אב אמוֿתינו לאֿ בֿנֿות וֿאלמנות

Col. V: 5⁴⁻¹² (Pl. XXXVIII)

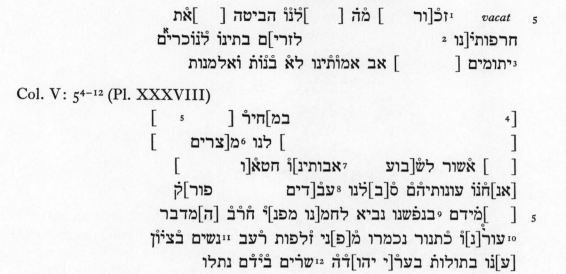

⁴]   [ ] במ[חירֿ [5]

]   [לנו ⁶מ[צרים [ ]

]   אֿשור לשֿ[בוע ⁷אבותינֿ]וֿ חטאֿ]ו [

פור]קֿ   ⁸עבֿ[דים לנו ס[ב]לֿ עונותיהֿם אֿנֿ]חֿנֿו[

5   מֿ]ידם ⁹בנפשנו נביא לחמ[נו מפנֿ]יֿ חֿרֿבֿ [ה]מדבר [ ]

¹⁰עורֿ[נֿ]וֿ כתנור נכמרו מֿ[פֿ]ני זלפות רֿעב ¹¹נשים בֿציֿון

[ע]נֿו בתולות בערֿ[י יהו]דֿהֿ ¹²שֿרֿים בֿיֿדם נתלו

Col. VI: 5¹² ˢ·, ¹⁶ ˢ· (Pl. XXXVIII)

[פני זקנים לֿ]אֿ נהדרו ¹³בחורי[ם]טֿחון נשאו

]   כשלו [*vacat*

[   ]

[   ]

[5 אוי]

[על ה]

[   ]

L'appartenance des fragments 2 à 14 (pl. XXXVIII) au même manuscrit que les fragments 1 i–vi est certaine, sauf celle du fragment 7.

2	3	4	5	6	7	8
[לא]◦	[שֿ]	[ ]◦	[הֿ◦]	◦	[יֿה א]	[תלֿ◦]
[לֿ]ֿ[וֿ לֿ]	[ור כֿ]◦	[הם]◦	[שֿד]◦	◦ם	[ ]◦	[··]
		[ ]◦				

9	10	11	12	13–14: traces de lettres.
[חרי]	[הֿ]	[◦ם]	[ם]	
[ ]◦	[◦◦◦]	[◦]		

7. LAMENTATIONS (SECOND EXEMPLAIRE)
(PL. XXXVIII)

Peau de qualité et d'épaisseur moyennes, jaune foncé. Interligne 5 mm.; hauteur moyenne des lettres 2·5 mm.; 60 espaces par ligne en moyenne. Les débuts des lignes ne sont pas alignés.

L'écriture est contemporaine de celle de 5QThrᵃ, mais la main semble être différente. A la première ligne (4¹⁷) on lit עודינה *ketîb* du TM, contre *qerê* עודינו.

1: Thr 4^{17-20}

¹⁷[עוד]ֿנה [

¹⁸צֿדֿו צעֿ[דינו

¹⁹קלים הֿ]

אפיֿנֿו [

5 [∘

8. PHYLACTÈRE
(PL. XXXVIII)

Étui en cuir noir, 23 × 13 mm., à trois compartiments de largeur inégale. C'était un morceau de cuir à peu près carré, qu'on a plié en deux. Sur les deux faces, on a profondément imprimé deux lignes qui déterminent les compartiments, mais sans que les lignes des deux faces correspondent les unes aux autres. Les trois phylactères une fois dedans, on a cousu l'étui de trois côtés. On n'aperçoit plus les attaches des courroies, si elles ont jamais existé.

Trois pièces inscrites, en peau extrêmement mince, pliées et roulées en petites boules, se voient encore à l'intérieur des compartiments. Vu leur état désespéré, je les ai laissées non déroulées.

II
TEXTES NON BIBLIQUES

9. OUVRAGE AVEC TOPONYMES
(PL. XXXVIII)

Peau mince, lisse, jaune-gris tournant au rougeâtre. Interligne 6 mm.; hauteur moyenne des lettres 2 mm. Le scribe n'a pas tenu compte des lignes tracées à la pointe sèche, larges mais peu profondes. Écriture tardive.

Dans le peu de texte conservé, on notera la mention de Josué (1 1) et plusieurs noms de lieu, mis à l'accusatif (את ... ואת ...). Parmi les manuscrits de 4Q il y a deux écrits à comparer à 5Q9. D'abord les 'Hymnes de Josué', pour lesquels voir J. Strugnell, *Revue Biblique*, lxiii, 1956, p. 65; J. T. Milik, *Dix ans de découvertes dans le Désert de Juda*, Paris, 1957, p. 104. Mais je n'y trouve pas de passages similaires, malgré le nombre de fragments relativement élevé, appartenant à deux (?) manuscrits. Plus proche, sinon identique, est un ouvrage hébreu, préparé pour l'édition par J. Starcky. On y trouve un long morceau d'une liste géographique (chaque toponyme précédé de את ou ואת), qui donne les possessions (?) des Israélites à partir de la Syrie et du Liban, au moins, jusqu'au Negeb. On y mentionne Josué et Éliézer, la vallée d'Achor (מעמק עכור), ce que n'ont pas conquis les tribus (שמעון ... ... דן ... ישכר ... אשר), naissance de David (dans le futur sans doute, malgré le parfait: הנה בן נולד לישי בן פרץ בן יה[ודה]). Tout cela en rapport avec l'histoire du tabernacle et du temple de Jérusalem.

Notes sur les toponymes de 5Q9:

'Sidon' (2 1) est connu par ailleurs, mais non pas 'Source de Sidon' (4 1);

'Eaux de Dan' (5 3), 'Ein el-Qâḍi; expression על מי דן aussi en I Hén 13⁷: ἐπὶ τῶν ὑδάτων Δαν; voir Milik, *Revue Biblique*, lxii, 1955, pp. 403–5;

כוכבה (5 1), probablement Κοχαβα, 'village juif' où résidaient des parents de Jésus (*Histoire Ecclésiastique*, i 7 14; éd. Th. Mommsen, p. 60, 18), כוכבא patrie de R. Dostaï (Pesiqta, éd. S. Buber, p. 59*b*; S. Liebermann chez M. Avi-Yonah, *The Quarterly of the Department of Antiquities in Palestine*, v, 1936, p. 171), moderne Kaukab dans la vallée d'el-Baṭṭôf. Sur les restes anciens dans ce village, voir B. Bagatti, *La Terra Santa*, xxiii, 1957, pp. 140–3;

שרדי (5 2) peut-être gentilice de שריד de Jos 19¹⁰, ¹²; cf. F.-M. Abel, *Géographie de la Palestine*, ii, p. 63;

קטנ[ת] (6 1), transcrit Καταναθ en Jos 19¹⁵ LXX (קטת en TM); identifié par les rabbins avec קטונית (yMegillah i 1), aujourd'hui Ḥ. Quṭeinah dans la vallée d'Esdrelon; Abel, *l.c.*;

צרדה (6 2) identique sans doute à la patrie de Jéroboam Iᵉʳ (I Rois 11²⁶ 12²⁴ LXX) et de R. Yoseh ben Yoʻezer vivant au IIᵉ siècle av. J.-C. (Abot i 4, Sôṭah ix 9, etc.); conservé dans les toponymes modernes 'Ein (Wâdi, Ḥallet) Ṣerîdah, 4 km. au nord de 'Abûd: W. F. Albright, *Bulletin of the American Schools of Oriental Research*, xlix, février 1933, pp. 26–28; Abel, *l.c.*, p. 457. Si l'identification est bonne (malgré la distance considérable entre Qaṭanat et Ṣeredah), le nom de lieu qui précède pourrait être [עב]וד, bien que 'Abûd, ou 'Abôd, ne soit pas attesté par les sources anciennes. Sur les tombeaux du type 'hérodien' aux environs de ce village, voir *The Survey of Western Palestine*, ii, pp. 361–4; Bagatti et Milik, *Liber Annuus*, x, 1959–60, pp. 185–204.

1	2	3	4
[ישוע והיה]	[את צידוׄן]	[ ]ׄׄ	[את עין צידוׄן]א
[את קדה את]ואׄת	[ ]ׄ ואת וׄא	את בית תפׄ[ול]וח(?)]א	[ ]ׄׄדדו
[עׄולׄ]	[ ]ׄ	[ ]ׄ	

5   6   7

א[ת כוכבֿהֿ ואתֿ]   [וֿאת קטנֿ◦]   [אנשׁ]

[ואת שרדיֿ ואתֿ]   [וֿד ואת צרדהֿ]   [◦◦]

[◦על מי דן וֿ]   [◦]   [ויבאו כול]

F. 7, l. 1 : *aleph* détruit lors du nettoyage.

10. ÉCRIT AVEC CITATIONS DE MALACHIE
(PL. XXXVIII)

Peau d'épaisseur moyenne, granuleuse, jaune foncé. Pas de lignes sèches. Interligne irrégulier, 8 mm. en moyenne; hauteur moyenne des lettres 3·5 mm.

Écriture du Ier siècle de notre ère, assez semblable à celles des n^{os} **17** et **18**, mais les mains sont différentes; comparer l'*aleph*, le *hé*, le *lamed*, le *mem* final, le *taw*.

L'ouvrage, de contenu non déterminé, cite et commente Malachie I$^{13-14}$ dans le fragment I: משוחת de la ligne I reprend משחת de Mal I^{14} (participe *pual* au lieu du participe *hophal*); à la l. 3 il y a une citation du v. 14*b*.

1   2   3

[משוחת לֿאֿ]דוני   [הֿ◦]   [כולֿ]

[הלצֿים בבהמת]   [השבטֿ]   [ת]

[כיא מלך גדול אֿ]נֿי[אֿ]מר יהוה צבאות

אֿ[שר הוא אל חי וֿהֿוֿ]א

5 לֿ[מֿנֿוֿת [אֿ]תֿ הכול]

F. 1, l. 2. La troisième lettre, vu la distance de la précédente, ne peut être qu'un *ṣadé*. Le sens de l'expression הלצים בבהמת doit être: 'ceux qui se moquent (de Dieu) en (lui offrant) des animaux [qui ont des défauts]'; cf. Mal I$^{6, 7, 12}$.

L. 3. L'*aleph* de אמר est bien clair sur l'original.

Les restitutions à la fin de la l. 4 et à la l. 5 sont très incertaines.

11. RÈGLE DE LA COMMUNAUTÉ
(PL. XXXVIII)

Peau épaisse, rugueuse, noircie. Interligne 6 mm.; hauteur moyenne des lettres 2 mm. Écriture tardive, main peu habile.

L'identification n'est pas tout à fait certaine. Bien que les mots, ou des parties de mots, du fragment se retrouvent, avec les mêmes séquences, en 1QS ii 4–7 et 12–14, l'irrégularité du nombre des espaces par ligne suggérerait des variantes, des omissions ou des additions dans le texte de 5Q. Par ailleurs, les Malédictions apparaissent fréquemment dans les manuscrits de Qumrân. Un fragment de 4Q contient plusieurs phrases de 1QS ii 5 ss.; un court passage similaire se rencontre en 1QM xiii 4–5; ce passage de la Règle de la Guerre reparaît, avec d'autres formules, dans deux manuscrits 'liturgiques' de 4Q: référence provisoire, 4QB(erakot)^a 7 ii et 4QB^b 6. Voir encore ici-même n° **14**.

Quelques fragments du n° **13**, en particulier fragment 27, sont matériellement et paléo-graphiquement très proches du n° **11**. Dans l'édition des manuscrits de 4QS on discutera l'hypothèse que 1QS i 1–iii 12 pourrait provenir d'un écrit 'liturgique'.

1, col. I: 1QS ii 4–7		Col. II: 1QS ii 12–14(?)	
[		וֹהֹי]ה	
מקל]לים		בֹ]לבבו	
ארור] אֹתה		עֹם [הרויה	
אשמת]כֹֹה יתנכה		]	
ויפקו]דֹ אֹחריכה	5	]	5
ארו]רֹ אתה		]∘	

12. DOCUMENT DE DAMAS
(PL. XXXVIII)

Peau rougeâtre, raide, très lisse, légèrement transparente (semblable au parchemin). Les lignes à la pointe sèche sont imprimées profondément. Interligne 8 mm.; hauteur moyenne des lettres 2·5 mm.; 47 espaces par ligne en moyenne. L'écriture pourrait dater de la seconde moitié du Ier siècle avant notre ère.

Quelques parcelles de ce manuscrit, qui ne contiennent aucune lettre complète, ne sont pas reproduites.

1: CD ix 7–10

יהיו נק]
אשר אמר לוֹא הֹ]וכח
על השבועה אשר]
על פני הֹשדה אֹ]שר
וֹכֹול האֹ]ובד   *vacat*   לֹ]וֹ[∘   5

Ligne 1 ne se trouve pas dans le manuscrit A de la Genizah du Caire. Par contre, un manuscrit de 4Q porte une longue addition à placer entre les ll. 6 et 7 de CD où l'on lit, entre autres:]∘נֹקֹ יהיֹו ∘[; référence provisoire: 4QD^e 10 iii 20.

L. 2. לוא: CD לו.

Lors du nettoyage la partie inférieure droite du fragment a été détruite: le *'aïn* et le bas du *pé* à la l. 4, le sommet du premier *lamed* à la l. 5 et une partie du *vacat* devant וכול.

13. UNE RÈGLE DE LA SECTE
(PL. XXXIX ET XL)

Peau mince, assez lisse, rougeâtre ou noircie. Interligne 7 mm.; hauteur moyenne des lettres 2·5 mm. Écriture du Ier siècle de notre ère.

L'appartenance de tous les fragments au même manuscrit n'est pas tout à fait certaine. La main semble partout identique, sauf peut-être celle des trois derniers morceaux (peau d'épaisseur moyenne), qui rappelle l'écriture du n° **11**. Les fragments 22 à 25, qui presque certaine-ment faisaient partie du même rouleau que les fragments 1 à 21, ont été trouvés entièrement recouverts d'une couche compacte de poussière adhérant fortement à la surface humide de la peau; un nettoyage trop systématique aboutirait à l'émiettement de ces morceaux, plus pourris que les autres. Pour ces fragments-ci et les derniers on se contentera de quelques notes de lecture au lieu d'une transcription systématique.

Le caractère sectaire de l'ouvrage ressort du fragment 4: mention de *ha-mebaqqer* à la l. 1; citation de la Règle de la Communauté, 1QS iii 4–5, aux ll. 2 et 3; une expression de 1QS ii 19 à la l. 4. La phraséologie des écrits sectaires se retrouve encore en 1 9 et 11, 5 1–2, 9 2–3, 10 1–2, 22 7, 23 3, 28 3–4. Cependant les deux premiers fragments, au moins, relèvent d'un autre genre littéraire. Ils conservent une partie de méditation, adressée au Dieu de l'Univers (1 2) à la 2ᵉ personne du singulier (1 6–8 et 12, 2 6–9; cf. 6 3, 8 3, 27 4–5). L'auteur y passe en revue l'histoire sainte. On y trouve mentionnés: la création (1 1–5), les Fils de Dieu (1 6), Hénoch (3 2), Noé (1 7), Abraham (2 5), Jacob (2 6), Lévi (2 7), les Lévites (2 8) et les Israélites (1 13; cf. 5 3). Une prière, qui s'adresse directement à Dieu, se lit aux colonnes x et xi de la Règle; une autre, au début du 'Document de Damas', qui manque dans le manuscrit du Caire mais est conservée partiellement dans deux manuscrits de 4Q. Une méditation sur l'histoire sainte, mais à la 3ᵉ personne, constitue la première partie du même Document. L'écrit 5Q13 ne paraît pourtant pas identique à ce dernier ouvrage, bien qu'il s'inspire de lui, ainsi que de la Règle de la Communauté. Sur un autre manuscrit de ce genre, appartenant au lot de 4Q, voir *Dix ans de découvertes dans le Désert de Juda*, p. 111 et 5Q15 introduction, dictionnaire *s.v.* רס.

Pl. XXXIX

1	2	3
]∘[	]∘כין	]ה̇∘[ ]
]אֱלוהי הכולֹ[	[	] חנוך [
]ה∘ ויוסד ע[ל	[	]∘[
]∘ אוצרות∘[	]לעד	
]לֹבדֹםֹ כאשר עשֹ[5	]בֹּאברהם 5	
]בֹּחרתה מֹבני אֹ[לי]ם ו∘[	]אל יעקוֹב ה[ו]דֹעתה בבית אל	
]ה̇ ובנוח רציתה מ∘[	]ואת לוי ה[ ]∘תה ותתן לו לאגוד	
]ק התמותה ות∘[	בחרתה [בני] לוי לצאת [	
]ל∘ להבין במעשֹ[י	]בֹרוֹחֹמה לפניכה	
]בֹּת עבודת[10	]ה̇ ואחר שֹני 10	
]∘∘ [להו]דֹיע נסתר[ות	]שֹבועהֹ על	
]בֹּשנה תצוהו להזֹד[	]את	
]לֹכֹוֹל איש ישראל ∘[		
]ל עלי[ן		

Pour le fragment 2, le rapprochement du morceau de droite avec les ll. 6 à 8 n'est pas certain. Lettres abîmées ou détruites: *hé* après 'Jacob' à 2 6; dans בחרתה, 2 8, *bet* et *ḥet* disparus, trois autres lettres abîmées.

F. 1, l. 8: 'Tu as détruit . . .' la génération contemporaine de Noé, Ton élu (l. 7).

L. 12: תצוהו ou bien 'ות: 'Tu lui as ordonné d'être p[ur . . .]'.

F. 2, l. 6: 'À Jacob, Tu lui as fait connaître (les mystères), à Béthel'; allusion à la vision de l'Échelle.

L. 7: 'Et Tu as [*sanctifié*] Lévi et Tu lui as donné (le pouvoir) de lier [et de délier]'; cf. Mat 16[19] 18[18] et les textes talmudiques rassemblés par H. L. Strack et P. Billerbeck, *Kommentar zum Neuen Testament aus Talmud und Midrasch*, i, pp. 738–47.

L. 8: 'Tu as choisi [les fils de] Lévi pour les fonctions sacrées' (litt.: 'pour qu'ils sortent [et entrent . . .]').

L. 9: 'pour qu']ils [*servent*], en esprit, devant Toi'; c'est peut-être une interprétation particulière (*pešer*) de la phrase qu'on trouve en Mal 2[15, 16]: נשמרתם ברוחכם.

4	5	6
יע[מֹוד לׁפֹנׁיׁ המבקר]	[פֹעולתמה ··· מה]	]ׁ[ ] · · · [
ולוא יזכה בכפור]ים [	[ׁיׁד בליעל ולוא יׁ]	תמה לכלותמה]
[טמא טמא יׁהׁיׁהׁ] כול[מׁ]י	יׁ]שראל בהקימו [	[ׁתׁיכה ואם לוא]
ה]אׁלֹה יעשו שנה בשנה כֹ]ול ימי		[ולוא ה]
לׁ]ל[ ] לרוחׁ]ׁ	5	

N.B. La fin des ll. 3–5 du f. 4 se retrouvent sur la planche sous les nᵒˢ 12 et 14; y joindre peut-être le f. 11 dont la l. 1 continuerait la l. 4 du f. 4.

7	8	9	10	11	13
]···[	]ׁ[	] · · · [	[עושׁי]	]ׁ כׁול]	]ׁ לוא]
[ודשׁ]	[שׁ א]	א]ׁת אשר צוׁ]ה	[ה בפׁי]	[וׁא אל]	
[לבני]	[בׁשפטכׁה]	המש[פֹטׁים האׁלה]	]לׁ[	[הוׁׁ]	
]ׁׁ[	]לׁ[	]ׁ[			

15	16	17	18	19	20	21
]ׁ[	]···[	[שלׁ]ׁ	[נׁי]	[וׁ שרׁ]	[וׁ אׁ]	[ארׁ]ׁ
]ׁׁ[יׁק[	]ׁ לׁ[	]···[				

F. 22, l. 4 fin: peut-être] ··· ובדור; l. 7: probablement אבותינו מל]פנינו, cf. 1QS i 25.

F. 23, l. 2 ∘∘ חסדים; l. 3 ··· ; l. 5 ··· נחׁלׁת ··· ; l. 6 fin: probablement ברוח. ללכת בשׁר]ירות לב

F. 24, l. 1 חׁלב ודבש ומׁצרׁ∘ ; l. 3, peut-être: מׁ]יום ברואם מעטו.

F. 25: traces de lettres.

F. 26, l. 2 ∘ דבש מסלע : phrase de Deut 32[13]; l. 3 זרים באו ·· : cf. Jér 51[51].

Pl. XL

F. 27, l. 4 ∘∘ לכה ∘ ; l. 5 peut-être: ∘ פלגיכה ; l. 6 probablement מ]ד ערב וב] ; l. 7 ע]מרׁים ∘∘.

F. 28, l. 3 על ברית אׁל ; l. 4 probablement שנה בשנה.

F. 29, l. 1 מׁים].

14. ÉCRIT CONTENANT DES MALÉDICTIONS
(PL. XL)

Peau épaisse, lisse, noircie. Marges 10 mm. environ; interligne 6 mm.; hauteur moyenne des lettres 2·5 mm. Cinq lignes de texte par colonne; hauteur du rouleau 47 mm. Écriture tardive.

Le peu de texte conservé suggère une composition 'liturgique' contenant des malédictions, formulées indifféremment à la 2e personne du singulier (ll. 2 et 4) ou du pluriel (l. 3), et peut-être, de plus, à la 3e du singulier (l. 5); dans le dernier cas, la 1ère personne du singulier n'est pas à exclure.

1

]◦ יִם וְעַל יָמִים גַּם עַל[

] יפלו מעליך וֹניך◦[

]תְּפֹּל תפלו בכול תפלו כֹם[

]הַחוֹלִ מכּוֹל ישמידוך[

5]◦ כי דיו ואין לו מֹעט[

A la l. 1 traduire 'sur les mers' plutôt que 'sur les jours'; l. 2, peut-être: 'Que tes [y]eux tombent de tes (orbites)'; l. 3: 'que vos . . . tombent en toute sorte d'insanités' (jeu de mots!); l. 4: 'qu'ils t'exterminent d'entre tous les . . .'; l. 5: 'qu'il en ait peu et qu'il n'en ait pas assez, car . . .'.

15. DESCRIPTION DE LA JÉRUSALEM NOUVELLE
(PL. XL ET XLI)

Peau d'épaisseur moyenne, granuleuse, jaune ou noircie; surface abîmée par endroits. Lignes sèches assez fines. Marge supérieure 15 mm., inférieure 18 mm., intercolonnement 15 mm.; interligne 6 mm.; hauteur moyenne des lettres 2 mm. Nombre d'espaces par ligne: 86 (1 i), 76 (1 ii); dix-neuf lignes, au moins, par colonne.

Belle écriture 'hérodienne', comparable à celles de 1QIs^b, 1QH (première main), 1QM, 1Q 'Genesis Apocryphon'.

La langue de 5Q15 est celle d'un dialecte ouest-araméen plus récent que l'araméen de Daniel. On constate encore l'emploi correct des 'états', mais on trouve déjà l'*aphel* au lieu du *haphel*: אחזיאני et אעלני 1 ii 6 (cf. העלני et הנעל en Daniel) ainsi que le pronom démonstratif דן au lieu de דנה. Tout à fait exceptionnel dans les manuscrits araméens de Qumrân est l'emploi du signe d'accusatif ית 1 i 16 s.; cf. יתהון en Dan 3¹², donc avec le suffixe pronominal seulement, comme en nabatéen, christo-palestinien, galiléen. En Mur21 1–3 19 on a שטרא ית: *DJD II*, p. 117. Noter un 'hébraïsme': participe סוחר 1 i 1 au lieu de סחר 1 ii 3–5 (sinon, comprendre סחור).

De même l'orthographe est plus pleine (mais pas systématiquement: p. ex. פותיה et פתיה) et moins archaïsante (גויה 1 i 18, מעלה ii 2; קנא i 11, דכא ii 10) que celle de la partie araméenne de Daniel; voir 3Q15 introduction, B 1d. L'usage de l'*aleph* comme *mater lectionis* est normal à cette époque pour noter les diphtongues (cf. *Biblica*, xxxviii, 1957, p. 263 et *DJD II*, p. 113, note à **20** 12): אחזיאני 1 ii 6; il est exceptionnel dans les cas comme באתין ii 6 et פותאהון ii 7; voir 3Q15 introduction, B 5a. Sous les deux aspects, grammatical et orthographique, l'araméen de 5Q15 est semblable à celui du 'Genesis Apocryphon', pour lequel voir E. Y. Kutscher, *Scripta Hierosolymitana*, iv, 1958, pp. 1–35.

La Description de la Jérusalem Nouvelle, un écrit araméen qui est une revision de la 'Torah' d'Ézéchiel (chapitres 40 à 48), était déjà connue par quelques parcelles de texte provenant de la première grotte de Qumrân (1Q32; *DJD I*, pp. 134 s.). Un autre exemplaire du même ouvrage figure parmi les manuscrits de 11Q, mais je n'en tiens pas compte dans l'édition des fragments de 5Q. C'est vers la fin de la Description que se place sans doute le rituel araméen, dont une partie est publiée plus haut, 2Q24. Par contre, avec l'autorisation amicale de J. Starcky, j'ai pu utiliser deux grands morceaux de 4Q, dont le texte m'a permis de compléter les ll. 1 à 6 et 15 à 19 de 5Q15 1 i ainsi que la col. ii du même fragment. Grâce à ces recoupements, aux critères matériels et aux données du contenu, l'assemblage des fragments qui composent la première colonne du fragment 1 est bien assuré, à l'exception de trois parcelles:

celle avec מִין au début de la l. 1, celle avec פֹּו/שׁב vers la fin des ll. 3 et 4, celle avec קני au début de la l. 5. De plus, la longueur d'une colonne du manuscrit de 4Q n'est pas en faveur d'une colonne de 5Q15 qui dépasserait 19 lignes, autrement dit, qui exigerait l'addition d'une ou plusieurs lignes entre i 14 et 15. Par contre, le texte de la col. ii, ll. 3–8 à gauche et ll. 9–15 en entier, est restitué à partir de deux groupes de fragments de 5Q (recomposés sur la base des indices matériels) et du deuxième morceau de 4Q (qui recoupe certainement les ll. 5–8 à droite, mais moins sûrement les deux groupes susmentionnés); cette restitution reste un peu hypothétique.

Le schème littéraire de l'ouvrage araméen est celui d'Éz 40 ss.: le visionnaire fait une visite systématique de la Ville [et du Temple], accompagné d'un 'métreur divin' qui opère des mensurations détaillées, la mesure de base étant une canne (קנה) égale à sept coudées; cf. Éz 40[3, 5] et Apoc 21[15]. A la col. i du grand morceau de 4Q, qui est probablement la première colonne du manuscrit, commence la description d'un gigantesque rempart à douze portes qui ceignait sans doute la 'Part consacrée à Yahvé', תרומה d'Éz 45[1-5] et 48[9-14] ainsi que le territoire de la Ville situé au sud de la *Terumah*, Éz 45[6] et 48[15-18]; cf. Apoc 21[12-14, 16]. La visite de la Ville commence avec la phrase: ואעלני לגוא קריתא ומ[שח כל פר]זיתא [ופרזית]א אורכא ופותיא קנין חמשין וחד בחמשין וחד מרבעה ס[חור] qu'on trouve à la col. ii du fragment de 4Q et qui constituait la dernière ligne de la colonne précédant 5Q 1 i, deuxième colonne de notre manuscrit complet. Après avoir donné les dimensions globales d'une פרזיתא, énormes *insulae* carrées qui remplissaient cette Ville bâtie d'après un plan en réseau (1 i 1–2), l'auteur décrit la voirie de l'agglomérat: avenues (trois est-ouest et trois sud-nord) et rues entre les îlots, toutes pavées de pierres précieuses (i 3–7); puis, poternes (i 8–9) et grandes portes du rempart (i 10–14) et enfin, très en détail, un des quatre porches de l'îlot (i 15–ii 5). À l'intérieur de cette bâtisse, se suivent, le long des murs, de petites maisons (ii 6–10) et d'autres installations, probablement des *triclinia* (ii 10 ss.).

D'après le manuscrit de 4Q le grand rempart mesurait 140 stades sur chaque côté long, est et ouest, et 100 stades sur les côtés nord et sud. Si ce stade est égal à 30 cannes = 210 coudées (voir plus bas, dictionnaire s.v. רס), le périmètre de la Jérusalem Nouvelle est à peu près identique au pourtour de la *Terumah* totale d'Éz 48[20]: $(140 \times 2 \times 210) + (100 \times 2 \times 210) =$ 100,800 coudées contre $25,000 \times 4 = 100,000$ coudées. L'auteur de l'ouvrage araméen ne se rendait probablement pas compte que la différence en surface est encore plus marquée: 625,000,000 coudées carrées contre 617,400,000. De toute façon, transfigurant le carré d'Ézéchiel en un rectangle il était plus à l'aise dans ses calculs ultérieurs. Il ceint son rectangle d'un rempart où s'ouvrent douze portes nommées d'après les douze tribus, à l'image de la Ville d'Éz 48[30-35] qui n'était que de 4,500 coudées de côté. En joignant les portes par les avenues l'auteur araméen obtient horizontalement quatre bandes égales de 35×100 stades dont les trois au nord constituent un carré approximatif, 105×100 stades = $22,050 \times 21,000$ coudées, qui correspond au rectangle de la 'Partie consacrée' d'Éz 45[1] (LXX), $25,000 \times 20,000$ coudées. Deux des six avenues de l'écrit araméen sont plus larges que les autres car elles assuraient l'important trafic vers le Temple; c'est l'avenue nord-sud médiane (5Q15 1 i 5–6) et l'avenue est-ouest 'qui est au nord du Temple' (ll. 3–4). Le Temple était donc au centre de la bande centrale de la 'Part consacrée', mais touchant à sa limite nord. Ainsi il se dressait dans le territoire des prêtres, comme le Temple d'Éz 45[2-4] et 48[9-12], et il communiquait à travers l'avenue avec la partie nord de la *Terumah*, habitée par les lévites; cf. Éz 45[5] et 48[13]. Il est difficile de deviner la destination de la bande située entre celle des prêtres et celle de la Ville, mais servant de tampon entre la partie sacro-sainte et la partie laïque, elle trahit le souci de Pureté cultuelle si caractéristique des sectaires de Qumrân.

On se rappelle que dans la Torah d'Ézéchiel la bande méridionale, 25,000 × 5,000 coudées, celle 'près de la part du Sanctuaire', est destinée aux ouvriers pris dans toutes les tribus d'Israël; au centre il y a la Ville, 4,500 coudées de côté avec un faubourg de 500 coudées tout autour; Éz 45⁶ et 48¹⁵⁻²⁰, ³⁰⁻³⁵. Pour l'auteur de la description araméenne c'est la même bande sud mais tout entière, 35 × 100 stades, qui constitue la Ville. Elle semble être systématiquement occupée par des îlots (פרזיתא; voir plus bas, dictionnaire), bâtisses de 51 cannes de côté, 5Q15 1 i 1, à quoi on ajoutera le double de la largeur du péristyle de 3 cannes, ll. 1–2, et la moitié de la largeur de la rue séparant les îlots, laquelle a 6 cannes, l. 2. On obtient ainsi la surface théorique de l'îlot: un carré de 60 cannes de côté, 51+6+3; on retiendra que dans ce calcul entre en plus la largeur de la poterne qui termine chaque ruelle, l. 8 (voir plus bas, dictionnaire *s.v.* שפשא). Or, si l'on essaie maintenant d'aligner les îlots sur les trois côtés extérieurs de la Ville, on arrive aux résultats suivants. Sur les petits côtés, qui ont chacun 35 stades × 30 = 1,050 cannes, on aura 1,050:60 = 17½ îlots théoriques. Négligeons la fraction et nous obtenons 34 espaces disponibles pour les פרזיא sur les côtés est et ouest. Sur le front sud, chacun des quatre secteurs de 25 stades, c'est-à-dire de 750 cannes, a place pour 750:60 = 12½, c'est-à-dire 12 îlots. Pour les trois fronts, on arrive ainsi au nombre de 82 îlots, 34+(12×4), ou plus exactement 80, les deux îlots aux angles sud-est et sud-ouest ne devant être comptés qu'une fois. Ce chiffre confirme de façon suffisante le nombre de 80 poternes, lu hypothétiquement en 1 i 8. Le nombre total des îlots se monterait à 816, arrondi peut-être à 800.

Il n'est pas impossible que l'auteur de l'Apocalypse grecque du Nouveau Testament ait connu notre Description araméenne de la Jérusalem Nouvelle. L'énorme Ville Sainte du chapitre 21 est ceinte d'un rempart à douze portes, exactement comme celle des manuscrits de Qumrân et non pas comme la petite ville d'Ézéchiel. La Ville de l'Apocalypse est un carré (ou plutôt un cube!) de 12,000 stades de côté, 21¹⁶. Faisons abstraction de la multiplication par 100 et nous retrouvons le rectangle de 140 × 100 stades de l'auteur araméen, mais rebrisé en un carré de 120 × 120 stades, plus proche des mesures d'Ézéchiel, 120 × 210 = 25,200, et mieux adapté au symbolisme. Dans les deux villes on a une profusion de pierres précieuses, Apoc 21¹⁸⁻²² et 5Q15 1 i 6–7, d'ailleurs connue déjà en Is 54¹¹⁻¹² et Tobie 13²¹ˢ.

La publication des manuscrits de 4Q et 11Q, ainsi qu'une comparaison plus détaillée avec les descriptions du Temple contenues en Ézéchiel et dans le traité Middot, permettra peut-être de restituer cet écrit fragmentaire davantage et de mieux comprendre son texte difficile. Ici, en plus de ce qui a été dit plus haut, on se contentera de quelques notes au vocabulaire de 5Q15, en particulier aux termes d'architecture et d'urbanisme, ainsi que d'une traduction de 1 i–ii et 2, assez littérale.

אמה 1 ii 12 (4Q), n'est pas 'coudée' mais 'canal, caniveau, égout' comme le syriaque '*emma demaya* 'canal' (ὑδραγωγός Sir 24³⁰), Payne Smith, col. 222, ainsi que le mishnique אמה et אמת המים 'aqueduc, canal'; 3Q15 introduction, C 58. Le mot est en réalité אם 'mère' dans une acception particulière, d'où le genre féminin: אמה בריתא 'son caniveau extérieur'.

אמה 'coudée', *passim*. Dans les discussions sur la valeur métrique de la coudée israélite, on néglige ou l'on ignore la seule donnée épigraphique et archéologique valable. Il s'agit du dipinto tracé au-dessus d'un loculus dans un hypogée du Wady en-Nâr, publié par E. L. Sukenik, *Tarbiz*, vi, 1934–5, pp. 192–4 et fig. 3. Il date du Iᵉʳ siècle ap. J.-C. et on y lit que 'ce loculus' (כוכה דנה) est de 'deux coudées de long' (א[ר]ך אמין תרתין). Sukenik reste perplexe en constatant que la longueur du four est de 156 cm., ce qui donnerait une coudée de 78 cm.! En réalité, les notions de longueur et de largeur sont assez relatives et en particulier, si l'on ne donne qu'une seule mesure, on envisage la dimension la plus importante du point de vue utilitaire. Dans notre cas c'est la largeur du loculus, bouché en temps habituel, qu'il était utile de connaître pour les dépôts futurs d'ossements et d'ossuaires. Or, la largeur du four en question est de 112 cm., *Tarbiz*, *l.c.*, fig. 1, ce qui donne une coudée de 56 cm. Par ailleurs, il n'y a pas de raison suffisante pour admettre l'existence d'une double coudée; voir plus bas *s.v.* קנה.

אספא i 16–19 (en 4Q une fois: אסיפא) est le doublet, plus rare d'emploi, de ספא 'seuil'.

ביתא et באתין 1 ii 6–10 (cf. בתיא 2 2) 'maisons' de 3 sur 2 cannes, qui longent les murs intérieurs des îlots. Elles doivent être en réalité le rez-de-chaussée au-dessus duquel se trouvaient les תוניא ii 8–9, *cubicula* de mêmes dimensions, sans doute un dortoir. Pour la hauteur de ces maisons à étage on donne d'abord la dimension globale: deux cannes, l. 8, et ensuite la hauteur des 'maisons' et des 'chambres': une canne et une canne, l. 10. Les dimensions des pièces (מציעת ביתא mot à mot 'les milieux de la maison' et גוהון די ת[וניא] 'les intérieurs des chambres') sont: une canne de long et de haut sur 4 coudées de large, ll. 9–10. On supposera qu'il y avait huit pièces au rez-de-chaussée et huit à l'étage, réparties quatre par quatre des deux côtés du corridor central mesurant 5 coudées sur 2 cannes. Le corridor était parallèle au petit côté de la maison et il communiquait par un escalier avec l'étage. Tous ces détails sont malheureusement laissés sous-entendus par l'auteur.

ברתא i 1: ברית שוק comme substantif est connu aussi par les écrits talmudiques, p. ex. בשוקא ובברתיא Baba Batra 40*b*; dans le contexte de 5Q15, cette expression spécifie שבק 'passage couvert' à l'extérieur du bâtiment, donc 'galerie, portique longeant la rue'.

דוכנ[יא] ii 13, *si vera lectio*, est à rapprocher du דוכן en Middot ii 6, etc. Le mot désigne une plate-forme entre le Parvis d'Israël et le Parvis des Prêtres, où ces derniers officiaient, surtout pour les bénédictions du peuple; cf. Middot, éd. O. Holtzmann, pp. 35 et 73 (qui renvoie aussi à *AJ* xiii, § 373). Dans notre cas il s'agirait d'une cour adjacente au triclinium et de mêmes dimensions, destinée aux prières et bénédictions des banquets; voir plus bas, le dernier mot du dictionnaire. Signalons à ce propos que גדרת d'Éz 42¹² est traduit dans le Targum d'Onkelos par דוכן. Or, cette 'cour' d'Ézéchiel se trouve devant les dépendances du Temple prévues pour les repas sacrés des prêtres: הנה לשכות הקדש אשר יאכלו שם הכהנים Éz 42¹³.

דכא ii 10: sans doute pour דכה 'lieu, salle', substantif féminin au singulier absolu. En I Reg 14²⁸ et II Chr 12¹¹ ce mot traduit l'hébreu תא.

דשין et דשיא i 9 11 17: pluriel du pan-araméen דש 'porte qu'on peut fermer'; les תרעיא de 5Q15 sont à deux דשין 'battants'. Noter la forme simple du pluriel comme en judéo-araméen par opposition à דששיא et דשן dans les papyrus d'Éléphantine; A. E. Cowley, *Aramaic Papyri of the Fifth Century B.C.*, n° 30, 10 s.; E. G. Kraeling, *The Brooklyn Museum Aramaic Papyri*, nos 10, 3 et 12, 13.

חור (אבן) 2 i 6 'pierre de la tonalité de l'étoffe *ḥur*'; cf. Esth 1⁶ et 8¹⁵ (LXX βύσσος).

טלול i 16 (4Q) 'ombre'; *ṭelul* comme en araméen christo-palestinien (aussi babylonien ṣulûlu et arabe ẓulûl) contre *ṭelal* dans d'autres dialectes araméens. Dans le contexte, 'linteau' plutôt que 'auvent'.

יהלם i 7 'jaspe (?)', Éz 28¹³, Ex 28¹⁸ 39¹¹; cf. Apoc 21¹⁸.

כותא 1 ii 12, singulier emphatique; כוין 1 ii 11 et 2 1, pluriel absolu: 'fenêtre' comme dans d'autres dialectes araméens. Ajouter כותא dans l'inscription nabatéenne *CIS* ii 350 2; cf. *Revue Biblique*, lxvi, 1959, pp. 555–8. Voir la note à 1 ii 12.

עלל i 19 et ii 1 'entrée'; cf. mishnique עלל même sens.

פרזיתא i 1, plutôt que פרזותא; singulier absolu פרזא (4Q) pour פרזה, pluriel emphatique פרזיא i 2. Dérivé de l'adjectif hébreu פרזי, employé parfois comme substantif, à côté du nom pluriel פרזות: ערי הפרזי Deut 3⁵ et ערי הפרזות Esth 9¹⁹ 'villes ouvertes, sans rempart'. Le *hiphil* du verbe mishnique *paraz* veut dire: 'dépasser (les limites)'. Il s'agissait donc originairement de faubourgs; ce sens a été reconnu par Qimḥi: וזה השם עוד לפרזות אשר הם חוץ לעיר ומגרש ומגרשי הערים (cité par Ben Iehuda, x, p. 5154). Il est d'ailleurs possible que notre mot avec son acception ait été absorbé par d'autres termes. Ainsi sous פרו(א)ר 'faubourg', Levy, iv, p. 104, et Jastrow, p. 1218, on trouvera la variante פרזא; le terme énigmatique פרוותא, Levy, iv, pp. 104 s., et Jastrow, *l.c.*, qui semble vouloir dire 'faubourg, quartier' plutôt que 'port' comme le propose Raši, est peut-être à corriger en פרזיתא.

L'auteur de la Jérusalem Nouvelle ne retient que l'idée de base: 'quartier extérieur de la ville' en restreignant le sens de פרזיתא à celui de 'bloc d'immeubles, îlot'. On notera en plus que si les formes פרזיתא et פרזיא se rattachent spontanément à l'hébreu פרזי, le singulier absolu פרזה dérive plutôt de l'hébreu פרזות qui n'est employé qu'au pluriel.

קנה 'canne', *passim* et toujours avec l'équivalent en coudées, la coudée étant le septième de la canne. La canne d'Ézéchiel est longue de שש אמות באמה וטפח 40⁵ (cf. 43¹³), c.-à-d. 'six cannes dont chacune est augmentée d'un palme', lequel est le sixième de la coudée. Donc elle est égale à sept coudées comme la canne de l'écrit araméen. Au lieu de spéculer sur la double coudée dans la métrologie biblique, la 'grande coudée' et la 'coudée commune', il vaudra mieux ne faire la distinction qu'entre les deux cannes, celle à six et celle à sept coudées; voir encore ci-dessus, s.v. אמה. La métrologie babylonienne connaissait une *qanû* de six coudées (époque ancienne) et l'autre de sept coudées (époque néo-babylonienne).

רס (4Q) 'stade'. Le mot est bien connu dans les écrits rabbiniques, sous la graphie ריס; on en comptait sept ou sept et demi dans un mille; p. ex. Yoma vi 4. La valeur proposée par les modernes, à savoir 266⅔ coudées, est tout à fait chimérique; cf. S. Krauss, *Talmudische Archäologie*, ii, pp. 391 s. L'équivalence donnée par Raši: 1 *res* = 30 cannes (בית ריס א׳ שהוא שלשים קנים, à Gen 14¹⁷) que nous avons adoptée plus haut pour nos calculs s'est montrée satisfaisante.

Ce terme métrologique se trouve attesté par trois manuscrits de la grotte 4 de Qumrân. Dans la Description de la Jérusalem Nouvelle il apparaît sous la double graphie: רסין (deux fois) et ראסין (deux fois). Dans un écrit hébreu, qui est une règle de la secte s'inspirant de la Règle de la Communauté et du 'Document de Damas' (cf. *Dix ans de découvertes dans le désert de Juda*, p. 111), on lit: [⋯רחוק מן המ]קדש שלושים רס אל ימ[ש](?)[⋯]. La distance de 30 *res* est égale à 4 milles égaux à une parasange; la même distance de 30 *res* revient souvent dans les traités rabbiniques, p. ex. Baba Qamma vii 7 (79*b*), 83*a*. Dans un autre écrit hébreu on trouve la phrase: המרחיקם שבעה ראסות. L'orthographe facultative ראס suggère la vocalisation *res* et non *ris*; voir 3Q15 introduction, B 5*a*.

M. Strugnell attire mon attention sur un passage de l'Épitre à Fabiola, où, à propos du toponyme biblique רסה (Ρεσσα, *Ressa*) Num 33²¹ˢ·, saint Jérôme remarque que le même mot se retrouve dans le livre des Jubilés et signifie 'stade'. Il vocalise donc le mot en question *res*(*a*) et non *ris*. *Octava decima mansio in 'frenos' vertitur. . . . Hoc verbum quantum memoria suggerit nusquam alibi in Scripturis Sanctis apud Hebraeos invenisse me novi, absque libro apocrypho qui a Graecis λεπτή id est parva Genesis appellatur; ibi in aedificatione turris pro stadio ponitur* (Jub 10²¹), *in quo exercentur pugiles et athletae et cursorum velocitas comprobatur*; Corpus Scriptorum Latinorum, lv: *S. Eusebii Hieronymi Epistulae*, éd. I. Hilberg, II, Ep. lxxviii, § 20, p. 68, 12–19.

Le mot est d'origine perse où il n'est attesté qu'aux époques postérieures et seulement par un substantif composé: pehlevi *asprās*, *asprēs* 'hippodrome', persan *äsprās*, -*z* 'course de chevaux, place d'exercices', F. Steingass, *Persian–English Dictionary*, p. 48. Il fut emprunté par l'arménien: *asparēz* 'stade (mesure), piste de courses'; par le syriaque: *'sprys* 'hippodrome' (Th. Nöldeke, *Zeitschrift der Deutschen Morgenländischen Gesellschaft*, xliv, 1890, p. 532); par le judéo-babylonien (*sic*, et non judéo-palestinien: W. Bacher, *Revue des études juives*, xxvi, 1893, p. 64) אספריסא 'course', Echah Rabba à Thr 3¹²; cf. S. Krauss, *Griechische und Lateinische Lehnwörter im Talmud, Midrasch und Targum*, ii, p. 94. Voir S. Telegdi, *Journal Asiatique*, ccxxvi, 1935, p. 255 n° 126. Pour le 'stadium, hippodrome' le judéo-araméen a בית ריסא avec *asp-* 'cheval' sous-entendu, puisque la 'Porte des chevaux' de Jér 31⁴⁰ et de Néh 3²⁸ devient la 'Porte de ריסא בית'. La 'Vallée de שוה' de Gen 14¹⁷ est traduite par Onkelos מישר מפנא et identifiée avec l'emplacement du בית ריסא דמלכא, peut-être sous l'influence des légendes juives sur l'hippodrome du roi (Salomon); voir 3Q15 introduction, C 201.

שבק I 1; voir note de lecture. En Éz 41⁹, ¹¹ l'expression (מקום) מֻנָּח) qui désigne le 'passage couvert, longeant les chambres latérales du Temple', est traduite dans le Targum d'Onkelos par אתר שביק. En syriaque on rencontre le mot *šbq* 'cours, course' en général, et comme terme d'urbanisme (cf. 'cours' et *corso* au sens de 'promenoir') une seule fois, dans l'Histoire de Joseph et d'Aseneth, pour traduire le grec πρόδρομος: J. P. N. Land, *Anecdota Syriaca*, iii, p. 35, 17; E. W. Brooks, *Corpus Scriptorum Christianorum Orientalium. Scriptores Syri*, III v i, p. 29, 26 (traduction latine) et III vi i, p. 42, 16 (texte syriaque); les corrections de Payne Smith, ii, col. 4042, et de Brooks, *l.c.*, ne s'imposent donc pas. Ces mots sont probablement empruntés à l'accadien *šubqu* et *šebqu* 'passage, accès' dérivés du verbe *šabâqu* 'passer'; voir C. Bezold, *Babylonisch-Assyrisches Glossar*, p. 264.

שפשא i 8; cf. mishniques משופש 'petite porte latérale, poterne, passage' (Jastrow, p. 850) et פשפש au même sens; L.-H. Vincent, *Jérusalem de l'Ancien Testament*, ii, pp. 508 s. et pl. CV. Le rapport étymologique du dernier mot avec les deux premiers n'est pas clair. Si le nombre 'quatre-vingt' est de lecture certaine (voir plus haut), il ne peut s'agir que de 'poternes', petits passages dans le rempart, à l'issue des rues entre les îlots. Égal à *šimšot* d'Is 54¹²?

שש i 7 'marbre blanc', Esth 1⁶ et Cant 5¹⁵.

תוניא ii 8 'chambres', dans le contexte: 'chambres de l'étage, dortoirs'; voir plus haut, s.v. ביתא.

א○○○[   ] ii 10. Ce mot mutilé se réfère à une construction à l'intérieur de l'îlot, à côté du דוכן (voir plus haut) et de mêmes dimensions que lui. Les trois lettres qui précèdent l'*aleph* final n'ont laissé que des traces infimes, heureusement assez significatives. Les deux premières lettres, qui descendaient très bas, ne peuvent être que *kaph* ou *mem*; la troisième, par contre, était accrochée assez haut, ce qui ne se vérifie que dans un *yod* ou un *lamed*. J'ai pensé d'abord à ממי[י]א 'bassins' (cf. 3Q15 introduction, C 73) ce qui permettrait d'identifier l'édifice en question avec les bains. Mais la mention des ערשין 'lits, couches' ii 11 fait songer à un triclinium; voir déjà plus haut s.v. דוכן. Les rabbins emploient surtout le terme emprunté טרקלין; Krauss, *Talmudische Archäologie*, i, pp. 44, 49, 353 n. 576, 362 n. 643. Mais en bBeṣah 22*b* la 'salle à manger' s'appelle בית המטות, donc 'salle à *klinai*' comme dans notre cas. Cf. encore בית המשכב discuté dans 3Q15 introduction, C 108. S'il s'agit donc du réfectoire où mangeaient les résidants de la Ville (ouvriers et pèlerins), je proposerais pour le mot abîmé la restitution: [בתי] מכלא, pluriel de בית מאכל 'salle à manger'. Signalons à ce propos que l'expression ללחם d'Éz 48¹⁸ (il s'agit de revenus pour nourrir les travailleurs de la ville) est traduite למיכל dans le Targum d'Onkelos.

Le texte, ii 11, précise qu'il y avait 22 lits. Dans une salle de 12 × 19 coudées, avec banquettes d'environ 2 coudées de large sur trois côtés et entrée par un côté court, on répartira les 22 convives par 8+6+8.

A propos de l'état actuel des fragments on notera:

F. 1, col. i, l. 2: la partie contenant פר s'est écartée du bord droit.
L. 5, [ו]מצ[: devant le *mem* la surface est abîmée.
L. 12, לי]ין: après nettoyage, le *yod* est bien visible.
L. 19, ארבע: l'*aleph*, qui se trouve sur le premier fragment à droite, est assuré par nettoyage.
Col. ii, l. 2, לקבל: le sommet du second *lamed* a pu disparaître de la surface abîmée du fragment supérieur.
L. 3 vers la fin: *šin*, *reš* et *hé* de עשרה détruits partiellement.
L. 12: les trois dernières lettres de תרתין nettoyées, les deux dernières de כותלא détruites.
F. 3: début de la l. 3 nettoyé.
F. 7, l. 2: après nettoyage, la lecture est certaine.

1, col. I (Pl. XL)

[סחור א]מֿין [תלת מאה ו]חֿמשין ושבע לכל [רו]ח ושבק סוחר סחור לפרזֿתא בֿרית שוקֿ] קנין
תלתה א]מֿין עשרין

[וחדה] vac. וכדן [אחזיאני מֿ]שחת פֿֿ[זיא כלהן בין פרזה לפרזה שוקֿ] פֿתֿה קנין שֿתֿ[ה] אמין
ארבעין ותרתין

[ושוקֿ]יֿא רברביא [די] נפקֿ[ן] מן מדנחֿא [למערבא] קנין עשרה פֿותֿ]י שוקא אמין] שֿבֿ[עין
תרי]ן מנהון ותליתיֿא

[די על] שֿ[מא]ל מקֿ]ל מקֿ[דשא מֿ]שֿח קנין תמנית עשֿ[ר] פותי אמין מֿאֿ[ה ועשרי]ן [ו]שֿת וֿפֿֿ[ות]י
שוקיא די נפקין מן דרומֿ[א]

5   [לצפונא תרי]ן מֿ[נהון] קנין תשֿ[ע]ה ואמין א[ר]ֿע לשוק חד אמי[ן] שתין ושבע [ו]מֿצֿ[יעא די
במצֿ[יעת קריתא

[משח פותי]הֿ קנֿ]ין תלֿ]תֿת עשר ואמֿה חדה לאמין תשעֿ[י]ן ותֿ[רתין] וֿכֿל [שוקֿ]י]א וקריתא
ר]צֿיפין באבן חור

vacat   שש ויהלם [   ]רֿגֿ]יֿא וא]   ]בֿ[]ֿ   [   ]ֿ ֿ[   ]

[ואחזיאני משחת שפשיא ת]מֿנין פֿותֿ]יהון די] שפשיא קנין תרין [אמין ארבע עשרה
[

ע]ל כֿל תרע ותֿרע דשין תרין די אבֿן פותי[ֿ] די]ן דשי]א קֿנֿ[הֿ] חד אמין
[*vacat* שבע

10   [ואחזיאני משחת   ]יֿא תרי עשר פותי תרעיהון קנין תלתה אמי]ן עשרין וחדה
על כל]

[תרע ותרע דשין תר]יֿן פותי דשֿי[א] קנא חד ופלג אמֿיֿ]ן עֿ[שר ופלג
[

[וליד כל תרע תרי מגד]לין חֿדֿ מֿ[ן י]מֿינא וחד מן שמ[אל]אֿ פותיהון ואורֿכהון [משחה חדה
קנין חמשה בחמשה]

[אמין תלתין וחמש ודרגא די סלק ליד]תֿרעא בגוא על [ימי]ן מגדליא ברום מֿגֿ]דליא פתיה
אמין חמש מגדליֿא]

[*vacat*   תרע[א ר̇ו̇ח ב̇כ̇ל רבׄעין א[מין ל[אמין וׄאמ̇ן חׄמ̇שׄ ואמ̇שה בחמשה קנין חמשה קנין ודרגיא]

15   ופו̇[ת̇]י עׄ[ע]שׄ[רה ופו̇[ת̇]י עׄשׄ[רה אמין ארב̇[ע] קׄנין תרין אמין וחזיאני משחת תרעי פרזיא פתיהון [קׄנין תרין אמין ארב̇[ע]
יא משחתא אמין]

   [ומשח [פׄוׄת̇]י̇ה די כל א[סׄפ̇א קנין תרין אמין ארבע עשרה [וית טלולה אמה
חדה[

[ומשח על כל] א̇ספ̇א̇ ית ד̇[שין ל]̇ה ומשח בגוא א[ס]פ̇א אורכה אמין [תלת עשרה ופותיה
אמין עשר [*vacat*

[*vacat* ואע[לׄ]נׄ[י] ל[ג̇וא אספ̇א [והא] אסף אוחרן ותרעא ליד כותלא גויה [די ליד ימינא
כמשחת תרעא[

[בריא פותיה אמ]י̇ן א̇רׄב̇ע רׄומׄ[ה אמין] שבע ודשין לה תרין וקודם [ת]ׄרׄעא דׄן [אסף עללה
פתיה קנה חד אמין]

Col. II (Pl. XLI)

[ותרע שׄ[רה אמין ארבע קׄנין תרין אמין ורומה עׄ[ר]̇בׄע עשרה אמין תרין קנין על̇ל כׄה[ור]וא̇ שׄבע

[סחר[ני בית דרג אחזיא̇ דן מׄ̇עׄלה שמאל ועל בריא תרעא כמשחת פרזיתא לגוא פתיח תׄ̇ל̇[קבל]

[תר[עין לקבל עשרה ותר[י̇]ן בתר[י̇]ן קנין חדה משחה ואורכה פותיה וסלק[

[בשת אמין וא̇ו]רכה פתיה עלוהי [ק]׳̇[ו ס̇ח̇]ר די דרגא גוא בגוא ועמוד כמשחה תרעי[ן

5   [*vacat*   עד תרי]ׄן ק̇[נין רום]   ל]ׄק [וס̇]ח̇ר וסחר ארב̇ע אמין פתיה לידה סלק די וד̇ר̇גא מרבע

עד זויתא[בהד]ה רוח תמני̇[ע עשר חמשת לתר]ׄ[ע תרע מן באתין בה פרזיתא ואחזיאני [לגוא] ואעלני

ופתיהון[עשרי]ן וחדה אמין תלתה קנין בתׄ[י]̇א ארוך פותאהון אחרנא תרעא עד ז]ו̇[יתא מן בעה[וש]

ותרעהון[שׄרה א̇ע̇ ארבע א]מׄי̇ן ת]ׄרין קנין ורומהון תוניא כל וכדן עשרה ארבע אמין תרין [קׄני]ׄ[ן

אמין[ת]̇וניא די וגוהון ב̇עׄ]ת פותי ומשח ה רׄ]י̇ן אמין ארב̇ע עש[רה קׄ̇נין ת]̇י̇ן פ̇ות̇ במציעתא

10   ע̇[שרה תשע אמין דכא מׄ̇כׄׄלׄא[משחת בתי ואחזיאני שבע אמין חד קנה ורום ארוך [ארבע
ארכהון]

מׄ[ן עלא אטימן כוין עשרה וחדה ר]̇שׄ̇[תין ת]̇ו[ר]̇שׄרין [ע]ׄשרה בית תר]ׄ̇ת̇ אמין ופתיהון
ערשין[

רום כותלא[פותי ו̇]עׄובי [אמין פתיה] תרתין אמ]ׄין רומ̇ה כותא י··ה ומשח בריתא אמה [ולידה
קדמיתא[

[אמין ואחרנתא אמין ומשח ת[ח]ו[מי דוכֿנֿ]יא אורכהון אמין] תֿשע עשרה ופות[יהון אמין
תרתי עשרה[

]
תרין אמין[

]קנין   [ ]פתיחֿן בֿ̊   ]ֹ[   ]ֹ[ֿ̇ורֹוֿ[מהון ֹ]ֹ[

אמה חדה ופלג   15 [ארבע עשרה ופותיהון אמ[י]ן תֿל[ת] וֿ̇אֿרֿכֿין [ע]ֿ̇שֿ[רֿ
ורומה בגוא[

Traduction (entre crochets, [   ]: parties manquantes et dans le manuscrit de 4Q et en 5Q15):

Et il me conduisit à l'intérieur de la ville et il me[sura chaque î]lot, longueur et largeur: cinquante et une cannes sur cinquante et une, en carré t[out [i][1] autour], (égal à) trois cent cinquante-sept coudées, de chaque côté. Et un péristyle tourne autour de l'îlot; (c'est) le portique de la rue: trois cannes, vingt et une [2] coudées (de large).

Et de même il me montra tous les îlots, de dimensions (identiques); entre un îlot et l'autre il y a la rue large de six cannes, quarante-deux coudées. [3] Et les grandes rues qui vont de l'est à l'oue[st], la largeur de (chaque) rue: deux d'entre elles ont dix cannes, soixante-dix coudées. Et la troisième, [4] qui (passe) au [nor]d du Temple, mesure dix-huit cannes de large, cent vingt-six coudées. Et la largeur des rues qui vont du sud [5] [au nord, deu]x d'en[tre elles ont] neuf cannes et quatre coudées une rue, soixante-sept coudées. Et la (rue) médi[ane qui (passe) au mi]lieu de la ville, [6] il mesura sa largeur: treize cannes et une coudée, égal à quatre-vingt-d[ouze] coudées. Et toutes les rues et la ville sont pavées de pierre 'blanche'; [7] [. . .] . . ., les . . . et *les* [. . . sont de] marbre et de jaspe.

[8] [Et il me montra les dimensions de qua]tre-vingt [poternes]; la lar[geur des] poternes est de deux cannes, [quatorze coudées . . . [9] . . .]. Chaque porte a deux battants en pierre; la largeur des [battant]s est [d'une] canne, [sept coudées].

[10][Et il me montra les dimensions des] douze [entrée]s (du rempart); la largeur de leurs portes est de trois cannes, [vingt et une] coudée[s . . . Chaque [11] porte a deux battant]s; largeur des battants: une canne et demi, dix coudées et demi [. . . [12] Chaque porte est flanquée de deux tou]rs, une à droite et une à gauche; leur largeur et leur longueur [ont la même dimension: cinq cannes sur cinq, [13] trente-cinq coudées. Et l'escalier qui flanque] la porte (qui est) à l'intérieur, à [droi]te des tours, monte à la hauteur des tou[rs et il est large de cinq coudées. Les tours [14] et les escaliers ont cinq sur cinq cannes et] cinq [cou]dées égal à quarante [coudées] de chaque côté de la port[e].

[15] [Et il me montra les dimensions des porches des îlots; leur largeur] est de deux cannes, quator[ze] coudées. [Et la la]r[geur . . . des . . .]s, (leur) mesure est de [. . .] coudées. [16] [Et il mesura la] lar[geur de chaque s]euil: deux cannes, quatorze coudées; et son linteau: une coudée [. . . . [17] Et il mesura sur chaque] seuil ses battants. Et il mesura au-delà du seuil: sa profondeur (litt.: longueur) est de treize coudées et sa largeur de dix coudées.

[18] Et il me conduisit au-delà du seuil. Et voici un second seuil et une (seconde) porte (s'ouvrant) près du mur intérieur, à droite, mesurant comme la porte [19] extérieure: quatre coudées de large et sept coudées de haut; et elle est à deux battants. Et devant cette porte-ci: le seuil de l'entrée; sa largeur est d'une canne, sept [ii][1] coudées; la longueur de l'entrée: deux cannes, quatorze coudées, et la hauteur: deux cannes, quatorze coudées. Et la seconde [2] porte (litt.: porte [2] en face de la porte), celle qui donne sur l'îlot, a les dimensions de la porte extérieure. Et à gauche de cet accès il me montra une cage d'escalier [3] en colimaçon; sa largeur et sa longueur sont de même dimension: deux cannes sur deux, quatorze coudées. Et les por[tes (de l'escalier), *qui sont en face*] [4] des (deux autres) portes ont les mêmes dimensions. Et le pilier

à l'intérieur de la cage, autour duquel l'escalier tourne et monte, sa largeur et son épais[seur (litt.: longueur): six coudées sur six], ⁵ en carré. Et l'escalier qui monte à son flanc est de quatre coudées de large; il tourne autour et monte à [deux canne]s de haut, jusqu'[au toit].

⁶ Et il m'introduisit [à l'intérieur] de l'îlot et il m'y montra les maisons alignées d'un porche à l'autre (au nombre de) quinze: huit d'un côté jusqu'à l'angle, ⁷ et sept de l'angle jusqu'à l'autre porche. Longueur des maisons: trois cannes, vingt et une coudées, et leur largeur: ⁸ deux cannes, quatorze coudées. Et de même pour tous les étages. Et la hauteur (des maisons) est de deux cannes, quatorze coudées. Et le porche (de l'îlot) est ⁹ au milieu (du mur); deux cannes, quatorze coudées, de [larg]e. [Et il mesura la largeur des pièces au mi]lieu du rez-de-chaussée et à l'intérieur de l'é[tage]: quatre ¹⁰ [coudées]; longueur et hauteur: une canne, sept coudées. [Et il me montra *les dimensions* des salles] *à manger*; chaque salle est de dix-neuf coudées de long ¹¹ et leur largeur est de douze coudées. Chacune contient vingt-deux lit[s. Et il y a on]ze fenêtres à treillis au-dessus d[es lits]. ¹² Et à côté de la (salle) il y a son caniveau extérieur. [Et il mesura l'embrasu]re de fenêtre: deux coudées de haut, [. . . coudées de large] et sa profondeur est (égale à) la largeur du mur. [La hauteur de la face] intérieure (de la fenêtre) ¹³ est de [. . .] coudées, [de la (face) extérieure: . . . coudées. Et il mesura *les li*]*mites* des plates-for[mes]: dix-neuf [coudées de long] et [douze] coudées de large. ¹⁴ [. . .]. Et la *hau*[*teur* des . . . qui] donnent sur [. . .] est de deux cannes, quatorze ¹⁵ coudées; [leur largeur est de] troi[s cou]dées; et ils sont longs de dix (coudées) [. . .] d'une coudée et demie et sa hauteur, à l'intérieur de [. . .].

Col. i, l. 1, ‏לכל‏: 4Q ‏ולכל‏, avec le *we* pléonastique: '(mesurant . . . 357 coudées) et cela de chaque côté'.

‏ושבק‏: la troisième lettre (originairement un *waw*?) a été corrigée en *bet*; en plus, on a ajouté un *yod* (?) au-dessus de la ligne, pour qu'on lise peut-être: ‏ושביק‏.

‏סוחר‏: 4Q ‏סחר‏; voir l'introduction.

L. 2. ‏פתה‏: participe, comme peut-être ‏משח‏ à la l. 4, où syntactiquement le participe est préférable au parfait (l. 6, etc.) ou au substantif.

L. 5. ‏אמין‏: 4Q ‏לאמין‏, comme ici à la l. 6.

L. 6. ‏שוקיא‏: la trace de la lettre en forme de crochet au bord du fragment supérieur n'est certainement pas le sommet d'un *lamed*; c'est plutôt un *yod*, le mot ‏שוקא‏ (4Q) étant corrigé en pluriel.

L. 9. ‏פותיה די [דשי]א‏, syntactiquement difficile, est, vu la longueur de la lacune, préférable à ‏פותיה די‏ ‏[כל דש]א‏ ou bien à ‏פותיה די [דש]א‏.

L. 17, '13 × 10 coudées'; cette mesure, qui n'est pas de lecture certaine en 4Q, est prise d'Éz 40¹¹.

L. 18. En 4Q, la ligne correspondante commence sans retrait.

Col. ii, l. 1. ‏אורכה עלל‏ est en réalité pour ‏אורכה די עלל(א)‏; ‏עלל‏ est une sorte de *casus pendens*.

L. 2, ‏תרע‏: la trace de la dernière lettre, un court trait oblique et courbé à droite, appartient mieux à un *'aïn* qu'à un *aleph* (‏תרעא‏ de 4Q).

L. 5. En 4Q il y avait une addition, probablement après ‏מרבע‏.

L. 6. Après ‏זויתא‏, il y avait peut-être une addition dans le texte de 4Q.

L. 7, ‏אמין‏ contre ‏ארכין‏ de 4Q; cf. ii 15.

Ll. 8–9. La phrase: ‏ותרעהון . . . עשרה‏ semble être un élément intrus; au lieu de donner les dimensions des portes des maisons, l'auteur, par distraction sans doute, répète la largeur du porche de l'îlot; cf. i 15.

L. 9. La ligne correspondante de 4Q semble plus courte; on y a omis ‏וגוהון די תוניא‏?

L. 12, 'intérieure' ‏קדמיתא‏ (4Q), litt.: 'première, antérieure', l'auteur se plaçant à l'intérieur de la pièce. Cette double mesure de la fenêtre suppose qu'elle était partiellement obturée sur sa face extérieure (sans doute vers le bas), ce qui justifie le terme ‏אטימן‏ 'bouchées', l. 11; cf. S. Krauss, *Talmudische Archäologie*, i, pp. 42 s.

Le fragment 2 (pl. XLI) se place en bas de la col. ii ou bien au début de la colonne suivante:

2

‏א° כוין]‏
‏כל בתיא די בגוא]°‏

תר[אֹׁ כולה ואספיא פת[יהון
ע[מודיא אמין תרתי עשרהֹ]
] ∘ עמוד לעמֹוֹדֹ]   5

1 . . . fenêtres . . . 2 . . . toutes les maisons qui se trouvent à l'intérieur de [*l'îlot* . . . 3 . . . la por]te entière et les seuils sont lar[ges de . . . 4 . . . *la hauteur* des c]olonnes: douze coudées . . . 5 . . . d'une colonne à l'autre. . . .

Les fragments 3 à 21 (pl. XLI) appartiennent certainement au même manuscrit que les fragments 1 et 2. Les joints dans les fragments 3 et 10 ne sont pas tout à fait certains:

	3		4		5	6
	] · · · [		]∘[		] · · [	] ותרתיֹן [
תר[עֹיא רבֹר[ביא		[ב וע]∘∘		[כל ת∘∘	[שֹקֹן
קנין] שתה בשת[ה אמין ארבעין ותרתין	מש[חה קֹנֹין]		[עֹשֹרֹ]		]∘[
	] *vacat* [					
]∘פֹו [						

	7	8		9		10	11
	] · · [	] ופותין [		פ[ותי ∘]		] · · · [	∘] ותרֹתֹי [
אמ[ן תרתין ∘]			תר[עֹיא די]		וֹמֹשח]		] · · · [
			[לֹ]				

	12	13	14	15	16
				קֹנֹין	
[אֹמין]	[מש]ח	א[מין ∘]	ת[רֹיֹן]	]∘[
ת[רע]		]∘ ת · · [		ד[י לי]ד

17–21: mots et lettres mutilés.

16–24. GROUPES NON CARACTÉRISÉS
(PL. XLI ET XLII)

L'assemblage des fragments dans les groupes qui suivent est moins assuré que dans les manuscrits précédents. Les numéros **16** à **23** sont en hébreu, **24** en araméen.

16
(PL. XLI)

Peau d'épaisseur et de qualité moyennes; jaune tournant au rouge foncé. Pas de lignes tracées à la pointe sèche. Interligne irrégulier, 5 mm. en moyenne; hauteur moyenne des lettres 2 mm. Écriture du premier siècle de notre ère.

L'appartenance du dernier fragment et de celui à la l. 5 du f. 3 n'est pas certaine. Le joint dans le f. 1 est matériellement assez assuré; le sont moins ceux des fragments 3 et 4, probables pourtant par le voisinage, dans la grotte, des morceaux composants.

1

]ר[

]∘ ∘ ות ∘[

]אררות נׄצח ∘ ∘[   ]∘[

]בׄעד שאול ובאספיו יש[

]פיו [   ]גׄו ומשׄ∘[5

]∘ ∘ ∘ ול ∘[

2

]מׄ כל בא[

]זדון ערשיו וצ[

]שלחניו מלא[

3

]∘ אׄנׄשי[

]מׄ השג∘[

]ובתרביות [

]לטרוף צד[ה

]קׄץ אחריׄת[5

4

]אׄ לׄ∘[

]חׄבא ולׄ∘[

]שׄׄונׄ פׄחז ∘[

]∘ ∘ ∘ר נש∘[

]∘תאל לל[5

5

]∘ ∘

]ה

]∘חיים

]תו

6

]מׄ מלאו שׄ∘[

]לׄ∘ ולקולׄ[

F. 1, l. 3 : l'expression אררות נצח se retrouve dans un manuscrit de 4Q ; le nom *ararah* est du schème qatalat comme son synonyme *qelalah*.

F. 2, l. 3 : *ḥet* assuré par nettoyage.

F. 4, l. 5 : la première lettre est probablement *bet*.

17

(PL. XLII)

Peau assez mince et lisse, jaune foncé. Interligne 6 mm. ; hauteur moyenne des lettres 2·5 mm. Écriture du Ier siècle après J.-C., presque identique à celles des nos **10** et **18**.

Le fragment 1 rappelle certaines phrases des Nombres ; la séquence du fragment 5 se retrouve en Deut 5[21] (cf. Ex 20[17]) ; le fragment 4 se placerait facilement en Deut 28[36-37], sauf que la longueur des lignes serait inégale.

L'appartenance des fragments 1 à 3 et 4 à 6 à un même manuscrit n'est pas certaine.

1

]מׄ [

]כול הׄעד[ה

א[ׄת הירדן בׄ[

]שׄים [

2

]∘ ∘ [

]לקח בע[

]∘מׄ∘ט אם[

3

]∘ עׄין[

]מה את[

]∘ ∘ [

4

]∘ ∘ [

]אשר תקׄ[

]א שם ∘[

]שמׄ[

5

]∘ ∘ [

]וׄאׄמתו ש∘[

]∘ ∘[*vacat*

6

]∘ עוד[

]ר ל[

F. 1, l. 3 : l'extrémité gauche du *taw* a disparu.

18
(PL. XLII)

Peau assez mince et lisse, jaune. Interligne 8 mm.; lettres 3 mm. en moyenne. Écriture presque identique aux mains des nᵒˢ **10** et **17**.

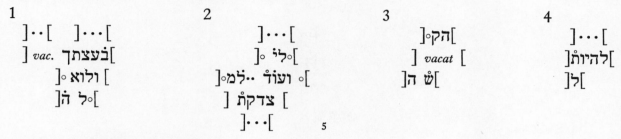

F. 2, l. 3: après עוד *'aïn* ou *lamed*.

Les fragments 5 à 8 (traces de lettres) pourraient également bien appartenir au nᵒ **17**.

19
(PL. XLII)

Peau mince, granuleuse, jaune foncé. Interligne 8 mm.; lettres 3 mm. en moyenne. Écriture du Iᵉʳ siècle de notre ère.

20
(PL. XLII)

Peau assez mince, lisse, jaune foncé. Interligne 8 mm.; lettres 2·5 mm. en moyenne. L'écriture pourrait dater du Iᵉʳ siècle av. J.-C. L'appartenance des trois fragments à un même manuscrit n'est pas du tout certaine.

F. 2, l. 2: 'Liban' ou bien לבנין 'pour construction'.

21
(PL. XLII)

Peau d'épaisseur moyenne, surface abîmée; jaune foncé. Interligne irrégulier, 7 mm. en moyenne; hauteur moyenne des lettres 2·5 mm. L'écriture est semblable à celle du nᵒ **11**.

Aucun mot n'est conservé complet, sauf peut-être: חֻרבכה 1 2, כֹן 1 5, יֻדֻבֻר 2 2.

22

(PL. XLII)

Peau d'épaisseur moyenne, noircie. Interligne irrégulier, 6·5 mm. en moyenne; hauteur moyenne des lettres 2 mm. Écriture: peut-être du Ier siècle av. J.-C.

1

]∘∘

]יה

]∘ל ויהי

[א כול א

5   [אברה]ם

L. 4: le premier *aleph* est un faux départ (de את?).

23

(PL. XLII)

Peau très épaisse, rugueuse, noircie. Hauteur moyenne des lettres 3·5 mm. Écriture du Ier siècle av. J.-C.

1

[∘י ארץ ∘]

24

(PL. XLII)

Peau d'épaisseur moyenne, lisse, rougeâtre. Interligne 8 mm.; lettres 3 mm. en moyenne. Écriture du Ier siècle av. J.-C.

1

[∘[

[∘בא ת∘]

[עליכון]

25. FRAGMENTS NON CLASSIFIÉS

(PL. XLII)

Les fragments 1, 2 et 4 pourraient provenir de manuscrits distincts des précédents; d'autres leur appartiennent peut-être.

Peau épaisse (1 et 3), d'épaisseur moyenne (2, 4, 10), mince (le reste).

1	2	3	4	5
[חולה]	[∘ב עזרי בעו שמים]	[רה∘∘ ר∘]	[רים]	[לש∘]
[∘וידי]	[אׄז ישכוׄן] ··· [	[י בני יעקובׄ]	[י בני	[∘נ∘]

F. 2, l. 1: lecture assurée par nettoyage du fragment.

6	7	8	9	10	11	12
ב ∘]	∘ אמ]	[∘	[תׄ∘	וׄשֹא]	שנה]	[בזי∘ הׄ]
לׄ]		[נֹח] ∘	[שמר וׄ∘	ק∙∙]		
			] vac. ∙∙∙[			

IV

Le rouleau de cuivre provenant de la grotte 3Q (3Q15)

par J. T. MILIK

INTRODUCTION

par R. DE VAUX, O.P.

LES deux rouleaux de cuivre inscrits, qui sont édités par J. T. Milik, ont été trouvés le 20 mars 1952 dans la grotte 8 = 3Q (cf. pp. 7–8) par l'équipe que dirigeait H. de Contenson. Ils étaient déposés l'un sur l'autre contre la paroi rocheuse (pl. III. 2) à l'angle nord de la chambre arrière de la grotte; la partie antérieure de celle-ci s'est effondrée: un énorme bloc est tombé du plafond très peu en avant des rouleaux et c'est une chance qu'ils aient été préservés. Ils étaient un peu à l'écart de la masse des jarres et des couvercles brisés et on n'a recueilli dans leur voisinage aucun fragment écrit sur peau ou sur papyrus. Ces indices archéologiques ne suffisent pas à prouver que les rouleaux ont été déposés après la poterie et les autres textes mais ils ne s'opposent pas à une telle conclusion.

Le rouleau supérieur avait un peu souffert et de nombreux petits fragments s'en étaient détachés. Ce qui restait en place fut soigneusement dégagé et consolidé avec une solution de celluloïde. Les deux rouleaux purent alors être soulevés séparément sans aucun dommage. Transportés à Jérusalem, ils furent seulement nettoyés à la brosse et reçurent une nouvelle couche de 2 pour cent de celluloïde dissous dans l'acétone. A la surface apparaissaient en relief le revers d'un texte profondément gravé sur l'intérieur des enroulements (pl. XLIII). Un examen rapide établit que c'était un texte hébreu, non biblique, divisé en courts paragraphes avec des signes numériques et des abréviations, 'une sorte de catalogue',[1] mais on estima qu'une recherche sérieuse devait attendre que la face de tout le texte fût rendue accessible par un déroulement ou un découpage des pièces. Les rouleaux furent exposés temporairement au Palestine Archaeological Museum. Le Professeur K. G. Kuhn, de passage à Jérusalem en septembre-octobre 1953, fut autorisé à les étudier et émit l'hypothèse qu'ils contenaient une description des lieux où avaient été cachées les richesses de la communauté de Qumrân.[2]

C'était une brillante hypothèse, mais, pour lire correctement le texte et pour lire tout le texte, il fallait ouvrir les rouleaux et cette opération ne pouvait pas être tentée à Jérusalem. Aussitôt après la découverte, certains des fragments non inscrits qui s'étaient détachés anciennement avaient été envoyés à différents laboratoires étrangers. Les réponses furent peu encourageantes: les analyses montrèrent que le métal, primitivement du cuivre à peu près pur, était entièrement oxydé et qu'un déroulement par les procédés ordinaires serait impossible. A ces jugements autorisés s'ajoutèrent des avis que nous n'avions pas sollicités et qui étaient parfois étranges: des États-Unis nous est parvenue la lettre d'un 'prophète' qui conseillait de tremper les rouleaux dans l'huile puis de les chauffer au four; ils s'ouvriraient alors et révéleraient un texte que ce 'prophète' lui-même avait écrit!

Dès le début, le Dr. H. J. Plenderleith, Directeur du laboratoire du British Museum, avait indiqué comme seule solution possible le découpage des rouleaux en bandes. Pour éviter cette opération chirurgicale, le Professeur A. H. Corwin, de Johns Hopkins University à Baltimore, proposa d'essayer d'une méthode nouvelle: le remplacement progressif de l'oxyde par du métal pur qui garderait la forme géométrique exacte de la pièce oxydée mais qui serait malléable et pourrait être déroulé. Pour mettre au point et expérimenter ce procédé, le laboratoire de Baltimore fabriqua une réplique en cuivre qui fut oxydée au même degré que l'original et sur laquelle on essaya les moyens de restituer le métal pur. Malgré toute la compétence et le

[1] *Revue Biblique*, lx, 1953, p. 558.
[2] K. G. Kuhn, 'Les rouleaux de cuivre de Qumrân', dans *Revue Biblique*, lxi, 1954, pp. 193–205.

soin qui entourèrent ces longues recherches, elles n'eurent pas un succès suffisant et le Professeur Corwin conclut que cette méthode comportait trop de risques pour être appliquée aux originaux.

Il ne restait qu'à découper les rouleaux. Le 'College of Science and Technology' de l'Université de Manchester fut intéressé à l'entreprise et le Professeur H. Wright Baker accepta avec enthousiasme d'exécuter cette opération délicate. Un des rouleaux lui fut remis en juillet 1955 et le second lui fut expédié en janvier 1956, quand on eut appris le succès de sa première tentative. Tout était achevé dans le cours du même mois. Le rapport technique du Professeur Baker est publié ci-dessous (pp. 203–10)[1] et l'on verra avec quel soin et quelle habileté il a accompli ce travail, dont le résultat est admirable (pl. XLIV).

Les bandes découpées revinrent en Jordanie au début d'avril 1956; elles sont désormais exposées au Musée d'Amman dans le support conçu par le Professeur Baker. Celui-ci envoya également la copie du texte préparée sous sa direction (pl. XLV). Les trois Institutions qui avaient patronné la fouille confièrent l'édition à l'Abbé J. T. Milik, qui établit rapidement une traduction provisoire. Le 1er juin 1956, un communiqué publié simultanément en Jordanie, en Angleterre, aux États-Unis et en France annonça l'ouverture des rouleaux et donna les premières informations sur le texte qui y était gravé.[2] C'est de ce communiqué et de l'étude précitée de K. G. Kuhn que s'inspirent les commentaires qui furent publiés par divers auteurs.[3] Mais il est bien évident que toute étude de ce document étonnant doit maintenant partir du texte intégral que J. T. Milik édite ici.

[1] Voir aussi H. W. Baker, 'Notes on the Opening of the "Bronze" Scrolls from Qumran', dans *Bulletin of the John Rylands Library*, xxxix, 1956–7, pp. 45–55.

[2] Outre la presse quotidienne, cf. *Comptes-Rendus de l'Académie des Inscriptions et Belles-Lettres* (Paris), 1956, pp. 224–5; *Bulletin of the John Rylands Library*, xxxix, 1956–7, p. 56; K. G. Kuhn, 'Berichte ... über die Öffnung der Kupferrollen', dans *Theologische Literaturzeitung*, lxxxi, 1956, cols. 541–6.

[3] On retiendra: A. Dupont-Sommer, 'Les rouleaux de cuivre trouvés à Qumrân', dans *Revue de l'Histoire des Religions*, cli, 1957-A, pp. 22–35; S. Mowinckel, 'The Copper Scroll—An Apocryphon?', dans *Journal of Biblical Literature*, lxxvi, 1957, pp. 261–5.

NOTES ON THE OPENING OF THE COPPER SCROLLS FROM QUMRÂN

by H. WRIGHT BAKER

THE completed story of the two 'Bronze' scrolls from the Dead Sea area must obviously be divisible into three sections dealing respectively with (1) their discovery, (2) the study of their condition, their opening and physical examination, and the preparation of a transcription, and (3) the study and significance of whatever is written upon them. The following report covers section 2 with which the Manchester College of Technology has been concerned. The work completed there has made it possible for scholars to begin their labours on section (3), but the present reporter is completely unable to comment upon either the nature or the significance of the text.

Scrolls No. 1 and 2 appear originally to have formed a single plaque of soft copper-base metal, about 8 ft. long and 11 in. wide, built from three pieces of about equal size riveted together at the ends. The thickness of the metal appears to have been some three or four times the thickness of a postcard (0·03–0·04 in.). The surface was covered, at least in part, by lettering formed by means of a punch, while the sheet was lying upon a relatively soft base—such as wood—the back of the sheet being raised thereby by about the same amount as the thickness. The lines of characters were formed lengthwise on the sheet.

Later an attempt had been made—either in haste or by unskilled hands—to roll the plaque, starting at one end, after the manner of the leather scrolls, and with the inscription facing inwards—but, the varying stiffness of the hammered metal adding to the difficulties, a poor start had been followed by only moderate success and at one joint in the plaque the rivets had failed. The remainder of the plaque had then been formed into a second scroll, starting at the opposite end, both sides of the broken joint thus being visible on the outside of the scrolls.

The two scrolls, resting one on the other, were discovered embedded in the dust of the floor of Cave 3 at Qumrân, in the year 1952, some 2,000 years after their rolling (pl. III. 2). They presented a tantalizing problem to the archaeologist and the historian. Though obviously much changed, here was a record, apparently intact, which might well have involved the use of over 2,000 letters. Religious records of great interest had been found among the leather scrolls—what was this document which had warranted the use of such an unusual method of recording? If used as an ornamental wall-plaque, one would expect nail-holes to be visible along one edge at least, and none could be seen; if a library record—surely those with experience and skill to form such sheets would have realized the impracticability of frequently rolling and unrolling a sheet having such wide variations of stiffness and hardness as would result from the embossing and work-hardening effects of the method of writing employed? Why should the rolling itself show so many signs of lack of skill or great haste? Only the scrolls themselves held the answer, yet there they lay, corroded, cracked, charged with dirt, far more brittle than glass, tending to disintegrate at the touch, and verily folding their secrets to their hearts. To have attempted to unroll them would have led to almost complete crumbling. To reconvert the fragile products of decomposition to copper in the form of the original sheet by any means employing heat seemed—at any rate to the writer—to be utterly impracticable, while the form and composition of the remaining material would rule out electrolytic methods. The range of by-products, the contamination by foreign matter, the obvious adhesions and bondings, the extremely complex forms and dispositions involved, seemed to present a quite impossible barrier to success by any such methods.

The remaining possibility seemed to be to detach the material piece by piece, and it was at this stage that the writer, by a coincidence as strange as the story of the wandering goat, came to be asked first for advice and then for help.

In the following notes the story of the opening of the scrolls will be given in a factual rather than a sequential order.

The material of the scrolls

Though the original metal was copper with about 1 per cent. of tin—presumably a naturally impure copper—an examination of a broken fragment of the scrolls shows that the material has undergone an almost complete change. A freshly broken surface shows a highly crystalline mass of a brilliantly red colour (cuprous oxide) and conveys the impression that inter-crystalline corrosion of the base metal had occurred at an early stage. Some samples examined show no trace of metallic copper, though very small quantities were seen in one fragment. Numerous brown bands lying parallel to the surface represent slag-inclusions formed during the forging process, and these in some places have produced a markedly foliated structure, with occasional breaking of the surface.

A distinctive film of a dark brown material covers the base material, and is in turn covered with a strongly adhering layer of some highly crystalline substance which is a yellow-green shade—mainly copper oxychloride and silica, with some calcium carbonate in the crevices. Where this layer is fairly thick the outer portions tend to be in the form of a powder which can be removed by the use of a stiff brush. This product may also be present below foliations which have broken the surface and which have therefore been subject to attack from both sides. Where two surfaces have been in close contact this green material has formed a bond, sometimes so strong that it has proved impossible to produce separation without tearing pieces from the parent 'metal'. A number of pieces had already become separated in this manner before opening was commenced. In most cases the area of contact has been confined to the tops of the small bulges formed on the back of one of the surfaces while stamping the letters, but in a few cases intense bonding has had to be overcome during the opening, over fairly large areas, and in these regions the body material seems to have deteriorated far more than in places free from contact.

A thick layer of relatively soft material of an intense blue-green colour was found in a number of places on the larger scroll, sometimes overlaying pockets of a crisp black substance resembling charcoal. The writer is indebted to Dr. N. P. Inglis of Messrs. I.C.I., Metal Division, for the analysis and for the coloured microphotographs. (See appendix.)

The extremely fine compacted powder of stone-dust which completely filled the interstices of the scroll could usually be removed by brushing, but in some places, apparently in the presence of moisture, had formed an intensely hard stony layer which instantly blunted a steel tool and could only be removed by grinding or by prising the separate grains apart. This matter sometimes formed a rough layer intensely bonded to the body material of the scroll and sometimes binding areas of contact; at others it had the appearance of loosely attached stone droplets, or as a stalactitic incrustation covering thick layers of the green matter.

The thickness and mechanical strength of the scroll material varied considerably, generally being adequate to permit careful handling, but there were many cracks running round and across the scrolls. In other places, notably in the region where the larger scroll already showed very marked damage, the material was intensely fragile, breaking into tiny fragments at the slightest touch, and much care was needed to identify and replace them. Looking back at the now completed task and at the remaining tiny pile of unidentified pieces—nearly all devoid of any signs of lettering—one can only be deeply thankful that the original damage has been so very little augmented by the process of opening and cleaning.

To allow free manipulation of each scroll without direct handling, it was decided to mount it upon an axle running approximately through its centre (pl. XLIV. 2). It was found that a light tube of aluminium, $\frac{5}{16}$ in. diameter, and with a serrated end, would readily serve as a drill to remove the packed dust. In the case of the simple scroll little irregular resistance to penetration was offered by a few small stones, and it is possible that the innermost edge of the scroll, which was subsequently found to have been folded very irregularly, was chipped. This may have been damaged during the drilling process, but no recognizable fragments were seen. A steel axle 16 in. long and $\frac{5}{16}$ in. diameter, and threaded at both ends, was then held in a vertical position in a suitable clamp. Over this was slipped a wooden disk, 4 in. diameter, and a corresponding disk of sponge rubber, after which the scroll was lowered over the axle, so that the unbroken end rested on the rubber. Dry dental plaster was then rammed gently round the axle, which was thus gripped firmly in the scroll, and plaster was also pressed between the convolutions to give full support to the delicate exposed ends. A cap of moistened plaster was then applied, both to keep the dry powder in place and to bed down a wooden disk or end-piece 2 in. in diameter. A guard disk 5 in. in diameter and bearing numbered graduations upon the circumference was then slipped on to the axle, registered in angular relation to the fixed 2-in. disk, and was held in place by a nut. The graduated disk was removed during the process of sawing after the scroll diameter had been appreciably reduced. The filling and sealing processes were then repeated at the other end.

The scroll was thus held rigidly on the axis between two guard-disks of a rather larger diameter than itself, so that it could be laid on a table without fear of damage, and, owing to natural eccentricity, would not roll. Two pieces of brass tube, to serve as trunnions, were slipped over the screw-threads and secured by nuts, and at one end a circular brass clamping-plate was added.

It was obvious that before any attempts were made to cut the scroll the exposed surfaces—which fortunately represented the back of the plaque—should be stiffened and bonded by painting with an appropriate adhesive, and for this 'Araldite 102', to which has been added 7 per cent. of Araldite hardener 951, and a small quantity of toluene to assist penetration, has proved highly satisfactory. After the application the scroll has been warmed to 40–50° C. for a period in excess of three hours. Except in very few cases this backing has prevented the detachment of fragments and has enabled the treated pieces to be handled and cleaned with complete safety. It was found also that 'Durofix' adhesive, which is not soluble in toluene, could be used for the attachment of untreated fragments, or repairing cracks, without the risk that the parts would subsequently be loosened on the application of the backing solution. Thick liquid polymer LP. 3 with diethylene triamine (J. M. Steel & Co. Ltd., London, Manchester, and Birmingham), and also Epikote 828 (Shell Chemicals Ltd., Strand, London, W.C. 2) have also been suggested as suitable but have not been tried. Araldite was supplied by Aero Research Ltd., Duxford, Cambridge.

The painting and warming process was carried out as soon as the scroll had been mounted, and after treatment with acetone to remove a film of cellulose varnish which had been applied at an earlier date. It was also repeated for each newly exposed exterior surface after cleaning. Any repairs or stiffening with strips of perspex were carried out using Durofix, after which a second coat of Araldite was applied.

It was found that the scroll material could be readily cut by a saw of high-speed steel, and that the cutting edges remained sufficiently sharp to allow a very light cutting pressure for a tool traverse of between 2 and 3 feet. When the stony deposit was touched, however, the edge was lost immediately. Standard commercial 'slitting saws' $1\frac{3}{4}$ in. diameter and 0·006 in. thick (supplied by Messrs. Buck & Hickman, Manchester) have been used throughout, giving an extremely clean cut, and, providing that the line of cut did not coincide exactly with a part of the lettering running in the same direction, removing a negligible amount of material. The slitting saw revolves at one end of a swinging arm, supported by a spring, which is pivoted above the scroll so that the saw, while running, can be raised and lowered by light finger pressure (pl. XLIV. 1).

The axle of the scroll rests below and generally in the plane of the saw in two trunnion bearings which are clamped to the upper portion of a carriage operating on a geometric slide, thus enabling it to be moved backwards or forwards to make the longitudinal component of the cut. A knurled extension of one of the slide wheels, twisted gently in the finger and thumb, serves to supply the necessary motion. The trunnion bearings could be offset or swivelled in relation to the saw, thus permitting the scroll to be carefully positioned to ensure the cut being in the best possible position with reference to the lettering as judged from the embossing, after which it was locked to the sawing carriage.

All the necessary movements for adjustment—two rotations at right angles and two slides similarly disposed—were incorporated in the sawing carriage.

A complete cut could be made in from $2\frac{1}{2}$ to 10 minutes. A small fan-blower cleared the sawing dust, and a fixed magnifying glass was used to give the operator a clear image of the cutting process (pl. XLIV. 3). In operation it was possible to 'feel' at once when the saw had passed through the 'metal', and so prevent damage being done to underlying layers. In all but two cuts a single straight traverse was made.

In general the exact line of cut was chosen to provide the largest pieces which could be lifted clear, and to pass between the letters as far as possible, judging from the raising of the exposed surface produced by the lettering punch. Where the cutting of a letter was inevitable this was done at right angles to and near the centre of the lines cut, so that the form of the complete letter could be traced clearly when the two adjoining segments were placed close together. It is believed that no letter has been made unrecognizable by the sawing.

In a number of cases it was found possible to cut the scroll in the unlettered spaces which were found to occur regularly between columns of writing, while in a very few cases the position was determined in relation to suspected lines of adhesion or a sharp fold in the material.

After sawing, the carriage, with the scroll in position, was transferred and clamped to a table by means of a central vertical screw which, in combination with the rotating and clamping arrangement for the axis, enabled the scroll to be placed in any position convenient for the next operation. This consisted of loosening and removing most of the dust beneath the layer to be detached, usually by means of a soft brush or a probe of perspex or sheet tin.

During this and other dusting operations the very fine mineral dust, which was always accompanied by a considerable proportion of copper salts, was drawn away from the operator by a suction fan discharging into a vacuum-cleaner bag, the operator finding the dust highly irritant to nose, eyes, and chest.

In many cases the loosened part could then be lifted at once, and when small lesions only were present a gentle rocking served to break them down. In the second and more compact scroll, however, especially towards the centre where the convolutions were markedly elliptical, the adhesions covered considerable areas and were composed of a wide range of dense decomposition products and sometimes of the stony material also. In some cases pieces of one convolution had already been torn from their places and were securely attached to another. Towards the centre of scroll No. 2 the formation of long and broad adhesions of great strength had been accompanied by almost complete rotting of one of the mating surfaces. Where such conditions were anticipated it was found best to arrange a cut to coincide with the line of bonding, so giving immediate access for probes, scrapers, or saws to the binding material (pieces broken from the very thin slitting saws were found excellent for inserting into crevices and operating as tiny hand saws, as they would follow the curvature of the adjacent surfaces without causing damage). One such adhesion could only be broken down by removing the upper layer in pieces, but in this case in particular the Araldite coating proved invaluable, and the cleaning and re-assembly of the pieces, though very laborious, was accomplished with only a trifling loss of letters. As far as can be judged after the completion of the work, any other method than that of backing and sawing would have resulted in reducing the whole of the bonded sheets to powder.

Each newly exposed area of the back surface of the plaque was cleaned by brushing until all easily detached material had been removed, and was then coated with Araldite.

Photographic record

To reduce the significance of accidents and to assist in the preparation of a transcription, photographic records were made at each stage—first of the outer surface of the original scroll and then of each surface exposed. Photographs of the hollow cylindrical surfaces were made from several directions, each to give a fair reproduction of the lettering on a strip of the surface at right angles to the axis of the lens and from a fixed distance. Considering the very irregular surface conditions, the photographs of the inner surfaces presented considerable difficulty. Better photographs of certain details could have been obtained, but in view of the very large number of photographs involved and the purpose for which they were intended, the results have proved satisfactory. They were not intended for the making of direct readings as an alternative to the transcription to be described.

All photographs of the exterior of the scroll were made after cleaning and with the index disk mounted on the scroll spindle. After the application of the Araldite the angular positions were marked upon the edge of the scroll in white paint, along with a letter corresponding to the convolution. After the removal of a segment paper strips were attached to the scroll by means of cellotape, so that their ends projected beyond the end of the scroll, and on these the index letters and numbers were written facing inward. These symbols therefore appeared on all photographs showing the inner faces of the segments and proved invaluable in identifying and arranging the strips of photographs required in the preparation of the transcription.

Repairs and reinforcement

Each segment of scroll was examined carefully, loose pieces were made secure with Durofix, and large and dangerous cracks were strapped with strips of thin perspex, which is readily moulded to the shape required by the application of gentle heat. After such treatment a second coat of Araldite was applied. The pieces could then be handled without fear of damage and are quite surprisingly resistant.

Cleaning the inner face

The mineral dust could very readily be loosened with a spatula and tooth-brush, after which the loose yellow-green dust could be swept off with a nylon dental brush using the standard dental equipment of foot-controlled motor, flexible drive, and hand-piece. Two dental units were installed. Except where adhesions, &c., were present, this treatment left a bright green skin, smooth though very far from uniform, with the depressions of the lettering very clear and distinct. Normal decomposition products, when present in greater thickness, could be removed using a dental burr. Burrs rotated at an extremely slow speed were also successful in breaking down the stony matter, whereas if driven at medium or high speeds they immediately became blunted and useless. At the slow speeds the edges seemed to find their way between the granules and prise them apart.

Using a very small burr and powerful magnifying-glass it was possible gradually to remove excessive deposits, judging the stage reached from the colour of the dust.

Owing to the method of forming the letters the strokes appeared as valleys between rounded hills, with an appreciable thickness of fairly soft yellow-green deposit in the actual tool-mark at the bottom. On removing the thicker deposits the hill-tops were the first to be disclosed. Passing the burr backwards and forwards at right angles to suspected valleys these were gradually deepened without in any way biasing the tool, the sideways travel becoming shorter and shorter till the cutter centred itself in the groove made by the punch and then guided itself easily along the lines of the letter. Towards the last stages the letter form would generally become obvious through a change in colour of the deposit. This technique was valuable as the tool was not given any deliberate guidance as to the whereabouts and direction of the lines. Moreover, the burr very rapidly lost its cutting edges and virtually refused to touch the copper-coloured base material, though it easily threw out the softer deposits. Except where broken by serious foliation and the interpenetration of secondary corrosion—fairly common fault—or where disrupted through heavy bonding, it can be claimed that the surface of the base material has been left virtually intact after the cleaning process. In a few cases further exploration may possibly reveal other details, but it is doubted whether much has been missed. Certainly almost nothing has been destroyed.

After completion of the work in Manchester the inner faces of the sections were washed with Perspec solution (soluble in chloroform) to seal the surface and prevent further corrosion.

(The curved surfaces adjacent to the letter lines are fundamental characteristics of the method of lettering and could be used to identify surface irregularities due to lettering from those due to corrosion, foliation, defects, or cracking. Those engaged in the cleaning and transcription had no knowledge of the language which had been used.)

Preparation of the script

The direct reading of the scroll would be a very tedious matter, partly because the surface was much marked by creased and other irregularities which attracted the eye away from the lettering, partly because of the curvature of the sections which gave differing lighting effects—and also because one line of script might well extend over two or three segments which would therefore have to be considered in juxtaposition. A script was therefore prepared from the photographs of the inner surfaces in the following manner (pl. XLV).

The photographs were marked in such a way that the complete inner surface was represented by a series of longitudinal strips selected as showing the lettering to the best advantage. The lettering on each strip, and for a short way beyond its edges, was then picked out, generally using white ink, and a tracing was then made on tracing-cloth. After this the tracings were inverted and projected successively on to white card, using a special epidiascope giving a magnification of about $2\frac{1}{2}$ times, and using the duplicated marginal letters for registering. The letters, scroll edging, &c., were copied in pencil.

This pencil script was then compared and corrected in detail with the actual scroll, and independently checked. Further cleaning was carried out in places of difficulty. The final pencil draft was then inked in, mounted, and photographed, both as a whole and in the separate columns as written. These photographs, it is understood, are proving very satisfactory to those who are now at work in Jordan on the translation of the scrolls.

It is very satisfactory to find that of the 3,000 symbols used on the plaque only 5 per cent. are missing, and in all cases the loss is due to damage sustained prior to the attempt at opening. Only 2 per cent. of the remaining symbols have been marked as doubtful, and further cleaning may possibly reduce the number.

General comments on the scrolls

A number of matters of interest arise from a general examination of the scrolls.

The plaque has been pierced only once in a manner which might have enabled it to be 'hung up', and this is at the centre of the leading edge, where a hole about $\frac{1}{4}$ in. square is surrounded by an area showing considerable distortion, as though stretched by a tapered peg driven from the face. If supported in this way, however, the lines of script would have appeared vertically instead of horizontally.

This 'peg hole' might have been intended to secure the scroll to a circular bar to help in the rolling, but it is quite clear that such a bar was not, in fact, used as the first turns in both scrolls are nearly flat. The first part of scroll No. 1 to be rolled is not only flattened but is bent as by pressure of the thumbs of one attempting the operation in a hurry or having little skill. Certainly the extra stiffness imparted by the lettering would add greatly to the difficulties of making the first turns.

In general the lettering of the scrolls has been clumsily performed. The small straight punch used has sometimes been much too long to give the shape of the curves without the appearance of undesirable tangent lines; in many cases the punch has made a number of separate and rather random impressions instead of being allowed to follow and extend an impression already made, and the blows seem to have been of very varying intensity. If a wooden base had been used during the inscribing, the presence of knots may have caused irregularities.

Though succeeding rows of letters start in good alignment and are generally of equal length, they have not been carefully laid out, some are inclined, and some, starting too high, have been bent sharply downward to prevent interference with symbols in the lines above.

Many of the letters are slightly incomplete, others are set at a random angle. When the scribe has found himself running short of room towards the foot of a column, he has crowded the letters and reduced their size. As he started the last column, the possible shortage of writing surface seems to have 'got on his nerves' and he appears to have overcrowded the lettering only to find that in the end he had about one-third of a column to spare. The sizes of the letters vary within the range of 5:1. A few additions have been made, presumably to correct spelling mistakes.

The writer, conscious of the astonishingly good fortune by which he was enabled to play a part in the solving of one of the fascinating problems of Qumrân, would express his sincere gratitude to the Government of the Hashemite Kingdom of Jordan, its Director of the Department of Antiquities, and their representative, Mr. Muhammad Saleh, for the confidence they have shown in him, and for the pleasure and interest which the work has brought. An engineering task is seldom performed alone, and in this case he would acknowledge the enthusiastic encouragement of the Principal and Governing Body of the College, and thank them for the complete freedom given to use its facilities. Mr. Flowett and his assistant, Mr. Robinson, have been responsible for making the sawing-machine and other special equipment. Mr. Ashton has shown great skill and patience in the preparation of nearly 300 photographs of the scroll, &c., and the writer's niece, Miss Rosalind Baker, B.A., has given great help in the cleaning of the sections and in the preparation of the transcription. Mr. F. Hackney has done much to provide for many incidental wants of the team and to maintain freedom from disturbance in a busy world.

APPENDIX

Analysis made in the laboratories of the Metal Division of I.C.I.

'The green corrosion product of the exterior was mainly copper oxychloride and silica, whilst there was a quantity of calcium carbonate, more on one side than on the other. The main body consisted of cuprous oxide and copper oxychloride with small quantities of calcium carbonate present in the crevices. There are also small quantities of tin salts present but no free metal, either tin or copper, was detected. We estimate that there was about 1% of tin in the original metal.'

COMMENTAIRE ET TEXTE

par J. T. MILIK

NOTE LIMINAIRE

Le texte du rouleau de cuivre provenant de la Grotte 3 de Qumrân, qui porte le sigle 3Q15 (pour 3Q **1–14** voir M. Baillet, plus haut, pp. 94–104), n'est pas présenté dans ce volume de la même façon que les autres fragments littéraires des 'Petites Grottes' de Qumrân.[1] A un commentaire analytique ligne par ligne, qui, vu la nature du document, serait démesurément long, j'ai préféré le groupement des remarques dans une série de chapitres. La transcription, les notes de lecture et la traduction annotée (avec renvois aux chapitres précédents, par lettres et chiffres) se trouvent à la fin de mon texte.

Les chapitres sont les suivants:

Vingt-quatre planches, pl. XLVIII à LXXI, qui donnent en fac-similé et photographie les douze colonnes de 3Q15, justifient la transcription proposée et permettront le contrôle nécessaire et l'étude indépendante d'autres savants. La copie est en principe celle qui a été préparée par les dessinateurs dans le laboratoire du professeur Baker, lesquels ne connaissaient pas l'hébreu; voir plus haut, pp. 208 s. et pl. XLV. Bien que vérifiée d'après l'original, elle a été faite d'après les nombreuses photographies des vingt-trois bandes verticales, concaves à différent degré et à surface inégale; cf. pl. XLIII. En comparant cette copie de Manchester avec l'original, au Musée d'Amman en février 1959, j'ai essayé de remédier aux inexactitudes qui en sont la conséquence: ajoutant des traits omis et supprimant des traces qui n'appartiennent pas aux lettres ou chiffres; corrigeant les tracés; retouchant les signes — si c'était possible — de façon à rétablir les proportions et l'inclinaison réelles des traits composant les lettres et les chiffres. Le résultat — les planches paires des Pl. XLVIII à LXXI — ne représente pas un décalque matériel de l'original; il nous paraît néanmoins d'une fidélité suffisante pour garantir l'exactitude de l'aspect formel de l'écriture et, sauf mention contraire (voir sous B et notes de lecture sous F), l'exactitude foncière de la transcription proposée au chapitre F.

Par ailleurs, les photographies — planches impaires des pl. XLVIII à LXXI — permettent, au moins en partie, la lecture directe du document. Elles ont été réalisées en février 1959 par M. l'abbé J. Starcky qui a photographié chaque segment en plusieurs fois, d'abord la partie supérieure et ensuite l'inférieure. La déformation inévitable ne permet pas d'établir une photographie composite; voir sur les pl. XLVI–XLVII un essai de ce genre, fait à Manchester, pour les colonnes ix–xii. On a donc juxtaposé des tranches de photos, les lettres sur les bords se trouvant souvent reproduites deux fois.

Une photographie meilleure et plus exacte, et ainsi un fac-similé plus fidèle, pourraient être obtenus à partir d'un estampage à plat. Mais on avait des raisons de craindre que les moyens

---

[1] Pour les abréviations voir *DJD I*, pp. 46–48, et *II*, p. 74.

actuellement connus (papier, plâtre, pliatex) n'abîment sérieusement les rouleaux du cuivre oxydé.

Comme l'a noté plus haut le R.P. R. de Vaux, un certain nombre de petits fragments étaient détachés du premier rouleau au moment de la découverte. D'autres, en général minuscules et non inscrits, tombèrent lors du découpage à l'Institut Technologique de Manchester. Au mois de mai 1956, j'ai réussi à joindre au rouleau la plupart de ceux qui contenaient des lettres complètes ou des parties de lettres; voir notes de lecture à iii 1-2, iv 1-3, v 1-2, vi 1, vii 1-3. J'en ai pris la transcription mais les ai laissés à part, sans les recoller. Entre temps, ils se sont égarés et je n'ai pu les retrouver au printemps de 1959.

Pour la commodité de la consultation, je donne ici la traduction continue de 3Q15 (cf. chapitre F):

(*1*) i 1 A Ḥorebbeh, sise dans la vallée d'Achor, sous 2 les marches qui vont vers l'est (creuse) quarante 3 coudées: coffre (plein) d'argent dont le total 4 (fait) le poids de dix-sept talents. ΚΕΝ.

(*2*) 5 Dans le monument funéraire de Ben *Rabbah* le *Šališien*: 6 100 lingots d'or.

(*3*) Dans la grande citerne située dans le Parvis 7 du petit péristyle, celle qui est bouchée par une pierre percée, dans un recoin de son fond 8 face à l'ouverture supérieure: neuf cents talents.

(*4*) 9 Sur la colline de Koḥlit: vase d'aromates, bois de santal et vêtements sacrés; 10 total des aromates et du trésor: sept (talents) et *un dixième*. 11 *Repère* de l'entrée de sa porte tournante le côté nord de la sortie du canal 12 (et compte) six coudées dans la direction de la caverne de l'immersion. ΧΑΓ.

(*5*) 13 Dans l'excavation de *la fonderie* de Manos, en descendant à gauche, 14 à trois coudées à partir du fond: quarante talents 15 d'argent.

(*6*) ii 1 Dans la citerne comblée, située en contre-bas des Marches: 2 42 talents. ΗΝ.

(*7*) 3 Dans la grotte de Bet ha-*MRH le Vieux*, dans le troisième 4 réduit du fond: soixante-cinq lingots d'or. ΘΕ.

(*8*) 5 Dans un souterrain de la Cour des magasins de bois, au milieu duquel 6 se trouve une citerne; là, il y a des vases et de l'argent: soixante-dix talents.

(*9*) 7 Dans la citerne qui est en face de la Porte Orientale, 8 distante (d'elle) de quinze coudées, il y a des vases.

(*10*) 9 Et dans son canal collecteur: dix talents. ΔΙ.

(*11*) 10 Dans la citerne située en contre-bas du rempart, du côté est, 11 (creusée) dans la saillie du rocher: six barres d'argent, 12 (cachées) à son entrée, sous la grande (pierre du) seuil.

(*12*) 13 Dans la piscine sise à l'est de Koḥlit, à l'angle 14 nord creuse quatre coudées: 15 22 talents.

(*13*) iii 1 Dans le Parvi[s du *péri*]bole, sous l'angle méridio2nal (à la profondeur de) neuf coudées, vases d'argent et d'or contenant 3 aromates, situles, coupes, patères, 4 aiguières; total: six cent neuf (vases).

(*14*) 5 Sous l'autre angle, orien6tal, creuse seize coudées: 40 talents 7 d'argent. ΤΡ.

(*15*) 8 Dans une fosse qui est au nord de l'Esplanade: 9 vase de résine de pin d'Alep, (caché) à son entrée, 10 sous l'angle occidental (du Parvis).

(*16*) 11 Dans le tombeau qui se trouve à (l'angle) nord-est 12 de l'Esplanade, à trois coudées sous 13 la pierre (de i'ossuaire): 13 talents.

(*17*) [iv] [1] Dans la grande citerne qui est à [. . .]QH, dans le pilier, [2] de son côté nord: [. . .] 14 talents. ○K.

(*18*) [3] Dans le canal qui v[a vers . .] . ., en t'avançant [4] quaran[te-et-u]ne coudées: 55 talents [5] d'argent.

(*19*) [6] Entre les deux tamaris qui sont dans la vallée d'Acho*n*, [7] au milieu entre eux creuse trois coudées; [8] là, il y a deux marmites pleines d'argent.

(*20*) [9] Dans la Fosse Rouge située près de la sortie de (la source de) ha-'As[10]la: deux cent talents d'argent.

(*21*) [11] Dans la Fosse Orientale sise au nord de Koḥ[12]lit: soixante-dix talents d'argent.

(*22*) [13] Dans le tumulus qui est dans le vallon de ha-Sekaka creuse ⟨. . .⟩ [14] coudées: 12 talents d'argent.

(*23*) [v] [1] A la naissance de l'aqueduc qui est [à] [2] Sekaka, du côté nord, sous la grande [3] [*pierre*]; creuse [. .] . . coudées: [4] 7 talents d'argent.

(*24*) [5] Dans la fissure qui est à Sekaka, à l'es[t] [6] de la Vasque de Salomon: vases [7] d'aromates.

(*25*) Et tout près de là, [8] d'au-dessus du Canal de Salomo[9]n en direction du grand bloc de pierre [10] (compte) soixante coudées; creuse trois [11] coudées: 23 talents d'argent.

(*26*) [12] Dans le tombeau situé dans le torrent ha-Kippa, [13] en venant de Jéricho à Sekaka; [14] creuse sept coudées: 32 talents.

(*27*) [vi] [1] Dans la Grotte de la Colonne qui a deux [2] entrées (et) est orientée est, [3] à l'entrée nord creuse [4] trois coudées; là, il y a une amphore, [5] dedans un livre (et) sous elle [6] 42 talents.

(*28*) [7] Dans la Grotte de la Base [8] de la Pierre, orientée [9] est, creuse à l'entrée [10] neuf coudées: 21 talents.

(*29*) [11] Dans la Demeure de la Reine, du côté [12] ouest, creuse douze [13] coudées: 27 talents.

(*30*) [14] Dans le tumulus qui se trouve au Gué du Grand [vii] [1] Prêtre, creuse neuf [2] [coudées]: [. .]22 talents.

(*31*) [3] Dans l'aqueduc de Q .[. ., au . . .] [4] du bassin septentrio[nal, qui est *plus gr*]*and*, [5] de [ses] quatre côtés [6] compte vingt-[qua]tre coudées: [7] quatre cents talents.

(*32*) [8] Dans la grotte qui est près de là, au voi[sina]ge de [9] Bet ha-Qoṣ, creuse six coudées: [10] six barres d'argent.

(*33*) [11] A ha-Doq, sous l'angle est [12] de la forteresse creuse sept coudées: [13] 22 talents.

(*34*) [14] Au débouché de la sortie d'eau à ha-Kozi[15]ba, (en allant) vers le mur de soutènement, creuse trois coudées: [16] 60 talents (d'argent), deux talents d'or.

(*35*) [viii] [1] [Dans l'aque]duc qui (longe) la route à l'est de Bet [2] Ḥaṣor, situé à l'est de *Ḥazor*: [3] vase d'aromates et livres; ne te (les) *approprie* pas!

(*36*) [4] Dans le Vallon Extérieur, à mi-chemin de la partie *abrupte*, [5] près de la pierre, creuse dix-sept [6] coudées: sous elle il y a de l'argent [7] et de l'or: 17 talents.

(*37*) [8] Dans le tumulus qui se trouve à l'entrée de la gorge de ha-*Qedro*(*n*) [9] creuse trois coudées : 4 talents.

(*38*) [10] Dans le terrain en friche sis à ha-Šo' (et) orienté [11] ouest; dans la partie sud, dans l'hypogée [12] orienté nord creuse vingt-quatre [13] coudées: 66 talents.

(*39*) ¹⁴ Dans le terrain irrigué sis à ha-Šo', sous le cippe qui est là, creuse ¹⁵ onze coudées: ¹⁶ 70 talents d'argent.

(*40*) ⁱˣ ¹ Du *creux* d'où sort (la source de) ha-Naṭoph, compte à partir de sa sortie ² treize coudées; creuse deux (coudées) et sur sept galets: ³ (deux) barres (d'argent pesant) quatre *livres*.

(*41*) ⁴ A *Tekelet ha-Šani, à côté* de l'hypogée orienté ⁵ est creuse huit coudées: ⁶ aromates HṢ' (et) 23½ talents.

(*42*) ⁷ Parmi les tombeaux de (*Bet*) Ḥoron dans l'hypogée qui est face à la Mer, ⁸ dans le *bassin*, creuse seize coudées: ⁹ 22 talents.

(*43*) ¹⁰ A Qobʻeh, beaucoup d'argent est déposé.

(*44*) ¹¹ A la chute d'eau proche de Kephar Nebo, à ¹² peu près à l'est de son débouché creuse sept ¹³ coudées: 9 talents.

(*45*) ¹⁴ Dans la fosse qui se trouve au nord de l'entrée à la gorge de Bet ¹⁵ Tamar dans le *terrain pierreux* (*près*) *du Cairn de la Broussaille*: ¹⁶ tout ce qui y est, c'est anathème.

(*46*) ¹⁷ Dans le *regard* qui est à ha-Maṣad, dans l'*aque*[*duc*], ˣ ¹ au sud de la deuxième montée, en descendant ² d'en haut: 9 talents.

(*47*) ³ Dans le *puits* des canaux d'irrigation alimentés par le Grand ⁴ Torrent, au fond: 12 talents.

(*48*) ⁵ Dans le réservoir de Bet ha-Kerem, en allant ⁶ à gauche, (creuse) dix *pieds*: ⁷ soixante-deux talents d'argent.

(*49*) ⁸ Dans la vasque du Vallon de . . . du côté ouest ⁹ se trouve une pierre jointe à deux crampons; ¹⁰ c'est l'entrée: trois cents talents ¹¹ d'or et vingt vases enduits de poix.

(*50*) ¹² Sous la Main d'Absalon, du côté ¹³ ouest (du monument), creuse douze *pieds*: ¹⁴ 80 talents.

(*51*) ¹⁵ Dans la vasque des bains de Siloé, sous ¹⁶ le caniveau: 17 talents.

(*52*) ¹⁷ [À . . .]H, aux quatre ˣⁱ ¹ angles: *or* (et) vase(s) d'aromates.

(*53*) Tout près de là, ² en contre-bas de l'angle sud du Portique, ³ au tombeau de Ṣadoq, sous le pilier du vestibule: ⁴ vase de résine de sapin, (vase de) parfum de séné.

(*54*) Et tout près de là, ⁵ dans la concession (située) au sommet du rocher orienté ouest, ⁶ en face de la cour (du tombeau) de Ṣadoq, sous une grande ⁷ pierre plate qui se trouve dans son conduit d'eau: anathème!

(*55*) ⁸ Dans le tombeau qui est en contre-bas des Galeries: 40 talents.

(*56*) ⁹ Dans le tombeau des fils du . . . de Yeraḥ; ¹⁰ là, il y a un vase de résine de cèdre, (un vase de) résine de sapin.

(*57*) ¹¹ Tout près de là, ¹² à Bet Ešdatain, dans la piscine, ¹³ (là) où l'on entre dans son bassin (plus) petit: ¹⁴ vase de bois d'aloès, (vase de) résine de pin blanc.

(*58*) ¹⁵ Tout près de là, ¹⁶ à l'entrée ouest de la lo[ge du] triclinium, ¹⁷ (là où) près de [. . .] se trouve la base du réchaud: neuf cents [talents d'argent], ˣⁱⁱ ¹ 5 talents d'or.

(*59*) Soixante talents: en y entrant du côté ouest, ² sous la pierre noire.

(*60*) Près de là, sous le seuil ³ de la citerne: 42 talents.

(*61*) ⁴ Au mont Garizin, sous les marches de la fosse supérieure: ⁵ un coffre avec son contenu et 60 talents d'argent.

(62) ⁶ A l'orifice de la fontaine de Bet Šam: vase d'argent et vase d'or ⁷ contenant des aromates; et le total de l'argent est six cents talents.

(63) ⁸ Dans le grand égout de ha-Baruk, (en allant) vers Bet ha-Baruk: ⁹ au total la somme de 71 talents (et) 20 mines.

(64) ¹⁰ Dans la galerie du Rocher Lisse au nord de Koḥlit, qui s'ouvre vers le nord ¹¹ et qui a des tombeaux à son entrée: un exemplaire de ce document-ci, ¹² avec les explications, les mesures et la description ¹³ détaillée.

A. ÉCRITURE ET CHIFFRES

Pour la description matérielle du rouleau de cuivre, voir déjà plus haut pp. 203–5.

1   Originairement, les deux rouleaux constituaient une seule plaque de métal, composée de trois feuilles rivetées l'une à l'autre. Dimensions de la 1ère feuille: hauteur 30 cm. env. (28 au début, 30·5 au milieu), largeur 82·5 cm. env.; 2ᵉ: 29 cm. de haut sur 74 cm. de large; 3ᵉ: 28·5 à 29 cm. de haut sur 85·5 cm. de large. Dimensions globales: 30 × 240 cm. en chiffres ronds.

Lorsqu'il fallut rouler la plaque, la 3ᵉ feuille, par hasard ou intentionnellement, se trouva détachée. On fit par conséquent deux rouleaux, et c'est le grand (col. i à viii) qui fut posé au-dessus du petit (col. ix à xii) dans la future Grotte 3 de Qumrân; cf. pp. 7 s. et 201. Le découpage par H. W. Baker a donné vingt-trois bandes verticales, de largeur variable (de 6 à 20 cm.), qu'il a numérotées à l'encre blanche au verso des pièces. Voici le schéma indiquant le rapport entre les feuilles, les colonnes et les segments numérotés:

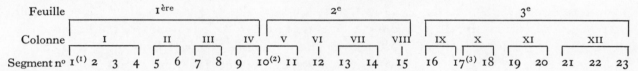

Feuille		1ère				2ᵉ				3ᵉ			
Colonne	I	II	III	IV	V	VI	VII	VIII	IX	X	XI		XII
Segment nº 1⁽¹⁾ 2	3 4	5 6	7 8	9 10⁽²⁾	11 12	13 14	15	16 17⁽³⁾	18 19	20	21 22	23

2   Pour la disposition de son texte le graveur de 3Q15 s'inspira à la fois des habitudes des copistes d'ouvrages littéraires, de celles des scribes des actes officiels et des listes administratives, de celles enfin des lapicides. Comme ces derniers, l'auteur du catalogue des trésors disposait d'un brouillon, rédigé probablement en écriture cursive; voir F, notes de lecture à ii 5 et viii 15. Cet aide-mémoire lui permettait de calculer assez exactement le détail de la disposition et aussi d'éviter les erreurs au cours d'une exécution lente et laborieuse. Des détails comme la proportion des colonnes, à peu près deux fois plus hautes que larges, et le nombre des quatre colonnes par feuille, il les emprunta aux rouleaux littéraires et aux διαστρώματα administratifs; voir introduction à Mur **24**. Il n'a pas jugé nécessaire, comme le faisaient presque toujours les copistes des livres, de tracer au préalable de fines lignes horizontales et verticales, d'où l'alignement irrégulier des débuts des lignes et le parcours capricieux de ces dernières. En utilisant au maximum la surface disponible, il suivait les habitudes des clercs; cf. *DJD II*, planches *passim*. Mais il a laissé au début de la première feuille une marge latérale de 6 cm. de large, qui correspond à la page de garde des manuscrits en peau. De même, en bas de la dernière colonne il a voulu ménager un blanc, en réduisant la taille des lettres et rétrécissant les interlignes; cf. l'arrangement similaire dans 1QS xi. Malgré son souci d'économie, le scribe de 3Q15 commençait en principe la description d'une nouvelle cachette à

⁽¹⁾ Bande non inscrite: 'page de garde'.

⁽²⁾ Rivets au milieu de la bande; au verso, la 2ᵉ feuille chevauche sur la 1ère d'un cm. en haut et de trois en bas;

au recto, à gauche, début des lignes de la col. v.

⁽³⁾ A gauche du segment le début des lignes de la col. x.

l'alinéa, mais sans retrait, à une exception près, xi 11 (et xi 15: sorte d'en-tête). Si la fin de la description précédente ne remplissait pas la ligne, elle était d'habitude mise au milieu de la colonne. Pour ces derniers détails l'auteur du catalogue s'inspirait des listes administratives, des épitaphes et des inscriptions monumentales. C'est surtout aux inscriptions grecques qu'il doit sa *scriptio continua*, les intervalles n'apparaissant que sporadiquement (en particulier quand il lui fallait espacer les mots de la dernière ligne d'un paragraphe), et aussi l'habitude, d'ailleurs modérée, de briser les mots en passant d'une ligne à l'autre. La *scriptio continua*, ou au moins la réduction au minimum des intervalles, n'apparaît qu'exceptionnellement dans les manuscrits de Qumrân; elle est plus fréquente dans les textes littéraires et non littéraires de Murabba'ât; cf. *DJD II*, pl. XIX, XX, XXII–XXIV, XXX, XXXII, etc. La coupe des lignes au milieu des mots est pratiquement sans parallèle dans les lots de Qumrân et de Murabba'ât; je ne connais que quelques exemples, pour les mots très longs, dans 1QIs^a et dans les phylactères; voir *DJD IV*.

A propos des corrections, au cours de la gravure ou lors de la revision, on notera:

(*a*) s'il s'apercevait de sa faute sur le moment, le scribe de **3Q15** regravait la bonne lettre en surcharge; voir F, notes de lecture à i 1 7 et 10, iii 2 et 11, iv 2;

(*b*) plus rarement, il la récrivait après la lettre manquée; F, note de lecture à xi 12 et commentaire à xii 4;

(*c*) aux 'épreuves', il ajoutait des lettres omises au-dessus de la ligne, ii 4 et x 15, ou bien au-dessous d'elle, xi 14.

3 Avant de se mettre à la gravure du texte, le scribe du catalogue avait fixé sa longue plaque de cuivre sur une planche de bois (ou une plaque de plomb?) à l'aide d'un clou à section carrée, qui a laissé le trou de 0·6 × 0·6 cm. près du bord droit de la première feuille, au milieu de la page de garde. Il utilisait des burins à pointe mousse, au tranchant droit et d'env. un demi-mm. de large. Il en disposait d'au moins deux: un pour des traits droits avec tranchant d'env. 4 mm. de long, l'autre pour les *apices* et les traits recourbés d'env. 2 mm. En général, il procédait par percussion, ses coups de marteau étant de force variable; si le burin sursautait, il laissait des traits plus minces, parallèles au tracé principal. Pour les courbes et les traits fort courts, il préférait parfois à l'étroit burin le poinçon qu'il appuyait d'une simple pression musculaire, ce qui donnait un tracé à peine visible. Tout ce travail de gravure donna en résultat des lettres au tracé plutôt mince, visibles au fond d'un creux de profondeur variable; vu du côté du verso, la gravure rappelle le travail au repoussé. Dans le fac-similé, pl. XLVIII– LXXI, l'épaisseur du trait correspond à peu près au milieu du creux; on retiendra en outre que les traits dédoublés accidentellement, ou le morcelage du trait résultant des coups successifs du burin, ne sont reproduits que sporadiquement. Lire encore les remarques de H. W. Baker, plus haut, pp. 209 s.

Le choix d'un matériel peu apte à l'écriture ainsi que l'usage des instruments susmentionnés expliquent certaines particularités de l'aspect formel de l'alphabet: lettres anguleuses, raides et droites, à têtes et à *apices* exagérés, aux traits fréquemment trop longs et comme débordants. D'où aussi la taille très variable des signes: min. 0·4 cm., max. 2·3 cm., moy. 1 cm. Néanmoins, le scribe a réussi *grosso modo* à retenir le caractère du type d'écriture choisi par lui. Ce n'est pas l'écriture littéraire, qui aurait eu un calibre plus uniforme, des lettres mieux proportionnées et, éventuellement, une tendance au tracé ondulé des traits. C'est plutôt le type notarial de l'écriture judéenne, qu'on retrouvera dans les documents non littéraires, dans les graffites des ossuaires et dans les rares inscriptions de l'époque; cf. *DJD II*, p. 71. Comme cela arrive pour les contrats (cf. Mur **24**, introduction), le graveur de 3Q15 préfère sporadiquement, sans raison apparente, des formes cursives des lettres au lieu des formes calligraphiques; voir F, notes de lecture *passim*.

Du point de vue typologique l'écriture du catalogue des trésors est 'hérodienne évoluée': le document se situe par conséquent au premier siècle de notre ère ou au début du siècle suivant, entre 30 et 130 après J.-C. en chiffres ronds, avec préférence pour la seconde moitié de cette période. On notera surtout: la profusion des *apices*, des formes particulières des lettres comme *mem* et *pé*; les hastes des lettres finales, souvent courtes et récourbées à gauche; les formes cursives de l'*aleph* et du *bet*, très simplifiées. Cf. Albright, *BASOR*, **159**, oct. 1960, pp. 37 s. ('between *cir.* 70 and *cir.* 135 A.D.').

Je suis heureux d'insérer ici une description paléographique et un essai de datation, que F. M. Cross Jr. a bien voulu préparer.

Excursus on the Palaeographical Dating of the Copper Document

The script of the Copper Document belongs to a well-known class of late Herodian, semiformal scripts. Elsewhere this type of script has been labelled the 'Vulgar semiformal' hand to distinguish it from other substyles of the Herodian formal character.[1] Many examples of such scripts appear at Qumrân; two may be singled out for comparison with the Copper Document: 4Q Canticles[b],[2] and the second hand of 1QH.[3] A number of late Herodian funerary inscriptions furnish closely parallel or identical scripts. This was to be expected since the Vulgar semiformal is readily adapted to use on hard surfaces. The Queen Helena Inscription (A.D. 40 to 50)[4] exhibits forms virtually identical with those of the Copper Document, and the Uzziah Plaque[5] and the Dositheus ossuaries,[6] both dating in the late Herodian era, are equally close in typological development and script style.

The Vulgar semiformal hands normally exhibit some variety in style, fluctuating between formal and semicursive traditions. The script of the Copper Document exhibits an excessively wide variety of letter forms. There is a tendency in the early columns to use more formal styles (e.g. in certain forms of *he*, *het*, *dalet*, *resh*). In the late columns, especially, cursive forms appear sporadically. This is not without parallel in the penned exemplars of the semiformal script from Qumrân; however, a special explanation is probably required by certain blunders of the engraver: his cursive characters probably reflect a cursive *Vorlage* from which he transcribed his text. Unfortunately, the cursive characters, the *'alef* in the shape of capital *gamma*,[7] *resh*,[8] and the ligatu re*samekh–pe*, aid little in setting a date upon the document. Each can be paralleled in Herodian contracts, one from cave IV, one from the Wâdī Murabbaʿât dated in the second year of Nero,[9] as well as in post-Herodian documents.

The Herodian semiformal hand cannot be dated with quite the precision with which the elegant, formal Herodian scripts can be analysed. In no case, however, can the Copper Document be attributed to the first half of the Herodian period (30 B.C. to A.D. 20). As the detailed discussion below will attempt to show, the script is to be placed in the second half of the Herodian era, that is, within the broad limits A.D. 25–75. No significant typological trait of the script is unparalleled in documents belonging to the last half-century before the fall of Jerusalem; at the same time it must be said that the typological analysis of the semiformal

[1] Four classes of Herodian scripts are analysed by the writer in his paper, 'The Development of the Jewish Scripts', *The Bible and the Ancient Near East*, ed. G. E. Wright (New York, 1961), pp. 133–202. These include the formal (fig. 12, ll. 1, 3–4, 9–10), the Round (or Rustic) semiformal (e.g. fig. 12, l. 2), the Vulgar semiformal (fig. 12, ll. 5, 7–8), and the cursive. The Vulgar semiformal is a crude, simplified derivative of the Herodian formal character, which survives in the so-called 'chancellery' hand of Murabbaʿât (cf. *DJD II*, pls. 45–47, nos. 42–45).

[2] Fig. 12, l. 5. Unpublished.

[3] *Oṣar ha-megillot ha-genuzot*, especially pls. 45, 46, and 52–55.

[4] S. Birnbaum, *The Hebrew Scripts* (London, 1954–7), Pt. II, no. 100. The inscription is dated on external historical grounds.

[5] E. L. Sukeniq, *Tarbîṣ*, ii 3 (1931), p. 290.

[6] E. L. Sukeniq, *Journal of the Palestine Oriental Society*, viii (1928), pls. 2–5 (opp. p. 120).

[7] See below on the problematical form in col. x 8.

[8] Probably copied from a cursive *Vorlage*. The scribe actually seems to have inscribed *waw* rather than *resh*.

[9] The 4Q contract is unpublished; the Murabbaʿât papyrus (hereafter Mur.**18**) is published in *DJD II*, no. 18, pl. XXIX.

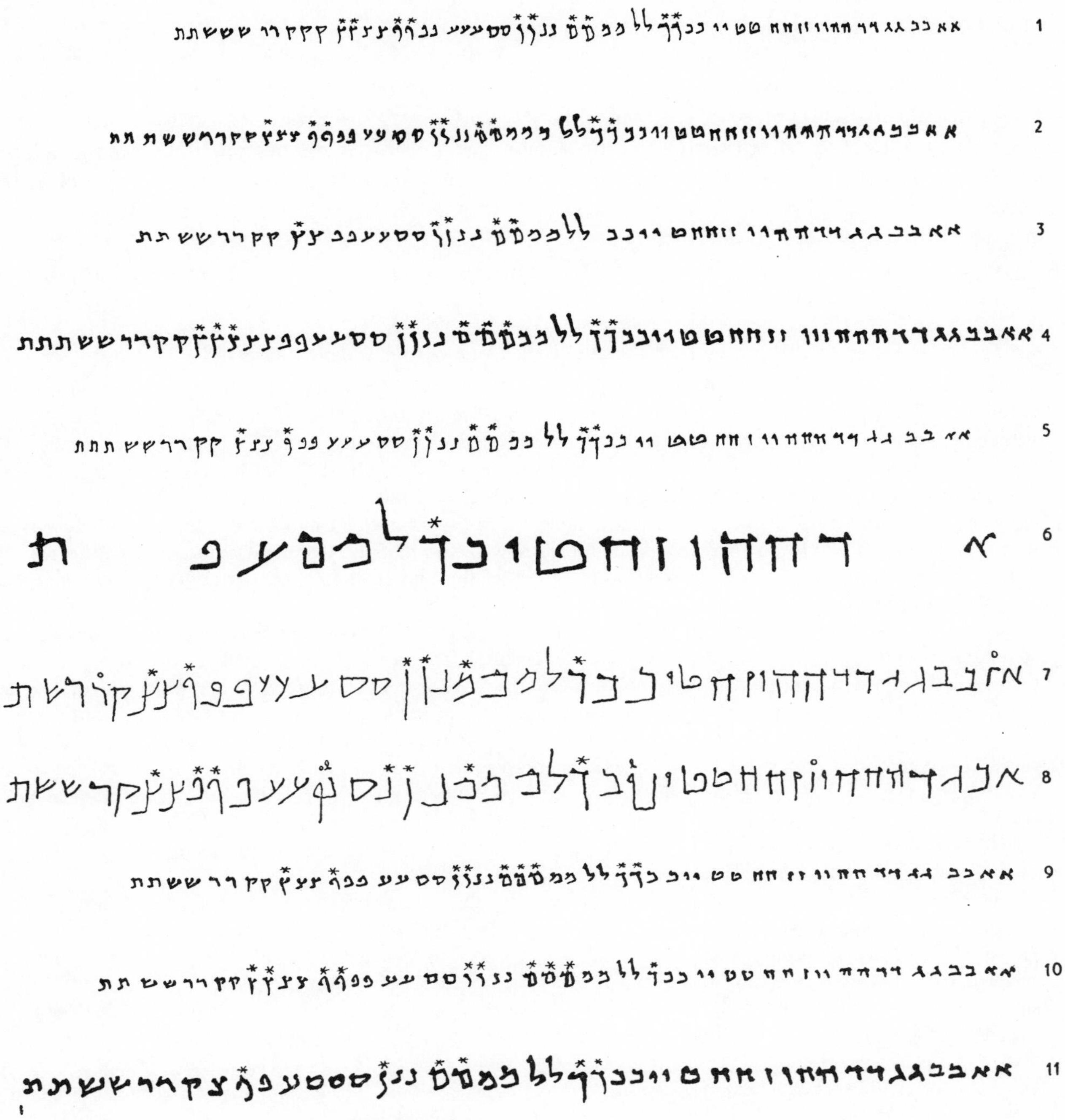

FIG. 12. The script of the Copper Document and related Herodian and post-Herodian scripts.

character is not sufficiently precise to require a date before A.D. 68, the time of the fall of the community centre at Qumrân. At all events, a date in the last two or three decades before the First Jewish Revolt appears to the writer to be most likely, judging on the basis of typological data alone.

The 'alef of the Copper Document is made in the standard Herodian, 'inverted-V' style. It is unusual only in its simplicity. Normally, late Herodian 'alef, whether penned or engraved, was formed with a keraia[1] or serif on the top of the right arm in the semiformal scripts, with keraiai on both the right arm and left leg in formal scripts. Already in the early Herodian formal scripts, rudimentary keraiai appear regularly. However, they have not become 'part of the letter', and in semiformal and lapidary texts are not used.[2] These latter, simplified forms persist in the semiformal scripts sporadically into late Herodian times. Examples appear in late Herodian funerary inscriptions in some number,[3] in isolated instances at Qumrân, and, indeed, sporadically in post-Herodian semiformal hands. The simple 'alef of the 3Q15 is, therefore, merely Herodian, early or late.

A few examples of the cursive, 'gamma-form' 'alef appear in late columns. The clear examples exhibit traits common to late Herodian and early post-Herodian documents, only slightly evolved beyond 'closed-loop', cursive forms of late Hasmonaean and early Herodian documents. According to Milik's latest reading, a later type is attributed to col. x 8. I am inclined to doubt the reading on palaeographical grounds, as well as on philological. The combination gy'yk is, to say the least, awkward. His earlier proposal, gyḥn, is better, but not without difficulties. In any case, the form cannot be used for palaeographical purposes.

Bet is very large, the base stroke drawn through the right downstroke by intention. This trait evolves in the early Herodian period, where it appears sporadically, but is used systematically only in late Herodian and post-Herodian times.[4] Occasionally the bet of 3Q15 preserves a tick on the right shoulder; this is surprisingly archaic. Normally the tick disappears in the course of the early Herodian evolution of the script.

Gimel is superficially archaic in form. The left leg is high; no keraia is used at the top of the downstroke. It is in fact a style surviving from the early Herodian era in certain late semiformal scripts. Like 'alef, therefore, it is of little typological significance in distinguishing between early and late Herodian date.

Dalet in 3Q15 is normally looped at the beginning of the crossbar, a characteristic late Herodian treatment of the tick, and looped into the downstroke, another late Herodian and post-Herodian trait. Sporadically, especially in the early columns, the typologically earlier, 'box-headed' dalet is used.[5]

A Key to fig. 12

Line 1. A typical early Herodian formal script (c. 30–1 B.C.). From a manuscript of the Order of the War (1QM).

Line 2. An early Herodian 'Round' semiformal hand (c. 30 B.C.–A.D. 20). From an unpublished exemplar of Numbers (4QNum[b]).

Line 3. A late Herodian formal bookhand (c. A.D. 20–50). From an unpublished exemplar of Daniel (4QDan[b]).

Line 4. A late Herodian formal script (c. A.D. 50). From an unpublished exemplar of Deuteronomy (4QDeut[j]).

Line 5. A late Herodian 'Vulgar' semiformal script (c. A.D. 25–68). From an unpublished manuscript of Canticles (4QCant[b]).

Line 6. The script of the Uzziah Plaque (c. A.D. 50).

Lines 7–8. The Script of the Copper Document from cave III, 3Q15.

Line 9. A late Herodian formal script (c. A.D. 50–68). From an unpublished manuscript of Psalms from cave IV, to be published by P. W. Skehan.

Line 10. A post-Herodian biblical hand (c. A.D. 70–100). From fragments of a biblical scroll preserved by members of a camp of Bar Kokhba from an unidentified site.

Line 11. A semiformal script from a Hebrew contract dated A.D. 133, Mur 24, DJD II, pls. XXV–XXVI.

[1] Or tittle. The latter term is ambiguous, however, often being used to designate the medieval tāgā. The term keraia is a more appropriate designation since it is used technically of elements of Greek scripts, and, indeed, is applied specifically to the ornamentation of the Herodian character (cf. Mt. 5:18 = Lk. 16:17).

[2] For example in the Benê Ḥēzîr inscription.

[3] For example in the Dositheus group, o.c., pls. 2. 3, 3. 1, 4. 3.

[4] Rarely, the base line of a bet does not break through. It appears, however, that such forms are idiosyncratic, possibly arising from the scribe's confusing of bet and kaf.

[5] The preservation of the older form of dalet, juxtaposed with typical late Herodian forms, and the similar sporadic use of archaic (i.e. early Herodian) forms of he, ḥet, 'ayn, pe, and shin do not, of course, argue against a late Herodian date. As a matter of fact similar, if slightly more developed, forms survive into post-Herodian times. They are merely forms which continue to live in semiformal usage after their disappearance from the formal script tradition.

The treatment of *he* and *ḥet* is particularly typical of the late Herodian semiformal scripts, standing in sharp contrast with the formal development. The right downstroke begins above the crossbar, and normally is looped. The loop is 'high', above the crossbar, however, unlike the latest, 'low-looped', formal *he* of the late Herodian period (fig. 12, ll. 9, 10). At the left end of the crossbar, three treatments are found: a triangular loop into the downstroke (cf. fig. 12, ll. 3–6), sometimes with the left leg dropping below the crossbar (fig. 12, l. 6);[1] a vertical stroke, actually a vestigial element of the loop;[2] and the (typologically) earlier simple stroke. The doubly-looped *he* falls together in form with *ḥet*;[3] this is a semiformal peculiarity; in the late Herodian formal script, *he* is similarly formed in developed Herodian hands (4Q Deutʲ), but in the case of *ḥet*, the left 'loop' is smaller and 'inside' the left leg. Rarely in 3Q15, *ḥet* is made without the triangular loops in classical fashion.

Waw and *yod* have triangular heads (*keraiai*), or are simple vertical strokes. The hooked head of the early Herodian semiformal script is absent. Moreover, except in ligatured forms, the late Herodian tendency of *yod* to shrink radically is fully developed.

Zayn is regularly made with the late Herodian *keraia* on the right side of the downstroke. The head is fully formed, not rudimentary or curved as in early Herodian semiformal scripts.

Ṭet in 3Q15 is broad and loosely looped on the right. The left arm is often unusually long, but in the semiformal hand it is of doubtful typological significance. The usual *keraia* on the left arm of *ṭet*, typical of formal hands in the late period, is missing. However, it is not without parallel in both late and post-Herodian semiformal scripts.

Medial *kaf* is typically Herodian, though it shows little evidence of becoming squat, a trait of the early post-Herodian *kaf*. Final *kaf* has developed its late Herodian head, broad, ticked, or looped in a triangle on the left, looping into the downstroke on the right, or simply joined in a right angle on the right. The deeply-ticked right shoulder of earlier final *kaf* has disappeared.

Lamed is a typical late Herodian form. The hook has enlarged.

The scribe of 3Q15 does not distinguish between medial and final *mem*. This practice is not usual but is by no means uncommon among the late semiformal scripts. The *mem* is drawn beginning with the oblique stroke, clockwise. A vertical stroke or, more frequently, a triangular *keraia* is added last. This technique of drawing as well as the form of the tick develops only in late Herodian times. The base tends to flatten to the horizontal (cf. 1QH, second hand). In many forms, also, the left oblique stroke tends to rise to the horizontal. While this tendency appears sporadically in post-Herodian scripts, it is characteristically late Herodian, and unknown in early Herodian scripts.

Nun is unexceptional. Neither the late Herodian *keraia* at the beginning of the downstroke, nor the semiformal, bent downstroke is utilized; but this is not uncommon in the late Herodian Vulgar scripts. Final *nun* is similarly simplified.

Samekh is made in semicursive or cursive style in 3Q15. No loop or *keraia* is used at the junction of the vertical and cross strokes. It retains the triangular rather than the later squarish (formal) shape; however, the former persists also in post-Herodian semiformal hands. The *samekh–pe* ligature, as we have noted above, is characteristic of Herodian and post-Herodian cursive scripts. A close parallel is to be found in Mur **18**.

'Ayn appears in two forms, a small upright form characteristic of early Herodian and Hasmonean scripts, and a large *'ayn*, shifted clockwise, the typical late Herodian form. The former type persists in semicursive scripts, and to judge from 3Q15, also in isolated semiformal scripts into the late Herodian period. So far as I am aware, however, it is absent from semiformal (as well as formal) hands of post-Herodian date.

Medial *pe* is of considerable importance typologically in distinguishing early from late Herodian scripts. The treatment of the head becomes more complicated, the medial form being influenced by the final. The head of the medial *pe* in 3Q15 exhibits a strong tendency to angle in toward the right downstroke, or to be tightly curled (cf. fig. 12, ll. 4–6, 9–10). The earlier, simple head also appears.

Ṣade is large, unadorned with *keraiai*. The large size is typically late Herodian, the simple form closely

[1] Cf. the Dositheus ossuaries. The type also appears sporadically in the latest semiformal scripts of Qumrân.
[2] Cf. the Helena Inscription, Dositheus ossuaries
(sporadic), etc.
[3] Cf. the forms of 4QCantᵇ, and the Uzziah Plaque (fig. 12, ll. 5, 6).

paralleled in the Helena and Dositheus funerary texts. Little distinction is made between final and non-final forms, a frequent semiformal trait (cf. 4Q Cant[b]; fig. 12, l. 5).

Qof in 3Q15 is very large, a development already complete in the early Herodian period. The head on the left is 'atrophied' in early Herodian fashion. On the other hand, the triangular loop or *keraia* has not developed. We must presume that the *qof* of 3Q15, like other letters discussed above, is an older form, persisting, thanks to its simplicity, in the Vulgar semiformal tradition.

Resh is formed in 3Q15 with a ticked or looped head, rounded, not ticked, at the right shoulder. Except for anomalous cursive forms, it is extremely broad in characteristically late Herodian style.

Shin is engraved in Vulgar semiformal fashion, without the curved arms or *keraiai* characteristic of formal scripts. Often the left downstroke breaks deep below the base line, a trait of the late Herodian semiformal script derived from earlier cursive forms (cf. 4QCant[b]).

Taw in 3Q15 is an especially characteristic letter. Its form is unparalleled in the formal scripts, but appears in early and late Herodian semiformal scripts with some frequency. The downstroke and the stroke forming the shoulder and right leg overlap, forming a cross. The Uzziah Plaque, the Helena Inscription, and the Dositheus ossuaries, among other texts, exhibit identical forms.[1] The type appears to be ephemeral, not surviving in the texts of the Second Revolt.

FRANK MOORE CROSS, JR.

4   Les nombres sont exprimés en 3Q15 par les numéraux (voir B 20) ou, plus souvent, par signes. Les formes des chiffres qu'utilise le scribe du catalogue sont connues pour l'époque par les textes de Qumrân et de Murabbaʿât, les graffites (p. ex. couvercle de Bethphagé) et les inscriptions: nabatéennes, palmyréniennes, vieilles-syriaques; cf. *DJD II*, pp. 88 et 97 s., fig. 27; plus haut, p. 38. À la fin du volume on trouvera la liste complète des chiffres de 3Q15.

Les unités sont marquées par des barres, d'habitude légèrement inclinées vers la droite; la dernière est souvent plus longue, ix 6 et 13, xii 1, etc. Les deux, trois ou quatre dernières unités sont parfois disposées de façons particulières, certaines inconnues par ailleurs: iii 13, iv 5, viii 7 9 13.

'10': crochet à droite dont la partie horizontale est quelquefois très courte.

'20': comme notre '3', à jambe déployée; se réduit parfois à un court crochet vertical, ouvert à gauche: iv 5, v 14, vi 6.

Seul exemple de '100', i 6: c'est le signe de '10' avec un double trait, court et vertical, sur sa barre horizontale. On trouve ce chiffre déjà à l'époque perse (papyrus d'Éléphantine) et des formes presque identiques dans les manuscrits de 4Q.

Une seule fraction, '$\frac{1}{2}$', est notée par ר, abréviation de פלג, ix 6; cf. Mur.8 1 3, note, p. 89.

Pour 'talent', ככר et ככרין, on a très fréquemment l'abréviation ככ: iii 7 13, iv 5 10 12 14, etc. La lettre *kaph* a été dédoublée, car le *kaph* unique représente un autre sigle: כ 'tétra-drachme (?)'; voir Mur 9 3, note, p. 90, et fig. 27, p. 98.

5   Sur les quatre premières colonnes on aperçoit des lettres grecques, toujours à la fin des lignes et toujours à la fin de la description d'une cachette donnée. La forme des lettres est celle de l'écriture littéraire. Voici leur liste: ΚΕΝ i 4, ΧΑΓ i 12, ΗΝ ii 2, ΘΕ ii 4, ΔΙ ii 9, ΤΡ iii 7, ΟΚ iv 2. Cf. des notations similaires en P. Dura **17**, également énigmatiques.

Je n'ai trouvé aucune explication plausible pour la présence et la signification de ces syllabes grecques dispersées dans un document hébreu.

B. ORTHOGRAPHE ET LANGUE

L'apport linguistique de 3Q15 à la connaissance de l'histoire de l'hébreu est aussi précieux que ses nouveautés de lexique (C) et que ses informations topographiques (D). Presque complet,

[1] Cf. the Gezer Boundary Inscriptions (Birnbaum, *o.c.*, no. 83); and, among older texts, 4QD[b] (unpublished).

il nous livre un long texte rédigé en hébreu populaire, parlé effectivement par les Juifs résidant en Judée, au sud-ouest et au sud de la Palestine, ainsi que dans la vallée du Jourdain, et cela depuis l'époque perse jusqu'à la Deuxième Guerre Juive; cf. *Ten Years of Discovery in the Wilderness of Judaea*, pp. 130 s.; *DJD II*, p. 70. Cet hébreu, qu'on appelle mishnique, n'était connu jusqu'ici que par les phases extrêmes de son développement. Tout près des origines, la langue de Qohelet (à quoi on ajoutera des éléments mishniques dans des livres comme Cantique, Lamentations: cf. introduction à 5Q6, Jonas, Siracide), et au terme, la langue de la Mishna et d'autres écrits talmudiques. L'hiatus littéraire et épigraphique qui s'étendait presque sur quatre siècles vient d'être rétréci considérablement, grâce à quatre groupes de documents mishniques: (I) textes littéraires de la grotte 4 de Qumrân; (II) graffites et épitaphes juifs de l'époque romaine; (III) texte semi-littéraire du catalogue des trésors; (IV) lettres et contrats de Murabba'ât. Pour (II), on trouvera quelques remarques dans *Gli scavi del 'Dominus Flevit'*, i, p. 105, par B. Bagatti et J. T. Milik; pour (IV), on se référera à l'édition, *DJD II*. Ici, qu'il suffise de dire quelques mots sur les manuscrits mishniques de 4Q, en attendant qu'ils soient publiés par J. Strugnell (mišn) et moi-même (Mišm).

Un ouvrage de 4Q, qui est indubitablement rédigé dans un dialecte apparenté au mishnique rabbinique, est représenté par six groupes de fragments (dont certains assez importants) appartenant à six manuscrits différents; nous leur donnons le sigle provisoire: mišn(ique)[a], . . ., mišn[f]. L'écriture de quatre exemplaires se place avec certitude au milieu du Ier siècle après J.-C. (diverses espèces de l'écriture ornementale; pour ce terme voir *DJD II*, p. 70); un manuscrit, mišn[d], pourrait être d'un demi ou d'un siècle plus ancien; le papyrus, mišn[e], offre une écriture 'mixte' (pour cette notion voir *DJD II*, pp. 175 s., *Gli scavi*, p. 101, *Ten Years*, pp. 135 s.) qui n'est pas facile à dater: peut-être Ier siècle avant J.-C. Le genre littéraire de 4Qmišn s'inspire de celui de Daniel et d'autres pseudépigraphes identifiés dans les lots de Qumrân. Les anges, parlant à la Ière personne, révèlent au visionnaire, malheureusement anonyme, les lois concernant la Pureté de Jérusalem et du Temple et, à la fin de l'ouvrage, les renseignements sur la fin des temps; cf. *Supplements to Vetus Testamentum*, iv, p. 24.

Parmi les calendriers de 4Q (cf. *Supplements*, pp. 24–26; *Ten Years*, pp. 41 et 107–10), plusieurs manuscrits, malheureusement réduits à de petits fragments, sont également rédigés en mishnique; sigles provisoires: Mišm(arot) C[a–d], D, E[a, b]. Même date que celle de l'écrit pseudépigraphique: Ier siècle après J.-C. mais un ou deux manuscrits pouvant remonter au Ier siècle avant notre ère: Mišm E[b] fut copié par le même scribe qui a écrit mišn[a]. Vu leur état extrêmement fragmentaire ainsi que leur genre littéraire, l'apport grammatical de 4QMišmarot est plutôt négligeable.

Citons encore un écrit de 4Q, sigle provisoire: ps(eudo-)Jub(ilés), qui tout en étant de l'hébreu classique (רדת ,אשר) contient pourtant plusieurs éléments mishniques.

En anticipant les résultats de l'étude comparative aux n°s 1–2 et de l'enquête analytique aux n°s 3–22, on caractérisera la graphie et la langue de 3Q15 de la façon suivante. L'orthographe du catalogue, phonétique en grande partie et parfois influencée par la graphie araméenne, n'entre dans aucune catégorie de textes connus; les parallèles les plus proches se trouvent dans les graffites funéraires et dans les documents de Murabba'ât. La langue de 3Q15 est aussi à l'écart de l'évolution linéaire, qui part de Qohelet, passe par le mishnique de quelques manuscrits de Qumrân et de plusieurs documents de Murabba'ât, pour aboutir au langage des académies rabbiniques et de la littérature qu'elles ont produite. Au lieu de voir dans les particularités linguistiques du catalogue les idiosyncrasies du langage personnel de l'auteur, il vaut mieux considérer le rouleau de cuivre comme le monument d'un dialecte mishnique, celui de la vallée du Jourdain sans doute; voir E 1–2. On le comparera avec utilité aux représentants du dialecte judéen, soit dans ses manifestations littéraires (mishnique de Qumrân et rabbinique) soit sous sa forme populaire et semi-littéraire (mishnique d'ossuaires et de Mur).

1   L'orthographe de 3Q15 (voir n⁰ˢ 3–14), par rapport à celle des textes bibliques, se caractérise ainsi: (I) ses notations phonétiques comme p. ex. רוש et עסר; (II) usage très irrégulier de graphies pleines et défectives, celles-ci parfois sans parallèles dans l'orthographe biblique; (III) emploi plus large de l'*aleph* comme *mater lectionis* dans les syllabes médianes; (IV) notation particulière des voyelles finales: pour -a généralement *aleph*, pour *e* final plus souvent *hé* que *aleph* et rarement *yod* (sauf état construit du pluriel). Comparons ces éléments orthographiques (et occasionnellement phonétiques) avec ceux d'autres groupes de textes et d'inscriptions. Le mishnique rabbinique n'est pas pris en considération, car les manuscrits médiévaux et les éditions modernes présentent une orthographe adaptée à celle de la Bible.

a   Les fragments mishniques de 4Q ont en général la même graphie que les manuscrits de Qumrân en hébreu classique, où la *scriptio plena* est plus fréquente que dans le Texte Reçu de la Bible. On a pourtant l'impression qu'ils comprennent davantage des particularités du type populaire.

(I) רשי Mišm D, רוש mišn; באוו et להבי mišn; שנואה, משיאים mišn; נעסה, סורף, מסיאים mais aussi ראישונה Mišm Fᵃ; שש אשר 'seize' Mišm Eᵇ.

(II) טהר et טהורים mišnᵃ; זנות (deux fois) mišnᵇ: זנות mišnᶜ; אליכה mišnᶜ: אליך mišnᶠ: אלך mišnᵉ; לפנו mišnᶠ: לפני mišnᵉ; עשרם Mišm Eᵇ; העלהו 'offre-le!' psJubᵇ.

(III) ראוי mišnᵃ; באוו mišnᵉ.

(IV) טמה et טמא, מחני et מחנה (état construit) mišnᵃ; שא et ש mišnᵃ, ᵇ שא יהיה mais שאין, שלוא mišnᵃ; שא יאכל mišnᵇ); בו et בו בוא Mišm; שלושא Mišm Eᵇ; צפא (impératif) psJubᵇ.

b   Pour les noms propres des graffites des ossuaires on ne fait évidemment pas la distinction des langues.

(I) רוש *Liber Annuus*, vii, p. 247; לו 'non' *ib.*, p. 241; ימה 'maman' Frey 1249 (voir *Gli scavi*, p. 98, n. 16); אשמעל *Gli scavi*, pp. 76 s., et un pap. de 4Q; סרה et שרה *ib.*, p. 100; סבא 'vieillard' Frey 1299; קרסא et Κασσα sur un ossuaire décrit dans les Archives du Palestine Archaeological Museum (la forme sémitique est la dissimilation de la forme grecque).

(II) Pour l'hésitation entre graphie pleine et graphie défective dans le même nom, parcourir les listes dans *Gli scavi*, pp. 70–100. Noter surtout: שלמצין et שלמציון, ספר et סופר sur les mêmes ossuaires, Frey 1363 et 1308; בשני et בשנית 1372 s.; הדולקת 'femme de Doliché' *Gli scavi*, p. 95; nom propre Judith: יהודת ossuaire du Department of Antiquities of Jordan, Ιουδειθ ossuaire de l'École Biblique et Archéologique Française.

(IV) Noms propres masculins, notation des finales: -a (quelle qu'en soit origine) par *aleph*, une douzaine de fois (p. ex. עזרא:Εζρας PAM 37. 1140, תדא *Gli scavi*, p. 74, עקיבא *Liber Annuus*, p. 247, צביא Frey 1248); -a par *hé*, deux ou trois fois, en plus de יהודה (toujours) et des noms en יה (une ou deux fois יא). Noms propres féminins: שפירא et שפרא cinq fois (*Gli scavi*, p. 85; opposer שפירה en Mur 29 Verso, l. 3); מרתא quatre fois: מרתה trois fois (*Gli scavi*, pp. 77 s.); אמא deux fois; אגתא Frey 1371. Afformante caritative -a: אבא deux fois, אבה et ימה (une seule fois); cf. *Gli scavi*, pp. 98 s., *DJD II*, p. 180.

Noms communs hébreux: בני inscription de Bene Ḥezir, בנא *Gli scavi*, p. 90. Noms communs araméens: בחלתה דה (*mithaneh*) מתהנה *Liber Annuus*, vii, p. 235; כוכה דנה...אבהתנה Frey 1300; suffixe -*nah* aussi en אבונה (deux fois) et אמנה (une fois), *Gli scavi*, pp. 98 s.; סבא Frey 1299; sur le même ossuaire: מלכתה en écriture palestinienne, מלכתא en écriture mésopotamienne, Frey 1388.

c   Dans les lettres et contrats mishniques de Murabbaʿât le caractère phonétique de l'orthographe et son inconstance dans l'usage des graphies pleine et défective sont très marqués.

(I) רוש et הי **42** mais הוא, הוא **24**, הוא et מהו **46**; שהצלכם 'qui sont chez vous' **43**; תבו **44**, יבו **46**; התהזק **44**; את ה' = ת *passim* (Mur.22 1–9 2, note); אהוה 'soit' **42**; אבית 'à Maison' **42**, בלו 'sans' **50**; עוסה, נסיא mais עשרין **24**, עסתי **43**; חנטין **24** mais חטים **30** et חטין **44**.

(II) הרדיס et הרודיס, שלני 'de Silo', גאלת **24**; גאולת, ירשו 'ses héritiers', לפנך **30**; אלנו 'à nous', תחומו **22** et **30**, עסתי **43**; רגלכם, נתן (participe actif), ישע 'Yešua'', ידע (participe passif) **42**; עלתי ירשו mais עליו **30**, פנך **30** mais פניו **44**. Voir encore les noms propres cités sous (IV).

(III) עניאין 'pauvres' **46**, גללאים **43**, אחראים **30**.

(IV) -a: רבא, כוסבא **24**; כוסבה **43**; גלגולא **42**, גלגלה **43**, גלגולה **44**; אלה 'mais' **45** et **46**. -e: מחניה **48**; יוחני **48**; יוסה **46**; שאיש 'qui est' **24**; היה (impératifs de היה); הוה **48**, הוה **46**, הוי **44**, הוא **42**, אהוה **42** mais מחנה **24** (état absolu). -o: לה 'à lui' **44** et **48** mais לו **42** et **46**.

d   L'orthographe du catalogue des trésors s'encadre assez bien dans un courant littéraire et semi-littéraire qu'on appellera populaire, dont des exemples se succèdent maintenant de la fin du IIe siècle avant J.-C. jusqu'à l'an 134 de notre ère. Une grande partie des traits populaires de la graphie de 3Q15 qu'on a vu ci-devant et qu'on verra aux nos 3 et suivants, se trouve déjà dans les manuscrits de 1QIsᵃ et 1QS; cf. *Biblica*, xxxi, 1950, pp. 87–91 et 204–20; *Verbum Domini*, xxix, 1951, pp. 130–3.[1] Ce courant est continu, plus faible pourtant que le traditionnel, au moins dans le milieu érudit des moines de Qumrân.

Il y a cependant un trait qui distingue 3Q15 de n'importe quel texte et document mishnique, ou même hébreu néo-classique en général. C'est la notation de l'*a* final par *aleph* (א : ה = 4:1); moins caractéristique est l'usage indifférent du *hé* et de l'*aleph* pour marquer l'*e* final des mots, quelles qu'en soient l'étymologie et l'orthographe historique. On en a vu quelques exemples de ces graphies plus haut sous a–c, surtout dans les noms propres; on en trouve sporadiquement d'autres déjà dans la Bible et dans les textes hébreux de Qumrân (pour 1QIsᵃ voir *Biblica*, *l.c.*, p. 89); nulle part pourtant avec un pourcentage aussi fort qu'en 3Q15. Dans l'énorme masse des fragments de 4Q je n'ai repéré qu'un seul fragment où de quatre noms féminins, trois se terminent par *aleph* (קטורא, מגפא רבא) et un par *hé* (עזה 'Gaza').

Cette particularité graphique de 3Q15 est donc tout à fait en dehors de l'évolution de l'orthographe hébraïque. On se tournera vers les textes araméens pour chercher la solution. Mais ici il faut également distinguer deux courants parallèles. L'un est traditionnel et académique: état emphatique noté par *aleph*, tandis que *hé* marque l'état absolu féminin, parfois masculin p. ex. קנה *qaneh*, certaines formes verbales p. ex. infinitifs de schèmes secondaires. L'autre courant est populaire: état emphatique en *hé*, état absolu féminin, etc., en *aleph*, d'ailleurs avec peu de consistance. Cette dernière orthographe, perpétuée par les Samaritains, se constate dans certains manuscrits araméens de 4Q, dans les graffites et les inscriptions, dans les documents de la Seconde Révolte; cf. *Liber Annuus*, vii, 1956–7, pp. 236 s.; *Gli scavi del 'Dominus Flevit'*, i, pp. 105 s.; *DJD II*, p. 70 et commentaire, *passim*; E. Y. Kutscher, *Scripta Hierosolymitana*, iv, 1958, pp. 26–28.

On se rappellera à ce propos qu'à l'époque romaine tous les Judéens étaient au moins bilingues. Ils continuaient à parler l'hébreu mishnique, leur langue maternelle, mais connaissaient aussi parfaitement l'araméen, langue officielle du Proche Orient sémitique au même degré que la *koiné* grecque. L'usage concurrent de l'hébreu et de l'araméen écrits faisait aboutir en fait à une orthographe unifiée, valable pour un texte hébreu aussi bien qu'araméen. On aperçoit des essais dans ce sens dans le rouleau de cuivre, dans les graffites des ossuaires, dans les documents de Murabba'ât; pour ces derniers, cf. surtout la graphie du suffixe de la 3e

[1] Un ouvrage fondamental sur l'orthographe et la grammaire de 1QIsᵃ: E. Y. Kutscher, *The Language and Linguistic Background of the Isaiah Scroll* (hébreu), Jérusalem 1959.

personne du masculin singulier: נפשה et לה. Nous nous retrouvons dans le même milieu: petites gens du peuple juif, dont les produits 'littéraires' ont, à commencer par l'orthographe, une physionomie si différente de celle des textes que nous ont transmis les סופרים מהירים des manuscrits du scriptorium qumranien.

2   Pour la grammaire et syntaxe de 3Q15, voir plus bas, nᵒˢ 15–22. Ici, en vue d'une comparaison rapide, on présente quelques faits fournis par les textes mishniques de Qumrân et de Murabbaʿât, groupés dans les rubriques suivantes: (I) article et pronoms; (II) alternance -*m*: -*n* dans les désinences du pluriel et du duel ainsi que du suffixe pronominal de la 3ᵉ personne du pluriel; (III) prépositions, conjonctions, adverbes; (IV) noms de nombre; (V) verbes, schèmes nominaux, détails de vocabulaire; (VI) syntaxe de la phrase.

a   Écrit pseudépigraphique mishnique et Mišmarot de 4Q:

(I) ן', המה (טמאתם עמהם) 'הם, 'ם, המה et הם, היאה et היא, הואה et הוא, אתם, אנחנו masculin et féminin: mišn; הוא Mišm; זה et אלה mišn; ש et שא mišn (voir nᵒ 1 a IV), ש Mišm.

(II) 'ם et '(ה)ם sans exceptions.

(III) בעשותן mišnᵃ et *passim*: מ(דברינו) mišnᶠ; על גב (אלה) mišnᵉ; מקצת (דברינו) mišnᵃ; כי ש; בשל ש; ש du discours direct et des citations; אף; ומלבוא מהתערב...מש(כתוב) mišnᵉ; בשל מש(כתוב) mišnᵇ; (כתוב ש)לוא mišnᵃ; אינם רואים et המוצקות אינם מבדילות mišnᵇ, אין להאכילם אין להבי mišnᵃ; לוא להרביע[...] mišnᶜ (cf. Lev 19¹⁹ et 20¹⁶); אצל Mišm; לרבעה כלאים mišnᵇ mais עכשו (מלאכי המ[...] שמחים ואומרים עכשו יאבד ו[...]) psJubᵇ.

(V) תערובת mišnᵉ; ונחשבה לך לצדקה (= Gen 15⁶), cf. ויחשבה לו צדקה psJubᵇ ויתחשב לו צדקה mišn (cf. Segal, § 265, p. 118; en réalité, nom d'action de l'Hitpael); זונות zonut mišnᵇ (dérivé de זונה; voir CD viii 5); מוצקות (pluriel), לחה (cité sous VI) mišn; לתת לו יקר, להקביל, להגביל MišmCᵃ.

(VI) Constructions *ad sensum*: כי שלוא ראה...והמה באים mišnᵃ; אלה מקצת דברינו mišnᵃ. Citons quelques phrases: mišnᵃ: ואף על המוצקות אנחנו אומרים שהם שאין בהמה טהרה ;בשל שא יהיה; הטהר מזה על הטמה ;ונסלוח לו ואף mišnᵉ: כי לחת המוצקות והמקבל מהמה כהם לחה אחת אנחנו כתבנו אלך מקצת מעשי התורה שחשבנו לטוב לך ולעמך שראינו עמך ערמה אנחנו מכירים שבאו מקצת הברכות והקללות שכתוב בס[פר מו]שה וזה הוא אחרית הימים שישיבו בישראל...

b   Dans les documents de Murabbaʿât on notera surtout les variations grammaticales d'un texte à l'autre ou dans un même document.

(I) הלז 45; אלו 24: אלה 24; זה 30; הם, הי, הוא et הו 43; אני 43; *passim*; להמכר 'à l'objet de vente' 30; שהי שלו 24, שהוא שלי 42, (ה)מקום של חזקא 22 (lecture incertaine), של et שא (voir 1 c IV); ש et שא 24; הפרנסין של בית משכו 30, אשת דוסתס mais dans la *scriptura interior* אשתו של דוסתס זה 42, שלו 46, ק···יין 44, (ה)חטין שלה 44, של ביתי [...] 44 (lecture incertaine), עם של ק···יין 47.

(II) פרנסין 22 -*m* et un -*n*; 24: שתים, שנים שהם, עשרין, חנטין, כורין 29 et 30 toujours -*m*; 42: הגיים קרבים 43 toujours -*m*; 44 -*n* et -(*h*)*n*; 45: חסדין, להן, להֵם; 46 -*n* (deux fois); 47 -*n* (une fois).

(III) המך 22 (lecture incertaine); ש du discours direct; 42.אף אלליש; אצלך בדעת 44; אצל *local passim*; בשביל [···] 47; בשל ש 46; מן קצת 24; ממך (biblique ממך); 30 כמה שעסתי; 43 כמה שבחיים; 30 משמניתי.

(IV) שמונים, חטים חמש סאים 40, זוז 22; [סאין] שלוש ושלש כורין ששת חנטין 24; החרובים ארבעה 22; חמשת כורין חטין 30; ושמונה זוז סלעים עשרים ושתים 44.

(V) Imparfait de היה: יהו, יהי, יהי, אהא *etc. passim*; עמר 46.

(VI) Voir édition, *DJD II*. Noter: construction *ad sensum*: חנטין ארבעת כורין מעשרת 24; alternance des formes verbales et pronominales au pluriel et au singulier (emploi collectif et distributif) dans Mur **44**, *DJD II*, p. 162, note à la l. 4; omissions: '30 (et 88) ⟨deniers⟩', '5 ⟨séah⟩' 30.

c   Nous reprenons la comparaison mais en la limitant à quelques traits saillants.

(I) Le seul pronom caractéristique est le relatif ש, suffisant par lui seul à distinguer un texte mishnique d'un texte en hébreu biblique. Le *še* parsème déjà les écrits de la Bible; il se retrouve exceptionnellement dans les compositions préexiliques, plus fréquemment dans les ouvrages des époques perse et hellénistique; voir dictionnaires et grammaires. Dans des livres comme Qohelet ou Jonas, son emploi a dû être systématique, mais les copistes postérieurs et les rédacteurs du Texte Reçu lui substituèrent le אשר classique. Heureusement ils se montrèrent inconséquents. Autrement, il est difficile d'imaginer comment l'auteur, lui-même, ait pu écrire בשל אשר Qoh 8¹⁷ ou bien בשלמי dans un vers, באשר למי dans le suivant et de nouveau בשלי quelques lignes plus loin, Jonas 1⁷, ⁸, ¹². Nous ajoutons la liste, qui nous paraît complète, des ש dans les fragments hébreux du Siracide: 3²² 14¹⁶, ¹⁸ 15¹⁷ (J. Schirmann, *Tarbiz*, xxvii, 1958, planche entre p. 442 et 443, *verso*, l. 1) 16³, ¹⁵ 30¹¹, ¹² 31¹⁰ 31¹⁵, ¹⁶, ²⁷ 33²⁰ (שלך), ²⁶, ²⁸ 37³ 42²⁴. Dans les textes hébreux de Qumrân, ש est étonnamment rare: ○[נשׁר ואחד ; מבקר שלכול [המחנות‏‏‏ וה[הוא[ה ושלכ]ה 4QDᵇ xiv 8–9; 4QJubᵉ 1 7 = Jub 25¹²; ודהי]עגל ואחד של אדם dans un manuscrit de 4Q décrivant la vision d'Ézéchiel (cf. Éz 1¹⁰).

Le של possessif et génitival (Cant 1⁶ כרמי שלי; 3⁷ מטתו שלשלמה; autres exemples, de la Bible et de Qumrân, cités ci-devant) n'est pas attesté par les écrits mishniques de 4Q, mais les fragments perdus ont pu le contenir. Sa fréquence en 3Q15 est frappante, et certainement plus forte que dans les documents de Murabbaʿât et même dans les écrits rabbiniques. On y verra un trait dialectal du parler de l'auteur plutôt qu'un élément de son expression littéraire (emphase). Cette suggestion est pourtant affaiblie par le fait que la plupart des של du catalogue se trouvent devant des noms de lieu, tout comme un של biblique et trois de Murabbaʿât précèdent des noms propres ou des toponymes. C'est aussi le cas de la seule épitaphe juive qui contienne של; elle semble dater d'avant la Seconde Révolte: המשכב הזה של חסדיה...; H. Vincent, *Jérusalem de l'Ancien Testament*, i, pp. 362 s. N. Avigad l'a lu dans l'inscription des Bene Ḥezir, mais, après étude directe du monument, la lecture על me semble, au moins matériellement, plus satisfaisante.

(II) Pour la désinence -*m*:-*n* au pluriel et au duel ainsi qu'au suffixe de la 3ᵉ personne du pluriel, les textes de Qumrân, de Murabbaʿât et de la littérature rabbinique témoignent d'une évolution linéaire: à Qumrân jamais -*n*, à Murabbaʿât -*m* un peu plus fréquent que -*n*, dans la Mishna -*n* un peu plus souvent que -*m*; cf. Segal, § 281, p. 126. On supposera donc que la terminaison -*n* est due à l'influence araméenne tandis que -*m* représente l'état primitif; cf. -*m* en phénicien et en punique, et pour le rapport entre le punique et le mishnique, *Ten Years*, pp. 130 s. Dans le -*n* prépondérant, on verra une nouvelle particularité du dialecte parlé par l'auteur de 3Q15, parler plus exposé à l'influence de l'araméen que l'hébreu populaire de la Judée.

(III) Dans le domaine des particules il n'y a pas de détails caractéristiques. On signalera pourtant l'emploi fréquent de אצל, une préposition araméenne גב, la prédilection pour les prépositions composées (les traits qu'on trouve dans le mishnique rabbinique), mais, d'autre part, la construction de l'infinitif avec d'autres prépositions que ל, seule à être employée avec l'infinitif dans les écrits mishniques.

(IV) Pour l'ordre: noms de nombre+objets, 3Q15 est plus systématique que les textes de Murabbaʿât. Dans le catalogue on a, à une exception près: objet au pluriel ou matériau au singulier (parfois sous-entendu) + poids ou mesure au pluriel + nombre cardinal. Dans les papyrus de Murabbaʿât cet ordre ne se trouve attesté qu'une seule fois, en Mur **22**. Plus fréquent est le type composite, bien connu par la Bible et la Mishna: objet au pluriel+nombre cardinal (à l'état construit pour 3 à 10)+mesure au pluriel: Mur **24**, **30**, et, avec déplacement du premier élément à la fin, **44**. L'ordre: dizaines+objet au singulier, rare dans la Bible, une fois dans le catalogue de 3Q, de règle en mishnique, est attesté en Mur **22** et **30**.

Cette particularité du langage de 3Q15 pourrait relever du domaine de la stylistique: imitation du genre monotone des listes dressées par les clercs, comme c'est déjà le cas pour les énumérations dans la Bible; p. ex. Gen 32¹⁵, Num 7¹⁷ 28¹⁹. Il est mieux cependant d'y voir un élément de plus, dû à l'influence de l'araméen écrit et officiel. Dans les papyrus d'Éléphantine, dans les inscriptions nabatéennes et palmyréniennes et jusqu'au dipinto du Wadi en-Nâr (voir introduction à 5Q15, vocabulaire s.v. אמה) on a pratiquement sans exception l'ordre: (objet compté au pluriel, matériau au singulier+) poids ou mesure au pluriel + nombre cardinal; cf. L. G. Ginsberg, *Tarbiz*, vii, 1935/6, pp. 223-6.

(V) La productivité des schèmes verbaux et nominaux ainsi que la création sémantique, où les textes conservés n'offrent pratiquement pas matière à comparaison entre 3Q15 et Qumrân–Murabba'ât, seront à reprendre dans l'étude d'ensemble des textes hébreux de Qumrân; voir provisoirement *Biblica*, xxxi, 1950, pp. 213-17; *Verbum Domini*, xxix, 1951, pp. 131-3.

(VI) Dans la syntaxe de la phrase on notera surtout, pour l'accord du nombre, les nombreuses constructions *ad sensum*, plus caractéristiques de la syntaxe mishnique que de la biblique.

d Bien qu'on n'ait pas trouvé des preuves absolument décisives, ni en nombre assez suffisant, il nous paraît légitime de considérer la langue du rouleau de cuivre comme une variété dialectale de l'hébreu parlé à l'époque romaine par les Juifs habitant la Palestine centrale et méridionale. Quelques indices suggèrent une région où l'araméen était employé autant, si non plus, que l'hébreu, autrement dit, où la population juive vivait à côté de la population 'païenne'. On reprendra l'argument dans le chapitre E, n° 1.

a. Orthographe et vocalisme

3 La notation des voyelles finales en 3Q15 est assez particulière.

a La voyelle -*a* est d'habitude marquée par *aleph*: חליא i 7, אמא i 11, מעבא i 13, חומא ii 10, גדולא v 3, מלמעלא x 2, פתחא xii 10, etc.; en tout, quarante exemples sûrs. On y ajoutera deux cas du suffixe pronominal de la 3ᵉ personne féminin, -*a(h)*, noté par *aleph*: ביאתא iii 9, בא viii 14, contre 4 exemples de la graphie par *hé*; cf. n° 16a.

Par contre, la *mater lectionis* traditionnelle, à savoir le *hé*, ne se trouve que dans les huit mots: אצרה i 10, טבילה i 12, תשעה iii 4, ביאה v 13, משמרה vii 11, צויה viii 14, עליאה x 1, הבסה xi 5. On remarquera que, à une exception près, la dernière consonne est 'liquide', laryngale, voyelle consonantisée.

Dans deux cas, le scribe a hésité entre ה et א à la fin du mot. En xii 4 il a gravé d'abord מעלה pensant sans doute à *ma'aleh* 'montée'; en y ajoutant l'*aleph*, מעלהא, il se décida pour *ma'ala* 'escalier'; voir D 69. En i 1 à la fin du premier mot il a tracé le premier trait oblique de l'*aleph*, pour exprimer vraisemblablement la finale *a*; mais écrivant là-dessus un *hé*, il a voulu sans doute indiquer pour חריבה la prononciation *Ḥoreb(b)eh*; voir C 40 et D 4.

Le participe צופא 'orienté' est toujours écrit avec l'*aleph* final, qu'il soit masculin, *ṣophé* viii 10 et 12, ix 4 et 7, xi 5, ou bien féminin, *ṣopha* vi 2 et 8.

En conclusion, -*a* s'exprime graphiquement 46 fois par א, contre 12 fois par ה; proportion approximative 4 : 1.

b Une alternance pareille se constate pour le *e* final. Dans le cas typique de עשרה 'dix', on a 6 fois עשרה i 4, iii 6, etc., contre 3 fois de עסרא ii 8, viii 6 et peut-être ix 2. Par ailleurs, on a מלה 'plein' (trois fois), קובעה ix 10, סנה xi 4, לאה xi 14 (plus deux exemples discutés plus haut), mais שמונא ix 5, זא xii 11, צופא (cinq fois; voir ci-devant).

On a donc une équation: ה : א = 14 : 10; proportion approximative 3 : 2. Sur la notation du -*e* par *yod* voir n° 6a.

Il reste cinq cas, incertains quant au timbre de la voyelle finale: ··· קה ii 3, מרה ii 3, רבה i 5, ארוה i 3, ‬iv 1, ‭[ ]ה x 17.

c   Le -*i* est invariablement noté par *yod*: מזרחי ii 7, לכושי iii 9, שלוחי x 15, etc.

d   -*o* presque toujours par *waw*: מזרחו iii 11, שלומו v 6 et 8/9, ירחו v 13, בו vi 5, etc. En deux cas, pas tout à fait assurés, le *o* final semble être marqué par une double *mater lectionis*, *waw* + *hé*: כלוה, *kullo* 'son total', en i 3 (et peut-être en xii 5) et קדרוה, *Qidro(n)*, en viii 8; pour ce dernier voir encore 13d et D 28. Cette orthographe est maintenant bien connue par 1QIs^a (cf. *Biblica*, xxxi, 1950, p. 208) et par quelques manuscrits de 4Q.

e   Une graphie du même genre, mais qui est en même temps l'orthographe historique, se trouve dans le toponyme השוא viii 10 et 14 (C37 et D 65). Sur *waw* + *aleph* pour -*o*/ -*u* en 1QIs^a voir *Biblica*, *l.c.*, p. 90.

f   La diphtongue -*au* n'est pas exprimée formellement dans les deux seuls exemples de 3Q15: תחתו vi 5 (cf. תחתיה viii 6). שולו ix 1 (cf. שולי i 11, ix 1); voir 16a. Pour שילוחו de xi 7 on peut hésiter entre le suffixe singulier (mieux) ou pluriel; cf. C 62.

4   La graphie des syllabes initiales ne se prête qu'à quelques remarques de détail.

a   בית de x 5 est en réalité *b^ebet*, la consonne initiale double restant donc sans une voyelle prothétique (voir pourtant 6b), par opposition à *ebbet*, אבית, de 1QpHab xi 6, 4QTob ar^b 6¹¹ et Mur **42** 4, *DJD II*, p. 158.

b   אחצר et אחזר de viii 2, si notre identification du site est exacte (D 23 s.), s'expliquerait au terme de l'orthographe mixte, phonétique et historique à la fois; cf. commentaire à Mur **17**B, sous *d*, *DJD II*, p. 100 et note à Mur **42** 2, *ib.*, p. 157. Le toponyme que l'auteur du catalogue prononçait *aṣor* (voir n° 9), donc אצ(ו)ר en graphie phonétique, est écrit אחצר par souvenir de l'orthographe traditionnelle חצ(ו)ר. Il est moins probable, vu que cette graphie double est répétée deux fois, d'y voir l'hésitation du scribe comme dans les cas discutés sous 3a et dans le cas de א}אשדתין{ en xi 12 (F, note de lecture).

c   Sur les voyelles initiales dans les emprunts grecs voir n° 14a.

5   La graphie des voyelles médianes frappe par son irrégularité et son inconsistance, trahissant ainsi l'origine populaire du texte.

a   En v 6 l'*aleph* note un *e* médian dans כאלין 'vases' (opposer כלין en ii 6 et 8, x 11); on veut différencier la voyelle pleine de *kelim* et la *šewa* en *k^eli*. Pour cette orthographe, tout à fait exceptionnelle jusqu'à l'époque byzantine, voir 5Q15 introduction.

b   La graphie des *i*/*e* et *u*/*o* médians, originellement longs ou morphologiquement significatifs, est en principe maintenue pleine; on y constate pourtant un certain nombre d'exceptions.

Ainsi pour -*in* du pluriel masculin, à côté de la notation normale par ין, on n'a qu'une ou deux graphies défectives: iv 8 (F, note de lecture), vii 6. Désinence de l'adjectif féminin -*it*: מזרחית iii 5, etc., mais כחלת D 71; pour la graphie défective voir n° 1a–b ii.

Pluriel féminin -*ot*: אמות 28 fois et une seule fois אמת iv 14; מאות 5 fois contre מאת en i 8. Participe passif du Qal: סתום en i 7 mais פתחא en xii 10. Impératif: חפור 18 fois env. contre חפר en iii 6, vi 9 12, vii 9. Autres catégories: שלוש 8 fois mais שלש x 10; סמול x 6 contre סמל i 13; מקצועות xi 1 mais מקצע ii 13; שילוחו xi 7 mais שלוחי x 15.

Noter encore: שלומו v 6 et 8/9, חיצונא viii 4, צריחי החורון ix 10; mais אצרה i 7, תכו ii 5 et תך viii 4, מנח ix 10, מבא xi 16.

c   La graphie pleine dans les syllabes fermées non finales est très rare: דיבר ii 3 (*d^ebir* passe à *dib^er*), ניקרת i 12, כירגר x 3, כופרין x 11.

6   Deux ou plusieurs unités morphologiques forment facilement une seule unité phonétique et accentuelle (*sandhi*, cf. n° 10). On y néglige parfois la graphie pleine.

a   Ainsi, à l'état construit du singulier on a כלכסף *k^eli-kas^eph* xii 6. Tous les autres exemples de l'état construit sont marqués par *yod*: du pluriel, 10 fois env.; du singulier: גי iv 13 et x 8 et, en état absolu, viii 4 (orthographe déjà biblique), כלי *passim*.

b   Le pronom relatif *š^e* passe à *še* dans une syllable fermée. Elle reste d'habitude non exprimée graphiquement, à deux exceptions près: שיבת *šebbet* x 5 (cf. n° 4a) et שיבצפון *šebṣephon* ix 14; opposer: שבצפון iv 11, שבמזרח ii 13, שבשולי *šebšulé* ix 1.

7   Le passage d'une syllabe à l'autre produit les phénomènes phonétiques et graphiques suivants:

a   Le [y] et le [w] intersyllabiques disparaissent facilement dans la prononciation négligée et ce zéro phonologique s'exprime par *aleph*: מנקיאות iii 3, *menaqqiyot* passe à *menaqqiot*; צחיאת ix 15, *ṣeḥiyat* à *ṣeḥiat*; עליאה x 1, *ʿaliyah* à *ʿaliah*; קסאות iii 4, *qesawot* à *qesaot*. A la même catégorie orthographique appartiennent

בִיאָה v 13, etc., les emprunts אסטאן xi 2, לאה xi 14 et peut-être ‧‧‧יאט iii 1, où il n'y avait jamais des 'consonnes de passage'. Le phénomène contraire, c.-à-d. l'apparition d'une 'consonne de passage', se constate en בואת i 2, prononcé *bawot* et venant de *ba(')ot*. Ce mot offre en outre une orthographe mixte, phonétique, בו(ו)ת, et historique, בא(ו)ת, à la fois; cf. nᵒ 4b. En viii 14, צויה conserve sa graphie historique. Sur l'emploi de 'consonnes de passage' en 1QIsᵃ, voir *Biblica, l.c.*, pp. 205 s.

b   En iii 11 le scribe a commencé à écrire בה⟨קבר⟩, mais s'est de suite corrigé en surchargeant le *hé* du *qoph*: בקבר.

b. Consonantisme

Le système des laryngales ne semble pas conserver chez l'auteur de 3Q15 sa forme primitive; pour 1QIsᵃ, voir *Biblica, l.c.*, pp. 204 s.

8   Le [’], non prononcé en hébreu depuis plus d'un millénaire mais conservé dans l'orthographe soignée (ce qui suppose la conscience linguistique de ce phonème), n'est noté graphiquement qu'occasionnellement: רֹוש v 1 mais אש xi 5; מלה 'plein' ii 1 mais מלאין iv 8; הו x 10 (cf. Mur **42** 4, *DJD II*, p. 158 et Mur **46** 9, *ib.*, p. 166); סמל et סמול; מאות iii 4, etc., מאתין iv 10. En réalité, מלאין et deux derniers exemples devraient être placés sous le nᵒ 7a.

9   Les lettres *hé* et *ḥet* s'échangent facilement dans l'écriture de 3Q15, ce qui trahit aussi la confusion phonétique des [h] et [ḥ], ou même leur disparition; voir A 3 et ci-devant 4b.

10   Le [’] est parfois non exprimé graphiquement, ou bien il est ajouté par le correcteur; s'agit-il d'une prononciation affaiblie ou même de la disparition de cette consonne?

a   Parfois il ne semble s'agir que du *sandhi* (cf. nᵒ 6): שבעסרה i 4, mais שבע/עסרא viii 5/6 en passant d'une ligne à l'autre. Cependant, si notre correction שלוש⟨עס⟩רא en ix 2 est juste, il s'agirait de l'omission facultative du [’] de עשר(ה) dans les noms des dizaines, comme c'est l'habitude en judéo-araméen, p. ex. תלתיסר et תליסר.

b   Cette laryngale est omise en ד⟨מ⟩ע de ix 6; sur la même ligne, xi 14, on a d'abord ד⟨מ⟩ע non corrigé et ensuite דמ, corrigé par l'addition du *'ain* au-dessous de la ligne; מ⟨ע⟩רב xii 1.

11a   Le [r] a déjà dû avoir la prononciation uvulaire, d'où les omissions: א⟨ר⟩ז xi 10; ראש xi 5, *reš* étant ajouté au-dessus de la ligne.

b   Les deux 'liquides' dans un même mot ou une même unité accentuelle sont facilement interchangeables; ainsi גר פלע de ix 15 nous paraît être pour גל פרע 'monceau de pierres (recouvert) de broussaille'.

c   Un phénomène phonétique analogue, dissimilation des deux sonores, semble être attesté par כירגר de x 3, qui viendrait de *girgar*; voir C 61.

12   Pour les labiales on notera l'affaiblissement de l'occlusion dans ארוה de i 3, qui est, à notre avis, un faux départ de ארבעין qui suit. Voir encore C 127.

La labiale-nasale [m] semble s'être perdue dans ח⟨מ⟩ש עסרא de ii 8; voir F, note de lecture. Elle alterne avec la dentale-nasale [n] en בית שם de xii 6, qui correspond à בית שן biblique, souvent transcrit dans la LXX par Βαιθσαμ; ajoutons un autre toponyme de la Bible: בית הרם et בית הרן. Sur cette alternance voir encore E. Y. Kutscher, *Tarbiz*, xxiii, 1952, pp. 38 ss. et *Scripta Hierosolymitana*, iv, 1958, pp. 23 s.; B. Bagatti et J. T. Milik, *Gli scavi del 'Dominus Flevit'*, i, p. 90. Cette indifférence quant au timbre de la nasale à la fin des mots vient en grande partie de l'alternance -n:-m dans les désinences du pluriel et du duel ainsi que dans celles des pronoms suffixes; voir nᵒˢ 16a et 18a, b.

13   Les dentales prêtent aux remarques suivantes:

a   Le [ś] primitif, prononcé depuis des siècles comme [s], est presque invariablement noté par le *samek*; ainsi dans les numéraux (ה)עסר et עסרין sauf עשרין en viii 13. En פרסטלין de i 7 et en מעסר de i 10 le *samek* est en surcharge sur un *šin*.

b   Le [z] est omis en מ⟨ז⟩רח de ix 12, comme sur l'ossuaire Frey 1341: יח⟨ז⟩קיה (proposé par M. Lidzbarski, *Ephemeris für semitische Epigraphik*, iii, p. 50, nᵒ 3) et en Mur **46** 3: אליע'ר.

c   Le *zain* note la sonorité de l'emphatique [ṣ] en אחזר de viii 2, qui paraît à côté de אחצר; cf. plus haut nᵒ 4b et F, note de lecture. Sur ce phénomène, voir *Biblica, l.c.*, p. 205 et W. F. Albright, *Journal of Biblical Literature*, lxv, 1946, p. 400.

La même emphatique est omise en ב⟨צ⟩ריח de ix 7.

d   La dentale-nasale se perd facilement à la fin des mots, d'où קדרוה *Qidro* en viii 8 (cf. nº 3d), comme מגדון et מגדו dans la Bible. On constate le même phénomène dans les noms propres, où il est dû, au moins en partie, à l'influence du grec; voir Bagatti et Milik, *l.c.*, pp. 72, 79 et 81 (ajouter un deuxième exemple de Σαλω, *Šalom*, sur un ossuaire récemment découvert au sud de Jérusalem).

14   Cinq ou six emprunts grecs de 3Q15 prêtent aux observations suivantes:

a   On constate la prothèse vocalique en אסטאן xi 2, dérivé de στοά, et en אסתרין de ix 3, pluriel de στατήρ. Par contre, on a l'aphérèse d'une voyelle initiale en לאה de xi 14, provenant de ἀλόη(ς). Voir S. Krauss, *Griechische und lateinische Lehnwörter im Talmud, Midrasch und Targum*, i, pp. 136–40 et 123 s.

b   Le hiatus grec est conservé en אסטאן et en לאה, par opposition aux emprunts talmudiques où il est toujours remplacé par une consonne: אַצְטְבָא et לֹו(א). Pour les mots cités et en général: Krauss, *l.c.*, pp. 93 ss.

c   Les deux consonnes -ks- (ξ) sont transcrites כס en אכסדרן de xi 3. De même en talmudique, à côté du moins fréquent קס; Krauss, *l.c.*, pp. 6 s.; également dans les graffites des ossuaires, אלכסא Frey 1256. Le même emprunt ἐξέδρα sous la même forme qu'en 3Q15 se retrouve en mishnique, judéo-araméen, palmy-rénien et syriaque; une orthographe divergente et un -*n*- épenthétique se constate en עכסנדרע d'une inscription néo-punique de Lepcis Magna; G. Levi Della Vida, *Libya*, iii 2, 1927, pp. 105–7, nº 13.

Le groupe στ est transcrit par סת en אסתרין de ix 3 et par סט en פרסטלין de i 7, où d'ailleurs le *samek* est récrit sur le *šin*; pour שׁ = σ voir Mur 46 2, note. En y ajoutant ארצטון Ἀρίστων de Mur 42 3 on a la même gamme des transcriptions possibles de -st- grec que dans les emprunts talmudiques; Krauss, *l.c.*, pp. 7–11.

d   En אסתרין on a déjà la dissimilation des syllabes de στατήρ comme dans אסתיר(א) talmudique, Krauss, *l.c.*, p. 113; opposer סתתרי, pluriel סתתרין dans les papyrus d'Éléphantine, dès 401 av. J.-C., E. G. Kraeling, *The Brooklyn Museum Aramaic Papyri*, p. 276. Mais un poids d'Abydos, *CIS* ii 108, porte déjà סתריא.

e   La finale de פרסטלין n'est pas la désinence du pluriel sémitique mais la transcription de l'afformante diminutive -ιον (C 104); cf. Dalman, p. 187.

La fin du mot acéphale יאט··· en iii 1 pourrait être un exemple de la 'forme grammaticale absolue', Krauss, *l.c.*, pp. 65 s.

f   Pour la désinence du pluriel on notera que אסתרין a la finale masculine, comme en araméen d'Élé-phantine et en judéo-araméen, contre אסתראות du mishnique.

Le féminin se constate encore dans les emprunts mishniques אכסדראות et אסטבאות, ce dernier à côté du rare אצטוין, Krauss, *l.c.* ii, pp. 117, 79 et 379. Or, nos deux אכסדרן et אסטאן semblent avoir la désinence masculine. On notera pourtant que, si l'on écarte deux exemples de *scriptio defectiva* dont un incertain, le pluriel -*in* est constamment écrit pleinement; voir nº 5b. Il est donc mieux de voir ici l'afformante sémitique -*an* ou -*on*, les deux très fréquentes dans les emprunts talmudiques, Krauss, *l.c.*, i, pp. 191 s. Moins plausible me paraît le génitif pluriel grec -ων: στοῶν et ἐξεδρῶν se transformant en אסטאן et אכסדרן. On retrouve ce génitif dans plusieurs emprunts rabbiniques mais, à une exception près, il ne revient que dans les phrases grecques ou latines toutes faites, Krauss, *l.c.*, p. 70.

g   Pour un autre emprunt grec voir C 68 et un emprunt iranien C 127.

c. Morphologie et syntaxe

Dans cette section on passe en revue les faits morphologiques, en y ajoutant occasionnellement des re-marques sur la syntaxe.

15   Sur l'article voir déjà nº 7b. Son emploi est le même qu'en hébreu biblique et mishnique. On notera pourtant:

a   Il n'est pas facile parfois de saisir la nuance que voulait exprimer l'auteur, et la présence ou l'absence de l'article semble assez arbitraire, ainsi: צופא מזרח vi 2, mais הצופא מערב et הצופא צפון viii 10–12, הצופא למזרח vi 8–9. On peut désigner le premier emploi comme prédicatif et le second comme attributif, mais en réalité les contextes sont pareils.

b   Dans la phrase כסף מנח הרב ix 10 l'article prête à l'adjectif une force élative: 'une très grande (quantité d'argent est déposée); cf. C 151 s.

En vii 4 הגדול, restitué en partie, est peut-être au comparatif: '(le réservoir nord) qui est plus grand (que celui du sud ?)'. Soit comparatif, soit positif, cet adjectif forme avec l'article une phrase relative qualificative; cf. Segal, § 376a i, p. 182.

c   L'article accolé à un toponyme remplace souvent une dénomination composite, comme déjà dans la Bible; p. ex. הגיא de Jér 2²³ est pour גי הנם, הסנאה de Néh 3³ au lieu de מגדל סנאה (cf. D 18). Ainsi עין (נחל הסככא est pour נחל סככה (D 7), הקדרוה au lieu de נחל קדרון (D 28), הכוזבא pour (et נחל כוזבא (D 20), העצלא probablement au lieu de עין עצלה (D 6), החורון peut-être pour בית חורון (D 32), השוא pour בית שוא (D 65). Si le nom de lieu possédait déjà l'article, celui-ci reste même si l'on omet le premier composant: הברך pour כפר הברוך (D 35), הנטף pour עין הנטוף (D 30).

La forme officielle des toponymes, ou au moins la plus connue, était généralement araméenne; l'auteur du catalogue remplace l'article araméen par l'article hébreu: p. ex. Maṣada de Josèphe et des documents de Murabba'ât devient ha-Maṣad (D 37). C'est également le cas de הדוק en vii 11, bien que la présence de la préposition, בדוק, la forme Δωκ de I Macc 16¹⁵ et la graphie bizarre de Josèphe, Δαγων AἸ xiii, § 230 et BἸ i, § 56, embrouillent le problème. En partant de Δουκα des écrits byzantins (traduit ed-Dûq en arabe) on restituera la forme primitive comme Dôqa, toponyme strictement araméen, la racine dwq n'étant pas connue en hébreu. Elle fut corrompue en Dagôn, par souvenir du toponyme (Bet) Dagon. Dans le passage cité de I Macc, la phrase εἰς τὸ ὀχυρωμάτιον τὸ καλούμενον Δωκ traduit une expression hébraïque comme בדוק המשמרה. L'auteur de ce livre, tout comme le scribe du catalogue, a hébraïsé le toponyme en déplaçant l'article. Le traducteur grec du I Macc n'a pas deviné l'article, caché par la préposition.

16   Les pronoms de 3Q15 permettent quelques constatations intéressantes.

a   Du pronom personnel indépendant on n'a que הו 'lui' x 10; pour la graphie voir n° 8. Syntaxiquement, c'est le sujet de la phrase nominale: הו הפתח 'ceci est l'entrée' qui rappelle le sujet de la phrase précédente: 'pierre jointe à deux crampons'.

Pronom personnel suffixe:

2ᵉ pers. sing. masc. ך -k(a): iv 3, x 5, xi 13
3ᵉ p. sg. m., après cons.: ו -o: ii 8, x 8, xii 1, etc.
וה: i 3 (voir n° 3d)
après voy.: ו -au: vi 5, ix 1
3ᵉ p. sg. f., après cons.: ה -a(h): vii 8, viii 4, ix 16, x 17
א -a: iii 9, viii 14
après voy.: ה -ha: viii 6, xii 5 et 11
3ᵉ pers. pl., après cons.: ן -an: iv 7, xi 11 et 15, xii 2
ם -am: v 7, xi 1 et 4
après voy.: הם -hem: ix 12, xi 1, xii 12

Du point de vue formel, les suffixes prêtent à trois remarques. La graphie א pour le pronom de la 3ᵉ personne singulier féminin autorise à supposer la prononciation -a et non -ah. L'absence de l'indice graphique pour la diphtongue -au dans le pronom suffixe de la 3ᵉ personne singulier masculin, après les formes plurielles du nom, suggère la réduction de -au à -o, comme en hébreu samaritain. Dans le suffixe de la 3ᵉ personne du pluriel on a la proportion, -m:-n = 6:4; voir n° 18 a et b.

b   A propos de la syntaxe des pronoms suffixes du nom et du verbe on notera:
Le pluriel du pronom dans אצלן/אצלם v 7, xi 1 4 11 15 et dans משחותיהם xii 12 ne se réfère pas à un pluriel de la description précédente, mais à l'ensemble des éléments topographiques et à leur position relative. Le pluriel est donc employé en tant que collectif; cf. Segal, §§ 448–52, pp. 215 s.
Les suffixes de la 2ᵉ ou de la 3ᵉ personnes, singulier masculin, sont employés indifféremment pour désigner le sujet personnel indéfini de la description, à savoir le chercheur hypothétique des trésors présumés réels. Ainsi, le suffixe de la 2ᵉ personne avec un infinitif: בבואך x 5, ou bien avec le nom d'action, בביאתך iv 3 et xi 13, 'quand tu entres'. C'est la même adresse directe qu'on retrouve dans les impératifs: חפור 'creuse!', משח 'mesure!' Ailleurs, l'auteur décrit objectivement le mouvement du chercheur, le suffixe de la 3ᵉ personne accompagnant l'infinitif: בקרבו vii 8 'quand on s'approche', ou bien un nom d'action: ירידתו x 1 'quand on descend', ביאתו ii 12, xii 1 'quand on entre'. Un sujet indéfini, non exprimé morphologiquement, est sous-entendu dans les infinitifs et les noms d'action, comme ביד i 13 'en descendant', בביאה

v 13 'en allant'. D'habitude pourtant le sujet personnel des déplacements et des mensurations n'est exprimé, explicitement ou implicitement, par aucun indice morphologique ou lexical.

Le sujet personnel d'un mouvement exprimé par la 2ᵉ et la 3ᵉ personne singulier masculin du pronom suffixe, est bien attesté en palmyrénien; on y trouve en plus le suffixe de la 1ᵉʳᵉ personne pluriel dans le même emploi; voir J. Cantineau, *Grammaire du palmyrénien épigraphique*, pp. 62–64. Sur l'expression du sujet indéfini en mishnique littéraire, cf. Segal, pp. 208–12.

c Le pronom démonstratif de l'objet proche n'est attesté que par sa forme singulier masculin: זא xii 11; sur la graphie voir nᵒ 3b.

d Le pronom relatif est toujours שַ; sur la graphie שי voir nᵒ 6b.

Son emploi syntactique le plus fréquent est attributif local: שב 'qui est à', שתחת 'qui est sous', שנגד 'qui est en face', etc., suivi d'un nom commun, ou d'un toponyme, ou encore d'un pronom suffixe qui renvoie à un nom précédent. Pour ce dernier cas, cf. p. ex. שאצלה vii 8 qui rappelle האמא de la l. 3, שבה ix 16 qui reprend השית de la l. 14. Pour במזקא שבו ii 9 et בצויה שבא viii 14 on peut hésiter entre deux traductions: d'une part 'dans l'un des canaux qui l'(alimentent)' et 'dans l'un des cippes qui s'y trouvent'; d'autre part 'dans le canal collecteur qui (débouche) à l'intérieur (de la citerne)' et 'dans le cippe qui s'y trouve' (le seul ou le principal). Le genre littéraire du document est en faveur de la seconde traduction; en ce cas שבו et שבא équivaudraient au pronom personnel suffixe. Il y aurait emphase comme cela est certain pour הימומית שלו en xi 13–14.

e Le pronom périphrastique de la construction génitivale, של, est relativement très fréquent; sur son emploi possessif voir ci-devant. Pour le mishnique littéraire, voir Segal, pp. 43 s., 189–91, 199 s.

Dans la liste qui suit on a groupé un certain nombre d'états construits et toutes les paraphrases avec *šel*; on verra que souvent il n'y pas de raison syntactique à l'emploi de *šel* mais au plus une raison stylistique, à savoir l'emphase, qui entraîne automatiquement la préfixation de l'article au substantif complété. L'emphase stylistique est d'ordre subjectif et fait partie du langage personnel de l'auteur: elle se laisse souvent constater mais rarement justifier.

(I) Substantif complété (*regens*) avec un seul substantif complément (*rectum*).

(α) Le *Rectum* est un toponyme: בשלף (ברוי) של השוא vii 3, באמא של ק ··· i 9, בתל של כחלת viii 10 et 14. Il s'agit de l'emphase, le *regens* muni de l'article indiquant *le* (seul, principal) élément topographique en question. On a une détermination adéquate, sans expédient morphologique d'emphase, dans שולי העצלא (et הנטף) iv 9–10 et ix 1 'les points d'émergence (des sources) de 'Aṣla et de ha-Naṭoph', פנת האסטאן הדרומית xi 2 'l'angle sud du Portique'. Que ce genre d'emphase soit largement arbitraire on s'en aperçoit dans des cas comme: אשיח שלומו v 6 comparé à החריץ של שלומו v 8–9; עמק עכור i 1, נחל הכפא mais הצוק של בית תמר ix 14. Les états construits comme צוק הקדרוה viii 8 v 12, קבר xi 3 et 6, צדוק (et גנת) x 12, יד אבשלום vi 14–vii 1, מגזת הכהן הגדול vi 11, משכן המלכא sont des noms de lieu tout faits et constituent des unités qu'on ne peut pas briser par l'insertion d'autres morphèmes.

(β) Le *Rectum* désigne le matériau: בדין של כסף ii 11 et vii 10, opposer עשתות זהב i 5–6 et ii 4; l'emploi est donc facultatif. Il est nécessaire dans un cas comme כאלין של דמע v 6–7, où l'état construit simple, כלי דמע, prêterait à confusion: 'vase, vases, d'aromates'.

(γ) Autre emploi facultatif: *šel* rendant indubitable l'appartenance d'un adjectif ou participe attribut à l'un des éléments de l'état construit; au *regens*: בשוא המעבא של מנס i 13 (mais cf. C 209), בביבא פנת המשמרה המזרחית xii 8; au *rectum*: הגדולא של הברך xii 4. Opposer: המעלהא של השית העליונא vii 11–12, פנת האסטאן הדרומית xi 2, etc.

(II) Deux substantifs compléments, subordonnés.

(α) Le *Rectum* composite est un nom de lieu, précédé de *šel*: בים של גי ··· iv 13, ביגר של גי הסככא x 8. Par contre, une chaîne génitivale simple: חצר בתי העצין ii 5, מערת בית המרה (הישן) ii 3, קבר בני העבט i 5, נפש בן רבה (השלשי) ix 15 (cf. nᵒ 11b), פי צוק הקדרוה viii 8, צחיאת גר פלע (הירחי) xi 9.

(β) Le *Rectum* composite est un nom commun: פי יציאת המים vii 14, ראש אמת המים v 1, ים בית כלי דמע סוח חמים (שלוחי) x 15, xi 4 (cf. ll. 10 et 14), etc.

Dans ces deux séries, α et β, le *rectum*, bien qu'il constitue en soi un état construit, est considéré comme une unité; la catégorie (II) se réduit donc à la catégorie (I).

(γ) Un seul exemple avec deux *šel*: המערא של הכנא של הרגם vi 7–8. Il ne faut sans doute pas envisager cette construction comme nom propre de la grotte mais plutôt comme une sorte de description concise: 'la grotte (qu'on dirait servir) du support pour le bloc de pierre (en surplomb sur le fronton de la grotte)'.

(III) Deux substantifs compléments, coordonnés: הכל של הדמע והאצרה i 10. Ici, l'emploi de של est bien compréhensible sans être nécessaire (cf. ci-dessous, V γ).

(IV) Les chaînes de quatre ou de cinq éléments, subordonnés, se décomposent facilement en deux groupes, reliés par *šel*.

(α) של devant toponyme: בפי המבוע של בית שם xii 6, על פי יציאת המים של הכוזבא vii 14–15, בצפון פי הצוק של בית תמר ix 14–15.

(β) של après le premier *regens* (cf. ii α): ביגר של פי צוק הקדרוה viii 8.

(γ) Une chaîne de quatre noms communs, sans של: מבא די[רת] בית המשכב (המערבי) xi 16.

(V) Chaînes à éléments coordonnés.

(α) Deux états construits, reliés par של: במערת העמוד של שני הפתחין vi 1–2.

(β) Double *regens* composite, relié par של au *rectum*: כלי(י) כסף וכלי זהב של דמע xii 6–7 et, avec un mot sous-entendu: כלי כסף וזהב של דמע iii 2–3.

(γ) Construction asyndétique et sans של: כלי דמע סוח דמע סנה xi 4 et aussi aux ll. 10 et 14 de la même col.

f Pour l'emploi de כל, nominal et pronominal, voir C 145 s.

17 Les prépositions et les adverbes sont discutés sous C, n°s 174–89. Mentionnons en plus: אל adverbe de négation verbale, viii 3, et ו 'et' *passim*, parfois sous-entendu; voir ci-devant et n° 22a.

18 Quelques remarques aux catégories de nombre et de genre:

a En dehors du toponyme אשדתין xi 12 (D 44) et peut-être בדין ix 3 (C 121), le duel n'est attesté que par les numéraux: מאתין iv 10; שתין ix 2, x 9 et 13; שתים vi 13 et vii 16; שנין x 7. Proportion, -*n* : -*m* = 6(7):2.

b Le pluriel masculin se termine toujours par -*n*, sauf מים (p. ex. המים הקרובין ix 11) et éventuellement חמים x 15, les 'eaux', מים, étant sous-entendues; cf. C 75 et F, note de lecture. Dans les désinences duel et pluriel le -*n* est donc plus fréquent que le -*m*, tandis que dans les suffixes pronominaux de la 3e personne pluriel on note la tendance contraire; voir n° 16a.

c Par attraction, accord du nombre avec le *rectum* au lieu du *regens*: בקול המים הקרובין . . . כלפיהם ix 11–12; cf. un cas analogue discuté au n° 16b.

d Le genre des substantifs est toujours respecté, avec une exception: en x 7 שנין se réfère à ככרין qui est par ailleurs féminin.

e Un procédé de dérivation très vivant est la formation féminine -*a* à partir d'un nom qui est en principe masculin; cf. דג Jonas 2^1, 11 mais דגה 2². À notre avis, dans tous les exemples il ne s'agit pas du *nomen unitatis* ou *paucitatis* mais plutôt de vrais dérivés pour désigner les objets semblables mais pas identiques aux objets déterminés par les formes masculines. Pour le mishnique littéraire, voir Segal, § 371, p. 179.

אצרה i 10 'trésor particulier' (pas en métaux), voir C 116;

בדה ii 11 et vii 10; בד (בדין fém. n'est pas exclu) 'barre (d'argent)' et non 'de bois', biblique et mishnique, voir C 121;

ביבא xii 8 'conduit d'eau (mishnique ביב) d'un genre spécial', voir C 60;

כנא vi 7 'base' aussi mishnique contre biblique כן; dans notre cas il s'agit de l'emploi métaphorique du mot, voir C 99 et plus haut n° 16e;

משמרה vii 11 'forteresse', inconnu dans ce sens en hébreu biblique ou mishnique; voir C 111.

רגמה x 6 et 13, si notre interprétation est juste (voir C 162), désignerait le 'pied' comme mesure itinéraire et non partie du corps;

Voir encore C 25, 58, 89, 132 et 149, et, pour le phénomène opposé: forme masc. au lieu de fém., C 8, 31, 36 et 61.

19 Parmi les schèmes nominaux signalons:

a Type *qetilah* pour les noms d'action, formation typiquement mishnique (Segal, § 228, pp. 103 s.) et qui remplace facilement l'infinitif (cf. n° 16b): ביאה iv 3, etc., toujours nom d'action: יציאה vii 14 dans un emploi concret, C 57; ירידה x 1, nom d'action; עליאה x 1, comme terme hydraulique, C 59; טבילה i 12, nom d'action qui spécifie une source aménagée, C 55.

b משכב xi 16 n'est pas à prendre dans un emploi concret, mais plutôt comme nom d'action *miqtal* (très employé dans les manuscrits de Qumrân; cf. *Verbum Domini*, xxix, 1951, pp. 131 s.); l'expression בית המשכב se comprendra: le 'lieu, la salle où l'on s'étend (pour le banquet); triclinium'; voir C 108.

c הבסה xi 5, si notre interprétation est exacte (C 87), serait du type *haqtalah*, nom d'action du verbe causatif (Segal, § 252, pp. 114 s.), employé dans un sens concret.

d Dans deux emprunts grecs, אסטאן xi 2 et אכסדרן xi 3, nous préférons voir l'afformante -*an* (ou -*on*) que la désinence du pluriel; voir n° 14f.

e ימומית xi 13 est le diminutif de ים dans son acception de 'vasque, réservoir'; voir C 73 s. et D 44. Ce schème est bien connu dans le mishnique littéraire; Segal, § 271, p. 121 et § 244, p. 111.

f Le toponyme חריבה i 1 (pour la finale voir n° 3a) semble être également un diminutif 'Petite Ruine'. A l'époque de l'auteur du catalogue on le prononçait peut-être *ḥurebeh*, cf. mishniques *budedah* 'petit pressoir', *šumerah* '(petite) tour de garde'; Segal, § 273, p. 122; Diqduq, § 138, pp. 84 s. Plus tard *quteleh* passera au schème *qotelleh*, χωρεμβη de l'époque byzantine (C 40 et D 4); à ce schème cf. mishnique *ketubbah*, etc., Segal, § 229, p. 105. La finale -*e* se trouve parfois dans les toponymes, p. ex. קובעה *Qobʿeh* D 33.

g L'afformante adjectivale -*i* apparaît pour la première fois en: לכושי iii 9 (C 123), כופרי x 11 (C 137), שלוחי x 15 (C 62 et D 38). Le toponyme כחלת i 9, etc., si notre identification du site est exacte (D 71), serait adjectif *koḥlit*, remplaçant la forme pleine du nom de lieu עין כוחל; sur une catégorie analogue voir n° 15c, et pour l'orthographe n° 5b.

En général, on notera dans le catalogue l'emploi assez fréquent des adjectifs, tant primaires (גדול, רחוק, אדמא, etc.) que dérivés (מזרחי etc., gentilices: הירחי et השלשי). A ce propos signalons:

h L'emploi substantival des 'adjectifs verbaux': המלה 'le plein; l'Esplanade (du Temple)' iii 8 et 11 (C 97 et D 53), opposer biblique המלוא; צח 'rocher lisse' xii 10 (C 22), opposer biblique צחיח. Voir encore C 43, 101 et 197.

20 Les nombres, par la nature même du document, apparaissent fréquemment, mais souvent exprimés seulement par les chiffres; cf. A 4.

a Pour les nombres cardinaux, on notera l'ordre: centaines+dizaines+unités, qui est seul à être employé en mishnique, tandis que la Bible a souvent l'ordre: unités+dizaines.

Voici la liste des nombres cardinaux attestés dans le catalogue (références exhaustives dans l'index à la fin de volume): 'un(e)' שני דודין iv 8, שני הבינין iv 6, שדא אחת xii 5, ספר אחד vi 5, 'deux' הפתחין vi 1; ככרין שתים vii 16, עזת שתין x 9, שתין חפור ix 2, cf. n° 22b), 'trois' à 'dix', 'onze' (אחת עסרה viii 15), 'douze' שתים עסרה vi 13, שתין עסרה x 13), 'treize' (שלוש(עש)רא ix 2, cf. n° 10a), 'quinze' (ח(מ)ש עסרא ii 8, cf. n° 12), 'seize', 'dix-sept' (cf. n° 10a), 'vingt', 'vingt-quatre', 'quarante', 'quarante-et-un', 'soixante-deux', 'soixante-cinq', 'soixante-dix', 'deux cents', 'trois cents', 'quatre cents', 'six cents', 'six cent neuf', 'neuf cents'.

b L'ordre normal des substantifs en rapport avec les nombres cardinaux est: objets comptés, ou mesure et poids employés, au pluriel, puis nombre cardinal. Ainsi: אמות תשע i 2, ככרין שתים vii 16, ככרין שבעסרה i 4, כלין ... שש מאות ותשעה iii 4. De même, avec les chiffres: p. ex. ככרין בּבּ/// ii 2.

En mishnique 'deux' est toujours à l'état construit (שתי, שני), les nombres 3 à 19 précèdent toujours le nom des objets au pluriel (3 à 10 d'habitude à l'état absolu, parfois construit). Dans la Bible les nombres 3 à 10 précèdent généralement le nom au pluriel, soit à l'état absolu, soit à l'état construit; parfois ils le suivent. Le nom qui suit les nombres 11 à 19 est le plus souvent au pluriel, mais avec certains noms particulièrement usuels, il est parfois au singulier.

En i 14–15 on a: ארבעין ככר, donc le nom au singulier, parce que la dizaine le précède, comme c'est de règle pour les dizaines et les centaines dans le mishnique; voir Segal, §§ 394–7, pp. 194–6, et plus haut, n° 2 b et c.

c Les nombres ordinaux sont faiblement attestés dans le catalogue: שנית x 1; שלישי ii 4, corrigé sur ששי.

d מעסר i 10 est sans doute 'un dixième' (biblique; mishnique seulement 'dîme'). En le joignant au mot qui suit, שני, on serait tenté d'y voir 'deux dixièmes'. Mais une telle expression me semble rester sans parallèle dans l'hébreu ou dans l'araméen. Il vaut donc mieux dissocier les deux mots et prendre le deuxième comme un impératif de *šnh* 'répéter', qui précéderait la description des mouvements du chercheur de trésors. En mishnique, le Piel de ce verbe a, entre autres, le sens de 'distinguer, discriminer'; dans notre contexte on traduirait approximativement: 'repère!' 'Une seconde dîme' est hors du contexte.

21 Le verbe est assez rare en 3Q15.

a Schèmes attestés: simple (Qal); un exemple (d'interprétation incertaine; voir n° 20d) de l'intensif, שני i 11; un du causatif passif, מנח ix 10; un du réfléchi en *-t-* du schème intensif, הזדוגא x 9. A ce dernier Hitpael correspond mishnique Nitpael; cf. Segal, pp. 64–67.

b Flexion verbale. L'accompli (parfait) est représenté par deux verbes רוו x 3 'ils s'alimentent', הזדוגא x 9 'elle est jointe'; l'inaccompli (imparfait) par un seul verbe avec la négation: אל תבס viii 3 'ne foule pas! ne t'approprie pas!' (voir C 86).

Impératif: חפור et חפר (voir n° 5b), 'creuse!'; משח vii 6 et ix 1 'mesure!'; Piel שני i 11 'repère (?)!'

c Formes nominales du verbe. L'infinitif est attesté par trois verbes: בבואך x 5; בירד i 13 (forme mishnique par opposition à biblique רדת); בקרבו vii 8. Dans cette dernière forme je préfère restituer seulement בקר[ב]ו, graphie défective du biblique *beqorbo*, et non בקר[וב]ו, à lire *biqrobo*, bien que de nombreuses graphies dans les manuscrits de Qumrân recommanderaient cette dernière forme.

Participes Qal, actif: צופא vi 2 et 8, etc., masculin et féminin (voir n° 3a); בא[ה] iv 3; בואת i 2 (sur la graphie voir n° 7a); passif: סתום i 7; פתחא xii 10; participe substantivé: פרוט xii 12 (voir C 197). Participe Hophal: מנח ix 10.

22 On trouvera déjà des remarques sur la syntaxe et le style aux n°s 15 à 21, *passim*.

a La construction de la phrase dans le catalogue des trésors, est presque exclusivement nominale; la tendance générale de la syntaxe sémitique est renforcée ici par les exigences du genre littéraire. Si l'on écarte les impératifs, il n'y a pas une seule phrase principale qui soit verbale et seules le sont deux phrases subordonnées attributives: שרו x 3, שהזדוגא x 9.

Les courtes incises nominales, contenant des indications de lieu, de distance et de quantité, sont juxtaposées sans ו (asyndèse), à quelques exceptions près, p. ex. xii 10–13. Rares sont les essais d'arrangement organique, au moyen des pronoms indépendants et suffixés, ou encore d'adverbes: בצריח ... בו ... ii 5–6 (בו aussi en ii 7–8 et xi 9–10), בשית ... ביאתא ... iii 8–9 'dans la fosse ... dont l'entrée ...'; בפתח ... שם ... בו ... תחתו ... iv 6–8; בין שני הבינין ... שם ... vi 3–5.

b Dans le style extrêmement concis de l'auteur, les déplacements du sujet personnel indéfini ainsi que les mensurations qu'il devra faire, ne sont que très rarement exprimées explicitement; voir n° 16b. Pourtant l'action essentielle du chercheur, 'creuser', est exprimée par l'impératif presque autant de fois qu'elle est sous-entendue.

Parmi les termes essentiels à une description de cachette, il n'y a que de rares omissions, qui parfois pourraient être de simples distractions du graveur. Ainsi l'omission du nombre des coudées en iv 13/14, le passage d'une ligne à l'autre étant une source fréquente d'omissions et de dittographies. Il faut restituer ou sous-entendre; כלין en iii 2, xi 4 10 et 14; כסף en vii 16, ix 3 et peut-être en x 11; ככרין en i 7: אמות en שתין חפור de ix 2, où l'on notera de plus l'anticipation du complément direct.

c Les parties composantes d'une description de la cachette sont: (1) le lieu, avec une seule ou plusieurs indications qui se succèdent de plus en plus détaillées; (2) mensurations: distances approximatives ou précises, profondeur du dépôt précise ou sous-entendue (à fleur du sol ?); (3) le genre et la quantité des trésors, en général spécifiés; voir encore C 196 s. et E 3.

Contrairement à ce schème assez rigoureusement suivi, on décrit en i 11–12 la position précise de la cachette, après avoir donné aux ll. 9–10 le toponyme et le caractère du trésor. Même ordre en ii 10–12 et iii 8–10. En xii 1–2 on a d'abord le trésor et ensuite la localisation de la cachette.

Également stéréotypé est l'agencement des phrases et des courtes incises, p. ex. l'ordre: 'talents'/'coudées' +nombre cardinal. On n'y trouvera que deux ou trois exceptions: inversion, ארבעין ככר i 14–15 (voir n° 20b); inversion et omission, שתין חפור ix 2 au lieu de חפור אמות שתין; insertion, אמות תחת המדף שלוש iii 12–13.

C. MOTS ET OBJETS

Le catalogue des trésors 3Q15 contient un nombre relativement élevé de termes qui doivent être précisés et discutés en détail. Nous aurions pu le faire dans le commentaire à la traduction. Néanmoins, on trouvera ci-dessous la revue à peu près exhaustive du vocabulaire du document et cela pour les raisons suivantes. Le rouleau de cuivre est un ouvrage particulier, produit littéraire d'un anonyme qui utilisait un vocabulaire riche en termes techniques dont un certain nombre n'ont jamais été enregistrés par les écrits de la littérature juive. Ensuite, l'étude de ce langage personnel de l'auteur, tel qu'il se reflète dans son ouvrage, montre que même les mots les plus banaux doivent être soigneusement examinés dans leur contexte, car souvent ils livrent des acceptions qu'on ne trouve pas ailleurs; voir p. ex. nᵒˢ 2, 5, 8, 55, 59, 60. Inversement, des mots communs n'apparaissent quelquefois que dans un emploi restreint; p. ex. 181, 182, 188. Enfin, le sens des mots rares ou des *hapax legomena* ne se laisse préciser qu'en fonction du contexte. Parfois, dans le cas des synonymes on a tenté de différencier leur emploi, même s'il ne constituait qu'une particularité personnelle de langage; p. ex. 2 et 3, 11 et 12. Ce n'est que dans les cas où le contexte n'était pas suffisant pour circonscrire la sémantique du terme, qu'on a recouru à l'étymologie du mot.

Voici la liste des termes discutés dans ce chapitre, dont le degré de certitude de la lecture et de l'interprétation est précisé à chaque numéro:

a. Termes généraux

1. ראש tête, sommet, début (d'un aqueduc); 2. פה bouche, ouverture ronde, orifice, fin (d'un court canal), bassin collecteur (d'une source), entrée; 3. פתח ouverture (à peu près rectangulaire); 4. שובך pigeonnier, regard (d'un aqueduc), cavité; 5. שולים franges, partie opposée à la bouche, issue (d'une source); 6. דיבר réduit; 7. קרקע sol, fond solide; 8. ירך côté, la partie profonde (du fond); 9. יד main, stèle; ביד à côté; 10. שן dent, saillie (du rocher); 11. מקצוע angle (intérieur d'une construction); 12. פנה angle (extérieur d'une construction); 13. צד côté (bâti d'une construction); 14. רוח vent, direction; 15. אדום rouge; 16. שחור noir; 17. גדול grand; 18. ישן vieux.

b. Relief et géographie humaine

19. הר montagne; 20. תל monticule; 21. סלע rocher; 22. צח rocher lisse; 23. אבן pierre; 24. רגם pierre à bord tranchant; 25. שעה galet; 26. צחיה plaine aride; 27. עמק vallée; 28. נחל torrent; 29. מגזה passage, gué; 30. גי vallon; 31. חר rocher abrupt; 32. אשדה versant; בית אשדתין nom d'un monument; 33. צוק défilé, gorge; 34. מערה grotte; 35. ניקרה crevasse; 36. (ה)שוא fosse, excavation; 37. השוא nom d'une vallée; 38. שית fosse, souterrain; 39. סדק fissure; 40. חריבה petite ruine: nom de lieu; 41. שלף terrain sec, irrigué occasionnellement; 42. רוה irriguer; 43. רוי terrain irrigué annuellement; 44. כרם vignoble; 45. דרך route; 46. עץ arbre, bois; 47. בין tamaris; 48. תמר palmier; 49. פרע chevelure, broussailles.

c. Les eaux et leur aménagement

50. מים eau; 51. חם chaud; 52. כוזבה pseudo-source; 53. נטף suintement d'eau; 54. קול voix; קול מים chute d'eau; 55. טבילה immersion (rituelle); 56. מבוע fontaine (publique); 57. יציאה sortie; יציאת מים court canal sortant d'une source; 58. אמה et אמת מים aqueduc, canal; 59. עליה montée, étage, (aqueduc) supérieur; 60. ביבה égout, canal; 61. כירגר puits d'irrigation; 62. שילוח canal, rigole (taillés dans le rocher); 63. מסמא pierre plate (bouchant

une rigole); 64. בור citerne souterraine, citerne à escalier; 65. סף seuil, partie inférieure de l'escalier d'une citerne; 66. חליה pierre trouée bouchant la citerne; 67. סתם boucher; 68. ברכה piscine; 69. סככה nom de lieu; 70. אשיח réservoir, piscine; 71. חריץ canal; 72. מזקה canal d'irrigation, canal collecteur de la citerne; 73. ים bassin, Mer (direction ouest); 74. ימומית petit bassin; 75. בית חמים bains chauds; 76. שקת abreuvoir, conduit d'eau.

d. Lieux de sépulture

77. יגר tumulus; 78. צויה cippe; 79. קבר (simple) tombe, mausolée; 80. צריח hypogée, souterrain à usage cultuel; 81. זרב gouttière, rigole (dans un hypogée); 82. מדף fosse à osse-ments, ossuaire; 83. גנה jardin, cour (du tombeau); 84. אכסדרן exèdre, vestibule (du tombeau); 85. נפש âme, pyramide funéraire; 86. בוס fouler, s'approprier; 87. הבסה propriété (du défunt), concession (dans un cimetière).

e. Architecture

88. זוג joindre; Hitpael: être joint (parlant d'éléments architectoniques); 89. עזה crampon; 90. גל porte tournante; cairn; 91. מבא entrée (d'un bâtiment); 92. שער porte; 93. מעלה marches; 94. חומה rempart; 95. טור mur de soutènement; 96. מלא être plein, comblé; 97. המלא l'Esplanade; 98. עמוד pilier, pan de rocher; 99. כנה base, support; 100. אסטאן portique (oriental de l'Esplanade); 101. סבין galeries, portique sud du péribole; 102. חצר cour; 103. ····יאט péribole; 104. פרסטלין petit péristyle, parvis intérieur du Temple; 105. בית עצין bûcher; חצר בתי העצין la cour devant les magasins de bois dans le Temple; 106. בית maison, résidence; 107. דירה loge; 108. בית משכב triclinium; 109. טיף base pour le fourneau portatif; 110. משכן demeure, tombeau; 111. משמרה observatoire, forteresse; 112. הדוק l'observatoire: nom de lieu; 113. המצד le point fortifié au sommet d'une montagne: nom de lieu; 114. כפר village; 115. מנס lieu de refuge: nom de lieu.

f. Matières et objets précieux

116. אצרה trésor; 117. חרם anathème; 118. כסף argent; 119. זהב or; 120. עשת lingot (d'or); 121. בד féminin, ou בדה, barre (d'argent); 122. דמע larmes, aromates, résine, bois parfumé; 123. לכושי adjectif de לכוש pin d'Alep; 124. סוח sapin de Cilicie; 125. ארז cèdre; 126. סנה séné; 127. בלגין bois de santal; 128. לאה bois d'aloès; 129. סירה sapin blanc; 130. הצא '?'; 131. כפה voûte, cyclamen; 132. אפודה vêtement (sacerdotal); 133. ספר livre; 134. כתב document; 135. משנה double.

g. Vases et récipients

136. כלי vase, caisse; 137. כופרי adjectif de כופר bitume; 138. קלל jarre, bassin; 139. דוד marmite; 140. שדה coffre; 141. מזרק situle; 142. כוס coupe; 143. מנקית patère; 144. קסוה aiguière.

h. Poids et mesures

145. כל total; 146. כלכלים contenu; 147. משקל poids; 148. ככר talent; 149. אסתר statère, livre; 150. מנה mine; 151. רב grand; 152. נוח Hophal: être déposé; 153. משח mesurer; 154. משחה mesure; 155. תכן quantité donnée, peu de distance; 156. קרב être près; 157. קרוב proche; 158. רחוק distant; 159. גבה haut; 160. חפר creuser; 161. אמה coudée; 162. רגמה pied (mesure).

ı. Direction, position et mouvement

163. צפה garder, être orienté; 164. פתח s'ouvrir à, être orienté; 165–168. מערב, צפון מזרח,

דרום est, nord, ouest, sud; 169–172. דרומי, מערבי, צפוני, מזרחי adjectifs des termes précédents; 173. שמול gauche; 174. שם là; 175. ב à; 176. תחת sous; 177. כל: כ dans (la direction approximative); 178. ל à; 179. אל à; 180. מ(ן) *ex, ab*; 181. על sur, près; 182. גב sur; 183. אצל à côté de; 184. בין entre; 185. אמצע (au) centre; 186. תך (au) milieu; 187. נגד en face; 188. עד vers; 189. מלמעלה d'en haut; 190. עליון supérieur; 191. חיצון extérieur; 192. בוא entrer; 193. ביאה entrée, en entrant; 194. ירד descendre; 195. ירידה descente, en descendant; 196. פרושה description; 197. פרוט exact, précis.

j. Les hommes

198. בן fils; 199. הברך le béni: épithète d'Abraham; 200. עכור et עכן l'Achan de la Bible; 201. שלומו Salomon; 202. אבשלום Absalon; 203. צדוק grand-prêtre Sadoq; 204. הקץ famille sacerdotale de ha-Qoṣ; 205. כוהן גדול grand-prêtre; 206. מלכה reine; 207. רבה nom propre Rabbah.

k. Artisanat

208. עבט foulon; 209. מעבה fonderie; 210. תכלת pourpre violette; 211. שני pourpre rouge; 212. כחלת nom de lieu, dérivé de כוחל antimoine.

a. Termes généraux

On passe en revue d'abord les noms du corps humain dans leur emploi métaphorique et ensuite d'autres termes susceptibles d'acceptions fort diverses.

1 ראש 'tête' se trouve employé d'une façon naturelle dans le sens de 'sommet' d'un rocher abrupt en xi 5 (cf. n° 21). Moins spontanée pour un Indo-européen est la métaphore: 'tête du canal' v 1, très commune dans les langues sémitiques; 'tête d'un canal, d'une source (*rêš êni*)' en akkadien; Gen 2¹⁰; *râs el-ʿain* en arabe. Il s'agit de l'endroit d'où part l'aqueduc; opposer la 'bouche' d'une fontaine et d' 'une sortie d'eau' au n° suivant.

2 פה la 'bouche' de la sortie d'eau pour une source aménagée, vii 14, sera probablement la fin d'un court canal; cf. *embouchure*. Dans le cas de 'la bouche de la fontaine' monumentale, xii 6, on verra un orifice, un tuyau sculpté, d'où coule l'eau de la source. Pareillement la 'bouche' d'une chute d'eau sera le bassin qui collecte l'eau qui tombe du haut du rocher, ix 12 (cf. n° 54).

La bouche largement ouverte pour engloutir, c'est l'image qu'on trouve dans la 'bouche, entrée d'un défilé, d'une gorge', viii 8 et ix 14. L'entrée d'une grotte, vaguement arrondie (opposer les n°ˢ 3 et 4), portera le même nom, xii 11 (cf. n° 38), même si elle est aménagée et fermée par une porte, i 11 (cf. n° 90).

3 פתח 'ouverture', synonyme du précédent, est l'entrée de forme régulière, faite de main d'homme, qui donne accès à une grotte aménagée, i 11; ouverture bouchée par une pierre brisée derrière laquelle se trouve un réduit, dans un réservoir, x 10; 'ouverture supérieure', carrée et horizontale, d'une citerne, i 8. Par extension, de grandes ouvertures de grottes, vaguement rectangulaires, recevront la même dénomination, vi 2 3 9.

4 שובך veut dire en mishnique 'pigeonnier' en tant qu'ensemble de petites niches carrées; cf. arabe *šubbâk* 'fenêtre'. En ix 17 il semble s'agir d'un 'regard, trou de contrôle', de l'aqueduc, un parmi d'autres, ou au moins de la 'bouche' de l'une des citernes bâties le long du canal. En ix 1 ce sera l'ouverture' régulière de l'une des nombreuses grottes dans la paroi d'un torrent.

Ces deux acceptions particulières semblent s'imposer dans le contexte et être suggérées par notre identification des sites; voir D 37 et 30. Il serait néanmoins plus naturel, en proposant une autre traduction, de chercher à retenir le sens usuel du mot שובך. Dans nos cas il ne s'agirait probablement pas des 'pigeonniers' bâtis en bois ou en pierre, mais des 'colombiers rupestres'. En Palestine et en Transjordanie on rencontre fréquemment des rochers, des blocs isolés, les chambres taillées dans le roc (parfois entièrement sous terre), aux murs perforés de rangées régulières des niches. Une liste assez longue a été dressée par G. Dalman, 'Antike Kolumbarien in Palästina', *Arbeit und Sitte in Palästina*, vii, pp. 270–90.[1] Bien que

---

[1] Ajouter un colombier à Ṭayyibeh et un autre au Ǧebel el-Mukabber, sud-ouest de Jérusalem; environs d'ʿAin Karim: *Pubblicazioni dello Studium Biblicum Franciscanum*, n° 3, p. 80 et n° 5, p. 4; environs d'el-Qubeibeh, *ib.*, n° 4, p. 243 (index). Certains colombiers pouvaient servir à pisci- et apiculture.

certains des colombiers décrits par lui semblent être des *columbaria*, lieux de sépulture païens,[1] on lui accordera que la plupart — vu leur fréquence, la petite dimension des niches, quelques détails de construction (trous d'aération, alvéoles d'abreuvage) — ne pouvaient servir qu'à l'élevage de pigeons. Celui-ci, au témoignage des écrits talmudiques, jouait un rôle non négligeable dans l'économie de la Palestine romaine: Dalman, *l.c.*, pp. 265–70.

Les deux colombiers du catalogue de trésors se situeraient, d'après notre identification, dans le Désert de Juda. Cette région relevait jadis des toparchies d'Hérodium et d'Engaddi, les deux, plus une partie du Daroma, bloquées sous une seule dénomination populaire: 'Montagne Royale'; voir *DJD II*, p. 126. Or, c'est justement de הר המלך que venait la plupart des pigeons vendus au Temple; Tosephta Menaḥot ix 13, bMenaḥot 87*a*. C'est là aussi qu'on élevait probablement une espèce particulière de pigeons, יוני הרדסיאות; Šabbat xxiv 3, bBeṣah 25*a*, bḤullin 138*b*, 139*b*, yŠabbat 18*a* (édition de Venise 1523/4: הירודוסיות). La dénomination, si l'on corrige en יונים הרדסיות, dériverait du toponyme הרודיס 'Hérodium', ville principale de la Montagne Royale; *DJD II*, *l.c.* On rapportera encore à la même région le dictum des rabbins qu'un cèdre au הר המשח(ה) livrait 40 séah de pigeons; yTa'anit 69*a*, Echah Rabba 2¹ (44*a*). En effet, le nom de lieu mentionné n'est pas le 'Mont des Oliviers' mais le 'Mont du Messie', une appellation éphémère d'Hérodium; *DJD II*, *l.c.*

Josèphe a connu un colombier rupestre, περιστερεὼν καλουμένη πέτρα, au sud-est de Jérusalem; *BJ* v, § 505; Dalman, *l.c.*, pp. 272 et 276.

5 שולים, dans la Bible seulement 'franges', est devenu en mishnique le terme pour désigner la partie opposée à la bouche: 'fond d'un vase, derrière d'un animal'. L'auteur du catalogue l'emploie dans le sens hydrographique: l'endroit d'où sort le canal, i 11 (opposer 'la bouche de la sortie d'eau' au nº 2), donc identique à la 'tête du canal' (nº 1), avec la nuance possible du fluide en mouvement, surtout si שול(י)ם est en rapport étymologique avec שלולית 'petit ruisseau'. En iv 9 et ix 1 ce seront les points d'émergence des sources, dont les bouches sont les endroits déjà accessibles aux assoiffés.

6 דיבר de ii 3 est égal à l'hébreu biblique דביר 'pièce du fond, réduit'; voir B 5c.

7 קרקע 'sol' est le 'fond solide' d'une fosse, i 14, ou d'un puits, i 7 et x 4.

8 ירך de i 7 devrait être le 'côté' vertical d'un puits. Mais la précision 'en face de l'ouverture supérieure' exige plutôt le sens de la 'partie la plus reculée, la plus profonde', du 'fond' de la citerne, ce que la Bible exprime par la forme féminine du mot: ירכתי בור, parallèle à שאול en Is 14¹⁵; cf. Éz 32²³ et הספינה ירכתי en Jonas 1⁵.

9 יד ne revient que dans deux acceptions particulières: nom biblique d'un monument, יד אבשלום en x 12, originairement sans doute la stèle avec la main de l'orant en relief (aussi I Sam 15¹²); emploi prépositionnel ביד 'à côté', xii 2, peu assuré dans l'hébreu classique; cf. Zach 4¹², Job 15²³, I Sam 21¹⁴.

10 שן 'dent' désigne la 'saillie' du rocher, שן הסלע ii 11, exactement comme dans la Bible, 1 Sam 14⁴. Celle du Cédron ressemble à celles du Wadi Suweiniṭ.

Au domaine de l'architecture appartiennent les termes:

11 מקצוע 'angle' d'une construction, vu de l'intérieur: d'une piscine en ii 13, d'une construction non déterminée en xi 1.

12 פנה est au contraire l'angle extérieur: d'une forteresse en vii 11; d'un portique (donc presque 'extrémité') en xi 2; de l'Esplanade en iii 1 5 et 10.

13 צד est le 'côté' extérieur, bâti en pierre de taille, d'une construction, vi 11; d'un monument funéraire recouvert de plaques de marbre, x 12 (D 68); le côté intérieur d'un bassin rectangulaire, en pierre, x 8.

14 ארבע רוח[ות] 'quatre vents' de vii 5 n'indiquent que la direction à partir des quatre angles d'un réservoir d'eau. Cf. *Revue Biblique*, lxvi, 1959, p. 557.

Finissons cette section avec des *varia*:

15 'La Fosse Rouge' de iv 9 doit sa couleur, האדמא, à une couche de marne rouge, abondante dans la région (voir D 6) et qui donne son nom aux מעלי אדמים sur la route Jérusalem–Jéricho. Cette montée (la *cisterna rubea* des itinéraires médiévaux) est enveloppée de légendes juives, chrétiennes et musulmanes.

16 'La pierre noire' de xii 2 est probablement du basalte, importé du Ḥauran, remployée dans une construction

---

[1] Ajouter un *columbarium* souterrain découvert récemment à Mukhmas.

(celle de xi 16?), et dont la couleur, השחורא, joue sur le blanc des pierres de taille en calcaire. D'après Josèphe, *AJ* viii, § 187, Salomon fit paver de pierre noire (λίθῳ κατέστρωσε μέλανι) les avenues conduisant à Jérusalem. L'auteur de la Jérusalem Nouvelle, plus réaliste, les couvre de pierre 'blanche', 5Q15 1 i 6.

17 Un mot cher à notre auteur est גדול 'grand', qu'on comprendra, selon le contexte, au sens positif ou superlatif. Cet adjectif qualifie un bloc de pierre en v 9, une pierre plate en xi 6–7, un seuil en ii 12, une pierre (?) en v 3, les citernes en i 6 et iv 1, un canal en xii 8. Il fait partie de toponymes, 'Le Grand Torrent' de x 3–4, et de titres de fonction, 'Le Grand-Prêtre' de vi 14–vii 1. On a peut-être le comparatif en vii 4 (B 15b).

18 ישן 'vieux' de ii 3, si la lecture est bonne, relève du langage topographique, comme הברכה הישנה en Is 22¹¹ et שער הישנה, avec un mot (la même 'Vieille Piscine'?) sous-entendu, en Néh 3⁶ et 12³⁹.

b. Relief et géographie humaine

On notera l'abondance des termes pour spécifier les rochers et les pierres ainsi que les formes creuses du sol tandis que les mots se référant à la végétation sont rares. Tout cela se justifie par la nature du document.

19 הר 'montagne' n'apparaît que dans un nom de lieu, הר גריזין de xii 4.

20 תל de i 9 peut se comprendre comme 'monceau de pierres et de terre' tels qu'on en voit dans les champs, 'monticule artificiel' qui cache un ancien site, enfin 'colline naturelle'. D'après le contexte et une description parallèle (voir D 71 s.) c'est la dernière acception qui est la bonne.

21 סלע est le 'rocher abrupt'; on mentionne dans le catalogue une 'saillie de rocher' ii 11 (cf. nº 10) et le sommet d'un autre, xi 5 (cf. nº 1). Les deux roches se situent sous le rempart est de Jérusalem dans le Cédron et la seconde est trouée de tombeaux. A quelques centaines de mètres en aval Isaïe voyait le tombeau de Šebna, taillé בסלע, Is 22¹⁶; cf. N. Avigad, *Israel Exploration Journal*, iii, 1953, pp. 137–52 et surtout p. 151. Les deux rochers recèlent des cachettes de trésors, de même que les סלעים de I Sam 13⁶ servent de lieux de refuge, au même titre que les citernes, בורת, les hypogées, צרחים, et les cavernes, מערות et חוחים; tous ces termes, sauf le dernier, employés également par l'auteur de 3Q15.

22 צח de xii 10, si la lecture est bonne, sera à rapprocher de צחיח סלע en Éz 24⁷ˢ· et 26⁴·¹⁴. Dans les deux cas, il s'agit du rocher dont la surface lisse reflète les rayons du soleil. Les termes dérivent donc de ṣḥḥ 'être brillant'; cf. B 19h.

23 אבן 'pierre'; en viii 5, et peut-être en v 2, ce sont des blocs erratiques, arrondis par les eaux du torrent. Par contre, les pierres de x 9 et xii 2 ont été travaillées de main d'homme.

24 רגם est une pierre petite à bord tranchant qu'on lance pour blesser (Bible) ou de grandes dimensions, v 9 et vi 8, dont la forme régulière est due à la nature du rocher. Elles parsèment la région de Qumrân, où se trouvent les deux cachettes, D 11 et 14.

25 שעה de ix 2 rappelle l'araméen שועא, qui traduit צור en Prov 30¹⁹, et שעיעותא correspondant à צחיח 'rocher lisse' en Éz 26⁴·¹⁴ (cf. nº 22). Vu leur nombre, les sept שעת du catalogue ne peuvent être que des 'galets'. Pour l'alternance de la forme féminine (שעה) et masculine (שוע) du nom, cf. B 18e; sinon, šúʿ à pluriel fém.

La terminologie des formes planes n'est représentée que par un seul mot, où d'ailleurs le point de vue est utilitaire:

26 צהיאה (ou צהיאה) de ix 15, 'plaine aride; terrain pierreux' si l'on compare en judéo-araméen צחותא et צהותא, צהיא et צהי, צהיותא. L'acception donc est plutôt agricole, analogue au nº 41. Sur un rapport possible avec le nabatéen צהותא (*CIS* ii 350, 2 et 354, 2) voir *Revue Biblique*, lxvi, 1959, pp. 559 s.

Les formes creuses et les cavités apparaissent dans une douzaine de termes:

27 עמק 'vallée', i 1 et iv 6, dans son emploi fréquent de 'wadi spacieux et profond' désigne adéquatement le W. Nuweiʿimeh de D 3.

28 נחל 'torrent', v 12 et x 3, est 'la vallée, le ravin au fond duquel coule la rivière pérenne ou, plus fréquemment, le courant hivernal'.

29 Les gués pour traverser une rivière n'existent en Palestine que pour le Jourdain, dont un portait le nom מגזת הכוהן הגדול; cf. D 16. Le mot מגזה est araméen et il traduit dans les targums les expressions hébraïques pour les gués du Jourdain (Jos 2⁷, Jud 3²⁸ 7²⁴), le gué du Jabboc (Gen 32²³) et n'importe quels passages ou passes.

30 גי 'vallon', iv 13, viii 4 et x 8, est l'endroit d'une vallée, assez spacieux pour qu'on y puisse cultiver la terre et planter des arbres. Dans les traductions grecques il est souvent laissé non traduit: γαι Jos 18¹⁶, Éz 39¹¹; γη Éz 32⁵, Néh 11³⁵, Hén 27²; γε Éz 39¹⁵, II Chr 28³.

31 חר d'un vallon, viii 4, si la lecture est exacte, rappelle חירה mishnique et araméen. Dans Mekilta à Ex 14², où l'on spécule sur l'étymologie de Pi-haḥirot, les חירות sont définis comme des 'rochers, non en pente, mais abrupts'. Le suffixe (חר(ה renvoie à הגי qui est féminin.

32 Le deuxième élément du toponyme בית אשדתין, D 44, est sans doute biblique אשדה 'versant, pente'.

33 צוק est 'défilé, gorge', si l'on marche au fond d'un torrent ou d'un ravin encaissé, viii 8 et ix 14. Regardé d'en haut c'est le 'précipice' des rabbins, d'où (ראשי צוקין) tombent les bêtes et d'où on précipite le bouc émissaire; voir D 28.

34 L'auteur du catalogue connaît quatre 'grottes', מערה, dont deux dans une falaise rocheuse (voir D 13 et 14), la troisième dans la pente marneuse d'une vallée (D 18) et la quatrième de nature non déterminée (D 49).

35 ניקרה de i 12 est une 'crevasse' d'où sort une source, aménagée pour prendre des bains rituels (n° 55); voir D 72. C'est l'hébreu *niqrah* (Ben Iehuda, p. 3809) et l'araméen *neqirta*; pour la graphie cf. B 5c.

36 שוא de i 13 présente probablement la forme masculine (voir B 18e et C 209) du biblique שואה 'trou; fosse naturelle, remplie d'éboulis' qui devient facilement une 'trappe'; cf. *Biblica*, xxxviii, 1957, pp. 249 s.

37 On reconnaîtra le même mot dans le toponyme השוא, Βηθσω de Josèphe; D 65. Il désigne la première partie de la Géhenne et la nature de cette vallée justifie suffisamment le choix du terme, synonyme des mots bibliques שואה ומשאה dans leur sens géographique 'éboulis, terrain pierreux et stérile', Job 30³ et 38²⁷.

38 שית qui revient six fois est un 'souterrain' ou une 'fosse naturelle'. La différence spécifique consiste en la profondeur de la cavité. Les rabbins en connaissaient qui arrivent jusqu'à l'Abîme, tel le שית de Middot iii 3 qui est le trou et le canal d'évacuation sous l'angle sud-ouest de l'autel. Sous l'esplanade du temple de Jérusalem se trouve le 'souterrain' de iii 8 (D 58); on en attribuait l'origine aux travaux de David, bSukkah 53a. Un autre se situe près du temple samaritain, xii 4 (D 69). Une fosse naturelle se trouve près d'une source, dans une couche de marne rouge (n° 15), iv 9 (D 6). Au voisinage de la source Koḥlit il y en a deux, iv 11 et xii 10, dont la seconde certainement horizontale; voir D 74 s. Une dernière s'ouvre à l'entrée d'une gorge près de Bet Tamar, ix 14 (D 25).

39 סדק de v 5 est une 'fissure' dans la terrasse marneuse de Qumrân (D 10), due à l'action de l'eau de pluie ou bien à un tremblement de terre.

Le paysage est transformé par les œuvres d'architecture (voir plus loin), par les ruines qu'elles laissent, par les travaux d'agriculture.

40 חריבה de i 1 est un diminutif du schème bien connu dans le mishnique; voir B 19f. Après la dissimilation de la consonne longue (comme *Arebba* d'Onomasticon, p. 27, 18 = Αρεμβα p. 26, 17 = הרבה de Jos 15⁶⁰), ce mot a donné la transcription byzantine Χωρεμβη; voir D 4. Le sens est 'petite ruine', correspondant aux multiples *ḥureibeh* de nos jours.

41 שלף de viii 10 s'identifie à *šeleph* 'champ non labouré, avec les chaumes'. En syriaque le verbe s'emploie, entre autres, pour dire 'dessécher, flétrir'. Par opposition au n° 43 on traduira 'terrain sec, en friche'.

42 Le verbe רוה 'être saturé, irrigué', désigne en x 3 un système d'irrigation (cf. n°ˢ 61 et 72), alimenté par les eaux d'une source transjordanienne, D 22.

43 רוי de viii 14, à part l'orthographe (cf. B 3b et 6a), est probablement identique à l'adjectif biblique (pas mishnique, sauf piyyuṭim), רוה *raweh* qui qualifie 'jardin', Is 58¹¹ et Jér 31¹², ou bien 'terre', Deut 29¹⁸. Pour d'autres adjectifs substantivés, voir B 19h.

La distinction entre *raweh* et *šeleph* (n° 41) rappelle celle des σποριμων (αρμακιδων) et du ξεροκηπιου dans un papyrus palestinien; C. J. Kraemer, *Excavations at Nessana*, iii. *Non-literary Papyri*, n° 31, pp. 98–101. Dans notre cas, l'expression השלף של השוא pourrait désigner la vallée de la Géhenne à sa naissance (n° 37), qu'on ne cultivait que sporadiquement, après les chutes d'eaux très abondantes, tandis que le הרוי של השוא serait le nom du plateau à l'ouest et au sud de la vallée, cultivé régulièrement.

44 כרם 'vigne, vignoble' seulement dans le nom de lieu בית הכרם x 5 (D 29).

45 דרך 'route' que longe un canal, viii 1.

De quatre termes de végétation groupés ici (voir plus loin nᵒˢ 123–31 et 209) le dernier est incertain:

46 עץ 'arbre, bois' n'apparaît que dans le nom d'une annexe du Temple, ii 5; voir nᵒ 105 et D 50.

47 בין de iv 6 désigne sans doute le 'tamaris'. L'attestation du mot est plutôt maigre: une seule fois dans le Talmud, bGiṭṭin 68*b*, et une seule fois en syriaque, Payne Smith, p. 519. On ajoutera, malgré la vocalisation différente, un toponyme: Καπαρβιανα 'bourg du tamaris', nom d'un village près de Gaza dans un récit monastique du vᵉ siècle; F. Nau, *Patrologia Orientalis*, viii, p. 164, 18. Le terme araméen et mishnique a dû être emprunté à l'akkadien *bînu* qu'on identifie avec le 'Tamarix orientalis Forsk.'

48 תמר 'palmier', ix 15, ne se trouve que dans le nom de lieu בית תמר; voir D 25. Ayant succédé à Ba'al Tamar, le nom témoigne du culte du palmier dans la religion cananéenne, mais non pas de l'extension de sa culture jusqu'à la région en question.

49 Si גרפלע de ix 15 est à comprendre גל פרע (cf. B 11b), il s'agira d'un monceau de pierres recouvert d'une broussaille épaisse, פרע *pera'*, qui rappelle la chevelure en désordre.

c. *Les eaux et leur aménagement*

La terminologie hydrologique est exceptionnellement riche dans le catalogue des trésors. Les points et les réservoirs d'eau, avec les grottes et les tombeaux, constituent les cachettes favorites dans le folklore universel.

Le mot עין 'source' n'apparaît jamais en 3Q15; mais il est sous-entendu dans l'article de ses qualificatifs, voir D 6, 20, 30 et B 15c, ou bien exprimé par une formation adjectivale, D 71 et B 19g.

50 מים 'eau' est indispensable quand il spécifie les termes génériques comme קול ix 11 (nᵒ 54) et יציאה vii 14 (nᵒ 57); il est facultatif dans le cas de אמת מים, v 1 et probablement ix 17 (nᵒ 58).

51 חם 'chaud' en חמים x 15, avec מים sous-entendu (B 18b); voir nᵒ 75.

52 כוזבא du toponyme en vii 14 (voir D 20) est le participe féminin Qal de *kzb* 'mentir', avec עין 'source' sous-entendu. Le Piel désigne l'eau des sources intermittentes en Is 58¹¹ (והיית כגן רוה וכמוצא מים אשר לא יכזבו מימיו) et en Parah viii 9 (אלו הן המים המכזבים המכזבים אחד בשבוע). Mais dans notre cas, 'Ein el-Qelṭ est considérée plutôt comme une pseudo-source, à débit considérable: elle constitue le point de résurgence d'une rivière souterraine qui apparaît en amont du même torrent dans les sources de Fârah et Fuwwâr. Une légende arabe sur l'intermittence de 'Ein el-Qelṭ (ou plutôt de Fuwwâr); Ch. Clermont-Ganneau, *Archaeological Researches in Palestine*, ii, p. 32.

53 נטף d'un autre nom de source, ix 1 (D 30), dénote le suintement qui dégoutte, *nṭp*, du rocher, à débit assez fort pour créer un réservoir d'eau. Son correspondant moderne se retrouve dans les nombreux *qaṭṭâr*.

54 קול de ix 11 semble être tout simplement 'voix'. Spécifié par l'addition de המים, ce mot prend le sens de 'cascade, chute d'eau' (D 21) à quoi on comparera les phrases bibliques: קול(ת) מים רבים en Éz 1²⁴ et קול צנוריך en Ps 42⁸.

55 טבילה de i 12 n'est que le nom d'action, du schème bien connu (voir B 19a), du verbe *ṭbl* 'tremper, se baigner'. Dans le cas du toponyme D 72, il décrit une source naissant dans une crevasse et aménagée suffisamment pour qu'on y puisse faire des immersions rituelles. Cela rappelle le בית הטבילה, une des quatre salles dans les bains du Temple (בית המוקד), Middot i 6–9.

56 מבוע de xii 6, d'emploi rare et poétique dans la Bible (‖אגם 'étang' en Is 35⁷, abreuvoir des troupeaux en Is 49¹⁰) devient plus fréquent en mishnique et en judéo-araméen pour désigner surtout la 'fontaine' publique, comme déjà en Qoh 12⁶: 'et quand se brisera la cruche à la fontaine (המבוע), et que la poulie se rompra au puits (הבור)'.

57 יציאת המים de vii 14 n'est pas le point d'émergence d'une source mais le canal où l'on puise l'eau, מוצא המים de la Bible. En Is 41¹⁸ (cf. Ps 107³³, ³⁵) la LXX donne ὑδραγωγός. En II Reg 2²¹ il s'agit de la Fontaine d'Élisée à Jéricho, en II Chr 32³⁰ de la sortie supérieure de Giḥon à Jérusalem. Cette dernière fut obturée et remplacée par le canal d'Ézéchias. Dans l'inscription commémorative המוצא désigne le début du canal (התעלה de II Reg 20²⁰) qui, après 1,200 coudées de parcours souterrain, aboutit dans la piscine (הברכה); cf. D. Diringer, *Le iscrizioni antico-ebraiche palestinesi*, p. 84, l. 5 de la transcription.

58 אמת המים, ou אמה tout court, c'est le 'canal, aqueduc' comme très fréquemment dans les écrits mishniques; Ben Iehuda, i, pp. 271 s. Sur deux attestations possibles dans la Bible, voir G. R. Driver, *Eretz Israel*, v, 1958, pp. 17* s. La vocalisation habituelle *'ammah* ne semble pas être exacte; d'après le syriaque *'emma* 'mère, aqueduc', on comprendra notre mot comme *'em* 'mère' différencié dans son emploi particulier par l'addition de la désinence féminine (B 18e), d'où *'immah* et *'immat ha-mayim*. L'aqueduc est vu en tant que distributeur d'eau qui nourrit ses 'enfants': rigoles, canaux, réservoirs.

האמא de i 11 est le canal d'irrigation qui part d'une source; voir D 72. Celui de iv 3 reste non déterminé (D 61). Le אמת המים de v 1 est le petit aqueduc de Qumrân, taillé dans le rocher puis dans la marne, amenant l'eau de pluie à partir d'un barrage jusqu'aux citernes de l'aire habitée (D 9). Le האמא de vii 3 (D 17) est le grand canal d'irrigation qui naît à la Fontaine d'Élisée sans doute, et alimente, entre autres, deux grands bassins, אשיח. En rapport avec les cultures doit également être le מא[א] de viii 1 qui longe une route (D 23 s.). Le אמת ה[מים] de ix 17, qui se trouve sur la pente d'une montagne, capte l'eau pluviale et l'achemine vers les citernes (D 37).

59 Dans ce dernier passage on mentionne encore העליאה השנית, x 1. Il s'agit probablement de l'aqueduc supérieur au parcours parallèle à celui d'en bas; cf. piscine supérieure citée sous 72. L'emploi s'inspire du sens normal de *'aliyyah* 'étage' d'une maison. Mais si cette interprétation est bonne, l'attribut 'deuxième' est pléonastique. Mais un pléonasme pareil se trouve dans l'expression 'l'ouverture supérieure' d'une citerne; voir nº 3.

60 ביבא de xii 8 se rattache au mishnique et araméen *bib* 'égout, caniveau', couvert ou souterrain. La forme féminine *bibah* suppose un emploi particulier (cf. B 18e) qu'il sera difficile à préciser.

61 Pour כירגר de x 3, *si vera lectio* (F, note de lecture), nous proposons, non sans hésitation, l'explication suivante.

Dans les écrits judéo-araméens on trouve plusieurs termes apparentés, transmis assez fautivement, et qui semblent désigner un 'puits muni d'une roue', lequel servait à remplir les canaux d'irrigation. Les formes les plus fréquentes sont גרגיתא et גרגותא qui, par dissimilation, dériveraient de גרגרתא (d'attestation incertaine), avec pluriel absolu גרגרין (*gargaryan* plutôt que singulier *gargerin*); Dalman, *Wörterbuch*, p. 81, Jastrow, pp. 264 s. Le mot de 3Q15 serait une forme masculine, et peut-être primitive, correspondant à des substantifs féminins susmentionnés. Le גרגר original deviendrait כירגר, les deux sonores identiques ayant été dissimilé en sourde et sonore. De ce *girgar* (ou *girgarah*) 'puits d'irrigation' dériverait l'adjectif féminin *girgerit* 'roue d'irrigation, noria'. Cette dernière forme, réduite à *girgit*, pourrait avoir éliminé les deux premiers termes et désigner indifféremment 'puits' et 'roue'.

62 שילוח de xi 7 est en rapport avec בית שלחין des textes talmudiques: champs situés sur les collines et irrigués par les canaux creusés dans le rocher. Dans notre contexte c'est une rigole rupestre qui capte l'eau pluviale pour éviter l'inondation des tombes. La vocalisation *šiloaḥ* est la même que dans le nom de la fontaine voisine, Siloé. En akkadien, en dehors de l'incertain *šalḫu* 'rigole', on a *šiliḫtu* 'débouché d'un canal d'irrigation' dans le terrain irrigué, en opposition à *bâb nâri* 'début du canal'; C. Bezold, *Babylonisch-assyrisches Glossar*, p. 213. Ce sens s'adapte bien au canal de Siloé et peut-être aussi à notre 'rigole', où il s'agirait de sa partie finale, pavée (ou bouchée) avec une 'pierre plate':

63 מסמא, xi 6. Les rabbins comparent אבן מסמא à la bouche de citerne; Ben Iehuda, vi, pp. 3124 s.

La terminologie des réservoirs d'eau et de leurs parties est assez riche dans le catalogue des trésors.

64 בור est le 'petit réservoir souterrain' communiquant avec la surface par une ouverture étroite. Toutes les sept citernes de 3Q15 se trouvent à Jérusalem. La grande citerne de i 6, située près du Temple (D 64), a son 'ouverture supérieure' recouverte d'une pierre trouée (nº 66). Celle de ii 1, dans la rue du Tyropéon (D 48), est comblée de débris. La citerne de ii 6 se trouve dans un souterrain de l'Esplanade (D 50); près de la Porte Orientale du péribole on en signale une autre, ii 7 (D 51).

Les citernes de ii 10 (D 52) et de xii 3 (D 47) ont les 'seuils' (nº suivant), tandis que la grande citerne de iv 1 (D 60) possède un 'pilier' (nº 98). Ces éléments architectoniques permettent de reconnaître dans les trois citernes en question un type relativement rare en Palestine, *stepped cisterns*; voir P. Benoit et M. E. Boismard, *Revue Biblique*, lviii, 1951, p. 201 (plan d'une citerne à escalier à Béthanie) et p. 204 (références[1]).

[1] La citerne mentionnée à la p. 204 n. 9 est décrite plus en détail par S. J. Saller, *Excavations at Bethany (1949-1953)*, p. 358; description d'une autre, p. 150 nº 61 (tessons romains et byzantins). Toujours en Béthanie, j'en ai visité deux autres en l'été de 1959. La première se trouve dans la partie sud de la propriété des Passionistes: escalier extérieur, pilier carré de 50 cm. de côté, baies 90 et 85 cm. de large; intérieur cubique d'env. 3 m. de côté, plâtré; tessons surtout romains. La seconde citerne est à une centaine de mètres vers l'est, dans la propriété des Anglicans: long escalier à un palier qui finit par deux ou trois marches étroites à l'intérieur du réservoir de forme arrondie; tessons romains (?).

Ce type était caractérisé par son entrée latérale, aménagée dans une paroi rocheuse verticale, et par l'escalier qui permettait de descendre à l'eau quel qu'en fût le niveau. Un pilier en bas de l'escalier séparait en deux baies l'entrée de la grotte, au seuil de laquelle se trouve un escalier intérieur construit, composé de deux ou trois marches.

65 Cet escalier intérieur est le סף 'seuil' de ii 12 et xii 2.

66 Le sens de חליא, i 7, a été établi par Ben Iehuda, iii, pp. 1465 s. Le mot *ḥulyah* 'grain, perle, vertèbre' correspond à l'arabe *ḥarazah*. Or, l'expression *ḥarazat el-bîr* désigne la 'pierre trouée, posée au-dessus de la bouche de la citerne'. La même acception est donc à supposer pour le terme hébreu, ce que confirme le catalogue par l'emploi du verbe:

67 סתם 'boucher', i 7.

68 ברכא 'grand réservoir', jamais couvert et pas nécessairement bâti, ii 13.

69 סככא du toponyme D 7 dérive de la racine *skk* qui signifie en arabe 'boucher, barricader, creuser (un puits)'. Le nom viendrait donc du réservoir qu'on voit à Sekaka, moderne Ḥ. Samra, ou des barrages dans les vallons voisins; voir *Bulletin of the American Schools of Oriental Research*, cxlii, avril 1956, pp. 11 s. Mais si c'était originairement le nom du W. Qumrân on le rapprochera du W. Sikkeh, fréquent dans la toponymie arabe.

70 אשיח est un terme rarissime. D'après l'inscription de Meša', ce roi fit construire à (Bet) Ba'al Ma'on האשוח (l. 9), donc un seul réservoir dans le village, et un double bassin dans sa capitale: כלאי האשו[ח] חן מ[י]ן (l. 23, le dernier mot, 'd'eau', est accusatif de spécification), donc un seul dans la ville, par opposition aux citernes dans chaque maison: אש בר בביתה (l. 25). Ajoutons une attestation incertaine: ']šwḥ[sur le fragment d'une autre inscription de Dibân; Albright chez R. E. Murphy, *Bulletin of the American Schools of Oriental Research*, cxxv, février 1952, pp. 20–23.

Selon Sir 50³ sous Simon fils d'Onias, vers 180 av. J.-C., on restaura le Temple et le rempart, et 'de son temps fut creusé le réservoir, un bassin (grand) comme la mer avec (toute) sa masse': אשר בדורו נכרה מקוה אשיח בם ($\tau\grave{o}$ $\pi\epsilon\rho\acute{\iota}\mu\epsilon\tau\rho\sigma\nu$) בהמונו (lire כים = $\dot{\omega}\sigma\epsilon\grave{\iota}$ $\theta\alpha\lambda\acute{\alpha}\sigma\sigma\eta\varsigma$). La LXX^A traduit אשיח par $\lambda\acute{\alpha}\kappa\kappa\sigma\varsigma$, terme typique, au moins à l'époque byzantine, pour désigner les grands réservoirs rectangulaires, bâtis en pierre de taille et éventuellement recouverts.

L'auteur du catalogue nous fait connaître quatre bassins de ce genre. Le premier est à Qumrân, v 6 (D 10), et sa capacité dépasse celle des autres citernes; il en attribue la construction à Salomon. Le deuxième se trouve à l'est de Jéricho, vii 4 (D 17), et il semble être tout près d'un second réservoir plus petit, sinon jumelé à lui; il est rectangulaire (n° 14). Le troisième est dans un village, x 5 (D 29). Le dernier est la piscine de Bethesda, xi 12 (D 44), dont on mentionne la ימומית, un bassin plus petit (n° 74).

La graphie pleine de אשוח dans l'inscription de Meša' exige la vocalisation *'ašwaḥ*, qui se transforma en *'ašyaḥ* de 3Q15 (matériellement *yod* est préférable au *waw* dans les quatre cas) et du Siracide dans le manuscrit du Caire.

71 חריץ de v 8 n'est pas à rapprocher du חרוץ 'fossé du rempart' de Dan 9²⁵ (cf. akkadien *ḫariṣu*, même sens), mais du mishnique חריץ 'fossé, canal, incision'. Ainsi dans un vignoble on voit un חריץ profond de 10 et large de 4 palmes, Kilayim v 3. Dans notre cas il s'agit d'un canal, distributeur d'eau aux citernes et qui aboutit au réservoir mentionné dans le n° précédent, les deux ouvrages étant attribués à l'activité de Salomon; voir D 11.

72 מזקה ii 9 et x 3. Dans le Targum le terme *meziqta* (ou *meziqqeta*) traduit l'hébreu תעלה 'canal': celui autour de l'autel d'Élie, I Reg 18³², ³⁵ et celui de la piscine supérieure à Jérusalem, II Reg 18¹⁷ et Is 7³.

Le canal de la citerne en ii 9 pourrait être le débouché du collecteur d'eau, dont la dernière partie est d'habitude construite souterraine et s'ouvre dans la paroi de l'ouverture. En x 3 מזקות désignent les canaux d'irrigation; voir n° 61.

73 ים, synonyme de אשיח (n° 70), mais pas nécessairement de grandes dimensions; cf. mishnique ים 'cuve inférieure d'un pressoir', 'sorte de crible'. En outre, le mot vise premièrement la construction et non l'excavation (étymologie de אשיח). En syriaque *yammeta* traduit ברכה de la Bible, dont trois sont à Jérusalem.

Le ים de x 8 (D 26) est bâti en pierre; celui de x 15 désigne un bassin de l'installation balnéaire à Siloé; voir n° 75 et D 38.

Le ים de ix 7 indique la direction 'ouest', vers la 'Mer (Méditerranée)'; voir D 32.

74 ימומית de xi 13 (D 44), diminutif du précédent (B 19e), est le nom du bassin nord dans le double réservoir de Bethesda, plus petit que celui du sud.

75 En x 15 la lecture בית חמים 'maison des eaux chaudes' (avec מים sous-entendu, B 18b) semble préférable à בית המים 'maison des eaux', car dans ce dernier cas שלוחי qui suit devrait être muni de l'article. La première expression représente pour nous la traduction populaire des θέρμαι et θερμά grecques (latin *calidarium*), correspondant au בית מוקד de Middot i 6–9. Les rabbins ne connaissent que des חמים naturelles, dont les plus fameuses étaient celles de Tibériade et de Gadara. La phrase ים בית חמים rappelle τὰ τῶν θερμῶν ὑδάτων λουτρά d'Eusèbe quand il parle des sources d'Emmatha près de Gadara, *Onomasticon*, pp. 74, 12 et 22, 26.

76 שקת de x 16 semble identique à *šoqet* de Gen 24²⁰ et 30³⁸ où il désigne l''abreuvoir' des troupeaux. En judéo-araméen et syriaque, les termes שקיתא, שקותא, שקיותא signifient 'irrigation' en général, mais aussi 'canaux, rigoles d'irrigation', p. ex. *šaqyata* en Targum Hiérosolymitain Gen 30³⁸. Dans notre contexte on traduira 'tuyau' qui amène l'eau chaude dans un bassin (nᵒˢ 73 et 75), plutôt que 'égout, tuyau d'évacuation'.

d. *Lieux de sépulture*

Le vocabulaire des installations funéraires est très riche et contient quelques termes d'un certain intérêt. Voir encore nᵒˢ 9, 90, 102, 108 et 110.

77 יגר, qui n'est pas connu en hébreu, signifie en araméen 'monceau de pierres', lequel peut éventuellement cacher une sépulture. Pour l'emploi funéraire de *yagra*, arabe *wagr*, voir *Syria*, xxxv, 1958, p. 230; ajouter sud-arabique *wgr* 'cairn', G. Ryckmans, *Le Muséon*, lxxi, 1958, p. 139. L'auteur du catalogue connaît trois tumuli: un dans un vallon (D 8), l'autre près d'un gué (D 16), le dernier à l'entrée d'un défilé (D 28), donc tous à côté d'une route ou d'un sentier. Voir encore *Liber Annuus*, ix, 1958–9, p. 337.

78 צויה de viii 14 est le synonyme du précédent; voir Mur. **18** 2, note, *DJD II*, p. 103; ajouter safaïtique *hṣwy*, *CIS* v 3135 et 3140.[1] Par souci de différenciation, on pensera plutôt à l'araméen צויתא et צויא, hébreu et judéo-araméen ציון, 'cippe, borne de la zone du cimetière'; voir S. Krauss, *Talmudische Archäologie*, ii, pp. 79 s.

79 קבר est le terme générique pour 'tombe, tombeau'. Ce sens général, 'simple tombe', se conserve dans le pluriel קברין de xii 11 (D 75) et peut-être dans הקבר d'un torrent v 12 (D 12). Par contre, les quatre tombeaux de la nécropole est de Jérusalem semblent se référer à des monuments (μνῆμα, μνημεῖον de Josèphe), mausolées réels ou présumés de personnages historiques: iii 11 (D 59) xi 3 (D 40) xi 8 (D 42) xi 9 (D 43). Cf. זה ⟨ה⟩קבר dans l'inscription des Bene Ḥezir.

80 צריח, peu attesté en hébreu (Ben Iehuda, xi, p. 5631), se rattache étymologiquement à l'arabe *ḍryḥ* 'fosse, tombeau', safaïtique *ḍrḥ*, *CIS* v 1986, 3745, 5441 (verbe), Littmann, *l.c.*, nᵒ 201, cette dernière stèle trouvée au milieu d'un tumulus. Mais en réalité, à l'époque romaine, *ṣeriaḥ* désigne un tombeau de type précis: chambre de forme régulière, taillée dans la pente d'un rocher, munie de fours (loculi, *kukim*), précédée d'un vestibule et d'une cour. C'est le type qu'on retrouve à Pétra, où les inscriptions le désignent explicitement par צריחא (*CIS* ii 350, etc.; J. Cantineau, *Le Nabatéen*, ii, p. 140), et dans les nécropoles de Jérusalem, où l'on s'est habitué à l'appeler le type hérodien. Le premier hypogée de ce genre appartient à la nécropole sud-ouest de Jérusalem, viii 11 (D 66); les deux autres se situent ailleurs, ix 4 (D 31) et ix 7 (D 32).

Dans la Bible צריח de Jud 9⁴⁶, ⁴⁹ est la dénomination d'une grotte-sanctuaire; voir *Revue Biblique*, lxvi, 1959, pp. 560–2. En nabatéen, le צריחא de l'inscription de Bâb es-Sîq est une chambre taillée dans le rocher, pour servir de triclinium au thiase de Dûšarâ; Cantineau, *l.c.*, pp. 2 s. L'acception analogue de 'souterrain à usage cultuel', se trouve en ii 5 (D 50).

81 זרב de ix 8 est un élément du tombeau, non attesté par ailleurs. La racine *zrb* a deux sens: 'presser' et 'jaillir' qui sont peut-être apparentés; voir G. R. Driver, *Zeitschrift für die Alttestamentliche Wissenschaft*, lxv, 1953, p. 258. Le premier (akkadien *zarâbu*, araméen *zerab*, arabe *zaraba*) donne des dérivés comme

---

[1] E. Littmann, *Safaïtic Inscriptions*, nᵒˢ 683 (*wbny hṣwy*: frère du suivant, qui ajoute une pierre au cairn de celui-ci), 684 (après le nom propre je lis: *wdmy wṣwy ḏ hṣwy* 'et il fit le dessin [de l'homme chassant un lion] et il construisit ce cairn'), 685 (*wbny hṣwy* du nᵒ 683); verbe *ṣwy* encore dans F. V. Winnett, *Safaitic Inscriptions from Jordan*, nᵒ 90.

zarb 'enclos de bétail', 'fosse où guette le chasseur' dans l'arabe littéraire, *zarb* 'fosse pour cuire le mouton' dans le dialecte palestinien (G. Dalman, *Arbeit und Sitte in Palästina*, iv, pp. 33 s.), *zarûb* 'ruelle étroite' dans des parlers syriens, *zirbî* 'coussin, tapis' en classique (Lane, p. 1224; A. Barthélemy, *Dictionnaire arabe-français*, fascicule II, pp. 309 s.); *zereb* 'semelle mobile' en mishnique, Ben Iehuda, iii, p. 1393. De l'autre sens 'jaillir, couler' (araméen *zerab*, arabe *zariba*, hébreu dans le Piel privatif, Job 6¹⁷) proviennent: arabe *zirb* 'canal', *zerbeh* 'averse' (cf. syriaque *zarbitta* 'grande pluie'), *mizrâb* 'gouttière, gargouille'; mishnique *zarbobit* 'jaillissement' de la flamme, 'goulot', *zirbon* 'rigole'; voir Lane et Barthélemy, *ll. cc.*, Ben Iehuda, p. 1394.

Dans le contexte du notre זרב on peut hésiter entre deux acceptions: 'petite fosse' pour recueillir les os, 'ossuaire', qu'on trouve fréquemment dans un angle, au moins, des chambres intérieures des hypogées 'hérodiens', ou bien sorte de 'gouttière', rigole en plan incliné, taillée dans la paroi verticale du rocher, qui emmène l'eau pluviale dans le bassin des purifications; exemple quasi monumental dans le tombeau de la Reine Hélène. C'est ce dernier sens qu'on choisira, puisque l'ossuaire semble être désigné par le terme qui suit.

82   מדף iii 12–13 est identique au mishnique מדף qu'on emploie en trois sens, fort divergeants; Ben Iehuda, vi, pp. 2814 s. C'est d'abord המדף של דבורים de Kelim xvi 7 'soufflet d'apiculteur'. Ensuite, le *maddaph* de Kelim xxiii 5 désigne la 'trappe' la plus simple pour les oiseaux: une pierre ou une planchette au-dessus d'un trou (trébuchet). Elle correspond aux arabes *maṭfaḥah*, *debaqiyeh* et *mendaf*, cette dernière de grande dimension; voir Dalman, *Arbeit und Sitte in Palästina*, vi, pp. 321–3, 340, fig. 62; Milik, *Biblica*, xxxviii, 1957, p. 249. Enfin, dans le langage rituel des rabbins מדף désigne les 'objets posés au-dessus de ce qui est impur (cadavre, personne qui a eu un flux, etc.)' et l''impureté du second degré' qui résulte du contact de ces objets.

Dans 3Q15 il s'agit d'un élément de l'hypogée. D'après le parallélisme avec les deux acceptions ci-dessus, מדף du catalogue vise sans doute la fosse à ossements, l'ossuaire, déjà mentionné au n° précédent. Lors de ma fouille de tombeaux juifs au sud-est de Jérusalem (1958–60), j'en ai trouvé plusieurs encore non violés. C'est un trou vertical, de moins d'un mètre de profondeur et d'un demi-mètre env. de diamètre, situé dans un angle de la chambre principale. De temps en temps on y balayait pêle-mêle les ossements et quand le trou était presque entièrement rempli on y mettait une grosse pierre plate pour empêcher l'usage ultérieur de la fosse. C'est donc cette pierre, en contact avec des os impurs et rappelant par sa position la pierre trébuchet, qui porte, en 3Q15, le nom de מדף.

83   גנה de xi 6, dans la phrase גנת צדוק = גנת קבר צדוק (D 40 s.), n'est pas 'jardin' ni même 'parcelle de terrain où se trouve le tombeau de famille' mais le nom d'une partie importante du tombeau. Le sens funéraire, qui n'est pas attesté par le mishnique גנה et le judéo-araméen גנתא, se retrouve dans le nabatéen גנת סמכא 'cour de banquet'. Elle précède l'entrée du tombeau et sert au besoin de triclinium, *CIS* ii 350, p. 307 (plan); cf. *Revue Biblique*, lxvi, 1959, pp. 556–9. En mishnique on trouve une acception identique pour le mot jumeau גת. La définition du חצר הקבר que donne Tosephta Oholot xv 7 est comme suit: זו הגת שהמערות פתוחות לתוכה et les dimensions minima, ou moyennes, de cette cour (חצר על פי המערה) sont de 6 coudées carrées, Baba Batra vi 8. Ce même sens se retrouve sans doute dans le nom d'une porte occidentale de la Jérusalem gréco-romaine: Γεν(ν)αθ ou Γεναθα, *BJ* v, § 146, qui n'est certainement pas 'Porte des Jardins' (*gny*). La première forme (état absolu) et la seconde (état emphatique) sont l'abréviation de dénominations plus complexes, où l'on a omis, dans l'usage populaire, le nom propre de personne. Sur le modèle de notre גנת צדוק on restituera 'cour (du tombeau) du grand-prêtre Jean' (cf. *BJ* v, § 259), 'tombeau du grand-prêtre Ananos' (§ 506), ou 'du grand-prêtre' tout court (§ 468), quand on saura lequel des deux était le plus voisin de la porte en question.

Il est tentant d'appliquer ce sens au 'jardin' (κῆπος) de Jean 19⁴¹. Ce serait la cour de l'hypogée, dont la paroi du fond donnait accès au tombeau de famille de Joseph d'Arimathée. Dans la chambre taillée dans une paroi latérale de la cour (pratique discutée par les rabbins et confirmée par l'exploration moderne), et encore vide, avait reposé pendant trois jours le corps de Jésus. Le jardinier (κηπουρός) de 20¹⁵ serait dans ce cas le gardien du monument, fonction que semblent connaître les écrits talmudiques; S. Krauss, *Talmudische Archäologie*, ii, pp. 78 et 489 n. 538.

84   אכסדרן de xi 3 c'est encore une partie du monument des Bene Ṣadoq (D 40). Le terme *'aksadran* de 3Q15 est synonyme du mishnique *'aksadra* (voir B 14f), emprunté au grec ἐξέδρα 'réduit, salle, fermés de trois côtés et ouverts sur un des côtés longs'. Cette définition s'applique bien à un vestibule d'hypogée, peu profond et avec un pilier au milieu.

85 נפש de i 5 'monument au-dessus du caveau', d'habitude un cube plein coiffé d'une pyramide, est d'emploi pan-sémitique. Ajoutons une transcription palestinienne: un μνῆμα aux environs d'Éleuthéropolis, identifié comme tombeau de Michée, s'appelait dans le parler araméen des autochtones Νεφσαμεεμανα = נפש מהימנא, *Vies des Prophètes*, sous *Michaeas*; cf. *Revue Biblique*, lxvii, 1960, p. 561 et pl. xxxi.

86 תבס de viii 3 est de lecture très incertaine. Le verbe בוס veut dire 'fouler', peut-être aussi 's'approprier' (au Hiphil?) sous l'influence du terme suivant. Dans ce cas, l'expression serait synonyme de חרם nº 117.

87 הבסה de xi 5 reste assez incertain; pour le schème voir B 19c. Nous considérons ce terme comme synonyme du talmudique תבוסה qui, à côté des plus fréquents תפיסה et תפוסה, désigne la 'propriété du cadavre', rectangle de la surface du sol dont les dimensions dépassent légèrement celles du corps gisant au-dessous. Le contexte de la description demanderait un sens plus concret: 'concession, terrain occupé par le tombeau'.

e. Architecture

Dans cette section, dont relèvent en réalité un grand nombre de termes déjà discutés, nous groupons une trentaine de mots.

88–89 En ix 9 il est dit qu'une pierre 'est jointe (הזדווגא, Hitpael du verbe *zwg*, emprunté au grec) à deux עזת'. Ce dernier mot, inconnu par ailleurs, doit désigner les crampons, morceaux de métal dont les extrémités recourbées évoquaient l'image '(des cornes) du bouc', עז; nom de la femelle: עזה. Le terme 'bouc' apparaît dans la dénomination d'un instrument agricole, 'chariot à dépiquer' עזא דקרקסא. Dalman y voit un nom populaire de la 'planche à dépiquer', 'bouc de cirque' (κίρκος), parce qu'elle tourne au rond. En réalité, il faut rapprocher le terme קרקסא du grec κερκίς 'navette' dont la forme ressemblait au cadre du chariot, et qui, par ailleurs, a été emprunté par les Palmyréniens comme nom de l''arc doubleau'; cf. H. Ingholt, *Berytus*, ii, 1935, pp. 83 et 119; G. Dalman, *Arbeit und Sitte in Palästina*, iii, p. 84. Ajoutons pourtant que notre mot עזה pourrait dériver sans métaphore du verbe עזז 'être fort, renforcer'.

90 גל de i 11 est une 'porte' dont les pivots tournent (*gll*) dans sa crapaudine. Puisque la nôtre semble fermer l'entrée d'une grotte aménagée on pensera à ces portes petites et épaisses qui fermaient l'accès aux tombeaux des époques romaine et byzantine.

En ix 15 le même mot גל, si la correction est juste (voir nº 49), serait un 'cairn', éventuellement un lieu de sépulture.

91 מבא de xi 16 est une des 'entrées' à l'annexe d'un triclinium; voir les nºs 107 s.

92 שער de ii 7: 'porte' monumentale dans une enceinte; voir D 51.

93 מעלות, 'escalier', désignent quelques marches, visibles dans une ruine, i 2 (D 4); une rue de Jérusalem à escalier monumental en ii 1 (D 48). En xii 4, si l'on juge par l'orthographe (B 3a), המעלהא, l'auteur a hésité entre מעלה *ma'aleh* 'montée' et מעלא *ma'ala* 'marche, escalier'. Si notre identification du site est exacte (voir D 69), cette seconde forme, qui est une correction, trahissant la pensée tâtonnante du scribe, se référerait à un escalier monumental, taillé et construit sur la pente d'une montagne.

94 החומא le 'mur', ii 10 (D 52), désigne le front est du rempart de Jérusalem.

95 טור de vii 15 (D 20) se retrouve dans la même acception 'mur de soutènement' en טוריא de l'inscription de Turqmaniyeh à Pétra, CIS ii 350, 2; voir *Revue Biblique*, lxvi, 1959, pp. 556-9. L'emploi biblique du טור est plus varié: 'assises' du mur d'une cour, I Reg 6³⁶ 7¹²; 'rangées' des colonnes et des architraves, 7²⁻⁴, des 'éléments en relief' sur les chapiteaux, 7¹⁸, ²⁰, ⁴², II Chr 4¹³, et sur le bord du bassin, I Reg 7²⁴, II Chr 4³; 'rangées' des pierres précieuses sur le pectoral, Ex 28¹⁷⁻²⁰ et 39¹⁰⁻¹³, à quoi on rapprochera la métaphore du 'revêtement en argent' du rempart, טירת כסף en Cant 8⁹. En Éz 46²³ טור et טירה désignent les petits murs que limitent les rectangles ('cours', cf. nº 102) dans les angles du parvis. Assez fréquemment le mot טירה désigne le 'campement' des nomades (syriaque *ṭeyara*, Payne Smith, i, col. 1463), donc les 'enclos' de pierres ou d'arbustes. Il s'agit donc toujours des éléments d'une construction, disposés symétriquement en rangées, et secondaires par rapport à la bâtisse principale. Le sens analogue à celui de 3Q15 se rencontre dans le mishnique טירת התנור 'petite plate-forme (hauteur minimum: quatre palmes; nombre minimum de briques: trois) accolée au four' pour y déposer les galettes cuites; Ben Iehuda, iv, 1872; Dalman, *l.c.*, iv, p. 98.

96 מלא 'rempli' iv 8, 'comblé' ii 1.

97 המלה de iii 8 et 11 sera identifiée avec une 'terrasse de plein pied', l'esplanade du temple hérodien; voir D 53. C'est l'adjectif *ha-maleh* 'le plein', exactement comme המלה de ii 1, 'la (citerne) comblée', avec un substantif sous-entendu; cf. B 3b et 19h.

98 עמוד 'colonne' de xi 3 (D 40) est un pilier, taillé dans le rocher, qui sépare le vestibule (n° 84) d'un tombeau en deux baies; la même fonction et la même forme (éventuellement un pilier en blocs taillés) sont à envisager pour la 'colonne' d'une citerne à escalier, iv 1 (D 60); voir n° 64. Dans un toponyme, 'Grotte de la Colonne' (D 13), vi 1, il s'agit du pan de rocher qui sépare deux grottes jumelées.

99 כנא dans le nom d'une autre grotte (D 14), vi 7, semble désigner, métaphoriquement, la 'base; le support', comme le mishnique *kannah*, forme féminine du biblique כן; voir B 18e.

100 האסטאן de xi 2, emprunté au grec στοά, est devenu le nom propre du côté oriental du Péribole, le 'Portique de Salomon', D 54; voir B 14.

101 הסבין de xi 8 (D 62) est à rapprocher du mishnique הסובב 'pourtour en saillie' de l'autel (aussi 'circonférence' de la roue) et du biblique מוסב הבית '(cellules latérales) qui entourent le Temple'. Les deux substantifs sont en réalité des participes, le premier du Qal et le second du Hophal. Notre forme représente le pluriel abrégé du premier mot: *sob^ebin* ≥ *sobbin*, ou plutôt l'adjectif verbal de la même racine *sbb:seb(b)*, pluriel *sabbin*; cf. *ken(n)*, *kanno*, n° 99 et B 19h. En Tosephta Kelim Baba Meṣia ii 8 (éd. Zuckermandel, p. 580, 14) se trouve le mot הסובין; mais son acception est trop incertaine pour permettre un rapprochement utile avec הסבין de 3Q15; cf. Levy, iii, p. 485; Jastrow, p. 960; Dalman, *Aramäisch-neuhebräisches Wörterbuch*, p. 272.

102 חצר 'cour', si l'on écarte le toponyme אחצר (D 23), revient trois fois. Construit avec les deux termes suivants חצר הפרסטלין et חצר ה···יאט, il désigne les parvis extérieur et intérieur du Temple. On remarquera que cette division bipartite reprend celle de Josèphe et non pas les trois parvis des rabbins.

103 Le nom du péribole du Temple, חצ[ר ה··]יאט, iii 1 (D 55), malheureusement acéphale, est sans doute emprunté au grec; cf. B 14e.

104 פרסטלין 'petit péristyle', i 7 (D 64), reproduit fidèlement le diminutif grec περιστύλιον. Ni ce mot ni περίστυλον ne sont attestés par les écrits talmudiques; un seul exemple fort douteux, qui exige d'ailleurs une correction, est proposé par S. Krauss, *Griechische und lateinische Lehnwörter im Talmud, Midrasch und Targum*, ii, p. 496.

105 חצר בתי העצין, ii 5 (D 50; cf. n° suivant), désigne un angle du Parvis, fermé peut-être par un petit mur, devant le magasin du bois pour les sacrifices; la même acception du mot חצר se trouve en Éz 46²¹⁻²³. La lecture חצר מתי העצן, matériellement meilleure (voir F, note de lecture), qui serait à comprendre 'cimetière (cf. חצר מות dans bBerakot 18*b*) de . . . (nom de lieu)', nous paraît moins satisfaisante.

106 בית 'maison' revient onze fois. D'abord dans les noms de lieu comme synonyme de 'village' et dont les déterminatifs sont devenus inintelligibles: בית שם xii 6 (D 1), בית המרה ii 3 (D 49), ou bien restaient compréhensibles, tel בית הכרם x 5 (D 29), בית הברך xii 8 (D 36). Les trois toponymes: בית תמר ix 14–15 (D 25), בית אחצר viii 1–2 (D 23) et בית שלישה cité sous D 34, abrègent les dénominations plus complexes: בית בעל שלישה, בית בעל חצור, בית בעל תמר. On comparera dans la Bible: בית בעל מעון, בעל מעון, בית מעון; dans l'inscription de Meša': בת בעל מען (l. 30) et בעל מען (l. 9); byzantin Βεελμαους et moderne Ma'în. Le בית הקק de vii 9 (D 18) est la résidence des Bene ha-Qoṣ. Les בית חמים de x 15 (D 38) et בית אשדתין de xi 12 (D 44) désignent l'ensemble des installations et des constructions en rapport avec les réservoirs d'eau importants. Le בית המשכב de xi 16 (D 45) se réfère à la salle où l'on s'étend (*miškab* en tant que nom d'action) pour les banquets. Les 'maisons à bois', בתי העצין, de ii 5 (D 50) correspondent aux לשכות העצים du Temple d'après le traité Middot. Chaque maison avait son 'bûcher' בית העצים, bŠabbat 43*a*, appelé encore דיר העצים, bBeṣah (Yom Ṭob) 33*a*. Le dernier terme est apparenté au troisième nom du 'magazin à bois' dans le Temple, דירת העצים, 'Eduyot viii 5. Le même mot בית est probablement sous-entendu dans le n° 111.

107 Le premier mot de l'expression די[·] בית המשכב, xi 16, peut être restitué די[רת], 'loge, pièce habitée', dans un bâtiment en principe non prévu pour l'habitation; Ben Iehuda, ii, p. 932.

108 Le בית משכב ne peut pas se référer au 'tombeau' où on devrait avoir משכב tout seul; p. ex. dans la seule inscription de l'époque romaine (IIᵉ siècle?) portant ce mot: המשכב הזה של חסדיה···; Vincent,

Jérusalem de l'Ancient Testament, i, pp. 362 s. De plus, aucune acception biblique ou mishnique de מ‍שכב ne semble convenir à notre contexte.

Voici une suggestion qui s'inspire de la seule attestation nabatéenne. Une inscription de Ḥegrah dit ceci : דנה משכבא די אחד ענמו אסרתגא בר דמספס 'Ceci est le siège qu'a retenu 'Animo fils de Damasippos, stratège'; sur ce personnage voir J. Starcky, *Revue Biblique*, lxiv, 1957, pp. 202–4. Or, l'emploi funéraire du mot est exclu par 'l'absence totale de sépulture' aux environs, à savoir dans le Ğebel Etlib, montagne sacrée de Ḥegrah. L'inscription est gravée au-dessus d'une sorte de siège, assez primitif, taillé dans le roc sur une esplanade surélevée de plusieurs mètres; *CIS* ii, 234; Jaussen et Savignac, *Mission archéologique en Arabie*, i, p. 206 n° 40 et p. 409 (plan). On imaginera que sur cette esplanade avaient lieu, les jours de fêtes, les réunions cultuelles accompagnées de banquets sacrés. Les simples pèlerins (qui laissaient leurs noms sur la paroi du fond) s'y entassaient pêle-mêle, tandis que le plus important personnage de l'endroit avait sa place, *kliné*, réservée. Le siège en relief n'est que le symbole de sa dignité; cf. *mwtb* des inscriptions et les sièges en relief des divinités nabatéennes. En conclusion, le *bet ha-miškab* de 3Q15 désigne le bâtiment où se tenaient les réunions religieuses consistant principalement en repas cultuels; c'est un triclinium. Voir encore l'introduction à 5Q15, vocabulaire, dernier mot.

109   Cette hypothèse se confirme par la mention, dans la 'loge' de cette maison, de טיף, xi 17. Le *ṭiph* des textes talmudiques (Ben Iehuda, iv, p. 1871) est la 'base', petite plate-forme engagée dans le pavement, sur laquelle on mettait le réchaud, petit fourneau portatif : *kirah* ou *kirayim* des rabbins, *môqadeh* des Arabes; cf. G. Dalman, *Arbeit und Sitte in Palästina*, iv, pp. 40 et 45. Ce foyer se trouve dans une pièce annexe du triclinium, qui ne peut donc être que la cuisine. Sur les triclinia chauffés, voir S. Krauss, *Talmudische Archäologie*, i, p. 362 n. 643.

110   משכן 'demeure' de vi 11 (D 15) semble désigner un tombeau comme en Ps 49¹² et Is 22¹⁶.

111   משמרה de vii 11 (D 19) est le '(lieu, בית, de) surveillance', d'où les sentinelles surveillent la région ou bien où l'on garde les prisonniers; c'est une idée populaire de la fonction d'une forteresse. Les acceptions analogues se trouvent dans les bibliques (בית) משמר et (בית) משמרת. La même forme se rencontre dans le mishnique משמרה mais employée seulement dans le sens de 'veille' comme unité de temps. En réalité le terme משמרה est presque la traduction du nom de la montagne :

112   הדוק, vii 11, qui est la forme hébraïsée (B 15c) de l'araméen *doqa* '(le lieu de) la garde, l'observatoire', dérivé du verbe *dwq* 'regarder fixement, faire attention', employé au Peal et surtout à l'Aphel. En 4QHén⁴ 1 iv 6 (référence provisoire) אדיק correspond à παρέκυψαν du texte grec, Hén 9¹.

113   Un synonyme des deux termes précédents est המצד de ix 17 (D 37), nom commun 'point fortifié' au sommet d'une montagne, devenu nom de lieu. Cette acception se trouve, certainement ou probablement (versions grecques, suggestions des modernes), en Jos 3¹⁶ (N. Glueck, *Bulletin of the American Schools of Oriental Research*, xc, avril 1943, p. 6), Jud 6² (τοῖς ὀχυρώμασι Aquila), I Sam 24¹, I Chr 11⁷ 12⁹, ¹⁷, Jér LXX 31⁴¹ (τὰ ὀχυρώματα, TM 48⁴¹), Éz 33²⁷ (ἐν ταῖς τετειχισμέναις).

114   כפר 'village', ix 11, dans le toponyme D 21.

115   מנס 'lieu de refuge' : nom de lieu non identifié, i 13. Voir Addenda, p. 300, D 20a.

f. Matières et objets précieux

Dans ce paragraphe on notera surtout plusieurs désignations d'aromates et d'essences, dont l'identification est parfois hypothétique ou nous échappe entièrement.

116   האצרה de i 10 est le seul terme générique pour désigner le 'trésor' d'objets précieux. Cette forme féminine du אוצר (*nomen unitatis*, ou bien 'trésor d'un genre spécial'; voir B 18e), ne se rencontre pas ailleurs.

117   Le caractère sacré de certaines cachettes est exprimé par l'expression חרם 'anathème', ix 16 et xi 7. La même idée est peut-être sous-jacente à l'impératif אל תבס 'ne foule pas! ne t'approprie pas!', viii 3; cf. n° 86.

118   כסף 'argent' est mentionné vingt-et-une fois, la plupart des cas avec le montant exact du poids. En viii 6 s. on a le montant global de l'argent et de l'or; en xii 7 peut-être le total du poids de l'argent et des aromates. Il est donc possible que le plus souvent l'auteur ne pensait guère à l'argent comme tel mais au montant, au poids de toutes les matières précieuses contenues dans un dépôt donné. La traduction 'argent' sera certaine seulement dans les cas où on l'oppose à l'or ou aux aromates, même si le mot כסף n'est pas exprimé, comme en vii 16. En iv 8 le poids de l'argent est déterminé par la contenance de deux marmites; en ix 10 l'indication reste vague: 'beaucoup d'argent est déposé'. En ii 11 et vii 10 on spécifie qu'il s'agit de barres d'argent (n° 121); en iii 2 et xii 6 on mentionne les vases d'argent.

119 זהב 'or' revient neuf fois: vases d'or en iii 2 et xii 6; nombre précis de lingots (n° suivant) d'or en i 5-6 et ii 4; poids exact de l'or en vii 16 et xii 1; poids global de l'argent et de l'or en viii 7; 'trois cents talents d'or' (traduction alternative: 'trois cents talents (d'argent, quantité indéterminée) d'or') en x 10-11; montant non précisé d'or en xi 1 (lecture incertaine).

120 עשתות 'lingots', i 5 et ii 4. Ils ne sont qu'en or; les écrits talmudiques connaissent les lingots d'or, d'argent, de fer et même d'aromates; Ben Iehuda, ix, p. 476. Pour l'argent l'auteur réserve le terme:

121 בדין, 'barres', ii 11, vii 10 et ix 3 (pour ce dernier exemple voir le n° 149). La Bible et la Mishna ne connaissent que le masculin בד 'barre de bois, branche'. Nos *baddin* sont féminins (בדין, שש... ארבע); on restituera donc le singulier בדה, le dérivé qui exprime morphologiquement un emploi sémantique particulier; voir B 18e. Dans le contexte de ix 3 בדין semble être au duel.

122 Le mot דמע revient quinze fois; pour la phonétique voir B 10b. Le plus souvent on dit: 'vase(s) de *dema'* suivi du nom d'une espèce de cette matière. Si nos identifications de certaines, au moins, de ces espèces sont exactes, il s'agirait d''aromates, d'encens, de résines', et sans doute de 'bois odoriférant'. Cinq fois on ne mentionne que les 'vases d'aromates' et une seule 'le *dema'*' tout court. En i 9 il n'est pas clair s'il faut comprendre '*dema'* de santal' ou bien 'aromates (et) santal'; voir n° 136. Dans les cas où l'espèce de *dema'* n'est pas précisée il pourrait s'agir des aromates les plus répandus: encens (*lebonah*) et myrrhe (*mor*), sur lesquels voir G. W. Van Beek, 'Frankincense and Myrrh in Ancient South Arabia', *Journal of the American Oriental Society*, lxxviii, 1958, pp. 141-51; *idem* dans *Archaeological Discoveries in South Arabia* de R. L. Bowen, Jr. et F. P. Albright, pp. 139-42; J. T. Milik, 'Hénoch au pays des aromates', *Revue Biblique*, lxv, 1958, pp. 72 s.

Le mot דמע est rarissime; étymologiquement 'larmes', il est attesté dans ce sens collectif par les écrits talmudiques: bMenaḥot 30a, Baba Batra 15a: 'Moïse écrivait בדמע, en pleurant'. Il désigne donc bien les 'résines' et les 'rhizomes', comme les δάκρυα τῶν δένδρων et *arborum lacrimae* des naturalistes anciens. L'*hapax legomenon* dans la Bible, דמעך Ex 22²⁸, doit avoir à notre avis le même sens que dans le rouleau de cuivre: 'aromates, résines' et plus largement 'plantes utilisées comme parfums, médicaments, condiments' qui constituaient les redevances, facultatives sans doute, fournies par les fidèles aux prêtres et au Temple. Il est possible que le *dema'* pouvait remplacer *ad libitum* les redevances en nature, מלאתך du même verset. On remarquera que les deux termes sont en parallélisme avec בכור 'premier-nés' dont certains devaient obligatoirement être rachetés par l'argent, matière plus précieuse que les 'aromates'.

Les lexicographes modernes donnent d'habitude un sens 'étymologique' à דמע, à savoir 'jus de raisin et d'olive' (cf. *qtr m'ṣrtk* de la Bible arabe), ce qui est peu approprié puisque les Sémites préfèrent parler du 'sang du raisin': Gen 49¹¹, Deut 32¹⁴, Sir 39²⁶, I Mac 6³⁴; ugaritique *dm 'ṣm* 'sang d'arbre' ‖ *yn* 'vin' en 51 iii 44 et iv 38. Ben Iehuda, ii, pp. 964 s., propose la traduction 'prémices du blé' en se basant surtout sur le contexte de Num 18²⁷ où תרומה, synonyme de דמע, se réfère au blé de l'aire et à la מלאה מן היקב. Il semble pourtant ignorer le passage de Deut 22⁹ où המלאה désigne n'importe quel produit de הכרם 'terre cultivée' et surtout les céréales. La conclusion s'impose: מלאה, 'excédent', est le vieux terme pour les redevances en produits agricoles (sept espèces énumérées en Deut 8⁸, selon l'exégèse rabbinique), tandis que דמע se comprend comme proposé plus haut. Cette coutume de s'acquitter en 'aromates' a dû sortir de l'usage au cours de l'époque romaine, probablement après la Seconde Révolte; cf. pourtant Mat 23²³: H. L. Strack et P. Billerbeck, *Kommentar zum Neuen Testament aus Talmud und Midrasch*, i, pp. 932 s. et iv 2, pp. 646 s. Les rabbins ne connaissaient plus l'acception précise du mot, ne lui donnant, d'après les contextes bibliques, que le sens générique de 'redevance sacrée'. Leurs commentateurs non plus: איני יודע מהו לשון דמע, Raši. Voir Addenda p. 300.

123 Le mot לכושי de iii 9 est l'adjectif qui spécifie דמע, dérivé du *lokeš*, nom d'un conifère: Pin d'Alep, 'Pinus Halepensis Mill.'. En mishnique et en judéo-araméen l'emploi de לכש (Šabbat ii 1; défini en bŠabbat 20b comme שוכא דארזא... בעמרניתא דאית ביה) et de לוגשא (yŠabbat ii 4c) semble être restreint à l'acception 'laine de pin' qu'on produisait à partir des aiguilles et utilisait pour les mèches et les torches.

Également en araméen samaritain לכשא de Gen 3²⁴ (TM להט; verbe dénominatif תלכש en Deut 32²²,
TM תלהט) désigne la 'torche, le flambeau' et le verbe: 'flamber'. L'araméen christo-palestinien se révèle
plus conservateur: en Is 60¹³ lwkš' traduit πεύκη 'pin' (mais aussi 'torche', en grec) dont une espèce, πεύκη
παραλία, est notre pin d'Alep. Le terme biblique correspondant est תדהר, en 1QIsᵃ xlix 16 תהרהר; en
partant de cette dernière forme, prise comme telle ou simplifiée en תהר{הר}, on songera volontiers à son
identité avec le babylonien tiyâru (aussi tiyâlu, liyâru) qu'on prend pour le cèdre blanc, 'Juniperus oxycedrus
L.'; R. C. Thompson, *A Dictionary of Assyrian Botany*, pp. 282–5. Signalons encore que les κέδροι de
Ps 91¹² (TM Ps 92¹³) sont traduits en christo-palestinien par lwkšy; M. Black, *A Christian Palestinian Syriac
Horologion*, p. 195, 8. En akkadien le lukšu apparaît comme ingrédient de l'encens sacrificiel; F. Thureau-
Dangin, *Rituels accadiens*, p. 119, 21 et 27 (ⁱˢERIN-ḪU et lu-uk-šu). Pour Josèphe, *AJ* viii, §§ 176 s., et LXX,
les אלמגים / אלגמים de la Bible étaient ξύλα πεύκινα; cf. n° 127.

124 סוח de xi 4 et 10 est probablement le sapin de Cilicie, Abies Cilicica Ant. et Ky., qui croît dans les
montagnes du Liban; arabe šûḥ. Le nom est attesté par les fragments araméens du Testament de Lévi,
provenant de la Genizah du Caire, où l'une des quatorze espèces de bois d'autel, autrement dit d'arbres
toujours verts, s'appelle שוחא, égal à πίτυν dans le texte grec parallèle, piton en Jub 21¹², πίτυς en Geo-
ponica xi 1 14; R. H. Charles, *The Greek Versions of the Testaments of the Twelve Patriarchs*, pp. 248 s.
Les mêmes termes se retrouvent dans les traductions de השיחים en Gen 21¹⁵; LXX, *AJ* i, § 218 (ἐλάτη) et
Berešit Rabba. La forme akkadienne asûḫu a été empruntée au judéo-babylonien et mandéen et adoptée en
l'hébreu moderne. Malheureusement l'identité précise de סוח, qu'on peut aussi lire סיח, est compliquée
par l'existence en syriaque de sîḥa 'tamaris (?)' (Payne Smith, p. 2610) et en akkadien de sîḥu, šîḥu que
Thompson, pp. 261 s., prend pour le pin blanc, 'Pinus Halepensis'.

Malgré un certain parallélisme avec סנה, il me semble peu vraisemblable qu'en xi 4 סיח (lecture
alternative de סוח) soit l' 'Artemisia Judaica L.', arabe šîḥ, syriaque sîḥa, akkadien sîḥu.

125 אז qui précède סוח en xi 10 ne semble offrir aucun rapprochement possible. Nous le corrigerions
volontiers en א{ר}ז 'cèdre', autorisés par la possibilité d'une prononciation uvulaire du r de la part de
l'auteur, laquelle facilitait l'omission de cette consonne; voir B 11a.

126 סנה de xi 4 est probablement le séné, 'Cassia Senna' (arabe sanâ) dont l'espèce la plus répandue dans
le Proche Orient est 'C. obovata Colladon', plante odoriférante, médicinale et servant de colorant. Si cela
est exact, I. Löw, *Die Flora der Juden*, ii, pp. 407–9, a tort d'affirmer que le séné n'a pas été connu des
anciens. Il nous paraît moins plausible d'identifier notre סנה avec la ronce, 'Rubus discolor W. et N.':
biblique snh, dialectes araméens occidentaux et syriaque: sny', judéo-babylonien 'sn', utilisé dans la médecine
populaire; Löw, iii, pp. 175–88; R. Tournay, *Vetus Testamentum*, vii, 1957, pp. 410–13. Non plus, égal à
sum./akk. GIŠ.ŠE.NÁ.A/ⁱˢšunû 'agnus-castus', Thompson, pp. 296 s.; *Orientalia*, xxiv, 1955, p. 273 ad l. 2.

127 בלגין de i 9 désigne le bois aromatique de santal dont la plus importante espèce est le 'Santalum
album L.' Le mot est emprunté au sanscrit valgu, qui reparaît en syriaque sous la forme 'blwg, Payne Smith,
p. 16. Le pluriel s'explique par l'influence du biblique אלגמים/אלמגים, ugaritique 'lmg, que l'exégèse
rabbinique identifie avec le santal; Löw, iii, pp. 341 ss. Mais persan abluǧ 'sucre' et syriaque 'wlwg (l.c.,
65) 'bois d'aloès' (persan anguǧ, de anâyarǧa?). A l'alternance b/w, cf. p. ex. (')blgš 'Vologèse' (I, Valagaš):
Sumer, viii, 1952, p. ١٨٩; *Syria*, xxx, 1953, pp. 238 s. (inscription 33 de Ḥatra).

128 לאה de xi 14 cache, sous une graphie particulière (voir B 7a et 14a), le grec ἀλόη (synonyme: ἀγάλ-
λοχον), nom du bois d'aloès dont les espèces les plus appréciées étaient l' 'Aloëxylon Agallochon Lour.'
et 'Aquilaria Agallocha Roxb.' Le même emprunt se retrouve dans les dialectes araméens (judéo-araméen
'lw', 'lwy et 'lwn; syriaque 'lw', 'l', 'l'wy), en arabe (alwah, etc.) et en mishnique où le pluriel 'lwym traduit
le biblique 'lmwgym, yKetubot vii 31d. Un emprunt plus ancien, et fait directement à une langue indienne,
est 'hlym et 'hlwt de la Bible, toujours en parallélisme avec myrrhe. Voir Löw, iii, pp. 411–14.

129 סירא de la même ligne reste incertain. Le rapprochement avec le nom d'une plante épineuse (biblique
סירים, mishnique et judéo-araméen סירה et (סירתא), 'Poterium spinosum L.' pour Löw, iii, pp. 191 ss.,
est peu satisfaisant. Le R.P. R. Tournay me signale un terme akkadien, ḥil ˢᵃᵐsi-ri (traces de RI) en
Cuneiform Texts of the British Museum, xxiii, pl. 45, l. 19 fin (King 2574), où Labat voit 'l'essence de pin
blanc'.

130 הצא de ix 6 n'offre aucun rapprochement plausible. C'est difficilement l'araméen הוצא 'feuilles de palmier' (cf. arabe ḫûṣ, syriaque ḫûza 'même sens'; Löw, i, p. 822) qui apparaissent dans le lulab et servent à tresser les paniers, sandales, etc. En tant que désignant un matériau de vannerie, ce terme, ou ses homonymes approximatifs (surtout איצא), semble se référer aussi au roseau et au jonc, ce qui rappellerait le jonc odoriférant des anciens; cf. *Revue Biblique*, lxv, 1958, pp. 72 s.; Löw, i, pp. 459 et 69; ii, pp. 328 s.; iv, pp. 145 s.

131 כפא dans le nom d'un torrent de la région de Jéricho, v 12 (D 12), représente l'une des acceptions mishniques (et judéo-araméennes) de כפה 'arc, voûte, prison, branche de palmier'. Le sens le plus approprié, à notre avis, est celui de l'expression כפת הירדן qui apparaît dans la recette de l'encens du Temple et semble désigner le cyclamen; Löw, iii, pp. 76–79.

En dehors des métaux et des plantes précieux on mentionne encore les vases (voir plus loin), les livres et les vêtements sacrés.

132 אפודת de i 9 est à traduire 'vêtements (sacrés, sacerdotaux)' d'après le biblique et mishnique אפוד et אפדה; Ben Iehuda, i, p. 340. Le féminin est attesté encore par le syriaque *pdt* 'tunique, toge', qui traduit souvent le mot 'éphod' de la Bible (Payne Smith, p. 3040), et par l'ancien assyrien *epattu, epadâtu*: *The Assyrian Dictionary of the University of Chicago*, iv, p. 183, enfin peut-être par l'ugaritique *updt* (pluriel): *Le Palais Royal d'Ugarit*, ii, p. 60 n° 34, 1. Sur les vêtements dans les cachettes légendaires voir D 5 et 56.

133 Les 'livres': ספר vi 5 et ספרין viii 3, apparaissent dans la région de Jéricho (D 13; *ib.*, références aux cachettes de manuscrits chez les auteurs anciens) et ailleurs (D 23).

134 En xii 11 il s'agit du הכתב le 'document', qui n'est autre que notre catalogue des trésors; voir D 71 et E 3, où il y a des références aux listes légendaires des dépôts sacrés. L'auteur spécifie que c'est le *mišne*:

135 משנא הכתב הזא de son ouvrage. D'après le contexte (voir n°s 154 et 196 s.) il s'agit d'une description plus détaillée des cachettes, exactement comme dans le cas d'un contrat double (כתב et duel כתבין dans les actes de la Seconde Révolte; *DJD II*, p. 143) où le double est d'habitude plus détaillé que l''original'; *DJD II*, introductions aux n°s **21, 23, 28–30**; *Biblica*, xxxviii, 1957, pp. 256–8. C'est d'ailleurs également le cas du *mišneh*, Deutéronome, par rapport aux autres livres du Pentateuque et de la Mishna par rapport à la Bible entière.

g. *Vases et récipients*

Une dizaine de termes dont la plupart sont bien connus.

136 Le terme générique est כלי 'vase, récipient' qui revient quatorze fois; pour l'orthographe voir B 5a (כאלין de v 6) et B 6a (כסף כלי⟨י⟩ de xii 6). Le plus souvent ces vases contiennent les aromates, spécifiés (iii 9 xi 4 10 et 14) ou non (v 6 viii 3 xi 1). Dans le cas du bois parfumé, i 9 et xi 14, il ne peut s'agir que de grandes caisses. En iii 2 et xii 6 on précise que les récipients de *demaʿ* sont en or et en argent; en x 11, qu'ils sont enduits de poix (n° suivant). En ii 6 et 8, le contenu des כלין n'est pas indiqué.

137 כופרין de x 11 est grammaticalement un adjectif accordé en nombre à כלין qui le précède. C'est sans doute le dérivé de *kopher* 'bitume', matière qui servait, entre autres, à enduire les vases; dans notre cas, pour les protéger contre l'eau (D 26). Les rabbins connaissent les כלי זפת, en particulier les vases pour conserver le vin. En Kelim iii 7 les כלי זפת sont nommés à côté des כלי נחשת שזפתן 'vases de bronze qu'on enduit de poix' (Piel dénominatif: *zippet*); voir S. Krauss, *Talmudische Archäologie*, ii, pp. 234, 236, 276, 281, 285, 644 n. 265.

Il est moins plausible qu'il s'agisse du *kopher* 'henné'.

138 קלל de vi 4 est une grande jarre à large ouverture et à base plate en terre, ou bien un grand bassin de lustration en pierre; 'les vases de pierre ainsi que les vases de terre non cuits au four avaient l'avantage de ne pas être considérés comme légalement impurs', Krauss, *l.c.* ii, p. 288. Cf. λίθιναι ὑδρίαι ἓξ κατὰ τὸν καθαρισμὸν τῶν Ἰουδαίων κείμεναι, χωροῦσαι ἀνὰ μετρητὰς δύο ἢ τρεῖς en Jean 2⁶. Dans l'enceinte du Temple on voyait le קלל של חטאת contenant l'eau lustrale mélangée aux cendres de la vache rousse; elle était à l'entrée du Parvis d'Israël, Parah iii 3; d'autres bassins de pierre se trouvaient près des marches menant au Parvis des Femmes, Tosephta Parah iii 2.

139 Les deux דודין de iv 8 sont les 'marmites' sphériques de l'époque romaine, bien connues par les fouilles; voir p. ex. R. de Vaux, *DJD I*, p. 10; J. L. Kelso, *The Ceramic Vocabulary of the Old Testament*,

p. 18 n° 39. Un emploi biblique du même mot, à savoir 'panier', n'est pas connu en mishnique; Ben Iehuda, ii, pp. 899 s.

140 שדא de i 3 et xii 5 désigne un 'coffre' (arabe *suddah*), qui était parfois de grandes dimensions: une coudée de long, une de large, trois de haut, et capacité de quarante séah (Maimonides). En Giṭṭin 68*a*, on dit, à propos de Qoh 2⁸, que c'est un mot palestinien ('occidental').

Le dépôt de 609 vases sacrés, iii 2–4 (D 56) se compose d'abord de récipients d'or et d'argent contenant de l'encens (n°ˢ 122 et 136), ensuite de quatre types de vases précis:

141 מזרקות 'larges coupes pour le vin (cratères) ou pour le sang des victimes', en métal; Kelso, *l.c.*, pp. 22 s. n° 50; Ben Iehuda, vi, p. 2891.

142 כוסות 'petites coupes, calices'; Kelso, pp. 19 s. n° 43; Ben Iehuda, v, pp. 2302–5.

143 מנקיאות 'vases de libation' (syriaque *mnqyt*'); Kelso, p. 24 n° 54; Ben Iehuda, vi, p. 3104.

144 קסאות, bibliques קשות, 'aiguières' pour verser le vin dans les *menaqiyot*; Kelso, p. 31 n° 78; Ben Iehuda, xii, p. 6041.

Si l'on remplace les *kosot* par un synonyme (כף, כפור, סף), on aura les vases employés dans le Temple de Salomon (et dans le Tabernacle) groupés par paires: 1) *mizraqot* et *kosot* pour le sang; (2) *menaqiot* et *qesa'ot* pour le vin, les deux groupes étant précédés des 'vases d'or et d'argent' pour l'encens (bibliques *maḥtah* et *miqṭeret*; Kelso, p. 23 n° 52 et p. 24 n° 53).

Le nombre de ces vases s'élève à six cent neuf, une centaine pour chaque catégorie. L'auteur est donc assez près des possibilités du trésor du Temple; pour ce souci du réel, voir E 5. Ce n'est pas le cas de Josèphe quand il décrit le mobilier du Temple de Salomon; le nombre des vases dépasse 99 myriades, *AJ* viii, §§ 89 et 91 s. Également par myriades compte le midrashiste du *Maseket Kelim*; A. Jellinek, *Bet ha-Midrasch*, ii, pp. 88–91; mishna iii s. (coïncidence curieuse: 650 myriades de vases).

h. Poids et mesures

A partir d'ici le vocabulaire de 3Q15, à quelques exceptions près, est assez banal et n'exigera qu'une annotation rapide.

145 כל 'total', toujours (sauf כל distributif en xii 12) sujet de la phrase nominale, exprimant la nature et le montant du dépôt: וכלוה 'et son total' en i 3 (pour l'orthographe voir B 3d), הכל en i 10, xii 7 et 9, כל en iii 4 et ix 16.

146 כלכלה○ de xii 5 peut être lu et compris de deux façons: 1) כל כלוה 'tout son total' avec la répétition du pronom pour l'emphase; 2) כלכליה 'son contenu' (*plurale tantum*), dérivé des racines *kwl* / *kyl* et *klkl* 'mesurer, contenir'.

147 כלוה de i 4 et הכל de xii 9 sont encore précisés par l'addition de משקל 'poids'.

148 L'unité pondérale de base est ככר 'talent', en abréviation כ (A 4), le montant étant exprimé par des numéraux ou, plus fréquemment, par des chiffres. Dans les écrits mishniques le talent 'ne semble vivre que dans les réminiscences bibliques', Krauss, *l.c.* ii, p. 403; cf. Mat 18²⁴ et 25¹⁵⁻²⁸. Dans le catalogue il s'agit soit du talent traditionnel (babylonien, cananéen, biblique) où les évaluations des métrologues varient de 30 à 36 kg., soit du talent monétaire de l'époque gréco-romaine, lequel dans le système attique atteignait 26 kg.; voir J. Trinquet, *Supplément au Dictionnaire de la Bible*, v, cols. 1243 ss.; Ch. Daremberg et E. Saglio, *Dictionnaire des antiquités grecques et romaines*, v, cols. 23–28 et iii, col. 1910. Pour des raisons pratiques, arrondissons le premier à 33 kg. (un tiers de cent) et le second à 25 kg. (un quart de cent).

En i 10, au moins, la dénomination de 'talents' est sous-entendue.

149 אסתר(ין) de ix 3 est évidemment égal à mishnique et araméen (א)אסתירא, emprunté au grec στατήρ 'statère, tétradrachme (ou didrachme)'. Mais ce poids est trop léger comparé à ceux des autres trésors du catalogue. On pensera à d'autres acceptions du mot grec, comme 'double mine, $\frac{1}{30}$ du talent', presque un kilo dans le système pondéral attique; Daremberg-Saglio, v, cols. 23 ss., et Krauss, *l.c.*; mais d'après *AJ* xiv, § 106 'notre mine est égale à deux livres et demie'. Encore mieux, en partant de l'équivalence στατήρ = λίτρα (H. G. Liddell et R. Scott, *A Greek-English Lexicon*, *s.v.* στατήρ), on songera à la livre romaine, dont le poids était assez proche de la mine; on comptait 80, 72 ou même 50 livres par talent; Daremberg-Saglio, v, col. 28. L'emploi particulier du mot est exprimé par la forme féminine (א' ארבע), opposée à אסתיר qui est masculin; voir B 14 et 18e.

150 מנה 'mine', xii 9, constitue un cinquantième du talent (Ugarit; Ex 38²⁵ ˢ·) ou bien un soixantième (Babylonie; Éz 45¹²; systèmes monétaires).

151-2 La phrase כסף מנה הרב, ix 10, exprime l'idée d''un très grand dépôt d'argent'; הרב est à l'élatif (B 15b). La coupe כסף מנחה רב, qui serait à comprendre: 'de l'argent d'offrandes (volontaires au Temple), en grande quantité', me semble moins satisfaisante.

Pour évaluer la distance et la profondeur l'auteur de 3Q15 dispose des termes 'coudée' et 'pied (?)' et de désignations approximatives.

153-4 L'idée générale de 'mesure' et de 'mesurer' est exprimée par le substantif משחה, xii 12, et par l'impératif משח, vii 6 et ix 1.

155 Pour dire: 'à peu de distance, tout près (du site précédent)', l'auteur du catalogue emploie la phrase (ב)תכן אצלך. Le mot תכן, qui revient quatre fois avec ב et une seule fois sans ב, xi 4, représente le biblique *token* plutôt que le qumranien *tikkun*; cf. תכן לבנים en Ex 5¹⁸: 'une quantité donnée de briques', précise dans la pensée de l'auteur; *Verbum Domini*, xxix, 1951, p. 132. Précisons que l'idée de 'peu' est exprimée négativement par l'absence de l'article.

La 'proximité' des sites s'exprime:

156 par l'infinitif בקרבו, vii 8.

157 et par l'adjectif הקרובין, ix 11.

158 La 'distance' est exprimée explicitement par l'adjectif רחוק ii 8, mais d'habitude seulement par le nombre de coudées.

159 La 'hauteur' par l'adjectif גבה, i 14.

160 La 'profondeur' par l'impératif חפ(ו)ר 'creuse!' suivi du nombre de coudées, ou par coudées seulement.

161 La mesure de longueur la plus fréquemment citée est אמה, את(ו)מ, 'coudée', qu'on arrondira, pour la commodité du calcul, à ½ m.; voir l'introduction à 5Q15, vocabulaire, s.v.

162 Le contexte de רגמות en x 6 et 13 semble exiger pour ce mot un sens métrologique. *Regamah* (ou *ragmah*) serait, dans ce cas, un dérivé de *regel*, avec la dissimilation des deux 'liquides'. Calqué sur le grec πούς, ce terme aura servi d'abord de mesure itinéraire; aucune n'est connue par la Bible hébraïque. Pareillement, les rabbins traduiront le *passus* latin par פסיעה et emprunteront d'autres mesures itinéraires soit aux Romains soit aux Perses. Le pied grec est évalué à ⅓ de mètre env.; cf. J. Trinquet, *l.c.*, cols. 1219-21.

L'interprétation de רגמה par 'jet de pierre', phonétiquement tentante, est exclue par le contexte, qui exige dans les deux cas une distance courte.

i. *Direction, position et mouvement*

Pour exprimer l'idée de l''orientation', 'être orienté, face à', l'auteur emploie deux participes commodes. D'abord:

163 צופא (ainsi orthographié et au masculin et au féminin) 'orienté (est, ouest, nord)', en parlant d'une pente de ravin, viii 10, d'un rocher abrupt, xi 5, d'un hypogée, viii 12, ix 4 et 7, d'une grotte, vi 2 et 8. Cet emploi de צפה est plutôt rare en hébreu; une seule fois dans la Bible, Cant 7⁵. Le synonyme de ce terme est:

164 le participe passif Qal de *ptḥ* 's'ouvrir, donner sur', פתחא en parlant d'une grotte, xii 10. C'est le terme usuel dans la Description de la Jérusalem Nouvelle, 5Q15.

Ézéchiel ignorait ces termes commodes dans sa Thora du Temple apocalyptique et il employait plusieurs mots ou phrases pour dire 'être orienté', tels הפנה, דרך, prépositions, donc en général des termes exprimant le mouvement. Notre scribe connaît une acception analogue du verbe בוא (n° 192); également quelques prépositions (nᵒˢ 178, 180, 187).

165-8 Les quatre points cardinaux: est, nord, ouest, sud, sont appelés: דרום, מערב, צפון, מזרח. Les mêmes termes reviennent dans les descriptions de propriétés, dans les actes et contrats de la Seconde Révolte; cf. Mur. **22** et **30**. L''ouest' est désigné une fois par ים 'Mer (Méditerranée)'; voir n° 73.

169-72 Les adjectifs de ces substantifs, מזרחי, etc., sont tous attestés.

173 La direction relative, 'gauche' etc., est représentée seulement par 'à gauche' les deux fois avec les verbes de mouvement: בבואך לסמול i 13, בירד אל סמל x 6.

La position s'exprime surtout par les adverbes et les prépositions accompagnant parfois les substantifs ou les verbes qui marquent la direction.

174 שם 'là', iv 8 et vi 4, résume la localisation détaillée qui le précède.

175 ב exprime la position statique, 'à, dans', en parlant d'une région, d'un site, d'un monument, d'une partie d'un lieu ou d'une construction. Cette préposition, évidemment la plus fréquente, revient 127 fois env. Signalons entre autres: dans des phrases qui constituent des prépositions locales: בידן xii 2; בתך viii 4, בתכו ii 5; באמצען iv 7; בתכן (voir nº 155) v 7, xi 1 11 et 15; [⋯]בארבע רוח vii 5. Dans les expressions marquant l'orientation: במז⟨ר⟩ח ix 11–12; בצפון iii 12, iv 11, ix 14 et xii 10, בצפונו iv 2; מבצפונו iii 8. Avec les verbes et les mots d'action: בירד i 13; בבואך x 5; בביאה v 13; בביאתך iv 3 et xi 13. Avec le suffixe pronominal, la préposition *be* reprend les indications locales qui la précèdent: בו cinq fois; בה ix 16 et בא (*sic!*) viii 14; cf. B 3b et 16a. Parfois cette particule est sous-entendue; cf. p. ex. nº 155.

176 תחת 'sous' revient 21 fois. D'après le contexte et l'identification du site on traduira par 'sous, au-dessous de', c.-à-d. 'au-dessous et en contact direct avec' une pierre, un vase, un seuil, ou bien à une profondeur donnée dans le sens vertical; sinon, plus vaguement, 'en contre-bas' des angles des constructions, 'à niveau inférieur' des escaliers. Les pronoms reprennent les indications précédentes en תחתו 'sous un (vase)' en vi 5, תחתיה 'sous une (pierre)' en viii 6. Cette préposition se construit avec d'autres: מתחת d'un angle du Portique, c.-à-d. en regardant d'en haut, xi 2; לתחת d'un conduit, x 15. Pour ce dernier cf. אל תחת, Segal, p. 142.

177 כ, suivi de ל, ix 12 et xii 8, exprime la direction approximative; pour cet usage cf. le כ mishnique, Segal, p. 143, § 301. En araméen, p. ex. *Revue Biblique*, lxv, 1958, p. 71: 4QHenᵇ, l. 8 de la transcription (כלצפון); 1QGenesis Apocryphon xxi 20 (כלמדנח צפון).

178 ל revient onze fois; ajouter של et שלו (B 16). La préposition se construit surtout avec un verbe du mouvement, ainsi avec différentes formes de בוא: בביאה מירחו לסככא מן x 6, i 2, xi 13, v 13 (inchoatif et ל terminal d'un déplacement); avec des termes de position: בקרבו ל vii 8–9, הקרובין ל ix 11, et d'orientation: הצופא ל vi 9; avec d'autres prépositions: לתחת nº 176; כל nº précédent; comme élément d'un adverbe: מלמעלא nº 189.

179 אל, très rare en mishnique (Segal, p. 142, § 301) ne se trouve qu'en i 13 dans une phrase dont le second exemple comporte ל; voir nº 173.

180 מן (ou מ) revient 15 fois. C'est d'abord la position géographique: מן המזרח ii 10, מן הצפון v 2, ou la position par rapport à un élément architectonique: מן הצד x 12. Ensuite, le point initial d'une distance, משח משולו i 14, וגבה מן הקרקע ix 1. Les points cardinaux intermédiaires sont exprimés par des phrases embarrassées: במלה מבצפונו ⋯ ביאתא תחת הפנא המערבית iii 8–10 pour dire 'sous l'angle nord-ouest de l'Esplanade'; בקבר שבמלה ממזרחו בצפון iii 11 pour 'dans le tombeau (adossé) contre l'Esplanade (près de l'angle) nord-est'. Les points extrêmes d'un mouvement s'expriment par: מן ⋯ ל en v 13; par les phrases disjointes de i 11–12: מפי גל פתחו בשולי האמא מן הצפון אמות שש עד ניקרת הטבילה ce qui est à comprendre: 'Du côté nord de l'issue du canal à l'endroit qui est à six coudées en comptant à partir d'une porte tournante dans la direction de la Crevasse de l'Immersion'. La préposition מן se construit avec d'autres: מתחת (nº 176), מעל (nº suivant); avec l'adverbe מלמעלא (nº 189).

En x 3 on constate l'emploi instrumental de מן: שרוו מהנחל הגדול '(le système d'irrigation) qui est alimenté par (l'eau du) Grand Torrent'.

181 על, attesté cinq fois, n'est employé que dans le sens d'être 'près de': devant l'entrée d'une caverne, על פיה xii 11; près d'un élément architectonique, [⋯]על מ xi 17; près d'une pierre, dans un trou vertical du rocher, על האבן ⋯ תחתיה viii 5; '(dans un endroit) près du débouché de la sortie d'eau ... qui est du côté du mur de soutènement', על פי ⋯ עד הטור vii 14s. Les termes extrêmes d'une distance précise sont décrits en v 8–11 de la façon suivante: מעל החריץ של שלומו עד הרגם הגדול אמות ששין חפור אמות שלוש. S'inspirant de l'identification du site, proposée sous D 11, on paraphrasera cette description comme suit: 'En comptant à partir du canal de Salomon, depuis le secteur voisin de la vasque de Salomon (ll. 6 et 7) et dont le lit est à un niveau supérieur à celui des installations de ses deux côtés (מעל de la l. 8), à soixante coudées dans la direction (עד de la l. 9) du grand bloc de pierre, tu repéreras l'endroit où il faut creuser trois coudées'.

182 גב 'sur' inconnu par la Bible et emprunté par le mishnique à l'araméen (mais seulement dans les composites על גב et על גבי; Segal, p. 145, § 301; cf. B 2a) exprime, par l'opposition à על, l'idée du contact direct: 'sur sept cailloux' ix 2; 'sur (la pente de la colline qui est au-dessus d')un hypogée' ix 4. Le deuxième exemple est incertain; voir nᵒˢ 210 s.

183   אצל exprime l'idée du 'proche voisinage'. En 3Q15 il est toujours doublé d'une phrase synonyme: אצלה בקרבו ל en vii 8 (cf. nᵒ 178), (ב)תכן אצלם en v 7, xi 1 et 4, בתכן אצלן en xi 11 et 15.

184   בין 'entre' iv 6 désigne n'importe quel point entre les extrémités du segment.

185   Le milieu du segment s'appelle אמצע, iv 7, terme spécifiquement mishnique.

186   Le 'centre', approximatif, d'une surface rectangulaire s'exprime par בתכו ii 5; le 'milieu' d'une pente par בתך viii 4.

187   La situation à l'autre bout d'un segment idéal tracé entre deux points, 'vis-à-vis, en face', se dit נגד: הבור שנגד בירך ... נגד הפתח העליון 'dans la cavité (du sol) ... vis-à-vis de l'ouverture supérieure' i 8; ... השער המזרחי 'la citerne qui est en face de la Porte Orientale (à 15 coudées de distance)' ii 7; ... הסלע נגד גנת צדוק 'le rocher (au-delà du torrent) ... en face de la cour (du tombeau) de Ṣadoq' xi 6.

188   Les trois attestations de עד, préposition qui marque la direction et le terme d'un mouvement, sont discutées sous les nᵒˢ 180 s.

189   Le mouvement de haut en bas est exprimé par l'adverbe מלמעלא x 2, biblique et mishnique, qui précise le nom d'action ירידתו 'quand on descend'.

190   La position verticale s'exprime par l'adjectif העליון en i 8, העליונא en xii 4. Sur העליאה voir nᵒ 59.

191   La situation horizontale est indiquée par החיצונא, viii 8; voir D 27.

192   Le verbe בוא désigne l'orientation (cf. nᵒˢ 163 s.) s'il est au participe: הבואת i 2 (cf. B 7a), [הבא]ה iv 3; le déplacement par l'infinitif: בבואך x 5.

193   Le synonyme de ce dernier est le nomen actionis ביאה, typiquement mishnique; mais cf. באה en Éz 8⁵. Dans les Mišmarot de 4Q ביאת d'une telle famille sacerdotale est le premier jour de son service hebdomadaire. Ce terme marque le déplacement sur une ligne droite: entre deux points, בביאה מירחו 'contournant (le bâtiment) du côté ouest' xii 1; vers un point précis: ביאתו מן המ(ע)רב לסככא v 13; בביאתך 'en avançant (de 41 coudées)' iv 3; בביאתך לימומית 'en entrant', en réalité 'à l'entrée', xi 13, comme ביאתא 'l'entrée (d'un souterrain)' en iii 9.

L''entrée' comme élément d'architecture se trouve indiquée par מבא (nᵒ 91). Le terme opposé à ביאה est יציאה, nᵒ 57.

194   ירד 'descendre' i 13; infinitif mishnique (B 21e).

195   ירידה 'descente' x 1, en réalité une expression impersonnelle: ירידתו 'quand on descend' (B 16b).

A propos du double du catalogue des trésors, l'auteur de 3Q15 précise les trois parties qui composent la description d'une cachette:

196   1) פרושה xii 12 pour ce qui est de la description topographique de chaque dépôt. Le terme, schème qittul de *prš* (Segal, p. 109, § 241) et qui veut dire en général 'explication', se retrouve dans les manuscrits de Qumrân (1 et 4Q) sous la forme masculine. Dans le CD iv 8, vi 14, xiii 6 פרוש התורה désigne la halakhah essénienne, le commentaire juridique du Pentateuque. En xiv 17 s., c'est la même Mishna sectaire en tant que formulée dans les prescriptions qui deviennent les lois du code pénal appliqué par l'Assemblée à des cas particuliers. En ii 13 בפרוש שמותיהם (leçon d'un manuscrit de 4QD) et iv 4 (1QM iv 6–8, 11 s.) est l'explication de la destinée de chaque membre de la secte, déterminée par l'astrologie, ou la liste nominative tout court; cf. CD ii 9, xvi 2 et iv 6. Notre mot constitue un doublet féminin du qumranien פרוש; cf. B 18e.

2) משחות pour ce qui est des 'évaluations' de distance et de profondeur par des indications métrologiques précises ou approximatives.

197   3) ופרוט כל אחד ואחד pour le 'montant précis de chaque (trésor)' xii 12 s. Le mot פרוט (פריט matériellement moins bon) doit être le participe substantivé (B 19h), lequel ne semble pas attesté par les écrits mishniques. Le verbe mishnique et judéo-araméen פרט a, entre autres significations, celle de 'payer une somme précise; changer de l'argent'. Les noms פריטה et פרוטה (araméen פריטא) désignent une 'petite monnaie' et de l''argent' en général. L'araméen פַּרְטָא et פרטתא se dit de l''inventaire' de la propriété. Le sens général: 'spécifique, détaillé' se trouve dans l'adjectif פרוטרוט et dans le nom פְּרָט 'spécification'.

j. Les hommes

Du point de vue du folklore, cette section offre des désignations intéressantes des personnages historiques, tant pour les noms propres que pour les titres et les épithètes.

198   בן i 5 'fils', בני xi 9 'fils, descendants'.

199   הברך xii 8 apparaît dans les deux toponymes D 35 et 36 et semble vouloir dire 'le Béni'. Ce serait une épithète d'Abraham, à mettre à côté des appellations plus répandues: 'ami' et 'bien-aimé' de Dieu; cf. Ginzberg, *The Legends of the Jews*, v, pp. 207 s., vii, pp. 6 s.; *Cahiers Sioniens*, v, 1951, pp. 93–232. Dans l'explication qui suit, on essaie de justifier cette suggestion en tenant compte des lois qui président à la formation des légendes et des toponymes populaires.

D'après Gen 18[16] Abraham accompagne les trois Hommes depuis le Chêne de Mambré jusqu'à l'endroit d'où 'ils avaient une vue plongeante vers Sodome' וישקפו על פני סדם. Au même lieu Yahvé répète la formule: 'par Abraham se béniront toutes les nations' (v. 18) et il lui révèle ses plans sur Sodome et Gomorrhe (vv. 20 ss.). Du même endroit encore, Abraham contemple la destruction de la Pentapole (19[27-29]). Le point le plus élevé de la région à l'est d'Hébron est Banî Naʿîm, d'où l'on découvre la Mer Morte. La localisation de la scène biblique en ce village, le Kaphar Baricha des anciens, a dû s'imposer très tôt, bien que le premier témoignage explicite ne remonte qu'au IVe siècle: *stetit (Paula) in supercilio Caphar-Baruchae id est 'villae benedictionis' quem ad locum Abraham dominum prosecutus est. Unde latam despiciens solitudinem et terram quondam Sodomae et Gomorrhae . . ., Corpus Scriptorum Ecclesiasticorum Latinorum*, vol. lv: *S. Eusebii Hieronymi epistulae*, ed. Hilberg, ii, pp. 319, 19–320, 1. Quelle que soit l'origine de ce nom de lieu: כפר בריכא en araméen et כפר הברוך en hébreu (peut-être 'Village (voisin de la vallée) de *Berakah*' de II Chr 20[26]), l'imagination populaire y aura vu une allusion à Abraham, qui était 'Bénédiction' d'après Gen 12[2] (cf. 28[4]), 'Béni' selon 14[19], et au nom duquel les peuples se béniront, c.-à-d. se salueront: 'Béni sois-tu comme Abraham', d'après 12[3] 18[18] 22[18] 26[4] (cf. R. de Vaux, *Bible de Jérusalem*, note à 12[3]). Une fois réalisée l'identification: כפר הברוך 'Village d'(Abraham, le) Béni', on a pu facilement remplacer 'Maison d'Abraham', un nom sacré d'Hébron, par 'Maison du Béni', בית הברך de D 36. Par le même procédé, la piété musulmane a substitué aux noms anciens d'Hébron et de Mambré ceux de ʿ(Ville de) l'Ami, el-Ḫalîl, et de 'Haut-lieu de l'Ami' Ramat el-Ḫalîl. Voir Addenda, p. 301, D 35 s.

200   La 'Vallée de Trouble', discutée sous D 3, est orthographiée en 3Q15 de deux façons: d'abord sous la forme biblique עמק עכור i 1 et ensuite en עמק עכון iv 6. La deuxième forme pourrait refléter une étymologie populaire: on aura vu dans le toponyme le nom du personnage dont le tumulus se dressait dans la vallée en question. La même loi d'adaptation phonétique, propre au folklore, a produit un changement inverse: le nom biblique de ʿAkan devient עכר en I Chr 2[7], Αχαρ(ος) dans Josèphe *AJ* v, §§ 33 et 43 s., et dans les versions grecque et syriaque de la Bible. Pour les récits talmudiques sur Achan voir Ginzberg, *l.c.* iv, pp. 8 s. et 22.

Il semble pourtant plus simple de ne voir dans עכון de iv 6 qu'une particularité graphique, la dernière lettre n'étant pas un *nun* final mais un *reš* cursif au trait démesurément long, comme c'est le cas d'un *reš* à la ligne suivante, ainsi qu'en v 14 et ix 2 et 5.

201   Les dénominations: 'piscine' et 'canal de Salomon', v 6 et 8, enrichissent les légendes juives sur l'activité édilitaire du grand roi.

Dès le début de l'époque hellénistique au moins, la modeste fondation salomonienne de Tamar dans la ʿArabah, I Reg 9[18], devient celle de Tadmor-Palmyre, attribuée à Salomon par II Chr 8[4], par les versions anciennes des passages cités des Rois et des Chroniques, par Josèphe *AJ* viii, §§ 153 s. et par les légendes rabbiniques: Ginzberg, *l.c.* iv, pp. 149 s., vi, p. 291 n. 53; J. Starcky, *Supplément au Dictionnaire de la Bible*, s.v. Palmyre.

Une des vieilles piscines à Jérusalem, au pied de l'Ophel, portait le nom ἡ Σολομῶνος κολυμβήθρα *BJ* v, § 145; cf. Vincent, *Jérusalem de l'Ancien Testament*, i, pp. 297 s., qui l'identifie avec 'le bassin construit devant l'issue naturelle de Giḥon', ʿAin Umm ed-Daraǧ, 'auquel demeurait attaché le souvenir glorieux du sacre de Salomon'.

On attacha encore le nom de Salomon aux jardins et cours d'eau d'Étam ('Ein ʿAṭân à 3 km. au sud-ouest de Bethléem), d'où Pilate, sinon déjà Hérode, amène l'eau à Jérusalem et au Temple, *AJ* viii, § 186, xviii 60; cf. Abel, *Géographie de la Palestine*, i, p. 451.

Peu après l'achèvement de l'œuvre la plus grandiose d'Hérode le Grand, Josèphe en fait remonter des éléments essentiels, telle la triple ceinture de portiques, au premier constructeur du Temple, *AJ* viii, §§ 61–211. En particulier, 'le roi Salomon entoura d'un mur le côté oriental de l'édifice ; il établit un portique sur le terrassement', *BJ* v, § 185, le Portique de 3Q15 (D 54) et le Portique de Salomon du Nouveau Testament ; cf. Vincent, *l.c.*, pp. 433–41.

Une légende byzantine, mais remontant sans doute à l'époque romaine, décrit un 'hippodrome du roi Salomon' ; A. Jellinek, *Bet ha-Midrasch*, v, pp. 37–39 (כסא ואיפודרומין של שלמה המלך) ; Ginzberg, *l.c.* iv, pp. 160–2. A propos de cet hippodrome, qui couvre trois parasanges carrées, on mentionne aussi les canaux et les citernes 'profonds comme le Tigre et l'Euphrate' ; Ginzberg, vi, p. 298. On situe facilement l'hippodrome de Jérusalem à l'angle sud-ouest de l'esplanade ; *AJ* xvii, § 255, *BJ* ii, § 44. En plus, cet hippodrome doit s'identifier au théâtre construit par Hérode en l'honneur de César et où l'on assistait aux courses de chars et de chevaux, *AJ* xv, §§ 268 et 271 s.[1] Voir encore l'introduction à 5Q15, vocabulaire s.v. רס, et *Biblica*, xlii, 1961, pp. 82–84.

Les noms de la piscine et du canal de Salomon, qui désignent une partie de Ḥirbet Qumrân, D 10 et 11, pourraient difficilement être inventés par les Esséniens, eux-mêmes, avant la destruction de leur monastère en 68 ap. J.-C. Il est plus naturel de faire une autre supposition. Quelques décades plus tard, les gens de la région de Jéricho ajoutent au souvenir déjà pâlissant des Esséniens, réputés dans le peuple pour leurs connaissances thérapeutiques, le nom de Salomon, lequel 'avait composé des incantations pour conjurer les maladies et laissé des formules d'exorcisme . . ., thérapeutique toujours en vigueur chez nous', *AJ* viii, §§ 45 s. Aux ruines de 'la Forteresse des Esséniens' (Mur. 45 6) avec ses installations hydrauliques fort impressionnantes, au moins par contraste avec la région aride qui les entoure, s'attacha spontanément le nom du grand constructeur des villes du désert et des aménagements d'eau.

202   Un frère de Salomon, Absalon, apparaît dans le nom de la stèle qu'il s'est érigée de son vivant, x 12. 'La main d'Absalon' de l'époque romaine (D 68), n'était certainement pas le monument primitif puisqu'elle était en marbre. Le Ḥaṣor de viii 2 appartenait au domaine d'Absalon ; D 23 s.

203   צדוק de xi 3 et 6 est le grand prêtre du temps de Salomon. Le tombeau, destiné à lui et à ses successeurs, qu'on montrait à l'époque romaine sous le Pinacle du Temple, n'était pas forcément l'hypogée authentique des Bene Ṣadoq ; voir D 40.

204   הקץ de vii 9 est le nom d'une famille sacerdotale importante, I Chr 24¹⁰. D'après Ezr 8³³ et Néh 10⁶ on peut déduire qu'ils détenaient l'office de trésoriers du Temple. C'est en rapport avec le système fiscal de la Judée théocratique, qu'on mettera l'estampille du vᵉ siècle, trouvée en 1955 au Tell es-Sulṭân, qui porte l'inscription : YHWD / 'WRYW '(District de) Judée / (sceau d')Uriyau'. Ce personnage a été identifié de façon plausible par N. Avigad avec אוריה בן הקוץ de Néh 3⁴ et Ezr 8³³ ; *Israel Exploration Journal*, vii, 1957, pp. 146–53. Au IIᵉ siècle, Eupolème fils de Jean τοῦ Ἄκκως fut envoyé par Judas Maccabée en ambassade à Rome, I Macc 8¹⁷. Pour l'orthographe défective, cf. B 5b.

205   הכוהן הגדול 'le Grand Prêtre' de vi 14–vii 1 pourrait viser Éléazar, avec Josué, chef de la Conquête, si l'on traduit מגזת הכוהן הגדול par 'le Gué du Grand-Prêtre' ; voir D 16. Pour les récits romancés du passage du Jourdain, où les prêtres jouaient le rôle bien déterminé (Jos 3 et 4), voir *AJ* v, §§ 4–19 ; Ginzberg, *l.c.* iii, p. 399, iv, pp. 5 s.

206   המלכא 'la Reine' de vi 11 nous reste anonyme, si la construction qui portait son nom, משכן המלכא, se trouvait dans la région de Jéricho. Si, par contre, il s'agit d'un mausolée au nord de Jérusalem, la Reine serait Hélène d'Adiabène, convertie juive qui a vécu dans la Ville Sainte au milieu du Iᵉʳ siècle de notre ère, צרן מלכתה (et מלכתא) de l'ossuaire Frey 1388 ; voir D 15.

207   רבה de i 5, si la lecture est bonne, fournirait un nom propre sémitique ('le Grand') très répandu aux périodes gréco-romaine et byzantine ; voir p. ex. Mur. 24E 4 (רבא), 38 4 3 (רבה) et *Biblica*, xxxviii, 1957, p. 261.

---

[1] L'amphithéâtre mentionné en *AJ* xv, § 268 n'était pas à Jérusalem mais à Jéricho ; avec Dalman, contre Vincent, *l.c.*, pp. 708 s. Il faut corriger la phrase : αὖθίς (opposition !) τ' ἐν τῷ πεδίῳ μέγιστον ἀμφιθέατρον, d'après le latin *in campo maximo*, en : . . . ἐν τῷ πεδίῳ μεγίστῳ ἀ. Le dernier terme est la dénomination courante de la Vallée du Jourdain. Voir Abel, *Géographie de la Palestine*, i, pp. 426–8 ; ajouter חלתא רבתא de 1QGenesis Apocryphon xxii 4. L'amphithéâtre de Jéricho est encore mentionné en *AJ* xvii, § 194 et *BJ* i, § 666 (cf. *AJ* xvii, §§ 161, 175, 178 ; *BJ* i, § 659).

Noter que le détenteur du tombeau n'est désigné que par le patronyme, בן רבה, ce qui relève des coutumes populaires; ainsi sur le couvercle de Bethphagé la plupart des noms sont du type: *ben* X.

k. *Artisanat*

Sous cette étiquette, prise au sens assez large, nous groupons les cinq termes suivants:

208 העבט de xi 9 (voir F, note de lecture) est un nom de métier qui n'est pas connu par ailleurs. Le terme mishnique עבט (aussi עביט et מעבט) désigne entre autres les récipients portatifs et les cuvettes creusées dans le rocher, où l'on déposait le raisin et l'huile avant de les passer au pressoir; Krauss, *Talmudische Archäologie*, ii, pp. 234, 293, 596 n. 512; Ben Iehuda, ix, pp. 4273 et 4275 s., vi, p. 3143. Si le même nom désignait les cuves du foulon, le dérivé '*abbaṭ* (qattal *nomen opificis*, Segal, § 237, p. 107) autoriserait l'identification du monument קבר בני העבט, proposée sous D 43.

209 L'expression בשוא המעבא de i 13 se laisse comprendre de deux façons au moins. En lisant השוא המעבא, où שוא serait à vocaliser *šo'* ou même *šowa* (cf. C 36), on aura 'la fosse "dense", pleine de broussaille'. En mettant les deux mots à l'état construit, שוא המ', on retrouverait dans le *rectum* un *hapax legomenon* de la Bible, מעבה de I Reg 7⁴⁶, qui d'après le contexte désigne une fonderie pour minerai; cf. N. Glueck, *Bulletin of the American Schools of Oriental Research*, xc, avril 1945, pp. 13 s.; *Annual of the ASOR*, xxv–xxviii, pp. 345–7; W. F. Albright, *The Journal of the Palestine Oriental Society*, v, 1925, p. 33 n. 37. Voir Addenda, p. 300, D 20a.

210–11 Le toponyme תכלת השני de ix 4 (voir D 31) semble unir les noms bibliques de deux espèces de la pourpre: violette et rouge, ce qui en fait un nom de lieu assez inattendu. Cependant, on peut songer à des rochers bigarrés. En tout cas, le deuxième terme n'est certainement pas le numéral 'Second', car תכלת est féminin.

Signalons en outre une difficulté grammaticale. Dans notre traduction de la phrase בתכלת השני גב צריח גב ⟨ה⟩צריח הצופא מזרח, ix 4–5, nous supposons l'omission accidentelle de l'article devant צריח: צריח הצופא, ce qui est assez arbitraire. Cependant, la coupe, apparemment plus naturelle, בתכלת השניג בצריח ne permet aucune traduction plausible et livre שניג, mot dont la racine n'est attestée ni dans l'hébreu ni dans l'araméen.

212 Le toponyme כחלת a été identifié sous D 71 avec עין כוחל. La raison de cette dernière dénomination: 'Source d'antimoine' n'est pas facile à déterminer.

D. SITES ET MONUMENTS

Avant d'aborder l'étude des toponymes contenus dans le catalogue des trésors, il faut se rendre compte des difficultés inhérentes à ce genre de travail ainsi que du caractère hypothétique de presque toutes les identifications proposées. Il s'agit d'abord de lire correctement le texte, lettre par lettre, puis de grouper les lettres en des ensembles sémantiques, le graveur ayant pris parti pour la *scriptio continua*. Ensuite, il faut décider s'il s'agit d'un mot commun ou bien d'un nom de lieu, d'un point géographique, d'un monument élevé par la main d'homme. Une fois dégagés les toponymes possibles, on est en face d'une tâche malaisée: essayer de les situer sur la carte de la Palestine et de la Jérusalem romaines. Un critère important, mais jamais décisif, sera l'ordre et le groupement des cachettes qu'on discutera encore dans le chapitre E, n° 3. Par ailleurs, il faut se résigner au style laconique de l'auteur qui n'écrit que pour lui seul ou pour des initiés et qui, dans son *pro-memoria*, ne donne pas, à une exception près, de points de repère connus, grandes villes, montagnes, etc. Il faut se débattre avec l'orthographe et la phonétique des sources qui ont transmis le matériel toponymique, avec des variations selon les époques et les langues; ces sources sont étonnamment pauvres pour l'époque romaine, et les sites eux-mêmes se sont estompés ou ont entièrement disparu au cours de vingt siècles.

Sans avoir eu d'idée préconçue sur l'étendue du 'réseau' des trésors en commençant son étude, l'éditeur croit être arrivé à des résultats satisfaisants qui, dans les grandes lignes, resteront corrects. Les localités du rouleau de cuivre se placent dans la partie de la Palestine romaine, où la population juive était la plus compacte, et cela depuis la fin du deuxième millénaire avant J.-C.: le plateau de Judée (*b*) et la vallée du Jourdain (*a*), le centre national et religieux restant toujours Jérusalem et son temple (*c*), debout ou en ruine. Quelques sites éloignés semblent se situer dans la Pérée (nᵒˢ 21 s.), dans la Palestine centrale et en Galilée (*d*); trois sites sont les montagnes saintes de l'histoire et de la religion juives. Une seule ville à l'écart du territoire strictement israélite, Scythopolis-Beisân, doit être la patrie de l'auteur du catalogue; voir E 1.

Quoi qu'il en soit, l'éditeur est persuadé que la partie topographique de 3Q15 constitue un apport très important de ce document à la connaissance de la Palestine ancienne, d'un intérêt réel et durable.

Voici la liste des identifications toponymiques dont le degré de certitude est noté à chaque numéro:

a. Vallée du Jourdain

1. בית שם Beisân; 2. ירחו Erîḫâ; 3. עמק עכור Wadi Nuweiʻimeh; 4. חריבה une ruine (du Fer II?) près de Ḫirbet Mefǧer; 5. 'Deux tamaris' au W. Nuweiʻimeh; 6. העצלא ʻEin Nebî Mûsâ; 7. סככא Wadi Qumrân; 8. Un tumulus dans 'le Vallon de ha-Sekaka': au sud de la terrasse marneuse qui porte le Ḫ. Qumrân; 9. Aqueduc de Qumrân; 10. 'Réservoir de Salomon': citerne au sud-est de Ḫ. Qumrân; 11. 'Canal de Salomon': canal principal de Qumrân; 12. נחל הכפא Wadi Kuteif; 13. 'Grotte de la Colonne' dans la falaise de Qumrân; 14. 'Grotte de la Base de la Pierre': même falaise; 15. 'Demeure de la Reine'; 16. 'Gué du Grand-Prêtre', au Jourdain; 17. קי[ציץ] tronçon du Wadi el-Qelṭ dans la vallée; 18. בית הקץ Tell el-Qos; 19. הדוק Ǧebel Qaranṭal; 20. הכוזבא tronçon du W. el-Qelṭ entre ʻEin el-Qelṭ et la vallée. *Pérée*: 21. כפר נבו Ḫirbet el-Muḫayyaṭ près du Ǧebel en-Nebâ; 22. הנחל הגדול Wadi Šâʻeb.

b. Plateau et désert de Juda

23–24. אחזר et בית אחצר el-ʻAṣûr et village voisin; 25. בית תמר village près de Tell el-Fûl; 26. גי ··· tronçon du Wadi en-Nâr en aval de Bîr Ayyûb; 27. הגי החיצונא partie (sud-)est du vallon précédent; 28. צוק הקדרוה gorge du Deir Mâr Sâbâ; 29. בית הכרם Ramat Raḥel; 30. הנטף ʻEin en-Naṭûf; 31. תכלת השני; 32. החורון Beit ʻÛr; 33. קובעה el-Qâbû; 34. השלשי: originaire de בית שלשה Ḫirbet Sirisiah; 35. הברך Banî Naʻîm; 36. בית הברך Hébron; 37. המצד Sebbeh.

c. Jérusalem, son Temple et ses nécropoles

38. שלוחי adjectif de 'Siloé'; 39. Un monument près du tombeau suivant; 40. קבר צדוק tombeau du Grand-Prêtre Ṣadoq, sous l'angle sud-est de l'enceinte du Temple hérodien; 41. Une partie de la nécropole est, près du tombeau des Bene Ḥezir; 42. Tombeau de Ḥuldah, sous la 'Basilique Royale'; 43. 'Tombeau des Fils du *Foulon*'; 44. בית אשדתין Bethesda; 45. 'Triclinium' près de Bethesda; 46–47. 'Pierre noire' et 'citerne' près de Bethesda; 48. המעלות rue en escalier dans le Tyropéon; 49. בית המרה הישן; 50. חצר בתי העצין la cour devant les magasins de bois du Temple; 51. 'Porte Dorée'; 52. Une citerne sous le 'rempart' est de Jérusalem; 53. המלה l'esplanade du Temple hérodien; 54. האסטאן portique est du péribole; 55. חצר ה···יאט parvis du péribole; 56–57. 'Angles sud-ouest et sud-est' du parvis du péribole; 58. 'Souterrain sous l'angle nord-ouest de l'Esplanade'; 59. 'Tombeau' d'Alexandre Jannée, sous l'angle nord-est de l'Esplanade; 60. Une citerne à קה···; 61. Un

aqueduc; 62. הסבין front sud du péribole; 63. Une 'pyramide funéraire' dans la nécropole est; 64. חצר הפרסטלין parvis intérieur du Temple; 65. השוא Baqâ'ah au sud-ouest de Jérusalem; 66–67. Deux hypogées dans la vallée précédente; 68. יד אבשלום monument de marbre au sud-ouest de Jérusalem.

d. Palestine centrale et Galilée

69. הר גריזין et-Ṭûr au sud de Naplouse; 70. ירחי originaire de Bet Yeraḥ, Ḥirbet Kerak au sud du lac de Génésareth; 71. כחלת 'Ein es-Siâḥ sur le versant ouest du Carmel; 72. Une colline près de la source précédente; 73. Une piscine à l'est de la source; 74. Une fosse au nord-est de la source; 75. Une grotte au nord de la source.[1]

a. Vallée du Jourdain

Une vingtaine de cachettes décrites dans le rouleau de cuivre, se situent dans cette vallée riche en souvenirs historiques. Au nord Beisân (1) et Jéricho (2) au sud sont les seules deux grandes villes de la Palestine romaine qui soient mentionnées explicitement en 3Q15. Au nord-est de Jéricho on cherchera la vallée d'Achor (3) des traditions juives et chrétiennes, avec sa 'Petite Ruine', Ḥorebbeh (4), et ses 'deux tamaris' (5). L'endroit décrit juste après, ha-'Aṣla (6), semble conserver son nom de nos jours dans le Wadi el-'Aṣla près de Nebî Mûsâ. En continuant le chemin vers le sud, on arrive au Wadi Qumrân, qui conserve son nom biblique de Sekaka (7). Dans ce torrent, et près de Ḥirbet Qumrân, on reconnaîtra sans difficulté l'aqueduc (9), mais moins aisément un tumulus (8) et une fissure de la terrasse marneuse (10). On avait attaché le nom du grand constructeur du passé, Salomon, à la plus imposante citerne, située au sud-est des ruines et restée visible jusqu'à nos jours, la 'Vasque de Salomon' (10), ainsi qu'à un élément voisin, 'Canal de Salomon' (11). Ce site renommé semble être en ruines.

L'auteur du catalogue nous fait refaire 'la route entre Jéricho et Sekaka' pour visiter d'abord un tombeau à *naḥal ha-Kippa* (12), peut-être le moderne Wadi Kuteif. En longeant la falaise de la région de Qumrân, qui est orientée est, on repère facilement deux cavernes: la 'Grotte de la Colonne' (13) et la 'Grotte de la Base de la Pierre' (14), qui ouvrent vers l'est.

Le troisième itinéraire de la région de Jéricho commence au Jourdain, avec la visite du 'Gué du Grand-Prêtre' (16), dont le nom s'est perdu plus tard, ainsi que celui de la 'Demeure de la Reine' (15), voisine dans le catalogue. On longe la dernière partie du Wadi el-Qelṭ, qui porte le nom de Qe[ṣiṣ] (17), on passe près de Bet ha-Qoṣ (18), résidence d'une famille sacerdotale importante. Dans les montagnes à l'ouest de Jéricho on retrouve facilement la forteresse de ha-Doq (19), la Quarantaine de nos jours, et la source de Koziba (20), qu'orne aujourd'hui le monastère de S. Georges.

Dans la Pérée, région transjordanienne liée étroitement avec la vallée du Jourdain, l'auteur de 3Q15 signale deux cachettes: l'une dans une source près du 'Village de Nébo' (21) et l'autre dans une source du 'Grand Torrent' (22) qui semble être le moderne Wadi Ṣâ'eb.

1 בית שם de xii 6 est presque certainement à identifier à la moderne Beisân au nord de la vallée du Jourdain, בית שאן et בית שן des littératures juives, Βαιθσαν et Βεθσαν des écrits grecs; sur l'oscillation *-n*:-*m* à la fin des mots, voir B 12. A l'époque gréco-romaine la ville Bethsan-Scythopolis était païenne et elle deviendra chrétienne, mais elle possédait une minorité juive d'une certaine importance; voir F.-M. Abel, *Revue Biblique*, ix, 1912, pp. 415–17; A. Rowe, *The Topography and History of Beth-Shan*, pp. 2–5

[1] Sans les citer systématiquement, nous devons beaucoup à deux auteurs: F.-M. Abel, *Géographie de la Palestine*, i–ii, Paris, 1933 et 1938; M. Avi-Yonah, 'Map of Roman Palestine', *The Quarterly of the Department of Antiquities in Palestine*, v, 1936, pp. 139–93 (avec la carte, réimprimée en 1939 et 1950); id., *Géographie historique de la Palestine de l'époque perse jusqu'à la conquête arabe* (hébreu), Jérusalem, 1949 (avec la carte).

et 43–49; N. Zori, *Bulletin of the Department of Antiquities of the State of Israel*, v–vi, 1957, pp. 16–19 (le même, *Bulletin of the Israel Exploration Society*, xviii, 1954, pp. 78–90, xix, 1955, pp. 89 ss.; cf. S. Yeivin, *A Decade of Archaeology in Israel 1948–1958*, pp. 35 s., 39 s., 46 s.).

Le trésor se trouve à l'orifice d'une source de cette ville. Le choix d'un terme rare, מבוע (voir C 56), et l'absence d'autres indications topographiques suggèrent qu'il s'agit de la fontaine principale de Beisân. Il nous paraît assez vraisemblable que c'est la même fontaine que décrira vers la fin du IVᵉ siècle la pèlerine Égérie (*fontem aquae optime satis et pure . . . habebat autem ante se ipse fons quasi lacum ubi parebat fuisse operatum sanctum Iohannem Baptistam*; A. Franceschini et R. Weber, *Itinerarium Egeriae*, xiii 2–xv 6, pp. 54–56), que mentionnera Cyrille de Scythopolis, à propos de la visite de S. Sabas à Beisân en 518 (ἀψῖδα τοῦ ἁγίου Ἰωάννου avec son nom indigène Ενθεμανη (var. Ενθεμανειθ) ʽEn-Temane 'Source des Huit'; E. Schwartz, *Kyrillos von Skythopolis*, p. 163) et que visitera encore l'higoumène russe Daniel au début du XIIᵉ siècle ('une remarquable caverne . . . une source en découle qui se répand dans un réservoir miraculeux'; B. de Khitrowo, *Itinéraires russes en Orient*, p. 59). Pour plus de détails voir *Revue Biblique*, lxvi, 1959, pp. 562–6.

Le sous-sol de la riche Beisân a livré de tout temps des objets précieux de l'antiquité. Ainsi les archéologues y trouvent, contenus dans de petits pots, un trésor de 20 tétradrachmes d'argent de Ptolémée II Philadelphe (285–246 av. J.-C.), un lot de 405 bronzes byzantins (364–459 ap. J.-C.); G. M. Fitzgerald, *Beth-Shan Excavations 1921–1923*, p. 51; N. Zori, *l.c.*, p. 17. Mais ce ne sont que *de argento et heramento modica frustella* (Égérie, xiv 2), si on les compare à notre texte: 'vase d'argent et vase d'or contenant des aromates et . . . six cents talents d'argent', xii 6–7.

2 ירחו, Jéricho, n'est mentionné que comme le point de départ vers un autre site, v 13. Il est peu probable que le gentilice הירחי, xi 9, réfère à cette ville; voir plus loin nᵒ 70. Par contre, dans les environs immédiats de la Jéricho romaine se placent les sites suivants:

3 עמק עכור de i 1 (écrit עמק עכון en iv 6 par souvenir du personnage biblique, voir C 200) n'est pas la 'Vallée de Trouble' de l'époque du Fer, moderne el-Buqeiʽah au sud-ouest de Jéricho, entre le Wadi Mukellik et le W. en-Nâr (M. Noth, *Zeitschrift des Deutschen Palästina-Vereins*, lxxi, 1955, pp. 42–55; F. M. Cross, Jr., et J. T. Milik, *Bulletin of the American Schools of Oriental Research*, cxlii, avril 1956, pp. 5–17), mais une vallée que les traditions juives et chrétiennes plaçaient au nord-est de Jéricho. Josèphe ne la localise pas explicitement, mais le contexte de son récit nous mène dans les alentours de la vieille Jéricho, Tell es-Sulṭân; *AJ* v, §§ 33 s. et 42–44. D'après Eusèbe et Jérôme elle est 'au nord de Jéricho' et 'tout près de Galgala'; *Onomasticon*, éd. Klostermann, pp. 18, 17–20 et 84, 18–21. Le nom ʽemeq ʽAkor était employé par les autochtones (οὕτω εἰς ἔτι νῦν καλεῖται πρὸς τῶν ἐπιχωρίων; p. 18, 19 s.) comme il était connu, trois siècles plus tôt, à l'auteur du catalogue. Il ne peut s'agir que du large Wadi Nuweiʽimeh au nord-est de Jéricho. La continuité de la tradition concernant la vallée d'Achor ressort de la localisation de Galgala: 10 stades (Josèphe v, § 20; cf. Tosephta Soṭah viii 6) ou bien 2 milles environ (*Onomasticon*, pp. 66, 5 et 46, 18–20) au nord-est de la Jéricho ancienne (itinéraires), donc aux environs de Ḥ. Mefǧer, situé à la rive nord du W. Nuweiʽimeh; voir J. Muilenburg, *Bulletin of the American Schools of Oriental Research*, cxl, décembre 1955, pp. 11–19; A. Augustinović, *Gerico e dintorni*, pp. 147–54; J. T. Milik, *Revue Biblique*, lxvi, 1959, p. 566.

4 חריבה 'qui est dans la vallée d'Achor', i 1, étymologiquement 'Petite Ruine' (voir C 40), est devenu un nom de lieu qui s'est conservé jusqu'à l'époque byzantine. Un monastère de la région de Jéricho, mentionné par Jean Moschus, s'appelle τὸ κοινόβιον τοῦ Χωρεμβη; *Pré Spirituel*, ch. 157, *Patrologia Graeca*, lxxxvii, col. 3025. Ce n'est certainement pas une transcription du biblique Bet-ʽArabah, ni du moderne ʽAin el-Ġarâbeh à l'est de Jéricho (Féderlin, *La Terre Sainte*, xx, 1903, pp. 232–4; Abel, *Géographie*, ii, p. 267), car un ʽain ou un ġain n'est jamais transcrit par un *chi* grec, mais bien חריבה du catalogue, qu'on vocalisera Ḥorebbeh. D'après le récit de Moschus, ce monastère est voisin de deux autres: Σουβιβα τῶν Σύρων et Σουβιβα τῶν Βέσων mais à une certaine distance et pas en vue, puisqu'il a fallu qu'un chien y conduise un moine Bèse (géorgien) à partir du monastère des Syriens. Si à ce dernier a succédé l'ermitage du IXᵉ siècle décoré d'une mosaïque syriaque, qu'on a découvert à mi-chemin de la route moderne Jéricho–Pont Allenby (*The Quarterly of the Department of Antiquities in Palestine*, iv, 1935, pp. 81–86), on cherchera le monastère de Chorembé et, par conséquent, notre חריבה, à l'une des extrémités du W. Nuweiʽimeh, près de l'embouchure (pour les ruines voir Féderlin, *l.c.*, xxi, 1904, pp. 9 s.; Augustinović, *l.c.*, pp. 159–61) ou bien, avec plus de vraisemblance, aux alentours du Ḫ. Mefǧer, où, au nord et à l'est du palais omayyade, se trouvent plusieurs sites du Fer avec des restes de constructions (J. Muilenburg, *l.c.*, pp. 17 et 20–27). Une seconde attestation du nom de Chorembé a été proposée dans *Analecta Bollandiana*, xxxi, 1912, p. 432, mais il s'agit en réalité de Choziba; voir *Revue Biblique*, lxvi, 1959, pp. 566 s.

5 'Deux tamaris (C 47) qui se trouvent dans la vallée d'Achon', iv 6, ont pu disparaître facilement. Dans le paysage moderne de la région on connaît le vieux tamaris, Šaǧarat el-Eteleh (en-Nitleh) à l'est de Jéricho, sur la rive gauche du W. el-Qelṭ, donc certainement pas dans la vallée d'Achor de la tradition juive et chrétienne.

La Bible connaît un trésor du 'Emeq 'Akor, enseveli avec son propriétaire illégitime sous un monceau de pierres: 'un manteau de Šin'ar, 200 sicles d'argent et un lingot d'or du poids de cinquante sicles', Jos 7²¹. C'est difficilement un des deux trésors de notre catalogue (coffre avec dix-sept talents d'argent, i 3–4; deux marmites pleines d'argent, iv 8), bien que dans la légende juive le butin du voleur augmente graduelle-ment. Pour Josèphe, il s'agit d''un manteau royal tout tissé d'or et un pain (μᾶζα) d'or du poids de 200 sicles' (*AJ* v, § 33) et pour les rabbins, d'une idole avec tout son attirail; L. Ginzberg, *The Legends of the Jews*, iv, p. 8, vi, pp. 173 s., n. 26. N'oublions d'ailleurs pas que le butin de Jéricho, 'une immense quantité d'argent, d'or et de cuivre . . . Josué la remit aux prêtres pour les déposer dans les trésors' (du sanctuaire de Galgala?), *ib.* § 32.

6 Si le voisinage avec la vallée d'Achor, iv 6–8, dans la liste des trésors, est de quelque poids, העצלא de iv 9–10 pourrait être Wadi el-'Asla (carte du cadastre; el-Aṣla' du *Survey*), partie d'un grand torrent du désert de Juda qui s'appelle successivement: Mukellik, 'Aṣla, Daber. L'expression שולי semble viser une source (voir C 5), ce qui nous emmène au 'Ein Nebî Mûsâ sur la rive nord du W. el-'Aṣla. La source tire son nom du sanctuaire musulman voisin.

Une fosse rouge (C 15), près de cette source, contient '200 talents d'argent', iv 9–10.

7 הסככא, mentionné quatre fois, dont une comme terme d'un itinéraire (V 13), est un toponyme biblique. Sekakah, un des six villages du district du Désert, Jos 15⁶¹ ˢ·, a été récemment identifié avec Ḫ. Samra, la ruine centrale d'el-Buqei'ah; voir Cross et Milik, *l.c.*, pp. 15 s.; Milik, *Ten Years*, p. 51 n. 1. C'est le plus important site de la vallée, comme le Wadi Qumrân est son plus grand torrent. En réalité, Samra est situé près d'un affluent nord du W. Qumrân, mais il n'est jamais facile de déterminer lequel des divers affluents, près de la naissance d'un torrent, est le principal. Pour notre auteur, comme c'est le cas du toponyme moderne, Sekaka était le nom du torrent sur tout son parcours, de sa naissance jusqu'à son em-bouchure dans la Mer Morte. Si le nom biblique d'el-Buqei'ah, vallée d'Achor, a été déplacé vers Jéricho (voir n° 3), ou au moins dédoublé, pour différentes raisons: exégèse d'alors, exigences 'touristiques', etc., d'autres toponymes, surtout aussi centraux que Sekaka, pouvaient rester accrochés correctement aux lieux voulus. De toute façon, on ne pensera plus à identifier le Sekakah biblique avec le W. Dakâkîn, affluent du W. Mukellik; son nom est dû à une grotte qui évoque pour les Arabes l'image d'une boutique (*dukkân*, pl. *dakâkîn*). D'ailleurs, je n'ai moi-même entendu que le nom de Wadi Dukkân.

Quatre trésors sont cachés à Sekaka et cela, d'après le contexte, dans sa partie basse, entre la falaise et l'embouchure:

8 Douze talents d'argent dans un tumulus (C 77) du Vallon de ha-Sekaka, iv 13–14. Puisque le terme גי semble impliquer l'existence des cultures (C 30), il s'agira de la bordure nord de la 'oasis' de 'Ein Fešḫah, touchant le W. Qumrân. En tout cas le mot יגר ne peut pas indiquer une des tombes du principal cimetière essénien; il en faudrait remuer onze cents pour retrouver la cachette. Il existe pourtant un petit cimetière secondaire au sud du W. Qumrân, au pied de la terrasse marneuse. Il contient une trentaine de tombes dont quatre ont été ouvertes par les fouilleurs; R. de Vaux, *Revue Biblique*, lxiii, 1956, p. 571.

9 Sept talents d'argent au début de l'aqueduc de Qumrân, v 1–4, bien conservé jusqu'à nos jours; voir R. de Vaux, *Revue Biblique*, *l.c.*, p. 538; Milik, *Ten Years*, pp. 48 et 50 s.

10 Vases d'aromates dans une fissure (C 39) à l'est de la Vasque de Salomon, אשיח שלומו, v 5–7. Le terme אשיח, désignant un grand réservoir rectangulaire (C 70), se réfère sans doute à la citerne au sud-est des ruines, seule restée visible, jusqu'à nos jours, après la destruction de 68 ap. J.-C.; cf. R. de Vaux, *Revue Biblique*, lx, 1953, p. 89; lxiii, 1956, p. 539.

11 Vingt-trois talents d'argent à trente mètres du Canal de Salomon, החריץ של שלומו, qui est tout près de la Vasque de Salomon, v 7–11. Sur le sens de חריץ voir C 71. Il s'agit du canal principal des ruines, qui distribue l'eau aux citernes et aboutit au réservoir mentionné dans le n° précédent; R. de Vaux, *Revue Biblique*, lxiii, 1956, pp. 538 s.

Si notre traduction de אשיח שלומו et החריץ של שלומו est exacte, au temps où fut composé le catalogue la légende avait attaché le souvenir de Salomon aux constructions de Ḥ. Qumrân, qui gisaient déjà en ruines; voir C 201. Il y faut au moins une génération, ce qui nous mènerait vers l'an 100 ap. J.-C. On a vu que le folklore a logé des richesses ahurissantes tout près des ruines. Tout ce que les fouilleurs ont trouvé dans les ruines ce sont plusieurs centaines de monnaies de bronze, une dizaine de monnaies d'argent, et surtout trois lots de tétradrachmes tyriens en argent qui remplissaient trois petits pots et comptaient respectivement 223, 185, plus de 150 pièces; R. de Vaux, *Revue Biblique*, lxi, 1954, p. 230; lxiii, 1956, pp. 565–9.

12 'En allant de Jéricho à Sekaka', on croise un torrent, נחל הכפא, v 12; pour étymologie voir C 131. De deux wadis importants au sud de Jéricho, le plus grand, W. Daber, conserve un toponyme ancien, Jos 15⁷; Cross et Milik, *l.c.*, p. 17 n. 32. C'est donc au W. Kuteif, où passe la route moderne Jérusalem–Jéricho, qu'on identifiera *naḥal ha-Kippa* du catalogue.

Un tombeau de ce torrent recèle 32 talents d'argent, v 12–14. Sur la rive nord du W. Kuteif on aperçoit un souterrain, long escalier avec une chambre en bas, qui est probablement un tombeau mais pas nécessairement d'une date très ancienne. Mais voir G. R. H. Wright: *Biblica*, xlii, 1961, pp. 19–21.

13 En continuant le même chemin, de Jéricho à Qumrân, on trouve deux grottes, les deux orientées est (vi 2 et 8 s.), donc certainement dans la falaise de Qumrân. La première s'appelle 'Grotte de la Colonne', מערת העמוד vi 1, pour une raison que l'auteur lui-même laisse entendre: elle a deux entrées; à l'entrée nord est cachée une amphore avec un livre et 42 talents des métaux précieux, vi 1–6. Une grande grotte double entre le W. Ǧaufat Zabîn et la Grotte à manuscrits n° 11 est l'un des points de repère les plus frappants de la falaise.

Comme de nos jours, l'antiquité aussi a connu des trouvailles de livres dans cette région. Aux témoignages rassemblés en *DJD I*, p. 88 n. 4, et en *Ten Years*, p. 19 n. 2, on ajoutera avec J. Coppens, *Ephemerides Theologicae Lovanienses*, xxxiii, 1957, p. 509, une notice légendaire sur la découverte de la Quinta à Jéricho *in doliolis aeneis occultata*, transmise par *Joseppi Libellus Memorialis*, c. cxxii, *Patrologia Graeca*, cvi, col. 126, qui vient probablement d'un Palestinien écrivant vers 380; J. Moreau, *Byzantion*, xxv–xxvii, 1955–7, pp. 241–76. Mais ce ne sont pas encore des trésors qu'il faut compter par talents!

14 Le nom de la grotte suivante, המערא של הכנא של הרגם, vi 7–8, semble vouloir dire 'Grotte de la Base de la Pierre'; voir B 16e et C 99. On imaginera le fronton vertical d'une grotte qui 'soutient' un bloc de rocher en surplomb. J'en connais au moins deux exemples dans la falaise de Qumrân.

L'entrée de cette grotte cache, à la profondeur de 4½ m. (!), 21 talents, vi 9–10.

15 Entre les sites de la route Jéricho–Sekaka, v 12–vi 10, et ceux des environs de Jéricho, vii 3–16, on trouve mentionnés un monument et un gué, ce dernier ayant évidemment trait au Jourdain. Le premier, משכן המלכא, vi 11, vu son sens 'Demeure de la Reine' (C 110) et l'emploi du terme צד qui ne se réfère qu'aux constructions (C 13), désigne sans doute un tombeau de la région qui a disparu sans laisser de traces. Il serait peut-être arbitraire d'arracher ce site de son contexte pour le chercher dans les nécropoles de Jérusalem, où l'on admirait pourtant le mausolée de la reine Hélène d'Adiabène, le moderne Qubur el-Muluk au nord de la ville (C 206); voir Abel, *Miscellanea biblica B. Ubach*, pp. 439-48.

16 מגזת הכוהן הגדול, Gué (voir C 29) du Grand-Prêtre, vi 14–vii 1, doit être cherché au Jourdain, probablement au lieu où les Juifs d'alors voyaient le passage de Josué et d'Éléazar le Grand-Prêtre; voir C 205.

17 Le groupe des sites aux environs de Jéricho, vii 3–16, commence avec un site dont le nom est abîmé sauf la première lettre qui est le *qoph*, suivi du *yod* ou du *waw*. Vu son voisinage avec Bet ha-Qoṣ qui se situe à l'est de la Jéricho moderne (n° suivant), on serait tenté de faire le rapprochement suivant. En Jos 18²¹ la liste des possessions de Benjamin débute avec Jéricho, ensuite, à partir du sud, on mentionne d'abord Bet Ḥaglah (moderne 'Ein Ḥaǧlah près de l'embouchure du Jourdain), ensuite 'Emeq Qeṣiṣ, עמק קָצִיץ, suivi d'autres dont ceux d'identification certaine, comme Bethel, ha-Pharah, 'Ophrah, se situent au nord-est de Jéricho. Ce déplacement sud–nord permet d'identifier la vallée de Qeṣiṣ avec la dernière partie du W. el-Qelṭ, entre Jéricho et le Jourdain. Le nom se transformerait à l'époque romaine en Qo[ṣ] par l'assimilation au toponyme suivant ou bien en Qo[ṣiṣ], ou Qê[ṣiṣ], pour une raison phonétique obscure.

Le catalogue mentionne un aqueduc et un bassin dans ce lieu, vii 3–5. Or, la rive nord du W. el-Qelṭ, au-delà de la Jéricho d'aujourd'hui, porte encore des traces d'un canal important, qui semble byzantin, mais qui existait peut-être déjà à l'époque romaine. Voir *The Survey of Western Palestine*, iii, p. 180 et le plan en face de la p. 225 (nᵒ 12).

18   Une grotte à trésor, qui est tout près, se trouve dans le voisinage de Bet ha-Qoṣ, vii 8–9, qui est pour nous la résidence des Bene ha-Qoṣ, famille sacerdotale qui détenait de hautes fonctions du Temple aux périodes perse et gréco-romaine; voir C 204. Pour l'identification de leur lieu d'origine on lira Néh ch. 3 concernant la reconstruction du rempart de Jérusalem. Le premier secteur des Fils de ha-Qoṣ se trouve non loin des gens de Jéricho et à côté des בני הסנאה (vv. 2–4), dont la résidence s'appelait au IVᵉ siècle Μαγδαλσεννα et se trouvait à huit milles au nord de Jéricho; *Onomasticon*, p. 154, 16 s. Le second secteur de la même famille côtoie celui des prêtres אנשי הככר, c.-à-d. les membres d'autres familles sacerdotales résidant dans le district du Jourdain; Néh 3²¹ ˢ.

A l'issue du W. el-Qelṭ de la Jéricho moderne, sur sa rive nord, on trouve aujourd'hui une colline appelée Tell el-Qos (Tell el-Kos du *Survey*); Augustinović, *l.c.*, pp. 89–92. C'est donc là, malgré l'incertitude phonétique, qu'on placera Bet ha-Qoṣ de 3Q15. Il n'est pas étonnant que, dans la résidence des trésoriers du Temple, la croyance populaire ait cherché un trésor, d'ailleurs assez modéré: 'six barres d'argent', vii 10. Le Tell el-Qôs, au nord de Deir 'Allâ, me semble moins plausible.

19   הדוק de vii 11 est le nom ancien du Ğebel Qaranṭal au nord-ouest de Jéricho, dont le sommet, Taḥûnet el-Hawwâ, étroite plate-forme mesurant 100 m. de long sur 40 de large, était couronné d'une forteresse hasmonéenne, Δωκ de I Mac 16¹⁵, remplacée par un monastère de Δουκα au IVᵉ siècle; *Histoire Lausiaque*, éd. C. Butler, ii, p. 142, 11–14 (τὸ ὄρος τοῦ Δουκα avec ses 'Cavernes des Amorrhéens'); G. Garitte, 'La vie prémétaphrastique de S. Chariton', *Bulletin de l'Institut Historique Belge de Rome*, xxi, 1941, p. 32, 1. Les églises et les constructions byzantines, médiévales et modernes ont oblitéré les traces de la forteresse, à quelques pièces d'architecture près; Augustinović, *l.c.*, pp. 135–8. Cf. B 15c et D 112.

La légende pouvait se greffer facilement sur le seul fait historique important qui se passa à Doq, éclipsé dès Alexandre Jannée par l'Alexandrion plus au nord: meurtre en 134 de Simon Maccabée, de sa femme et de deux fils par Ptolémée fils d'Aboubos, stratège de la plaine de Jéricho et gendre de Simon. D'après I Macc 16¹¹ Ptolémée 'avait de l'argent et de l'or en abondance'. Le folklore préciserait que s'enfuyant à Amman (*AJ* xiii, § 235) il cacha 'sous l'angle est de la forteresse 22 talents' de matières précieuses, vii 11–13.

20   Le trésor suivant se trouve près de la source de כוזבא, vii 14–15, qu'on ne cherchera donc pas au sud judéen (כזבא de I Chr 4²²; cf. Gen 38⁵, Jos 15⁴⁴, Mich 1¹⁴), mais à 4 km. au sud-ouest de la Quarantaine où dans la gorge sauvage du W. el-Qelṭ existait dès le début du Vᵉ siècle le monastère de Χωζιβα; voir *Analecta Bollandiana*, vii, 1888, p. 98; A. M. Schneider, 'Das Kloster der Theotokos zu Choziba im Wadi el-Kelt', *Römische Quartalschrift*, 1931, pp. 297–332. Le nom, d'étymologie transparente (C 52), désignait sans doute la partie du W. el-Qelṭ qui va du 'Ein el-Qelṭ jusqu'à la Jéricho romaine à sa sortie dans la vallée. Les termes particuliers, יציאת המים (voir C 57) et הטור (C 95), semblent se référer à un aménagement d'eau assez compliqué. Malgré les réfections byzantines et médiévales le système d'aqueducs qu'on admire encore aujourd'hui a dû conserver en gros le plan des installations hérodiennes. L'aqueduc de 'Ein el-Qelṭ forme d'abord un seul canal qui à partir du Ğisr ed-Deir se ramifie en trois conduits; pour maintenir le niveau voulu on a construit des murs de soutènement, טור de notre texte; voir *The Survey of Western Palestine*, iii, pp. 205–6, 222, 227–9.

La cachette de Choziba, '60 talents d'argent et 2 talents d'or', vii 16, est sans doute en rapport avec les histoires des bandits. Dans le même torrent mais plus près de sa naissance, à 'Ein Fârah, Simon bar-Giora, chef des Zélotes, aménagea dans l'hiver 69 des grottes destinées à recéler ses trésors et le fruit de ses rapines; *BJ* iv, §§ 503–13 (Abel, *Géographie*, i, p. 437, et *Histoire*, ii, p. 8, préfère la région de Ma'în au sud du désert de Juda, ce qui est peu vraisemblable). La légende chrétienne montrait dans le monastère de Phara la Vieille Église qui était auparavant la caverne des brigands, dont les richesses échurent à S. Chariton; Garitte, *l.c.*, ch. 9 à 12; S. Vailhé, *Revue de l'Orient Chrétien*, ix, 1904, p. 336.

20a   מנס, voir Addenda, p. 300.

21   כפר נבו de ix 11, *si vera lectio*, nous livrerait un toponyme transjordanien, mais l'importance du Nébo dans la religion et la légende juives n'a pas besoin d'être soulignée. A l'identification avec נבו d'Ezr 2²⁹ et

Néh 7³³, moderne Nûba 13 km. à l'est de Beit Ğibrîn, s'oppose la présence du terme כפר, village. On ne peut non plus, en lisant כפר נבי, penser à *Vicus Prophetarum* (ou *Prophetae*), dénomination de Teqoa dans les itinéraires et les chartes; ce nom est médiéval et n'était employé que par les Occidentaux. Nous optons donc pour le village de Nébo, sis sur la rampe méridionale du Ğebel en-Nebâ (Siyâgah), le village que mentionne Pierre l'Ibérien sous le nom *Nbw qryt'*; R. Raabe, *Petrus der Iberer*, texte syriaque, p. 88, 3. Les fouilles du village byzantin ont également détecté des traces de l'occupation romaine; S. J. Saller et B. Bagatti, *The Town of Nebo*, pp. 13 (pressoirs), 15 (monnaies), 29 s. (poterie). Sur les traditions juives et chrétiennes attachées à la Montagne et aux environs, voir S. J. Saller, *The Memorial of Moses on Mount Nebo*, pp. 330 ss. (et les deux volumes, *passim*); Abel, *Géographie*, i, pp. 379 ss. et 460.

On notera que la cachette n'est pas au village même mais à une certaine distance. Si notre traduction de קול המים par 'la chute d'eau' est exacte (C 54), on identifiera facilement ce point avec les deux sources et la cascade de 'Ayûn Mûsâ au nord de la montagne et du village, sources riches en traditions chrétiennes; Saller, *The Memorial*, pp. 7 ss. Le trésor de 9 talents, ix 11–13, est donc tout proche de la grotte où Jérémie cacha le tabernacle, l'arche et l'autel des parfums, II Mac 2⁴⁻⁸; voir encore Ginzberg, *The Legends of the Jews*, iv, pp. 305 et 320 s., vi, p. 410 n. 59, et Bagatti–Milik, *Supplément au Dict. de la Bible*, s.v. Phasga.

22 הנחל הגדול 'le Grand Torrent' de x 3–4 n'est pas d'identification facile. D'après le contexte (cf. C 42 et 72), il doit s'agir d'un cours d'eau permanent. En Cisjordanie, on ne pourrait penser qu'au Nahr el-'Auğâ qui naît à Râs el-'Ain, parcourt 30 km. et se jette dans la Méditerranée à 6 km. au nord de Jaffa. C'est le collecteur principal des eaux de la plaine de Saron et de la montagne judéo-samaritaine; Abel, *Géographie de la Palestine*, i, p. 160.

Mais une identification plus attrayante s'offre avec une rivière transjordanienne. On a d'abord une assonance suggestive avec ⟨הנחל הגד⟨י⟩ de II Sam 24⁵ qui n'est autre que le Wadi Šâ'eb (Šu'aib): cours d'eau permanent qui commence à 'Ein Ğaddûr au bas d'es-Salṭ, parcourt 32 km. et se jette dans le Jourdain. Aux abords d'es-Salṭ, ainsi qu'à la sortie de la montagne, son système d'irrigation est utilisé pour les cultures; Abel, *l.c.*, p. 175. Or, dans l'*Onomasticon*, p. 104, 13–19, le site Ya'zer (cf. Num 21³² et Jos 13²⁵) est décrit comme suit: Ἰαζήρ· πόλις τοῦ Ἀμορραίου ἀπὸ ι' σημείου Φιλαδελφίας πρὸς δυσμαῖς ἐν τῇ νῦν Περαίᾳ, ὅριον φυλῆς Γάδ . . . διέστηκε δὲ τῆς Ἐσσεβῶν σημείοις ιε' καὶ φέρεται ἐπ' αὐτῆς ποταμὸς μέγιστος ἐπὶ τὸν Ἰορδάνην ἐκπίπτων. S. Jérôme parle du *vicus Iazer* et traduit la dernière phrase: *e qua magnum flumen erumpens a Iordane suscipitur*. Les expressions ποταμὸς μέγιστος et *magnum flumen*, au lieu d'être noms communs, traduisent sans doute הנחל הגדול de 3Q15, qui a remplacé l'ancien הנחל הגדי. Sur Ya'zer: à l'âge du Fer égal à Ḥ. Ğazzîr près d'es-Salṭ, reconstruite à l'époque hellénistique (Ἰαζηρ de I Macc 5⁸) tout près de là à Ḥ. es-Sûq, voir R. de Vaux, *Revue Biblique*, xlvii, 1938, p. 405 n° 8 et l, 1941 (Vivre et Penser, i), pp. 25–29.

Dans notre contexte, il s'agit probablement du système d'irrigation alimenté par la source 'Ein Ğaddûr, près du Tell Ğaddûr qui est l'ancienne Gadora, ville importante de la Pérée.

b. Plateau et désert de Juda

La Judée, si l'on en élimine la Ville Sainte et ses nécropoles, n'est représentée dans notre catalogue que par une quinzaine de sites dont certains sont d'identification fort douteuse.

A la frontière nord de la Judée se situe le mont Azor, le point le plus haut du plateau, ainsi qu'un village homonyme (23–24). Au nord de Jérusalem se place Bet Tamar (25) qu'on cherchera aux environs de Tell el-Fûl moderne. Le Cédron, de sa sortie de la ville jusqu'à la gorge de Mâr Sâbâ, semble cacher trois trésors (26–28). Rappelons que ce secteur du Torrent jouait un rôle important dans le rituel et l'apocalyptique juifs: c'était en effet la route d'Azazel. A mi-chemin de Jérusalem à Bethléem on visite Bet ha-Kerem (29), Ramat Raḥel des modernes. Avec la source de Naṭopha (30), dans le Wadi Ḥareiṭûn, on longe déjà la bordure ouest du Désert. De trois sites qui suivent הנטף dans le catalogue, le premier, תכלת השני (31), reste non identifié; le deuxième, החורון (32), semble être Bet Ḥoron au nord-ouest de Jérusalem, et le troisième, קובעה (33), est el-Qâbû au sud-ouest de la Ville Sainte. Un gentilice, השלשי (34), nous mènerait à Bet Šališah sur la route de Lydda. Bet ha-Baruk (36) désigne sans doute la ville d'Hébron, fameuse par son sanctuaire d'Abraham, tandis que ha-Baruk tout court (35) représenterait Kaphar Baricha des anciens, moderne Banî Na'îm, à 5 km. à l'est d'Hébron. On termine la randonnée à travers la Judée, loin dans le Désert, aux ruines de la forteresse de Masada, au-dessus de la Mer Morte.

23-24 אחצר et אחזר de viii 2, malgré les difficultés graphique et phonétique (B 4b et 13c; F, note de lecture) est à vocaliser de préférence Ḥaṣor. Puisqu'on distingue entre le village Bet Ḥaṣor et un point géographique, Ḥaṣor tout court, à l'identité attrayante avec חצור de Néh 11³³, moderne Ḥazzûr 6 km. au nord de Jérusalem, on préférera le mont Azor au nord de Bethel. Le domaine d'Absalon (cf. nº 68 et C 106 et 202), בעל חצור de II Sam 13²³, devient Ἀζώρου ὄρος en I Mac 9¹⁵ (écrit Ἀζώτου, mais égal à Ἀζαρα et {G}azara des AJ xii, § 429, qui en est la forme araméenne, simplifiée dans la plupart des manuscrits en Ἀζα / Ἐζα⟨ρου⟩ ὄρους). Du sommet de רמת חצור, le plus haut point de Judée, Abraham contemple la Terre Promise d'après le 'Genesis Apocryphon' xxi 8 et 18; N. Avigad et Y. Yadin, *A Genesis Apocryphon*, pp. 27 s. El-'Aṣûr de nos jours conserve un lieu saint musulman; P. Kahle, *Palästina-Jahrbuch*, vi, 1910, p. 99.

Dans un lieu qu'il serait difficile de retrouver sur le terrain, une cachette surprenante: 'vases d'aromates et livres', viii 1-3.

25 בית תמר de ix 14-15 s'identifie facilement à Βηθθαμαρ de l'*Onomasticon*, p. 56, 1-3, un *viculus* (Jérôme) au voisinage de Gab'ah, Tell el-Fûl d'aujourd'hui. Le toponyme de l'époque romaine a remplacé le nom biblique du même village, Ba'al Tamar de Jud 20³³. Il faut, selon toute vraisemblance, le dissocier de כפר תמרתא שביהודה et de תמרה (lire בור (?) כור que mentionnent les écrits talmudiques; cités par S. Klein, *Sepher ha-Yiššub*, i, pp. 97 et 173. Bet Tamar est peut-être à chercher à Râs eṭ-Ṭawîl, sommet au nord-est de Tell el-Fûl, où l'on trouve des grottes, de la poterie antique, une installation rurale byzantine; Abel, *Géographie*, ii, p. 260.

Trois termes de la description de la cachette restent incertains (C 26, 49, 90), tandis que l'un de ceux qui sont clairs crée des difficultés. Le mot צוק proprement employé (voir C 33) ne pourrait viser que les gorges du W. Fârah ou bien du W. Suweiniṭ qui semblent trop éloignées de Bet Tamar. Il faut donc y mettre le sens affaibli de 'passage dangereux', au moins militairement parlant. Les ravins autour de Tell el-Fûl se prêtaient aux embuscades, Jud 20; à ce propos Josèphe parle d'une 'vallée encaissée', AJ v, § 162. Les deux routes anciennes qui passaient à l'est et à l'ouest du Tell, avaient une importance stratégique; tout près, dans l' Ἀκανθῶν αὐλών (W. Beit Ḥanina?, Avi-Yonah, *Géographie*, p. 89), en l'an 70 Titus a fait sa dernière étape devant Jérusalem.

Dans une fosse à l'entrée de cette passe est caché un trésor sacré (voir C 117), ix 14-16.

26 · · · גי de x 8 et הגי du numéro suivant ne semble pas représenter la Géhenne (הגיא tout court en Jér 2²³) ou bien la Vallée qui se retrouve dans le nom d'une porte occidentale de la ville, שער הגיא (Néh 2¹³, ¹⁵ 3¹³, II Chr 26⁹), que cette הגיא soit de nouveau le W. er-Rabâbeh (Vincent, *Jérusalem Antique*, pp. 124-34) ou même le Tyropéon de l'époque romaine (Avi-Yonah, *Sepher Yerušalayim*, pp. 158 s., 162). Elle semble cependant être près de Jérusalem, étant au début de la longue série x 12-xii 2. Nous croyons avoir trouvé la forme araméenne du toponyme en question dans un écrit à peu près contemporain de notre catalogue. D'après le Baruch grec, introduction, le secrétaire de Jérémie 'se tient au torrent Γελ... où Abimelech aussi était gardé par la main de Dieu à la Ferme d'Agrippa'; M. R. James, *Texts and Studies*, v ii, p. 85, 3 et pp. liv s. D'autre part, le Baruch syriaque 5⁵ 21¹ 31¹ place la retraite de Baruch dans une grotte de la vallée du Cédron, ce qui a poussé James à corriger Γελ à Κεδ⟨ρων⟩. Mais cette correction est trop violente et nous lui préférons une autre, plus discrète: ΓΕΛ est pour ΓΕΑ, ce qui est à son tour l'orthographe vulgaire de ΓΑΙΑ, forme araméenne de notre הגי; cf. Γαια près de Pétra, *Onomasticon*, p. 62, 18, moderne el-Ǧî. Par ailleurs Ἀγρίππα τὸ χωρίον se situe également au Cédron, à Deir es-Senneh; Abel, *Revue Biblique*, xliv, 1935, pp. 61-68. Notre הגי pourrait bien continuer, sous la forme abrégée, un toponyme biblique, nommément גיא הרי de Zach 14⁵ que le Père Abel a retrouvé sous la forme strictement araméenne dans חילא דטוריא du Targum, survivant dans Ḥallet eṭ-Ṭûrî de nos jours. Il s'agirait de 'tout le tronçon de la vallée du Cédron compris entre le Bîr Ayyûb et le confluent du Wâdi Yaṣûl'; *Revue Biblique*, xlv, 1936, pp. 385-400 et surtout 399.

Or, la mention de ים (voir C 73) qu'on ne retrouve qu'à Siloé, x 15, et dans la piscine probatique, xi 13, fait penser à un point d'eau important tel qu'était 'En Rogel, Bîr Ayyûb d'aujourd'hui, dans le Cédron, à 400 m. de la piscine de Siloé. Reste pourtant inexpliqué le mot qui détermine גי et qui se lit matériellement איך. Voir Addenda, pp. 300–1.

Une cachette particulière, un souterrain avec une porte, contient un trésor considérable de trois cents talents d'or et vingt vases, protégés contre l'eau par une couche de poix, x 8–11. Cf. C 119.

27   הגי החיצונא de viii 4 peut se comprendre comme la partie extrême du Vallon qui vient d'être discuté, donc le W. en-Nâr en aval du Bîr Ayyûb.

Près d'une pierre dans ce vallon se trouve le trésor de dix-sept talents d'or et d'argent, viii 4–7.

28   En suivant le cours du Cédron on arrive, peu avant le monastère moderne de S. Sabas, à la Gorge du Cédron, צוק הקדרוה de viii 8; pour la finale du deuxième mot voir B 3d et 13d. Ce צוק de Cédron est, avec beaucoup de probabilité, à identifier avec le צוק de Yoma vi 4–6, où l'on emmenait le bouc émissaire, en passant par Bet Ḥarodon, Ḥ. Ḥaredân à mi-chemin entre Jérusalem et la Gorge; pour Bet Ḥarodon voir Mur. **20** 1, note (la distance donnée par Yoma vi 8, 'trois milles', est à corriger). Les rabbins arrondissent la distance entre Jérusalem et Ṣoq à douze milles, Yoma vi 4, ce qui est exagéré: 12 milles romains = 17½ km., contre les 13 à 14 de la distance réelle. Le calcul en heures de marche est plus satisfaisant: 1 mille = 18 minutes, 12 milles = 3 heures ½. Or, de Jérusalem à Mâr Sâbâ 'le trajet suivant la vallée du Cédron s'accomplit en 3 h. 15', *Les Guides bleus. Syrie-Palestine*, 1932, p. 598. Notre צוק est peut-être attesté pour la même époque par Mur. **8** 1 5. En tout cas, il n'est pas permis de rapprocher le צוק talmudique du Σουκα qui est au W. Ḥareitûn; cf. Abel, *Géographie*, ii, p. 471; Avi-Yonah, *The Quarterly of the Department of Antiquities in Palestine*, v, 1936, p. 150. Abondamment attesté par les écrits syriaques et arabes chrétiens, ce dernier représente *šûqa* et *sîq*,[1] d'ailleurs avec le sens apparenté 'passage étroit', d'où 'monastère dans un tel endroit, laure'. Trouvaille d'une κάλπη, malheureusement vide, dans une grotte voisine: *Acta Sanctorum Julii*, iii, p. 556, § 131.

Sous un tumulus à l'entrée de Ṣoq ha-Qedron: quatre talents (d'or et d'argent), viii 8–9.

29   בית הכרם de x 5 est le toponyme biblique: Jos 15⁵⁹ LXX (Κερεμ), Jér 6¹, Néh 3¹⁴. Mentionné encore par le 'Genesis Apocryphon' xxii 13–14 (עמק שוא והוא עמק מלכא בקעת בית כרמא) et par les écrits rabbiniques (Middot iii 4, Niddah ii 7), il a été récemment identifié plausiblement avec Ramat Raḥel à mi-chemin entre Jérusalem et Bethléem; Y. Aharoni, *Israel Exploration Journal*, vi, 1956, 137 s. et 152–6; *Bulletin of the Israel Exploration Society*, xxiv, 1960, pp. 73–119. Dès le IIᵉ siècle (Protévangile de Jacques) les chrétiens y ont attaché le souvenir du Repos de la Vierge.

Une citerne (אשיח C 70) de Bet ha-Kerem contient soixante-deux talents d'argent, x 5–7.

30   הנטף de ix 1 est égal à 'Ein en-Naṭûf dans le Wadi Ḥareitûn, qui garde le nom du village biblique de Neṭophah, à l'ouest, et du désert de Νατουφα, à l'est; Schwarz, *Kyrillos von Skythopolis*, pp. 227 s. et 235. La source dégoutte de l'escarpement rocheux près de la grotte de S. Chariton. L'auteur du catalogue semble voir la naissance de la source dans la grotte même (voir pourtant C 4 s.), exactement comme les moines du monastère construit au-dessus d'elle, lesquels attribuaient son origine aux prières de leur fondateur et plaçaient le point d'émergence dans l'ermitage du Saint; Garitte, *l.c.*, ch. 24, p. 34.

Le trésor est modeste: '(deux) barres (d'argent, pesant) quatre *livres* (C 149)', ix 1–3.

31   Le trésor suivant se situe dans un lieu à nom bizarre, תכלת השני ix 4, qui semble unir les dénominations de deux espèces de pourpre, violette et cramoisie; cf. C 210 s. La deuxième a son parallèle moderne dans el-Qirmizân à l'ouest de Bethléem.

Dans un tombeau de cette localité il y a des aromates et 23½ talents de métaux précieux, ix 4–6.

32   Également dans un cimetière se trouve le dépôt suivant, de 22 talents (d'or et d'argent), ix 7–9. La localité s'appelle החורון qu'on comprendra comme בית חורון, l'article remplaçant le déterminatif d'après le procédé cher à l'auteur du catalogue; voir B 15c et cf. le gentilice biblique החרני. Le tombeau 'est orienté vers la Mer (Méditerranée)', הצופא ים ix 7. Le choix du terme ים au lieu de l'habituel מערב, est intentionnel. Il s'agit sans doute de Bethoron-le-Haut, Beit 'Ûr el-Fôqâ, situé au bout d'un éperon de la montagne, 617 m. d'altitude, qui surplombe la plaine s'étendant vers la côte. Une localisation alternative, assez attrayante: J. Jeremias, *Revue Biblique*, lxvii, 1960, pp. 220–2.

---

[1] Ce rapprochement a échappé à Albright dans sa note sur le Sîq de Pétra: *The Journal of the Palestine Oriental Society*, x, 1930, pp. 179 s.

33 קובעה de ix 10, si l'on préfère cette lecture à קומעה (voir F, note de lecture), pourrait être קובי, village proche de Bettir (ביתרי) et situé près d'une route publique, bSanhedrin 95*a*, moderne el-Qâbû avec une bonne source. Noter l'absence du 'ain dans la forme talmudique, comme dans un nom de lieu homonyme: קובעיא en yŠebi'it vi 1 par rapport à קבייא des textes parallèles. Voir Addenda, p. 301.

L'indication du trésor est la plus vague du catalogue: 'beaucoup d'argent est déposé', ix 10.

34 השלשי de i 5, si cette lecture est exacte, devrait signifier 'originaire de Ba'al Šališah'. Ce site, mentionné en II Reg 4⁴² et en Tosephta Sanhedrin ii 9, est devenu Bet Šariša à l'époque romaine: Βαιθσαρισα à 15 milles au nord de Diospolis (*Onomasticon*, p. 56, 21–23), moderne Ḥ. Sirisiah à 22 km. au nord de Lydda; Abel, *Géographie*, ii, pp. 259 s. et 428.

35 הברך de xii 8, *si vera lectio*, se retrouverait, exactement sous la même orthographe, en Mur. **43** 2 où nous l'identifions avec Kaphar Baricha des anciens, Banî Na'îm de nos jours. Sur l'épithète de 'Béni' qui se réfère à Abraham voir C 199. Le catalogue mentionne un grand conduit d'eau de ce village (C 60). Il devait être réputé pour ses installations d'eau, comme encore aujourd'hui il excite l'admiration à ce sujet: '... die monumentalen Zisternenanlagen mit riesigen Bandsteinen, wie ich sie in solcher Menge (auf der Westseite des Dorfes allein zählte ich über 50) und Grösse nirgends mehr gesehen habe', A. E. Mader, *Altchristliche Basiliken und Lokaltraditionen in Südjudäa*, p. 158. Sur les traditions chrétiennes et musulmanes attachées au Banî Na'îm et au Nebî Yaqîn voisin, voir Mader, *l.c.*, pp. 157 ss. et 166 ss.; Abel, *Revue Biblique*, xxxii, 1923, pp. 92 s. et 95.

Le canal mentionné recèle 71 talents et 20 mines (d'or et d'argent), xii 8–9.

36 בית הברך 'Maison du Béni', xii 8, se réfère, d'après ce qu'on a proposé sous C 199, à un sanctuaire d'Abraham. L'expression 'Maison d'Abraham' apparaît pour la première fois en Jub 22²⁴; cf. 23⁶ 31⁵ 33²¹. Elle fait double emploi avec celle de 'Tour d'Abraham' (*baris Abraham* dans la version latine) en 29¹⁶, ¹⁷, ¹⁹ 31⁶ 36²⁰, qui traduit ou transcrit בירת אברהם de l'original hébreu et du Testament de Lévi en araméen. Pour ce dernier (et son texte grec: ἐν τῇ αὐλῇ Ἀβρααμ) voir R. H. Charles, *The Greek Versions of the Testaments of the Twelve Patriarchs*, p. 247. A la discussion sur l'identification du lieu: el-Ḥarâm d'Hébron pour le P. Abel ('La maison d'Abraham à Hébron', *The Journal of the Palestine Oriental Society*, i, 1921, pp. 138–42) ou bien le sanctuaire de Mambré à Ramet el-Ḥalîl (E. Mader, *Mambre*, Textband, pp. 267 ss.), les découvertes récentes ajoutent deux détails qui sont en faveur de la première thèse.

La phrase très courte de Gen 13¹⁸ (ויבא וישב באלני ממרא אשר בחברון) est développée en 1QGenesis Apocryphon xxi 19 s. comme suit: ותבת ואתית לי לביתי בשלם ואשכחת כול אנשי שלם ואזלת ויתבת באלוני ממרא די בחברון ²⁰ כלמדנח צפון חברון. Par opposition donc au texte biblique, qui fait venir Abraham directement à Mambré, l'apocryphe en fait deux étapes: d'abord à la Maison d'Abraham, qui ne peut être qu'Hébron (cf. xix 9 et xxii 3), et ensuite à Mambré, situé au nord-est d'Hébron. En 3Q15 xii 8 on donne la direction 'vers la Maison du Béni'. Cette expression se comprend mieux si elle fait sous-entendre une route. Or, Kaphar Baricha (nᵒ précédent) a une route vers Hébron mais non pas vers Ramet el-Ḥalîl. Voir Addenda, p. 301.

37 המצד de ix 17 est presque certainement Masada au sud-ouest de la Mer Morte. La forme araméenne מצדא, qui est celle de Josèphe, se retrouve dans deux documents de Murabba'ât: **19** 1 et **72** 1 10. La description de 3Q15 semble viser un aqueduc double (voir pourtant C 4), qu'on repère en effet sur le versant nord-ouest du roc de Sebbeh; voir *Israel Exploration Journal*, vii, 1957, pp. 54–58.

Le trésor est de 9 talents de matières précieuses, ix 17–x 2. Le souvenir des rois hasmonéens et hérodiens, ainsi que des Zélotes, qui 'y transportaient leurs richesses pendant les vicissitudes de la guerre' BJ iv, § 399, autoriserait des espoirs encore plus hardis.

c. *Jérusalem, son Temple et ses nécropoles*

Presque la moitié des trésors se trouve cachée dans la Ville Sainte, autour et à l'intérieur de l'enceinte du Temple, dans les monuments insignes, le long de son rempart, dans les nécropoles de la banlieue.

Une série de dix cachettes, liées formellement par la phrase בתכן אצלם (C 155), se place sur le front est de Jérusalem; elle est précédée par celle qui est sous la Main d'Absalon (68) et celle qui est dans une vasque (26). Cette dernière est à chercher probablement à 'En Rogel (Bîr Ayyûb), source voisine des fameux bains de Siloé (38); les deux à l'extérieur de Jérusalem. Le monument suivant n'a pas conservé son nom (39). Avec le Tombeau de Ṣadoq (40), qui est le Tombeau des Prêtres de la tradition juive et se situait à l'endroit où les premiers chrétiens visitaient la stèle de S. Jacques, on se trouve sous le Pinacle, angle sud-est de l'enceinte sacrée. La cachette suivante est dissimulée de l'autre côté du torrent (41), là où l'on admire encore aujourd'hui l'hypogée des Bene Ḥezir et les monuments voisins. Le tombeau en contre-bas des Galeries (42), qui ne sont que la Basilique Royale de Josèphe, nous ramène à l'intérieur de la ville; la tradition rabbinique n'autorisait qu'une seule sépulture dans ces parages, celle de la prophétesse Ḥuldah. L'hypogée suivant (43) doit être cherché à l'extérieur du rempart; il est peut-être identique au Monument du Foulon près de l'angle nord-est du troisième mur. Pour retrouver le trésor qui suit, on entre de nouveau dans la ville, cette fois au nord du Temple, sous les portiques de la piscine probatique (44), devenue déjà chère à la mémoire chrétienne. Trois dernières cachettes (45–47) sont indiquées au voisinage de cette Bet-Ešdatain, Bethesda de l'Évangile.

Une autre série, plus courte, fait refaire à peu près le même itinéraire. On commence avec les Marches (48), sans doute la rue-escalier du Tyropéon, on pénètre dans une grotte d'un lieu qui s'appelle בית המרה הישׁן (49), on entre rapidement dans l'aire du Temple pour visiter les magasins du bois pour les sacrifices (50), on sort par la porte orientale du péribole (Porte Dorée) pour dénicher deux dépôts dans une seule citerne (51) et pour en trouver un troisième dans une autre, celle-ci sous le rempart est de Jérusalem (52).

Séparés du groupe précédant par une cachette à la mystérieuse Koḥlit (71), suivent quatre trésors disposés impartialement sous les quatre angles de l'Esplanade (53) ou plus précisément du Parvis du Péribole qui porte un nom grec, malheureusement acéphale (55). Le front est du péribole s'appelle le Portique tout court (54); c'est ce que les premiers chrétiens ont connu comme le Portique de Salomon. Sous l'angle méridional, plus exactement sud-ouest, du péribole se trouve un énorme dépôt de vases sacrés (56), probablement celui qu'a dissimulé l'ange du Baruch syriaque. Un trésor calculé en poids se trouve sous l'angle oriental (57), c'est-à-dire sud-est, pas loin donc du tombeau de Ṣadoq. Un autre est dans un des souterrains de l'Esplanade, réputés pour les richesses qui y étaient accumulées, où l'on pénètre sous l'angle nord-ouest de l'enceinte (58). Un quatrième que recèle un tombeau, celui d'Alexandre Jannée sans doute, se situe sous l'angle nord-est de l'Esplanade (59).

A propos du tombeau de Ḥuldah on a déjà mentionné הסבין (62) qui semble être le nom du portique sud du péribole et probablement identique au πτερύγιον des Évangiles. Une paire de cachettes, à nom de lieu presque disparu (60 et 61), qui suit immédiatement la série de l'Esplanade, n'appartient forcément pas à Jérusalem. D'une autre paire, le premier trésor, caché dans la *nepheš* d'un hypogée (63), pourrait se trouver dans un cimetière de la Ville Sainte. Le second se place certainement dans le Parvis Intérieur du Temple (64), dans une citerne dont le mode de fermeture évoque curieusement la tradition du *lapis pertusus* du Pèlerin de Bordeaux.

Grâce au rapprochement avec un toponyme biblique et un autre, transmis par Josèphe, nous pouvons avec confiance chercher la nécropole de השׁוא (65) au sud-ouest de Jérusalem. On y décrit deux hypogées (66 et 67). C'est dans la même nécropole, et non à l'est de la Ville, qu'on trouvera la Main d'Absalon de la tradition biblique (68).

---

38 שׁלוחי de x 15 est l'adjectif de שׁלוח (voir B 19g), qui spécifie les 'bains', בית חמים (C 75). Sur l'histoire de la piscine de Siloé, voir H. Vincent et F.-M. Abel, *Jérusalem Nouvelle*, i, pp. 6 ss. et 34, iv, pp. 880 ss.

Réputés pour ses qualités médicales et rituelles autant dans le peuple de Jérusalem (Jean 9) que chez les rabbins ('Même s'il se lavait à Siloé ou dans les eaux primordiales . . .', yTaʿanit ii 65a), ces bains s'enveloppaient forcément de légendes populaires. Sous un conduit d'eau (C 76), notre auteur y dépose dix-sept talents (d'or et d'argent), x 15–16.

39 Du nom du monument rectangulaire qui doit être tout près du Tombeau de Ṣadoq ne subsiste que la dernière lettre, x 17. On y place de *l'or* et des aromates en quantité non spécifiée, x 17–xi 1. Addenda, pp. 301–2.

40 קבר צדוק de xi 3 (et 6) est situé 'sous l'angle méridional du Portique' (voir nᵒ 54), c'est-à-dire à l'angle sud-est de l'enceinte du Temple 'qui domine l'insondable ravin', *AJ* xx, § 221. C'est ici que les judéo-chrétiens montraient, jusqu'à la guerre de Bar-Kochba, ἡ στήλη παρὰ τῷ ναῷ, au lieu du martyre et de la sépulture de S. Jacques; Hégésippe chez Eusèbe, *Histoire Ecclésiastique*, ii 23 18. Notons que Ṣadoq de cet hypogée ne porte aucun patronyme ou gentilice (cf. nᵒˢ 43 et 63). Il doit donc être le chef de la lignée des grands-prêtres, qu'on déposait auprès de leur ancêtre. Or, la tradition juive, représentée par les *Vies des Prophètes*, connaît τάφος τῶν ἱερέων, qu'on comprendra: le Tombeau des (Grands) Prêtres, dans la vallée du Cédron; J. Jeremias, *Heiligengräber in Jesu Umwelt*, pp. 62–64. L'indication précieuse de 3Q15 permet de le situer sur la rive ouest du torrent, en face des trois monuments conservés jusqu'à nos jours; il n'est pas à identifier avec ceux-ci, comme le voudrait Jeremias.

41 C'est précisément à côté de ces monuments que se place la cachette de xi 5–7 dissimulée sous une pierre plate (C 63) située 'au sommet du rocher orienté ouest, en face de la Cour (du tombeau) de Ṣadoq'; sur גנת voir C 83.

Comme il convient aux prêtres, le dépôt dans l'hypogée des Bene Ṣadoq est composé d'ingrédients de l'encens sacré, xi 4; voir C 124 et 126. Celui de l'autre côté du Cédron est également sacré, ḥerem (C 117), sans être spécifié.

42 הקבר שתחת הסבין de xi 8 serait à chercher à l'intérieur de la ville, si notre identification de הסבין avec le front sud de la colonnade du péribole est exacte; voir le nᵒ 62. Or, les deux portes sud de l'enceinte du Temple s'appellent chez les rabbins les Portes de Ḥuldah, à cause du tombeau de la Prophétesse, seul dans ces parages; Jeremias, *l.c.*, pp. 51–53. Il semble donc très vraisemblable que *le* tombeau de notre catalogue est celui de Ḥuldah, étant adéquatement indiqué par la mention de la Basilique Royale et conformément à l'affirmation répétée des rabbins qu'aucune autre sépulture n'est permise dans cette partie de la Ville Sainte.

Il contient 40 talents de matières précieuses.

43 קבר בני העבט הירחי, xi 9; ni le patronyme ni le gentilice ne sont pas certains: voir C 208 et D 70. Le nom de l'ancêtre est muni de l'article, il pourrait donc être un nom de métier. Rappelons à ce propos que Josèphe place vers l'angle nord-est du troisième mur τὸ τοῦ γναφέως μνῆμα, *BJ* v, § 147; Vincent, *Jérusalem de l'Ancien Testament*, i, pp. 116 s.

Le trésor se compose d'essences résineuses, xi 9–10; voir C 124 s.

44 בית אשדתין de xi 12 est essentiellement un grand réservoir rectangulaire (voir C 70), et évidemment double si l'on en juge par la finale du mot principal. Malgré la fluctuation curieuse de la désinence, on reconnaîtra aisément le même nom de lieu en:

1) Βηθεσδα de Jean 5²: בית אשדה; le deuxième élément est au singulier; variante Βηθσαιδα sous l'influence du toponyme galiléen;

2) בית אשדתין de 3Q15; deuxième mot au duel; un toponyme du même quartier qui exprime aussi l'idée du double est Χαφεναθα (kaphelātā) de I Mac 12³⁷;

3) Βεζαθα de Josèphe (*BJ* ii, §§ 328 et 530, v, §§ 149, 151, 246; variantes: Βεζεθα, Αβισσαθη) et Βηζαθα d'Eusèbe (*Onomasticon*, p. 58, 21–26; variantes de Jean: Βηθσαθα, Bethzet(h)a): *Bet ešdātā*, deuxième élément au pluriel emphatique araméen, réduit à *Be-ždata* et transcrit par Βηζαθα, où ζ correspond à *šd* comme en Αζωτος venant de *Ašdod*. Rappelons que pour Josèphe c'est le nom du quartier entier, qui s'appelle donc d'après son monument le plus insigne, et qui remplaça le toponyme qui vient d'être cité, exprimant également la dualité.

Quelle que soit la vraie étymologie du deuxième composant du mot, אשדתין (C 32), les chrétiens araméo-phones de Jérusalem le rattachaient à la racine araméenne 'šd 'verser (l'eau, le sang)', puisqu'ils remplissaient une piscine des eaux des averses et coloraient l'autre du sang que versaient les victimes; Eusèbe, *l.c.*, ll. 23–25. Le duel de *ešdatayin* a son écho dans λίμναι δίδυμοι de la κολυμβήθρα (אשיח de xi 12) chez Eusèbe et dans les *piscinae gemellares* du Pèlerin de Bordeaux. Eusèbe emploie le même terme 'lac' que l'auteur du catalogue; mais celui-ci est plus précis puisqu'il semble faire une distinction entre le bassin plus grand, celui du sud, et ימומית (diminutif de ים, B 19e et C 73 s.), xi 13, 'bassin (plus) petit' qui est celui du nord. Voir Vincent et Abel, *Jérusalem Nouvelle*, iv, pp. 669 ss.; J. Jeremias, *Die Wiederentdeckung von Bethesda* (*Joh.* 5, 2).

Le trésor se compose d'aromates, xi 14 (C 128 s.).

45 Le monument suivant, בית המשכב de xi 16, est certainement à côté du précédent, xi 15. D'après l'interprétation proposée sous C 107–109 il s'agirait d'un triclinium pour les banquets sacrés, donc en rapport avec les fêtes et le rituel du Temple; voir encore 5Q15 introduction, le dernier mot du vocabulaire.

Une chambre annexe recèle un énorme trésor: neuf cents talents d'argent et cinq talents d'or, xi 15–xii 1.

46 Une pierre noire voisine cache soixante talents (d'argent et d'or), xii 1–2, tandis que:

47 une citerne toute proche recèle 42 talents, xii 2–3.

Bethesda contient donc la plus forte accumulation de matières précieuses: plus de mille talents d'or et d'argent et des aromates. Vu le voisinage du Temple, seraient-ce encore des dépôts sacrés?

48 Les מעלות de ii 1 s'identifient sans doute aux ἀναβαθμοί de la Chronique Pascale (*Patrologia Graeca*, xcii, col. 613) dans la vallée du Tyropéon, à quoi succéda le δωδεκάπυλον d'Aelia Capitolina. Le niveau hérodien de cette rue-escalier a été retrouvé par les fouilles modernes; F. J. Bliss et A. C. Dickie, *Excavations at Jerusalem, 1894–7*, pp. 144 ss.; C. N. Johns et R. W. Hamilton, *The Quarterly of the Department of Antiquities in Palestine*, i, 1931, pp. 97–100 et 105–10 et ii, pp. 34–40. Ces marches de l'époque romaine continuent les מעלות de Néh 3[15] et 12[37].

Une citerne comblée, à côté de cette rue, contient 42 talents de richesses, ii 1–?.

49 בית המרה de ii 3 n'est placé ici qu'à cause du contexte; son identification semble désespérée. Une grotte ou un souterrain de ce lieu cache soixante-cinq lingots d'or, ii 3–4.

Si c'est un élément intrus parmi les cachettes de Jérusalem, on pourrait songer aux toponymes bibliques: מרות de Mich 1[12], égal peut-être à מערת de Jos 15[59] (LXX[B] Μαγαρωθ, LXX[A] Μαρωθ) qu'on identifie d'habitude avec Beit Ummar, village à 11 km. au nord d'Hébron. Notre forme serait intermédiaire entre les noms bibliques et le toponyme moderne. En outre, la description contiendrait un jeu de mots: מרה et מערא, à rapprocher des formes en Michée et en Josué. Pour les traditions attachées à Beit Ummar, voir Jeremias, *l.c.*, p. 88. Le catalogue spécifie qu'il s'agit de Bet ha-MRH le Vieux (C 18).

50 חצר בתי העצין de ii 5, malgré l'incertitude de lecture, se comprenda facilement comme 'la cour des magasins de bois'; cf. C 105. Les rabbins décrivent des לשכות העצים à l'angle nord-est du Parvis des Femmes, Middot ii 5, et surtout près de l'angle sud-est du Parvis Intérieur, Middot v 4.

Le terme צריח ne signifie pas nécessairement 'hypogée' mais aussi 'pièce souterraine à usage cultuel' (voir C 80), ce qui est précisément le cas de notre cachette. Son trésor est assez important: vases (sacrés) et soixante-dix talents d'argent, ii 5–6. D'après une légende rabbinique, l'Arche du temple de Salomon fut cachée sous le pavement du magasin de bois; un prêtre l'aperçut mais il tomba raide mort avant de pouvoir divulguer le secret; Ginzberg, *The Legends of the Jews*, iii, p. 158; vi, p. 65 n. 332. Par ailleurs, dans des souterrains voisins les Lévites déposaient leurs כלי שיר, Middot ii 6; cf. Vincent, *Jérusalem de l'Ancien Testament*, ii, pp. 500 s.

51 השער המזרחי de ii 7 désigne la seule sortie orientale du péribole, la Porte Dorée, plutôt que la Porte Corinthienne montant au Parvis Intérieur ou la Porte est de la ville.

Une citerne à 15 coudées de cette porte recèle des vases et, dans un canal (B 16d et C 72), dix talents de métaux précieux, ii 7–9.

52 Sans doute assez près et au nord de la cachette précédente, on repère une saillie rocheuse sous le rempart est de la ville; on y signale six barres d'argent, ii 10–12. On remarquera que ce trésor est tout près des mille talents de Bethesda; ci-dessus n° 47.

53 המלה de iii 8 et 11, quelle que soit sa vocalisation (C 97), doit correspondre à מלוא biblique et מליתא araméen. Il s'agit donc des grandes murailles de soutènement et des remblais intérieurs qui formaient la terrasse artificielle de l'esplanade imposante du temple hérodien; cf. Vincent, *Jérusalem de l'Ancien*

Testament, p. 440. C'est surtout le mur oriental qui suscitait l'admiration ('300 coudées de haut', *BJ* v, § 188; '400 coudées de haut', *AJ* viii, § 97; 'de hauteur presque infinie', *AJ* xv, § 397) et excitait l'imagination (attribution à Salomon: Josèphe, Nouveau Testament; trésors: 3Q15).

54 Le portique qui couronnait cette muraille était appelé par le peuple le Portique de Salomon, ἡ στοὰ τοῦ Σολομῶνος de Jean 10²³, Act 3¹¹ et 5¹². Or, הַאסטאן de xi 2 ne peut désigner que la même colonnade et non αἱ μεγάλαι στοαί de *BJ* i, § 401 sur tout le pourtour de l'enceinte, qui portent déjà un autre nom; voir le nº suivant. Autrement, dans l'hypothèse de deux synonymes, on ne comprendrait pas pourquoi l'angle méridional de הַאסטאן est en réalité l'angle sud-est de l'enceinte (nº 40), tandis que l'angle méridional de חצר ה‧‧יאט est en réalité celui au sud-ouest du péribole et l'angle sud-est du même péribole s'appelle l'angle oriental (nᵒˢ 56 et 57).

55 Le nom du péribole du sanctuaire, חצר ה‧‧יאט en iii 1, malheureusement incomplet, semble être d'origine grecque; B14e. A ses quatre angles se trouvent quatre cachettes:

56 Sous l'angle méridional, qui ne peut être que celui du sud-ouest, gît le dépôt impressionnant de 609 vases sacrés, iii 1–4. Rappelons que le Baruch syriaque fait cacher à l'ange, évidemment dans l'aire du Temple: 'voile, éphod sacré, propitiatoire, deux tables, vêtements sacerdotaux, encensoirs, quarante-huit pierres précieuses, . . . tous les vases sacrés du tabernacle', 6⁶⁻¹⁰.

57 'Sous l'autre angle, oriental', qui correspond à l'extrémité sud du Portique de Salomon (nº 54), un trésor de 40 talents d'argent, iii 5–7.

58 Dans un souterrain où l'on accède sous l'angle nord-ouest du péribole (C 180, D 53) un dépôt d'encens, iii 8–10. Sur les cachettes des objets sacrés pendant la Première Révolte, et qui semblent être réelles, voir *BJ* vi, §§ 387–91.

59 A l'extérieur de l'angle nord-est de l'Esplanade, à 1½ m. sous une pierre (C 82): 13 talents, au moins, de matières précieuses, iii 11–13. D'après Josèphe, pendant l'assaut de Titus, 'Jean et ses compagnons combattaient de la tour Antonia, du portique septentrional du Temple et devant le tombeau même du roi Alexandre', *BJ* v, § 304. Le mausolée d'Alexandre Jannée (103–76) se situait donc sous l'angle est du portique nord exactement comme *le* tombeau de 3Q15. Voir C 180 et D 53.

60 Après cette série des trésors du Temple suivent deux autres cachettes, dont le nom de lieu est abîmé, קה · · ·, iv 1. On hésitera entre Jérusalem et la région de Jéricho dont la série de cachettes commence aussitôt après, iv 6. Le premier trésor, de chiffre incertain, est 'dans une grande citerne, dans le pilier (C 64)', iv 1–2.

61 Le second dans un canal ou aqueduc: 55 talents, iv 3–5. Voir F, note à iv 3.

62 הסבין de xi 8, qui ne semble pas attesté ailleurs (cf. C 101), rappelle le mishnique סובב 'pourtour, en saillie et en retrait, de l'autel', Middot iii 1, et ce dernier à son tour πτερύγιον d'un autel ou d'une construction. Il est donc permis de rapprocher nos הסבין qu'on traduira approximativement par 'galeries' et τὸ πτερύγιον τοῦ ἱεροῦ de Mat 4⁵ et Luc 4⁹. Les deux expressions s'appliquent le mieux à la Basilique Royale, le double portique sur la face sud du péribole, plus exactement à ses éléments extérieurs ou à ses terrasses; cf. Vincent, *Jérusalem de l'Ancien Testament*, ii, pp. 441–6. La restriction de l'emploi sémantique d'un mot en soi capable d'acception plus large a son parallèle dans le 'portique' discuté sous le nº 54.

63 Le pyramidion funéraire d'un particulier, נפש בן · · ·, en i 5, pourrait se placer dans la nécropole est de Jérusalem, puisque la cachette suivante nous conduit dans l'enceinte du Temple. Pour le patronyme et le gentilice, les deux d'une lecture extrêmement douteuse, voir C 207 et D 34. Cette *nepheš* recèle cent lingots d'or, i 5–6.

64 חצר הפרסטלין de i 6 s. n'est probablement pas la 'Cour des péristyles', pluriel sémitique de περίστυλον, mais plutôt la simple transcription de περιστύλιον (prononcé même en grec *peristülin*) 'petit péristyle'. Dans notre cas ce serait le nom populaire du mur, avec colonnes engagées, du parvis supérieur (intérieur) du Temple. Sur les souterrains de cette partie du hiéron, voir nº 50.

Un trésor considérable, neuf cents talents (d'or et d'argent), est caché dans une grande citerne bouchée par une pierre rectangulaire percée d'un trou rond (C 66), i 6–8. Cette bouche de citerne rappelle le *lapis pertusus* du Pèlerin de Bordeaux, qui servait de mur des lamentations aux Juifs du IVᵉ siècle; éd. P. Geyer, p. 22, 5–7. Une trouvaille dans un lieu voisin et semblable au nôtre a eu lieu sous Julien l'Apostat. En enlevant une pierre des vieilles fondations du Temple, on vit apparaître la bouche d'une citerne rectangulaire et remplie d'eau; au sommet du pilier (στήλη) central les mains de l'ouvrier atteignirent un livre, enveloppé de linge fin et pur, en état de conservation parfaite: c'était l'Évangile de S. Jean; Philostorge, *Patrologia Graeca*, lxv, col. 552.

65 השוא de viii 10 et 14 se retrouve, sous sa forme plus pleine, chez Josèphe. En décrivant le front occidental du premier mur il donne comme points extrêmes la tour Hippicus au nord et la porte des Esséniens au sud, ajoutant que le rempart se développait 'à travers la région dite de *Βηθσω* (variantes: *Βησου*, *Betiso*)', *BJ* v, § 145; cf. Vincent, *Jérusalem de l'Ancien Testament*, i, pp. 51 ss. On vocalisera donc la forme de 3Q15 *ha-šo'* et celle de Josèphe *bet-šo'*. Il s'agit d'une nécropole et on l'identifiera avec עמק המלך de Gen 14¹⁷. C'est justement l'existence de ce toponyme aux environs de Jérusalem — plus la tendance naturelle d'attirer les souvenirs bibliques vers la Ville Sainte — qui a permis aux sages d'après l'Exil d'identifier עמק שוה de la rencontre Melchisédeq–Abraham à la Vallée Royale, précisée par l'auteur du 'Genesis Apocryphon' qui ajoute: vallée de Bet-Karma (cité sous le nᵒ 29; noter la graphie שוא dans ce passage, par opposition à שוה הקריות de xii 29 = שוה קריתים de Gen 14⁵). Dans cette nécropole sud-ouest de Jérusalem, la moderne Baqâ'ah, on signale:

66 Un hypogée orienté nord, situé sur la pente ouest, non cultivée, d'un ravin (C 41). Il faut creuser le rocher à la profondeur de 12 m. (!) pour retrouver le trésor: 66 talents de matières précieuses, viii 10–13.

67 A 5½ m. sous le cippe (B 16d, C 78) dans la partie irriguée de ha-So' (C 43): 70 talents, viii 14–16.

68 Dans la même région, nécropole sud-ouest de Jérusalem, se dressait à l'époque romaine la Main d'Absalon de la Vallée Royale, II Sam 18¹⁸. Josèphe l'a vu comme στήλη λίθου μαρμαρίνου à deux stades de la Ville Sainte, *AJ* vii, § 243. Voir encore C 9, 202 et *Revue Biblique*, lxvi, 1959, pp. 550–3.

Du côté ouest du monument: trésor de 80 talents (d'or et d'argent), x 12–14.

d. Palestine centrale et Galilée

Des trois toponymes discutés dans cette section il n'y en a qu'un seul qui soit certainement identifié:

69 הר גריזין xii 4, montagne sainte de la Bible et des Samaritains, aujourd'hui eṭ-Ṭûr au sud de Naplouse. C'est 'la montagne sainte', טורא קדישא, de 1QGenesis Apocryphon xix 8. L'itinéraire d'Abraham décrit aux ll. 8–10 reprend celui de Gen 12⁶⁻¹⁰ où l'on mentionne, entre autres, מקום שכם et אלון מורה (v. 6) ainsi que l'autel construit dans ces parages (v. 7).

En 36 ap. J.-C. on crut être sur le point de retrouver sur cette montagne 'des vases sacrés enfouis par Moïse qui les y avait mis en dépôt', *AJ* xviii, § 85. Plus tard, Merqa parlera de l'arche cachée dans une grotte de Garizim; J. A. Montgomery, *The Samaritans*, p. 239. Pour d'autres légendes voir *ib.*, pp. 36 s. et 234–9, Ginzberg, *The Legends of the Jews*, iv, pp. 22–24.

Si la phrase 'les marches de la fosse supérieure', en soi un peu déroutante, pouvait se comprendre: 'l'escalier près de la fosse supérieure' on songerait volontiers à une phase antérieure de l'escalier qui, du portique d'en-bas, montait jusqu'à l'esplanade du temple de Zeus Hypsistos-Sérapis construit par Hadrien sur les ruines du temple samaritain; Abel, *Géographie de la Palestine*, i, pp. 360–9. La cachette sous l'escalier contient un coffre avec le contenu non précisé et 60 talents d'argent, xii 4–5.

70 הירחי de xi 9 est difficilement 'originaire de Jéricho', où l'on attendrait plutôt *הירחוני ou plutôt une paraphrase, p. ex. איש ירחו. On pensera plutôt à Bet Yeraḥ, moderne Ḥirbet Kerak, situé à la pointe sud du lac de Génésareth. Pour les fouilles de ce site, ville florissante à l'époque gréco-romaine et byzantine, voir *Israel Exploration Journal*, i, 1950–1, p. 250, ii, 1952, pp. 165–73 et 218–29, iii, 1953, p. 132, iv, pp. 129 s., v, p. 273; Yeivin, *A Decade*, pp. 20–22 et 34.

71 כחלת, site très important, car la quatrième de ses cachettes, dispersées capricieusement à travers la liste, recèle un double, ou plutôt l'original, du catalogue des trésors. Après les essais d'identification peu satisfaisants (כוחלית שבמדבר de bQiddušin 66*a*; Beit Kâḥil à l'ouest-nord-ouest d'Hébron; Ḥ. Kuḥlah au nord-est de Bersabée) la solution est venue en partant du folklore religieux juif.

Sur la plaque de Beyrouth, dont on reparlera dans le chapitre suivant nᵒ 3, aussitôt après la fin du texte d'Ezéchiel, vient le passage suivant: שמה ... שעריהם (Éz 48³⁴ˢ·) ¹ ואמר אלי ² כתוב זאת זכרון לבני ישראל שנכתבו ארבעה בקדשה ובטהרא אחת נכתבה על עור איל שהוא טהור וצוה את בני

ישראל בלכתם אל ³ קדשי יגנזו אתם בהר הכרמל כי קדשהם שנת שלשה אלפים ושלש מאות
ושלשים ואחד ליצירה עין כחל בקעה גדולה ועמוקה מ⁴אד ובה מעין מים טבים ועל שם נקראת
עין כחל כי שם מזרחו הר גבוה ורם ומשופע מאד ובראשו חצוב שער סתום ואומרים כי ⁵ שם
נגנזו כלי בית המקדש...

'Et Il m'a dit: ² "Écris donc cela comme souvenir pour les fils d'Israël de façon que les quatre (récits)
soient résumés dans un seul (texte), saint et pur, inscrit sur la peau de gazelle qui est pure. Et ordonne aux
fils d'Israël qu'étant arrivés à ³ mon sanctuaire (et à mes objets sacrés) ils les cachent au mont Carmel."
Car (Dieu) les a retirés de l'usage en l'an trois mille trois cent trente et un de la Création (à la source de
Koḥel, (située dans) une vallée très grande et profonde, ⁴ où il y a une fontaine d'eau bonne. Et elle s'appelle
'En Koḥel, car à l'est d'elle se trouve une montagne très grande, haute et élevée, et à son sommet se trouve
taillée une porte bouchée. On dit que ⁵ c'est là qu'on a caché les vases du Sanctuaire. . . .' Après quelques
phrases peu claires, vient le texte du Maseket Kelim (A. Jellinek, *Bet ha-Midrasch*, ii, pp. xxvi et 88–90),
jusqu'à la fin de la neuvième mišnah. La mišnah 10 commence par l'en-tête: 'Et voici le poids de l'argent
caché à עין כתל (*sic*: coquille du texte imprimé par Jellinek?) par Baruch et Ṣédéqiah.' Pour le commentaire littéraire on se référera à la *Revue Biblique*, lxvi, 1959, pp. 567–75. Qu'il suffise ici de rapprocher
'En Koḥel et Koḥlit, cette dernière forme étant une forme adjectivale accordée au substantif féminin 'Ain,
qui est sous-entendu (B 19g). La description de la plaque vise une source qu'il faut chercher dans une vallée
sur le versant ouest du Carmel. Ces indications conduisent au Wadi 'Ein es-Siâḥ et à la source du même
nom, qui est *Fons Eliae* des documents médiévaux; sur les fouilles du monastère de S. Brocard (1209) à
côté de la source, cf. E. Graf von Mülinen, *Zeitschrift des Deutschen Palästina-Vereins*, xxxi, 1908, pp. 15–19,
pl. II (carte) et B. Bagatti, *Acta Ordinis Carmelitarum Discalceatorum*, iii, 1958, pp. 278–88.

72 Le premier trésor de Koḥlit, 'vases d'aromates, bois de santal (C 122) et vêtements sacrés', se trouve sur
la colline près de la source, près d'un réduit fermé par une porte tournante, i 9–12 (C 180). On reconnaît
la montagne (confondue avec le promontoire?) et la porte bouchée de l'inscription de Beyrouth. L'auteur de
3Q15 mentionne encore un canal et une caverne, plus exactement une crevasse (C 35), pour les immersions
rituelles (C 55). Cette dernière est probablement 'Ain Umm el-Faraǧ, 'Mère de la Crevasse', à l'est de la
Fontaine d'Élie; *The Survey of Western Palestine*, i, pp. 268 s. et 302; Bagatti, *l.c.*, pp. 286.

73 Dans la piscine à l'est de la source de Koḥlit: 22 talents (d'or et d'argent), ii 13–15.

74 Dans une fosse au nord-est de la source: 70 talents d'argent, iv 11–12.

75 Dans une grotte étroite (C 22 et 38), au nord de Koḥlit: exemplaire, avec un texte plus détaillé, du catalogue des trésors, xii 10–13. Sur les catalogues légendaires de dépôts sacrés, voir les textes cités sous le nº 71
et E 3.

The Survey, i, p. 302, et von Mülinen, *l.c.*, p. 17, décrivent une grotte près d'el-Faraǧ, sur le versant nord
de la vallée.

E. L'AUTEUR ET SON ŒUVRE

Dans ce chapitre, à côté de remarques nouvelles, on trouvera surtout les conclusions des
chapitres précédents.

1 L'auteur de 3Q15 reste anonyme, à moins qu'on n'essaie de trouver son nom, par quelque
procédé compliqué, caché sous les lettres grecques (A 5). Il ne sera d'ailleurs pas facile de
déterminer si le compositeur de l'ouvrage, l'auteur d'une copie sur matière molle (brouillon,
A 2) et le graveur du texte sur la plaque de cuivre sont une seule personne, ou bien deux ou
même trois personnages différents. Assez spontanément pourtant on attribuera la composition
et la préparation du brouillon d'une part, et d'autre part l'exécution, à deux personnes
différentes. Laissons de côté le graveur; il n'était pas très habile mais s'est tiré de sa tâche
honorablement. Essayons plutôt de réunir les indices épars concernant l'auteur du catalogue
des trésors.

C'est un Juif qui n'a pas passé par les écoles rabbiniques, comme le montre son ignorance de l'hébreu classique, langue sacrée qui serait plus conforme au contenu de sa composition. Il ne connaît pas non plus l'hébreu mishnique dans la forme littéraire d'alors, celle que nous ont transmise certains manuscrits de Qumrân et documents de Murabbaʿât (B début). Il ne lui restait donc qu'à utiliser l'hébreu parlé dans sa région. Il le préfère, en tant que 'langue des pères', à l'araméen qu'il connaît sans doute sous sa forme écrite, d'où l'influence de l'orthographe araméenne sur sa graphie inusitée (B 1d). De même, la grammaire de son ouvrage contient d'indubitables aramaïsmes de même que le vocabulaire est rempli d'emprunts araméens, pas toujours faciles à séparer du fonds hébreu. Par ailleurs, le catalogue comporte plusieurs termes grecs (B 14), et l'auteur du catalogue a quelques notions élémentaires du grec écrit. Il était donc triglotte comme la plupart des Juifs de la Palestine d'alors; cf. *DJD II*, pp. 69 s., Bagatti et Milik, *Gli scavi del 'Dominus Flevit'*, i, pp. 105 s. La triglossie, par elle seule, ne permet guère de préciser davantage la patrie de l'auteur de 3Q15. Cependant, d'autres indices, bien que non décisifs, indiquent la vallée du Jourdain. On a noté que le système phonétique des laryngales, dans la langue du document, est en train de subir des transformations importantes (B 9–11). Or, d'après les rabbins, les Juifs de Betšan 'prononçaient le [ḥ] comme le [h] et le [ʿ] comme le [ʾ]', yBerakot ii 4d, 48. Le rythme accéléré de l'évolution des langues et leur compénétration réciproque est une chose naturelle dans des régions ethniquement mixtes, comme la Galilée et la plaine de Beisân (et la vallée du Jourdain toute entière?), où les Juifs côtoyaient les païens parlant araméen et grec.

Même si notre écrivain était originaire de Scythopolis, il a dû vivre surtout à Jéricho, pour les raisons suivantes. En parcourant la liste des cachettes on s'aperçoit aussitôt que leur compilateur possède une connaissance étonnamment détaillée de deux régions: les environs de Jéricho (C a) et Jérusalem avec ses alentours (C c). Si sa science 'hagiotopographique' de la Ville Sainte s'explique suffisamment par ses séjours sporadiques (voyages d'affaire, visites et pèlerinages en rapport avec les fêtes principales), sa familiarité avec la géographie de la région de Jéricho dénote nécessairement un habitant de cette ville. Ce fait explique aussi pourquoi il a caché son trésor littéraire à quelques kilomètres de Jéricho.

2   L'auteur de 3Q15 était-il Essénien? Pour ceux qui s'y intéressèrent aussitôt après la découverte, ainsi qu'à tous ceux qui ont écrit par la suite sur les rouleaux de cuivre, cela allait de soi. Mais si nous passons en revue les données pertinentes, nous constatons que pas un seul indice n'est en faveur de l'origine essénienne du document, mais, au contraire, que plusieurs faits semblent s'y opposer.

Le fait d'avoir trouvé dans la même grotte les textes esséniens (plus haut, 3Q1–14) et les rouleaux de cuivre n'est pas du tout décisif pour leur origine commune. Les fouilles de Ḥirbet Qumrân ont établi pour l'époque gréco-romaine la présence prolongée de trois groupes humains: Esséniens, soldats romains, insurgés de Ben Kosba. Les ruines livrèrent des épigraphes appartenant aux deux premiers groupes et les grottes de la région cachaient des jarres inscrites qui appartenaient au premier et, peut-être, au troisième groupe (plus haut, pp. 16 et 11 s.; *Biblica*, xl, 1959, pp. 988 s.). Dans les grottes de Murabbaʿât il y avait des textes, gisant côte à côte, qui s'échelonnent du VIIIᵉ siècle av. J.-C. jusqu'au Moyen Âge. De même qu'on a fait des découvertes à toute époque dans la région de Jéricho, et dans le Désert de Juda en général, les objets pouvaient être cachés dans les grottes n'importe quand et par n'importe qui. Un exemple: en 1952 apparut sur le marché de Jérusalem un trésor de plusieurs centaines de monnaies d'argent romaines et nabatéennes, découvert par les Arabes dans le Wadi Murabbaʿât, probablement; voir Milik et Seyrig, *Revue Numismatique*, 6ᵉ série, i, 1958, pp. 11–26. Ce trésor dut être enfoui peu de temps après l'an 120 de notre ère, certainement bien avant la

Seconde Révolte. Cette date, qui ne correspond à aucun événement important de l'histoire de Palestine, ne permet de suggérer aucune raison particulière pour la constitution du trésor ni de deviner son propriétaire.

Pour en revenir à 3Q15, rappelons que les deux rouleaux se trouvaient déposés en avant de la grotte, à une certaine distance du recoin d'où proviennent tous les fragments manuscrits. Sans être décisif, cet indice est en faveur de deux dépôts indépendants et séparés par un laps de temps; cf. plus haut, p. 201.

Contrairement à ce qu'on pourrait croire, la science topographique de la région de Qumrân et de Jéricho, qu'atteste le catalogue, n'est pas non plus en faveur de l'origine essénienne de l'ouvrage. Des Esséniens n'attribueraient aucune partie de leur habitat au roi Salomon (D 10 s.). Même si en l'absence d'histoire écrite de la secte, ils en brouillaient des détails, ils en connaissaient parfaitement les faits saillants, entre autres que les bâtiments étaient l'œuvre de leurs prédécesseurs. De plus on imaginera mal un moine essénien se promenant longuement et fort loin dans la région et questionnant les autochtones sur la toponymie ou les légendes locales.

Même si l'on suppose que notre Essénien était Jérichontin, on ne détectera dans le catalogue aucun indice de formation sectaire ou de celle de scribe, laquelle nous est très bien connue par les manuscrits de Qumrân. Une hypothèse possible, celle du 'semi-analphabétisme', n'expliquerait certes pas l'existence du document; mais alors, la conscience de ses déficiences de scribe l'invitait à s'associer un lettré de la communauté. On en revient donc toujours à la première constatation; 3Q15 n'est pas un écrit essénien.

Voici des raisons plus concrètes! La calligraphie du scribe ne rappelle que de très loin l'art d'écrire qu'on admire dans les lots qumraniens. Parmi les manuscrits esséniens, on n'en trouvera pas un seul, même compte tenu des moyens employés (calames et matières molles d'un côté, burins et plaque de métal de l'autre), qui trahisse une main aussi hésitante et inexpérimentée que celle de notre scribe. On n'y trouvera aucun exemple de ce mélange curieux de différents types d'alphabet, mélange de formes calligraphiques et cursives, ainsi que de 'corps' de lettres divers. On n'a guère de parallèle à cette négligence et au peu de souci pour la disposition ordonnée du texte, qui déparent le rouleau de cuivre. Par contre, tous ces détails se retrouvent dans les signatures de contrats de Murabba'ât et dans les graffites d'ossuaires. Et nous voilà devant les produits dus au menu peuple, lequel savait bien écrire, mais d'une manière élémentaire qui différait *toto coelo* de l'art des spécialistes.

L'orthographe de 3Q15 a un caractère phonétique prononcé et une notation particulière des voyelles finales. Pour le premier trait on ne trouvera que des parallèles rares et sporadiques dans les manuscrits de Qumrân. L'orthographe des documents hébreux de Murabba'ât est assez phonétique, mais cela surtout dans les lettres, donc de nouveau dans des textes qui généralement ne sont pas de la main de professionnels. La même observation vaut pour la graphie des épigraphes. Voir B 1 et 3–13.

Comme il a été dit plus haut (n° 1), l'auteur du catalogue ne connaissait ni l'hébreu néoclassique, dominant dans les manuscrits de Qumrân, ni l'araméen ou le mishnique littéraires qu'utilisaient les écrivains esséniens.

Enfin, on ne trouvera guère dans le très riche répertoire littéraire du scriptorium essénien d'ouvrages qui appartiennent au genre littéraire de 3Q15, et où se fassent jour les intérêts et les préoccupations propres à ce dernier. Malgré certaines ressemblances, même des écrits comme la Description de la Jérusalem Nouvelle (voir 5Q15) ou le Manuel de la Guerre Sainte (1QM) ne possèdent guère de commun dénominateur avec notre rouleau. D'un côté des ouvrages littéraires composés d'après les règles de l'art, où l'information et la pensée sont exposées de façon relativement claire et adéquate, de l'autre une liste du type administratif, où les renseignements sont donnés par phrases discontinues et où la pensée et la raison d'être du document restent implicites et doivent être péniblement cherchées à travers l'amas peu ordonné de données présumées réelles. Il y a cependant parmi les manuscrits de 4Q certains textes, listes nominatives, chronologiques et astronomiques, calendriers, tableau des signes du Zodiaque, qui se présentent de façon analogue à 3Q15. Ils sont néanmoins toujours plus soignés et plus ordonnés que notre catalogue et, comme on le voit, le contenu en est fort divergent et se rattache directement aux produits littéraires *sensu stricto*.

3   Il est maintenant temps de décrire la structure et le caractère spécifique du catalogue des trésors.

Pour des raisons qu'on essayera de déterminer plus loin, l'auteur de 3Q15 a conçu le plan ambitieux de dresser la liste exhaustive des trésors cachés dans le sous-sol de la Palestine juive. Les informations qu'il a réussi à ramasser à leur sujet sont réduites au strict minimum d'une description très stéréotypée de chaque cachette; voir B 22 et C 196 s. Cette réduction aux schèmes les plus simples possibles fait que les paragraphes de 3Q15 rappellent les descriptions de trésors (quelle que soit leur nature) de tous temps et lieu.[1] Par exemple, à l'époque byzantine quelqu'un voit en songe un jardin et entend une voix: . . . ἐνθάδε ὄρυξον δύο πήχεις ἀναμετρήσας ἀπὸ τῆς αἱμασίας ἐπὶ τὸν κῆπον, παρὰ τὴν ὁδὸν τὴν ἐπὶ Βιθθερεβιν τὴν πόλιν ἄγουσαν. Εὑρήσεις δὲ λάρνακα διπλῆν . . . ὑέλινον σκεῦος πλῆρες ὑδάτων καὶ δύο ὄφεις . . .; Sozomène, *Patrologia Graeca*, lxvii, col. 1628 s. Pour les parallèles arabes voir plus loin.

Moins aisée se révéla la tâche de réunir les soixante-quatre descriptions dans un ensemble ordonné, le genre synthétique dépassant habituellement les capacités des écrivains et des scribes sémites. L'auteur de 3Q15 réussit assez bien à organiser la matière de son ouvrage en groupant les cachettes en séries géographiques, à l'intérieur desquelles on ne trouvera que rarement un ordre suivi. Cela rappelle les listes et les actes administratifs d'alors, souvent arrangés dans l'ordre alphabétique des personnes énumérées, où pourtant sous chaque lettre on n'observe plus la séquence alphabétique, comme cela se fait dans un dictionnaire moderne. Les exceptions et interruptions dans l'arrangement géographique des toponymes proviennent de défauts de mémoire ainsi que d'associations d'idées et de souvenirs qui nous échappent en général. Comme le sait tout écrivain débutant, le plus difficile est la mise en route. Notre écrivain commence avec une cachette de sa région (n° *1*, i 1–4) et poursuit avec quatre dépôts aux sites disparates. Puis les séries se détachent plus clairement. Voici leur schéma:

(I) Divers: cachettes nᵒˢ *1–5*, col. i 1–15.

(II) Jérusalem et le Temple: nᵒˢ *6–16* (–*18*?), ii 1–iii 13 (–iv 5?); trois subdivisions: (*a*) cachettes sur le front est du rempart, en avançant du sud au nord, nᵒˢ *6–11*, ii 1–12; (*b*) sous les quatre angles de l'Esplanade, nᵒˢ *13–16*, iii 1–13; (*c*) deux dépôts dans un même site, nᵒˢ *17–18*, iv 1–5. Une intrusion: n° *12*, ii 13–15.

(III) Région de Jéricho, nᵒˢ *19–34*, iv 6–vii 16. Noter: le premier site de la série est le même que le premier du catalogue; une intrusion: n° *21*, iv 11–12; site de localisation incertaine: n° *29*, vi 11–13. Subdivisions: (*a*) groupe à l'extrême sud (Sekaka), nᵒˢ *22–25*, iv 13–v 11; (*b*) itinéraire nord–sud ('route Jéricho–Sekaka'), nᵒˢ *26–28*, v 12–vi 10; (*c*) itinéraire est–ouest (du Jourdain au Koziba), nᵒˢ *30–34*, vi 14–vii 16.

(IV) Judée, Pérée, région au sud-est de Jérusalem, nᵒˢ *35–50*, viii 1–x 14. Aucun ordre ne semble exister à l'intérieur de la série, sauf deux 'noyaux' aux environs de Jérusalem: (*a*) nᵒˢ *36–39*, viii 4–16, (*b*) nᵒˢ *49–50*, x 8–14, liés entre eux (cachettes nᵒˢ *38–39*, viii 10–16, et n° *50*, x 12–14, appartiennent à la même nécropole) et faisant le pont avec la série suivante.

[1] On connaît l'histoire d'Ésope qui trouve un trésor à partir des sept lettres (initiales des mots), gravées sur un sarcophage: ἀποβὰς βήματα τέσσαρα ὀρύξας εὑρήσεις θεσαυρὸν χρυσίου.

(V) Le quartier est à Jérusalem, entre Siloé et la piscine probatique, nᵒˢ *51–60*, x 15–xii 3. La plupart des cachettes sont liées formellement par l'expression: 'Tout près de là'.

(VI) Divers, nᵒˢ *61–64*, xii 4–13. La dernière description 'renvoie' au catalogue plus détaillé.

Cette liste des trésors, rédigée sur peau ou sur papyrus et recopiée ensuite sur plaques de bronze, nous offre l'unique exemple de ce genre de compositions que nous ait légué l'antiquité. Même aux époques postérieures on ne trouve que très rarement des catalogues aussi systématiques que 3Q15, du moins à ma connaissance. Je ne connais que deux écrits analogues. C'est d'abord le מסכת כלים 'Traité sur les vases du Temple', réimprimé par A. Jellinek dans *Bet ha-Midrasch*, ii, Leipzig 1853, pp. xxvi s. et 88–91.[1] Une grande partie de ce midrash, avec en plus de nouveaux détails, se lit sur les 'plaques de Beyrouth', sans doute destinées à une synagogue de Syrie ou du Liban; cf. D 71. Pour plus de détails voir *Revue Biblique*, lxvi, 1959, pp. 567–75.

Un autre ouvrage décrivant des trésors imaginaires appartient à la littérature populaire arabe d'Égypte: *Livre des perles enfouies et du mystère précieux au sujet des indications des cachettes, des trouvailles et des trésors*, publié au Caire en 1907 par Aḥmed Bey Kamal.[2] Voici quelques extraits de l'introduction et du texte de cette composition (vol. ii: traduction française):

Le recueil appartient à une catégorie d'ouvrages qui se trouvent en assez grand nombre dans la littérature arabe. Ce genre d'explorations chimériques a existé et existe encore dans la plupart des pays musulmans, en particulier en Égypte. Il existait même toute une classe de gens, appelés *el-kannazîn*, qui avaient pour profession de rechercher les trésors des maîtres de l'Égypte antique, comme décrits dans les livres mystérieux.

Le sobre esprit d'Ibn Ḥaldûn proteste: 'Supposons qu'un homme veuille enfouir ses trésors . . .; il prendra toutes les précautions possibles pour que son secret demeure caché. Comment se figurer, en pareil cas, qu'il mettra certains signes et indices pour guider ceux qui les cherchaient, et qu'il consignera ces indices par écrit, de manière à fournir aux hommes de tous les siècles et de tous les pays un moyen de découvrir ces mêmes trésors. Cela est directement contraire au but qu'il se serait proposé en le cachant.'

Cet ouvrage — dit son éditeur — a plus ruiné de monuments que la guerre ou les siècles.

Quelques descriptions de cachettes:

A Biba, cherchez une église qui porte le nom de Marie, vous la reconnaîtrez à ses deux autels. Cherchez entre ces autels une plaque de marbre couverte d'inscriptions. Ôtez cette plaque, vous trouverez au-dessous un caveau contenant mille dinars, les vases de l'église et des dépôts précieux (p. 8 nᵒ 8).

Au nord de Batanoun il y a une bâtisse en briques et en plâtre; vous y trouverez deux petits vases en terre remplis de pièces de monnaie (p. 9 nᵒ 11).

A Dallas, rendez-vous au seuil de la porte ouest et creusez au-dessous à la profondeur d'une taille d'homme, vous trouverez un coffre plein d'argent (p. 12 nᵒ 19).

Au sud de Chabas ech-Chouhada vous trouverez un puits sur lequel se dressent deux colonnes flanquant une niche. Creusez dans cette niche à la profondeur d'une coudée, en brûlant de l'encens de l'église; vous verrez qu'elle contient le Zaka du trésor estimé à trois weiba d'argent (p. 25 nᵒ 38).

Cherchez à l'ouest de Batanon un bassin en pierre et cherchez aussi sept pierres rangées sur une ligne. Fouillez à la distance d'une coudée à partir de n'importe quelle pierre, en allant vers le nord; vous trouverez une vasque pleine d'argent (p. 26 nᵒ 46).

A l'est de la mosquée à Wasim . . . sous les auges en brique . . . un bassin contenant sept mille dinars en or (p. 27 nᵒ 50).

4   Dans sa composition qui n'est qu'une sobre énumération de renseignements topographiques et de données numériques, l'auteur de 3Q15 ne nous dit pas un seul mot sur le caractère des

---

[1] Jellinek dit que 'c'est une imitation pseudépigraphique de la ברייתא דמלאכת המשכן qui décrit la construction du Tabernacle'; les éditions qu'il cite (p. xxvii) ne m'étaient pas accessibles.

[2] Je remercie le R.P. Couroyer d'avoir attiré mon attention sur cette publication.

trésors ni sur les motifs de son travail laborieux. C'est par l'analyse de son ouvrage et par la comparaison avec des récits et listes similaires qu'il faudra déterminer la nature de ce catalogue et les mobiles qui animaient son compositeur.

Nul doute que plusieurs des cachettes décrites en 3Q15 soient les trésors du temple: ainsi le n° 13, iii 1–4, les 'anathèmes' (חרם) de ix 14–16 et de xi 5–7, les trésors comprenant vêtements sacrés, bois parfumés, certains aromates. On verra volontiers des dépôts sacrés dans presque toutes les cachettes de Jérusalem et des environs ainsi que dans des localités comme Kephar Nebo (D 21), dans les sites au voisinage de Galgala (D 3–5), au mont Garizim (D 69), à la source de Koḥlit (D 71 ss.). En conséquence, faut-il considérer d'emblée toutes les soixante-quatre cachettes du catalogue comme les richesses du Temple cachées lors de sa destruction? La réponse est affirmative, mais en tenant compte des phases successives qui marquent le développement des légendes. Les récits sur les trésors fabuleux s'attachent, dans le folklore universel, aux personnages historiques entrés dans la légende, aux constructions qu'on leur attribue et aux tombeaux où l'on dépose leur corps avec leurs richesses. Pour ce dernier cas, rappelons Josèphe qui raconte que Jean Hyrcan ouvrit le tombeau de David et en retira trois mille talents; pareille tentative d'Hérode sera mise en échec par une intervention surnaturelle; *AJ* vii, § 393, xiii, § 249, xvi, § 179, *BJ* i, § 61. L'auteur de 3Q15 a pu connaître cette légende puisqu'il n'exploite plus la nécropole royale. D'autres tombeaux mentionnés dans le catalogue, surtout ceux des alentours de Jérusalem, contenaient donc originairement des richesses appartenant aux illustres décédés, tout comme étaient censés leur appartenir les trésors enfouis sous les décombres de leur résidence ou des édifices qu'ils érigèrent; voir p. ex. D 10 s., 15, 18 s., 40, 53 ss., 59, 62 s., 68. Cela n'empêchait pourtant pas de croire en même temps (ou à une phase postérieure de la légende, à moins qu'il ne s'agisse d'une opinion de l'auteur du catalogue) que ces trésors ne fussent ceux du Temple ou au moins dussent être utilisés à la reconstruction du sanctuaire. Les γαζοφυλάκια du Temple de Jérusalem contenaient toutes les richesses du peuple, pensait-on, non sans un certain fondement réel: 'Ils brûlèrent les trésors, où étaient entassés des richesses immenses, d'innombrables vêtements et toutes sortes d'ornements, en un mot toute l'opulence de la nation juive, car les riches y avaient transporté les objets précieux de leurs maisons', *BJ* vi, § 282.

C'est donc dans les croyances concernant la destruction du Temple — celle de 70 après J.-C. prenant les couleurs de celle de 587 avant J.-C. — et sa restauration lors de l'avènement du Messie avidement attendu, qu'on cherchera la raison d'être de notre catalogue. Le Temple n'a pas été détruit par les *goyim*, mais par les anges exécuteurs des ordres de Dieu. Le grand prêtre lança les clefs du sanctuaire vers les cieux et cria: 'Voici les clefs de Ta maison!' Les éléments inamovibles du hiéron, comme les portes et les colonnes, s'enfoncèrent dans la terre. Les objets et les vases sacrés ne sont pas tombés entre les mains rapaces de la soldatesque, mais ont été soigneusement cachés à Jérusalem et ailleurs. Y pourvurent les anges (voir D 56) et les hommes: Jérémie (11 Mac 2⁴⁻⁸) et son secrétaire, les rois et les prophètes. Même les vases emportés en Babylonie ont pu être dérobés et cachés: près de la maison de Daniel, dans une tour de Babel, à Borsippa. Les vases demeureront cachés jusqu'à l'avènement du Fils de David. C'est Élie, plus exactement, qui va les révéler: 'l'arche, le vase de manne, la cruche d'huile sainte et tous les objets sacrés'. Voir Ginzberg, *The Legends of the Jews*, iii, p. 48 (iv, p. 282, vi, p. 19 n. 112), iii, p. 161 (vi, p. 66 n. 341), iii, p. 307 (vi, p. 108 n. 609), iv, p. 202 (vi, p. 325 n. 42), iv, p. 303 (vi, pp. 392–5, nn. 27 et 29), iv, pp. 320 s. (vi, p. 410 n. 62), iv, p. 350.

On facilite, pour ainsi dire, la tâche du Précurseur en déposant les vases du Temple au mont

Carmel, sa demeure préférée, et à la source qui porte son nom: Fontaine d'Élie; voir D 71.
Les dépôts se multipliant, il devient nécessaire d'en dresser le catalogue. S'en chargèrent le
lévite Šimmur (*nomen omen*) et ses compagnons: Ézéqias, Ṣédéqias, Aggée et Zacharie: 'ils
décrivirent sur des tables de bronze . . . tous les vases sacrés et les vases du Temple qui étaient
(cachés) à Jérusalem et dans d'autres endroits (בכל מקום). . . . Ils se sont obligés mutuelle-
ment par un grand serment à ne pas révéler l'existence de ces vases jusqu'à l'avènement de
David fils de David', *Maseket Kelim*, mishnah 2 et 12, *l.c.*, pp. 88 et 90 s. L'auteur de 3Q15
nous précise que ce catalogue se trouve à Koḥlit, source d'Élie; voir D 71 ss. Si Élie, ou
le Messie, oubliait quelques-unes de ces cachettes innombrables, 'dans ce temps-là, un grand
fleuve, qui s'appelle Giḥon, jaillira de l'emplacement du Saint des Saints et se déversera
jusqu'au Grand Désert et au fleuve de l'Euphrate, faisant sortir à son passage tous les vases
sacrés', *Maseket Kelim*, mishnah 12, *l.c.*, p. 91.[1]

5   Nous supposons donc que c'est l'atmosphère religieuse ainsi esquissée, au niveau des
croyances populaires et non des convictions théologiques, qui fournit la clef du rouleau de
cuivre. Il faut néanmoins avouer que l'auteur de 3Q15 a réussi à créer une forte illusion
du réel grâce aux principes qu'il s'est imposés: élimination des détails 'historiques' et des
explications sur l'origine des dépôts, réduction des renseignements au strict minimum des
données topographiques et numériques. Il se rendait bien compte de la pénurie voulue de
son information puisqu'il renvoie à un catalogue plus détaillé, que ce 'double' soit légendaire
ou même réel: quelque manuscrit circulant alors dans la population juive.

On reste en particulier frappé par la précision du montant de la plupart des dépôts. On se
rappellera pourtant que le souci du concret et du précis se retrouve constamment dans les
histoires de trésors (voir plus haut les extraits du catalogue arabe), ainsi que dans les compositions littéraires qui décrivent les 'faits' d'avenir comme la Jérusalem Nouvelle (5Q15) et la
Guerre apocalyptique (1QM). Il est d'ailleurs fort vraisemblable que notre auteur, tout comme
les compositeurs de l'écrit araméen et du Manuel de la Guerre, a fait des calculs très 'savants'
sur la distribution des richesses du Temple. Mais les critères d'une telle répartition nous
échappent, de même qu'il n'est pas aisé de trouver les raisons du choix des chiffres allégués
par Josèphe quand il décrit le mobilier du Temple de Salomon (*AJ* viii, §§ 89–94), ou de ceux
du montant des dépôts énumérés dans le Traité des Vases (C 144). Si l'on compare ces trois
listes, on verra pourtant une grande différence entre celles de Josèphe et du midrashiste d'un
côté, et celle de l'auteur de 3Q15 de l'autre. Les deux premières ne veulent que concrétiser
l'idée des immenses trésors du Temple en employant des chiffres ronds, surtout les dizaines
qu'ils multiplient indifféremment par 100, 1,000, 10,000. Le scribe du rouleau de cuivre étale
des sommes très variées qui vont des centaines bien arrondies jusqu'aux unités et aux fractions.
On a l'impression qu'il a choisi un montant global (6,000 ou 6,600 talents?) et s'est donné la
peine d'inventorier ou d'inventer toutes les entrées individuelles. Un indice assez suggestif
en faveur d'une telle distribution artificielle se trouve dans le traitement des fractions de talent.
Ce sont: '$7\frac{1}{10}$' (i 10); 'deux barres pesant quatre livres' (ix 3), une livre étant à peu près égale
à une mine (mais voir C 149), donc $\frac{4}{60}$ de talent; '$23\frac{1}{2}$' (ix 6); '71 talents et 20 mines' (xii 9),
égal à $71\frac{20}{60}$. Additionnons seulement les fractions: $\dfrac{6+4+30+20}{60} = 1$.

Ce souci du détail, qui nous est peu compréhensible, se retrouve dans la description de la
Jérusalem Nouvelle avec ses calculs extrêmement élaborés et détaillés ainsi que dans le Manuel
de la Guerre avec sa précision étonnante dans la description des armes et des armées. L'habileté

---

[1] Pour une croyance messianique analogue chez les Samaritains, voir *AJ* xviii, § 85, cité sous D 69.

de ces écrivains anciens pour créer l'illusion du réel est si grande qu'ils ont réussi à convaincre pas seulement les lecteurs de leur temps mais aussi ceux du xxᵉ siècle. De même que des savants sérieux croyaient fermement que les grottes de Qumrân doivent contenir les arsenaux décrits en 1QM, d'autres sont persuadés que les trésors de 3Q15 sont réels, à la portée de la main.

Laissons de côté les autres détails fantaisistes (signalés dans les chapitres C et D, *passim*) pour nous concentrer sur les sommes mentionnées dans le catalogue. Voici leur tableau:

Sommes en talents			Lingots		Aromates et divers
argent	non spécifié	or	argent	or	
17 (n° *1*)				100 (n° *2*)	
	900 (n° *3*)				$7\frac{1}{10}$ talents: aromates, santal, vêtements (n° *4*)
40 (n° *5*)					
	42 (n° *6*)			65 (n° *7*)	
70 (n° *8*)					vases (n° *9*)
	10 (n° *10*)		6 (n° *11*)		
	22 (n° *12*)				609 vases d'argent et d'or (n° *13*)
40 (n° *14*)					vase d'aromates spécifiés (n° *15*)
	13 (n° *16*)				
	+14 (n° *17*)				
55 (n° *18*)					2 marmites pleines d'argent (n° *19*)
200 (n° *20*)					
70 (n° *21*)					
12 (n° *22*)					
7 (n° *23*)					vases d'aromates (n° *24*)
23 (n° *25*)					
	32 (n° *26*)				
	42				+ livre (n° *27*)
	21 (n° *28*)				
	27 (n° *29*)				
	+22 (n° *30*)				
	400 (n° *31*)		6 (n° *32*)		
	22 (n° *33*)				
60		2 (n° *34*)			vase(s) d'aromates et livres (n° *35*)
	17 (n° *36*)				
	4 (n° *37*)				
	66 (n° *38*)				
70 (n° *39*)			2 (n° *40*)		
	$23\frac{1}{2}$				+ (ou =) aromates spécifiés (n° *41*)
	22 (n° *42*)				beaucoup d'argent (n° *43*)
	9 (n° *44*)				ḥerem (n° *45*)
	9 (n° *46*)				
	12 (n° *47*)				
62 (n° *48*)					
	300				+ 20 vases (n° *49*)
	80 (n° *50*)				
	17 (n° *51*)				*or* et 4 vases d'aromates (n° *52*)
					vases d'aromates spécifiés (nᵒˢ *53, 56, 57*)
	40 (n° *55*)				ḥerem (n° *54*)
900		5 (n° *58*)			
	60 (n° *59*)				
	42 (n° *60*)				
60					+ un coffre (n° *61*)
600					+ (ou =) vases d'argent et d'or avec aromates (n° *62*)
	$71\frac{1}{3}$ (n° *63*)				catalogue des trésors (n° *64*)

On voit que les sommes varient de 4 talents (viii 9) à 905 talents (xi 17 s.). Le montant total des quantités spécifiées, abstraction faite des lacunes et des lectures incertaines, est de 4,630 talents d'argent et d'or. Ces sommes dépassent certainement les ressources individuelles et communautaires des Palestiniens de tout temps. Elles trouveraient difficilement une explication dans les ressources publiques de la Palestine. Puisqu'il s'agit des trésors cachés rappelons qu'aucun des dépôts monétaires découverts jusqu'aujourd'hui en Palestine ne dépasse une centaine de kg de bronze ou d'argent. Ainsi les trois trésors d'argent trouvés à Qumrân (voir D 11) atteignent à peine 7 kg, tandis que le plus modeste trésor du rouleau de cuivre, celui de 4 talents, pèse au moins 100 kg; sur le poids minimum du talent, voir C 148. Pour d'autres trouvailles de monnaies en Palestine, voir p. ex. S. Baramki, 'Coin Hoards from Palestine', *The Quarterly of the Department of Antiquities in Palestine*, xi, 1945, pp. 30–36 et 86–90. Pour connaître les ressources de la Palestine ancienne relisons le testament d'Hérode le Grand, détaillé en *AJ* xvii, §§ 317–20 et *BJ* ii, §§ 95–98:

> Antipas reçoit la Pérée et la Galilée avec un revenu de 200 talents. Philippe: la Batanée, la Trachonitide, l'Auranitide, la région de Panias — 100 talents. Archélaüs: la Judée, l'Idumée, la Samarie, Césarée et Jaffa — 400 talents (*AJ* xvii, § 320: 600 talents). Salomé: Jamnia, Azotos, Phasaëlis, un palais à Ascalon — 60 talents.

On obtient une somme de 760 talents, donc égale à celle de quelques dépôts particuliers du rouleau de cuivre et inférieure de quelque quatre mille talents (!) au montant global des trésors de 3Q15. Quant à une somme telle que les 8,000 talents du revenu de la Syrie ptolémaïque (Coelésyrie, Phénicie, Judée avec Samarie), *AJ* xii, § 175, elle reste en dehors de l'horizon des petites gens.

Il est vrai qu'on rencontre en II Maccabées et chez Josèphe des chiffres du même ordre que ceux de 3Q15. Ainsi, Antiochus Épiphane enlève 1,800 talents au Temple, II Mac 5[21]; le pillage du trésor du Temple par Crassus livre 2,000 talents d'argent monnayé et 8,000 talents d'or, *AJ* xiv, §§ 105 s. (l'égal sans doute des 10,000 talents levés par Pompée sur les Juifs, xiv, § 78). Mais n'avons-nous pas là les débuts du folklore des richesses fabuleuses du Temple hiérosolymitain? Débuts relativement discrets (par rapport aux récits midrashiques), comme d'ailleurs les chiffres de l'auteur de 3Q15 que son pseudo-réalisme maintient dans certaines limites.

6   Finissons ce chapitre par quelques remarques sur la date du rouleau de cuivre. Malheureusement les données ne semblent pas suffisantes pour permettre un résultat très précis.

On ne peut rien déduire de l'exploration archéologique de la grotte; cf. pp. 7 s. et 201 et ici-même n° 2. Au terme de l'enquête paléographique, on dispose d'une marge d'un siècle, env. 30–130 après J.-C., pour situer l'écriture du catalogue; quelques indices semblent pourtant être en faveur de la seconde moitié de cette période; voir A 3. Rien de décisif à tirer de l'orthographe, de la grammaire, du vocabulaire, du genre littéraire de 3Q15. De l'étude topographique se dégage l'impression, mais pas plus, que certains sites sont en ruine par suite de la Guerre 66–73 après J.-C. De même quant au Temple et Jérusalem, la liberté de mouvement qu'on devine dans les descriptions se comprend mieux après cette date.

La présomption très forte en faveur de la datation entre les deux Révoltes, vers l'an 100 en chiffres ronds, résulte de l'interprétation littéraire et sociologique du catalogue; nos 2–5. Cette préoccupation de la restitution du Temple qui transpire des listes de 3Q15 et qu'on perçoit dans les écrits comme IV Esdras et les apocryphes de Baruch, ne s'explique que par la ruine encore toute récente du sanctuaire national. Contre le désespoir où la catastrophe de 70, avec la disparition du Temple, a plongé la nation juive, chaque classe sociale se défend à sa façon. Les rabbins sauvent les trésors spirituels du passé, élaborant le canon de la Bible et fixant sa recension officielle. Ils se préparent à l'avenir et se mettent à construire 'la haie autour de la Thora', le code canonique de la Mishna. Les spécialistes de la topographie sacrée dressent le catalogue des lieux saints, où, même sur les ruines, on peut méditer sur les héros du passé glorieux;[1] il s'agit de la partie la plus ancienne des *Vies des Prophètes*. C'est justement à ce dernier ouvrage que s'apparente de plus notre catalogue des trésors sacrés. Il n'est pas exclu que cette composition curieuse, et les écrits analogues de l'époque romaine et byzantine (leur écho se retrouve dans le *Maseket Kelim*) ne soient, en partie, le fruit de la crédulité et de l'avidité du menu peuple. Ces mêmes mobiles ont fait naître dans les pays arabes la riche littérature d'*el-kannazîn*. Mais ces sentiments étaient vite sublimés et il nous paraît équitable de voir dans le texte du rouleau de cuivre, trouvé dans la grotte 3 de Qumrân, un témoignage émouvant de dévouement et de foi aux valeurs transcendantes, qui s'expriment de façon naïve et peu banale.

F. TRANSCRIPTION ET TRADUCTION ANNOTÉES

Dans les notes à la traduction, les références par lettres et chiffres renvoient aux chapitres de l'introduction: A. Écriture et chiffres, B. Orthographe et langue, C. Mots et objets, D. Sites et monuments, E. L'auteur et son œuvre.

Col. I (Pl. XLVIII et XLIX)

(*1*) בחריבה שבעמק עכור תחת

המעלות הבואת למזרח אמות

{ארוה} ארבעין שדת כסף וכלוֹה

KEN   משקל ככרין שבעשרה

(*2*) 5 בנפש בן רבֹה השׁׁלשׁי עשתות

(*3*) ל ו זהב בבור הגדול שבחצרן

הפרסטלין בירך קרקעו סתום בחליא

נגד הפתח העליון ככרין תשע מאת

(*4*) בתל של כחלת כלי דמע בלגין ואפודת

10 הכל של הדמע והאצרה שבע ומעסר

שני מפי גל פתחו בשולי האמא מן הצפון

XAГ   אמות שש עד ניקרת הטבילֹה

(*5*) בשוֹא המעבא של מנס בירד אל סמל

גבה מן הקרֹקע אמות שלוש [כ]סף ארבעין

15   [כ]כר

L. 1. La dernière lettre du premier mot était commencée comme un *aleph*, corrigé ensuite en *hé*.

L. 5. La lecture du patronyme רבֹה et du gentilice השׁלשׁי est extrêmement incertaine; le premier pourrait être lu דכור, etc., le second העדשׁי, etc. Toutefois, la dernière lettre du patronyme n'est certainement pas un *kaph* final.

[1] Sur les pèlerinages juifs en Terre Sainte à l'époque romaine, voir p. ex. M. Avi-Yonah, *The Madaba Mosaic Map*, pp. 32 s.

L. 7. Le *samek* du premier mot a été récrit sur un *šin*; la barre oblique supérieure, faiblement marquée, est visible sur l'original.

L. 10. Le *samek* du dernier mot semble être gravé en surcharge sur un *šin*; deux barres obliques, aussi fines que le trait vertical du *samek*, me paraissent claires sur l'original.

L. 13. Entre *šin* et *aleph* du premier mot il y a probablement un *waw/yod*.

(*1*) [1] A Ḥorebbeh, sise dans la vallée d'Achor, sous [2] les marches qui vont vers l'est (creuse) quarante [3] coudées: coffre (plein) d'argent, dont le total [4] (fait) le poids de dix-sept talents. ΚΕΝ.

(*2*) [5] Dans le monument funéraire de Ben *Rabbah* le *Šališien*: [6] 100 lingots d'or.

(*3*) Dans la grande citerne située dans le Parvis [7] du petit péristyle, celle qui est bouchée par une pierre percée, dans un reeoin de son fond [8] face à l'ouverture supérieure: neuf cents talents.

(*4*) [9] Sur la colline de Koḥlit: vase d'aromates, bois de santal et vêtements sacrés; [10] total des aromates et du trésor: sept (talents) et *un dixième*. [11] *Repère* de l'entrée de sa porte tournante le côté nord de la sortie du canal, [12] (et compte) six coudées dans la direction de la caverne de l'immersion. ΧΑΓ.

(*5*) [13] Dans l'excavation de *la fonderie* de Manos, en descendant à gauche, [14] à trois coudées à partir du fond: quarante talents [15] d'argent.

(*1*) Trésor à Ḥorebbeh, près de Jéricho, 1–4

L. 1. חריבה: voir D 4. עמק עכור: cf. iv 6 et voir D 3.

L. 2. הבואת pour הבאות: voir B 7a.

L. 3. ארוה est sans doute le faux départ de ארבעין; voir B 12. שדת: voir C 140. כלוה, *kullô* (même 'orthographe double' de la finale qu'en viii 8? cf. B 3d) semble préférable à כליה, *kelî*, en graphie anormale.

L. 4. La signification des lettres grecques, ici et ailleurs, reste inexpliquée; voir A 5.

(*2*) Cachette dans une *nepheš*, 5–6

L. 5. נפש: voir C 85; sur la localisation possible de ce monument voir D 63. בן רבה: voir note de lecture et C 207. השלשי: voir note de lecture et D 34. עשתות: C 120.

L. 6. Sur la forme du chiffre '100' voir A 4.

(*3*) Trésor d'une citerne dans l'enceinte du Temple, 6–8

Ll. 6–7. חצר הפרסטלין: voir B 14e, C 104 et D 64.

L. 7. ירך: voir C 8. חליא: C 66.

L. 8. העליון: cf. C 59. מאת: B 5b.

(*4*) Cachette des objets sacrés près de la source de Koḥlit, 9–12

Noter que l'ordre des éléments de la description est inversée: d'abord le détail du trésor et après l'indication précise du lieu de la cachette; voir B 22c.

L. 9. תל: voir C 20. כחלת: ce site très important revient quatre fois dans le document: ii 13, iv 11, xii 10; voir D 71 ss. et E 4. דמע: voir C 122. בלגין: C 127. אפודת: C 132.

L. 10. האצרה: voir B 18e et C 116.

Ll. 10–11. מעסר שני: voir B 20d.

Ll. 11–12. Pour la phrase, cf. C 180.

L. 11. גל: voir C 90. שולי: C 5. האמא: C 58.

L. 12. ניקרת: voir C 35. הטבילה: C 55 et, pour le schème morphologique, B 19a.

(*5*) Trésor d'un site inconnu, 13–15

L. 13. שוא: voir C 36. המעבא: C 209. מנס: sans doute *manos* 'lieu de refuge' devenu nom de lieu, inconnu par ailleurs; voir Addenda, p. 300, D 20a.

Col. II (Pl. L et LI)

(6) בבור המלה שתחת המעלות

כברין דֿ⁊יו   HN

(7) במערת בית המרה הישׁן בדיבר

הש־ֿשי עשתות זהב ששין וחמש ΘE

5 (8) בצריח שבחצר בֿתי העצין ובתכו

בור בֿ[ו] כֿלין וכסף כברין שבעין

(9) בבֿור שנגד השער המזרחי

רחוק אמות חֿ⟨מ⟩ש עסרא בו כלין

(10) ובמזֿקא שבו כברין עסר   ΔI

10 (11) בבור שֿתֿחת החומא מן המזרח

בשן הסלע בדין של כסף שש

ביאתו תחת הסף הגדול

(12) בברֿכֿא שבמזרח כחלת במקצע

הצפני חפור אמות · · · ארבע

15   כברין דֿ⁊וו

La lecture de cette colonne est difficile: la surface est très abîmée et le segment n° 5, qui contient la première partie des lignes, est très concave.

L. 1. המלה: aussi en III 8 et 11; dans les trois cas, la dernière lettre peut se lire *hé* ou *ḥet*.

L. 3. הישׁן: matériellement la dernière lettre est plutôt un *waw*.

L. 4. השלישי: corrigé sur הששי par l'addition du *lamed* cursif et du *yod* au-dessus de la ligne. Noter que le graveur a ajouté d'abord le *lamed* calligraphique à la fin du mot, ce qui a fait disparaître le *yod*.

L. 5. בתי: la première lettre est plutôt un *mem*; la confusion du *bet* et du *mem* est plus facile pour les formes cursives de ces lettres; voir A 3.

L. 8. חֿ⟨מ⟩ש עסרא: la forme de la première lettre, qui est bien un *ḥet* et non un *taw*, exclut la lecture תשעסרא.

L. 14. Après אמות traces de trois lettres: dittographie de אמת ou bien faux départ de ארבע, à lire אֿ⟨ר⟩בא? cf. note à i 3. La copie de Manchester est laissée non corrigée.

(6) [1] Dans la citerne comblée, située en contre-bas des Marches: [2] 42 talents. HN.

(7) [3] Dans la grotte de Bet ha-*MRH le Vieux*, dans le troisième [4] réduit du fond: soixante-cinq lingots d'or. ΘE.

(8) [5] Dans un souterrain de la Cour des magasins de bois, au milieu duquel [6] se trouve une citerne; là, il y a des vases et de l'argent: soixante-dix talents.

(9) [7] Dans la citerne qui est en face de la Porte Orientale, [8] distante (d'elle) de quinze coudées, il y a des vases.

(10) [9] Et dans son canal collecteur: dix talents. ΔI.

(11) [10] Dans la citerne située en contre-bas du rempart, du côté est, [11] (creusée) dans la saillie du rocher: six barres d'argent, (cachées) [12] à son entrée, sous la grande (pierre du) seuil.

(12) [13] Dans la piscine sise à l'est de Koḥlit, à l'angle [14] nord creuse quatre coudées: [15] 22 talents.

(*6*) Trésor dans une citerne près des Marches du Tyropéon, 1–2

L. 1. המלה: *ha-male* (sur l'orthographe voir B 3b): 'plein' plutôt que 'l'Esplanade' (D 53). המעלות: voir D 48.

(*7*) Cachette d'une grotte, 3–4

L. 3. בית המרה: voir D 49. דיבר: voir C 6 et, pour l'orthographe, B 5c.

L. 4. עשתות: voir C 120.

(*8*) Trésor dans un souterrain près du Temple, 5–6

L. 5. צריח: voir C 80. חצר בתי העצין: voir D 50.

(*9–11*) Trois dépôts sous le rempart oriental de Jérusalem, 7–12

L. 7. 'Porte Orientale': voir D 51.

L. 8. חמש עסרא: voir note de lecture et B 12.

L. 9. מזקא: voir C 72. שבו: B 16d.

L. 10. Sur le site voir D 52.

L. 11. שן הסלה: voir C 10 et 21. בדין: voir C 121 et, pour la forme grammaticale, B 18e.

L. 12. ביאתו: voir B 16b et C 193. הסף C 65.

(*12*) Trésor dans une piscine de Koḥlit, 13–15

L. 13. הברכא: voir C 68. כחלת: voir D 71 et 73. מקצע: voir C 11.

L. 14. Sur traces de lettres après אמות, voir note de lecture.

Col. III (Pl. LII et LIII)

(*13*) בחצ[ר ⋅⋅]°ייאט תחת הפנא הדרו

מית אמות תשע כלי כסף וזהב של

דמע מזרקות כוסות מנקיאות

קסאות כל שש מאות ותשעה

(*14*) 5 תחת הפנא האחרת המזרח

ית חפר אמות שש עסרה כסף

כב ד‌ד   TP

(*15*) בשית שבמלה מבצפונו

כלי דמע לכושי ביאתא

10 תחת הפנא המערבית

(*16*) בקבר שבמלה ממזרחו

בצפון אמות תחת הם

דף שלוש כב ד⋅ וע

Ll. 1 et 2. Les parties des mots au bord de la cassure, dont les lettres ne sont pas reproduites sur notre copie (pl. LII), se trouvent sur les fragments isolés, qui n'ont pas été collés à l'ensemble; voir note liminaire.

L. 2. Le *samek* de כסף est en surcharge sur לי du second כלי répété par erreur, la cause de la dittographie étant la même initiale des deux mots.

L. 11. בקבר: *qoph* regravé sur *hé*; faux départ de בהקבר.

L. 13. Entre les chiffres '10' et '3' il n'y avait probablement pas d'autres traits d'unités.

(*13*) [1] Dans le Parvi[s du *péri*]bole, sous l'angle méridio[2]nal, (à la profondeur de) neuf coudées, vases d'argent et d'or contenant [3] aromates, situles, coupes, patères, [4] aiguières; total: six cent neuf (vases).

(*14*) [5] Sous l'autre angle, orien[6]tal, creuse seize coudées: 40 talents [7] d'argent. TP.

(15) ⁸ Dans une fosse qui est au nord de l'Esplanade: ⁹ vase de résine de pin d'Alep, (caché) à son entrée, ¹⁰ sous l'angle occidental (du Parvis).

(16) ¹¹ Dans le tombeau qui se trouve à (l'angle) nord-est ¹² de l'Esplanade; à trois coudées sous ¹³ la pierre (de l'ossuaire): 13 talents.

(13–16) Cachettes sacrées sous les quatre angles du Parvis Extérieur du Temple, 1–13

Sur l'identification des lieux voir D 56 à 59.

Ll. 3–4. דמע: C 122. מזרקות, etc.: voir C 141 à 144.

L. 7 (et 13 et *passim*). ך et ר: voir A 4.

L. 8. שית: voir C 38.

L. 9. לכושי: voir C 123.

Ll. 9–10. L'endroit de la cachette est spécifié davantage par une phrase ajoutée à la fin; cf. la note à i 9–12 et C 180.

L. 9. ביאתא: l'aleph final marque le suffixe pronominal de la 3ᵉ personne singulier féminin comme en viii 14; voir B 3a.

Ll. 12–13. המדף: voir C 82.

Col. IV (Pl. LIV et LV)

(17) בבור הגדול שב[ֹ̇]·[··]·קה בעמוד

בצפונו ככ[···]·ר[ֹ]·ייין   °K

(18) באמא הבא[ֹ]ה ל·[··] בביאתך

אמות ארבע[ֹ]ין ואח[ֹ̇]ת כסף

5   ככ ꝃꝃꝃ ר 𐎜 II א

(19) בין שני הבינין שבעמק עכון

באמצען חפֹור אמות שלוש

שם שני דודין מלאֹין כסף

(20) בשית האדמא שבשולי העצ

10   לא כסף ככ מאתין

(21) בשית המזרחית שבצפון כח

לת כסף ככ שבעין

(22) ביגר של גי הסככא חפור

אמת כסף ככ ר II

Ll. 1 à 3. Les lettres, les chiffres et des traces de lettres qu'on ne voit pas sur la copie (pl. LIV) se trouvent sur des fragments isolés, non collés à l'ensemble; voir note liminaire.

L. 1, vers la fin. Au-dessus de la ligne et entre le *qoph* et le *hé* on aperçoit un trait vertical qui semble être un défaut de la surface plutôt que la lettre *lamed*.

L. 2. La première lettre grecque est un σ, χ, ξ en surcharge sur une autre lettre?

L. 4. Le *taw* de אחת, bien que gravé en trait fin, est assez certain.

L. 5. Entre '50' et '5' pas de place pour d'autres traits d'unité.

L. 7. חפור: lecture imposée par le contexte. Je suppose une ligature de *ḥet + pé* (cf. l. 13) avec la boucle de la ligature très réduite ainsi qu'une forme cursive du *reš*, simple trait prolongé démesurément.

L. 8. מלאין: la présence du *yod* n'est pas tout à fait certaine. כסף: noter la ligature du *samek* et du *pé*.

L. 11. La partie pointillée du *reš* est cachée sous un éclat de cuivre collé à la surface.

L. 13. Noter la ligature *ḥet + pé*; cf. la note à la l. 7.

(17) ¹ Dans la grande citerne qui est à [. . .]QH, dans le pilier, ² de son côté nord: [. . .] 14 talents. °K.

(*18*) ³ Dans le canal qui v[a vers . .]. ., en t'avançant ⁴ quaran[te-et-un]e coudées: 55 talents ⁵ d'argent.

(*19*) ⁶ Entre les deux tamaris qui sont dans la vallée d'Acho*n*, ⁷ au milieu entre eux creuse trois coudées; ⁸ là, il y a deux marmites pleines d'argent.

(*20*) ⁹ Dans la Fosse Rouge située près de la sortie de (la source de) ha-'Aṣ¹⁰la: deux cents talents d'argent.

(*21*) ¹¹ Dans la Fosse Orientale sise au nord de Koḥ¹²lit: soixante-dix talents d'argent.

(*22*) ¹³ Dans le tumulus qui est dans le vallon de ha-Sekaka creuse ⟨. . .⟩ ¹⁴ coudées: 12 talents d'argent.

(*17–18*) Deux cachettes indéterminées, 1–5
    Sur deux régions possibles comme lieu de ces trésors, Jérusalem et Jéricho, voir D 60 et 61.
    L. 1. העמוד: voir C 98.
    L. 3. האמא: voir C 58. Après הבאה ne manque que la direction; cf. I 2. Dans ce cas, le trésor se situe dans la même localité que celui du numéro précédent. בביאתך: pour ce genre d'expressions indiquant le mouvement et la direction, voir B 16b.

(*19*) Entre deux tamaris dans la région de Jéricho, 6–8
    L. 6. הבינין: voir C 47 et D 5. עמק עכון: cf. i 1 et D 3.
    L. 8. דודין: voir C 139.

(*20*) Dans une source au sud-ouest de Jéricho (?), 9–10
    L. 9. השית: voir C 38. האדמא: C 15. שולי: C 5.
    Ll. 9–10. העצלא: voir D 6.

(*21*) Troisième trésor de Koḥlit, 11–12
    L. 11. השית: voir C 38.
    Ll. 11–12. כחלת: voir i 9 et D 71 et 74.

(*22–25*) Cachettes du Wadi Qumrân, iv 13–v 11
    L. 13. יגר: voir C 77. גי: C 30. הסככא: voir D 7 et 8.
    L. 14. אמת (cf. B 5b): corriger probablement en אמה 'une coudée'.

Col. V (Pl. LVI et LVII)

(23) ·[··] ברוש אמת המים

סככא מן הצפון תח[ת האבן]

הגדולא חפור אמ[ות ··]

ש כסף כב ||||||

5 (24) בסדק שבסככא מזר[ח]

אשיח שלומו כאלין של

דמע (25) ובתכן אצלם

מעל החריץ של שלום

ו עד הרגם הגדול

10 אמות ששין חפור אמות

שלוש כסף כב ₪|||

(26) בקבר שבנחל הכפא

בביאה מירחו לסככא

חפור אמות שבע כב ₪ד |||

Ll. 1 et 2. Un fragment avec des parties de lettres (non reproduit sur la copie, pl. LVI) joint le bord gauche de la cassure.

L. 1. A la fin, il ne manque peut-être que : [ב]שׁ; cf. l. 5.

L. 11. Noter la forme particulière de '20'; la barre horizontale inférieure est probablement la continuation de celle de la lettre précédente. Cf. '20' à la l. 14.

L. 14. חפור: matériellement on lirait plutôt הפון. Nous supposons une confusion, phonétique ou graphique, du *hé* et du *ḥet* ainsi que la forme cursive du *reš*; cf. la note de lecture à iv 7.

(23) ¹ A la naissance de l'aqueduc qui est [à] ² Sekaka, du côté nord, sous la grande ³ [*pierre*] creuse [. .]. . coudées : ⁴ 7 talents d'argent.

(24) ⁵ Dans la fissure qui est à Sekaka, à l'es[t] ⁶ de la Vasque de Salomon : vases ⁷ d'aromates.

(25) Et tout près de là, ⁸ d'au-dessus du Canal de Salomo⁹n en direction du grand bloc de pierre ¹⁰ (compte) soixante coudées; creuse trois ¹¹ coudées : 23 talents d'argent.

(26) ¹² Dans le tombeau situé dans le torrent ha-Kippa, ¹³ en venant de Jéricho à Sekaka; ¹⁴ creuse sept coudées : 32 talents.

L. 1. רוש: voir C 1. אמת המים: C 58 et D 9.

Ll. 2, 5, 13. סככא: cf. iv 13 et voir D 7.

Ll. 3-4. שׁ[   ]: lire שלוש ou חמש ou bien שש.

L. 5. סדק ou, moins bien pour le sens, סרק: voir C 39 et D 10.

L. 6. אשיח: voir C 70 et D 10. שלומו (aussi ll. 8-9): C 201. כאלין: B 5a et C 136.

L. 7. דמע: voir C 122. בתכן אצלם: C 155 et 183.

L. 8. מעל: voir C 181. החריץ: C 71 et D 11.

L. 9. הרגם: C 24.

(26-28) Cachettes entre Jéricho et Qumrân, v 12-vi 10

L. 12. נחל הכפא: voir D 12, ainsi que C 28 (נחל) et C 131 (כפה).

L. 13. ירחו: voir D 2.

Col. VI (Pl. LVIII et LIX)

(27) [ב]מערת העמוד של שני

[ה]פתחין צופא מזרח

[ב]פתח הצפוני חפור

[א]מות שלוש שם קלל

5   בו ספר אחד תחתו

כך ₪ו‖

(28) במערא של הבנא

של הרגם הצופא

למזרח חפר בפתח

10   אמות תשע כך ₪ו

(29) במשכן המלכא בצד

המערבי חפר אמות

שתים עשרה כך ‖‖‖‖‖₪ד

(30) ביגר שבבמגזת הכוהן

L. 1. Le fragment avec le premier *mem* et avec la partie droite du *'ain* n'est pas reproduit sur le fac-similé, pl. LVIII.

L. 7. הבנא ou, moins bien, הבנא.

(27) [1] Dans la Grotte de la Colonne, qui a deux [2] entrées (et) est orientée est, [3] à l'entrée nord creuse [4] trois coudées; là, il y a une amphore, [5] dedans un livre (et) sous elle [6] 42 talents.

(28) [7] Dans la Grotte de la Base [8] de la Pierre, orientée [9] est, creuse à l'entrée [10] neuf coudées: 21 talents.

(29) [11] Dans la Demeure de la Reine, du côté [12] ouest, creuse douze [13] coudées: 27 talents.

(30) [14] Dans le tumulus qui se trouve au Gué du Grand

L. 1. מערת העמוד: voir D 13.
Ll. 2 et 8. צופא: voir C 163.
Ll. 2, 3, 9. הפתח: C 3.
L. 4. קלל: voir C 138.
Ll. 7–8. המערא של הכנא של הרגם: voir D 14, ainsi que C 99 (כנה), C 24 (רגם) et, pour la syntaxe, B 16e.
(29–30) Deux trésors dans la région de Jéricho (?), vi 11–vii 2
L. 11. משכן המלכא: voir D 15, C 110 (משכן) et C 206 (המלכה). הצד: C 13.
L. 13. Dans le chiffre '27' noter l'ordre: unités-dizaines, contraire aux habitudes de notre scribe, mais attesté dans les manuscrits de 4Q. En tout cas, la gravure très nette de '20' exclut la lecture '7½'; pour le signe ך = ½ voir ix 6 et A 4.
Ll. vi 14–vii 1. מגזת הכוהן הגדול: voir D 16, C 29 (מגזה) et C 205 (הכוהן הגדול).

Col. VII (Pl. LX et LXI)

הגדול חפוֹר [אמות]

תשע   ככ] ··[𐤊𐤊𐤊י/

(31)   [באמא של קֹ𐤊°[

האשיח הצפו[ני הגד]ול

באארבע רוח[ות] ··[5

משח אמות עסרן [ואר]בע

ככרין ארבע מאות

(32) ל [ו]במערא שאצלה בקר[ב]

בית חקץ חפר אמות שש

בדין של כסף שש   10

(33) בדוק תחת פנת המשמרה

המזרחית חפור אמות שבע

כך 𐤊וו

(34) על פי יציאת המים של הכוז

בא חפור אמות שלוש עד הטור   15

כך 𐤊𐤊𐤊𐤊 זהב ככרין שתים

Ll. 1–8. La lacune n'est pas si grande en réalité qu'elle paraît sur le fac-similé, pl. LX.
Ll. 1 à 3. Sur les deux bords de la cassure se placent des fragments dont les lettres et chiffres ne sont pas reproduits sur la copie.
L. 4. Les deux dernières lettres sont dessinées trop bas sur la copie.
L. 6. עסרן semble préférable à עסר[י]ן.
L. 7. ככרין: noter la ligature de *reš*+*yod*.

L. 10. כסף : *samek* et *pé* en ligature.
L. 11. המשמרה : ligature de *reš*+*hé*.
L. 16. Dans le chiffre '60', dans le tracé de la barre médiane du troisième '20' l'instrument du scribe a glissé vers le haut et à droite.

¹ Prêtre, creuse neuf ² [coudées]: [. .+]22 talents.

(*31*) ³ Dans l'aqueduc de Q.[. ., . . .] ⁴ du bassin septentrio[nal; qui est *plus gr*]and, ⁵ de [ses] quatre côtés ⁶ compte vingt-[qua]tre coudées: ⁷ quatre cents talents.

(*32*) ⁸ Dans la grotte qui est près de là, au voi[sina]ge de ⁹ Bet ha-Qoṣ, creuse six coudées: ¹⁰ six barres d'argent.

(*33*) ¹¹ A ha-Doq, sous l'angle est ¹² de la forteresse creuse sept coudées: ¹³ 22 talents.

(*34*) ¹⁴ Au débouché de la sortie d'eau à ha-Kozi¹⁵ba, (en allant) vers le mur de soutènement, creuse trois coudées: ¹⁶ 60 talents (d'argent), deux talents d'or.

(*31–32*) Trésors à l'est de Jéricho, 3–10
L. 3. האמא : voir C 58. Pour le toponyme voir D 17. A la fin, restituer מן (cf. ix 1) ou מעל (cf. v 8)?
L. 4. האשיח : voir C 70. A la fin de la ligne, restituer [הגד]ול ? voir B 15b.
L. 5. Dans la lacune à la fin de la ligne il n'y a sans doute qu'à restituer la finale du deuxième mot: [רוח[ותי]ו
(C 14), dont le suffixe se réfère à האשיח de la ligne précédente; ou même רוחותיהם : cf. Addenda, p. 301, *ad* D 39.
L. 8. בקרבו : voir B 21c.
L. 9. בית הקץ : voir D 18 et C 204.
L. 10. בדין : voir B 18e et C 121.

(*33–34*) Cachettes à l'ouest de Jéricho, 11–16
L. 11. הדוק : voir D 19 et C 112. המשמרה : C 111.
L. 14. פי : voir C 2. יציאת : B 19a et C 57.
Ll. 14–15. הכוזבא : voir D 20.
L. 15. הטור ou, moins bien, הטיר : voir C 95.

Col. VIII (Pl. LXII et LXIII)

(*35*) [בא]מא שבדרך מזרח בית

אחצר שמזרח אחזר

כלי דמע וספרין אל תבס

(*36*) בגי החיצונא בתך חרה

על האבן חפור אמות שבע   5

עסרא תחתיה כסף

וזהב כך ד||||||ץ

(*37*) ביגר של פי צוק הקדרוה

חפור אמות שלוש כך וץ

(*38*) בשלף של השוא הצופא   10

מערב בדרום בצריח

הצופא צפון חפור אמות

עשרין וארבע כך ƺƺƺ||||X

(*39*) ברוֹ של השוא בצויה שבא חפורֹ

אמות אחת עסֹרה   15

כסף כך ƺƺƺד

Ll. 2 à 4. Les fins de lignes (l. 2 après le deuxième *aleph*, l. 3 après le *taw*, l. 4 après le *taw*) sont de lecture très incertaine. Sur la surface abîmée et inégale de la plaque les lettres sont gravées maladroitement et pauvrement conservées.

L. 14. Matériellement ברין ou בריו.

L. 15. עסרה: la deuxième lettre est en réalité un *mem*. La faute est-elle due au brouillon qui avait ici un rond, qui est la forme normale du *mem* et du *samek* cursifs? Voir A 2 et *DJD II*, p. 73 fig. 24.

(*35*) [1] [Dans l'aque]duc qui (longe) la route à l'est de Bet [2] Ḥaṣor, situé à l'est de *Ḥazor*: [3] vase d'aromates et livres. Ne te (les) *approprie* pas!

(*36*) [4] Dans le Vallon Extérieur, à mi-chemin de la partie *abrupte*, [5] près de la pierre, creuse dix-sept [6] coudées; sous elle il y a de l'argent [7] et de l'or: 17 talents.

(*37*) [8] Dans le tumulus qui se trouve à l'entrée de la gorge de ha-*Qedro*(*n*) [9] creuse trois coudées: 4 talents.

(*38*) [10] Dans le terrain en friche sis à ha-Šo', orienté [11] ouest; dans la partie sud, dans l'hypogée [12] orienté nord creuse vingt-quatre [13] coudées: 66 talents.

(*39*) [14] Dans le terrain irrigué sis à ha-Šo', sous le cippe qui est là, creuse [15] onze coudées: [16] 70 talents d'argent.

(*35*) Trésor près du mont Ḥaṣor (?), 1–3

L. 1. האמא: voir C 58.

Ll. 1 et 2. אחזר et בית אחצר: voir D 23 s., B 4b et 13c.

L. 3. דמע: voir C 122. אל תבס: si la lecture et la traduction sont exactes, ce genre d'avertissement au chercheur des trésors serait unique dans le document; comparer pourtant *ḥerem*, discuté sous C 117.

(*36–37*) Cachettes dans le Cédron (?), 4–9

L. 4. הגי: voir C 30. הגי החיצונא: voir D 27. חר: voir C 31; חרה, sans article (!), n'est pas exclu.

L. 5. על 'près de': voir C 181.

L. 8. היגר: voir C 77. פי: C 2. צוק: C 33. הקדרוה: voir D 28, B 3d et 13d.

L. 9. Les traits composant le chiffre '4' sont arrangés d'une façon insolite. Pourrait-on lire '3' en considérant le petit trait oblique à gauche comme accidentel? Moins probable: une fraction.

(*38–39*) Dans les tombeaux de la nécropole sud-ouest de Jérusalem, 10–16

L. 10. השלף: voir C 41 et D 66. השוא (aussi l. 14): voir D 65. הצופא (aussi l. 12): voir C 163.

L. 11. הצריח: voir C 80.

L. 14. הרוי: voir C 43 et D 67. הצויה: voir C 78. בא: suffixe de la 3e personne singulier féminin noté par l'*aleph*; voir B 16a.

Col. IX (Pl. LXIV et LXV)

(*40*) בשובך שבשבולי הנטף משח משולו

אמות שלוש ⟨עש⟩רא שתין חפור וגב שעת שבע

בדין אסתרין ארבע

(*41*) בתכלת השני גב צריח הצופא

מזרח חפור אמות שמונא   5

דמ⟨ע⟩ הצא כך ꝃ ווור

(*42*) בצריחי החורון ב⟨צ⟩ריח הצופא ים

בזרב חפור אמות שש עסרה

כך ꝃ ון

(*43*) בקובעה כף מנחס הרב   10

(44) בקֹל המים הקרובין לכפר נֹבֹ ב

מ⟨ז⟩רח כלפיהם חפור אמות

שבע　　כֿכ ||||||| ||||

(45) בשית שיבצפון פי הצוק של בית

15　　תמר בצחיאת גר פלע

כל שבה חרם

(46) בשובך שבמצד בֿאמֿת הֿ[מים]

Ll. 2 et 5. חפור: *reš* cursif, comme en עסרה de la l. 8, ici prolongé démesurément, comme en v 7 et 14.

L. 4. בתכלת: le premier *taw* est quasi certain; un trait horizontal très fin joint son jambage gauche et la base du *kaph*.

L. 10. בקובעה: le deuxième *bet* est peut-être un *mem*: un court trait oblique, peu assuré à l'œil nu, descendrait à gauche de la tête de la lettre.

L. 11. לכפר נבו: le *reš* et le *nun* forment par hasard une ligature, qui ressemble à la lettre *taw*; cf. le cas analogue en x 8. La lecture de ces deux mots m'a été suggérée en partie par F. M. Cross, Jr.

L. 15. צחיאת ou bien צהיאת.

L. 17. La lecture de באמת est très incertaine; nous considérons la première lettre comme un *bet* cursif (cf. x 8) et la troisième comme un *mem* semi-cursif.

(40) [1] Du *creux* d'où sort (la source de) ha-Naṭoph, compte à partir de sa sortie [2] treize coudées; creuse deux (coudées) et sur sept galets [3] (tu trouveras) (deux) barres (d'argent pesant) quatre *livres*.

(41) [4] A *Tekelet ha-Šani*, *à côté* de l'hypogée orienté [5] est creuse huit coudées: [6] aromates HṢ' (et) 23½ talents.

(42) [7] Parmi les Tombeaux de (*Bet*) *Ḥoron*, dans l'hypogée qui est face à la Mer, [8] dans le *bassin*, creuse seize coudées: [9] 22 talents.

(43) [10] A Qob'eh, beaucoup d'argent est déposé.

(44) [11] A la chute d'eau proche de Kephar Nebo, à [12] peu près à l'est de son débouché creuse sept [13] coudées: 9 talents.

(45) [14] Dans la fosse qui se trouve au nord de l'entrée à la gorge de Bet [15] Tamar dans le *terrain pierreux* (*près*) *du Cairn de la Broussaille*: [16] tout ce qui y est, est anathème.

(46) [17] Dans le *regard* qui est à ha-Meṣad, dans l'*aqued*[*uc*],

(40) Trésor près de la source de Naṭopha, 1–3

L. 1. שובך (aussi l. 17): voir C 4. שולי et שולו: C 5. הנטף: D 30 et C 53.

L. 2. שלושרא: voir B 10a. שתין חפור: noter l'ordre syntactique du type araméen, avec le complément direct anticipé, ainsi que l'omission de אמות, mentionné juste avant. שעת: C 25.

L. 3. בדין: voir C 121. אסתרין: C 149.

(41–42) Dans les tombeaux de deux villages, 4–9

L. 4. תכלת השני: voir D 31 et Addenda, p. 299. גב: C 182. הצריח (aussi l. 7): C 80. הצופא (aussi l. 7): C 163.

L. 6. דמע: voir C 122 et, sur le traitement des laryngales, B 10b. הצא: C 130. '23½': sur le signe de '½' voir A 4.

L. 7. החורון: voir D 32. ב⟨צ⟩ריח: sur l'omission de l'emphatique voir B 13c. ים comme terme de direction au lieu de מערב: voir C 73.

L. 8. הזרב: voir C 81.

(43) Dépôt à Qob'eh (?), 10

L. 10. קובעה: voir D 33 et Addenda, p. 301. מנח הרב: C 151 s.; pour la syntaxe B 15b.

(*44*) Trésor près du mont Nébo, 11–13

L. 11. קול : voir C 54. כפר נבו : D 21.

L. 12. מ‹ז›רח : sur l'omission de la dentale voir B 13b. כל : C 177 (cf. כלפי mishnique).

(*45*) Un dépôt sacré près de Bet Tamar, 14–16

L. 14. השית : voir C 38. שי : B 6b. הצוק : C 33.

Ll. 14–15. בית תמר : voir D 25.

L. 15. צחיאת : voir C 26. גר פלע semble être pour גל פרע : voir B 11b, C 90 (גל) et C 49 (פרע).

L. 16. חרם : voir C 117.

(*46*) Trésor de Maṣada, ix 17–x 2

L. 17. המצד : voir D 37. אמת המים : voir C 58.

Col. X (Pl. LXVI et LXVII)

דרום בעליאה השנית ירידתו

מלמעלא כך ‖‖‖‖‖‖‖‖

(*47*) בכירגר מזקות שרוו מהנחל

הגדול בקרקעו כך ר‖‖

(*48*) 5 באשיח שיבית הכרם בבואך

לסמול רֹגמות עסר כסף

ככרין ששין ושנין

(*49*) בים של גי איך בצדו המערֹבי

אבן שהזֹדוגא בעזת שתין

10   הו הפתח ככרין שלש מאות

זהב   וכלין כופרין עסרין

(*50*) תחת יד אבשלום מן הצד

המערבי חפורֹ רֹגמות שתין עסרה

כך ʒʒʒʒ

(*51*) 15 ביᵐ בית חמים שלוחֹי לתחת

השקתֹ   כך ר‖‖‖‖‖‖

(*52*) [ב···]הֹ בארבעת

L. 3. בכירגר (C 61) ou, moins bien, בבור גב, supposant une omission accidentelle de la base du (dernier) *bet*.

L. 6. רגמות : *reš* cursif, sinon לסמולו גמות ; cf. note à la l. 13.

L. 7. ככרין : le deuxième *kaph*, très réduit, et le *reš* sont cursifs.

L. 8. איך : *aleph* cursif. המערבי : le *bet* est cursif et en pseudo-ligature avec le *reš* qui le précède ; cf. le cas semblable en ix 11.

L. 9. שהזֹדוגא ; le *zaïn* se lit matériellement *waw* ou *yod*.

L. 13. חפורֹ : *reš* cursif, sinon lire חפו‹ו›רֹ גמות ; cf. la note à la l. 6.

L. 15. Le *mem* écrit au-dessus de la ligne est incertain. בית : au lieu du *bet* on pourrait lire *kaph* ou même *nun* (cf. notes aux ll. 7 et 8). Dans חמים et שלוחֹי le *het* peut se lire *hé*.

L. 16. השקת : entre *qoph* et *taw*, et peut-être entre *šin* et *qoph*, traces incertaines de traits verticaux qui représenteraient un *yod* ou un *waw*.

¹ au sud de la deuxième montée, en descendant ² d'en haut : 9 talents.

(*47*) ³ Dans le *puits* des canaux d'irrigation alimentés par le Grand ⁴ Torrent, au fond : 12 talents.

(*48*) ⁵ Dans le réservoir de Bet ha-Kerem, en allant ⁶ à gauche, (creuse) dix *pieds*: ⁷ soixante-deux talents d'argent.

(*49*) ⁸ Dans la vasque du Vallon de . . . du côté ouest ⁹ se trouve une pierre jointe à deux crampons; ¹⁰ c'est l'entrée: trois cents talents ¹¹ d'or et vingt vases enduits de poix.

(*50*) ¹² Sous la Main d'Absalon, du côté ¹³ ouest (du monument), creuse douze *pieds*: ¹⁴ 80 talents.

(*51*) ¹⁵ Dans la vasque des bains de Siloé, sous ¹⁶ le caniveau: ¹⁷ talents.

(*52*) ¹⁷ [A . . .]H, aux quatre

L. 1. העליאה: voir B 7a (graphie), B 19a (schème morphologique) et C 59. ירידתו: voir B 16b (emploi syntactique) et B 19a.
L. 2. מלמעלא: C 189.

(*47*) Trésor dans le Grand Torrent, 3–4
L. 3. כירגר: voir B 11c et C 61. מזקות: C 72. שרוו: C 42.
Ll. 3–4. הנחל הגדול: voir D 22.

(*48*) Cachette dans le réservoir de Bet ha-Kerem, 5–7
L. 5. האשיח: voir C 70. שי: B 6b. בית הכרם: D 29. בבואך: B 16b.
Ll. 6 et 13. רגמות: voir notes de lecture, B 18e (schème morphologique) et C 162.

(*49*) Trésor dans une vasque, 8–11
L. 8. ים (aussi l. 15): voir C 73. גי: C 30 et D 26. איך: cette lecture, matériellement correcte, n'offre aucun sens satisfaisant. Voir Addenda, pp. 300–1.
L. 9. שהזדוגא בעזת: voir C 88 s.
L. 10. הו: voir B 16a.
L. 11. כופרין: voir C 137, et, pour la forme morphologique, B 19g.

(*50*) Sous la Main d'Absalon, 12–14
L. 12. יד אבשלום: voir D 68.
L. 13. חפור רגמות: voir note à la l. 6.

(*51*) Dans la piscine de Siloé, 15–16
L. 15. בית חמים: voir C 75. שלוחי: voir D 38 et, pour le schème morphologique, B 19g. לתחת: C 176.
L. 16. השקת: voir C 76.

(*52–60*). Trésors dans les quartiers est de Jérusalem, x 17–xii 3
L. 17. Voir D 39 et Addenda, p. 301.

Col. XI (Pl. LXVIII et LXIX)

מקצועות זהב כלי דמע (*53*) בתכן אצלם
מתחת פנת האסטאן הדרומית
בקבר צדוק תחת עמוד האכסדרן
כלי דמע סוח דמע סנה (*54*) ותכן אצלם
בהבסה 'אש הסלע הצופא מערב   5
נגד גנת צדוק תחת המסמא ה
גדולא שבשילוחו חרם {ב}
(*55*) בקבר שתחת הסבין כך ד
(*56*) בקבר בני העבט הירחי
בו כלי דמע א(ר)ז דמע סוח   10
(*57*) בתכן אצלן

בבית {א}אשדׄתׄין באשיח

בביאתך לימומית

שלו כלי דמׄ⟨ע⟩ לאהׄ דמׄ״ סירא

15 (58) בתכן אצלם

במבא דיׄ[רת]בׄית המשכב המערבי

טיף על מׄ[··· כסף כככ] תׄשׄע מאות

L. 1. Le premier *bet* est certain et une lecture מקצועותיהם serait moins bonne que celle qui est proposée et qui m'a été suggérée en partie par J. Starcky. Voir Addenda, pp. 301–2, D 39.

Ll. 1 et 4. Dans אצלם noter l'*aleph* cursif par opposition à la forme calligraphique de cette lettre dans אצל[ן/ם des ll. 11 et 15.

L. 2. Dans le dernier mot le *reš* est cursif.

L. 7. Le *bet* à la fin de la ligne, suivi peut-être de l'amorce du *qoph*, est le faux départ de בקבר au début de la ligne suivante.

L. 8. הסבין ou הסכין.

L. 9. העבט ou העמט.

L. 12. Après בבית vient un *aleph* cursif, récrit à la suite sous sa forme calligraphique. אשדתין: la troisième lettre est *dalet* ou *reš*, la quatrième *taw* ou *ḥet*. Je crois pourtant apercevoir en bas du jambage gauche de cette quatrième lettre un fin trait horizontal qui serait le pied du *taw*; même remarque à propos du *taw* dans בתכן de la l. 15 et déjà plus haut pour בתכלת de ix 4.

L. 14. לאה ou לאח.

L. 15. בתכן: voir note à la l. 12.

¹ angles: *or* (et) vases d'aromates.

(53) Tout près de là, ² en contre-bas de l'angle sud du Portique, ³ au tombeau de Ṣadoq, sous le pilier du vestibule: ⁴ vase de résine de sapin, (vase de) parfum de séné.

(54) Et tout près de là, ⁵ dans la concession (située) au sommet du rocher orienté ouest, ⁶ en face de la cour (du tombeau) de Ṣadoq, sous la grande ⁷ pierre plate qui se trouve dans son conduit d'eau: anathème!

(55) ⁸ Dans le tombeau qui est en contre-bas des Galeries: 40 talents.

(56) ⁹ Dans le tombeau des Fils du . . . de Yeraḥ; ¹⁰ là, il y a un vase de résine de cèdre, (un vase de) résine de sapin.

(57) ¹¹ Tout près de là, ¹² à Bet-Ešdatain, dans la piscine ¹³ (là) où l'on entre dans son bassin (plus) petit: ¹⁴ vase de bois d'aloès (et vase de) résine de pin blanc.

(58) ¹⁵ Tout près de là, ¹⁶ à l'entrée ouest de la lo[ge du] triclinium, ¹⁷ (là où) près de [. . .] se trouve la base du réchaud: neuf cents [talents d'argent],

L. 1. דמע (aussi ll. 4, 10, 14): voir C 122. בתכן אצלם (aussi ll. 4, 11, 15): cf. V 7 et voir C 155 et 183.

L. 2. האסטאן: voir B 14 et D 54.

L. 3. קבר צדוק (aussi l. 6): voir D 40 et C 203. האכסדרן: B 14 et C 84.

L. 4. סוח (aussi l. 10): voir C 124. סנה: C 126.

L. 5. הבסה: voir C 87 et, pour la morphologie, B 19c. ראש הסלע: voir D 41, ainsi que C 1 (ראש), B 11a (omission du *r*), C 21 (סלע). הצופא: voir C 163.

L. 6. גנת: voir C 83. המסמא: C 63.

L. 7. שילוחו: voir C 62, ainsi que B 5b (orthographe) et B 16a (suffixe pronominal). חרם: voir C 117. ב: voir note de lecture.

L. 8. הקבר et הסבין: voir D 42 et 62.

L. 9. קבר בני העבט: voir D 43, C 208 et, pour le gentilice הירחי, D 70.

L. 10. א⟨ר⟩ן: voir C 125 et, pour la phonétique, B 11a.

L. 12. בית אשדתין: voir D 44. האשיח: C 70.

L. 13. ביאתך: voir B 16b et 19a. ימומית: voir C 74 et, pour le schème morphologique, B 19e.

L. 14. דמע (deux fois): sur l'omission de la laryngale voir B 10b. לאה: voir C 128. סירא: voir C 129.

L. 16. די]רת[בית המשכב: voir D 45 et C 107–108.

L. 17. טיף: voir C 109.

Col. XII (Pl. LXX et LXXI)

זהב כב ||||| (59) ככרין ששין ביאתו מן המ⟨ע⟩רב

תחת האבן השחורא (60) בידן תחת סף

הבור ככרין ⹋⹋||

(61) בהר גריזין תחת המעלהא של השית העליונא

שדא אחת וכלכליה וכסף כב ⹋⹋⹋ 5

(62) בפי המבוע של בית שם כלי⟨ן⟩ כסף וכלי זהב

של דמע וכסף הכל ככרין שש מאות

(63) בביבא הגדולא של הברֹך כלבית הברך

הכל משקל ככרין ⹋⹋⹋י⹋⹋| מנין עסרין

(64) בשית שבצֹח בצפון כחלת פתחא צפון 10

וקברין על פיה משנא הכתב הזא

ופרושה ומשחותיהֹם ופרוט כל

אחד ואח]ד[

L. 4. גריזין: reš cursif, comme en הברך à la l. 8 (deux fois) et en ככרין à la l. 9.

L. 9. עסרין: noter le reš semi-cursif et yod+nun en ligature.

L. 10. צח, malgré la tête très petite du ṣadé, semble préférable à ינח où les deux premières lettres seraient en ligature, comparable à celle de la l. 9.

¹5 talents d'or.

(59) Soixante talents: en y entrant du côté ouest, ² sous la pierre noire.

(60) Près de là, sous le seuil ³ de la citerne: 42 talents.

(61) ⁴ Au mont Garizin, sous les marches de la fosse supérieure: ⁵ un coffre avec son contenu ainsi que 60 talents d'argent.

(62) ⁶ A l'orifice de la fontaine de Bet Šam: vase d'argent et vase d'or ⁷ contenant des aromates; et le total de l'argent est six cents talents.

(63) ⁸ Dans le grand égout de ha-Baruk, (en allant) vers Bet ha-Baruk: ⁹ au total la somme de 71 talents (et) 20 mines.

(64) ¹⁰ Dans la galerie du Rocher Lisse au nord de Koḥlit, qui s'ouvre vers le nord ¹¹ et qui a des tombeaux à son entrée: un exemplaire de ce document-ci, ¹² avec l'explication, les mesures et l'inventaire ¹³ détaillé.

Ll. 1–2. Noter l'ordre: trésor — lieu de cachette; voir des cas pareils en i 9–14, ii 10–12 et iii 8–10; B 22c. Pour le site voir D 46.

L. 1. ביאתו: voir B 16b et 19a. המ⟨ע⟩רב: sur l'omission de la laryngale voir B 10b.

L. 2. השחורא: voir C 16.

Ll. 2–3. Sur le site voir D 47.

L. 2. בידן: voir C 9. סף: C 65.

(61) Trésor au mont Garizin, 4–5

L. 4. הר גריזין: voir D 69. המעלהא: B 3a et C 93. השית: C 38.

L. 5. שדא: voir C 140. כלכליה: C 146.

(62) Trésor à la fontaine de Beisân, 6–7

L. 6. פי: voir C 2. המבוע: C 56. בית שם: D 1 et, pour la consonne finale, B 12. ⟨כלי/⟩: B 6a.

L. 7. דמע: voir C 122. וכסף: C 118.

(63) Trésor à Kephar ha-Baruk (?), 8–9

L. 8. הביבא: voir C 60. הברך et בית הברך: D 35–36 (Addenda, p. 301) et C 199. כל: C 177.

L. 9. משקל: voir C 147. מנין: C 150.

(64) Catalogue des trésors dans une grotte de Koḥlit, 10–13

L. 10. השית: C 38. הצח: C 22. כחלת: D 71 et 75.

L. 11. משנא הכתב: C 134–135.

Ll. 12–13. Pour les termes voir C 154, 196 et 197.

ADDENDA A 3Q15

Trois remarques générales:

(*a*) Pour ne pas alourdir et gonfler outre mesure le commentaire, je ne donne en général, à propos de n'importe quel détail concernant le 3Q15, qu'une seule explication, hypothèse ou suggestion, résultant d'un triage des possibilités de solution qui s'offraient, en nombre variable, à ma pensée. Ainsi, je passe sous silence l'interprétation de בית שם (D 1, pp. 261 s.) comme 'Maison de Nom (de Dieu)', parce qu'elle me paraît moins plausible (on attendrait l'article השם) que celle proposée; dans un autre cas (D 31, p. 268), j'ai considéré comme peu justifiée la correction de בתכלת השני גב צריח en בת' השניה בצ', où le *gimel* représenterait une mélecture, de la part du graveur, d'un *hé* ou d'un *aleph* cursifs.

(*b*) Le lecteur, en particulier celui de culture juive, s'étonnera sans doute de l'approximation de mes transcriptions hébraïques. Elle est toutefois bien intentionnelle. La prononciation de l'hébreu à l'époque romaine n'était certainement pas celle des Massorètes de Tibériade en haut moyen âge. Une transcription exacte, ou plutôt une translittération, ne s'impose (et encore d'une façon relative) que pour des textes bibliques.

(*c*) J'ai ajouté aux épreuves un certain nombre de références aux études parues après l'envoi du manuscrit à l'éditeur. Je ne tiens pourtant pas compte du livre de J. M. Allegro, *The Treasure of the Copper Scroll*, Londres, 1960, et cela pour des raisons qu'on pourra deviner en lisant les remarques de R. de Vaux dans la *Revue Biblique*, lxviii, 1961, pp. 146 s. On y trouvera que les chercheurs des trésors en 1959–60 'n'ont été empêchés qu'au dernier moment d'étendre leurs déprédations à l'esplanade de la Mosquée d'Omar'. Cela rappelle une histoire, vieille d'un demi-siècle, racontée, entre autres, par G. Dalman: 'The Search for the Temple Treasure at Jerusalem', *Palestine Exploration Fund Quarterly Statement*, 1912–13, pp. 35–39. A propos d'autres 'recherches', signalées par le P. de Vaux, répétons la phrase citée à la p. 279: 'Cet ouvrage [catalogue des trésors d'Égypte, en arabe] a plus ruiné de monuments que la guerre ou les siècles.'

A la bibliographie sélective sur le 3Q15, donnée aux pp. 201 s., ajouter: le rapprochement entre le 'Traité des Vases du Temple' et le rouleau de cuivre a été fait, en dehors de moi (*Revue Biblique*, lxvi, 1959, pp. 356 et 567–75; ici-même, pp. 275 et 279), par L. H. Silberman:

Vetus Testamentum, x, 1960, pp. 77–79. Un détail intéressant de ce midrash a été relevé par P. Grelot: *ib.*, xi, 1961, pp. 37 s.

Un essai d'explication des lettres grecques de 3Q15 par leur valeur numérique (ou bien comme abréviations des numéraux grecs), a été proposé par E. Ullendorff: *ib.*, pp. 227 s.; cette hypothèse me paraît fausse.

Ch. Rabin voudrait voir la raison d'être de notre catalogue des trésors dans une phrase de bBekorot 50*a* qu'il cite en anglais: 'They sought to hide away (*lignoz*) all the silver and gold in the world on account of the silver and gold of Jerusalem'; *Scripta Hierosolymitana*, iv, 1958, p. 146 n. 6. Il faudrait pourtant qu'il nous explique plus en détail son hypothèse. Cf. Rashi *ad loc.*

P. 250, C 122

Un fragment de 4Q (référence provisoire: 4QHalakah[a] 5) semble définir le דמע comme 'prémices du blé'. Voici la transcription du fragment entier:

```
]                    דגן ותיר[וש ויצהר כי אם [ הרים הכוהן]
      ראשיתם הבכורים והמלאה אל יאחר איש כי [ תירוש]
      הואה ראשית המלאה] ו[דגן הואה הדמע ·· °[ ולחם]
      בכורים הוא חלות החמץ אשר יביאו ב[י]ום הֿ[שבועות]
   5  בכורים הם אל יאכל א[י]שֿ חֿטֿים חדשים[ או שעורים]
[                       עֿד יום בא לחם הבכורים אל °[
```

L. 3, fin: trace d'un ʿ*ain* ou d'un *šin*.

L. 6, fin: probablement הֿ[מקדש.

Cf. Num 18[12 s.], Ex 22[28] (Num 18[27], Deut 22[9]), Lév 7[13] 23[20].

Ce texte paraît donc donner raison à l'interprétation de Ben Iehuda, au moins pour l'emploi biblique du *dema*ʿ. Je maintiens pourtant que dans le catalogue des trésors il ne peut s'agir que des 'larmes des arbres' d'après l'explication offerte *l.c.*

P. 265, D 20a

Il est fort possible que le lieu מנס de i 13 (cf. C 115), avec sa fonderie abandonnée (cf. C 209 et 36), est à chercher dans la vallée du Jourdain aux environs de Deir ʿAllâ, région des installations métallurgiques du Fer I et II. Le souvenir de ces fonderies 'salomoniennes' se perpétuerait donc jusqu'à l'époque romaine, parallèlement aux traditions rabbiniques sur la localisation de Sukkot et Ṣaredan. Pour la critique des passages bibliques en question (I Reg 7[46]; cf. I Chr 4[17] et Jos 3[16]), la toponymie de la région et l'exploration de surface, lire W. F. Albright, *The Journal of the Palestine Oriental Society*, v, 1925, p. 33, n. 37; N. Glueck, *Bulletin of the American Schools of Oriental Research*, xc, avril 1943, pp. 2–23, en particulier pp. 13 s.; le même, *The Annual of the ASOR*, xxv–xxviii, pp. 336–50. Sur les fouilles du tell de Deir ʿAllâ, voir H. J. Franken dans *Vetus Testamentum*, x, 1960, pp. 386–93 (fours de fondeur, pp. 388 s., pl. 8 s.): 'humps of metal slag were found in every single level from the top downwards. The metal industry must have lasted until the last days of the settlement [VIIe/VIe siècles av. J.-C., p. 390]. . . . The same metal slag can be found on various mounds around Deir ʿAllâ', p. 389.

P. 267, D 26

Je crois pouvoir maintenant suggérer une explication plausible du déterminatif איך qui suit נִי en x 8. A supposer que le graveur aurait mal lu son brouillon en écriture cursive (voir A 2, p. 215), dont il a retenu, dans אִיךְ, l'*aleph* cursif, il aura pris un *bet* de l'original pour un *kaph* médian (cf. *DJD II*, p. 73, fig. 24) et l'aura transposé en *kaph* final. Pour les lettres médianes à la fin des mots, dans les documents cursifs, voir p. ex. *DJD II*, p. 107, fig. 28, ll. 3, 10, 20; pl. xlii, Mur. **30**, ll. 18, 23 (cf. *DJD II*, p. 145). La lecture actuelle, אִיךְ, serait donc pour l'original איב c.-à-d. 'Job'. La graphie défective n'étonnera guère; cf. B 5b, p. 228. 'Le Vallon de Job' correspondrait alors à Bîr Ayyûb et Wadi (Bîr) Ayyûb de nos jours et, par conséquent, la croyance populaire en la présence du grand Souffrant près de la Porte Sterquiline remonterait jusqu'à la période romaine, au moins. Sur les récits et les légendes musulmans attachés au Puits de Job, voir p. ex. G. Le Strange, *Palestine under the Moslems*, pp. 220–3; A.-S. Marmadji, *Textes géographiques arabes sur la Palestine*, pp. 14 s. et 153. Exploration moderne (ainsi que bibliographie, légendes, histoire): lire L.-H. Vincent, *Jérusalem de l'Ancien Testament*, pp. 284–8. La description relatée par Muğîr ed-Dîn et celles des explorateurs européens recoupent sur certains points le passage de 3Q15 x 8–11. Sur d'autres toponymes palestiniens ayant trait à Job, voir p. ex. P. Dhorme, *Le Livre de Job*, p. xxi.

P. 269, D 33

Sur Qob(')eh voir A. Neubauer, *La Géographie du Talmud*, pp. 76 et 397, Abel, *Géographie de la Palestine*, ii, pp. 226 et 423; M. Avi-Yonah, *The Quarterly of the Department of Antiquities in Palestine*, v, 1936, p. 149 et la carte ci-jointe. L'existence de ce village est attestée dans le Talmud. Dans la *Revue Biblique*, lxvii, 1960, p. 577, n° 65, j'ai cru découvrir une nouvelle allusion à ce même village dans un livre liturgique géorgien. Mais cette allusion est aussi problématique que celle du 3Q15. Une hypothèse possible, à voir que le קובע, ou קומע, désignerait un élément de l'hypogée, הצריח, décrit par le ix 7, est rendue pratiquement impossible par le fait que la finale ה ne marque jamais en 3Q15 le suffixe pronominal singulier masculin (cf. B 16a, p. 231, et בתכו ii 5), comme cela arrive dans les documents de Murabba'ât. Citons pourtant une phrase du Lév Rabba v 5: מסמר או יתד קבוע בבית הקברות, laquelle d'après Krauss, *Talmudische Archäologie*, ii, p. 489, n. 538 ferait allusion au 'signe de la propriété', comme pour la maison (*ib.*, i, p. 39, avec la référence qui manque!); mais un texte parallèle se réfère à la synagogue.

P. 269, D 35 et 36

Malgré les arguments avancés *l.c.*, il me paraît maintenant assez vraisemblable que הברך peut désigner Hébron tandis que בית הברך désignerait Ramet el-Ḫalîl (appelé aussi Beit el-Ḫalîl). Par une curieuse coïncidence, ces noms populaires anticiperaient sur la toponymie arabe moderne ou bien seraient à l'origine de cette même toponymie. Dans cette nouvelle hypothèse, Hébron en tant que quartier général d'un corps d'insurgés en 132–5 (Mur. **43** 2) gagnerait en importance. Pareillement, la mention, dans le rouleau, d'un égout ביבה (C 60), est plus normale s'il s'agit d'une grande ville. On aurait donc pour l'époque de 3Q15 trois toponymes populaires de lieux voisins: הברוך (*בריכא en araméen) 'Hébron', כפר בריכא (*כפר הברוך en hébreu) 'Kaphar Baricha, בית בריכא (*בית הברוך) 'Mambré', Banî Na'îm'.

P. 271, D 39

Je considère maintenant ה[ ] comme le pronom se rapportant à Siloé (n° 38), avec le עין féminin sous-entendu, et je restitue [בברכת]ה '[dans] sa [piscine]', à savoir celle de Siloé, différente de la source elle-même et des installations balnéaires qui s'y trouvaient. On peut songer encore à [באשיח]ה (cf. C 70), même sens, avec moins de vraisemblance à mon avis. Il s'agirait par conséquent de Birket el-Ḥamrâ de nos jours, dont l'histoire architecturale s'étend du VIIe siècle av. J.-C. (probablement) et jusqu'au moyen âge; voir p. ex. J. T. Milik, 'La Topographie de Jérusalem vers la fin de l'époque byzantine': *Mélanges R. Mouterde* (*Mélanges de l'Université Saint Joseph*, xxxvii, 1961), pp. 181 s. On notera qu'on mentionne les angles de ce lieu, מקצועות, exactement comme un מקצע d'une autre *birkeh* du catalogue, ii 13 (cf. C 11 et 68). Dans ce cas, la lecture Milik–Starcky מקצועות זהב, xi 1 (F, note de lecture) est à revoir, et je reviens à ma première lecture מקצועותיהם où la dernière lettre, bien que matériellement un *bet*, peut sans difficulté être lu comme un *mem* médian; cf. *DJD II*, p. 73, fig. 24 et ici-même, p. 218, fig. 12. Le suffixe pluriel au lieu du singulier s'explique par l'attraction du nombre du substantif, phénomène syntactique analogue aux cas discutés dans B 16b (ajouter בידן en xii 2 et cf. B 2c, p. 227 n° vi). Un exemple presque identique se trouve en ix 11–12 où le suffixe de כלפיהם se rapporte à קול המים donc à un singulier, mais où le pronom est au pluriel à cause du nombre du *rectum*, lequel entraîne également le pluriel pour l'attribut הקרובין (cf. B 18c). Sur l'alternance -*m* et -*n* voir B 16a, 18a, b, 12.

On traduira donc: '[Dans] le [réservoir] de (Siloé), à (chacun de) ses (quatre) angles, un vase d'aromates.' Noter une distribution analogue des trésors sous les quatre angles de l'Esplanade (D 56–59) et le calcul des distances à partir des quatre parois d'un autre réservoir en vii 4–6 (cf. C 14).

INDEX DES TEXTES BIBLIQUES

Gen 6^{13-21}	6Q1 1	Deut $10^{12}-11^{21}$	8Q4 1
17^{12-19}	8Q1 1, 4	$10^{13}(?)$	8Q3 26–27
18^{20-25}	8Q1 2–3	10^{19}	8Q3 21
19^{27-28}	2Q1 1	10^{20-22}	8Q3 12, 15–16
36^6	2Q1 2 i	$10^{21}-11^1$	8Q3 26–29
36^{35-37}	2Q1 2 ii	11^2	8Q3 26–27
		$11^3(?)$	8Q3 26–27
Ex 1^{11-14}	2Q2 1	11^{6-12}	8Q3 27–29
4^{31}	2Q3 1	11^{13-21}	8Q3 4, 7–11
5^{3-5}	2Q4 1	17^{12-15}	2Q11 1
7^{1-4}	2Q2 2	$26^{19}(?)$	6Q3 1
9^{27-29}	2Q2 3	$32^{20-21}(?)$	5Q1 2–3
11^{3-7}	2Q2 4	$33^{1-2}(?)$	5Q1 4–5
$12^{26-27}(?)$	2Q3 2		
12^{32-41}	2Q2 5	I Reg 1^1	5Q2 1
12^{43-51}	8Q3 20–21	1^{16-17}	5Q2 1
13^{1-16}	8Q3 1–5	1^{27-37}	5Q2 1
18^{21-22}	2Q3 3	3^{12-14}	6Q4 1
19^9	2Q3 8	12^{28-31}	6Q4 2–4
20^{11}	8Q3 21, 25	22^{28-31}	6Q4 5
$21^{18-20}(?)$	2Q2 6		
$21^{37}-22^2$	2Q3 4	II Reg 5^{26}	6Q4 6–7
22^{15-19}	2Q3 5	6^{32}	6Q4 8–9
26^{11-13}	2Q2 7	7^{8-10}	6Q4 10–14, 72
27^{17-19}	2Q3 6 ii	$7^{20}-8^5$	6Q4 15
28^{4-7}	7Q1 1–2	9^{1-2}	6Q4 16
$30^{21}(?)$	2Q2 8	10^{19-21}	6Q4 17
30^{23-25}	2Q2 9		
31^{16-17}	2Q3 7	Is 1^1	3Q4 1
32^{32-34}	2Q2 10	40^{16}	5Q3 1
34^{10}	2Q3 8	40^{18-19}	5Q3 1
Lév 8^{12-13}	6Q2 1	Jér $13^{22}(?)$	2Q13 14
11^{22-29}	2Q5 1	$32^{24-25}(?)$	2Q13 15
		42^{7-11}	2Q13 1
Num 3^{38-41}	2Q6 1	42^{14}	2Q13 2
$3^{51}-4^3$	2Q6 2	43^{8-11}	2Q13 3–4
7^{88}	2Q8 1	44^{1-3}	2Q13 5
$18^{8-9}(?)$	2Q9 1	44^{12-14}	2Q13 6
33^{47-53}	2Q7 1	$46^{27}-47^7$	2Q13 7–8
		$48^{2-4}(?)$	2Q13 16
Deut 1^{7-9}	2Q10 1	48^7	2Q13 9 i
5^{1-14}	8Q3 20–25	48^{25-39}	2Q13 9 ii, 10–12
6^{1-3}	8Q3 12–16	$48^{41-42}(?)$	2Q13 17
6^{4-9}	8Q3 4–6, 8	48^{43-45}	2Q13 13 i
7^{15-24}	5Q1 1 i	$49^{10}(?)$	2Q13 13 ii
8^5-9^2	5Q1 1 ii		
10^{8-12}	2Q12 1		
10^{12-17}	8Q3 17–19, 21		

Éz 16^{31-33}	3Q1 1
Am $1^{2-3}(?)$	5Q4 2–7
1^{3-5}	5Q4 1
$1^{15}(?)$	5Q4 10
$2^{13-14}(?)$	5Q4 11
Mal 1^{14}	5Q10 1
Ps 2^{6-7}	3Q2 1
17^{5-9}	8Q2 1–6
17^{14}	8Q2 7
18^{6-13}	8Q2 8–13
$78^{36-37}(?)$	6Q5 1
103^{2-11}	2Q14 1
104^{6-11}	2Q14 2
119^{99-101}	5Q5 1 i
119^{104}	5Q5 1 i
$119^{113-120}$	5Q5 1 ii
$119^{138-142}$	5Q5 2
Job 33^{28-30}	2Q15 1
Ruth $2^{13}-3^8$	2Q16 1–7
3^{13-18}	2Q17 1
4^{3-4}	2Q16 8
Cant 1^{1-7}	6Q6 1
Thren 1^{10-12}	3Q3 1
3^{53-62}	3Q3 2
4^{5-8}	5Q6 1 i
4^{11-20}	5Q6 1 ii–iii
4^{17-20}	5Q7 1
$4^{20}-5^3$	5Q6 1 iv
5^{4-12}	5Q6 1 v
5^{12-13}	5Q6 1 vi
5^{16-17}	5Q6 1 vi
Dan $8^{16-17}(?)$	6Q7 8
$8^{20-21}(?)$	6Q7 1
10^{8-16}	6Q7 2–5
11^{33-36}	6Q7 6
11^{38}	6Q7 7
Sir hébr $1^{19-20}(?)$	2Q18 1
$6^{14-15}(?)$	2Q18 1
6^{20-31}	2Q18 2
Ép Jér 43–44	7Q2 1

INDEX DES TEXTES NON BIBLIQUES

INDEX AUX TEXTES DES 'PETITES GROTTES' SUR PEAU ET SUR PAPYRUS

Seuls sont mentionnés les mots figurant dans le texte des fragments non canoniques; les péricopes citées dans les commentaires sont omises

MOTS HÉBREUX

אב: ? אבינו 2QJubᵃ 2 2; אבותינו 5Q13 22 7.

אבד: האובד 5Q12 1 5; להאבידם 6Q12 1 4.

אבן: ? 6Q9 44 i 3; מאבן 2Q23 1 6.

אגד: לאגוד 5Q13 2 7.

אדון: לאדני 5Q10 1 1.

אויב: ? 2Q23 4 3.

אוצר: אוצרות] 5Q13 1 4.

אור: אורו] 8Q5 1 3.

אז: 5Q25 2 2.

אחד: 2Q21 1 6; אחת 6Q9 1 1.

אחיר: ? 3Q14 2 2.

אחר: אחר] 6Q9 64 1; ואחר 5Q13 2 10 6Q12 1 3; ואחרי 6Q10 1 ii 2; אחריכה 5Q11 1 i 5.

אחרית: ? 5Q16 3 5.

איך: ואיך 2Q21 1 5.

איל: ? אילים 6Q18 4 1.

אין: ? 2QSir 1 2; ואין 3Q5 1 2 2 i 11 2 3 5Q14 1 5.

איש: 2Q28 3 1 5Q13 1 13 6QD 4 3; האיש 8Q5 1 2; אנשי 2QJubᵃ 1 2 5Q16 3 1 6Q16 1 2; אנש 5Q9 7 1.

אכל: אכלתמה 2Q23 1 3.

אֶל: 5Q10 1 4 13 28 3 6QD 5 5; ⚹ 3Q14 18 2 6QD 3 5 (deux fois) 18 6 5 10 3; ב ⚹ 6Q18 8 1; אלים 5Q13 1 6; אילים? 6Q18 4 1.

אֵל: 2Q33 3 2 3Q5 3 2 5Q13 2 6 6Q9 33 3 18 13 3 22 1 3; אליך 2Q21 1 5; אליהום 6QD 2 2.

אלה: 3Q9 2 2 3 3; האלה 2Q25 1 2 5Q13 4 4 9 3.

אלהים: 2Q21 . 5 3Q9 1 2 6Q4 6 2 10 10 1; אלהי 5Q13 1 2; אלוהינו 2Q22 1 i 1.

אם: ואם 5Q13 6 3.

אמה: ואמתו 5Q17 5 2.

אמונה: 2QSir 1 2; באמונה 2Q21 1 2.

אמר] מר[6Q18 2 7. אמר 5Q10 1 3 12 1 2; יומרו 2Q27 1 2;

אמת: באמת 2Q21 1 2; אמתו 6Q18 6 4.

אנחנו: 2Q27 1 5; ונחנו 2Q29 1 2.

אני: 2Q31 2 1 5Q10 1 3 8Q5 1 1.

אסף: ובאספיו 5Q16 1 4.

אסר: האסרים 2Q25 1 2.

אפל: לאפּל 6Q10 9 1.

אפלה: ואפלה 6Q18 2 3.

אצל: 2QJubᵃ 1 1.

ארבע: וארבעה 2QJubᵃ 1 4; ארבעים 2QJubᵃ 1 2.

ארך: ? 2QSir 1 2.

הארץ: 3Q5 3 2 5Q23 1 1 6Q13 1 2 20 1 3; 6Q20 1 2.

ארר: ארור 5Q11 1 i 6.

אררה: אררות 5Q16 1 3.

אש: 2Q23 5 1 6QD 2 1.

אשמ] אשם: 5Q11 1 i 4; אשמתכה 3Q9 3 2; אשמת אשמה 3Q9 1 3.

אשר: 2QJubᵇ 1 2 2 2, 3 33 6 2 3Q6 1 1 5Q10 1 4 12 1 2, 3, 4 13 9 2 17 4 2 6Q9 30 2 57 2 10 21 2 13 1 5 D 5 2 8Q5 1 2; כאשר: voir כ.

את: 2Q27 1 3 5Q9 (devant toponymes) 1 2 (deux fois) 2 1, 2 3 2 4 1 5 1 (deux fois), 2 (deux fois) 6 1, 2 10 1 5 17 1 3 6Q9 24 ii 1 34 2 58 2 D 3 3 21 1 2; ואת 5Q13 2 7.

אתה: 5Q11 1 i 3, 6.

ב: passim; בו 6Q17 1 1.

בגד: בוגדים 6Q30 1 3.

בגד: בגדי 2Q18 2 10.

בד: לבדם 5Q13 1 5.

בהמה: בבהמת] 5Q10 1 2.

בוא: באתי 6Q11 1 3; באו 5Q13 26 3; יבוא 3Q5 3 2; ויבאו 5Q9 6 3.

בחר: בחרתה 5Q13 1 6 2 8.

בין: יבינו 2Q27 1 4; להבין 5Q13 1 9.

ביצה: ביציהם 6QD 2 2.

בית: 3Q5 3 3 6Q20 1 4; voir noms propres.

בלה: ובלות 6Q10 15 2.

בן: 2QJubᵇ 1 4 6Q13 1 5 18 2 7; בני 3Q14 6 1 5Q25 3 2 6Q9 41 2; לבני 5Q13 7 3 20 1 2; מבני 5Q13 1 6 6Q13 1 4 8Q5 1 2.

בנה: ובנית 3Q14 3 2.

בעד: 5Q16 1 4.

בער: ומבערי 6QD 2 1; להבעיר 6QD 5 4.

בקר: המבקר 5Q13 4 1.

בקר: הבקר 6Q11 1 4.

ברא: ברואם 5Q13 24 3.

בריאה: הבריאה 6QD 1 3.
ברית: 5Q13 28 3 6QD 3 5 5 5 16 3 1.
ברך: ברכים 2Q23 1 10.
ברכה: ברכות 6Q16 3 4.
ברר: ברורים 3Q5 2 2.
בשר: ובשר 2Q23 1 3; בשרו 6QD 4 4.
בתולה: בתולת 3Q5 4 1.

גבר: 8Q5 1 1.
גבורה: וגבורא 6Q9 45 2.
גדול: 5Q10 1 3.
גדל: לגדלו 6Q9 24 i 2.
גוי: בגוים 6Q10 1 ii 5; בגויים 6Q12 i 4.
גולה: הגולה 6Q9 1 2.
גם: 5Q14 1 1; וגם 6QD 3 4.
גמול: גמולים 6Q16 1 3.
גפן: הגפן 6Q11 1 6.

דבר: ידבר 5Q21 2 2 6Q9 57 2; תדבר 2Q29 1 1.
דָבָר: דבריו 2Q22 ii 3.
דבש: 5Q13 26 2; ודבש 5Q13 24 1.
דור: ובדור 5Q13 22 4.
דחה: תדוחון 2Q23 1 6.
די: דיו 5Q14 1 5.
דין: 2Q28 2 2.
דעת: 6Q18 5 3.
דרך: דרכיו 2Q22 ii 3; דרכיה 2QSir 2 7.
דרש: ולדרוש 6QD 4 3.

הוא: 2Q22 1 ii 3 5Q10 1 4 8Q5 1 2; ההואה 6Q12 1 1;
היא: 5Q10 1 4; והיא 5Q20 3 2; והיא 6Q9 38 2.
הוי: 6Q18 1 7; והוי 2Q23 1 2 (deux fois).
הון ? : מהון 2Q33 5 1 6Q10 4 4.
היה: 6Q13 1 8; היו 2QJub^b 1 3; והיה 5Q9 1 1 11 1
    ii 1; יהיה 5Q13 4 3 6Q12 1 1; יהיו 3Q5 2 2 5Q12
    1 1; ויהי 5Q22 1 3; ויהיו] 6Q18 2 5; בהיו]ה 3Q14
    19 1; להיות 3Q5 1 1 5Q18 4 2.
הלך: הלכתם 6Q10 1 ii 3; הלכו 6QD 1 1; לכו] 5Q13 23 3; ללכת 3Q10 2 2.
הלל: תתהללו 2Q23 1 6Q18 6 5; יהללוכה 3Q6 1 3;
    1 8.
הנה: 2Q23 1 9.

ו: *passim.*

זדון 5Q16 2 2.
זה: הזה 6Q18 11 1 8Q5 1 2, 3.
זור: זרים 5Q13 26 3.
זכה: יוזכה 5Q13 4 2.

זכר: תזכר 5Q19 2 1; ויזכור 6QD 3 5.
זָכָר: 6QD 1 3 5 3.
זקן: 2QJub^a 1 5.
זרה: ולזרותם 6Q12 1 4.

חבא: חבא] 5Q16 4 2.
חבל: 6Q11 1 5; חבלה 6Q11 1 5; חֹבלוֹן] 6Q18 19 1.
חדש: חדשה 6Q20 1 6.
חוץ: מחוץ 2Q21 1 4.
חזק: ולהחזיק 6QD 4 2; יחזקו 6Q18 5 3.
חי: לחי] 6Q18 2 5; 5Q10 1 4.
חיה: תחיה 6Q9 27 1 ?; 2QJub^a 1 4.
חיים: חיי 2QJub^b 1 2.
חלב: 5Q13 24 1.
חלה: חולה 2Q23 3 3 5Q25 1 1.
חליפה: 3Q5 1 1.
חלל: חללים 2Q23 1 11.
חלק: 6Q16 1 2.
חמה: חמתו 6Q10 1 ii 4.
חמישי ?: החמישי 3Q7 5 2.
חנינה: 3Q5 2 1.
חנית: וחנית 2Q23 1 5.
חסד: חסדים 5Q13 23 2.
חרב: חרב] 2Q31 1 1; חרבכה 5Q21 1 2; בחרב
    2Q23 1 5 6Q18 11 2.
חרד: ולחריד 2Q22 1 i 3.
חרש: 5Q20 1 1.
חשך: חושך 6Q18 2 3, 4.

טמא: 5Q13 4 3 (deux fois).
טעה: טעה]° 6Q30 1 2; טע] 6Q30 1 4; טעים ?
    6Q30 1 5.
טרף: לטרוף 5Q16 3 4.

יבל: יובלות 6Q10 15 2 ?.
יד: ביד 6Q9 33 2; וידי]° 5Q25 1 2.
ידע: ד]עון 6Q9 36 2; ידעתי 2Q22 1 ii 1; ידע
    3Q14 11 1; להודיע 5Q13 1 11 הודעתה 5Q13 2 6.
יובל: היובלים 6Q12 1 3; יובלים 2QJub^a 1 4.
יום: יום] 5Q13 24 3; 2QJub^a 1 2 3Q4 1 6; בימים 6Q13
    6Q13 1 6 18 8 2; ימים 2QJub^a 1 5; מימים
    1 8, 9; ימי 3Q14 1 2; 2QJub^b 1 2 6Q17 1 2.
יכח: הוכח 5Q12 1 2; ולהוכיח 2Q21 1 2.
ילד: 6Q11 1 5.
ילדה: 6Q11 1 5.
ים: ימים 5Q14 1 1.
יסד: ויוסד 5Q13 1 3.
יען: 2Q29 4 2.
יצא: לצאת 5Q13 2 8.

ירא: מירא 8Q5 1 1.

ירה: יורו[2Q32 2 1. ?

ירח: וירח[2Q23 3 2.

ישב: יושב 2Q23 1 1 6Q12 1 3.

ישם: ותישם 6QD 3 3. ?

ישע: בהושע 6QD 3 2.

כ: כאשר 6QD 4 1 16 1 1; 5Q13 1 5.

כבוד: 6Q9 24 ii 2 66 2 18 12 1; כבודם 2QJubᵇ 1 3; וכבוד 6Q18 2 2.

כי: 2Q22 1 ii 1, 2 33 7 5Q14 1 5 19 2 1, 2 6Q9 36 2 20 1 2; כיא 3Q5 1 2 9 1 4 5Q10 1 3 6Q18 6 2 20 2.

כיס: 2Q23 4 3. ?

כל: 2Q23 1 4 6 2 3Q11 1 3 5Q16 2 1 6Q9 36 2 40 2 10 13 2; [בכל 2Q22 1 ii 3 23 6 3 6Q9 22 2; 6Q9 23 2; וכל 2Q22 1 ii 4; מכל 6Q10 22 1; 2QJubᵃ 1 2 Jubᵇ 1 1, 2 25 3 2 33 5 1 3Q6 1 1 10 1 2 5Q9 6 3 10 3 1 13 11 1 17 1 2 22 1 4 6Q18 8 4; בכול 5Q14 1 3; וכול 5Q12 1 5 8Q5 2 6; לכול 5Q13 1 13 6Q16 1 2, 3; מכול 5Q14 1 4 8Q5 2 4; הכול 5Q10 1 5 13 1 2.

כלה: לכלותמה 5Q13 6 2; יכלו[6Q18 5 4. ?

כן: 2Q25 1 3 5Q21 1 5.

כנע: להכניע 6Q18 1 6.

כפור: בכפורים 5Q13 4 2.

כשל: יכשלון 2Q23 1 10.

כתב: כתוב 2Q25 1 3.

כתם: 2QSir 2 10.

ל: passim; לי 2Q25 3 1; ? לך 2Q21 1 2; לכה 5Q13 27 4 6Q18 20 2; לו 5Q12 1 5 13 2 7 14 1 5 6Q9 38 2 10 13 1; לפני s.v. פנים.

לא: 2Q33 7 1; ולא 2Q22 1 i 2 ii 3 6Q9 28 1; ולו 2Q27 2 4; לוא 2Q33 1 2 5Q12 1 2 13 6 3 13 1 6Q18 4 2 5 4 23 1; ולוא 5Q13 4 2 5 2 6 4 18 1 3.

לב: 2QSir 2 1; לבך 2Q21 2 1; בלבבו 5Q11 1 ii 2; לבם 2Q28 2 4 6Q9 32 2; בלבבם 6QD 5 5.

ליץ: הלצים 5Q10 1 2.

לקח: 5Q17 2 2; ויקח 2Q27 1 3.

מאה: 2QJubᵇ 1 4.

מבצר: מבצרים 2Q22 1 i 3.

מהומה: 3Q5 1 2; ומהומה 3Q5 1 2.

מזור: המזור 2Q22 1 i 2.

מזל: למזלות 8Q5 1 4. ?

מזמה: במזמתו 6QD 3 2.

מזרח: ממזרח 2Q23 1 9.

מחנה: 6Q9 23 2 (ou מחשבה); למחנה 2Q21 1 4.

מי: 2Q27 1 5.

מי: מים 5Q9 5 3.

מישרי: מישרים 3Q11 1 3 2 1.

מכה: [מכות 3Q8 1 1. 3Q5 1 2 (deux fois);

מכמר: מכמרם 2Q23 6 1.

מלא: ימלא 2Q25 5Q16 2 3; מלא[5Q16 6 1; מלאו 1 1; יתמלא 2Q23 6 1.

מלא: המלאה 2Q23 1 7.

מלאך: 3Q7 5 3 8 1 2; מלאכי 6Q18 5 2.

מלחמה: 2Q22 1 i 3.

מלך: 3Q4 1 4 5Q10 1 3 6Q9 33 3.

ממלכה: הממלכה 6Q9 57 1.

ממשלה: ממשלת 6Q16 2 3.

מן: 6Q10 3 1; מ— 2Q23 1 6, 9 (deux fois) 2 2 33 5 1 3Q14 1 2 17 2 5Q13 1 7 26 2 14 1 4 6Q9 33 5 56 1 10 4 4 22 1 13 1 4 16 3 3 8Q5 1 2 2 4; מעליך 5Q14 1 2.

מנה: למנות 5Q10 1 5.

מס: למס 6Q22 1 4. cf. מספר, מסע, מס

מסלה: מסלות 2Q23 6 2.

מסס: ונמס 3Q8 2 2.

מעט: מעטו 5Q13 24 3; 5Q14 1 5.

מעל: למעלה 8Q5 2 4.

מעלה: למעלות 8Q5 1 4. ?

מען: למען 6Q9 27 1.

מערה: במערת 3Q5 3 4.

מעשה: במעש[י 5Q13 1 9; במעשיך 2Q21 1 6.

מפלג: מ[פליגכה 5Q13 27 5. ?

מצוה: [מ]צות[6Q16 3 2.

משטמה: 6Q18 9 1.

משיח: במשיחי 6QD 3 4.

משכב: משכבי 6QD 5 3.

משכן: משכני 3Q14 3 2.

משל: מושלים 6Q18 6 3; [משול 2Q23 6 3; המשילו 6Q9 15 1. ?

משפט: למשפט 2Q22 1 2; המשפט 3Q4 1 6; [משפטו 6Q9 21 2; המשפטים 5Q13 9 3; והמשפטים 8Q5 2 5.

נבא: 3Q4 1 3.

נבט: אביט 2Q21 1 5.

נגף: ונגפו 6Q9 32 2; ויגף 6Q9 44 i 2.

נוס: וינוס 6Q9 33 3.

נחל: והתנחלתם 6Q20 1 7.

נחל: נחלי 6Q20 1 3. ?

נחלה: נחלת 5Q13 23 5; נחלתך 6Q20 1 3. ?

נטע: הנטעת 6Q11 1 6.

ניחוח: כניחוח 6Q16 1 1.

נכה: 2QSir 2 3.

נער: נער[6Q9 60 2.

נפל: יפלו 5Q14 1 3; תפלו 5Q14 1 2 6Q18 4 3; ויתנפל 2Q21 1 4. הנופלים 6Q9 30 2.
נפש: נפשותי] 6Q9 21 i 57 3; 6Q21 1 1.
נצח: 5Q16 1 3 6Q18 2 2.
נקה: תנקו 5Q19 2 2.
נשא: אשא 2Q21 1 5.
נתן: יתנם 2Q22 נתנוהו 6Q9 33 2; יתנכה 5Q11 1 i 4; נותנים 1 ii 4; ותתן 5Q13 2 7; 2QJub^b 1 3.

סוס: סוסיהם 6Q10 15 3.
סלע: מסלע 5Q13 26 2.
ספר: בספר 2Q25 1 3 6Q9 21 3.
סתר: נסתרות 5Q13 1 11.

עבודה: עבודת 5Q13 1 10.
עד *subst.*: ? 6Q18 2 8; לעד 5Q13 2 4.
עד *prép.*: ועד 5Q13 27 6 6Q9 1 2 30 1 11 1 4; עד 6Q9 30 1; עד] 6Q18 2 6.
עדה: ובעדתנו 5Q17 1 2; עדת ? 6Q30 1 3; העדה 3Q9 3 4.
עוד: ועוד 5Q18 2 3; עודנו 6Q9 59 2.
עוה: נעויתם 3Q9 2 3.
עולם: עלם 5Q19 1 3; לעולם 3Q6 1 3; עולמים 6Q18 2 5, 8 3 2; לעולמים 6Q18 5 4.
עזב: עזב] 6Q10 21 2.
עזר: בעזרי 5Q25 2 1.
עטר: תעטרנה 2QSir 2 12.
עטרה: ועטרת 2QSir 2 12.
עין: *voir noms propres*; עיניך 5Q14 1 2.
עיר: ערי 2Q22 1 i 3.
על: 2Q22 1 ii 2 33 2 1 3Q4 1 3 5 1 2 (deux fois), 3 (deux fois) **10** 1 2 5Q9 5 3 **12** 1 3, 4 **13** 2 **11** 28 3 **14** 1 1 6Q13 1 1; ועל 5Q14 1 1; עליכה 2Q23 1 2 3Q6 1 2 6Q18 14 3; עליו 3Q7 2 2 6Q18 6 1; עלינו 6Q18 8 3; על[6Q9 22 1; עלי 6Q9 22 5; ועל[°° 2Q33 2 2; מעליך 5Q14 1 2.
עלה: 2Q28 3 2.
עם: עמי 2Q21 1 6 23 5 3 6Q11 1 2; 6Q21 1 2.
עם: מעמו 2Q22 1 2 23 5 5 5Q11 1 ii 3 6Q11 1 2 D 5 2; 2Q28 2 2.
עמד: יעמוד 5Q13 4 1; עמדו ou עומדות 8Q5 2 6;
ענף: וענפיה 2QSir 1 2.
עצב: בעצביכם 2Q23 1 8.
עצה: בעצתך 5Q18 1 2.
ערב: יערב 3Q6 1 2.
ערב: הערב 6Q11 1 4; עֶרֶב 5Q13 27 6;
ערש: ערשיו 5Q16 2 2.
עשה: יעשו 5Q13 4 4; תעשו 2Q23 1 4; עושא] 3Q9 עשה 2 2; עושי] 5Q13 10 1; לעשות 2Q21 1 6 23 6 5 3Q11 2 1; עשו] 5Q13 1 5.

עשרא 6Q9 1 1.
עתה: ועתה 2Q22 1 i 4.

פדה: יפדכמה 6Q9 59 1; פדו] 3Q14 2 4.
פה: בפי 2Q33 3 2; לפי 5Q13 10 2; 2Q22 1 i 1; פיהם 3Q14 2 3; פיכה 2Q25 1 1.
פחז ? 5Q16 4 3.
פלא: פלא°] 6Q10 26 2.
פליטה: 3Q11 2 3.
פלל: ויתפלל 2Q21 1 4.
פלש: פלשי] 6Q9 35 1.
פנה: הפנו ? 6Q9 29 2.
פנת: פַּנַּת 2Q23 1 6.
פנים: הפנים 3Q7 5 3 6Q9 29 2; פְּנֵי 3Q10 1 2 5Q12 1 4; לפני 2Q21 1 4 29 3 1 5Q13 4 1 6Q9 32 2 18 6 2; פָּנֶיךָ 2Q21 1 5; לפניך 5Q19 1 2; לפניכה 5Q13 2 9 8Q5 2 6.
פעולה: פעולתמה°] 5Q13 5 1.
פעל: פועלי 6Q16 2 2.
פקד: ויפקוד 5Q11 1 i 5.
פרד: פרידו] 2QJub^b 2 1.
פרוש: כפרושיהם 6QD 4 1.
פשע: 3Q9 3 2.
פתח: פתח°] 3Q14 1 1.
פתי: פתי 3Q9 3 3.

צדה ? 5Q16 3 4.
צדק: 5Q19 3 2 6Q18 5 2; מצדק 6Q16 3 3 (ou מצדיק).
צדקה: צדקת 5Q18 2 4.
צוה: תצוהו 2QJub^b 3 2 5Q13 9 2; 5Q13 1 12.
צפון: ומצפון 2Q23 1 9.
צרה: וצרה 3Q5 1 3; 3Q5 1 3.

קדוש: הקדשים 6QD 4 1.
קדח: קדחי 6QD 2 1.
קדש: הקודש 6QD 3 4.
קהל: קהלנו 6Q18 14 2.
קול: בקולו 6Q9 21 1; ולקול] 5Q16 6 2.
קום: הקים 2Q25 2 4; להקים 2Q28 1 3; בהקימו 5Q13 5 3.
קלל: מקללים 5Q11 1 i 2.
קלע: קלעי 2Q22 1 i 2.
קץ: קצו] 2Q33 1 1; קץ] 5Q16 3 5.
קציר: ובקציר 6Q11 1 3.
קצר: לקצור 6Q21 1 3.
קרב: הקרב 6QD 2 2.
קרן: קרן] 6Q9 31 2.
קשת: קשתות 2Q22 1 i 2.

ראה ?: וירא 6Q9 58 2.
ראש: [ראוש] 6Q9 23 4; ראשי 3Q5 3 3.
ראשון: ריאשונים 6QD 3 5.
רב: רבה 8Q5 2 4; רבים 2Q23 1 11.
רבה: הרבה 2Q23 1 3.
רדף: [מרדפות° 8Q5 2 5.; וירדפו 6Q9 29 3;
רוח: [ברוח 3Q9 1 1 5Q13 23 6 6Q18 5 3; הרוחות 6Q18 21 2; ברוחמה 5Q13 2 9; 8Q5 2 6.
רחם: רחמים 2Q22 1 ii 2.
רנן: ורני 6Q18 13 3.
רע: רעה 3Q5 1 3; הרעי[°° 3Q5 4 2.
רפה: תרפה 2QSir 2 8.
רצה: רציתה 5Q13 1 7.
רשע: 6Q16 2 2.
רתק ?: לרתוק 2Q28 2 2.

שבע: ושבע 2QJub^a 1 5.
שדה: השדה 5Q12 1 4.
שמח: ישמחו 3Q6 1 1.
שמחה: שמח] 6Q18 2 6.
שעיר: שעירים 2Q23 1 7.

שאול: 5Q16 1 4.
שבוע: שבועי 2QJub^b 1 1.
שבועה: [שבועה 5Q13 2 11; השבועה 5Q12 1 3.
שבט: השבט 5Q10 2 2.
שבע: שבעו[? 6Q9 58 1.
שבת: תשביתו 8Q5 1 3; ותשביתו 8Q5 2 2.
שוב: להשיב 3Q9 1 3.
שחת: משוחת 5Q10 1 1.
שיר: ושירם 3Q6 1 2.
שכב: ישכב 6QD 5 2.
שכן: ישכון 5Q25 2 2.
שלום: 3Q5 1 2 8 1 2.
שלחן: שלחנין 5Q16 2 3.
שלש: שלושה 2QJub^a 1 4.

שם: 5Q17 4 3; משם 6Q9 33 3.
שם: שמי 6Q10 1 ii 6; בשמכה 8Q5 1 1.
שמד: ישמידוך 5Q14 1 4.
שמועה: ושמועה 3Q5 1 3.
שמים: השמים 3Q14 3 3 8Q5 1 4; [שמים 5Q25 2 1.
שמם: שוממים 2Q23 2 3.
שמע: לשמוע 6Q9 21 1; נשמע 3Q5 3 1.
שמר: [שמר 5Q25; אשמר 6Q11 1 6; שומר 6Q18 2 7; 9 2.
שנה: בשנה 5Q13 4 4 28 4 25 11 1; 5Q13 1 12 28 4; שנים 2QJub^b 1 1; שני 5Q13 2 10.
שני: השני 6Q17 1 1; שניה 6Q9 57 3.
שפט: בשפטכה 5Q13 8 3.
שפך: לשפוך 6Q10 1 ii 4.
שררות: בשרירות 5Q13 23 3; [שרירות 2Q28 2 4.

תבנית ?: 3Q14 3 2.
תהום: תהומות 6Q20 1 5.
תולע: תולעים 2Q28 2 3.
תורה: התורה 6Q9 21 3.
תחתי ?: תחתיות 2Q23 1 7.
תכלת: 2QSir 2 11.
תמך ?: תומכיה 2QSir 1 1.
תמם: התמותה 5Q13 1 8.
תעה: ויתעו 6QD 3 3.
תענוג: לתענג 2QSir 2 9.
תפארת: ותפארת 2QSir 2 12; 6Q18 20 1.
תפלה ?: תפל] 5Q14 1 3.
תפש: לתפשם 2Q22 1 i 3; לתפש 2Q23 5 2; נתפשים 6QD 1 2.
תקוף ?: 2QSir 1 1.
תקע: ויתקע 6Q9 57 3.
תרבית: ובתרביות 5Q16 3 3.
תרועה: 6Q18 1 5.
תשבוחה: בתשבוחות 6Q18 2 8.
תשוקה: תשוקתנו 6Q18 2 4.

MOTS ARAMÉENS

אבד ?: יבדה 6Q14 1 5.
אבי: 6Q8 1 4.
אבל: 6Q14 2 3.
אבן: 2Q24 8 3 5Q15 1 i 9; באבן 5Q15 1 i 6.
אחד ?: 2Q26 1 4.
אחר: ואחר] 6Q23 1 2.
אחרי: אוחרי 2Q24 8 7; ואוחריתא 2Q24 4 16.
אחרן: אוחרן 5Q15 1 i 18; אחרנא 5Q15 1 ii 7; אחרניא 2Q24 8 4.
אטם: אטימן 5Q15 1 ii 11.

איל: 2Q24 4 18.
אל: אלוהי 2Q24 10 1.
אלו ?: הלו 6Q26 1 3.
אמה: ואמה 5Q15 1 i 6; אמין 2Q24 2 1 5Q15 1 i 1 (deux fois), 2, 4, 5, 10, 11, 14, 15, 16, 17, 19 ii 1 (deux fois), 3, 5, 8 (deux fois), 9, 10, 12, 15 2 4 7 2 12 1 14 1; לאמין 5Q15 1 i 5; ואמין 5Q15 1 i 6.
אמר: ואמר 6Q8 1 2; ימרון 6Q8 8 1.
אנש ?: אנשי 6Q26 2 1.

אסף: 5Q15 1 i 18; אספא 5Q15 1 i 16, 17 (deux fois), 18; ואספיא 5Q15 2 3.

ארבע: 5Q15 1 i 5, 15, 16, 19 ii 1 (deux fois), 3, 5, 8 (deux fois), 9; וארבעת 2Q24 8 2 ארבעא 2Q24 4 13; ארבעין 2Q24 1 4 5Q15 1 i 2, 14.

אֲרַך: וארכין 5Q15 1 ii 15.

אֶרֶך: ארוך 5Q15 1 ii 7; אורכה 5Q15 1 i 17 ii 1, 3, 4; ואורכהון 5Q1 i 12, 15.

ארע: וארעא 3Q12 1 3.

אש: אשי 2Q24 9 2.

אתה: אתת 6Q8 2 2.

אתון:]אתון ? 3Q14 5 3.

ב: 2Q24 4 13, 20 3Q14 4 5, 6 5Q15 passim 6Q8 6 1; בה 2Q24 8 5 5Q15 1 ii 6 6Q8 4 7.

בד: ? 2Q24 4 16.

בחן: ובחן 6Q8 26 3.

בית: 5Q15 1 ii 11 ? 6Q26 2 1; ביתא 5Q15 1 ii 9; בתיא 5Q15 1 ii 6; באתין 5Q15 1 ii 7 2 2.

בכי: ובכי 6Q14 2 3.

בלה: ? 6Q8 2 3.

בר: ובר ? 6Q26 6 2; בני 6Q8 26 4 19 1 1.

בַּר: מן בר 2Q24 8 4; בר מן 2Q24 8 7.

ברא: ? 6Q14 1 6.

ברי: בריא 5Q15 1 ii 2.

בריה: ברית 5Q15 1 i 1.

בשר: בשרהון 2Q24 4 1.

גבה: לגבה 6Q14 1 3.

גבר: 2Q24 4 18 (deux fois) ? 6Q26 6 2.

גֵּו: גוא 5Q15 1 ii 4; בגוא 5Q15 1 i 13; וגוהון 5Q15 1 ii 9.

גּוֹ: בגוא 5Q15 1 i 17 ii 4 2 2; לגוא 5Q15 1 i 18 ii 2.

גוי: גויה 5Q15 1 i 18.

גנן: גנניא ? 6Q8 5 1.

דוח: ואדיחו 2Q26 1 1.

דוכן: דוכניא ? 5Q15 1 ii 13.

די: 2Q24 3 3 4 11, 13, 14, 16, 17, 18, 19 3Q14 8 2 5Q15 1 i 4, 9 (deux fois) ii 4, 5, 9 2 2 9 2 16 2 6Q8 1 5 2 2 14 1 2 2 2 19 1 1.

דכה: דכא 5Q15 1 ii 10.

דן: 2Q24 6 2 5Q15 1 i 19 ii 2 6Q8 2 3 29 1; כדן voir כ.

דרג: דרגא 5Q15 1 ii 4; ודרגא 5Q15 1 ii 5.

דרום: דרומא 5Q15 1 i 4.

דש: דשיא 5Q15 1 i 9, 17; ודשין 5Q15 1 i 19; דשא 5Q15 1 i 9, 11.

הוא: 6Q8 1 2.

הוה: 6Q8 1 4; הוית 2Q24 4 15, 17 6Q8 2 2; ולהיון 2Q24 8 5; למהוי 6Q8 1 2.

היכל: להיכלא 2Q24 4 3.

הלי: ? 6Q26 1 3.

הן: 6Q8 1 6 26 1 1.

ו: passim.

זויתא: זויה 5Q15 1 ii 7.

חד: 2Q24 4 18, 20 5Q15 1 i 5, 11, 12; וחד 2Q24 1 1 5Q15 1 i 12; חדא 2Q24 4 15 5 2; חדה 5Q15 1 i 6 ii 3; בחדה 5Q15 1 ii 6;]חד[2Q24 3 1.

חור: 2Q24 8 3 5Q15 1 i 6.

חזה: וחזית 2Q24 4 11; חזי 2Q24 4 17; אחזיני 2Q24 1 3; ואחזיני 5Q15 1 ii 2; ואחזיאני 2Q24 8 7; אחזיך 6Q8 1 3; ואחזיאני 5Q15 1 ii 6.

חיוה: חות 6Q14 1 6.

חמש: 5Q15 1 i 14; חמשין 3Q14 7 2; וחמשין 5Q15 1 i 1; בחמשין 2Q24 1 1.

חפץ: וחפץ ? 3Q14 7 1.

יד: ליד 5Q15 1 i 18 16 2; לידה 5Q15 1 ii 5.

יהב: יהיב 2Q24 4 17; יהיבת 2Q24 4 15, 16.

יהלם: ויהלם 5Q15 1 i 7.

יום: 2Q24 8 6 (deux fois) ? 3Q12 1 1.

ילד: ילדת 6Q8 1 6.

ימין: 5Q15 1 i 13; ימינא 5Q15 1 i 12.

ית: 5Q15 1 i 17.

יתב: יתבו יתב 2Q24 4 19.

כ: 5Q15 1 ii 2, 4; וכדן 2Q24 1 3 5Q15 1 i 2 ii 8.

כאן: 2Q24 7 1 26 5 3.

כהן: לכהן 2Q24 4 15; כהנין 2Q24 4 13; כהניא 2Q24 4 14.

כוה: כותא 5Q15 1 ii 12; כוין 5Q15 1 ii 11 2 1.

כור: ? 6Q26 2 1.

כל: 5Q15 1 i 9 ii 8 2 2 5 2 ? 6Q8 5 1; כול 2Q24 1 3 8 6 9 2 6Q14 1 6; בכל 5Q15 1 i 14; בכול 2Q24 4 20 3Q14 4 5, 6; וכל 5Q15 1 i 6; לכל 2Q24 7 2; וכול 5Q15 1 i 1; לכול 2Q24 4 17, 18 6 5 ? 6Q8 10 2; כולה 6Q8 2 3; כלה 5Q15 2 3.

כלא: יתכלא 2Q24 8 6.

כפל: כפיל] 6Q14 1 3.

כפר: מכפרין 2Q24 8 5.

כתל:]כתול 2Q24 3 4; כותלא 5Q15 1 i 18 ii 12; כותליא 2Q24 8 3.

ל: 2Q24 3 3 4 2, 3, 6, 15, 16 17, 18 6 5 2Q26 1 1 3Q12 1 2 14 4 4 5Q15 passim 6Q8 1 2 10 2 14 1 3 26 4 2; לה 5Q15 1 i 17, 19; להון 6Q8 6 1.

לא: ולא 2Q24 8 6 6Q8 1 3 4 4.

לֵב: לִבִּי ? 6Q8 10 2.
לְהֵן: 6Q8 17 1.
לוּח: לוּחָא 2Q26 1 3 (deux fois).
לֶחֶם: לַחְמָא 2Q24 4 5, 8, 9 (deux fois), 14, 15.

מֵאָה: 2Q24 8 8 5Q15 1 i 4.
מַאֲכָל: מֵכְלָא ? 5Q15 1 ii 10.
מִגְדַּל: מַגְדְּלִין 5Q15 1 i 12; מִגְדְּלַיָּא 5Q15 1 i 13 (deux fois).
מִדְבַּח: מַדְבְּחָא 2Q24 4 6 6Q3 7 2.
מִדְנָח: מַדְנְחָא 5Q15 1 i 3.
מָה: 6Q8 1 5.
מַחֲזוֹרִיָּה: מַחֲזוֹרַיְתָא 3Q14 5 1.
מָחֳרָה: וּלְמָחֳרָת 3Q12 1 2.
מַיִן: מַיָּא 2Q26 1 2, 3.
מָן: מִן 2Q24 4 15, 16 5 3 6 2 7 1 8 4, 7 26 1 2, 3 5Q15 1 i 3, 4, 12 (deux fois) ii 6, 7, 11 6Q14 1 2, 4, 7; מִנְּהוֹן 5Q15 1 i 3, 5.
מַן: 6Q8 1 3.
מְעָל: מַעֲלֶה 5Q15 1 ii 2.
מַעֲרָב: מַעַרְבָה 2Q24 4 10.
מְצִיעָא: וּמְצִיעַ 5Q15 1 i 5.
מְצִיעָת: מְצִיעָה 5Q15 1 ii 9; בִּמְצִיעַת 5Q15 1 i 5.
מִקְדָּשׁ: מִקְדְּשָׁא 5Q15 1 i 4.
מָרֵה: 6Q8 1 6.
מָשַׁח: מְשַׁח 5Q15 1 i 4 13 1; וּמְשַׁח 2Q24 3 2 5Q15 1 i 17 10 2.
מִשְׁחָה: כְּמִשְׁחָה 5Q15 1 ii 3 4 3; מַשְׁחָא 2Q24 5 2; כְּמִשְׁחַת 5Q15 1 ii 4; מְשַׁחַת 2Q24 1 3 5Q15 1 i 2; 5Q15 1 ii 2.
מֶשֶׁךְ: מַשְׁכָּן ? תַּמְשְׁכוּן 6Q8 4 3.

נְטַל: יִנְטְלוּ 2Q26 1 3; וְיִטְּלוֹן 2Q24 4 5.
נְטַר: 6Q31 1 1.
נְסַב: וְיִסְּבוּן 2Q24 4 9.
נְפַק: יִפּוּק 6Q14 1 4; נָפְקִין 5Q15 1 i 3, 4.
נֶפֶשׁ: נַפְשׁ 6Q26 4 2; לְנַפְשֵׁךְ 6Q26 3 2;

סְאָה: סָאִין 2Q24 4 4.
סֵדֶר: סְדַר 2Q24 4 7; סִדְרֵי 2Q24 4 8.
סוֹלֶת: סוּלְתָּא 2Q24 4 4.
סְחוֹר: 2Q24 1 2 (deux fois) 5Q15 1 i 1.
סְחַר: וְסָחַר 5Q15 1 ii 3, 4; סוֹחֵר 5Q15 1 i 1; 5Q15 1 ii 5.
סְלַק: וּסְלִק 5Q15 1 ii 5; יִסְלְקוּן 2Q26 1 2; סֶלַע 5Q15 1 ii 4, 5.
סַפִּיר: סְפִירָא 2Q24 3 2.
סֵתֶר: סָתְרִין ? 3Q14 6 1, 2.

עֳבִי: וְעוֹבִי 5Q15 1 ii 12.

עַד: 2Q24 3 2, 4, 11, 15, 17, 19 5Q15 1 ii 5, 7 6Q8 2 2 14 2 2.
עֵדֶן: לְעֶדְנָא 3Q14 4 4.
עוֹד: 2Q24 8 6.
עֲזָרָה: עֲזַרְתָּא 2Q24 8 7.
עַל: 2Q24 4 6, 7 5Q15 1 i 9, 13; וְעַל 5Q15 1 ii 2; עַל] 5Q24 1 3; עֲלֵיכוֹן 2Q24 8 5 5Q15 1 ii 4; עֲלוֹהִי 6Q26 1 1.
עֵלָּא: 2Q26 1 2 5Q15 1 ii 11.
עֲלַל: וְאַעֲלַנִי 2Q24 4 3; וְיֵעֲלוֹן 5Q15 1 i 18 ii 6.
עֲלַל: 5Q15 1 ii 1.
עֲלַם: עָלַם 6Q23 1 1.
עַם: עַמִּי 6Q8 1 4; עַמָּה 2Q24 4 16.
עַם: עַם 6Q31 1 1; עַמְמַיָּא 6Q19 1 2; ? עֲמִיךְ] 6Q14 1 7.
עַמּוּד: לְעַמּוּד 5Q15 2 4; וְעַמּוּד 5Q15 1 ii 4; עַמּוּדַיָּא 5Q15 2 4.
עַן: 2Q24 4 8.
עֶרֶשׁ: עַרְשִׁין 5Q15 1 ii 11.
עֲשַׂר: עֲשַׂר 2Q24 4 13 5Q15 1 i 4, 6, 10, 11; ? 8 2; עֲשָׂרָה 5Q15 1 i 3, 15, 16 ii 1 (deux fois), 3, 8 (deux fois), 9, 10, 11 (deux fois), 13 2 4; עֶשְׂרִין 2Q24 8 4 5Q15 1 i 1 ii 7, 11; וְעֶשְׂרִין 5Q15 1 i 4; וַעֲשַׂר] 5Q15 1 ii 15 5 3; וְעֶשֶׂר 2Q24 8 8.
פְּלָא: 6Q8 1 3.
פְּלַג: וְיִתְפַּלְגּוּן 2Q24 4 10; ? פַּלְגָּנִי 6Q8 5 1.
פְּלַג: וּפְלַג 5Q15 1 i 11 (deux fois).
פְּנַבֵּד ? 2Q24 4 16.
פְּנֵיא ? 6Q31 6 1.
פֶּסֶל: יִפְסֹל 6Q8 9 2.
פַּרְדֵּס: פַּרְדְּסָא 6Q8 2 3.
פְּרִזְיָה: פְּרִזְיְתָא 5Q15 1 i 1; לְפַרְזִיתָא 5Q15 1 ii 2, 6; פַּרְזִיא 5Q15 1 i 2.
פְּתָה: 5Q15 1 i 2.
פָּתוֹר: פָּתוֹרָא 2Q24 3 3 4 7.
פְּתַח: פָּתַח 5Q15 1 ii 2; פְּתִיחָן 5Q15 1 ii 14.
פְּתִי: וּפוּתַי 5Q15 1 i 3, 4, 10, 11 ii 9, 12 9 1; פּוּתְיָה 5Q15 1 i 4; פְּתִיָה 5Q15 1 ii 4, 5; פְּתִי 5Q15 1 i 6, 9, 16 ii 3; פּוּתְיְהוֹן 2Q24 5 2 6 4; וּפוּתְיָה 5Q15 1 i 8, 12; וּפוּתְאֵהוֹן 2Q24 7 1; פּוּתְאֵהוֹן 5Q15 1 ii 7; פְּתַ] 5Q15 1 ii 13; פּוּת 5Q15 2 3; פְּתִי 5Q15 1 i 16; וּפוּתַיְן 5Q15 8 1.

קֳדָם: וְקוֹדָם 2Q24 3 3; וְקוּדָם 5Q15 1 i 19; קֶדֶם: לְקַדְמִין 2Q24 4 6.
קָאֵם: יְקוּם 6Q14 2 1; קָאם 2Q24 4 16.
קָנֶה: קְנֵה 5Q15 1 i 9; קָנָא 5Q15 1 i 11; קָנִין 5Q15 1 i 2, 3, 4, 5, 6, 8, 10, 15, 16 ii 1 (deux fois), 3, 5, 8, 9 4 3 15 1a.

קרבן: לקורבן 2Q24 4 2.
קריה: קריתא 5Q15 1 i 5.
קרן ?: 2Q24 6 3.

רב: רבה 6Q8 3 1; רברביא 5Q15 1 i 3 3 2.
רבע: מרבע 5Q15 1 ii 5.
רוח: 5Q15 1 i 1, 14 6Q23 1 3.
רום: 5Q15 1 ii 5; ברום 5Q15 1 i 13; רומה 5Q15 1 i 19 ii 12; ורומה 5Q15 1 ii 1; ורון[מ 5Q15 1 ii 14.
רושמה: רושמתא 2Q24 4 12.
רעו: רעוא 2Q24 4 2.
רצף: רציפין 5Q15 1 i 6.
רתת: מרתת 6Q8 1 3.

שב שביא: 2Q24 4 13.
שמאל: שמאלא 5Q15 1 i 4 ii 2; 5Q15 1 i 12.

ושבעה: 5Q15 1 i 19 ii 1; ושבע 5Q15 1 i 1, 5; 5Q15 1 ii 7; שבעין 5Q15 1 i 3.
שבק: ושבק 2Q24 1 2 5Q15 1 i 1.
שוק: 5Q15 1 i 1; לשוק 5Q15 1 i 5; שוקיא 5Q15 1 i 6; ושוקיא 5Q15 1 i 3.
שור: שורא 2Q24 8 2.
שמין: שמיא 3Q12 1 3.
שמע: שמעת 6Q8 1 6.
שעה: לאשתעיה 6Q8 1 5.
שפש: שפשיא 5Q15 1 i 8.

שרש: שרשוהי 6Q8 2 1.
שש: 5Q15 1 i 7.
שת בשתה: ושת 5Q15 1 i 4; שתה 5Q15 1 i 2 3 3; שתין 5Q15 1 i 5; 5Q15 3 3.

תון: [וני]ת 5Q15 1 ii 8; ת[וני]א 5Q15 1 ii 9.
תחום ?: מי[ו]ח[ת] 5Q15 1 ii 13.
תליתי: ותליתיא 5Q15 1 i 3.
תלת 5Q15: תלתת 5Q15 1 ii 15; תלתה 5Q15 1 i 10; 1 i 6 6Q8 2 1.
תמה: תמהין 6Q8 1 6.
תמנית: תמניה 5Q15 1 ii 6; תמנא 2Q24 4 8; תמנה 5Q15 1 i 4; תמנין 5Q15 1 i 8.
תנין: לתנינה 2Q24 4 16.
תרין: 5Q15 1 i 3, 5, 8, 9, 11, 15, 16, 19 ii 1 (deux fois), 3, 5, 8 (deux fois), 9 15 1; בתרין 5Q15 1 ii 3; [תרין 3Q14 6 2; תרי 2Q24 4 8 5Q15 1 i 10; תרתין 5Q15 1 ii 12 7 2; ותרתין 2Q24 1 4 5Q15 1 i 2, 6 ii 11; ותרתי 5Q15 1 ii 11 24; ותרת] 5Q15 11 1; תרתי 5Q15 6 1.
תרע: 2Q24 3 2 5Q15 1 i 9 ii 2, 6; ותרע 5Q15 1 i 9; תרעא 5Q15 1 ii 6; לתרע 5Q15 1 i 13, 14, 19 ii 2, 7 2 3; ותרעא 5Q15 1 i 18; תרעין 5Q15 1 ii 4; ותרעיהון 5Q15 1 ii 3; תרעיא 5Q15 3 2 9 2; ותרעין 5Q15 1 i 10; תרע] 5Q15 12 2.
תשע: תשעין 5Q15 1 ii 10, 13; תשעה 5Q15 1 i 5; 5Q15 1 i 6.

NOMS PROPRES SÉMITIQUES

אביהוא: ואביהוא 2Q21 1 1.
אברהם: 2QJub^a 1 4 5Q22 1 5; באברהם 5Q13 2 5.
אדם ?: 3Q14 15 1.
אהרן: 5Q19 4 1; ואהרן 5Q20 1 2; אהרון 6QD 3 1.
אלעזר: 2Q21 1 1.
אשר ?: 3Q7 2 4.

בית־אל: בביתאל 5Q13 2 6.
בית תפוח ?: 5Q9 3 2.
בליעל: 5Q13 5 2; בבליעל 6Q18 3 2.
ברקאל: 6Q8 1 4.

גת: 6Q9 30 1.

דויד: דוד 6Q9 22 4.
דן: מי דן 5Q9 5 3.

זבולון ?: זבו[3Q7 3 2.

חם: 2Q23 6 4 6Q19 1 1.

חנוך: 5Q13 3 2.
יהודה: 3Q4 1 4.
יהוה: 2Q21 1 4 22 1 i 1 30 1 1 8Q5 2 3.
יוסף: 2QJub^b 1 2.
יוצדק: 6Q13 1 5.
יעקב: וליעקב 3Q5 3 3 5Q13 2 6 25 3 2; 6QD 5 5.
ירד ?: 6Q8 18 1.
ירדן: הירדן 5Q17 1 3.
ירושלים: בירושלים 6Q13 1 6; 3Q5 4 1.
ישחק: 6Q18 2 7.
ישראל: 2Q22 1 ii 2 3Q14 14 2 5Q13 1 13 5 3 6Q9 58 3 12 1 1 D 3 2, 3 18 8 1.
יששכר: 3Q7 5 2.
ישוע: 5Q9 1 1.
ישעיה: ישעיהו 3Q4 1 3.
כוכבה: 5Q9 5 1.

לוֹבר ?: 6Q8 26 1.
לוי: 5Q13 2 7, 8; ולוי 3Q7 6 2.

מואב: 6Q9 33 3.
מכפלה: 3Q5 3 4; המכפלה 2QJub^a 1 1.
מצרים: ממצרים 3Q14 17 2.
משה: 6QD 3 4; מושה 2Q25 1 3 6Q22 1 3.

נח: ובנוח 5Q13 1 7.
נינוה: 2Q33 2 1.

סדם: סדום 3Q14 8 2.

עבוד ?: 5Q9 6 2.
עזיהו: לעזיה 3Q4 1 4.
עין צידון: 5Q9 4 1.
עמון ?: 6Q14 1 7.
עקרון: עקרן 6Q9 30 1 31 2.

פינחס: 6Q13 1 4.
פלשתיים: פלשתי 6Q9 32 1; פלשי] 6Q9 35 1.

צידון: 5Q9 2 1; voir עין.
צרדה: 5Q9 6 2.

קדה ?: 5Q9 1 2.
קטנת: 5Q9 6 1.

שרדי: 5Q9 5 2.

שאול ?: 6Q10 9 1.
שילו ?: 6Q9 15 1.
שמואל ?: 6Q10 16 1.
שמעון ?: 3Q7 3 1.
שניבצר ?: 6Q13 1 7.

וא[°: 5Q9 2 2.

MOTS GRECS

ἀπό: 7Q19 1 *Recto* 3.
γεννάω: ἐγέννησεν 7Q5 1 4.
γραφή: γραφαῖς 7Q19 1 *Recto* 5.
ἐν: 7Q15 1 1 19 1 *Recto* 5.
καί: 7Q3 1 2 5 1 3.

κτίσις: 7Q19 1 *Recto* 4.
ὁ: τοῦ 7Q19 1 *Recto* 3; τῷ 7Q5 1 2 15 1 1; τῆς 7Q19 1 *Recto* 4; ταῖς 7Q19 1 *Recto* 5.
πνεῦμα: 7Q4 1 4.
τι: 7Q3 1 3.

CHIFFRES ET SYMBOLES

'½' (?): 6Q26 1 4.
'3': ? 6Q26 2 2 ? 29 1 1.
'4' (?): 6Q26 2 1.
'10': ? 6Q26 2 3 ? 4 3.
'30': 6Q17 1 1.
'séa': ? 6Q26 2 2, 3.

'obole': ? 6Q26 2 2, 3.
'denier': ? 6Q26 1 4.
'tétradrachme': ? 6Q26 2 1.
?: 6Q26 4 2.
?: 6Q26 9 1.

INDEX AU ROULEAU DE CUIVRE (3Q15)

I. VOCABULAIRE

אבן: x 9; האבן viii 5 xii 2.

אבשלום: x 12.

אדם: האדמא iv 9.

אחד: vi 5 xii 13; ואחד xii 13; אחת viii 15 xii 5; ואח[ת] iv 4.

אחזר ?: viii 2.

אחצר: בית אחצר viii 1–2.

אחר: האחרת iii 5.

אחת: voir אחד.

איך ?: x 8.

אכסדרן: האכסדרן xi 3.

אל 'ne . . . pas': viii 3.

אל 'à': i 13.

אמה 'coudée': אמות i 2, 12, 14 ii 8, 14 iii 2, 6, 12 iv 4, 7 v 3, 10 (deux fois), 14 vi 4, 10, 12 vii 6, 9, 12, 15 viii 5, 9, 12, 15 ix 2, 5, 8, 12; אמת (pluriel?) iv 14.

אמה 'aqueduc': אמת v 1; האמא i 11; באמא iv 3 vii 3 viii 1; באמת ? ix 17.

אמצע: באמצען iv 7.

אסטאן: האסטאן xi 2.

אסתר: אסתרין ix 3.

אפודה: ואפודת (pluriel) i 9.

אצל: אצלה vii 8; אצלם v 7 xi 1, 4; אצלן xi 11, 15.

אצרה: והאצרה i 10.

ארבע: ii 14 vii 7 ix 3; בארבע vii 5; וארבע vii 6 viii 13; בארבעת x 17; ארבעין i 3, 14 iv 4.

ארוה ?: i 3.

ארז: א⟨ר⟩ז ? xi 10.

אשדה: בית א{א}שדתין xi 12.

אשיח: v 6; האשיח vii 4; באשיח x 5 xi 12.

ב: i 1 (deux fois), 5, 6 (deux fois), 7 (deux fois), 9, 11, 13 (deux fois) ii 1, 3 (deux fois), 5 (trois fois), 7, 9, 10, 11, 13 (trois fois) iii 1, 8 (trois fois), 11 (deux fois), 12 iv 1 (trois fois), 2, 3 (deux fois), 6, 7, 9 (deux fois), 11 (deux fois), 13 v 1, 5 (deux fois), 7, 12 (deux fois), 13 vi 7, 9, 11 (deux fois), 14 (deux fois) vii 3, 5, 8 (deux fois), 11 viii 1, 4 (deux fois), 8, 10, 11 (deux fois), 14 (deux fois) ix 1 (deux fois), 4, 7 (deux fois), 8, 10, 11 (deux fois), 14 (deux fois), 15, 17 (trois fois) x 1, 3, 4, 5 (deux fois), 8 (deux fois), 9, 15, 17 xi 1, 3, 5, 7, 8, 9, 11, 12 (deux fois), 13, 15, 16 xii 2, 4, 6, 8, 10 (trois fois); בו ii 6, 8, 9 vi 5 xi 10; בא viii 14; בה ix 16.

בד ou בדה: בדין ii 11 vii 10 ix 3.

בוא: הבואת i 2; הבאה iv 3; בבואך x 5.

בוס: תבס ? viii 3.

בור: ii 6; הבור xii 3; בבור i 6 ii 1, 7, 10 iv 1.

ביאה: ביאתו ii 12 xii 1; ביאתא iii 9; בביאה v 13; בביאתך iv 3 xi 13.

ביבה: בביבא xii 8.

בין 'entre': iv 6.

בין 'tamaris': הבינין iv 6.

בית: ii 3 vii 9 viii 1 ix 14 x 5, 15 xi 12, 16 xii 6, 8; בתי ? ii 5.

בלגין: i 9.

בן: בני i 5; בן xi 9.

ברך: הברך ? et בית הברך xii 8.

ברכה: בברכא ii 13.

גב: ix 4; וגב ix 2.

גבה: i 14.

גדול: הכוהן הגדול i 6 ii 12 iv 1 v 9; הגדולא v 3; [הגד]ול vii 4; הנחל הגדול x 3–4; הגדולא xi 6–7 xii 8.

גיא: בגי החיצונא iv 13; גי איך x 8; גי הסככא viii 4.

גל 'porte': i 11.

גל 'monceau': גר פלע ix 15; גל ?

גנה: גנת צדוק xi 6.

גר: voir גל 'monceau'.

גריזין: בהר גריזין xii 4.

דביר: voir דיבר.

דודין: דוד iv 8.

דוק: בדוק vii 11.

דיבר: בדיבר ii 3.

דירה: די[רת] ? xi 16.

דמע: i 9 iii 3, 9 v 7 viii 3 xi 1, 4 (deux fois), 10 (deux fois) xii 7; דמ⟨ע⟩ xi 14; דמ⟨ע⟩ ix 6 xi 14; הדמע i 10.

דרום: x 1; בדרום viii 11.

דרומי: הדרומית iii 1–2 xi 2.

דרך: viii 1.

הבסה: xi 5.

הוא: הו x 10.

הצא ?: ix 6.

הר: בהר גריזין xii 4.

ו: i 3, 9, 10 (deux fois) ii 4, 5, 6, 9 iii 2, 4 v 7 viii 3, 7,

vi 1, 7, 8 vii 3, 10, 14 viii 8, 10, 14 ix 14 x 8 xii 4, 6, 7, 8; שלו xi 14.

שבע: i 4, 10 v 14 vii 12 viii 5 ix 2, 13; שבעין ii 6 iv 12.

שדא שדה: xii 5; שדת.

בשוא 'fosse': i 13.

השוא nom de lieu: viii 10, 14.

בשובך שובך: ix 1, 17.

בשולי שולים: i 11 iv 9 ix 1; משולו ix 1.

השחורא שחור: xii 2.

בשילוחו שילוח: xi 7.

השית שית: xii 4; בשית iii 8 iv 9, 11 ix 14 xii 10.

של: voir ש.

שלוחי: x 15.

שלומו: v 6, 8–9.

שלוש שלש: i 14 iii 13 iv 7 v 11 vi 4 vii 15 viii 9 ix 2; x 10.

הש שי שלישי: ii 4.

בשלף שלף: viii 10.

השלשי שלשי: i 5.

שם 'là': iv 8 vi 4.

בית שם שם: xii 6.

שמונא שמונה: ix 5.

שן: ii 11.

שני שנה: i 11.

שני dans nom de lieu: בתכלת השני ix 4.

השנית שני 'deuxième': x 1.

שני שנים: iv 6, 8 vi 1; ושנין x 7; שתים vi 13 vii 16; שתין ix 2 x 9, 13.

שעת שעה: ix 2.

השער שער: ii 7.

השקת שקת: x 16.

שש: i 12 ii 11 iii 4, 6 vii 9, 10 ix 8 xii 7; ששין ii 4 v 10 x 7 xii 1.

שלישי ששי: voir.

שנים שתים: voir.

תחת: i 1 ii 1, 10, 12 iii 1, 5, 10, 12 v 2 vii 11 x 12 xi 3, 6, 8 xii 2 (deux fois), 4; לתחת x 15; מתחת xi 2; תחתיה vi 5; תחתו viii 6.

ובתכו תך: viii 4; תך ii 5.

בתכלת השני תכלת: ix 4.

ותכן v 7; ובתכן תכן: xi 1, 11, 15; ובתכן xi 4.

בתל תל: i 9.

בית תמר תמר: ix 14–15.

תשע: i 8 iii 2 vi 10 vii 2 xi 17; ותשעה iii 4.

II. MOTS INCOMPLETS

הֹ[ ]: x 17.

קה∙[ ]: iv 1.

יֹאט[ ]: iii 1.

ש[ ]: v 4.

III. CHIFFRES

Ɣı '4': viii 9.

|||||: xii 1.

|||||||: v 4.

|||||||||: ix 13 x 2.

||ᒣ: iv 14 x 4.

Ɣıᒣ '13': iii 13.

'14[ ]': iv 2.

Ɣı|||||ᒣ '17': viii 7; |||||||ᒣ: x 16.

ıƷ: vi 10.

||Ʒ: ii 15 vii 13 ix 9; '22[ ]': vii 2.

|||Ʒ: v 11.

ᒤ|||Ʒ '23½': ix 6.

Ʒ||||||| '27': vi 13.

||ᒣƷ: v 14.

ƷƷ: iii 7 xi 8.

||ƷƷ: ii 2 vi 6 xii 3.

Χıı ƷƷ '55': iv 5.

ƷƷƷ: vii 16 xii 5.

Χ||||ƷƷ '66': viii 13.

ᒣƷƷƷ: viii 16.

ıᒣƷƷƷ: xii 9.

ƷƷƷƷ: x 14.

Ɩı '100': i 6.

IV. LETTRES GRECQUES

ΔI: ii 9.

HN: ii 2.

ΘЄ: ii 4.

KЄN: i 4.

TP: iii 7.

XAΓ: i 12.

OK: iv 2.